HISTÓRIA DOS DOGMAS tomo 2

História dos Dogmas

Tomo 1: **O Deus da salvação**
(séculos I-VIII)
Deus, a Trindade, o Cristo, a economia da salvação
B. Sesboüé (Centre-Sèvres, Paris)
J. Wolinski (Institut Catholique de Paris)

Tomo 2: **O Homem e sua salvação**
(séculos V-XVII)
Antropologia cristã: criação, pecado original, justificação e graça, ética, fins últimos
L. F. Ladaria (Universidade Gregoriana, Roma)
V. Grossi (Augustinianum, Roma)
Ph. Lécrivain (Centre-Sèvres, Paris)
B. Sesboüé (Centre-Sèvres, Paris)

Tomo 3: **Os sinais da salvação**
(séculos XII-XX)
Sacramentos e Igreja, Virgem Maria
H. Bourgeois (Institut Catholique de Lyon)
P. Tihon (Université de Louvain)
B. Sesboüé (Centre-Sèvres, Paris)

Tomo 4: **A palavra da salvação**
(séculos XVIII-XX)
Doutrina da Palavra de Deus, Revelação, fé, Escritura, Tradição, Magistério
Ch. Theobald (Centre-Sèvres, Paris)
B. Sesboüé (Centre-Sèvres, Paris)

HISTÓRIA DOS DOGMAS — tomo 2

Bernard Sesboüé, SJ (DIREÇÃO)
L. F. Ladaria
V. Grossi
Ph. Lécrivain

O HOMEM E SUA SALVAÇÃO

(séculos V — XVII)

Antropologia cristã:
criação, pecado original, justificação e graça, fins últimos.
A ética cristã: das "autoridades" ao magistério.

Edições Loyola

Título original:
Histoire des dogmes
Tome II: *L'homme et son salut*
© 1995, Desclée, Paris
ISBN 2-7189-0626-X

Supervisão: Danilo Mondoni, SJ
Tradução: Orlando Soares Moreira
Capa: Manú dos Santos
Diagramação: So Wai Tam
Revisão: Sheila Tonon Fabre
   Cristina Peres

Edições Loyola Jesuítas
Rua 1822, 341 – Ipiranga
04216-000 São Paulo, SP
T 55 11 3385 8500/8501 • 2063 4275
editorial@loyola.com.br
vendas@loyola.com.br
www.loyola.com.br

Todos os direitos reservados. Nenhuma parte desta obra pode ser reproduzida ou transmitida por qualquer forma e/ou quaisquer meios (eletrônico ou mecânico, incluindo fotocópia e gravação) ou arquivada em qualquer sistema ou banco de dados sem permissão escrita da Editora.

ISBN 978-85-15-02052-2

© EDIÇÕES LOYOLA, São Paulo, Brasil, 2003

Sumário

ABREVIATURAS 17
APRESENTAÇÃO 19
    Antropologia dogmática 19
    Antropologia moral 20
    Agostinho de Hipona e Tomás de Aquino 20
    Magistério conciliar e magistério pontifício 22

Primeira Parte
O HOMEM PERANTE DEUS OU A ANTROPOLOGIA CRISTÃ

Introdução
    CRIAÇÃO, SALVAÇÃO, GLORIFICAÇÃO 27
      1. **A criação, suporte da salvação (V. Grossi)** 28
      2. **Da criação à salvação (V. Grossi)** 30
      3. **Da criação à glória (B. Sesboüé)** 32

Capítulo I
    A CRIAÇÃO DO CÉU E DA TERRA 35
        Entre monismo e dualismo 36
        A criação, mistério religioso e cristão 37
    I.   A FÉ NA CRIAÇÃO ENTRE OS PADRES DA IGREJA 38
      1. **A admiração diante da criação: os padres apostólicos** 38
      2. **Os apologistas e a eternidade da matéria** 41
        A mediação criadora do Verbo 43
      3. **A luta contra o dualismo gnóstico: de Ireneu a Tertuliano** 45
        A liberalidade criadora da Trindade em Ireneu 45
        Deus e a criação da matéria em Tertuliano 48
      4. **O diálogo com a filosofia: Clemente de Alexandria e Orígenes** ... 49
      5. **A criação no símbolo de Niceia** 51

    6. **No século IV, no oriente: a criação, obra trinitária** 52
    7. **Agostinho e a luta contra o maniqueísmo** 54
        As criaturas espirituais, os anjos 55
        Os pontos consistentes do pensamento de Agostinho 56
    8. **As intervenções conciliares do fim da idade patrística** 57
    9. **Fé cristã e neoplatonismo** 58
        A luz de Deus irradiando a hierarquia dos seres: o Pseudo-Dionísio 59
        As causas primordiais em João Scot Eriúgena 60

II. A DOUTRINA DA CRIAÇÃO NA ESCOLÁSTICA MEDIEVAL 62
    1. **A primeira escolástica: a criação entre história e cosmo** 62
        Hugo de São Vítor: a criação ordenada à restauração do homem 63
        Abelardo: o Espírito Santo, alma do mundo 64
        Pedro Lombardo: uma síntese sobre a criação 64
        O movimento "cátaro" e sua condenação em Latrão IV 65
    2. **A grande escolástica: uma metafísica da criação** 67
        A escola franciscana 67
        Boaventura: a criação no tempo 68
        Tomás de Aquino: a criação, a fé e a razão 69
        Tomás de Aquino: participação e relação nas criaturas 70
        Tomás de Aquino: uma criação trinitária 71
        A profissão de fé de Miguel Paleólogo 72
    3. **O fim da idade média: voluntarismo divino e místico** 73
        De Duns Scot a Ockham: do voluntarismo divino ao nominalismo 73
        Mestre Eckhart: a imanência da criatura em Deus 74
        O exemplarismo da criação em Nicolau de Cusa 75
        A afirmação do concílio de Florença 76

III. DO PERÍODO MODERNO A NOSSOS DIAS: A CRIAÇÃO ENTRE TEOLOGIA,
     FILOSOFIA E CIÊNCIA 76
    1. **Os enfoques religiosos de Lutero** 76
    2. **Filosofia e teologia em Francisco Suárez** 77
    3. **Criação e modernidade: do Vaticano I ao Vaticano II** 79
        Os problemas postos por uma nova forma de monismo 79
        O Vaticano I e a constituição *Dei Filius* 80
        O Concílio Vaticano II: uma criação "antropocêntrica" 82
    4. **Conclusão: doutrina e teologia da criação no final do século XX** ... 83

Capítulo II
O HOMEM CRIADO À IMAGEM DE DEUS 87
I. O HOMEM IMAGEM DE DEUS NA ÉPOCA PATRÍSTICA 87
    1. **A criação única do corpo e da alma nas obras dos padres
       apostólicos e dos apologistas** 87

2. **A dignidade do corpo humano: Ireneu e Tertuliano** 91
3. **O diálogo com a filosofia grega: a primazia da alma** 96
   O corpo e a alma em Clemente de Alexandria................................. 96
   Orígenes: prioridade da alma, a única a ser imagem de Deus 98
   Atanásio e Hilário: o homem à imagem do Verbo imagem 100
   Gregório de Nissa: o homem livre, imagem da Trindade....................... 102
4. **A antropologia de Agostinho de Hipona** 103
   O homem composto de corpo e de alma... 103
   A alma humana, imagem da Trindade... 105
5. **As declarações conciliares sobre o homem na época patrística** 107

II. AS ESPECULAÇÕES MEDIEVAIS SOBRE O SER DO HOMEM 108
1. **A primeira escolástica: a alma separada é um homem?** 108
   Sic et non: a alma separada não é uma pessoa humana 109
   Sic et non: a alma separada continua sendo uma pessoa humana............. 111
   A posição matizada de Pedro Lombardo.. 112
   A alma, "forma do homem"... 114
2. **A grande escolástica: a alma, forma do corpo** 115
   Boaventura: a aptidão da alma para o corpo................................... 115
   Tomás de Aquino: a alma, "forma" do corpo 117
   Tomás de Aquino: a alma conhece servindo-se do corpo........................ 118
   Tomás de Aquino: a alma separada não é homem 119
   Tomás de Aquino: o homem, imagem de Deus 120
3. **A morte na discussão antropológica, de Tomás de Aquino (1274) ao Concílio de Latrão V (1513)** 122
   A crítica da alma, forma única do corpo 122
   A crise do pluralismo das formas: Pierre-Jean Olieu 124
4. **Os concílios de Vienne e de Latrão V**.................................... 126

III. O CONCÍLIO VATICANO II.. 129
   Conclusão.. 131

Capítulo III
PECADO ORIGINAL E PECADO DAS ORIGENS: DE SANTO AGOSTINHO
AO FIM DA IDADE MÉDIA 133

I. SANTO AGOSTINHO, DOUTOR DO PECADO ORIGINAL, POR OCASIÃO DA CRISE PELAGIANA 134
1. **O problema "Agostinho" na doutrina do pecado original** 134
   É Agostinho o "inventor" do pecado original?................................ 134
   Em que consiste a novidade agostiniana?..................................... 137
   A ligação com a polêmica pelagiana 138
2. **As grandes etapas da crise pelagiana**.................................... 139
   O sínodo de Cartago, de 411 140

  De Cartago (411) a Cartago (418) 142
  Depois do concílio de Cartago (418) 143
 3. **As principais teses de Pelágio**.. 143
 4. **Agostinho e o pecado original** 144
  As grandes obras de Agostinho sobre o pecado original............ 144
  A documentação bíblica de Agostinho... 147
  Agostinho e a interpretação de Rm 5,12...................................... 147
  A argumentação doutrinal de Agostinho..................................... 150
  Qual foi o pecado das origens? 151
  As consequências do pecado para Adão e para a humanidade.... 153
  Pecado e concupiscência 154
  Um "estado" de pecado sem "ato" de pecado.............................. 155
  A transmissão do pecado original 156
  Reflexões críticas 157
 5. **Os primeiros documentos eclesiais**.................................... 157
  O concílio de Cartago em 418.. 158
  A carta *Tractoria* do papa Zózimo (418) 159
  Objeções e respostas no tempo de Agostinho............................. 160

II. A TRADIÇÃO DOUTRINAL PRÉ-AGOSTINIANA SOBRE O PECADO DA HUMANIDADE......... 162
  A Escritura ensina o "pecado original"?....................................... 162
 1. **Pecado dos homens e pecado de Adão nos Padres gregos** 164
  Melito de Sardes e as homilias pascais.. 165
  Dos apologistas ao otimismo antropológico de Ireneu................ 168
  Orígenes: do pecado pré-cósmico ao batismo das crianças 171
  As catequeses gregas dos séculos IV e V 173
 2. **Pecado dos homens e pecado de Adão nos padres latinos** 175
  O traducianismo de Tertuliano 176
  Cipriano e o batismo das crianças 177
  Ambrósio e o Ambrosiaster.. 178
  Balanço sobre a tradição pré-agostiniana.................................... 179
 3. **Agostinho antes de Agostinho**... 179
  Os textos de santo Agostinho antes de 411.................................. 179
  Uma mudança de perspectiva 181
 4. **Ritos batismais de exorcismo e demonologia**..................... 181

III. DA MORTE DE AGOSTINHO AO FIM DA IDADE MÉDIA: DECISÕES ECLESIAIS E
  TEOLOGIA ESCOLÁSTICA 183
 1. **As intervenções eclesiais após Agostinho sobre o pecado original** 183
  Antes do concílio de Orange... 183
  O segundo concílio de Orange (529).. 184
 2. **A teologia escolástica** 186
  Os agostinismos da Idade Média 187

Elementos formal e material no pecado original 187
Tomás de Aquino: da pessoa à natureza 189
A tradição teológica dos Eremitas de Santo Agostinho 190

Capítulo IV
PECADO ORIGINAL E PECADO DAS ORIGENS: DO CONCÍLIO DE TRENTO À ÉPOCA CONTEMPORÂNEA 191

I. O DECRETO DO CONCÍLIO DE TRENTO SOBRE O PECADO ORIGINAL 191
  1. **O contexto histórico da reunião do Concílio de Trento** 192
  2. **O debate doutrinal sobre o pecado original antes do Concílio** 195
     "Via antiga" e "via moderna" no início do século XVI 195
     Lutero: pecado original e concupiscência 197
     Os colóquios de conciliação: Worms e Ratisbona 198
  3. **O decreto da 5ª sessão (1546)** 200
     A elaboração do decreto 200
     Os cinco cânones da 5ª sessão 202
     O 1º cânon: o pecado de Adão e suas consequências para Adão 203
     O 2º cânon: as consequências do pecado de Adão para a humanidade 204
     O 3º cânon: o remédio para o pecado original, o batismo 205
     O 4º cânon: o batismo das crianças 206
     O 5º cânon: os efeitos do batismo 207
     O essencial das decisões de Trento 209
     A interpretação ulterior do decreto de Trento 209

II. DO CONCÍLIO DE TRENTO A NOSSOS DIAS 211
  1. **Após o Concílio de Trento** 211
     Miguel Baio: a lei do pecado 211
     O *Augustinus* de Jansênio 212
  2. **O período moderno e contemporâneo** 214
     As distinções de Antônio Rosmini sobre a noção de pecado 214
     As intervenções de Pio XII e de Paulo VI 215

III. BALANÇO DOUTRINAL 217
  1. **A autoridade de Agostinho** 218
  2. **A parte de Agostinho nas decisões dogmáticas** 219
  3. **Uma proposição hermenêutica** 221
     Primeiro tempo: o peso da condição humana 222
     Segundo tempo: a revelação cristã do pecado do mundo
     (ou pecado "originado") 224
     Terceiro tempo: a origem da condição pecadora do homem e a
     narrativa de Adão 226

Capítulo V
GRAÇA E JUSTIFICAÇÃO: DO TESTEMUNHO DA ESCRITURA AO FIM DA IDADE MÉDIA 229

I. DAS ESCRITURAS A AGOSTINHO 229

1. **A semântica bíblica**	229
Graça	230
A "justiça de Deus e do homem" (*justitia Dei et hominis*)	231
A justificação (*dikaiosyné*)	232
Breve balanço sobre a Escritura	233
2. **A doutrina da graça na tradição grega**	234
O contexto "mistério" da teologia dos sacramentos	235
Justiça e graça antes de Niceia: de Clemente de Roma a Orígenes	236
Os Padres após Niceia	238
3. **A tradição latina até Santo Agostinho**	240
A Igreja, "instituição de salvação": Cipriano	240
Graça e liberdade em ligação com a cristologia no Ocidente	241
Conclusão	242
II. AGOSTINHO, DOUTOR DA GRAÇA	242
1. **O contexto pelagiano**	243
2. **Os textos principais de Agostinho sobre a graça**	245
Os dois livros a Simplício sobre diversas questões (397)	245
Sobre o espírito e a letra (412)	246
A natureza e a graça (415)	247
A graça de Cristo e o pecado original (418)	248
Sobre a graça e o livre-arbítrio (426)	249
Sobre a correção e a graça (427)	251
Sobre a predestinação dos santos	253
Sobre o dom da perseverança (428)	253
3. **As linhas essenciais da doutrina agostiniana da graça**	256
A graça é antes de tudo uma relação	257
A relação da graça com o livre-arbítrio e com a liberdade	257
A relação da graça com a natureza	259
O início da fé e a perseverança final	259
Graça e predestinação	260
4. **As decisões eclesiais contra Pelágio (411-418)**	263
O sínodo de Cartago, de 411	263
O sínodo de Dióspolis (415)	264
O concílio de Cartago (418)	264
A *Tractoria*, do papa Zózimo (418)	265
III. A TEOLOGIA PÓS-AGOSTINIANA DA GRAÇA DA MORTE DE AGOSTINHO (430) AO FIM DA IDADE MÉDIA	266
1. **Segundo Santo Agostinho**	266
Nos teólogos das Gálias	266
A teologia da graça de tendência predestinacionista	267
O segundo concílio de Orange (529)	268
2. **A Alta Idade Média: reviviscências predestinacionistas**	270
3. **A teologia escolástica da graça**	270

      Hugo de São Vítor e sua escola 270
      Uma temática da graça: santo Tomás de Aquino 271

Capítulo VI
GRAÇA E JUSTIFICAÇÃO: DO CONCÍLIO DE TRENTO À ÉPOCA CONTEMPORÂNEA 275

I. Do agostinismo do fim da Idade Média à Reforma 275
   1. **O papel de Agostinho na escolástica tardia** 275
      A experiência religiosa na teologia 275
      A "auctoritas" de Agostinho nos séculos XV e XVI 277
   2. **A leitura luterana da justificação** 278
   3. **A doutrina da dupla justificação** 280

II. A 6ª sessão do Concílio de Trento sobre a justificação 281
   1. **A elaboração do decreto "para estabelecer a justiça de Cristo"** 281
   2. **Análise doutrinal do documento** 283
      A primeira justificação: sua pressuposição na economia da salvação 284
      A primeira justificação: sua preparação nos adultos 287
      A primeira justificação: sua definição e suas causas 291
      A vida do homem justificado 296
      A recuperação da justificação 297
      Balanço 299

III. A doutrina católica da graça após o Concílio de Trento 299
   1. **A formação dos tratados "da graça" e "de Deus que cria e eleva o homem"** 300
   2. **A controvérsia *De Auxiliis*** 301
   3. **De Baio a Jansênio e ao jansenismo** 303
   4. **A escola dos "agostinianos"** 304

IV. Questões contemporâneas e balanço 305
   1. **Agostinho e o Vaticano II (1962-1965)** 306
   2. **Visão de conjunto sobre a doutrina da graça** 307
      Das Escrituras aos Padres gregos 307
      Agostinho e a contribuição de categorias novas 308
      Os principais dados dogmáticos 308
      Uma retomada constante dos debates 309
   3. **As questões que hoje se fazem à teologia tradicional da graça** 310
   4. **A reflexão de hoje** 310

Capítulo VII
NATURAL E SOBRENATURAL 313

I. Os antecedentes antigos 314
   1. **As intuições dos padres** 314
   2. **As distinções da primeira escolástica** 316

II. A grande escolástica: a visão de Deus, único fim do homem 318

    1. São Boaventura 318
    2. **Santo Tomás de Aquino e o desejo natural de ver a Deus** 319
        Uma dupla gratuidade 319
        A natureza do homem considerado "em si" 320
        O desejo natural de ver a Deus 321
        Um desejo natural realizado por um dom sobrenatural 322
    3. **Duns Scot: o desejo natural de Deus mantido** 324
  III. A TEOLOGIA DO SOBRENATURAL NOS TEMPOS MODERNOS NA ÉPOCA CONTEMPORÂNEA 326
    1. **A hipótese da "natureza pura"** 327
    2. **Cajetano e a dupla finalidade do homem** 328
        A rejeição do desejo natural de ver a Deus 329
        Natureza "absoluta" e natureza elevada à beatitude 330
    3. **A teologia pós-tridentina: Baio e Jansênio** 331
        Baio: os direitos do homem em sua criação 332
        A bula *Ex omnibus afflictionibus* 333
        Jansênio e a impotência da natureza sem a graça 334
    4. **O contragolpe na teologia dos tempos modernos** 335
    5. **O debate a respeito do sobrenatural na época contemporânea** ... 338
        Uma trabalhosa mutação na teologia 339
        Henri de Lubac: do sobrenatural à natureza 340
        Karl Rahner e "o existencial sobrenatural" 341
        Um balanço 342

Capítulo VIII
FIM DO HOMEM E FIM DOS TEMPOS 345
  I. A IDADE PATRÍSTICA: A RESSURREIÇÃO DO CORPO TOTAL DE CRISTO 346
    1. **Sob o signo do fim próximo e do martírio** 346
    2. **O tema cristão da ressurreição dos corpos: Justino e Atenágoras** .. 350
    3. **A sedução milenarista: Justino, Ireneu, Tertuliano** 352
    4. **A salvação da carne: Ireneu, Tertuliano, Cipriano** 353
    5. **A vida eterna da alma: Clemente de Alexandria e Orígenes** 359
        A questão da "restauração" (apocatástase) 361
        Rumo à plenitude do corpo de Cristo 362
        A natureza do corpo ressuscitado 363
    6. **Questões a propósito de 1Cor 15,24-28 no século IV** 364
    7. **Do fim da história à cidade de Deus, em Agostinho** 366
        O fogo purificatório (*ignis purgatorius*) 367
        A vida ressuscitada, termo da história 367
        A massa de perdição e o pequeno número dos eleitos 368
    8. **De Agostinho a Juliano de Toledo: o primeiro tratado de escatologia** 369
    9. **As intervenções conciliares a respeito da escatologia** 371

II. O PERÍODO MEDIEVAL: A SISTEMATIZAÇÃO DA ESCATOLOGIA PESSOAL 372
  1. **Sob a influência de Agostinho: a primeira escolástica** 372
     Da sorte dos defuntos na ressurreição final: Hugo de São Vítor
     e Pedro Lombardo 373
     Joaquim de Fiore: o fim dos tempos numa nova idade 375
     O "nascimento" de um lugar purgatório 376
  2. **São Boaventura: do juízo à ressurreição** 377
  3. **Santo Tomás de Aquino: uma cosmologia dos fins últimos** 379
     O fim pessoal dos mortos 380
     Fim do mundo e ressurreição 381
     O juízo universal 382
     A visão beatífica 382

III. AS DECLARAÇÕES PONTIFÍCIAS E CONCILIARES DO SÉCULO XIII
     AO CONCÍLIO DE TRENTO 384
  1. **De Latrão IV (1215) a Lião II (1274)** 385
  2. **A bula *Benedictus Deus*, de Bento XII** 386
  3. **O Concílio de Florença** 388
  4. **O Concílio de Trento** 389
     A contestação do purgatório em Lutero 389
     A 25ª sessão do Concílio de Trento (1563) 390

IV. ESCATOLOGIA NO CONCÍLIO VATICANO II 390
  1. **O capítulo VII da *Lumen gentium*** 391
  2. ***Gaudium et spes*** 393
  3. **Dois documentos pós-conciliares** 395
  4. **Conclusão** 396

SEGUNDA PARTE
DAS "AUTORIDADES" AO MAGISTÉRIO O CAMINHO DA ÉTICA

Introdução
  IMPLICAÇÕES DE UM DESAFIO 401
  1. **Um lugar de pesquisa: a moral fundamental** 403
  2. **O método a seguir: a "dogmatização" da moral** 407

Capítulo IX
O "CAMINHO" E SUAS PAISAGENS NOS PRIMEIROS SÉCULOS DA IGREJA 411
  I. A ÉTICA ENTRE A ALIANÇA E A CRIAÇÃO 413
     1. **"Farei de ti uma grande nação" (Gn 12,2)** 414
     2. **Primogênito de toda criatura, primogênito dentre os mortos** ... 415
  II. DO ANÚNCIO DO REINO AO EVANGELHO DA JUSTIÇA 416
     1. **Cumpriu-se o tempo e o reinado de Deus aproximou-se** 417
     2. **"Se vivemos pelo Espírito, andemos também sob o impulso
        do Espírito" (Gl 5,25)** 418

III. A ÉTICA ENTRE OS "DOGMAS DA PIEDADE E AS BOAS AÇÕES"................ 419
    1. **Quando a Igreja era catecumenal**... 420
    2. **"A fé e as obras" ao longo dos séculos**..................................... 421
        Nos modelos do judaísmo.. 422
        A influência do helenismo.. 423
        A unidade do mistério e do ensinamento moral................. 424
IV. O CENÁRIO ÉTICO DOS PRIMEIROS PADRES.. 425
    1. **A cultura do helenismo circundante**.. 425
    2. **O judaísmo e seus diversos caminhos**..................................... 428

Capítulo X
A HERANÇA DE AGOSTINHO, "O HOMEM QUE FORMOU A INTELIGÊNCIA DA EUROPA"... 431

I. OS ENTRELAÇAMENTOS DO ESTOICISMO E DO NEOPLATONISMO................. 432
    1. **As seduções do estoicismo**.. 433
    2. **A importância de uma conversão**.. 433
II. SOB A TEORIA, UM PROCESSO... 436
    1. **De uma filosofia da liberdade...**.. 436
    2. **... a uma teologia da graça**... 438
III. QUAL É, POIS, NO HOMEM A ORDEM NATURAL?................................. 439
    1. **Na luz da lei eterna**.. 439
    2. **A construção agostiniana**.. 441

Capítulo XI
OS CAMINHOS DE UMA "MODERNIDADE PREMATURA"................... 445

I. AS CONCEPÇÕES DA FINALIDADE, UMA LEITURA GENÉTICA..................... 448
    1. **A concepção de Abelardo**... 448
    2. **A concepção dominicana**.. 449
    3. **A concepção franciscana: da herança de Anselmo a Boaventura e Duns Scot**.. 452
II. UMA APRESENTAÇÃO SINTÉTICA DOS SISTEMAS.................................... 456
    1. **A visão tomista**... 456
    2. **A visão de Boaventura**.. 457
    3. **A visão scotista**... 457

Capítulo XII
NOS TURBILHÕES DE UMA RUPTURA... 461

I. MODELOS DIFERENTES.. 462
    1. **Um modelo intelectualista: Tomás de Aquino**...................... 463
    2. **Um modelo voluntarista: Duns Scot, Ockham, Biel**............. 464
II. A REVOLUÇÃO OCKHAMISTA: NEM ARISTÓTELES NEM AGOSTINHO........ 465
    1. **A ruptura em si mesma**... 466
    2. **Uma lenta entrada na história**... 467

Capítulo XIII
 QUANDO A IGREJA SE DIVIDIU E SE ALIENOU 469
 I. UM PASSADO REVISITADO E RECONSTRUÍDO 470
  1. **A volta do tomismo** 471
  2. **Uma teologia de manual** 472
 II. A EXPANSÃO DA CASUÍSTICA 472
  1. **Elementos estruturais** 473
  2. **Sistemas em conflito** 474
  3. **Santo Afonso entre rigorismo e liguorismo** 477

Conclusão
 DA REJEIÇÃO À DESCONFIANÇA DA MODERNIDADE 479
  1. **As ambiguidades de uma dogmática soberana** 480
  2. **O retorno à dimensão histórica da fé** 483
  3. **Permitir que a igreja seja fiel** 485

TRANSIÇÃO 489

BIBLIOGRAFIA 491
 Primeira parte: Antropologia 491
  Criação 491
  O homem e o pecado original 491
  O homem: a graça e a justificação 492
  Escatologia 492
 Segunda parte: Ética 492
  Textos do Magistério e comentários 492
  Reflexão teológica 493

BIBLIOGRAFIA BRASILEIRA 495

ÍNDICE DE AUTORES 499

ABREVIATURAS

AAS	*Acta Apostolicae Sedis*, Roma.
ACO	*Acta Conciliorum Oecumenicorum*, E. Schwartz (ed.), Berlim, de Gruyter, 1959-1984.
AG	*Ad Gentes, A atividade missionária da Igreja* (Vaticano II).
AHDLMA	*Archives d'Histoire Doctrinale et Littéraire du Moyen Âge*, Paris.
BA	*Bibliothèque Augustinienne*, Paris, DDB.
BAC	*Biblioteca de Autores Cristianos*, Madri/Toledo.
BLE	*Bulletin de Littérature Ecclésiastique*, Toulouse.
Budé	*Editions "Les Belles Lettres", Association Guillaume Budé*, Paris.
CCCM	*Corpus Christianorum. Continuatio Mediaevalis*, Turnhout, Brepols.
CCSG	*Corpus Christianorum. Ser. Graeca*, Turnhout, Brepols.
CCSL	*Corpus Christianorum. Ser. Latina*, Turnhout, Brepols.
CH	Ireneu de Lião, *Contre les hérésies*; trad. A. Rousseau, Paris, Cerf, 1984.
COD	*Les conciles oecuméniques*, G. Alberigo; (dir.), t. II-1: *Les décrets de Niceé I à Latran V*; t. II-2: *Les décrets de Trente à Vatican II*, Paris, Cerf, 1994.
CSCO	*Corpus Scriptorum Christianorum Orientalium*, Louvain.
CSEL	*Corpus Scriptorum Ecclesiasticorum Latinorum*, Viena.
CTA	*Concilii Tridentini Acta, Görresgesellschaft*, Herder.
DBS	*Dictionnaire de la Bible. Supplément*, Paris, Letouzey.
DC	*Documentation Catholique*, Paris.
DECA	*Dictionnaire Encyclopédique du Christianisme Ancien*, 2 vols., Paris, Cerf, 1990.
DHGE	*Dictionnaire d'Histoire et de Géographic Ecclésiastique*, Paris, Letouzey et Ané.
DSp	*Dictionnaire de Spiritualité* (Chantilly), Paris, Beauchesne.
DTC	*Dictionnaire de Spiritualité Catholique*, Paris, Letouzey.
DV	*Dei Verbum, A revelação divina* (Vaticano II).
DzS	Denzinger-Schönmetzer, *Enchiridion Symbolorum, definitionum et declarationum de rebus fidei et morum*, Freiburg i.B., Herder, 36ª ed.
EphThL	*Ephemerides Theologicae Lovanienses*, Louvain, Peeters.
FC	G. Dumeige, *La foi catholique*, Paris, Orante, 1969, nova ed. 1993.
FZPhTh	*Freiburger Zeitschrift für Philosophie und Theologie*.
GCS	*Die griechischen christlichen Schriftsteller der ersten (drei) Jahrhunderte*, Berlim-Leipzig.

GS	*Gaudium et spes*, A Igreja no mundo de hoje (Vaticano II).
HE	*Histoire ecclésiastique* (Eusébio e outros historiadores antigos).
IPT	*Initiation à la pratique de la théologie*, Paris, Cerf 1982-1983.
JSJ	*Journal for the Studies of Judaism*, Leiden, Brill.
JTs	*Journal of Theological Studies*, Oxford.
LG	*Lumen gentium*, Constituição dogmática sobre a Igreja (Vaticano II).
LThK	*Lexikon für Theologie und Kirche*, Freiburg, Herder.
LV	*Lumière et Vie*, Lião.
Mansi	*Sacrorum conciliorum nova et amplissima collectio*, Florença e Veneza, 1759-1798; reprodução e coordenação de J. B. Martin e L. Petit, 53 tomos, Paris, Welter, 1901-1927.
MGH	*Monumenta Germaniae Historica*, Berlim.
MThZ	*Münchener Theologische Zeitschrift*.
NBA	*Nouvelle Bibliothéque Augustinienne*, Paris, Études augustiniennes.
NRT	*Nouvelle Revue Théologique*, Namur-Tournai, Casterman.
NThZ	*Neue Theologische Zeitschrift*, Viena.
NTS	*New Testament Studies*, Cambridge.
PF	*"Le Pères dans la foi"*, coleção dirigida por A. G. Hamman, Paris, DDB, seguindo Migne.
PG	*Patrologia Graeca* (J. P. Migne), Paris.
PL	*Patrologia Latina* (J. P. Migne), Paris.
RB	*Revue Biblique*, Jerusalém, Paris, Gabalda.
RDC	*Revue de Droit Canonique*, Estrasburgo.
REA	*Revue des Études Augustiniennes*, Paris.
RevSR	*Revue des Sciences Religieuses*, Estrasburgo.
RGG	*Die Religion in Geschichte und Gegenwart*, Tübingen.
RHE	*Revue d'Histoire Ecclésiastique*, Louvain.
RHLR	*Revue d'Histoire et de Littérature Religieuse*, Paris.
RHPR	*Revue d'Histoire et de Philosophie Religieuse*, Estrasburgo.
RSR	*Recherches de Science Religieuse*, Paris.
RSPT	*Revue des Sciences Philosophiques et Théologiques*, Paris, Vrin.
RTAM	*Recherches de Théologie Ancienne et Médiévale*, Louvain, Abadia de Mont-César.
RTL	*Revue de Théologie de Louvain*.
SC	*Sources Chrétiennes* (Lião), Paris, Cerf.
SM	*Studia Moralia*, Roma.
STh	Santo Tomás de Aquino, *Suma Teológica*.
TD	*Textes et Documents*, coleção dirigida por H. Hemmer e P. Lejay, Paris, Picard, 1904-1912.
ThQ	*Theologische Quartalschrift*, Tübingen.
TRE	*Theologische Realenzyclopädie*, Berlim/Nova York, W. De Gruyter.
TU	*Texte und Untersuchungen zur Geschichte der altchristlichen Literatur*, Leipzig, Berlim.
VC	*Vigiliae Christianae*, Leiden.
VS	João Paulo II, encíclica *Veritatis Splendor*, 1993.
TZ	*Theologische Zeitschrift*, Basel.
WA	*Weimar Ausgabe (das Obras de Lutero)*.
ZKG	*Zeitschrift für Kirchengeschichte*, Stuttgart.
ZKTh	*Zetischrift für die katholische Theologie*, Viena.
ZNTW	*Zeitschrift für die neutestamentliche Wissenschaft*, Berlim, De Gruyter.

APRESENTAÇÃO

por B. Sesboüe

O tomo 1 desta *História dos Dogmas* versou sobre a doutrina recapitulada nos Símbolos da fé e seguiu a constituição e o desenvolvimento dos dois principais dogmas do mistério cristão, a trindade e a cristologia. Este segundo tomo aborda um tema complementar. Não se trata mais, em primeiro lugar, de Deus, do que ele é e do que faz pelo homem, mas do homem e do que ele é em relação a Deus e no desígnio de Deus, o que é em sua origem e seu destino, naquilo que determina o sentido de sua existência. Tratará, pois, da antropologia cristã. Por este termo não se deve entender uma ciência particular do homem nem apenas uma reflexão filosófica a seu respeito, mas o que a revelação cristã nos diz dele. Pois esta não é apenas uma revelação de Deus sobre Deus; é também uma revelação de Deus sobre o homem.

A estrutura deste tomo tem duas grandes partes: a primeira será da ordem da antropologia propriamente dogmática, e a segunda, da ordem de uma antropologia moral ou ética. A integração desse ponto de vista a uma história dos dogmas é uma inovação.

Antropologia dogmática

A antropologia cristã começa com a criação: a criação do homem à imagem e semelhança de Deus (Gn 1,26). Prossegue com a entrada e a presença constante do pecado no mundo, mas sempre vistas à luz da salvação. Nesse sentido, justificava-se perfeitamente falar de soteriologia no primeiro tomo, antes de descrever a própria realidade do pecado. Essa ordem, aparentemente paradoxal, é ao mesmo tempo a do movimento da revelação e a do movimento do desenvolvimento dogmático: os Símbolos da fé não mencionam o pecado em si mesmo, mas a salvação que nos foi dada em Jesus Cristo e a "remissão dos pecados".

Igualmente, essa antropologia considera a salvação sob outro aspecto. Já não se trata do evento realizado de uma vez por todas por Cristo em seu mistério pascal, mas da maneira como cada um que crê se vê justificado e santificado, até chegar à sua vocação escatológica no Reino perfeitamente realizado. Pois o dom da glória tem a mesma estrutura que a economia da graça. É por isso que a teologia do fim, ou escatologia, será tratada neste âmbito[1].

Antropologia moral

O homem é, segundo o projeto de Deus, um ser dotado de liberdade. É habitado por uma vocação que deve seguir na graça, mas não sem o uso dessa liberdade. O distanciamento que se deu entre sua vocação e seu estado concreto é o de seu dever-ser, ou seja, da exigência moral à qual só pode responder livremente. Se essa exigência moral está ordenada à felicidade do homem, é também o lugar de uma obrigação e de um dever. E aqui não estamos mais na ordem própria do dogma, mas na da obrigação. Não é de se espantar, pois, que a exigência moral tenha seguido um caminho em certo sentido paralelo ao desenvolvimento dogmático e tenha dado lugar à constituição de marcos que progressivamente foram sendo dogmatizados.

É a esses dados que corresponde o binário *fides et mores*, fé e costumes, que encontramos de modo significativo no título completo da colação incessantemente reeditada desde Denzinger: *Manual dos Símbolos, das definições e das declarações sobre o que diz respeito à fé e aos costumes*. Provavelmente o alcance desse binário evoluiu: os *mores* não significavam inicialmente os costumes ou a moral, mas as instituições positivas da Igreja. Por ora, vamos ficar apenas com seu sentido final e atual.

A dogmatização da moral é certamente mais tardia que a dos artigos de fé. Ela se constitui graças a uma reflexão progressiva elaborada em base a certo número de *autoridades* no decurso dos longos debates entre escolas teológicas da Idade Média e dos tempos modernos, valendo-se de dados que remontam a Agostinho. Só bem tardiamente deu lugar a intervenções do Magistério.

Contentar-nos-emos aqui com questões postas pela moral fundamental. Abordar os múltiplos problemas da ética especial (moral social e política, moral da justiça, moral familiar e sexual), que incessantemente se aperfeiçoaram em razão das transformações da sociedade e das descobertas científicas, ultrapassaria os limites desta obra, bem como a competência de seus autores.

Agostinho de Hipona e Tomás de Aquino

O que se disse acima se refere ao aspecto temático e ao duplo conteúdo da obra. Mas esses temas são tratados no próprio movimento histórico que os

---

1. O plano mais pormenorizado dessa primeira parte será dado no final da introdução que lhe diz respeito, pp. 26-28.

encerra e os desenvolve. Verifica-se que essas questões de antropologia cristã foram pesquisadas com rigor especial pela tradição latina. O nome principal aqui é o de Santo Agostinho (354-430), provavelmente o maior gênio da patrística, junto com Orígenes. Com suas célebres *Confissões*, ele inaugurou uma visão nova da fé, acrescentando à contemplação objetiva do mistério em si mesmo a interrogação sobre sua realização subjetiva em nós. A influência de Agostinho será decisiva sobre a teologia, a dogmática e a moral latinas. O bispo de Hipona é, segundo a palavra de Newman, que será lembrado nestas páginas, "o homem que formou a inteligência da Europa". A Idade Média latina não conhecerá os Padres Gregos senão por meio do que Agostinho reteve e a ela fez chegar. As correntes escolásticas serão diferentes umas das outras conforme as nuanças mais ou menos importantes que introduzirão numa tradição agostiniana comum. É com Agostinho que têm início os grandes debates sobre o pecado, a justificação e a graça, que serão os temas principais da Idade Média ao século XVI, com a Reforma e o concílio de Trento e, mais tarde ainda, com os debates do baianismo e do jansenismo. Trata-se de uma longa história que encontra seu centro de gravidade entre os séculos V e XVII.

Seguindo Agostinho, deve-se mencionar também o importante papel de Santo Tomás de Aquino no cerne da teologia escolástica ocidental. Seria provavelmente perigoso deixar-nos levar pelo pensamento de que sua doutrina tem um valor dogmático em si mesma. Numa obra como esta, a distinção entre teologia e dogma deve ser mantida com todo o rigor. Mas distinção não quer dizer separação: não se pode compreender o dogma sem sua necessária referência à teologia de uma época. É por isso que uma *História dos dogmas*, sem pretender ser uma história da teologia e das teologias, deve dar conta das pesquisas importantes delas em sua ligação com a expressão dogmática.

O grande gênio da especulação que foi Tomás de Aquino tem seus limites e não pode ser seguido em algumas de suas afirmações. Mas não se pode negar que ao longo dos séculos sua doutrina foi objeto de um reconhecimento especial por parte da Igreja, a ponto de passar como uma expressão quase oficial do pensamento desta. Isso é ilustrado pela facilidade com que os concílios do Ocidente não somente se serviram de Santo Tomás em seus trabalhos e refletiram nos limites de suas problemáticas, mas também o citaram, às vezes *ad litteram*, em seus decretos, sem por isso canonizar suas posições quando eram objeto de um livre debate entre escolas teológicas. Por esse motivo, seu pensamento sobre certos temas de importância será analisado de maneira privilegiada, a fim de explicar a gênese de certas afirmações dogmáticas. Não temos de nos espantar, então, ao encontrar certos desenvolvimentos especulativos expressos em linguagem escolástica, em particular sobre a natureza do homem composto de alma e corpo, cuja leitura poderá parecer talvez mais austera. Os conceitos filosóficos ocupam neles amplo espaço, sem que pareçam por isso excrescências, uma vez que a análise antropológica estará sempre voltada para uma justificativa da coerência da relação entre Deus e o homem. Esse mesmo cuidado "teológico" já foi adotado no tomo 1 com o estudo dos Padres da Igreja, que exerceram papel importante na reflexão trinitária e cristológica.

É claro que seria ridículo pretender que os séculos anteriores a Agostinho, em particular no Oriente, não tivessem mencionado a antropologia e a moral cristãs. Se esses assuntos não eram o motivo primeiro de seus grandes debates, os Padres da Igreja falavam deles espontaneamente em base à Escritura, sem se porem ainda certas questões mais agudas. De acordo com a célebre fórmula *securius loquebantur*, eles se expressavam com a simplicidade da convicção e da evidência. Igualmente, as questões relativas à graça e ao pecado original foram tratadas durante os séculos em que havia ainda plena comunhão entre o Oriente e o Ocidente. Os debates foram muitas vezes de interesse para as duas partes da Igreja, e o Oriente sempre considerou Agostinho um Padre cuja autoridade era grande. Não se pode, portanto, dizer que a respeito desses assuntos tenham surgido distinções importantes, mesmo depois da separação. Enfim, segundo o método já anunciado, este tomo não deixará de chegar às vezes até a época contemporânea, quando a natureza dos temas estudados o impuser (em particular no que diz respeito à relação entre o natural e o sobrenatural, e a certas declarações do Vaticano II).

Magistério conciliar e magistério pontifício

Esse avanço pelos séculos nos põe em confronto com uma primeira evolução no modo de exercício do magistério. Não encontraremos mais de agora em diante concílios plenamente ecumênicos, unindo Oriente e Ocidente e reconhecidos igualmente pelas duas partes da Igreja. Paradoxalmente, dois concílios locais, o de Cartago, em 418, e de Orange, em 529, modestos pelo número de bispos reunidos, terão um papel capital em relação à graça e ao pecado original pela acolhida de que serão objetos. Em seguida, a Igreja do Ocidente, após a ruptura com o Oriente, reunirá periodicamente uma série de concílios, convocados a partir de então não mais pelo imperador, mas pelo papa. Vários deles, aliás, realizam-se em Roma (os cinco concílios de Latrão).

Essas assembleias fizeram parte da lista dos concílios ecumênicos estabelecida por Roberto Belarmino. Essa lista não tem valor doutrinal nem canônico, mas é a lista à qual a Igreja católica habitualmente se refere e pela qual o Vaticano II é considerado o vigésimo primeiro concílio ecumênico. O fato é que os concílios realizados depois de 1054 só reuniram membros da Igreja do Ocidente e não têm nenhuma autoridade para a Ortodoxia oriental. Os concílios de Trento, Vaticano I e Vaticano II tampouco podem pretender uma autoridade a respeito das Igrejas oriundas da Reforma (que, em seu conjunto, aceitam os sete primeiros concílios ecumênicos, mas mantêm reservas e até fazem críticas a respeito dos concílios medievais). Mesmo os que tomavam parte dessas assembleias as definiam, com plena consciência dessa limitação, como "concílios gerais" ou "sínodos universais" do Ocidente². É a qualificação que Paulo VI retomará, em 1974, a propósito do segundo concílio de Lião³. Mas o concílio de Florença reunia gregos e latinos num projeto de reconciliação eclesial. Pretendia então ser ecumênico no sentido antigo do termo. O subsequente revés dessa reunião o reconduz ao estatuto de concílio ocidental. O concílio de Trento se proclama, entretanto, "ecumênico e geral", exprimindo assim a pretensão da Igreja romana de ser, sem considerar a separação, simplesmente a Igreja. Com o mesmo objetivo, os teólogos e canonistas da época pós-tridentina contribuirão para a difusão da lista revestida da autoridade de Belarmino.

Essa história demonstra a evolução no Ocidente da relação entre o concílio e o papa, apesar da crise conciliarista que marcará os concílios de Constança e de Basileia. Os papas sairão como vencedores, e a autoridade do Romano Pontífice sobre o concílio estará agora bem estabelecida. Ao mesmo tempo, os papas intervêm com mais frequência a título pessoal, a fim de dirimir um debate doutrinal. Dá-se uma primeira guinada, que se confirmará ao longo do segundo milênio, no intuito de um desenvolvimento constante da autoridade doutrinal do papa de Roma.

Será esse o conteúdo deste tomo em suas duas partes. Com as nuanças apontadas, seu período de referência é o espaço de tempo que vai do século V ao XVII. Ao terminar, desejo expressar meu reconhecimento a Pierre Vallin, que releu com atenção este tomo para oferecer aos autores suas observações e sugestões, bem como a Aimé Solignac, que reviu as páginas relativas a Santo Agostinho. Agradeço também a Philippe Curbelié e a Emmanuel Berger, que participaram respectivamente da tradução dos textos em espanhol e em italiano.

---

2. Cf. G. ALBERIGO, *COD*, I, pp. 173-175.
3. Cf. t. 1, p. 282.

PRIMEIRA PARTE
O HOMEM PERANTE DEUS
ou
A ANTROPOLOGIA CRISTÃ

INTRODUÇÃO
Criação, salvação, glorificação

V. Grossi e B. Sesboüé

INDICAÇÕES BIBLIOGRÁFICAS: E. BRUNNER: *Die Christiliche Lehre von Schöpfung und Erlösung*, Zürich, Zwingli Verlag, 1950. — R. ARBESMANN, Christ the *medicus homilis* in St. Augustin, *Augustinus Magister II*. Paris, Études Augustiniennes, 1955. pp. 624s. — A. VANNESTE, Nature et grâce dans la théologie de saint Augustin, *Recherches* Augustiniennes 10 (1975) 143-169. — M. SEYBOLD, Schöpfung und Erlösung. Einheit und Differenz, *MThZ 33* (1982) 25-43. — M. A. VANNIER, *"Creatio, conversio, formatio" chez saint Augustin*, Fribourg, Universitaires, 1991. — D. DOUCET, Le théme du médecin dans les premiers dialogues philosophiques de saint Augustin, *Augustiniana 29* (1989) 447-461.

Para entender o perfil soteriológico da antropologia cristã do século V a nossos dias, e em particular até o século XVII, que constitui o objeto deste volume, convém mencionar alguns dados gerais que condicionam o desenvolvimento do pensamento. Antes de mais nada, as preocupações antropológicas da reflexão cristã referem-se à leitura da Bíblia e da tradição. Os textos soteriológicos têm por finalidade primeira não mais dar diretamente uma informação, mas, antes, fornecer, ao longo da história dos homens, a interpretação dos valores que estão na base da mensagem cristã. As questões se renovam e praticamente renascem no final de diversos processos culturais de decantação. Com efeito, nos planos cultural e político, os valores que serviam de suporte à existência nos períodos passados desaparecem quase por completo para dar lugar ao nascimento de novos valores ou ao renascimento de valores tradicionais, mas com outras mediações de linguagem (*translatio imperii*, *translatio studii*, diziam os antigos). Os textos antigos precisam, consequentemente, ser lidos não tanto com os instrumentos da linguagem lógico-analítica, quanto com os da linguagem simbólica. Esta última faz entrar geralmente a dimensão própria da antropologia e da soteriologia no quadro das significações da existência.

Além disso, em seu próprio campo semântico, a noção de soteriologia considera o *doente* com suas doenças, bem como o remédio e o médico para a cura. Na Antiguidade, a medicina tinha uma relação estreita com a religião: nas religiões de mistérios, em particular, certos deuses serviam de modelos de salvação. Um exemplo clássico dessa mentalidade é *Isis e Osíris*, de Plutarco. No cristianismo, combinação semelhante encontra sua explicitação no Cristo Salvador, apresentado pela tradição patrística do século V, sobretudo em Santo Agostinho, como o "médico humilde" (*medicus humilis*).

Os *Capítulos gnósticos* (*Kephalaia gnostica*) de Evágrio Pôntico († 399) podem nos oferecer um plano de conjunto da antropologia e da soteriologia cristã e nos mostrar os fundamentos do conteúdo e da linguagem do século V. Nessa obra, evidentemente inspirada em Orígenes, Evágrio quer dar uma base teórica a suas ideias monásticas, que ele articula em seis "centúrias"[1], estruturadas por tema: a visão "protológica" do mundo, ou seja, a de sua origem, e a condição anual (1ª centúria); as possibilidades de volta à condição original (2ª e 3ª centúrias); a visão de Cristo e sua missão de salvação (4ª e 5ª centúrias); a "apocatástase", ou restauração da criação (6ª centúria). Evágrio põe precisamente a protologia em relação com a redenção e a escatologia e, com efeito, sua compreensão é interdependente.

1. A CRIAÇÃO, SUPORTE DA SALVAÇÃO (V. GROSSI)

A unidade deste volume apoia-se em grande parte na relação entre criação e salvação. Essa relação, que teve grande destaque no tempo de Santo Agostinho, volta hoje ao primeiro plano na reflexão teológica sobre a criação.

Em Agostinho, são dois os aspectos presentes, expressos numa terminologia neoplatônica: um é o da criação ou da participação[2]; o outro, o do retorno à unidade original. Neste segundo aspecto se enxerta o temia agostiniano da analogia entre a vida do homem-indivíduo e a vida da humanidade, entre a vida dos homens e a vida de todo o mundo criado. Desse tema, fundamental a partir das *Confissões*[3], Agostinho já tinha a intuição no tratado *A verdadeira religião*, em 390: "A vida [da humanidade], escrevia ele, desenvolve-se como a de uma só pessoa, de Adão ao final dos tempos"[4].

---

1. Cada uma das seis partes divididas em cem capítulos. Cf. A. GUILLAUMONT, *Les "Kephalaia gnostica" d'Évagre le Pontique et l'histoire de l'origénisme chez les Grecs et le Syriens*, Paris, Seuil, 1962.
2. M.-A. VANNIER, St Augustin et la création, *Augustiniana* 40 (1990) 347-349. — M. SMALBRUGGE, La notion de participation chez saint Augustin. Quelques observations sur le rapport christianisme-platonisme, *Augustiniana* 40 (1990) 333-347.
3. *Confessions*, VIII,3,8; BA 14, p. 25.
4. *La vraie religion*, 27,50; BA 8, p. 95.

A teologia da criação é atualmente assunto de vivas discussões em numerosas camadas da opinião pública. Sente-se sobre esse problema a pressão da questão ecológica e das ideologias que a promovem, bem como a necessidade de reavaliar a mentalidade que concede primazia, às vezes filosófica, à ciência nas vicissitudes da vida moderna, ou mais simplesmente o projeto de recuperam um Éden perdido e, quem sabe, ainda possível de reencontrar.

A teologia cristã deve estar atenta para não transportar de maneira indevida para seu domínio os temas e as questões da ecologia. Ela tem consciência, além disso, de ter atrás de si uma longa tradição, atestada no Símbolo dos Apóstolos: "Creio em Deus Pai todo-poderoso, criador do céu e da terra", e no Símbolo Niceno-constantinopolitano, com a precisão cristológica: "Creio num só Senhor Jesus Cristo [...], por quem tudo foi criado", bem como uma vasta literatura patrística, especialmente nos Comentários sobre o *Gênesis*.

Só Agostinho, para citar um Padre da Igreja do Ocidente, deixou-nos cinco comentários diferentes e uma magnífica teologia da criação compreendida como experiência de retorno a Deus, teologia que se encontra por quase todos os seus textos. A esse respeito, ficou justamente célebre uma passagem das *Confissões*:

> Interroguei a terra e ela respondeu: "Não sou eu [teu Deus]". E tudo o que nela existe fez a mesma declaração [...]. E eu disse a todos os seres que circundam as portas de minha carne: "Falai sobre meu Deus, pois vós, vós não o sois, dizei-me alguma coisa sobre ele". E eles gritaram com uma voz poderosa: "Foi ele que nos fez". Minha interrogação era minha atenção; e a resposta deles, sua beleza. Então eu me voltei para mim e disse a mim mesmo: "E tu, quem és tu?" Eu respondi: "Eu sou um homem". E eis um corpo e uma alma que estão em mim, à minha disposição, um externamente e a outra no interior [...]. O melhor é o elemento interior; é a ele com efeito que se referiam todos os mensageiros corporais, como ao presidente e ao juiz das respostas do céu e da terra e de tudo o que eles encerram, quando diziam: "Nós não somos Deus" e "Foi ele quem nos fez"[5].

Para Agostinho, a participação das criaturas na existência não é nem total nem uniforme. Encontra-se no tempo, sempre parcial, e determinada segundo o grau (*modus*) que convém a cada uma. Para o bispo de Hipona, isso explica tanto a bondade intrínseca de todas as coisas quanto a possibilidade que têm de poder se afastar da plenitude do ser, sem jamais sair totalmente da bondade de tudo, mas passando para uma posição inferior à que lhes convém.

Entretanto, na visão de Agostinho, o homem jamais pode sair ontologicamente do horizonte do ser, mesmo se, pelo pecado, ele se afaste de sua plenitude. O motivo desse afastamento de Deus é expresso, em linguagem neoplatônica, com diferentes imagens. Algumas delas são bem conhecidas: "a região da pobreza" (*regio egestatis*[6]), "a região da dessemelhança" (*regio*

---

5. AGOSTINHO, *Confessions*, X,6,9; BA 14, pp. 155-157.
6. *Ibid.*, II,10,18; BA 13, p. 361.

dissimilitudinis[7]), a queda da alma nas profundezas escuras, o "Tártaro", que, em Macróbio[8], significava a corporeidade[9].

Na Igreja antiga, os problemas relativos à teologia da citação estavam vinculados às filosofias dualistas, para as quais era difícil aceitar ao mesmo tempo a imanência e a transcendência de Deus, ou conceber uma matéria que não fosse de algum modo coeterna com Deus. Embora esses problemas não sejam os nossos, a questão continua hoje muito viva, sobretudo em sua vertente epistemológica. De um lado, o antropocentrismo subjetivista tem a eterna tentação de considerar o homem como sendo ele mesmo o criador do que ele experimenta; de outro, o conhecimento da ciência nem sempre se julga vinculado — se não o for por princípio — aos princípios éticos e gera a falsa mentalidade de um domínio cego do homem sobre o universo em que vive.

Mais que se demorar em superar esse antropocentrismo subjetivista já em declínio, a reflexão teológica de hoje sobre o tema da criação tende a integrar o elemento da "história" ao da "natureza", procurando diferenciar neste último termo o que diz respeito aos conceitos de natureza, de ecologia e de criação. Em outras palavras, para além das distinções acadêmicas entre homem e cosmo, quer recuperar a intencionalidade original do discurso cristão sobre a criação por meio de critérios epistemológicos que ajudem a aprofundar a relação do homem com a natureza, evitando seu isolamento mútuo.

2. DA CRIAÇÃO À SALVAÇÃO (V. GROSSI)

A teologia da criação, com todo o encanto que confere à explicação das primeiras origens da vida, do homem e de tudo o que existe, põe então a questão de sua relação com a teologia da salvação. Podemos isolá-las? Para Agostinho nem se pode pensar em tal divisão. Ao contrário, com ele essa tese amadurece, chegando a uma reflexão teológica estruturada.

Com efeito, o bispo de Hipona abordava o problema da criação precisamente sob o ponto de vista de sua relação com a redenção. O embate de Agostinho com o pensamento pelagiano deu-se sobretudo nesse terreno. Os pelagianos insistiam na criação e na bondade dela; no homem, consideravam sobretudo a possibilidade intrínseca de uma autorrealização; chegavam assim a uma realidade humana fechada em si mesma, capaz de se pôr sempre "diante de...", até mesmo diante de Deus e do Redentor. Conta Agostinho que eles se expressavam nestes termos:

---

7. *Ibid.*, VII,10,16, p. 617.
8. MACRÓBIO, *Le songe de Scipion*, 1,10.
9. Cf. *Confessions*, I,16,26; *BA* 13, p. 319. Essas imagens neoplatônicas foram reunidas por J. DOIGNON, Un faisceau de métaphores platoniciennes dans les écrits d'Augustin, *REA* 40 (1994) 39-43.

> Tudo o que o homem tem de bom, até a vontade, deve ser atribuído a Deus, tendo em vista que isso não poderia encontrar-se no homem se o mesmo homem não existisse. Mas, como a existência de todas as coisas e a existência do homem dependem somente de Deus, por que então seria necessário atribuir a Deus tudo o que de bom há na vontade do homem, visto que tal bem não existiria se o homem não existisse?[10]

Essa era a versão pelagiana da graça, a propósito do texto de Paulo aos Coríntios: "Que tens que não hajas recebido?" (1Cor 4,7); essa interpretação eliminava também a dificuldade de compreender a relação entre graça e livre-arbítrio, sobre a qual Agostinho insistirá tanto.

Ao contrário, na narrativa do pecado das origens (Gn 3), o bispo de Hipona reconhecia a ferida causada no coração da criação, ferida que exige diretamente sua redenção. Ele abria, pois, a criação, e o homem em particular, para Deus a fim de que fossem resgatados. Mais tarde, uma vez encerrada a polêmica pelagiana, em 418-419, reconhecerá a criação do homem no coração da graça de Deus: o homem e Deus serão apresentados como dois amigos inseparáveis.

Se foi esse o início da criação do homem, a história da humanidade — dizia Agostinho — está agora ligada por nascimento a Adão pecador, até chegar a ser natureza sua, "natureza viciada"[11]. "Originariamente, a natureza humana foi criada, por certo, sem pecado e sem defeito, mas essa natureza, que por nosso nascimento liga Adão a cada um de nós, tem agora necessidade de um médico, pois já não é sadia"[12].

A enxertia da redenção numa natureza vulnerada pela vontade humana punha e põe uma infinidade de problemas à antropologia teológica. Com efeito, o discurso aplicado ao homem devia ser construído sobre a compreensão do conceito de "natureza". A uma "natureza" criada sucedeu uma "natureza remida". Era a solução de Agostinho, a única disponível. De diferentes premissas derivavam concepções opostas na compreensão do cristianismo. Na época de Agostinho, foram sintetizadas por um padre de sua companhia, um certo Januarius. Com referência às conclusões pelagianas, este notava: "Dizem alguns: cabe a nós começar, e a Deus, acabar [...], como se pudéssemos dizer: 'minha fé, minha justiça, minha vontade'". No que diz respeito ao conceito de criação e de natureza, ele explicava ainda mais explicitamente: "Quando se fala de criação, não se fala daquela em que foi feita a natureza do homem, mas daquela que, viciada pelo pecado original, é renovada pela graça"[13].

É nessa ótica que Agostinho lê ainda a "volta" à criação. Com efeito, em sua visão, a criação, ou seja, a participação no ser expressa nas categorias

---

10. *Sur la peine et la rémission des péchés*, II,18,29; (*Œuvres complètes*, Paris, Vivès, 1872, t. 30, p. 82.
11. Cf. *Mariage et concupiscence*, II,34,57; *BA* 23, p. 280.
12. *La nature et la grâce*, III,3; *BA* 21, p. 249; ver igualmente XXIII,25.
13. Carta de Januário; cf. *Aux moines d'Adrumète et de Provence*; *BA* 24, pp. 235 e 233.

neoplatônicas da plenitude do ser, abre também à possibilidade de uma "volta" por meio do livre-arbítrio curado pela graça de Cristo.

A queda da alma das realidades eternas para o temporal — "O anjo se perdeu, a alma do homem se perdeu, tombaram longe de tua eternidade, que é o céu do céu"[14] — leva, com efeito, o homem a se "desfazer no tempo", na dissipação da multiplicidade. Para ser libertado de suas paixões (*affectiones*), a alma tem necessidade de uma ajuda que a reporte à unidade perdida, à "casa eterna", ou seja, à capacidade de se mover no mundo da realidade durável[15]. É o processo unitário de "criação", "conversão", "formação", própria da reflexão de Agostinho sobre a criação[16].

O afastamento de Deus e a possibilidade do retorno serão depois traduzidos pela teologia nas categorias do pecado e da justificação, cuja história e valor veremos. Se o "homem concreto" da tradição agostiniana foi o filho de Adão pecador de Gn 3, não o homem da criação de Gn 1-2 — ainda que este constitua também o parâmetro do homem remido —, a reflexão antropológica teve, entretanto, a tendência de se prender à hipótese de uma natureza humana como tal. O "homem agostiniano", filho de Adão pecador, nasce numa "natureza viciada", ou "mudada para uma situação pior"[17]. A outra possibilidade seria a situação em que ele nasceria sem graça e sem pecado, "no estado de pura natureza" (*in puris naturalibus*).

A necessidade do Redentor constitui para a reflexão agostiniana o quadro categorial de toda pesquisa teológica, mesmo da pesquisa sobra a criação. No tempo das *Confissões* (397-401), o bispo de Hipona teve a intuição de um novo princípio de pesquisa, em particular para o mistério do homem, que ele exprime nos seguintes termos, com muita admiração: "O que contém de mistério o *Verbo feito carne*, eu não poderia sequer conjecturar"[18].

3. DA CRIAÇÃO À GLÓRIA (B. SESBOÜÉ)

O fato de esta introdução ter se centralizado naturalmente sobre o pensamento e as obras de Agostinho justifica-se pela parte capital que este teve na elaboração dogmática da antropologia cristã. Com ele, podemos distinguir quatro momentos, lógicos se não históricos, no devir do homem a respeito de Deus. Esses quatro momentos serão frequentemente retomados na tradição da teologia latina como quadro dos enunciados.

---

14. *Confessions*, XIII,8,9; *BA* 14, p. 437.
15. *Ibid.*, X,29,40; p. 213.
16. Cf. M. A. VANNIER, *"Creatio, Conversio, Formatio" chez saint Augustin*.
17. Os textos agostinianos sobre a significação da natureza humana são objeto de confusões temidas por A. Vanneste, Nature et grâce dans la théologie de saint Augustin.
18. *Confessions*, VII,19,25; *BA* 13, p. 633.

Há, em primeiro lugar, o homem inocente, criado à imagem e semelhança de Deus. Ele deverá ser considerado como tal, se o virmos, por uma abstração necessária, tal qual saiu das mãos de Deus e antes de toda consideração de pecado. Trata-se aqui da vocação do homem no desígnio de Deus, sendo sua natureza entendida à luz de seu estatuto de criatura (cap. II).

Mas o homem pertence a uma criação que o ultrapassa, mesmo que seja o alvo dela. Era preciso, pois, apresentar primeiro a criação do céu e da terra, horizonte cósmico da existência do homem. A parte de arbítrio inevitável em tal escolha justifica-se na medida em que se trata antes de mais nada e sobretudo de aprofundar a ideia de criação, ou seja, da relação entre o que é Deus e o que não é ele, entre o único e a ordem do múltiplo, entre a transcendência absoluta de Deus em relação ao universo e sua imanência em todas as coisas; enfim, da distinção do criador e da criatura e da participação da segunda no primeiro. Essa ideia de criação, que vai buscar sua fonte na Bíblia, caminhou na tradição cristã, primeiro, de acordo com sua visão religiosa, depois, cada vez mais de acordo com seus componentes metafísicos, tentando escapar às ciladas que espreitam o tratamento da difícil relação de Deus com o mundo. Esse percurso se faz, aliás, de maneira relativamente pacífica. Como a consideração da criação em geral diz respeito também — *et eminenter* — ao homem criado, o capítulo consagrado a este poderá então se concentrar sobre o que é específico do homem como homem (cap. I).

O homem inocente tornou-se, desde o começo, um homem pecador e culpado. Mas a distância estabelecida no texto bíblico entre Gn 1-2 e Gn 3 manifesta um desdobramento da origem: antes da origem do mal há a do bem. "Por mais que o pecado seja mais 'antigo' que os pecados, escreve P. Ricoeur, a inocência é 'mais antiga' ainda que ele; essa 'anterioridade' da inocência em relação ao mais 'antigo' pecado é como o algarismo temporal das profundezas antropológicas"[19] (caps. III e IV).

O homem pecador está numa situação de necessidade radical de salvação. O homem criado, de algum modo, já estava nessa situação, pois não podia realizar seu fim, a comunhão com Deus, por suas próprias forças. Ele tinha necessidade da iniciativa gratuita pela qual Deus lhe daria essa comunhão de vida e de amor. E o paradoxo diante do qual a teologia dos tempos modernos passará por grandes dificuldades. O homem pecador tem, mais ainda, necessidade de ser curado e de ser "libertado" da situação de pecado que, de um lado, afeta sua relação vital com Deus e, de outro, faz dele um homem desorientado, ferido, "deteriorado". Essa salvação e essa redenção vêm da iniciativa de Deus, chegando até ele em Jesus Cristo, o único mediador, cujas modalidades devem ser analisadas no interior de cada pessoa humana. É todo o domínio da justificação, que tem seu principal documento escriturário na *Carta aos Romanos*, e

---

19. P. RICOEUR, *Finitude et culpabilité*. II. *La symbolique du mal*, Paris, Aubier 1960, pp. 235-236.

da graça em sua relação com a liberdade. Agostinho porá uma marca definitiva nessa documentação que constituirá o objeto de grandes controvérsias do Ocidente (caps. V e VI).

Os debates cada vez mais apurados sobre o estatuto do homem sem a graça e com a graça vão causar um aprofundamento da distinção estrutural sobre o que é e o que pode a natureza do homem considerada em si mesma e sobre o dom gratuito que lhe é oferecido por Deus na economia da salvação. O perigo estava em projetar numa realidade virtual o que era apenas distinção interna a uma ordem concreta, e em imaginar um homem circunscrito aos limites de um fim puramente natural. O desenvolvimento da teologia da graça em sua relação com a natureza do homem vai então exercer um efeito de bumerangue e pôr em causa a consideração da relação da natureza com o sobrenatural. Essa questão, presente já na escolástica medieval, assumirá variantes perigosas nos tempos modernos e levará a um dos mais fortes debates teológicos que o século XX conheceu. Era então necessário retornar a essa difícil questão, antes do fim desse percurso (cap. VII).

Mas o homem justificado e salvo na economia da graça está ainda numa situação de viajante itinerante. Ele deve se tornar o homem beatificado. A economia da graça deve se abrir à da glória (cap. VIII).

É esse o itinerário antropológico que este volume vai traçar, tentando seguir quanto possível seu desenvolvimento histórico. Mas nós sabemos que essa ordem de exposição não corresponde inteiramente ao movimento doutrinal que lhe está subjacente. Pois é a salvação que revela o pecado na Escritura; foi também o aprofundamento da dogmática da salvação na história da Igreja que permitiu esclarecer a obscura questão do pecado. Mas, já o dissemos, o que foi apresentado sobre a soteriologia universal no tomo precedente respeita esse movimento doutrinal[20].

---

20. Cf. t. 1, pp. 291-424.

CAPÍTULO I
A criação do céu e da terra

L. F. Ladaria

A doutrina da criação, a despeito do que poderíamos imaginar, nem sempre se impôs com evidência à razão humana. Jamais daremos suficiente destaque à originalidade judeu-cristã desse ensinamento. Ainda que a ideia de criação tenha alguns antecedentes no Egito e na Mesopotâmia, o conceito de "criação" é antes de mais nada bíblico: exprime o ato pelo qual Deus é a causa livre e plena de amor de um universo essencialmente bom e harmonioso, tirado do nada e posto à disposição do homem; um ato que inaugura o tempo da história. Por isso, o tema da criação ocupa um amplo espaço nas Escrituras, tornando-se objeto de uma reflexão constante. Duas narrativas da criação foram postas intencionalmente no começo do Gênesis, como um pórtico que se abre sobre o desígnio da Aliança de Deus com os homens. A criação se apresenta como o primeiro tempo da salvação. Seu tema é constantemente retomado pelos profetas e pelos salmos, no clima de uma adoração cheia de admiração e de reconhecimento. Os livros sapienciais celebram a Sabedoria criadora, presente desde as origens em Deus. O Novo Testamento não lhes fica a dever nada, associando explicitamente a pessoa do Verbo, ou mesmo de Cristo, à atividade criadora de Deus: "Ele [o Filho] é a imagem do Deus invisível, Primogênito de toda criatura, pois nele tudo foi criado, nos céus e na terra, tanto os seres visíveis como os invisíveis [...] Tudo foi criado por ele e para ele" (Cl 1,15-17). Nos dois Testamentos, a realização do desígnio criador e salvador de Deus será até chamada de uma "nova criação", em que serão revelados "novos céus" e "nova terra". Igualmente, não nos deve causar espanto encontrar a menção da criação nas confissões de fé, registrada já em seus primeiros artigos e atribuída principalmente a Deus Pai[1].

---

1. Cf. t. 1, pp. 99-100.

Entre monismo e dualismo

Precisamente por sua originalidade, a doutrina judeu-cristã da criação teve de manter sempre o equilíbrio entre dois extremos para os quais tendeu naturalmente o pensamento humano ao longo da história.

De uma parte, o *monismo* nega que possa existir alguma coisa distinta de Deus. Sendo com efeito afirmada a existência de um Deus absoluto — abstraindo-se do modo como o entendemos —, não é fácil admitir que os outros seres tenham realmente uma existência distinta da sua. Afinal, não existiria mais que Deus. A infinidade divina excluiria toda outra realidade fora da sua. As concepções monistas e panteístas têm a tendência de negar uma autêntica existência a tudo o que não seja Deus e ignoram, pois, necessariamente a realidade criada como tal. Uma variante dessas concepções considera a realidade visível uma emanação necessária de Deus, não o fruto de sua livre ação. Com tal ponto de partida é difícil se chegar à ideia de criação.

O segundo obstáculo que a doutrina cristã sobre a criação teve de enfrentar foi o do *dualismo*, que não considera toda a realidade fruto da ação divina, levando a pressupor uma pluralidade de princípios para tudo o que existe. Chegou-se, às vezes, a considerar a matéria eterna e preexistente; a divindade exerceria sobre ela uma simples ação demiúrgica de transformação e de "formação" do que já existe; mas essa ação teria evidentemente pressupostos não estabelecidos pelo próprio Deus. Além disso, considerou-se o mundo material uma "queda" de um mundo superior, por causa de certa desordem moral. Daí a tendência de encarar a realidade visível como má. A salvação do homem consistiria então numa libertação desse mundo e dessa criação material. Durante os primeiros séculos do cristianismo, a Igreja teve de enfrentar diversas correntes gnósticas, já apresentadas[2]. Um denominador comum a todas elas foi seguramente a falta de clareza em relação à noção bíblica de criação e à sua bondade.

Diante desses dois obstáculos, a fé da Igreja teve de confirmar a verdade e a bondade da realidade criada. Esta tem uma existência autêntica, ainda que recebida inteiramente de Deus[3]. Os dois aspectos não se opõem. Tanto um como outro pressupõem uma ação livre de Deus, que pode dar o ser ao que não existe por si mesmo. Pressupõem igualmente que esse dom é total. Nas formulações da doutrina sobre a criação encontraremos uma dupla preocupação: afirmar a liberdade divina de criar, asseverando ao mesmo tempo que essa criação se deu "a partir do nada" (*ex nihilo*). A liberdade de Deus exclui toda forma de monismo emanatista, dá à criatura uma consistência própria e garante sua existência autêntica. A criação *ex nihilo* revela que essa existência é recebida,

---

2. Cf. t. 1, pp. 37-42.
3. Cf. J. LADRIÈRE, Approches philosophiques de la création, in C. DEROUSSEAUX (org.), *La création dans l'Orient ancien*, Paris, Cerf, 1987, pp. 13-38, em particular p. 19.

que ela depende absolutamente de Deus e que, por conseguinte, a criação é boa em sua origem. A história da doutrina sobre o pecado original, que será exposta neste volume, mostra que o mal, e em particular o mal moral, tem uma origem histórica e não é uma necessidade metafísica.

A criação, mistério religioso e cristão

Uma segunda observação se reveste de tanta importância quanto a primeira. A doutrina cristã sobre a criação não é um simples ensinamento filosófico. Já no Antigo Testamento ela cresceu e se desenvolveu em estreita relação com a experiência do Deus da salvação e da aliança. Falar de criação, da livre produção por Deus de alguma coisa que não é ele, de sua manifestação na obra criada só tem sentido com o conhecimento de um Deus pessoal. O Novo Testamento dará ainda um passo adiante nessa mesma direção: a criação é vista em união com o mistério de Cristo (cf. Jo 1,3-4.10; 1Cor 8,6; Cl 1,15-20; Hb 1,2-3). Não podemos nos esquecer dessa perspectiva na breve história que estamos por desenvolver. A doutrina cristã da criação é uma parte da doutrina sobre Deus e sobre Cristo. O primeiro volume desta obra, que foi consagrado às questões fundamentais da fé cristã, estabeleceu as bases necessárias para compreender tudo o que é preciso explicar aqui. Somente se Deus for o criador de tudo, e Cristo, seu Filho, o mediador universal é que este último poderá salvar todos os homens. A salvação não é uma adição extrínseca ao ser do homem e do mundo, e não é sua plenitude definitiva, se o desígnio criador não estiver em relação com a salvação trazida por Cristo. Uma vez que Jesus é realmente homem e que o Filho de Deus assumiu a natureza humana, a criação adquire sua dignidade definitiva. A condição de criatura foi compartilhada pelo próprio Filho de Deus. Tudo isso deve significar alguma coisa para a doutrina cristã da criação. Esta não é mais o "pátio dos gentios", como dizia com sutileza Karl Barth, em que podemos estar de acordo com todos os homens, antes de penetrar nos mistérios propriamente cristãos. Todavia, a verdade é que esse aspecto da doutrina cristã se presta especialmente ao diálogo com a filosofia e as ciências. Além disso, a noção de criação existe também nas outras religiões. Mas em nossa exposição da história dos dogmas não podemos nos esquecer das conotações especificamente cristãs dessa noção. As páginas que seguem demonstrarão isso.

Enfim, o sentido último da doutrina sobre a criação não se descobre senão no tratamento específico da antropologia cristã, que ocupará o próximo capítulo. O homem partilha com o mundo que o cerca sua condição de criatura, mas é uma criatura especial, a que dá ao conjunto seu sentido último. Por conseguinte, tudo o que se dirá aqui atinge no homem, criado à imagem e semelhança de Deus, sua plenitude definitiva. A existência autêntica e ao mesmo tempo recebida, característica essencial da criatura, adquire no homem sua plena realização.

Somente ele, entre os seres deste mundo, pode compreender sua vida como dom e sua existência livre como autenticamente sua.

Nós exporemos em três tópicos o desenvolvimento histórico do dogma da criação: o período dos Padres da Igreja, o da teologia escolástica e o dos tempos modernos. No trajeto, iremos coletando os ensinamentos propriamente dogmáticos da Igreja, constatando que são relativamente pouco numerosos. A criação foi em geral objeto de domínio pacífico na Igreja e não deu lugar, como outros assuntos dogmáticos, a difíceis debates.

I. A FÉ NA CRIAÇÃO ENTRE OS PADRES DA IGREJA

1. A ADMIRAÇÃO DIANTE DA CRIAÇÃO: OS PADRES APOSTÓLICOS

> **OS AUTORES E OS TEXTOS**: Clemente DE ROMA, *Épitre aux Corinthiens*; ed. A. Jaubert, *SC* 167, 1971. — Inácio de ANTIOQUIA, *Lettres*; ed. P. Th. Camelot, *SC* 10 bis, 1951. — *Épitre de Barnabé*; eds. P. Prigent et R. A. Kraft, *SC* 172, 1971. — *À Diognète*; ed. H.-I. Marrou, *SC* 33 bis, 1965 — *La doctrine des douze apôtres. (Didachè)*; eds. W. Rordorf et A. Tuilier, *SC* 248, 1978.
>
> **INDICAÇÕES BIBLIOGRÁFICAS**: P. GISEL, *La création*, Genève. Labor et Fides, 1987, cap. III: "Genèse et constitution du dogme de la *creatio ex nihilo*", pp. 113-144. — L. SCHEFFCZYK, *Création et providence*, Paris. Cerf, 1967. — A. ORBE, *Introducción a la teología de los siglos II y III*, tt. I-II, Roma, PUG., 1987.

Serão necessários muitos anos antes que se forme e se estabeleça na teologia cristã uma doutrina da criação. Mas a ideia, em parte reflexo dos ensinamentos do Antigo Testamento, em parte enriquecida pela novidade da mediação criadora de Cristo que encontramos no Novo Testamento, aparece claramente desde os primeiros séculos. A ordem na natureza é objeto de admiração para Clemente de Roma, que faz uma bela descrição da harmonia cósmica:

> Os céus que se movem sob seu governo obedecem-lhe na paz. O dia e a noite cumprem a trajetória que ele lhes assinalou [...] O sol, a lua e os coros dos astros giram segundo sua ordem, na concórdia, dentro dos limites que lhes são fixados, sem jamais os romper[4].

O texto colige numerosos temas de Gn 1, apesar de indubitáveis influências estoicas. Mas é interessante notar que o quadro em que esse comentário se insere determina-se pela consideração de Deus como "Pai e Criador"[5]. A paternidade

---

4. CLEMENTE DE ROMA, *Aux Corinthiens*, 20,1-2; *SC* 167, p. 135.
5. *Ibid.*, 19,2; p. 133; cf. também 35,3; p. 157; 62,2; p. 201.

divina, posta aqui em relação com a criação, aparece em outras passagens da obra num contexto trinitário e cristológico[6]. Podemos então nos permitir pensar que o mistério de Deus trino e a criação estão implicitamente ligados. De outra parte, nessa mesma passagem, nos é dito que Deus concede aos homens os benefícios de sua misericórdia por Jesus Cristo:

> Todas essas coisas, o grande criador e Mestre do universo ordenou que se façam na paz e na concórdia: pois ele derrama seus benefícios sobre toda a criação, mas a nós ele as prodigaliza de modo abundante, se recorremos à sua misericórdia por nosso Senhor Jesus Cristo[7].

Mais clara ainda é a inspiração genesíaca de outra passagem em que a criação do homem aparece como o ponto culminante de toda a obra criada:

> Pois o próprio Criador e o Mestre do universo se alegra com suas obras. Por sua soberania todo-poderosa ele consolidou os céus. [...] Com suas mãos sagradas e imaculadas ele formou, acima de tudo, o ser excelente e soberano, o homem, como um sinal de sua própria imagem[8].

O hino a Deus criador e salvador, que Clemente põe um pouco antes da conclusão de sua obra, faz igualmente alusão, em sua introdução e em sua conclusão, à mediação de Jesus Cristo[9]. Helenismo e mundo bíblico, com uma presença bastante explícita da novidade de Cristo, encontram-se já nesses primeiros momentos do pensamento cristão.

A homilia chamada *Segunda Carta de Clemente* contém, nesse mesmo sentido, alusões interessantes. Nela se fala de libertação do pecado por Jesus Cristo em termos de criação. Isso indica que esta última está presente na consciência do autor e que, ao mesmo tempo, é vista em ligação com a salvação por Cristo: "Nós não tínhamos esperança só nele para nossa salvação. Ele nos chamou quando ainda não existíamos; foi sua livre vontade que nos fez passar do nada ao ser"[10]. O vocabulário lembra o de Rm 4,17.

A criação *ex nihilo* é claramente ensinada numa passagem muito citada do *Pastor* de Hermas:

> Primeiro ponto entre todos: crê que não há senão um só Deus, aquele que tudo criou e organizou (cf. Ep. 3,9), que fez tudo passar do nada para o ser (cf. 2Mc 7,28; cf. Sb 1,14)[11].

---

6. Cf., p. ex., *ibid.*, 7,4; p. 111.
7. *Ibid.*, 20,11; p. 137.
8. *Ibid.*, 33,2-4; pp. 153-155.
9. Cf. *ibid.*, 59,2; p. 195; 61,3; p. 201: "Ó tu que és o único que podes realizar esses favores [...], nós te damos graças pelo sumo sacerdote e protetor de nossas almas, Jesus Cristo"; 64; p. 203.
10. *Homélie*, chamada *IIe Épitre de Clément* 1,7-8; trad. fr. Suzanne-Dominique, *Les écrits des Pères apostoliques*, Paris, Cerf, 1991, p. 128.
11. HERMAS, *Le Pasteur*, Préc. I 1; SC 53, p. 145 — Cf. t. 1, p. 108.

A criação é considerada uma verdade fundamental da fé que goza de certa prioridade sobre as outras. Uma expressão muito semelhante se encontra na mesma obra: "Deus, que habita nos céus, que do nada criou os seres"[12]. A repetição da ideia não nos permite crer numa afirmação fortuita. A insistência é impressionante, porque o ensinamento sobre a citação *ex nihilo*, na Escritura, só se encontra explicitamente formulado em 2Mc 7,28 e em Rm 4,17, e não foi muito repetido nos primeiros textos cristãos. A ideia da mediação de Jesus, que a *Carta de Clemente* unia à da criação, não conhece aqui a mesma sorte. A criação de tudo por Deus e a salvação por Cristo parecem seguir itinerários distintos.

O amor de Deus que nos criou é o primeiro no caminho da vida, de acordo com o início da *Didaké*[13]. A expressão é reiterada de maneira quase literal na *Carta* do *Pseudo-Barnabé*[14], que, com esse preceito, começa a descrição do caminho de luz. Ainda que não fale diretamente da bondade da criação, a interpretação espiritual do Pseudo-Barnabé sobre a proibição de alimentos pela lei veterotestamentária é notável em nosso contexto. Somente a partir de Jesus podemos compreender corretamente o sentido do Antigo Testamento; os judeus não puderam perceber o verdadeiro sentido dessas proibições e, por isso, interpretam literalmente prescrições que se referem à conduta moral[15]. Todavia, essa interpretação não tem sua origem em nosso autor, mas conta com antecedentes fora do meio cristão[16].

É mais importante ainda destacar a doutrina do mesmo autor sobre a nova criação no batismo. Parece que a primeira criação no Gênesis é considerada pelo Pseudo-Barnabé uma prefiguração da segunda, a regeneração do homem em Cristo:

> Com efeito, a Escritura fala de nós quando [Deus] se dirige ao Filho: "Façamos o homem à nossa imagem, segundo a nossa semelhança" (Gn 1,26) [...]. Agora vou vos mostrar como ele se dirige a nós. Ele fez uma segunda criação nos últimos tempos[17].

E bom observar também que o Pseudo-Barnabé, nesta passagem e em outra que lhe é paralela[18], dá pela primeira vez a interpretação trinitária de Gn 1,26 que terá seu lugar assegurado na tradição patrística: o "façamos" desse

---

12. *Ibid.*, *Vis.* I 1,6; p. 79.
13. *Didaché*, 1,2; *SC* 248, p. 143.
14. *Épitre de Barnabé*, 19,2; *SC* 172, p. 197: "Amarás aquele que te criou, temerás aquele que te formou, glorificarás aquele que te resgatou da morte". A criação parece estar posta em relação com a ressurreição.
15. Cf. *ibid.*, 10, especialmente 10,12; pp. 149-159.
16. Cf. J. J. Ayán CALVO, *Didachè, Doctrina Apostolorum, Epistola del Pseudo-Barnabé*, Madrid, Ciudad Nueva, 1992, p. 193.
17. *Épitre de Barnabé*, 6,12-13; *SC* 172, pp. 123-125; cf. também a continuação.
18. Cf. *ibid.*, 5,5; p. 109.

versículo é considerado como dito pelo Pai ao Filho que, segundo o Novo Testamento, é o mediador da criação. Mais adiante, o Espírito Santo será igualmente pressentido como o destinatário dessa palavra do Pai. A criação é, pois, compreendida nesse contexto em relação evidente com a salvação por Jesus Cristo, embora o Pseudo-Barnabé não explicite bem seus termos exatos. A doutrina da criação vai adquirindo assim, progressivamente, uma conotação especificamente cristã. É preciso reconhecer, todavia, que essa dimensão não foi sempre posta em destaque no decurso da história.

Dito isso, todos os textos dessa primeira época não consideram a criação um problema teológico sobre o qual fosse preciso se deter de modo específico. A situação mudará mais tarde com os apologistas. A distinção entre Deus e o mundo — e é esse, no fundo, o problema da criação — surgirá cada vez mais nitidamente como questão.

2. OS APOLOGISTAS E A ETERNIDADE DA MATÉRIA

OS AUTORES E OS TEXTOS: JUSTINO, *Dialogue avec Tryphon*; ed. G. Archambault, 2 vols. *TD*, 1909; *Apologies*; ed. A. WARTELLE, Paris, Études Augustiniennes, 1987. — TEÓFILO DE ANTIOQUIA, *Trois livres à Autolycus*, eds. G. Bardy et J. Sender, *SC* 20, 1948. — ATENÁGORAS. *Supplique au sujet des chrétiens*, e *De la résurrection des morts*; ed. B. Pouderon, *SC* 379, 1992.

INDICAÇÕES BIBLIOGRÁFICAS: J. J. Ayán CALVO, *Antropología de san Justino. Exégesis del mártir a Gen I-III*. Santiago de Compostela/Córdoba, Istituto Teologico Compostelano/Monte de Piedad y Caja de Ahorros, 1988. — G. MAY, *Schöpfung aus dem Nichts. Die Entstehung der Lehre von der Creatio ex Nihilo*, Berlin-New York, W. de Gruyter, 1978.

Penetrando cada vez mais no mundo grego, o cristianismo encontra o problema da eternidade da matéria, considerada nessa época uma "rival" de Deus[19]. Não se pode desenvolver a doutrina da criação sem esclarecer esse ponto. Os escritores eclesiásticos do século II vão se dedicar a isso. É o que faz Aristides de Atenas: seguindo o ensinamento bíblico, ele distingue radical e explicitamente Deus dos elementos deste mundo: estes são criação mutável, ao passo que Deus é imutável; além disso, provêm do não-ser por "ordem de Deus"[20]. Esta última expressão é inspirada pela Escritura[21]. A soberania de Deus sobre o mundo se manifesta no fato de que este universo veio à existência

---

19. Cf. P. GISEL, *La création*, p. 120.
20. ARISTIDES DE ATENAS, *Apologie* IV, 1; Madrid, *BAC* 116, 1954, p. 110; as últimas afirmações só se encontram no texto grego, não no texto siríaco.
21. Já Gn 1,3.6.9 etc.; mas também 33,6-9; Sb 9,1; Sr 39,17 etc; e no N. T.: Hb 11,3; 2Pd 3,5; Tg 1,18.

por uma ordem divina que exclui qualquer limitação de sua liberdade e qualquer resistência à sua obra.

A doutrina sobre a criação, de são Justino, mártir, depois de muito tempo suscitou interesse e foi objeto de ásperas discussões. Concretamente, o problema da criação da matéria é que chamou a atenção. Justino, com efeito, em sua primeira *Apologia*, afirma que Platão tomou de Moisés, o primeiro dos profetas, seus ensinamentos sobre a criação. Ele parece demonstrar que, de acordo com a narrativa do Gênesis, o mundo todo foi feito pela palavra de Deus, com base em substratos que já existiam:

> Assim, o mundo inteiro foi tirado, pela palavra de Deus, dos elementos em questão, que Moisés fora o primeiro a indicar, e foi dele que aprenderam isso Platão e os defensores da mesma doutrina[22].

Justino poderia se referir a *Timeu* (29-30). No mesmo livro ele já afirmara a coincidência das doutrinas cristãs com as da filosofia[23] e observara que no início "Deus, sendo intrinsecamente bom, formou o universo tirando-o de uma matéria informe"[24]. Esse texto foi muitas vezes interpretado como a prova de que a doutrina da criação *ex nihilo* ainda não se impusera. Encontraríamos, assim, uma tentativa de conciliação das doutrinas platônica e bíblica, que levaria a compreender a criação como o arranjo que Deus fez de uma realidade anterior. Mas essa interpretação não foi aceita por todos. Pode ser que Justino tenha pensado numa ação exclusiva do Pai, que num primeiro momento criador faz surgir a matéria amorfa. A seguir, num segundo momento, com a mediação do Verbo, dá forma aos elementos informes para criar os seres concretos de que se trata a partir de Gn 1,3[25]. Atenágoras, em certos textos, parece pressupor também a existência da matéria, sem se pôr a questão da origem dela[26]. Em outras partes, no entanto, a mesma matéria, não somente é claramente diferenciada de Deus, mas também definida como "criada e corruptível"[27].

Outros apologistas afirmarão com muita clareza a criação *ex nihilo*. Assim, segundo Taciano, Deus é o sustentáculo de tudo, a origem do mundo:

> A matéria não é sem princípio, como Deus [...], mas foi criada, é obra de um outro e não foi produzida senão pelo criador do universo[28].

---

22. JUSTINO, *Ire Apologie*, 59,5; Wartelle, pp. 179-180.
23. *Ibid.*, 10,3; p. 109.
24. *Ibid.*, 10,2; p. 109.
25. Cf. o estado da questão em J. J. AYÁN, *Antropología de san Justino*, pp. 42s.
26. ATENÁGORAS, *Supplique au sujet des chrétiens*, 10,3; SC 379, pp. 101-103. Cf. G. MAY, *Schöpfung aus dem Nichts*.
27. ATENÁGORAS, *op. cit.*, 4,1; SC 379, p. 82.
28. TACIANO, *Discours aux grecs*, 5; *PG* 6,817b; trad. A. PUECH, *Recherches sur le* Discours aux grecs *de Tatien*, Paris, Alcan, 1903, p. 116.

Toda a matéria foi formada por Deus e, mesmo que "antes de ter sido dividida em seus elementos, estivesse sem qualidade e sem forma", "após essa divisão ela foi ordenada e regulada"[29]. Parece que Taciano conhece um duplo tempo na criação, semelhante ao que alguns veem em Justino: uma criação da matéria *ex nihilo*, depois uma ordem e uma disposição dela.

Teófilo de Antioquia é talvez o apologista em quem a doutrina da criação aparece com mais clareza. A criação *ex nihilo* de todas as coisas é muitas vezes enunciada: "O universo foi criado por Deus, tirado do nada para a existência, a fim de que por suas obras tivéssemos conhecimento e fizéssemos uma ideia de sua grandeza"[30]. Contra os platônicos, ele observa que Deus é incriado e que a matéria não o é; além disso, em caso contrário, Deus não seria criador de tudo e, por conseguinte, sua própria unicidade seria um problema. De outra parte, os artesãos humanos também trabalham sobre uma matéria preexistente. Mas Deus se diferencia dos homens porque é capaz de criar seres dotados de razão. Enfim, Deus cria "tudo o que quer, da maneira que quer"[31]. Com esta última afirmação, chegamos a um segundo ponto, que Teófilo desenvolve com mais transparência que seus contemporâneos: o da liberdade divina de criar. Deus não criou por necessidade; somente o que é criado tem necessidades, não Deus. Não tendo nenhuma necessidade, ele criou o mundo para que o mundo o conhecesse; criou, pois, para o ser humano[32]. O poder de Deus se manifesta no fato de ele fazer as coisas *ex nihilo* e como quer[33]. Também aqui parece estar presente em algumas passagens de nosso autor um duplo momento de criação: em primeiro lugar, a produção da matéria, a seguir, a conformação dela: "É assim que começa o ensinamento da Escritura: de que maneira foi criada, nasceu de Deus, uma matéria com que Deus fez e realizou o mundo"[34].

A manifesta diferenciação entre a doutrina cristã e a doutrina platônica é uma das grandes contribuições dos apologistas. A matéria não é incriada, mas criatura de Deus. Esse ponto será fundamental para a confrontação da teologia eclesiástica com a gnose. Mas há também outro ponto sobre o qual a doutrina dos apologistas desenvolveu consideravelmente o ensinamento do Novo Testamento: a mediação criadora do Verbo.

A mediação criadora do Verbo

Justino conhece essa doutrina e a ela se refere com muita frequência. Naturalmente, é preciso ressaltar, para evitar qualquer mal entendido, que o

---

29. *Ibid.*, 12; *PG* 6,829-833; Puech, pp. 123-125.
30. TEÓFILO DE ANTIOQUIA, *Trois livres à Autolycus*, I,4; *SC* 20, pp. 64-67; cf. também 1,8; p. 77; II,10 e 13; pp. 122 e 132.
31. *Ibid.*, II,4; pp. 102-105.
32. *Ibid.*, II,10; p. 123.
33. Cf. *ibid.*, II,13; p. 133.
34. *Ibid.*, II,10 fim; p. 125.

criador de tudo é o Pai, Deus imutável, em quem tudo o que é mutável tem sua origem. Deus Pai é chamado o autor, o pai de todas as coisas, o criador[35]. Seguindo uma tendência que já encontramos em autores anteriores, como, por exemplo, Clemente de Roma, Justino fala da "paternidade" no sentido mais amplo, em referência à criação. A insistência em referir os atributos criadores ao Pai pode ser entendida no quadro da oposição a Marcião. Diante da separação entre criador e salvador, Deus justo e Deus bom, Justino, fiel ao pensamento bíblico, contemplará a união das economias do Antigo e do Novo Testamento. Mas essa mesma fidelidade o obriga, precisamente para manter unidos os dois Testamentos, a desenvolver a doutrina da mediação do Verbo na criação. O Verbo pessoal, identificado com Jesus, é o primogênito de toda a criação. Em Justino, como em numerosos autores dos primeiros séculos cristãos, a geração do Verbo está ligada à criação, sem que isso signifique uma ignorância do caráter divino daquela[36]. Basta observar que o Verbo está presente em diversas ocasiões como aquele que realiza e executa o que o Pai concebeu e decidiu[37]. É próprio do Verbo dar forma concreta ao mundo e ao cosmo. O Verbo é também "servidor" do Pai, criador do universo[38].

Também Teófilo de Antioquia mostra claramente sua fé no único Deus criador de tudo. Esse criador é, antes de tudo, Deus Pai:

> Nós o chamamos de Deus porque ele construiu tudo sobre sua própria estabilidade, e também por aproximação com *theein*. *Theein* quer dizer correr, ser ativo, trabalhar, alimentar, prever, governar, dar vida ao universo. Ele é Senhor, porque é mestre de tudo; Pai, porque existe antes de tudo; Fundador, Criador, porque ele tudo produziu e criou; Altíssimo, porque é superior a tudo; Soberano universal, porque ele mesmo é o mestre de tudo e a tudo abrange[39].

Mas a mediação do Verbo na criação de todo o universo foi igualmente posta em destaque por nosso apologista. A falta de clareza da época sobre a teologia trinitária faz-se sentir provavelmente no elo estabelecido entre a geração do Verbo e a decisão criadora de Deus: "E quando Deus decidiu fazer tudo o que tinha deliberado, gerou exteriormente o Verbo, primogênito de todas as criaturas[40]. Mas o próprio Teófilo observa que o Verbo está sempre presente no coração de Deus como seu espírito e seu pensamento. Teófilo nos oferece também um comentário do capítulo primeiro do Gênesis, que é um pequeno tratado sobre a criação[41]. A mediação do Verbo é ali mencionada em diversas passagens[42].

---

35. Cf. J. J. AYÁN, *Antropología de san Justino*, p. 40.
36. Sobre esse ponto, cf. t. l, pp. 153-158.
37. Cf. *IIe Apologie*, 6,3; Wartelle, p. 205.
38. *Dialogue avec Tryphon*, 58,3; 60,2; etc.
39. *Trois livres à Autolycus*, I,4; SC 20, pp. 65 67.
40. *Ibid.*, II,22; p. 155.
41. *Ibid.*, II,10-19; pp. 123-149.
42. *Ibid.*, II,13; p. 135.

Igualmente, Atenágoras identifica o Verbo com o Filho, a inteligência do Pai, que Deus tinha desde sempre em si mesmo e que não foi, pois, criado. Por esse Verbo, Deus, autor do universo, distribuiu a todos os anjos e ministros suas ocupações[43]. Com essa insistência sobre a mediação do Verbo, os apologistas compendiam, apesar dos limites a que fazíamos alusão, um dado essencial da teologia neotestamentária. A carta *A Diogneto* resume numa bela passagem a função mediadora do Verbo na criação, ele que, nos últimos tempos, foi enviado por Deus à terra. Ela destaca assim a correspondência entre a obra da criação e a salvação:

> Mas foi o próprio Todo-Poderoso, o Criador de todas as coisas, o Invisível, o próprio Deus que, enviando-o do alto dos céus, estabeleceu entre os homens a Verdade, o Verbo santo e incompreensível, e o consolidou em seu coração. Não [...] que tenha enviado aos homens algum subordinado [...], mas, sim, o Artesão e o Organizador do universo; foi por ele que Deus criou os céus, foi por ele que encerrou o mar em seus limites; ele é aquele cujas leis misteriosas todos os elementos cósmicos observam fielmente; é aquele de quem o sol recebeu a lei que deve observar em seu curso diário; é aquele a quem obedece a lua, que brilha durante a noite; é aquele a quem obedecem os astros que acompanham a lua em seu curso; é aquele de quem todas as coisas receberam disposição, limites e hierarquia [...]; é aquele que Deus enviou aos homens [...] com toda a clemência e doçura, como um rei envia seu filho. Ele o enviou como Deus que era, enviou-o como convinha que fosse para os homens — para os salvar pela persuasão, não pela violência: não há violência em Deus[44].

3. A LUTA CONTRA O DUALISMO GNÓSTICO: DE IRENEU A TERTULIANO

A liberalidade criadora da Trindade em Ireneu

OS TEXTOS: IRENEU DE LIÃO, *Contre les hérésies*; ed. A. Rousseau, Paris, Cerf, 1984; *Démonstration de la predication apostolique*; ed. A. Rousseau, *SC* 406, 1995. — TERTULIANO, *Opera*, *CCSL* 1-2, Turnhout, Brepols. 1954.

INDICAÇÕES BIBLIOGRÁFICAS: A. ORBE, *Teología de san Ireneo*, I, II, III, Madrid-Toledo, *BAC*. La Editorial Catolica. 1985, 1987, 1988.

Na confrontação com o gnosticismo[45], destaca-se a figura de Ireneu. Com ele, estamos na presença de um pensamento muito elaborado, que une na mesma

---

43. *Supplique au sujet des chrétiens*, 10,2; *SC* 379, p. 101.
44. *À Diognète*, 7,2-4; *SC* 33 bis, pp. 67-69.
45. Cf. t. I, pp. 37-42.

perspectiva a criação e a salvação do homem, de um lado, e a liberdade da criação e a criação *ex nihilo*, de outro.

Em face da separação gnóstica entre Deus criador e Deus salvador, Ireneu afirma claramente que a criação é uma iniciativa do Pai, por suas duas mãos, o Filho e o Espírito, aos quais se dirige o convite de Gn 1,26: "Façamos o homem..."[46] O Deus criador é o Pai de Jesus Cristo. Toda a Trindade opera na criação; para isso, Ireneu demonstra que há somente um Deus, em quem tudo tem sua origem. Esse Deus criador, uno e trino, não tem necessidade de nada. Ireneu repete com frequência a ideia, que não lhe é própria, de um Deus sem nenhuma indigência. Ele, incriado, sem princípio nem fim, basta a si mesmo e outorga o ser a todas as outras coisas[47]: "Deus não tem necessidade do que quer que seja; mas é por seu Verbo e seu Espírito que faz tudo, ordena tudo, governa tudo, dá o ser a tudo"[48]. Ele não tem necessidade da mediação dos anjos nem de outros seres. Essa suficiência de Deus, que cria com seu Filho e seu Espírito, serve, de um lado, para acentuar seu poder, que não tem nenhuma necessidade de intermediários, e, de outro, para ressaltar a dignidade da criação material, em particular do homem, formado pelas mãos divinas[49]. E, se o Pai não é indigente, o Filho, por quem tudo foi feito, também não o é:

> Essa amizade de Abraão, não foi por causa de uma indigência que o Verbo de Deus a adquiriu, ele que é perfeito desde o início [...], mas foi para poder, ele, que é bom, dar a Abraão a vida eterna, pois, aos que a obtêm, a amizade de Deus concede a incorruptibilidade. No começo, não foi porque tinha necessidade do homem que Deus modelou Adão, mas para ter alguém a quem dirigir seus benefícios. Pois não somente antes de Adão, mas antes de qualquer criação, o Verbo glorificava o Pai, permanecendo todo nele, e ele era glorificado pelo Pai [...]. Não foi porque tinha necessidade de nosso serviço que ele nos mandou que o seguíssemos, mas para obter para nós a salvação[50].

Se Deus não é indigente, ele cria porque quer, livremente. Antes da criação, o Pai e o Filho se bastam a si mesmos em sua mútua glorificação. A liberdade da criação fundamenta-se na plenitude da vida intradivina. Em outra parte, a mesma ideia é repetida: Deus, pelo Filho e pelo Espírito, "fez todas as coisas, livremente e com toda a independência"[51]. As próprias ideias da criação do mundo, ele as recebeu de si mesmo, sem necessidade de que algum outro lhas comunicasse[52]. Tudo é pura benignidade de Deus. A liberdade criadora de Deus

---

46. Cf. IRENEU, *CH*, IV, Pref. 4; V,5,1; 6,1; 28,4; Rousseau, pp. 404, 580, 582, 654.
47. Cf. *CH*, III,8,3; p. 296.
48. *CH*, I,22,1; p. 104.
49. Cf. *CH*, IV,7,4; p. 425; *Démonstration*, 11; *SC* 406, p. 99.
50. *CH*, IV,13,4-14,1; Rousseau, pp. 445-446.
51. *CH*, IV,20,1; p. 468; II,1,1; p. 139.
52. Cf. *CH* IV,20,1; p. 468.

contrasta com as ideias pagãs e gnósticas. De acordo com o mundo pagão, como vimos, a matéria é incriada e, portanto, necessária. De outro ponto de vista, para os gnósticos, Deus era livre na organização de sua economia, mas o demiurgo que formava o mundo não o era. Ele se julgava deus, pensava que agia livremente, mas na realidade agia de modo cego, segundo os estímulos de um outro, o Verbo, que ele não conhecia[53]. Daí a insistência de Ireneu sobre o fato de Deus não receber de outros suas ideias. Orígenes o acompanhará nessa oposição às doutrinas gnósticas que afirmavam um estímulo do Verbo sobre o demiurgo[54].

A livre criação, por iniciativa espontânea de Deus, que procura somente o bem das criaturas, é unida à criação *ex nihilo*. As duas ideias se juntam com frequência. "O que é impossível aos homens é possível a Deus" (Lc 18,27). Ireneu aplicará a fórmula à criação: os homens não podem fazer coisa alguma *ex nihilo*. O poder de Deus se manifesta no fato de ele mesmo dar o ser à matéria sobre a qual ele trabalha[55]. A "primeira criação" da matéria informe e a "demiurgia", ou a disposição concreta que leva a criação a seu termo, são também obras de Deus, que cria por pura bondade: "Em luta contra os gnósticos, [Ireneu] faz da bondade de Deus a origem da matéria informe. Os valentinianos invocavam a ignorância, o erro do Eon [...] como a origem mítica da *creatio prima*, não da demiurgia. Contra eles, Ireneu indica sua solução: a bondade de Deus é a origem da demiurgia [...], mas também da matéria informe"[56]. Tudo provém da bondade de Deus: "como princípio e como causa do mundo, a bondade de Deus"[57]. A "substância" da primeira criação é sua sabedoria, seu poder e sua vontade: "O Criador, por si mesmo, livremente e por sua própria iniciativa, fez e ordenou todas as coisas, e [...] unicamente sua vontade é a matéria (substância) de onde ele tudo tirou"[58]. O que está subjacente, segundo Ireneu, a tudo o que existe é a vontade de Deus. Não se trata da "substância" em sentido físico, mas do que dá subsistência, do que sustenta em última análise tudo o que existe. E isso não somente no primeiro instante da criação, mas todo o tempo: "Eles [todos os seres] duram, todavia, e prolongam sua existência enquanto duram os séculos, segundo a vontade de Deus, criador deles"[59].

Uma vez admitido esse princípio geral segundo o qual todas as coisas têm em Deus sua origem, Ireneu mostra-se mais prudente e reservado quando se trata de explicar com base em que Deus produziu essa primeira matéria. Ele se contenta em dizer que a tira de si mesmo (*a semetipso*)[60]. Ele parece justificar

---

53. Cf. A. ORBE, *Introducción a la teología de los siglos II y III*, pp. 175s.
54. Cf. ORÍGENES, *Commentaire sur Jean*, 11,14,102; *SC* 120, p. 275.
55. IRENEU, *CH*, II,10,4; Rousseau, p. 164; IV,20,2 em que Ireneu cita *O Pastor*, de Hermas; p. 469.
56. A. ORBE, *op. cit.*, p. 146.
57. IRENEU, *CH*, III,25,5; Rousseau, p. 398.
58. *CH*, II,30,9; p. 254; cf. II,10,2.4; pp. 165-166; *Démonstration* 32; *SC* 406, 129.
59. *CH*, II,34,2; Rousseau, p. 267. Essa criação tem um começo temporal, como o indicam as Escrituras, *ibid*.
60. *CH*, IV,20,1; p. 468. Cf. ORBE, *op. cit.*, p. 148.

sua prudência — não entrar em especulações ulteriores — pela impossibilidade de explicar a geração do Verbo[61].

O vínculo da criação com o mistério de Cristo é muito claro em Ireneu. Já fizemos referência à intervenção do Filho e do Espírito na formação do universo. De outra parte, no Verbo pregado na cruz aparece a eficácia invisível do Verbo criador:

> Pois o Autor do mundo é, com toda a verdade, o Verbo de Deus. É ele nosso Senhor: ele mesmo, nos últimos tempos, fez-se homem, mesmo que ele já estivesse no mundo e, no plano invisível, abrangesse todas as coisas criadas e se encontrasse mergulhado (*infixus*) na criação toda, como Verbo de Deus, governando e dispondo todas as coisas. Eis por que "ele veio" de modo visível "para o que era seu" (Jo 1,10-11), "fez-se carne" (Jo 1,14) e foi elevado na madeira (cf. Dt 21,22-23), a fim de recapitular todas as coisas em si[62].

De modo semelhante, na *Demonstração da pregação apostólica*:

> Porque ele é o Verbo de Deus todo-poderoso, Verbo que, no plano invisível, é coextensivo à criação toda e sustenta seu comprimento, sua largura e sua profundidade — pois é pelo Verbo de Deus que o universo é regido. Foi também crucificado nessas quatro dimensões, ele, o Filho de Deus que já se encontrava esculpido em forma de cruz no universo[63].

Sem entrar em considerações pormenorizadas sobre o sentido desses textos, vamos apenas dar destaque à relação que se instaurou aqui entre a eficácia cósmica do Verbo e a crucifixão visível de Jesus. Precisamente porque em sua ação salvadora Jesus convida os homens dispersos ao conhecimento do Pai, manifesta-se o governo e a "disposição" do Verbo, que faz existir a coesão do mundo inteiro com uma eficácia universal. "Era conveniente que, encarnado para a salvação dos homens [... o Verbo] — obedecendo ao Pai —, adotasse uma forma que tornasse sensível a eficácia invisível do Verbo sobre o universo."[64] É muito possível que Justino tenha já antecipado esse pensamento[65].

Deus e a criação da matéria em Tertuliano

Igualmente, é claro para Tertuliano que a matéria foi criada por Deus. Se assim não fosse, Deus dependeria dela e lhe seria submisso. O mundo material

---

61. Cf. *CH*, II,28,5.7; pp. 239-340.
62. *CH*, V,18,3; p. 625.
63. *Démonstration* 34; *SC* 406, pp. 131-133.
64. A. ORBE, *Teología de san Ireneo*, II, p. 238.
65. Cf. *1re Apologie*, 55. Cf. J. J. AYÁN, *Antropología de san Justino*, pp. 112s.

permite conhecer a Deus como todo-poderoso. Mas Deus não mereceria esse título se a matéria não fosse criada por ele. Se não afirmamos essa criação, pensamos em dois deuses, não em um só[66]. É o conceito de Deus que está em jogo quando se trata do problema da criação da matéria primeira. De outra parte, a questão da origem do mal também está em estreita relação com a doutrina da criação livre e *ex nihilo*. Pôr na matéria, que Deus não teria criado, a origem do mal redunda em atribuir a Deus o mal, pois ele se serve dela para a configuração do mundo. Só poderemos justificar Deus se lhe atribuirmos a necessidade de criar; mas a Deus corresponde a liberdade e não a necessidade[67]. Deus é o único que não tem origem[68].

A ligação entre a geração do Verbo e a criação é igualmente posta em destaque por Tertuliano[69]. A sabedoria de Deus, que lhe é coeterna, é, na realidade, mas num sentido original, a "matéria" de que tudo provém. Dessa sabedoria coeterna, e em vista da criação do mundo, vem a Sabedoria pessoal, o Verbo, em quem se encontram, como em sua fonte, todas as coisas decididas e queridas por Deus. O Deus criador da matéria informe se faz Pai, em sentido estrito, quando gera o Filho para a construção do mundo, que começa em Gn 1,3. É aí que começa a mediação universal do Filho, com seu nascimento perfeito como Sabedoria pessoal[70]. A intervenção de toda a Trindade na criação é igualmente ressaltada por nosso autor quando interpreta o "Façamos...", de Gn 1,26, como dirigido por Deus Pai ao Filho e ao Espírito Santo[71].

4. O DIÁLOGO COM A FILOSOFIA: CLEMENTE DE ALEXANDRIA E ORÍGENES

OS TEXTOS: CLEMENTE DE ALEXANDRIA, *Protreptique*; ed. C. Mondésert, *SC* 2 bis, 1976; *Le Pédagogue*; I, ed. H. I. Marrou et M. Harl, *SC* 70, 1960; II, eds. C. Mondésert et H.-I. Marrou, *SC* 108, 1965; III, ed. C. Mondésert, Ch. Matray et H.-I. Marrou, *SC* 158, 1970; Les Stromates, I, eds. C. Mondésert e M. Caster, *SC* 30, 1951; V, ed. A. Le Boulluec e P. Voulet, *SC* 278-279, 1981; I-VII, ed. O. Stählin. *GCS* 15; 17, Leipzig, 1909.

ORÍGENES, *Traité des Principes*, eds. H. Crouzel e M. Simonetti, *SC* 252 e 268, 1978 e 1980. — *Homélies sur la Genèse*; ed. L. Doutreleau, *SC* 7 bis, 1976.

---

66. Cf. TERTULIANO, *Contre Hermogène*, 4,7-8 e 20; *CCSL* 1, pp. 400, 403 e 414.
67. Cf. *ibid.*, 16; *CCSL* 1, p. 410.
68. *Contre Marcion*, V,1,1; *CCSL* 1, p. 663.
69. Cf. t. 1, pp. 13-196.
70. Cf. *Contre Hermogène*, 18-19; *CCSL* 1, pp. 411-413; *Contre Praxéas*, 6,3-4; 7,1 e 12; *CCSL*, 1, pp. 1164, 1165 e 1173. Cf. A. ORBE, *Introducción a la teología de los siglos II y III*; p. 139; G. SCARPAT, *Q. S. F. Tertuliano. Contro Prassea*, Turim, Società Ed. Internazionale, 1985, pp. 65s.
71. Cf. *Contre Praxéas*, 12,3; *CCSL* 1, p. 1173. Cf. também *Contre Hermogène*, 45,2; *CCSL* 1, p. 434.

A escola de Alexandria reage de modo diferente de Ireneu e Tertuliano aos problemas indicados pela gnose ao pensamento cristão. Os alexandrinos tentarão dialogar, mais que se opor frontalmente. A influência da filosofia grega é sem dúvida mais forte neles que nos autores analisados até aqui. Assim, Clemente de Alexandria parece sustentar às vezes uma criação simultânea, abandonando a realidade dos seis dias do Gênesis[72]. Esse ato criador se prolonga indefinidamente; Deus não cessa de agir nem de fazer o bem, sem o que ele deixaria de ser Deus. Mas Clemente dá muita importância à relação que existe entre a ação criadora de Deus por seu Verbo e a salvação que esse Verbo traz por ocasião de sua vinda à terra. Nós fomos eleitos nele antes da criação do mundo, porque tínhamos de existir nele; fomos antes gerados por Deus, nós, criaturas racionais do Deus Verbo, pelo qual existimos desde o começo, pois "no começo existia o Verbo". O Verbo é assim o começo de todas as coisas[73]. O Verbo, o Cristo, é ao mesmo tempo a causa de nossa existência desde muito tempo e a causa da bondade de nosso ser. Em sua dupla condição de Deus e de homem, ele é para nós a causa de todos os bens da criação e da graça[74].

Também para Orígenes a função criadora do Verbo é de grande alcance. O Verbo de Deus é o modelo segundo o qual o mundo foi criado, e ele é ao mesmo tempo o instrumento inteligente, o colaborador do Pai na criação. O Filho é a sabedoria que encerra em si o mundo inteligível. Este foi criado pelo Pai na geração eterna do Filho; constitui, por conseguinte, uma criação "coeterna" com Deus. A razão dessa afirmação é que Deus não pôde sofrer mudança e, portanto, teve de ser criador desde sempre. Assim, a criação acontece no "começo (Gn 1,1; Jo 1,1), entendido não como o começo temporal, mas como o fundamento transcendente (*arché*) de toda a criação[75]. Orígenes considera também a salvação em ligação com a criação inicial: "Foi nesse começo, ou seja, em seu Verbo, que 'Deus fez o céu e a terra'"[76]. Existe, além disso, uma intervenção diferenciada de cada uma das pessoas divinas na criação, que é a obra comum dos três. O Pai dá o ser; o Filho, a razão; o Espírito, a santidade[77].

A criação do mundo visível que conhecemos não é, para Orígenes, a criação primeira e original. A mentalidade do alexandrino é muito diferente da dos autores considerados até o momento. Para eles, segundo o esquema bíblico, era a criação dos seres deste mundo que estava no centro de interesse. Para Orígenes, ao contrário, antes da criação da realidade sensível, existe a criação do mundo espiritual, das almas preexistentes; em suma, a criação de que nos fala Gn 1,1. A criação do mundo visível começa a ser narrada em Gn 1,2,

---

72. Cf. *Stromates*, VI,16,141-142; *GCS* 15, pp. 503s.
73. Cf. *Protreptique*, I,6,4-5; *SC* 2 bis, pp. 59-60.
74. Cf. *ibid.*, I,7,1; p. 60.
75. Cf. *Traité des Principes*, I,4,5; *SC* 252, p. 173; *Commentaire sur Jean*, I,17,102; *SC* 120, p. 113; II,4,36; p. 231.
76. 76. *Homélies sur la Genèse*, 1,1; *SC* 7 bis, p. 25.
77. Cf. *Traité des Principes*, I,3,5-8; *SC* 252, pp. 152-165.

quando se trata da criação do firmamento. Ela é a consequência do pecado das almas e, por conseguinte, constitui, de algum modo, uma queda[78]. Orígenes demonstra assim a liberdade dos seres racionais, contra qualquer ideia determinista. Este mundo material será levado pelo Cristo até a consumação final, segundo 1Cor 15,28[79].

As *Homilias sobre o Gênesis* de Orígenes são os mais antigos comentários desse livro que possuímos. Depois dele, outros comentaram os seis dias da criação (o *Hexaemeron*): Basílio, Gregório de Nissa, Ambrósio em especial. Encontram-se assim assentadas as bases dos futuros tratados medievais em que os seis dias da criação serão objeto de estudos pormenorizados.

5. A CRIAÇÃO NO SÍMBOLO DE NICEIA

Antes de passar ao estudo dos grandes autores do século IV, convém nos determos nas afirmações sobre a criação contidas no símbolo de Niceia (325)[80]. A criação é tratada em relação com o primeiro artigo de fé, referido ao Pai, e é atribuída a Deus Pai de modo especial. No contexto da luta antiariana, o Todo-Poderoso, o criador, é o Pai; é este o nome pessoal da primeira pessoa da Trindade, o Pai do Filho que lhe é consubstancial. Deus não se torna Pai quando cria; mas sua paternidade é um mistério anterior à criação. De Deus, Pai do Filho único, afirmamos que ele é "todo-poderoso", depois de uma longa série de "Credos" anteriores. Esse título já é empregado por Clemente de Roma. Ao Pai é atribuída a criação de tudo, do visível e do invisível, portanto, do mundo material e espiritual. A possibilidade de uma parte do mundo não ser criada por Deus é recusada, e a possibilidade do dualismo, excluída. De outra parte, é acrescentado, seguindo as afirmações neotestamentárias, que tudo foi feito pela mediação de Jesus Cristo, o Filho. O Pai é, pois, a origem de tudo, com a mediação do Filho. O Filho único, consubstancial ao Pai, é gerado e não criado. Há, por conseguinte, dois modos diferentes de provir de Deus, a geração, que se refere ao Filho, e a criação, que se aplica a todos os seres visíveis e invisíveis.

A menção de "seres visíveis e invisíveis" inclui a criação dos anjos, sobre os quais os primeiros Padres pouco falaram formalmente, apenas invocando com frequência a existência deles[81]. A certeza que tinham sobre a existência dos

---

78. Cf. *ibid.*, I,8,1; p. 221.
79. No capítulo sobre a escatologia, voltaremos sobre alguns desses pontos particulares, cf. *infra*, pp. 353-358.
80. *COD* II-2, p. 35; *DzS* 125; *FC* 2. — Cf. t. 1, pp. 99-100.
81. Cf. CLEMENTE DE ROMA, *Aux Corinthiens*, 34,5; *SC* 167, p. 155. — HERMAS, *Le Pasteur*, Vis. III,4,1; *SC* 53, p. 109. — JUSTINO, *1ᵉʳ Apologie*, 6,2; Wartelle, p. 105, em que a menção aos anjos está inserida numa fórmula de fé trinitária. — TACIANO, *Discours aux grecs*, 7; ed. A. Puech, *op. cit.*, p 117. — ATENÁGORAS, *Supplique au sujet des chrétiens* 10,24. — IRENEU, *Démonstration*, 9; *SC* 406, p. 97. — ORÍGENES, *Traité des Principes* I, Pref. 10; *SC* 252, p. 89, que afirma que a existência dos anjos pertence "à pregação eclesiástica".

anjos, espontaneamente apoiada no testemunho da Escritura, era para eles da ordem da evidência. Representavam-nos como os que formam a corte celeste e são mensageiros de Deus junto aos homens. No Antigo Testamento os anjos tinham um papel de preparação em vista de Cristo; no nascimento deste, eles o glorificam; e continuam a seu serviço, bem como a serviço da Igreja até o acabamento escatológico. Entretanto, não participaram da criação do mundo, como nas teorias gnósticas.

Mas os Padres têm poucos pronunciamentos sobre a natureza dos anjos (é ela puramente espiritual, uma vez que a espiritualidade é própria de Deus?) ou sobre o momento da criação deles (antes da criação do mundo, de acordo com Orígenes, ou "depois"?) e menos ainda sobre o número deles. É preciso esperar o Pseudo-Dionísio para que a perspectiva da "hierarquia angélica" seja evocada.

6. NO SÉCULO IV, NO ORIENTE: A CRIAÇÃO, OBRA TRINITÁRIA

> **OS AUTORES E OS TEXTOS**: ATANÁSIO. *Contre les païens*; ed. P. Th. Camelot, *SC* 18 bis, 1977. — DÍDIMO CEGO, *Sur la Genèse*; eds. P. Nautin et L. Doutreleau, *SC* 233 e 244, 1976 e 1978. — BASÍLIO DE CESAREIA, *Homélies sur l'Hexaémeron*; ed. S. Giet, *SC* 26 bis, 1968. — GREGÓRIO DE NISSA, *La création de l'homme*; *PG* 44, 123-256; ed. J. LAPLACE, *SC* 6, 1943; *PF*, trad. J. Y. Guillaumin. 1980.

A clara afirmação, no concílio de Niceia, da divindade do Filho e de sua consubstancialidade com o Pai resolve certas ambiguidades sobre a legação que une a criação à geração do Verbo. Atanásio retoma a antiga ideia alexandrina do Filho como "razão" que criou e governa o universo participante dele; para ele, tudo foi criado, e sua função mediadora universal se estende à conservação do mundo em todo o momento de sua existência:

> Se a criação se movesse sem razão, e se o universo tivesse nascido por acaso, poderíamos com justiça pôr em dúvida nossas afirmações; mas, uma vez que o mundo foi produzido com razão, sabedoria e ciência, e foi ornado de toda a beleza, é preciso que aquele que o preside e o organizou não seja outro senão o Verbo de Deus [...]. Sendo o Verbo bom do Pai bom, foi ele quem dispôs a ordem de todas as coisas [...]. É ele que, poder de Deus e sabedoria de Deus (1Cor 1,24), faz girar o céu, detém a terra [...]. Tudo subsiste pelo Verbo e pela Sabedoria de Deus, e [...] nada do que existe se sustentaria se não tivesse sido produzido por um Verbo, e um Verbo divino[82].

O Verbo está assim presente em todas as coisas e governa o universo. Uma vez esclarecidas a eternidade da geração do Verbo e a independência desta em relação à criação do mundo, põe-se o problema da interpretação do texto de

---
82. ATANÁSIO, *Contre les païens*, 40; *SC* 18 bis, pp. 185-189.

Pr 8,22: "O Senhor engendrou-me primícia (*archén*) de sua ação". Segundo Atanásio, essa criação indica que a forma do Verbo, Sabedoria de Deus, é criada em suas obras, ou seja, há nas criaturas a imagem e o reflexo da Sabedoria criadora. E ele acrescenta imediatamente a citação do versículo de Pr 8,25: "Antes das colinas, eu fui gerada", a fim de que da primeira afirmação não tiremos a consequência de que o Filho, Sabedoria de Deus, foi criado do mesmo modo que as outras criaturas[83].

Hilário, que frequentou muito o Oriente, considera que a criação foi determinada na eternidade de Deus. Desde sempre, a Sabedoria, o Filho, assistiu ao Pai na decisão divina de criar. Essa criação desenvolveu-se a seguir no tempo, durante os seis dias de que nos fala Moisés[84]. Quando Gn 1,1 lembra o "início", é em referência ao início temporal, distinto do início intemporal e eterno, que é a presença do Filho junto de Deus (Jo 1,1)[85]. A mediação criadora universal do Filho foi amplamente desenvolvida pelo bispo de Poitiers. O Pai é aquele que ordena; o Filho, aquele que executa o que foi ordenado. Vemos assim a unidade dos dois e sua igualdade de poder[86].

Na controvérsia com os macedônios ou com os pneumatômacos[87], que rejeitavam a divindade do Espírito Santo, controvérsia que se seguiu imediatamente à luta antiariana, Atanásio e os capadócios foram levados a sublinhar o papel criador do Espírito Santo, juntamente com o Pai e o Filho, diferenciando suas funções das das outras duas pessoas. Atanásio considera que o Pai criou todas as coisas pelo Filho, no Espírito: "o Pai cria e renova todas as coisas pelo Verbo, no Espírito Santo"; "o Pai faz todas as coisas pelo Verbo, no Espírito"[88]. Para Basílio de Cesareia, o Pai é a causa principal da criação, o Filho é a causa que a realiza, e o Espírito Santo é a causa que a leva à perfeição[89]. Gregório de Nazianzo utiliza uma terminologia semelhante, que distingue a causalidade diferenciada das três Pessoas divinas na criação, mas segundo a unidade da ação divina[90].

O Símbolo de Constantinopla, em 381, acrescenta ao primeiro artigo de Niceia a menção do céu e da terra, antes do visível e invisível[91]. Esse símbolo desenvolve o artigo correspondente ao Espírito Santo, mas sem falar explicitamente da citação. Poderíamos talvez encontrar uma alusão indireta a essa função criadora no "que dá a vida", minis diretamente referido à ação salvadora.

---

83. *Contre les Ariens*, II,80; *PG* 26, 317 a.
84. HILÁRIO, *La Trinité*, XII,40; *CCSL* 62 A, pp. 611s; ed. A. Martin, *PF* (1981), III, pp. 141-142.
85. *Ibid.*, II,13; *CCSL* 62, p. 50s; *PF* I, p. 74.
86. Cf. entre outros *La Trinité* V,5; *CCSL* 62 A, pp. 154-156; *PF* I, p. 175.
87. Cf. t. 1, pp. 229-230.
88. *Lettres à Sérapion*, I,24 e 28; *PG* 26, 588 e 596; *SC* 15, pp. 127 e 134. Cf. também III, 5; *PG*, 632; *SC* p. 170.
89. *Sur le Saint-Esprit*, XVI,37-38; *SC* 17 bis, pp. 374-378.
90. Cf. *Discours*, 34,8; 39,12; *SC* 318, p. 212, e 358, p. 173.
91. *COD* II-1 p. 73; *DzS* 150; *FC* 8/1.

7. AGOSTINHO E A LUTA CONTRA O MANIQUEÍSMO

OS TEXTOS: AGOSTINHO, *La Cité de Dieu*; ed. G. Bardy et G. Combés, *BA* 33-37, 1959-1960. — *La Genèse aus sens littéral*; eds. P. Agaësse et A. Solignac, *BA* 48, 1972. — *La Trinité*; eds. M. Mellet, Th. Camelot, P. Agaësse et J. Moingt; *BA* 15-16, 1955. — *Nature et origine de l'âme*; eds. J. Plagnieux et F. J. Thonnard, *BA* 22, pp. 376-667, 1975.

INDICAÇÕES BIBLIOGRÁFICAS: G. PELLAND, *Cinq études d'Augustin sur le début de la Genèse*, Tournai-Montreal, Desclée, 1972.

Agostinho merece menção especial no percurso da história da doutrina da criação. Como ele, foram poucos os autores que consagraram tanta atenção aos primeiros versículos do Gênesis; em muitas ocasiões retorna a eles[92]. Em sua exposição sobre as primeiras palavras de Gn 1,1, Agostinho segue a interpretação já encontrada em Orígenes: o "no início" quer dizer "em seu Filho", mesmo que seja claro para ele que a geração eterna do Verbo não é função da criação do mundo conhecido. Essa interpretação repete-se ao longo de todas as suas obras. Uma passagem das *Confissões* é, suficientemente eloquente: "Visto que foste tu, o Pai, no Princípio de nossa sabedoria — princípio que é tua sabedoria, nascida de ti, igual a ti e coeterna, ou seja, em teu Filho — que fizeste o céu e a terra"[93]. A interpretação simplesmente "cronológica", entretanto, não é excluída[94]. O Verbo não precede as criaturas no tempo, uma vez que, coeterno com o Pai, transcende o tempo; sua prioridade se encontra em outra ordem. A criação do mundo, no Verbo, está ligada igualmente à não-indigência divina e ao fato de que Deus cria por amor: "Há, com efeito, em Deus uma benignidade soberana, santa, justa, bem como um amor por suas obras que não procede da indigência, mas da beneficência"[95]. O Espírito Santo intervém, portanto, igualmente na criação, visto que Agostinho a une a essa noção de amor. Gn 1,2 nos fala do Espírito que paira sobre as águas do caos original. A bondade das criaturas, evocada com tanta frequência em Gn 1, refere-se à ação do Espírito Santo. Se na fórmula "Deus disse" vemos a Palavra, o Verbo de Deus mediador da criação, a "bondade" — o Espírito —, faz com que as coisas continuem sendo o que são, sendo objeto do amor divino[96]. O Espírito aparece assim associado à obra do Pai e do Filho: nele as coisas têm sua consistência; é ele que termina a obra criadora e, ao mesmo tempo, começa nele a volta de todas as coisas a Deus. É possível que haja aqui influências do esquema neoplatônico da

---

92. Cf. G. PELLAND, *Cinq études d'Augustin sur le début de la Genèse*.
93. *Confessions*, XIII,5,6; *BA* 14, p. 433. Cf. também XI,5,7; p. 283; e *La Citè de Dieu*, XI,33; *BA* 35, p. 137.
94. *La Citè de Dieu*, XI,6,9; *BA* 35, pp. 51-57.
95. *La Genèse au sens littéral*, I,5,11; *BA* 48, p. 97.
96. *Ibid.*, I,6,12; 8,14; *BA* 48, pp. 97s, 101.

emanação[97]. De outra parte, ressaltou-se que essa visão trinitária da criação não está especialmente ligada à história da salvação, que culminará em Jesus Cristo[98].

Deus fez todas as coisas porque ele quis: "A vontade de Deus é a causa do céu e da terra"[99]. Diante dos maniqueus, que admitem um duplo princípio, um para o mundo material, o outro para o espiritual, Agostinho insiste sobre a criação de tudo por Deus e, por conseguinte, sobre a participação de todas as criaturas na bondade de Deus, de quem procedem. Essa participação é compatível com a distinção radical entre Deus e as criaturas. Na qualidade de algo criado, o mundo não é eterno, teve um começo. A ação criadora de Deus compreende tudo o que existe, todas as coisas visíveis e invisíveis, intelectuais e corporais[100].

Ao lado da ideia clara da criação *ex nihilo* de tudo por Deus, com a mediação do Verbo, subsiste ainda em Agostinho a concepção da criação da matéria informe, objeto, num segundo tempo, da "conformação". Assim, podem ser resolvidas as dificuldades levantadas por Gn 1,1-2, a criação do céu e da terra, bem como o fato de que esta última seja informe.

As criaturas espirituais, os anjos

Diferentemente dos primeiros autores cristãos, que se preocupavam sobretudo com a criação material, Agostinho vê no céu do primeiro versículo do Gênesis não apenas o firmamento visível, mas também as criaturas espirituais. A elas também consagrará a continuação do comentário. Em Gn 1,3, com efeito, fala-se do "ele disse" (*dixit*), e não apenas do "ele fez" (*fecit*), quando se trata da criação da luz. A luz parece ser uma criatura espiritual, ainda que não se exclua que se tratasse também de uma luz material[101].

As criaturas espirituais, os anjos, são chamadas pela ação do Verbo à "conversão" ao Criador, e assim são iluminadas. Seria esse o sentido da criação da luz, sabedoria *criada*. A criatura, mesmo espiritual, informe em sua primeira etapa, não reproduz ainda a imagem do Verbo. Mas, a partir dessa comunicação da luz, produz-se sua conversão (*conversio*) ao Criador e se torna, consequentemente, um reflexo do que é o Verbo. Somente por essa iluminação do Verbo é que as criaturas angélicas se convertem em luz[102]. Se elas se separam dessa luz, são reduzidas às trevas. Estas não têm realidade em si mesmas, são a ausência de luz, uma vez que é a perda do bem que recebe o nome de mal[103].

---

97. Cf. G. PELLAND, *op. cit.*, pp. 166s.
98. Cf. L. SCHEFFCZYK, *op. cit.*, p. 109.
99. *Sur la Genèse contre les manichéens*, I,2,4; *PL* 34. 175.
100. Cf. *Livre inachevé sur la Genèse*, 1,2; *CSEL* 28, pp. 459s; G. PELLAND, *op. cit.*, p. 119.
101. Cf. *La Genèse au sens littéral*, I 19,38; *BA* 48, p. 135.
102. *Confessions*, XIII,2,3; 3,4; *BA* 14, pp. 429, 431.
103. *La Cité de Dieu*, XI,9-11; *BA* 35, pp. 57-63.

Os anjos não somente são criados, mas iluminados, para viver na beatitude. A divisão da luz e das trevas, de Gn 1,4, cria também dificuldades de interpretação. De certo modo, trata-se de demonstrar que tudo já está ordenado e que nada está ainda na "informidade" de Gn 1,2. Mas pode ser também a separação dos anjos bons e maus. Com efeito, diferentemente do que acontecerá nos demais dias da criação, afirma-se aqui que Deus viu que a luz era boa, antes da separação das trevas: "Deus viu que a luz era boa. Deus separou a luz da treva" (Gn 1,4).

Agostinho, como vemos, atribui grande importância à criatura espiritual em suas reflexões sobre os primeiros versículos do Gênesis. E não somente a primeira na ordem cronológica, mas, de certo modo, também na ordem hierárquica[104]. É certo, todavia, que se trata de criaturas que não são coeternas com Deus

> Tampouco é coeterna contigo a criatura de quem somente tu és a satisfação; que se sacia em ti na mais constante castidade e não experimenta em nenhum lugar nem jamais sua mutabilidade natural; que, gozando de tua perpétua presença, ligada a ti com todo seu amor [...] contempla tuas delícias sem que nenhuma fraqueza a faça partir para outra coisa[105].

As criaturas intelectuais vivem, assim, na contemplação permanente e beatificadora de Deus; constituem a Igreja celeste, nossa mãe, em quem também nós nos reuniremos[106]. No começo da criação, contemplamos seu fim, e em particular o dos homens.

Os pontos consistentes do pensamento de Agostinho

Agostinho não elaborou uma síntese coerente de todos os elementos de sua doutrina. Suas interpretações dos primeiros versículos do Gênesis são hipóteses que não excluem outras soluções. A análise de suas diferentes obras mostra suas mudanças de opinião e, sobretudo, uma diversidade de enfoques ao longo de sua vida. Trata-se de aproximações que, apesar de tudo, deixam entrever alguns pontos claramente estabelecidos. Diante dos dualismos platônico e maniqueu, e dos monismos de tipo estoico, Agostinho insiste na diferenciação radical entre Deus e a criatura e na bondade desta última; se tudo foi criado por Deus, tudo pode participar de sua bondade. Por conseguinte, o mal não vem do mundo material, mas da livre vontade da criatura racional. Deus faz sair *ex nihilo*, por vontade sua, a criatura diferente dele, sem que essa criação implique

---

104. Cf. G. PELLAND, *op. cit.*, pp. 120-121.
105. *Confessions*, XII, 11,12; *BA* 14, p. 361.
106. *Ibid.*, XII,15,20; p. 373; *La Genèse au sens littéral*, V,19,38; *BA* 48, p. 427.

a mutabilidade nele; e essa dessemelhança informe transforma-se em semelhança pela ação do mesmo Deus:

> Sem mudar de modo algum ou sem que tenha surgido uma vontade que antes não existia, tu fizeste todas as coisas; tu as fizeste, não tirando de ti tua Semelhança, forma de todas as coisas, mas tirando do nada uma dessemelhança informe que tomaria forma por tua Semelhança ao voltar para ti, o Uno, segundo a capacidade determinada para cada ser, na medida em que lhe seria concedido segundo seu gênero: assim seriam feitos os seres, *todos muito bons* (cf. Gn 1,31)[107].

Segundo a reflexão profunda de Agostinho, a bondade das coisas vem do fato de Deus as ver boas. Por conseguinte, vê a bondade das coisas aquele que as vê no Espírito de Deus:

> Assim, tudo aquilo que eles veem no Espírito de Deus, quando veem que é bom, não são eles, mas Deus que vê que é bom [...] Por esse Espírito, vemos que tudo, de qualquer modo que exista, é bom, pois existe por aquele que não existe de uma maneira qualquer, mas que é aquele que é[108].

A criação que abre o tempo abre igualmente a história e a novidade, porque nas origens há a graça, a liberdade de Deus, não a necessidade[109]. Sendo assim, a criação não está ligada de modo explícito ao começo da história da salvação. Agostinho insiste mais sobre a criação no Filho, Palavra preexistente do Pai, do que no Filho que deve encarnar-se. Já mostramos isso a propósito da criação como obra da Trindade.

8. AS INTERVENÇÕES CONCILIARES DO FIM DA IDADE PATRÍSTICA

Nessa época começam as primeiras tomadas de posição dos concílios, referindo-se diretamente ao tema da criação. Os textos que consideramos até o momento, os dos concílios de Niceia e de Constantinopla, aportavam-se à criação no contexto da doutrina trinitária. O mesmo acontecerá no segundo concílio ecumênico de Constantinopla, em 553. A obra das três pessoas na criação é explicitada numa expressão que segue de perto a de Atanásio e de Gregório de Nissa: "Pois há um só Deus e Pai, de quem são todas as coisas, um só Senhor Jesus Cristo, por quem são todas as coisas, um só Espírito Santo, em quem são todas as coisas"[110].

---

107. *Confessions*, XII,28,38; *BA* 14, p. 411.
108. *Ibid.*, XIII, 31,46; pp. 513-515.
109. Cf. P. GISEL, *La création*, p. 143.
110. *COD* II-1, p. 255; DzS 421; FC 317.

Diferentes sínodos regionais ocupar-se-ão da criação de modo menos imediato. O concílio de Toledo I (400) formula dezoito anátemas contra os erros do priscilianismo (alguns são provavelmente de data posterior, 447). O mundo todo foi criado por Deus (anát. 1); não há um Deus da Lei e um do Evangelho (anát. 8), de modo que o mundo não foi criado por um Deus diferente daquele de quem fala o Gênesis que no começo fez o céu e a terra (anát. 9); a alma humana não é um pedaço de Deus (anát. 11); o casamento não deve ser condenado (anát. 161)[111].

O sínodo de Braga, de 563, aceita o símbolo e os cânones do concílio de Toledo I e acrescenta alguns anátemas sob a influência dos precedentes. Diz-se entre outras coisas que o diabo é uma criatura de Deus, criada boa num primeiro momento, e não o princípio e a substância do mal (anát. 7); ele não é autor de nenhuma criatura, nem dos fenômenos meteorológicos (anát. 8) nem do corpo humano (anát. 12); a criação da carne não é obra dos espíritos malignos (anát. 13); os homens não estão submetidos à fatalidade dos astros (anát. 9); a bondade do casamento é reafirmada; a existência de alimentos impuros é negada (anát. 14)[112]. Facilmente se vê que a afirmação da bondade da criação inteira é o fim principal dessas declarações.

No concílio de Latrão, de 649, pela segunda vez no contexto da teologia trinitária, a única e mesma divindade das três Pessoas é chamada de "criadora e protetora de todas as coisas"[113]. Desaparece a menção da diversidade de funções das três Pessoas, tal qual aparecia no segundo concílio de Constantinopla.

9. FÉ CRISTÃ E NEOPLATONISMO

OS AUTORES E OS TEXTOS: PSEUDO-DIONÍSIO, *Opera*, PG 3-4; *Œvres compètes*, ed. M. de Gandillac, Paris, Aubier. 1943; *La hiérarchie céleste*; eds. R. Roques, G. Heil et M. de Gandillac, SC 58 bis, 1970. — JOÃO SCOT ERIÚGENA, Sobre as divisões da naturezas; PL 122, 429-1022.

INDICAÇOES BIBLIOGRÁFICAS: S. LILLA, Introduzione allo studio dello Ps. Dionigi l'Areopagita, *Augustinianum* 22 (1982) 533-577. — R. ROQUES, Jean Scot Érigène, *DSp* VIII (1974) 735-774; *L'univers dionysien. Structure hiérarchique du monde selon le Pseudo-Denys*, Paris, Cerf. ²1983. — O. SEMMELROTH, Gottes ausstrahlendes Licht. Zur Schöpfungs und Offenbarungslehre des Ps. Dionysius Areopagita, *Scholastik* 28 (1953) 481-503. — T. GREGORY. *Giovanni Scoto Eriugena. Tre studi*, Firenze. Le Mounier, 1963; *L'escatologia di Giovanni Scoto. Mundana Sapientia. Forme di conoscenza nella cultura medievale*, Roma,

---

111. Cf. *DzS* 190-208.
112. *DzS* 457-464; *FC* 236-240.
113. *DzS* 501; *FC* 332.

Ist. Stor. Italiano per il Medioevo, 1992, pp. 219-260. — R. HOEPS, Theophanie und Schöpfungsgrund. Der Beitrag des Johannes Scotus Eriugena zum Verständnis der *creatio ex nihilo, Theologie und Phiiosophie* 67 (1992) 192-231. — A. WOHLMAN, L'homme et le sensible dans la pensée de Jean Scot Érigène, *Revue Thomiste* 83 (1983) 243-273.

A luz de Deus irradiando a hierarquia dos seres: o Pseudo-Dionísio

As intenções de harmonizar a doutrina cristã da criação com o pensamento neoplatônico encontrarão no Pseudo-Dionísio um considerável representante. O autor, identificado durante séculos como Dionísio, o Areopagita, que se converteu em Atenas pela pregação de Paulo (cf. At 15,34), escreveu na realidade nos últimos anos do século V ou nos primeiros do século VI. O Areopagita, em vez de se inspirar na narrativa bíblica da criação, mostra Deus como o Bem que, como o sol e muito mais, "a todos os seres [...] proporcionalmente às suas forças [...] distribui os raios de toda a sua bondade"[114]. Graças a essa bondade subsistem todos os seres. Todos eles se configuram de acordo com esse bem, de maneira hierárquica: os anjos, as almas, mas também os seres irracionais, as plantas e as coisas inanimadas. Todas devem ao Bem sua existência e dele participam. Todos esses seres vêm diretamente do Bem, o mais alto, e não os inferiores dos superiores. Essa bondade de que todos procedem atrai, por sua vez, todas as coisas para ela[115]. Além disso, o Pseudo-Dionísio identifica também a Bondade com o Bem, "chamando de bom o que tem parte na beleza, e de beleza a participação na causa que faz a beleza de tudo o que é bom"[116]. A luz divina original, que se irradia por todos os seres, é outra imagem preferida do Areopagita[117]. Todos os seres, presentes de modo indiferenciado na unidade divina simples, distinguem-se fora dela de acordo com suas características particulares, sem que a fonte suprema sofra, por isso, qualquer alteração ou diminuição[118].

O Pseudo-Dionísio está preocupado com a questão do mal. Os demônios não são realmente maus por natureza, porque se o fossem eles não procederiam do Bem[119]. Conforme estão mais ou menos afastadas do Bem, as coisas têm deficiência no bem e na bondade[120]. O mal é carência e imperfeição nos bens que nos são próprios[121] e é atribuído indiretamente à liberdade da criatura. A

---

114. PSEUDO-DIONÍSIO, *Les noms divins*, IV, l; *PG* 3,693; trad. M. de Gandillac, *Œuvres Complètes*, p. 94.
115. Cf. *ibid.*, IV,4; *PG* 3,697; Gandillac, p. 97.
116. *Ibid.*, IV,7; *PG* 701; Gandillac, p. 100.
117. *La hiérarchie céleste*, I, 1-3; *SC* 58 bis, pp. 70-73.
118. Cf. S. LILLA, Introduzione allo studio dello Ps. Dionigi l'Areopagita, p. 550.
119. *Les noms divins*, IV,23; *PG* 3,724; Gandillac, p. 118.
120. *Ibid.*, IV,20; 720; Gandillac, p. 113.
121. *Ibid.*, IV,24; 728; Gandillac, p. 120; cf. IV,31-32.

providência cuida para que cada qual trabalhe segundo sua natureza; não pode, pois, levar à virtude os seres dotados de livre-arbítrio, se eles não o querem. Por essa razão, os demônios são maus, pois estão isolados do estado de perfeição. Há apenas um princípio para o ser, e é bom. O mal faz parte também da providência divina[122].

O nome divino "Ser" revela que Deus é a "causa" universal que dá o ser a tudo o que existe. Tudo o que existe participa dele[123]. Ele tudo contém, é fonte, princípio e causa: "Ele é imanente a todo ser e presente por toda parte em sua unidade e em sua identidade; sem sair de si ele se expande inteiro em todas as coisas [...], não tem princípio nem meio nem fim, não pertencendo a nada e não sendo nada do que existe"[124]. De um lado, o Pseudo-Dionísio parece manter a diferença radical entre o Criador e a criatura; de outro, sua linguagem leva às vezes a pensar numa emanação. Surge então a dúvida, quando se quer saber se a irradiação da luz, a comunicação do bem e da beleza são movimentos necessários em Deus ou se provêm de sua liberdade: "Como nosso sol, com efeito, sem reflexão nem intento, mas em virtude de seu próprio ser, aclara tudo o que é capaz de participar dessa luz, segundo a proporção que convém, assim é certamente o mesmo em relação ao Bem"[125]. Por isso alguns intérpretes são levados a pensar que Dionísio negue a criação livre. Mas diferentes indícios fazem outros acreditar que a transcendência divina fica salva: Deus é mais que todas as categorias. Ele é o "Sem nome", que permanece sempre idêntico a si mesmo, estando ao mesmo tempo dentro, por cima e ao redor do universo[126]. Somente de Deus o Areopagita diz que, por natureza, é princípio de luz, ao passo que as essências parcialmente superiores são também princípio de iluminação, mas por disposição[127]. É difícil em todo caso dar uma resposta definitiva a questões que o autor não se pôs com clareza. Os termos que ele utiliza não estão isentos de ambiguidade. Se não faltaram acusadores, a obra sempre teve também grandes defensores. O mais ilustre deles foi Máximo, o Confessor, no concílio de Latrão, em 649.

As causas primordiais em João Scot Eriúgena

A influência do Pseudo-Dionísio manifesta-se, no período carolíngio, em João Scot Eriúgena († 877). Nele, mais ainda que em seu predecessor, surgiu o

---

122. *Ibid.*, IV,33-34; 733-736; Gandillac, pp. 125-126.
123. *Ibid.*, V, 1 e 5; 816 e 820; Gandillac, pp. 128 e 131.
124. *Ibid.*, V,10; 825; Gandillac, p. 137.
125. *Ibid.*, IV,1; 693; Gandillac, p. 94.
126. *Ibid.*, I,1 e 6; 588 e 596; Gandillac, pp. 68 e 74.
127. *La hiérarchie céleste*, XIII,3; *SC* 58 bis, 155-156 e nota I. Cf. também *Les noms divins*, II,5-6; *PG* 3,641-644; Gandillac, pp. 82-84. Sobre a questão, cf. S. LILLA, *art. cit.*; O. SEMMELROTH Gottes ausstralendes Licht; T. H. MARTIN, *Obras completas de Dionisio Aeropagita*, Madrid, BAC, 1990, p. 82.

problema da difícil combinação da doutrina cristã da criação com o pensamento platônico. São muitos os que pensam que em Eriúgena, o segundo teve a primazia. Mas também aqui deve-se evitar todo julgamento precipitado que não leve em conta o conjunto dos elementos. Em sua obra fundamental, *Sobre as divisões da natureza*, ele se propõe explicar o processo que vai da origem de tudo em Deus até a volta de todas as coisas a Ele. O duplo caminho que vai do Uno à pluralidade, e que desta última leva de novo a Deus, em quem tudo tem seu começo.

Particularmente importante é sua doutrina das "causas primordiais", criadas por Deus antes de todas as coisas e pelas quais a própria criação se tornou possível. São causas que, sendo criadas, subsistem eternamente em Deus, ou mais especificamente no Verbo, com quem parecem se identificar: "'No início era o Verbo', ou no início era a razão, ou no início era a causa"; todas as coisas não são apenas eternas no Verbo de Deus, mas são também o próprio Verbo. No Verbo de Deus foram feitas eternamente todas as coisas[128]. A criação dessas causas primordiais tem lugar no próprio ato de geração do Verbo. Nelas se patenteia a causa primeira. Por isso, são ao mesmo tempo eternas e criadas. Sendo criadas, distinguem-se do Verbo de Deus. Dessas causas primordiais, ao mesmo tempo criadas e criadoras, derivam a multiplicidade e a diversidade dos seres. Não somente nas causas primordiais, mas também em seus efeitos ulteriores. Deus se cria a si mesmo, sem cessar de estar acima de tudo: "Ele se faz ele próprio tudo em todas as coisas e volta a si, fazendo voltar a ele todas as coisas; e, ao mesmo tempo que se faz em todos, não cessa de estar acima de tudo"[129]. O mundo sensível é o ato de expansão da multidão inteligível implicitamente contida no Verbo[130].

Aqui repousa o problema da criação livre *ex nihilo*. Se, de uma parte, Eriúgena a afirma, pois não há nenhuma matéria preexistente diferente de Deus, de outra, vê a íntima relação entre as processões intratrinitárias e a criação. Podemos realmente distinguir as duas? As coisas são realmente distintas do Verbo? As causas primordiais são criadas, mas a criação delas é uma necessidade para que Deus possa se conhecer a si mesmo. Por esse outro caminho resulta o perigo de identificar essa criação com a geração do Verbo; ou, se quisermos, poderia parecer que a própria Trindade se realize no processo da criação do mundo. O resultado seria que as criaturas, que provêm de Deus pelas ideias, viriam também dele como causa material. Também aqui as acusações de emanacionismo e de panteísmo se multiplicaram, ainda que Erigena tentasse escapar a esses excessos[131]. Deus é ao mesmo tempo transcendente e imanente à natureza que emana dele e que depende dele em sua alteridade[132].

---

128. *Sur les divisions de la natureza*, III,9; *PL* 122,642.
129. *Ibid.*, III, 20 e 4; 683 e 632.
130. Cf. A. WOHLMANN, L'homme et le sensible dans la pensée de Scot Erigène, p. 252.
131. Cf. R. ROQUE, Jean Scot Érigène, pp. 743s; T. Gregory, Giovanni Scoto Erigena, pp. 25s.
132. Cf. WOHLMANN, *art. cit.*, p. 248.

Eriúgena se inspirou na afirmação de 1Cor 15,28, em que Deus é chamado de tudo em todas as coisas. A ele devem retornar todas as criaturas, que têm nele seu princípio. A causa, o próprio Deus, continua imanente na realidade criada, que participa dele, e ele a reivindica para si. Assim, é o princípio e o fim último. As ambiguidades da doutrina de Eriúgena sobre a criação valer-lhe-ão repetidas condenações, pelo sínodo de Paria, em 1210, e pelo papa Honório III em 1225. Essas sentenças demonstram a vitalidade e a influência ulterior de seu pensamento.

II. A DOUTRINA DA CRIAÇÃO NA ESCOLÁSTICA MEDIEVAL

1. A PRIMEIRA ESCOLÁSTICA: A CRIAÇÃO ENTRE HISTÓRIA E COSMO

OS AUTORES E OS TEXTOS: HUGO DE SÃO VÍTOR, Os sacramentos da fé cristã, *PL* 176, 173-618. — ABELARDO, Teologia cristã; *PL* 178, 1113-1330. — PEDRO LOMBARDO, As sentenças em 4 livros: *PL* 192, 519-964; Grotaferrata, 3ª ed. Collegii S. Bonaventurae, 3 vols., 1971 e 1981.

INDICAÇÕES BIBLIOGRÁFICAS: Y. CONGAR, Le théme de Dieu créateur et les explications de l'Hexaméron dans la tradition chrétienne, *L'homme devant Dieu. Mélanges H. de Lubac* I, Paris, Aubier, 1963, pp. 189-222. — T. GREGORY, *Mundana Sapientia, Forme di conoscenza nella cultura medievale*, Roma, Ist. Stor, Ital. Per il M. E., 1992

Considera-se comumente que, na primeira escolástica, desenvolvem-se duas tendências teológicas que repercutem) muito diretamente na teologia da criação. Uma linha considera a economia cristã sobretudo em sua dimensão histórica, e a criação como o começo da história da salvação. Os vitorinos seriam os mais qualificados representantes dessa linha de pensamento. Ao contrário, a escola de Chartres manifesta uma orientação maior para o idealismo cósmico platonizante, unida a uma maior atenção à natureza: "Há na escola de Chartres uma descoberta da natureza, do mundo como universo ordenado. Na explicação da narrativa da criação [seus autores] se servem da especulação filosófica do momento, mas também das ciências naturais"[133]. Não podendo seguir em pormenor o pensamento de todos e de cada um dos representantes dessas escolas teológicas[134], mencionaremos somente alguns teólogos mais importantes do século XII.

---

133. T. GREGORY, *Mundana Sapientia. Forme di conoscenza nella cultura medievale*, p. 121.
134. Cf., para mais pormenores, L. SCHEFFCZYK, *Création et providence*, pp. 122-136; E. VILANOVA, *Historia de la teología cristiana*, pp. 551-610, mais geral.

Hugo de São Vítor: a criação ordenada à restauração do homem

Hugo de São Vítor († 1141) gozou de extraordinário crédito, sobretudo com sua obra principal sobre *Os sacramentos da fé cristã*. A linha platônica de Dionísio Areopagita não está ausente de seu pensamento, mas a comente agostiniana e a anselmiana, mais histórica, deixam igualmente sua marca. Na disposição geral do tratado sobre *Os sacramentos*, podemos observar o interesse histórico. Hugo trata primeiro do que ele chama de a obra da criação (*opus conditionis*), pela qual o que não existia veio à existência. Corresponde-lhe a obra da restauração (*opus restaurationis*), certamente muito mais importante que a primeira no espírito de nosso autor. Essa obra é levada a bom termo para que aquele que estava morto, o homem em primeiro lugar, passasse para uma existência melhor (*ut melius esset*). O centro dessa obra de restauração é a salvação realizada por Jesus[135]. A obra da criação seria em si mesma o objeto dos livros profanos, ao passo que cabe aos livros sagrados tratar sobretudo da obra da restauração. Esta é muito mais nobre que a primeira. Mas a Bíblia trata também da criação para poder entrar com mais competência no que lhe corresponde particularmente. É preciso saber como foi criado o homem para poder compreender como caiu e como foi resgatado. A Escritura analisa essas matérias com base em seu próprio ponto de vista, "segundo a fé"[136]. A criação é vista numa perspectiva manifestamente histórico-salvífica. Hugo mantém a realidade histórica da narrativa da criação em seis dias. Ele distingue, como santo Agostinho, um estado "informe" da primeira criação, que existiu no primeiro instante; ao mesmo tempo foi criada a matéria das coisas visíveis e invisíveis. A criação recebeu a seguir a forma atual, que provém dessa primeira "informidade"[137]. Esse segundo momento corresponde igualmente à disposição eterna do Criador[138]. A criação *ex nihilo* e livre por parte de Deus não é, todavia, esquecida. Deus é o único princípio do que existe; fez, a partir do nada, o que ele quis e quando quis[139]. A criação não significa em Deus nem mudança nem perda:

> Continuando a ser o que era, ele fez o que não existia [...]. Depois de o ter feito, continuou sem mudança, sem sentir falta de nada. Não assumiu nada de novo, não perdeu nada de antigo, deu tudo sem nada perder[140].

É a bondade, não a necessidade, que leva Deus a criar[141], pois Deus cria somente por amor. Toda a obra dos seis dias tem como sentido último a criação do homem[142].

---

135. Cf. HUGO DE SÃO VÍTOR. *Les sacraments*, I, Prol. 2; *PL* 176,183.
136. Cf. *ibid.*, I, Prol. 3; 184.
137. *Ibid.*, I,1,5-7; 189-193.
138. *Ibid.*, I,2,10: 210.
139. *Ibid.*, I,1,1; 187.
140. *Ibid.*, I,2,3; 207.
141. Cf. *ibid.*, I,2,4; 208; igualmente, I,6,1; 263.
142. *Ibid.*, I, Prol. 3: 184; I,2,1: 205.

Abelardo: o Espírito Santo, alma do mundo

Nesse mesmo século XII, temos de considerar a figura de Abelardo († 1142), que dará lugar a diversas intervenções magisteriais sobre o tema da criação. Abelardo desenvolveu amplamente a noção do Espírito Santo como alma do mundo (*anima mundi*), que ele acredita descobrir nos textos de Platão. A autoridade de que goza Platão a seus olhos deve-se à convicção de que a Trindade lhe fora revelada. O Espírito esteve presente no mundo desde o momento da criação. É por isso que se fala de uma precessão "temporal" do Espírito, segundo o efeito que ele produz nas criaturas, ao lado de sua processão eterna como terceira pessoa da Trindade[143]. Abelardo também se pôs a questão de saber se Deus poderia fazer as coisas melhor do que fez. Ele dá a impressão de responder a isso negativamente, seguindo os ensinamentos platônicos. Essa atitude está ligada à ideia da revelação da bondade de Deus. Com efeito, se ele revela sua bondade ao criar, deve ter criado o melhor dos mundos possíveis. Segundo esse mesmo princípio, Deus não pode impedir o mal.

Mais ou menos bem compreendidas ou interpretadas, essas doutrinas encontrarão opositores, em particular são Bernardo, mas também os concílios de Soissons e de Sens, que as condenaram, respectivamente em 1121 e em 1140 (ou 1141)[144]. No que diz respeito a nosso assunto, o concílio de Sens condena a asserção segundo a qual o Santo Espírito seria a alma do mundo, sem ser ao mesmo tempo da substância do Pai (can. 2). Rejeita também a afirmação segundo a qual Deus não pôde fazer mais do que fez, ou somente do modo e no tempo em que ele fez (cân. 6). Rejeita-se, enfim, que Deus não deveu nem pôde evitar o mal (cân. 8). Essas condenações foram aprovadas pelo papa Inocêncio II. Como se vê, é sempre a questão da distinção fundamental entre Deus e a criatura que está em jogo, ao mesmo tempo que a divindade e, portanto, a transcendência do Espírito Santo em relação a toda a realidade criada. De outro modo, a liberdade da criação concreta é mais uma vez posta em evidência. Não se trata somente de saber se Deus pode ou não criar — o problema não se põe diretamente —, mas da liberdade divina na modalidade prática dessa criação.

Pedro Lombardo: uma síntese sobre a criação

Mais que por sua originalidade, *As Sentenças*, de Pedro Lombardo († 1160), são capitais pela influência que exercerão sobre a teologia medieval da criação, como sobre quase todas as questões teológicas da época. Pedro Lombardo trata da criação no livro II, depois de ter falado de Deus. Estabelece com clareza a

---

143. Cf. ABELARDO, *Théologie chrétienne*, IV,149; CCCM 11, p. 339; T. GREGORY. *Mundana Sapientia*, p. 192.
144. Cf. *DzS* 721-739.

noção de criação: fazer alguma coisa a partia do nada (*de nihilo aliquid facere*)[145], e, por essa razão, criar é próprio somente de Deus. Deus é o único princípio de tudo; de sua vontade vem tudo o que existe, e as coisas vêm à existência sem nenhuma mudança do autor delas. Seguindo Hugo de São Vítor; Pedro Lombardo observa que a comunicação da beatitude de Deus a outros é a única razão da criação. Essa comunicação se faz "unicamente pela bondade não por necessidade"[146]. A criação dos anjos ocupa o primeiro plano, porque é a eles, segundo o bispo de Paris, que diz respeito a frase de Sr 1,4: "Antes de todas as coisas foi criada a sabedoria"[147]. À longa discussão sobre as criaturas espirituais sucede o desenvolvimento sobre a obra dos seis dias. A afirmação geral de Gn 1,1, segundo a qual no início Deus criou o céu e a terra, os precede. Os céus são as criaturas angélicas, ao passo que a terra se refere à matéria dos quatro elementos, confusa e informe[148]. A partir dessa matéria informe tem lugar a obra dos seis dias, na qual Deus distinguiu as diversas criaturas[149]. O "Deus disse", repetido ao longo da narrativa de Gn 1, refere-se à disposição eterna existente no Verbo a respeito do que deve acontecer no tempo[150]. Pedro Lombardo acolhe assim a antiga fórmula segundo a qual o Pai cria pelo Filho (ou nele) e no Espírito Santo. Mas em sua exposição ele não se detém a estudar a diferenciação das obras das pessoas e evita uma interpretação subordinacionista dessas preposições. É preciso sobretudo entender que o Pai trabalha "com o Filho e o Espírito Santo", ou seja, que os três intervêm na obra criadora. As demais distinções não refletem apenas as processões intratrinitárias, mas indicam igualmente em sentido próprio uma diferenciação de funções na obra criadora[151]. A consideração da obra dos seis dias é breve. Nosso autor vai se deter sobretudo na criação do homem[152]. Encontramos, pois, nas *Sentenças* uma doutrina da criação já firmemente estável: com os séculos, a teologia se consolidou.

O movimento "cátaro" e sua condenação em Latrão IV

Essa doutrina facilita a resposta oficial do magistério às doutrinas dos "cátaros" — os "puros", chamados às vezes impropriamente de "albigenses", porque foi na cidade de Albi que se fixou um de seus grupos[153] —, que se espalharão pela Europa ocidental a partir de meados do século XII. Os cátaros

---

145. PEDRO LOMBARDO, *Les Sentences*, II,1,2; *PL* 192,652.
146. *Ibid.*, II,1,3; 653.
147. Cf. *ibid.*, II,2,1; 655.
148. Cf. *ibid.*, II,12,1; 675.
149. *Ibid.*, II,12,3 e 6; 676-677.
150. Cf. *ibid.*, II,13,6; 678.
151. *Ibid.*, II,13,7; 679.
152. Voltaremos sobre isso no capítulo seguinte.
153. Cf. J. DUVERNOY, *Le catharisme: l'histoire des cathares; Le catharisme: la religion des cathares*, 2 vols., Toulouse, Privat, 1979.

ressuscitam as velhas tendências dualistas e maniqueias. Consideram que o mundo material foi produzido pelo princípio do mal, Satanás, deus do Antigo Testamento, que submeteu as almas à criação material e se opôs ao criador do mundo espiritual, o Deus do Novo Testamento. Daí uma atitude ética que despreza este mundo, e a prescrição de evitar ao máximo os contatos com ele (casamento, trabalho etc.). Com a entrada na seita e a vida ascética, os "cátaros" resgatam-se a si mesmos e estão seguros de sua salvação.

A reação da Igreja no plano doutrinal manifesta-se sobretudo no concílio de Latrão IV, em 1215, durante o pontificado de Inocêncio III. No que diz respeito à doutrina cristã da criação, é afirmado que Deus, Pai, Filho e Espírito Santo, é o único princípio do mundo:

> Único princípio de todas as coisas, criador de todas as coisas, visíveis e invisíveis, espirituais e corporais, que por sua força todo-poderosa criou simultaneamente do nada (*de nihilo*) desde o início do tempo (*simul ab initio temporis*) uma e outra criatura, a espiritual e a corporal, ou seja, os anjos e o mundo, a seguir a criatura humana, feita ao mesmo tempo de espírito e de corpo. Com efeito, o diabo e os outros demônios foram criados por Deus bons por natureza; mas foram eles próprios que se tornaram maus. Quanto ao homem, foi por instigação do demônio que pecou[154].

Alguns pontos dessa importante definição merecem um comentário e, em primeiro lugar, a afirmação de que Deus, uno e trino, é o único princípio das criaturas. Consolida-se a tendência observada em Pedro Lombardo, que vê na criação a obra das três pessoas divinas em sua unidade, e não somente em sua diferenciação pessoal. Esse Deus uno e trino é o criador de tudo, do visível e do invisível, como já o mencionava o concílio de Niceia. As coisas visíveis e invisíveis parecem se identificar respectivamente com as corporais e as espirituais. Tanto os seres espirituais quanto os corporais foram criados no início do tempo. Exclui-se, pois, a existência de uma realidade "coeterna" com Deus. Foram criados *de nihilo*. É a primeira vez que um concílio ecumênico utiliza essa expressão, que constituiu um dos aspectos fundamentais do desenvolvimento da doutrina da criação. Com essa formulação, a Igreja se opôs às tendências dualistas. O homem, corpo e alma, participa ao mesmo tempo das características dos seres corporais e espirituais. Vem, enfim, a questão da origem do mal. Este não está ligado nem à matéria nem à criação, mas à liberdade da criatura: anjos, primeiro, homens, a seguir, que seguirão a sugestão do diabo. Afirmam-se com clareza a bondade original da criação ante todo dualismo e, ao mesmo tempo, sua importância ante as tendências panteístas.

---

154. *COD* II-1, p. 495; *DzS* 800; *FC* 29.

O século XIII, em cujo início se celebrou esse concílio ecumênico do Ocidente, vê o nascimento e o desenvolvimento das grandes ordens mendicantes e, com elas, do novo e espetacular florescimento teológico da grande escolástica. É a esta que agora vamos dar atenção.

2. A GRANDE ESCOLÁSTICA: UMA METAFÍSICA DA CRIAÇÃO

OS AUTORES E OS TEXTOS: BOAVENTURA, *Breviloquium (Bref discours)*, vol. 2, eds. T. Mouiren et alii, Paris, Ed. Franciscaines, 1967: *Commentaire sur les IV livres des Sentences*, Quaracchi, col. "S. Bonaventurae", 1882-1887; *Les six jours de la création*, ed. M. Ozilou, Paris, Desclée/Cerf, 1991. TOMÁS DE AQUINO, *Somme Théologique*, I, q. 44-74; trad. franc., Paris, Cerf, t. 1, 1984; *Écrit sur les livres des Sentences*, ed. M. F. Moos, Paris, Lethielleux, t. 2, 1929. — *Compendium de Théologie*, Torino, Marietti, 1954. — *Somme contre les gentils*, trad. franc. R. Bernier et alii, Paris, Cerf, 1993. — *Exposition du Symbole des apôtres*, Torino, Marietti, 1954.

INDICAÇÕES BIBLIOGRÁFICAS: G. GILSON, *La philosophie de saint Bonaventure*, Paris, Vrin, 1929, cap. VI: la création, pp. 179-195; *Le thomisme. Introduction à la philosophie de saint Thomas d'Aquin*, Vrin, 1942, "La création", etc., pp. 203-257. — Y. CONGAR, Le sens de l'"économie' salutaire dans la 'théologie' de saint Thomas d'Aquin, *Festgabe J. Lortz*, Baden-Baden, Grimm, 1958, pp. 73-122; Le moment 'économique' et le moment 'théologique' dans la *Sacra doctrina*, *Mélanges offerts à M.-D. Chenu*, Paris, Cerf, 1976, pp. 135-187. — H. Urs von BALTHASAR, Bonaventure, *La Gloire et la croix*, II Styles, 1. *D'Irénée à Dante*, Paris, Aubier, 1968, pp. 237-323. — G. MARENGO, *Trinità e creazione*, Roma, Città Nuova, 1990. — P. GILBERT. *Introdução à teologia medieval*, São Paulo, Edições Loyola, 1999. — L. MATHIEU, *La Trinité créatrice d'après saint Bonaventure*, Paris, Ed. Franciscaines, 1992.

A escola franciscana

Alexandre de Hales foi o primeiro grande teólogo da escola franciscana. Fundamentalmente agostiniano, baseia-se na ideia de Deus como o grande Bem, no qual compreende, de um lado, as processões trinitárias e, de outro, as criaturas que participam do maior Bem. Ele volta igualmente a Agostinho quando comenta *As Sentenças*, opondo-se à opinião de Pedro Lombardo e considerando que o princípio de que se fala em Gn 1,1 é o Filho, arquétipo da criação. Para a simultaneidade da criação dos seres corporais, retorna também a Agostinho. Igualmente agostiniana é sua ideia dos vestígios da Trindade (*vestigia trinitatis*) visíveis na criação. Alexandre parece afirmar a predestinação absoluta da encarnação, para a qual a criação e a salvação se mostram unidas num mesmo desígnio divino[155].

Boaventura: a criação no tempo

Boaventura, o grande mestre da escola franciscana, resumiu em seu *Breviloquium* sua doutrina da criação:

> Toda a máquina do mundo foi produzida no ser, no tempo, e do nada, por um único primeiro princípio, único e soberano, cujo poder, ainda que incomensurável, dispôs "tudo com medida, número e peso" (Sb 11,20)[156].

A explicação que acompanha esse texto é significativa: antes de tudo, a criação se produziu no tempo. Para Boaventuta a ideia da criação é uma verdade de fé[157], mas ele pensa também que se pode provar pela razão a impossibilidade de ela ser eterna. Ele sempre se opôs aos que pensavam que o mundo poderia ser eterno, ideia que provinha de Averróis. Ao dizer que a criação é *ex nihilo*, evita-se o erro dos que afirmam a eternidade da matéria; ao afirmar um só princípio, exclui-se o erro dos maniqueus. Ademais, Deus criou todas as coisas sem a mediação de seres inferiores. Ao dizer, enfim, que tudo se realizou "com medida, número e peso", Boaventura mostra que a criação é a obra da Trindade, segundo a causalidade eficiente, exemplar e final. É por isso que se encontram em todas as criaturas, inclusive nas corporais, vestígios do Criador[158]. O doutor franciscano exclui a simultaneidade da criação e valoriza a obra dos seis dias[159]. Nos três primeiros dias são criados os anjos e a matéria; nos seguintes, os diferentes seres materiais[160]. A perfeição de todas as coisas vem de Deus, princípio perfeito. Como Deus não tem necessidade de nada fora de si mesmo, é necessário que ele exerça essa tríplice causalidade com relação à criatura. Esta se constitui em seu ser pela causa eficiente, conforma-se à causa exemplar e está ordenada à causa flnal[161]. Com referência a esta última, Boaventura mostra que o fim da criação é a glória de Deus, que é ao mesmo tempo o maior bem da criatura[162]. Toda a Trindade age na criação, como o ressaltam os primeiros versículos do Gênesis: a intervenção do Filho é evocada na expressão "no

---

155. Cf. sobretudo a *Glose sur les IV livres des Sentences*, II,1,3; e a *Somme théologique* (*Summa Halensis*), II,1,38; 250-252; ed. Quaracchi, col. S. Bonaventurae, t. II, 1928, pp. 313-316. Cf. L. SCHEFFCZYK, *op. cit.*, 142-144.
156. BOAVENTURA, *Breviloquium*, II,1,1; Éd. Franciscaines, 2, p. 55.
157. *Commentaires sur les Sentences*, II, d.l, p.l, a.l, q.1-2; Quaracchi, t. II, p. 14.
158. *Breviloquium*, II,1,2; Éd. Franciscaines, 2, p. 57.
159. Cf. *ibid.*, II,2,5; 2, p. 65.
160. *Commentaires sur les Sentences*, II, d.l, a.2, q.3; Quaracchi, t. II, pp. 30-33.
161. *Breviloquium*, II,1,4; Éd. Franciscaines, 2, p. 59.
162. *Commentaires sur les Sentences*, II, d.1, p.1 , a.2, q.1; Quaracchi, t. II, pp. 25-27.

início"; a do Espírito Santo, no espírito que paira sobre as águas (Gn 1,2)[163]. O mistério da Trindade apõe seu selo sobre as coisas criadas: o Pai é a origem e o fundamento de tudo, o Filho é a imagem segundo a qual tudo é feito, o Espírito Santo é o elo de união (*compago*)[164]. A influência de Hugo de São Vítor parece visível na distinção que se encontra no *Breviloquium* entre a obra da criação e as obras da reparação. Se a Escritura trata sobretudo destas últimas, temos de nos referir também à primeira, porque o princípio de reparação não pode ser conhecido sem o princípio efetivo já manifestado na própria criação. Por essa razão, pode-se falar do "livro da criação" (*liber creationis*) de modo semelhante ao das Escrituras. Estas, quanto à criação e à salvação, são um conhecimento sublime e salvador: sublime, porque ele trata do primeiro princípio; salvador, porque trata de Cristo mediador[165]. Assim, a Bíblia une a criação ao mistério da salvação.

Boaventura admite a possibilidade da predestinação absoluta de Cristo, ou seja, a opinião segundo a qual a encarnação aconteceria mesmo que o homem não viesse a pecar. É, diz ele, uma opinião católica, como seu contrário, e defendida por católicos. Mas, pessoalmente, tende a ver na libertação do pecado a razão principal da encarnação. Se, do ponto de vista "natural", a outra opinião, ou seja, a perfeição da obra iniciada por Deus na criação, pode parecer mais oportuna, a Escritura parece mostrar a encarnação como remédio para o pecado. Por outra parte, essa sentença leva mais ao amor de Deus, pois a encarnação teve lugar por nosso pecado, e não para aperfeiçoar a obra divina[166]. Boaventura viu a criação sobretudo como expressão e vestígio de Deus. As coisas, com efeito, procedem de Deus como vestígio. Esses vestígios constituem a imanência de Deus nas coisas. Deus é mais íntimo a cada coisa que esta a si mesma[167]. Daí o simbolismo que o mestre franciscano frequentemente utiliza.

Tomás de Aquino: a criação, a fé e a razão

Em sua doutrina da citação, Santo Tomás introduzirá, ao lado de elementos da teologia agostiniana da participação no ser, que prevaleciam em Boaventura, elementos da filosofia aristotélica[168] que, nessa época, fazia sua aparição na Europa por meio do pensamento árabe.

Para Tomás, a criação não é apenas uma verdade de fé, mas pode igualmente ser conhecida pela razão; "também a razão a demonstra", afirma ele nos

---

163. *Breviloquium*, II,5,4; Éd. Franciscaines, 2, p. 81.
164. *Les six jours de la création*, II,23; ed. M. Ozilou, p. 137.
165. Cf. *Breviloquium*, II,5,2-3; Éd. Franciscaines, 2, pp. 76-79; igualmente I,2; 1, p. 61.
166. Cf. *Commentaires sur les Sentences*, III, d.1, a.2, q.2; Quaracchi, t. III, pp. 23-27. O texto dessa questão é bastante nuançado.
167. Cf. *ibid.*, III, d.29, q.2; Quaracchi, t. III, pp. 642-643.
168. Cf. P. GILBERT, *Introduzione alla teologia medievale*, p. 126. [ed. In.: *Introdução à teologia medieval* (IDT), São Paulo, Loyola, 1998].

Comentários sobre as Sentenças[169]. Na *Suma* essa afirmação não é repetida, mas Tomás apresenta argumentos racionais em favor da criação *ex nihilo*, e pressupõe que Platão e Aristóteles os tenham conhecido[170]. Além do mais, a criação no tempo é uma verdade de fé, mas que só podemos afirmar com clareza em base às afirmações da Escritura. Baseados na razão nós não a podemos afirmar de modo definitivo. Ele não rejeita a existência desde sempre de um ser, que de nenhum modo seria "eterno" como Deus, pois existiria na "sucessão", o que não acontece em Deus. A razão pela qual o início do mundo não pode ser provado é que nas causas finitas, que agem pelo movimento, o efeito segue cronologicamente a ação. Mas durar não pode ser aplicado a Deus, uma vez que sua ação é instantânea e não sucessiva, e, por isso, não é necessário que o agente seja anterior ao efeito quanto à duração[171]. Além disso, tampouco se pode provar que o mundo tenha tido começo. Santo Tomás se afasta assim nitidamente das tendências averroístas sobre a eternidade do mundo. Há, além do mais, razões de conveniência em favor de um início temporal. A causa do mundo, Deus, manifesta-se com mais clareza se o mundo tem um princípio do que se não o tem. O mundo leva assim mais facilmente ao conhecimento do poder divino[172].

Esta última observação nos introduz em outra questão importante. A "causalidade" que Tomás privilegia para explicar a criação, sem esquecer as outras, é a causalidade eficiente. Assim, quando se trata da criação, na *Suma*, ele estuda em primeiro lugar a causa eficiente: Deus, que é absolutamente princípio de tudo, inclusive da matéria primeira, também ela criada pela causa universal de todos os seres. Vem a seguir a causa exemplar, que é o próprio Deus, e a causa final, a bondade de Deus, a cuja semelhança todas as coisas adquirem sua perfeição[173].

Tomás de Aquino: participação e relação nas criaturas

Santo Tomás conhece também a categoria da participação e a utiliza nesse mesmo contexto[174]. Ele baseia-se na distinção entre aquele que tem o ser por si mesmo, ou seja, Deus, e aqueles que participam dele, as criaturas. O ser por participação deve ser causado por um outro. A diferença entre o ser necessário e o ser contingente, bem como o fato de o segundo ser causado pelo primeiro, são particularmente ressaltados. Os autores mais agostinianos sublinhavam mais

---

169. TOMÁS DE AQUINO, *Commentaires sur les Sentences*, II,I, d.1, q.1. a.2.
170. *Ibid.*, Ia, q.44, a.1; Cerf, t. 1, p. 468.
171. *Ibid.*, Ia, q.46, a.1; Cerf, t. 1, pp. 482-485.
172. *Ibid.*
173. *STh*, Ia, q.44, a.1-4; Cerf, t. 1, pp. 467-471. Sobre a causa final, cf. IIa-IIae, q.132, a.1; Cerf, t. 3, pp. 733-735: Deus procura sua glória para nós, não para ele. Cf. também Ia, q.19, a.3; q.103, a.2.
174. *STh*, Ia, q.44, a.1; Cerf t.1, pp. 467-468.

o reflexo, a semelhança que Deus imprime na criatura. Naturalmente, Tomás fala também a respeito e reconhece a existência de "vestígios", de marcas divinas de Deus na criação, inclusive do Deus trino. Nos seres racionais, essas marcas são "segundo a imagem", pois eles são capazes de compreender e de amar. Mas em todos os demais seres nós encontramos vestígios da Trindade, uma vez que em todos há alguma coisa que é preciso referir às pessoas divinas como causa[175].

Tomás explicou também a criação em termos de *relação*. A criação, na criatura, é uma certa relação com o Criador, como princípio de seu ser[176]. Na *Suma contra os Gentios*, define a criatura como a dependência do ser criado em relação ao princípio pelo qual ela é constituída[177]. Assim, santo Tomás se liberta de uma concepção da criação que leva em conta somente o começo temporal do ser, em benefício de uma referência muito mais universal e absoluta. Essa dependência se prolonga no tempo e jamais cessa de ser tal: por isso, "a conservação das coisas por Deus não supõe uma nova ação de sua parte, mas apenas que ele continua a dar o ser"[178].

A criação significa, pois, dependência para com Deus, referência a ele. Deus está mais nas coisas, observará também Tomás, do que elas estão nele[179]. A ênfase na causalidade eficiente permite uma clara distinção entre Criador e criatura que, dando a esta toda a sua própria consistência, jamais a priva de sua referência a Deus. O reconhecimento da relativa autonomia do ser criado é seguramente um dos grandes méritos da teologia da criação de santo Tomás. O ser como tal é o dom superabundante de Deus que brota da liberdade dele. Subtrair alguma coisa à perfeição da criatura redunda em tirar dela a perfeição do poder criador. Deus não priva os seres daquilo que lhes pertence como coisa própria[180]. Se na linha platônica e agostiniana a ideia da participação, do reflexo de Deus na criatura, vem antes, em santo Tomás prevalece a ideia de que a realidade criada tem sua consistência própria, que a todo instante lhe vem, é evidente, inteiramente de Deus. A ideia da participação, como tivemos ocasião de ver, não é, entretanto, esquecida.

Tomás de Aquino: uma criação trinitária

A intervenção das três pessoas divinas na criação é fortemente ressaltada por santo Tomás. Ele afirma ao mesmo tempo que são as três pessoas, e não

---

175. *Ibid.*, Ia, q.45, a.7; Cerf, t.1, pp. 479-480. Nesse contexto, Tomás se serve de Sb 11,20, como o fazia Boaventura.
176. *STh*, Ia, q. 45, a.3; Cerf, t. 1, pp. 474-475.
177. *Somme contre les gentils*, II,10; Cerf, pp. 191-192.
178. *Ibid.*, Ia, q.104, a.1, ad 4; Cerf, t. 1, p. 851.
179. *Ibid.*, Ia, q.8, a.3; Cerf, t. 1, pp. 203-204.
180. *Somme contre les gentils*, III,69; Cerf, pp. 543-547. Cf. E. VILANOVA, *Historia de la teología cristiana*, I, O. Gonzales de Cardedal, *Teología y antropología. El hombre imagen de Dios en el pensamiento de santo Tomás*, Madrid, Moneda y Crédito, 1967, p. 77.

somente o Pai, que agem na obra criadora, uma vez que criar é próprio da essência divina. Criar não é característica de nenhuma das pessoas, mas é comum a toda a Trindade. Isso não significa que a obra criadora seja independente das processões pessoais. Essas são as "razões" (*rationes*) da produção das criaturas, pois Deus é a causa das coisas por seu intelecto e sua vontade. Deus criou o mundo por seu Verbo e seu Amor (o Filho e o Espírito Santo). Ao Pai atribuímos a criação e o poder, porque ele não recebeu de ninguém o poder de criar; ao Filho, a sabedoria; ao Espírito Santo, a bondade que se manifesta no governo das coisas[181]. Atribui-se igualmente ao Filho a exemplaridade, segundo a interpretação conhecida de Gn 1,1, que refere ao Filho o "no início"[182]. As processões trinitárias e a criação, claramente diferenciadas e distintas, são descritas juntamente em suas relações internas.

Por outra parte, não existe em santo Tomás um desenvolvimento especial sobre a conexão entre a criação e a salvação no desígnio divino. Sua posição quanto ao motivo da encarnação é conhecida: esta é sobretudo um remédio para o pecado[183]. Com esse pressuposto não é fácil harmonizar a partir de dentro esses dois momentos da obra de Deus *ad extra*. Como demonstrou Y. Congar, o senso histórico não está ausente em santo Tomás[184]. Mas não é o ponto central de sua doutrina da criação. Até certo ponto esta pôde ser interpretada na teologia posterior, com mais ou menos razão, como "independente" da teologia e do mistério salvífico[185]. Ressaltou-se também como, em suas obras exegéticas, santo Tomás não esqueceu a doutrina da criação em Jesus Cristo e a expôs com mais pormenores que em seus textos sistemáticos[186]. Mas deve-se ter em mente sua tendência a interpretar os textos bíblicos mais em referência ao Verbo preexistente que ao Verbo encarnado. Portanto, não se trata de uma omissão das afirmações bíblicas por parte dele. É que elas não alcançaram todo o seu vigor na exposição sistemática.

A *profissão de fé de Miguel Paleólogo*

Temos de assinalar uma declaração magisterial importante que concerne à criação no contexto da doutrina trinitária, antes do fim do século XIII. Trata-se da profissão de fé do imperador Miguel Paleólogo, no concílio de Lião II, em 1274:

---

181. *STh*, Ia, q.45, a.6; Cerf, t. 1, pp. 478-479.
182. *Ibid.*, Ia, q.46, a.3; Cerf, t.1, pp. 487 488.
183. *Ibid.*, IIIa, q.1, a.3; Cerf, t. 4, pp. 19-20.
184. Cf. Y. CONGAR, *art. cit.*; igualmente M. GIGANTE, *San Tommaso e la storia della salvezza. La polemica con Gioacchino da Fiore*, Salerno, Ist. Super Di Scienze Religiose, 1986.
185. Cf. P. GISEL, *La création*, *op. cit.*, pp. 164-167.
186. Cf. L. SCHEFFCZYK, *Création et providence*, pp. 155-157.

Nós cremos na santa Trindade, Pai, Filho e Espírito Santo, Deus todo-poderoso [...] Criador de todas as criaturas, de quem, em quem, por quem são todas as coisas que estão no céu e na terra, visíveis, invisíveis, corporais e espirituais[187].

É conveniente, sobretudo, observar a afirmação da criação como obra das três pessoas. Mas as preposições que, na tradição, se referem ao Pai, ao Filho e ao Espírito Santo aplicam-se aqui sem discriminação a toda a Trindade. O uso diferenciado permitia entrever uma diferenciação das funções criadoras em ligação com as processões intratrinitárias. Essa ideia estava ainda presente em Boaventura e em Tomás, como acabamos de ver.

3. O FIM DA IDADE MÉDIA: VOLUNTARISMO DIVINO E MÍSTICO

INDICAÇÕES BIBLIOGRÁFICAS: E. GILSON, *Jean Duns Scot, Introduction à ses positions fondamentales*, Paris, Vrin, 1952. — C. BALIC, Duns Scot, *DSp* t. III, (1957) 1801-1818. — W. DETTLOFF, Duns Scotus/Scotismus, *TRE*, IX, pp. 218-231. — G. LEFF, *William of Ockham. The Metamorphosis of Scolastic Discourse*, Manchester University Press, 1975. — P. VIGNAUX, *Nominalisme au XIVᵉ siècle*, Montréal-Paris, 1948. — G. MARTELET, Sur le motif de l'incarnation, *Problèmes actuels de christologie*, sob a direção de H. Bouësse e J. J. Latour, Paris, DDB, 1965. — R. L. ŒCHSLIN, Eckhart, *DSp*, t. IV (1960) 93-116. — M. DE GANDILLAC, Nicolas de Cues, *DSp*, t. XI (1982) 262-269.

De Duns Scot a Ockham: do voluntarismo divino ao nominalismo

Contingência da criatura e liberdade da criação por Deus, mas ao mesmo tempo profunda fixação da criação no ser divino trinitário, são esses os dois elementos da síntese da grande escolástica. Mas, progressivamente, a liberdade divina tenderá a se converter em voluntarismo. Duns Scot conservará ainda o equilíbrio fundamental. Em sua teologia, temos de ressaltar a primazia do amor. Deus ama primeiro a si mesmo, depois às coisas mais próximas. O amor é a razão de toda a obra de Deus *ad extra*. Por isso Duns Scot defende a ideia da predestinação absoluta de Cristo, decidida por Deus antes de qualquer mérito ou demérito do homem[188]. Assim, a criação pode ser situada em relação com a história da salvação e em seu seio. Mas não é certo que Duns Scot tenha chegado a essa integração, provavelmente porque a ideia desse papel central de Cristo é deduzida da ideia da criação e de sua perfeição. Evidentemente a

---

187. *DzS* 851: *FC* 32.
188. Cf. DUNS SCOT, *Écrit de Paris sur le Livre III des Sentences*, d.7, q.4; *Opera omnia*, Paris, Vivès, 1894, t. 23, pp. 301-304.

vontade divina opera em conformidade com a razão (*ordo*), de tal modo que essa vontade não pode querer nada contrariamente à essência divina.

As tendências voluntaristas manifestar-se-ão de maneira mais aguda no nominalismo, representado sobretudo por Guilherme de Ockham († por volta de 1348). A onipotência divina é limitada somente pelo princípio de não-contradição[189]. O sentido da contingência da criação, sem dúvida alguma, é acentuado, e a distinção em relação a Deus exclui toda possibilidade de panteísmo. A vontade de Deus regula a ordem do mundo. Mas o resultado será que o interesse por Deus ficará limitado a considerá-lo como "causa" e, nota P. Gisel, "a teologia não terá mais pertinência quanto ao próprio ser do mundo e das coisas, mas somente quanto ao que se mantém em suas fronteiras, à margem"[190]. Será algo acrescido, suplementar, acessível somente à fé. Não afetará o ser do mundo, do homem e das coisas. A fé na Trindade, se não virmos o enraizamento nela do ser inteiro, será simplesmente fideísta, e o modo de compreender o mundo não será em relação a ela.

Mestre Eckhart: a imanência da criatura em Deus

> **OS TEXTOS**: Mestre ECKHART, *Traités*, trad. J. Ancelet-Hustache, Paris, Seuil, 1971; Sermons, 3 vols., Seuil, 1974-1979. — *Œuvres. Sermons. Traités*, trad. P. Petit, Paris, Gallimard, 1987.

Simultaneamente ao nominalismo desenvolve-se também a mística alemã. Eckhart (1260-1327), que dará uma interpretação mística da síntese escolástica, interessa-se sobretudo pela relação das criaturas com Deus, em termos que às vezes deram lugar à suspeita de panteísmo. Ele insiste sobre a imanência das coisas criadas em Deus: Deus as evocou baseando-se no nada, ou seja, no não-ser, pois elas deviam encontrar, receber e ter o ser nele. O Ser é Deus e "os seres criados estão em Deus, porque eles estão no ser"[191]. Essa profunda imanência se refere, mais que às coisas criadas, à existência ideal delas. É por isso que a perfeição da criatura tem seu tipo absoluto no Verbo. Entretanto, Mestre Eckhart afirma claramente que o ser da criatura não se confunde com o de Deus e que tem sua consistência própria.

As doutrinas de Eckhart darão ocasião a uma controvérsia doutrinal e a um processo em Colônia, e depois em Avinhão, a respeito de 28 proposições tiradas de suas obras. João XXII condenou de diversas formas essas teses, em 1329, dois anos após a morte do mestre. No que interessa ao tema da criação, o papa condena proposições[192] que parecem afirmar a eternidade do mundo e

---

189. Cf. L. SCHEFFCZYK, *Création et providence*, pp. 165s.
190. P. GISEL, *La création*, p. 169.
191. R. L. OECHSLIN, art. cit., *DSp*, t. IV, 100.
192. *DzS* 953, 960, 963, 976; *FC* 245,246.

situam com simultaneidade a criação e a geração do Filho. Quando o Pai gerou o Filho coeterno e em tudo igual a ele, criou também o mundo (prop. 3). Outras proposições parecem não manter como se deve a diferença entre o Criador e a criatura: nós nos transformamos totalmente em Deus, de modo semelhante à transubstanciação eucarística (prop. 10); o que é próprio da natureza divina o é também do homem, de modo que a criação e a geração do Filho são também obra do homem justo (prop. 13). Além disso, a consistência da criatura parece não ficar mantida (prop. 26).

Embora essas proposições assim formuladas sejam dificilmente sustentáveis, a questão da ortodoxia de Eckhart é controversa. "Se esclarecermos as partes obscuras ou difíceis com os textos paralelos na obra de Eckhart, considera R. L. Oechslin, teremos de admitir que o conjunto de seu ensinamento é ortodoxo."[193] Sua linguagem é a de um místico que ama as fórmulas extremas para expressar o inexprimível e as opõe umas às outras. A questão não pode, pois, ser resolvida pela justaposição de fórmulas independentes compreendidas no plano da representação. Como vimos, a preocupação de Eckhart é destacar a imanência de Deus nas coisas. Se algumas expressões podem dar ocasião a mal-entendidos, Eckhart distingue alhures com muita clareza o Criador de sua criatura.

A consistência da criatura, especialmente do homem, e a onipotência divina parecem não se manter na concepção determinista de Wyclif. Também o concílio de Constança, em 1415, confirmado pelo papa em 1418, condena estas proposições: "Deus deve obedecer ao diabo" (prop. 6); "todas as coisas acontecem por necessidade absoluta" (prop. 27)[194].

O exemplarismo da criação em Nicolau de Cusa

No período de transição entre a Idade Média e a Renascença encontra-se a figura de Nicolau de Cusa, que quis pôr em destaque o exemplarismo da criação, mostrando assim uma forte influência do neoplatonismo e do platonismo cristão que as escolas teológicas de seu tempo tinham esquecido. O mundo inteiro é, "imagem" de Deus. A transcendência e a imanência de Deus nas coisas adquirem igualmente importância em sua noção de Deus como o "não-outro", diferentemente dos seres intramundanos, que são simplesmente o outro para cada um[195]. A ideia da imagem e do reflexo do Criador no que é criado oferece a Nicolau de Cusa uma visão cristocêntrica da criação. Na encarnação teve lugar a perfeição do mundo, quando Deus se deu no mais alto grau à criatura. Daí sua curiosa interpretação do sétimo dia da criação, identificado com a encarnação de Cristo. Vemos aqui a conexão com a escola franciscana,

---

193. R. L. OECHSLIN, *art. cit.*, *DSp*, t. IV. 112.
194. *DzS* 1156 e 1177.
195. Cf. VILANOVA, *Historia de la teología cristiana*, pp. 1008s.

mesmo que as ideias de Nicolau de Cusa não encontrem talvez sua fonte direta de inspiração nos textos bíblicos.

A afirmação do concílio de Florença

Existe uma última intervenção conciliar sobre a criação, no limiar da Idade Moderna, por ocasião do concílio de Florença. Ela complementa o ensino dos concílios medievais sobre a criação. No decreto para os jacobitas (1442), o concílio afirma que a Igreja romana

> professa e prega que o único Deus verdadeiro, Pai, Filho e Espírito Santo, é o criador de todas as coisas visíveis e invisíveis; que, quando ele quis, criou por sua bondade todas as criaturas, tanto as espirituais quanto as corporais, boas certamente, porque foram feitas pelo supremo Bem, mas mutáveis, porque foram feitas com base no nada[196].

Não seria inútil comentar alguns aspectos dessa definição. Além dos elementos já conhecidos, uma grande importância é concedida aqui à bondade de Deus. Se Latrão IV sublinhara que a criação é obra da onipotência divina, agora é a bondade que aparece em primeiro plano. A bondade fundamental da criatura depende dessa bondade e constitui seu reflexo; toda natureza, como tal, é boa. A liberdade da criação unida à sua temporalidade ("quando ele quis") é posta mais em destaque que nas definições anteriores.

III. DO PERÍODO MODERNO A NOSSOS DIAS: A CRIAÇÃO ENTRE TEOLOGIA, FILOSOFIA E CIÊNCIA

Na segunda metade do século XV, ocorreram novas descobertas — tanto geográficas quanto técnicas — em todos os domínios. Não tiveram como consequência grandes novidades teológicas no ensinamento da Igreja, mas um novo modo de compreensão do mundo e da criação. Certas correntes panteístas reaparecem, e a redescoberta do mundo clássico antigo produz certa "secularização". Diversos favores concorrem para esvaziar de seu conteúdo, mais que negá-la diretamente, a ideia cristã da criação do mundo por Deus.

1. OS ENFOQUES RELIGIOSOS DE LUTERO

Em face dessas correntes, os Reformadores insistirão na doutrina clássica da criação de todas as coisas por Deus. Esse ponto não será objeto direto de

---

196. *COD* II-1, p. 1169; *DzS* 1333.

controvérsia com os católicos. Mas Lutero tentará impregnar de conteúdo existencial as formulações do ensinamento tradicional. Segundo ele, a ideia da criação e da relação entre o Criador e a criatura deve ter como consequência o abandono por parte do homem de toda intenção de encontrar nele mesmo o fundamento de seu ser. De outro modo, esse dado significa que o homem recebeu seu ser como uma graça absolutamente imerecida. A criação pode ser vista como uma palavra que, por meio da criatura, Deus dirige ao homem. Esse conceito da criatura-palavra é considerado o centro e o resumo da doutrina luterana da criação[197]. Se alguém para nessa palavra, perde o sentido do mundo, que, não sendo mais sua própria casa, torna-se para ele um deserto. Deus está mais profundamente, mais intimamente dentro da criatura que a própria criatura[198], mas o homem nem sempre se dá conta disso. Essa presença de Deus nem sempre é reconhecida, porque o mundo, por causa do pecado, não é aquele que saiu bom das mãos de Deus. Lutero une a narrativa da citação à experiência atual. Temos de nos lembrar dos bens que perdemos e pensar na redenção futura de que fala Rm 8,19-25. O cristão está no início da vida eterna, porque começa a alcançar de novo o conhecimento das criaturas perdido por Adão[199].

Mais que pela reinterpretação dos problemas teológicos e metafísicos da criação, Lutero tem preocupação pelo profundo caráter religioso dessas verdades de fé. Cita-se com frequência a frase de seus catecismos: "Creio que Deus me criou, com todas as criaturas"[200]. Sem esquecer a referência à totalidade, claramente expressa, a referência pessoal dessa verdade de fé é acentuada. A ideia da criação a partir do nada repete-se, atualizando-se a todo momento da existência. Deus ama tudo aquilo que criou e nisso novamente se compraz a todo instante. Lutero sublinha a presença contínua de Deus mais que a autonomia e o ser próprio da criatura. A consideração do caráter salvífico da criação predomina sobre a ontologia. Assim, do mesmo modo que a Palavra irrompe "a partir do nada", para Lutero a criação é uma irrupção contínua da presença[201].

2. FILOSOFIA E TEOLOGIA EM FRANCISCO SUÁREZ

OS AUTORES E OS TEXTOS: CAJETANO, *Commentaire de la Somme théologique de saint Thomas* (na edição da *STh* de santo Tomás), Roma, 1886. — F. SUÁREZ, *L'œuvre des six jours*, Opera III, Paris, Vivès, 1856, 1-447. — *La fin ultime de l'homme*, Opera IV, Vivès, 1856, 1-156.

---

197. Cf. O. BAYER, *Schöpfung als Anrede. Zu einer Hermeneutik der Schöpfung*, Tübingen, J. C. B. MOHR, 1990, pp. 71 e 81.
198. Cf. *WA* 23, p. 137; BAYER, *op. cit.*, p. 30.
199. Cf. BAYER, *ibid.*, pp. 49, 57, 67s.
200. Cf. *WA* 30/1, pp. 24s e 292s; cf. BAYER, *ibid.*, pp. 80,89.
201. P. GISEL, *La création*, pp. 220-221.

A teologia católica seguirá, não sem modificá-las, as linhas clássicas da escolástica. Não tendo sérios motivos de confrontação com os protestantes, ainda que não se possa esquecer uma diversidade de enfoques, não sentiu necessidade de repensar em profundidade essa doutrina, como fez, por exemplo, com relação à justificação e à graça.

À nova sensibilidade, criada pela Renascença, corresponde sem dúvida uma distinção, mais nítida que a da grande escolástica, entre a filosofia e a teologia. A distinção havia sido preparada pelas épocas anteriores. Quanto ao problema da criação, Francisco Suárez o trata, de uma parte, como questão filosófica, pois pensa que esse artigo de fé é verdade da razão, e, de outra, como questão teológica, no tratado *Sobre a obra dos seis dias*. No início desse estudo, Suárez já pressupõe o que ele considera os princípios gerais da criação: ela foi necessária para que o mundo existisse, é obra unicamente da onipotência de Deus, sem nenhum pressuposto, ou seja, foi feita *ex nihilo*, a essência incriada é única e dela provêm todas as outras. Uma vez estabelecido tudo isso, começa o discurso propriamente teológico:

> Adquiridos esses dados, que podem ser coligidos pelo discurso da razão natural, uma vez realizada a criação das coisas, baseando-se nos efeitos que experimentamos, tratamos aqui sobretudo da criação do mundo como ela foi feita, de seu modo e de suas circunstâncias. Uma vez que essas coisas foram determinadas pela livre vontade de Deus, sua revelação foi necessária para que pudéssemos ter informação segura a seu respeito[202].

Cabe à teologia, segundo essa distinção, demonstrar como se produziu a criação que, como um fato, pode ser conhecida pela razão. O mundo e os anjos foram feitos no início do tempo. Suárez considera também que a criação sem começo temporal não é chocante, *a priori*, para o espírito; mas ele não julga possível essa hipótese no caso concreto da criação acontecida, antes de tudo por causa do ensinamento da Escritura, mas também porque desde sempre (*ab aeterno*) poderiam ser criadas coisas "permanentes" e não "sucessivas", como as que constituem o mundo concreto que conhecemos[203]. A exposição dos seis dias, prolixa e rica em pormenores, de acordo com o que o autor explicou na introdução, pretende demonstrar o como da criação das coisas. Com esses pressupostos, não se pode pensar que a doutrina da criação, em Suárez, esteja em íntima relação com a história da salvação. A criação acontecida parece ser uma modalidade concreta de uma ideia geral da criação, a que chegamos pela filosofia.

---

202. SUÁREZ, *L'œuvre des six jours*, I, prol.; *Opera omnia*, t. III, p. l.
203. *Ibid.*, I,2,9; Vivès, t. III, p. 11.

3. CRIAÇÃO E MODERNIDADE: DO VATICANO I AO VATICANO II

INDICAÇÕES BIBLIOGRÁFICAS: R. AUBERT, *Vatican I*, Paris, Orante. 1964. — L. SCHEFFCZYK, *Création et providence*, Paris, Cerf, 1967, pp. 225-242 (sobre os autores e as demais tendências teológicas do século XIX). — L. ARMENDARIZ, Fuerza y debilidad de la doutrina del Vaticano I sobre el fin de la creación, *Estudios Eclesiasticos* 45 (1970) 359-399. — CL. THEOBALD, La théologie de la création em question. Un état des lieux, *RSR* 81 (1993) 613-641.

Não encontramos nenhuma definição magisterial importante sobre a criação até o concílio Vaticano I, em 1870. Ainda que esse momento já esteja fora do período de referência principal deste tomo, convém fazer algumas referências a ele para completar nosso panorama.

Os problemas postos por uma nova forma de monismo

A ocasião imediata da intervenção magisterial foi uma discussão a respeito das tendências monistas da filosofia do século XIX e a intenção de responder a elas servindo-se do que se chama o "semirracionalismo" de G. Hermes e A. Günter. Para o primeiro, a verdade de fé sobre a criação afirma tudo o que a razão deveria admitir. Como Deus não pode criar por um fim egoísta, não se pode afirmar que ele criou o mundo para sua glória. Será necessário afirmar, tanto pela razão quanto pela revelação, que a beatitude da criatura é o fim último da criação. A providência divina significa apenas que Deus rege o universo com as leis naturais. Uma primeira reação magisterial a essas doutrinas aconteceu em 1836, alguns anos após a morte do autor. O que se lhe imputa sobretudo é seu método, que põe a dúvida na base de toda investigação teológica, bem como o princípio segundo o qual a razão é a norma principal e o único meio pelo qual o homem pode obter o conhecimento sobrenatural[204].

Günther tentará dar um fundamento racional à fé na criação. Essa é considerada um produto secundário do processo que leva o Absoluto a se constituir como o Deus tribo. A ideia que Deus tem de si mesmo é acompanhada pela ideia do "não-eu", do nada. Mas ao mesmo tempo esse pensamento tem certa positividade, pois se enraíza na consciência do Absoluto. Esse pensamento equivale à ideia que Deus tem da criação, ideia que em seguida deve realizar-se numa manifestação *ad extra*. Assim, a criação apareceria como o avesso do processo da própria vida divina. As reações oficiais não se fizeram esperar. Lembremos em particular, o breve *Eximiam tuam*, de Pio IX, ao arcebispo de Colônia em 1857[205]. Entre outros erros sobre a Trindade e a encarnação, men-

---
204. Cf. *DzS* 2738-2740.
205. Cf. *DzS* 2828-2831.

ciona-se que Günther se opõe à doutrina católica sobre a suprema liberdade de Deus na criação de todas as coisas. É também acusado de submeter a fé à razão humana e à filosofia.

O Vaticano I e a constituição Dei Filius

De modo mais equilibrado e sistemático, o concílio Vaticano I, em 1870[206], expõe os pontos fundamentais da doutrina da criação na constituição dogmática *Dei Filius*. O primeiro capítulo, intitulado "Deus criador de tudo", contém as afirmações mais importantes. O único Deus vivo e verdadeiro é o criador do céu e da terra, é distinto do mundo e "inefavelmente elevado acima de tudo o que é e se pode conceber fora dele"[207].

> Esse único Deus verdadeiro, por sua bondade e por sua onipotência, não para aumentar sua beatitude nem para adquirir sua perfeição, mas para manifestá-la pelos bens que concede a suas criaturas, criou do nada, no mais livre dos desígnios, simultaneamente, desde o início do tempo, as duas espécies de criaturas, as espirituais e as corporais, ou seja, os anjos e o mundo, e a seguir a criatura humana, que participa dos dois, composta como é, de espírito e de corpo[208].

O texto reproduz, com notáveis acréscimos, a definição de Latrão IV, que já mencionamos[209]. A menção da onipotência divina é precedida pela da bondade de que já falava o concílio de Florença. É também acrescentada e sublinhada a menção explícita da liberdade com que Deus criou todas as coisas (*liberrimo consilio*). Uma dimensão dessa liberdade divina consiste em que Deus não cria para aumentar sua beatitude nem para adquiri-la. Por conseguinte, ele não depende em nada da criatura. A finalidade da criação é, segundo o que se deduz do texto, a manifestação da perfeição divina pelos bens concedidos às criaturas. É importante ressaltar esse ponto para interpretar a noção de glória de Deus de acordo com a que encontraremos a seguir. Essa declaração é completada pela menção da providência divina: Deus, com sua providência, cuida de todas as coisas que criou e as governa, pois nada se oculta a seus olhos, mesmo as coisas futuras (cf. Sb 8,1; Hb 4,13)[210].

Uma diferença com Latrão IV é, todavia, significativa de uma discrepância no modo de considerar dogmaticamente a criação. Aquele concílio a tinha atribuído a Deus trinitário, Pai, Filho e Espírito Santo, considerados um princípio único. O Vaticano I, ao falar de Deus criador, absolutamente não men-

---

206. Sobre o contexto histórico do Vaticano I, cf. t. 3, pp. 414-415.
207. Cf. *COD* II-2, p. 1637; *DzS* 3001; *FC* 252.
208. *COD* II-2, pp. 1637-1639; *DzS* 3002; *FC* 253.
209. Cf. *supra*, p. 60.
210. Cf. *COD* II-2, p. 1639; *DzS* 3003; *FC* 254.

ciona a Trindade, nem mesmo para dizer que a criação é uma obra comum das três pessoas. Manteve somente a menção de Deus único. A afirmação da criação sai de algum modo do quadro tradicional do Credo para ser tratada no dos "preâmbulos da fé" (*praeambula fidei*), preliminares à revelação e acessíveis à razão. Isso é confirmado pelo caráter bastante filosófico do vocabulário referente aos atributos de Deus único e à sua atividade criadora, e está ligado ao plano da constituição *Dei Filius* que, em seu capítulo segundo, depois de ter tratado de Deus criador, trata da revelação. Igualmente, a criação é apresentada sem nenhum vínculo com a história da salvação. A menção da providência caminha nesse mesmo sentido. Além disso, o ensinamento que segue imediatamente no capítulo segundo, e de acordo com o qual Deus, como princípio e fim de todas as coisas, pode ser conhecido com toda a certeza pela luz natural da razão humana a partir das coisas criadas, afeta indiretamente a teologia da criação[211]. A redação leva a pensar que essas verdades, sem dúvida "cridas e professadas" pelo concílio, podem ser atingidas pela razão natural, aclarada pela revelação, a fim de que "na condição presente do gênero humano" possam ser conhecidas "com facilidade, com uma firme certeza e sem mistura de erro" (como dirá o mesmo capítulo segundo). A tese subjacente é que "o dogma da criação não é apenas um artigo de fé, *mas ao mesmo tempo* 'uma verdade de ordem natural'"[212]. Essas verdades poderiam, pois, ser partilhadas com outros espíritos que não professam a fé cristã. Mas o concílio não entra em detalhes e deixa em aberto a questão da cognoscibilidade somente pela razão da verdade da criação em todos os seus particulares, por exemplo a criação *ex nihilo*.

Essas afirmações são completadas pelos cânones correspondentes[213]. Neles, o concílio insiste na criação de tudo por Deus, na distinção entre Deus e a criatura, que não são uma única e mesma substância, de modo que é condenado todo panteísmo (câns. 1 e 3). Rejeita que as criaturas corporais e espirituais possam ser consideradas emanações da essência divina, que tudo venha por evolução ou manifestação dessa essência, ou que Deus seja um ser universal e indeterminado que, no processo de sua determinação, constitua as distinções entre os seres (cân. 4). No cânon 5, de maior interesse para nosso assunto, o concílio novamente afirma a criação de tudo *ex nihilo*, mas lhe dá uma expressão positiva: todas as coisas dependem de Deus segundo sua substância (*substantia*), ou seja, em tudo o que ela é. A seguir, aborda a liberdade de Deus na criação: Deus não criou com a mesma necessidade que a sua no amor por si mesmo. Afirma, enfim, que o mundo foi criado para a glória de Deus. Esse conceito, que não é novo, não é definido. Mas, comparando-se esse cânone com o texto da constituição, vemos como a glória de Deus parece equivaler à ma-

---

211. Cf. *COD* II-2, pp. 1639 e 1647; *DzS* 3004 e 3026; *FC* 86 e 104.
212. Cf. Ch. THEOBALD, *art. cit.*, p. 618, que apresenta o modo como H. Pinard analisava o texto do Vaticano I, em seu artigo "Création" do *DTC* III (1908) 2197.
213. Cf. *COD* II-2, pp. 1645-1647; *DzS* 3021-3025; *FC* 255-259.

nifestação da perfeição divina pelos bens concedidos à criatura. Percebe-se implicitamente a ideia já encontrada nas obras dos grandes autores escolásticos: a finalidade da criação é o próprio Deus, não porque ele deva se aperfeiçoar, mas porque as criaturas encontram sua plenitude ao participarem da perfeição e da bondade dele.

Descobrem-se facilmente os problemas aos quais queria responder o concílio Vaticano I na constituição *Dei Filius*. Em face de toda a confusão e identificação de Deus com sua criatura, ou das intenções de estabelecer relação entre a criação e a autodefinição do próprio Deus, o concílio indica claramente a diferença entre o Criador e a criatura, a liberdade total do ato criador, que provém de sua bondade antes mesmo de sua onipotência. O esclarecimento dessa doutrina tradicional é, sem dúvida, um dos méritos do concílio Vaticano I. Depois dele não aparecerão mais graves problemas sobre essas questões nos meios da teologia católica. Algumas, às quais o concílio não pôde pastar atenção, continuarão, todavia, em aberto: as interrogações científicas sobre a ideia da criação, por exemplo, o evolucionismo, e a interpretação feita até então das narrativas bíblicas das origens.

Naturalmente, o concílio Vaticano I foi fruto de seu tempo. As questões postas foram discutidas e às vezes resolvidas no contexto em que surgiram. É claro que o Vaticano I não podia estar isento de todos esses condicionamentos. Em todas as afirmações sobre a criação e a providência, com noções bem aperfeiçoadas, a conexão com o mistério de Cristo não foi explicitada. Apenas se diz no prólogo da constituição, em termos gerais, que se quer confessar e declarar a doutrina salvadora de Cristo. Já vimos que esse problema vem de longe em teologia[214].

O Concílio Vaticano II: uma criação "antropocêntrica"

O concílio Vaticano II não falou explicitamente do tema da criação. Nele encontramos, porém, alusões significativas a esse respeito. Já na constituição *Dei Verbum*, por exemplo, a criação está claramente inscrita na ordem da revelação, que tem seu ápice em Cristo e situa-se no início da história da salvação à luz da narrativa bíblica[215].

Mas é essencialmente na constituição pastoral *Gaudium et Spes*[216], que trata da atividade humana no universo, que a criação está presente de maneira bastante "antropocêntrica":

---

214. Cf. SCHEFFCZYK, *Création et providence*, p. 243; L. ARMENDARIZ, Fuerza y debilidad de la doctrina del Vaticano I sobre el fin de la criación, *Estudios Eclesiásticos* 45 (1970) 359-399.
215. *DV* 2-3, *COD* II-2, p. 1973; cf. Ch. Theobald, *art. cit.*, p. 621.
216. *GS*, 1ª parte, c. 3, 33-39; *COD* II-2, pp. 2207-2215.

> O homem, criado à imagem de Deus, recebeu o mandamento de dominar a terra com tudo o que ela contém e governar o mundo na justiça e na santidade e, reconhecendo Deus como criador universal, orientar-se a si e ao universo para ele; de maneira que, estando todas as coisas sujeitas ao homem, o nome de Deus seja glorificado em toda a terra (GS 34).

A dupla finalidade da criação, a glória de Deus e o bem do homem, sobre a qual o Vaticano I discutira, encontra-se aqui articulada e hierarquizada. Deus é o único criador de todas as coisas. Os homens, por sua ação no mundo, "prolongam" a obra do Criador. A bondade que o Criador imprimiu na criatura é posta em destaque (GS 36), onde o documento fala da autonomia da realidade temporal. O acabamento de toda atividade humana é, enfim, atribuído a Cristo em seu mistério pascal.

> O Verbo de Deus, pelo qual todas as coisas foram feitas, fazendo-se homem e vivendo na terra dos homens, entrou como homem perfeito na história do mundo, assumindo-a e recapitulando-a (GS 38).

Essa referência cristológica traz inevitavelmente consigo a da consumação escatológica para a qual tende toda a criação. No ensinamento do concílio, esta se acha em boa conexão com o conjunto do edifício dogmático. Mas as declarações do Vaticano II refletem um clima de otimismo que os anos seguintes irão desmentir.

4. CONCLUSÃO: DOUTRINA E TEOLOGIA DA CRIAÇÃO NO FINAL DO SÉCULO XX

> **INDICAÇÕES BIBLIOGRÁFICAS**: K. BARTH, *Dogmatique*, vol. 3.1: *La doctrine de la création*, Genève, Labor et Fides, 1960. — W. KERN, La création, source permanente du salut (1967), *Mysterium salutis. Dogmatique de l'histoire du salut*, vol. 6: *La Trinité et la création*, Paris, Cerf, 1971, pp. 229-336. — A. GANOCZY, *Homme créateur — Dieu créateur* (1976), Paris, Cerf, 1979; *Théologie de la nature* (1982), Paris, Desclée, 1988; *Schöpfungslehre*, Düsseldorf, 1983. — P. GIBERT, *Bible, mythes et récits de commencements*, Paris, Seuil, 1986. — J. MOLTMANN, *Dieu dans la création. Traité écologique de la création* (1985), Paris, Cerf, 1988. — P. GISEL. *La création. Essai sur la liberté et la nécessité, l'histoire et la loi, l'homme, le mal et Dieu*, Genève, Labor et Fides, 1980, 2ª ed., 1987. — VV. AA., *Création et salut*, Bruxelas, Fac. Univ. Saint-Louis, 1989.

Como conclusão deste longo percurso histórico sobre a doutrina e o dogma da criação, é interessante observar uma renovação do interesse, na reflexão contemporânea, por um tema que durante longo tempo ficou um tanto estagnado.

Sobre o fundo doutrinal, agora bem assentado, expressaram-se novas orientações e puseram-se questões que evoluíram, aliás, depois de certo número de decênios. Vamos nos deter em três pontos mais importantes.

O primeiro é a integração do tema da criação na perspectiva da história da salvação e a nova importância dada à sua dimensão propriamente religiosa. Em meados deste século, a influência de K. Barth foi importante a esse respeito, em particular sobre a teologia católica. Em sua interpretação da narrativa bíblica das origens, Barth vê a criação como "o fundamento exterior da aliança, ou seja, ela seria um pressuposto necessário, uma preparação — alguns dirão um "pretexto" ou um "apresto" — para o edifício da graça; reciprocamente, a aliança é "o fundamento interior da criação"[217], ou seja, é seu sentido e seu fim e, portanto, a condiciona completamente. É verdade que o movimento da revelação bíblica vai da aliança à criação, que é como seu primeiro tempo universal, o tempo da abertura da história da salvação, e também que a própria salvação é muitas vezes apresentada como uma nova criação (cf. Is 40). Essas fórmulas barthianas foram reconhecidas como legítimas por J. Ratzinger e retomadas, em grande parte, por W. Kern, que vê na criação "a fonte permanente da salvação"[218]. H. Bouillard, de sua parte, pergunta se essa perspectiva não foi longe demais na obra de Barth, a ponto de cair num certo "docetismo" da criação, que lhe tira sua consistência e seu valor de alteridade em relação a Deus.

Conhecemos as dificuldades encontradas no século XIX para situar o que é específico do testemunho bíblico sobre a criação em relação às descobertas científicas sobre as origens do mundo e do homem. Um fundamentalismo bíblico inconsciente contribuiu para muitas soluções "concordistas", que só podiam desmoronar. A problemática do que acontece com os discursos científico e religioso nessa matéria está hoje bem esclarecida. O conflito evoluiu para um verdadeiro diálogo entre cientistas e teólogos, em que cada um procura ouvir tudo o que o outro pode trazer como contribuição em vista de uma consideração mais justa. A vastidão das descobertas científicas recentes sobre a origem do mundo e a complexidade dos problemas epistemológicos postos para os explicar no plano do discurso impunham, aliás, um confronto entre filosofia, teologia e ciência[219].

A teologia do século XX tem conferido grande importância ao tema da vocação do homem para "dar acabamento" à criação por seu trabalho sobre a natureza, em proveito de um mundo mais feliz e mais justo. Vimos quanto a constituição *Gaudium et spes* assumiu essa ideia num clima de confiante oti-

---

217. Cf. K. BARTH, *op. cit.*; ver a análise de H. Bouillard em *Karl Barth*, 2/1, *Parole de Dieu et existence humaine*, Paris, Aubier, 1957, pp. 188-189.
218. Cf. Ch. THEOBALD, *art. cit.*, pp. 625-631.
219. Cf. L'avenir de la création, *RSR* 81 (1993) 491-641, que analisa um colóquio interdisciplinar sobre a criação.

mismo. Mas desde então a atividade humana sobre a criação deu lugar a cruéis interrogações: o homem não está a ponto de esgotar e de destruir o ambiente em que vive? A teologia não o fez demasiadamente "rei" da criação, em vez de o considerar um "administrador" responsável por esse ambiente diante de Deus e diante de seus irmãos, em particular de seus sucessores? Diante dos gritantes abusos, a preocupação ecológica se generalizou, não sem cair em certos excessos ideológicos e práticos. Essa preocupação teve seu impacto na teologia, em particular com o *Tratado ecológico da criação*, de J. Moltmann[220]. É também objeto de diálogo ecumênico[221]. E está, sem dúvida, chamada a ter futuros desdobramentos, pois a criação é ao mesmo tempo dom de Deus ao homem e lugar de exercício da liberdade do homem em sua resposta a Deus.

---

220. Cf. Ch. THEOBALD, *art. cit.*, pp. 631-635.
221. Cf. a Reunião ecumênica europeia de Basileia (maio de 1989), que tinha por tema Paix, justice et sauveguarde de la création, *DC* 86 (1989) 733-759.

CAPÍTULO II
O homem criado à imagem de Deus
L. F. LADARIA

Já nas narrativas bíblicas da criação, o homem ocupa o lugar central nas preocupações dos autores sagrados. A criação do homem não é uma realização a mais na obra dos seis dias, mas a que dá sentido à criação inteira. A reflexão cristã sobre os primeiros capítulos do Gênesis não podia ficar insensível a esse fato. A doutrina sobre o homem encontra-se inserida na da criação, mas possui sua própria especificidade, já que o homem é uma criatura particular: foi criado à imagem e semelhança do Criador.

Duas questões fundamentais vão ocupar a teologia cristã sobre o homem: sua constituição interna e sua condição de imagem de Deus. As duas estão intimamente ligadas e nos ajudarão a descobrir a particularidade da noção cristã do homem. Põe-se aqui um problema análogo ao encontrado no capítulo precedente sobre a criação: a definição do ser humano é um dado anterior à economia salvífica? Ou esta é determinante para conhecer, com base na revelação, o que somos nós? Podemos também formular a questão de outro modo: que significa para o ser humano o fato de o Filho de Deus ter assumido a condição humana? A teologia nem sempre se pôs explicitamente essas questões. Mas elas sempre foram pano de fundo da preocupação cristã sobre o homem. O ser humano é o destinatário da revelação e da salvação que Jesus nos trouxe. Por essa razão, foi desde o início um tema a que a teologia não podia renunciar.

I. O HOMEM IMAGEM DE DEUS NA ÉPOCA PATRÍSTICA

1. A CRIAÇÃO ÚNICA DO CORPO E DA ALMA NAS OBRAS DOS PADRES APOSTÓLICOS E DOS APOLOGISTAS

INDICAÇÕES BIBLIOGRÁFICAS: V. GROSSI, *Lineamenti di antropologia patristica*, Roma, Borla, 1983. — A.-H. HAMMAN, *L'homme image de Dieu, Essai d'une* *anthropologie chrétienne dans l'Église des cinq premiers siècles*, Paris, Desclées, 1987. — A. ORBE, La definición del hombre en la teología del s. II, *Gregorianum* 48 (1967) 522-576. — J. J. AYÁN CALVO, *Antropología de san Justino. Exégesis del mártir a Gen I-III*, Santiago de Compostela-Córdoba, Monte de Piedad y Caja de Ahorros, 1988.

Nos primeiros documentos cristãos, a afirmação da criação do homem por Deus, na perspectiva do Gênesis, é a expressão de uma fé espontânea. Clemente de Roma apresenta uma visão unitária do homem que integra sua relação com Deus. Assim, ele nos diz que Deus, "com suas mãos sagradas e imaculadas, formou o ser excelente e soberano, o homem, como um sinal de sua própria imagem"[1]. É interessante ver a ligação que Clemente faz aqui entre Gn 1,26, a criação do homem à imagem e à semelhança de Deus, e Gn 2,7, a modelagem do homem com base no barro e a efusão do sopro divino. O homem é imagem de Deus na totalidade de seu ser. Encontramos aí os fundamentos da doutrina da "criação única", que considera de maneira unificada a criação do homem como imagem de Deus em sua alma e em seu corpo.

Em Inácio de Antioquia, a concepção do homem como composto de um corpo e de uma alma reveste-se de pouca importância. Muito mais significativa é em suas obras o binômio carne-espírito, de nítida inspiração paulina, que combina a concepção antropológica e a teológica. Pois Inácio se refere aos dois princípios que determinam a vida moral do homem: "Os que são carnais não podem fazer as obras espirituais"[2]. Mas, dado que Jesus Cristo é ao mesmo tempo "carnal e espiritual", homem e Deus[3], as coisas que pertencem à vida humana e se realizam "segundo a carne" são espirituais, uma vez que tudo se faz em Jesus Cristo[4]. Por isso, os cristãos permanecem em Cristo "de carne e de espírito"[5]. O fato de Jesus ter assumido a carne mudou o significado do corpo humano. A unidade do homem e a bondade radical de todas as suas dimensões e de seus componentes são destacadas pelo fato de que tudo pode ser posto em relação com Jesus. Inácio pensa, além disso, que, uma vez chegado à luz pura de Deus e conformado a Cristo pelo martírio, será um homem[6]. Não podemos extrair desse texto pormenores concretos sobre a perfeição humana, mas há nele uma afirmação muito mais fundamental: a plenitude do ser humano está essencialmente ligada a Cristo.

Dizíamos no capítulo sobre a criação que Gn 1,26, "Façamos o homem à nossa imagem, segundo a nossa semelhança", é interpretado pelo Pseudo-Barnabé como dito pelo Pai ao Filho[7]. Essa exegese terá boa aceitação e será de

---

1. CLEMENTE DE ROMA, *Épitre aux Corinthiens*, 334; *SC* 167, p. 154.
2. INÁCIO DE ANTIOQUIA, *Éphésiens*, 8,2; *SC* 10 bis, p. 77.
3. *Ibid.*, 7,1; p. 75.
4. *Ibid.*, 8,2; p. 77.
5. *Ibid.*, 10,3; p. 81. Cf. também *Magnésiens*, 1,2 e 13,1; pp. 95 e 107; *Tralliens*, 1,1; p. 111.
6. INÁCIO, *Romains*, 6,2; p. 135.
7. *Épitre de Barnabé*, 5,5; 6,12; *SC* 172, p. 109 e 123. Cf. *supra*, p. 32.

grande importância para a determinação do conteúdo da ideia de criação do homem à imagem de Deus. O Pseudo-Barnabé, todavia, ainda não tira conclusões sobre o assunto.

Com os apologistas tem início uma reflexão antropológica mais precisa. Toda a antropologia de Justino girará ao redor do corpo. Ele certamente conhece a concepção, corrente em sua época, do homem composto de uma alma e de um corpo, e não a rejeita. Mas a fé na ressurreição final faz que a modifique substancialmente. Em algumas linhas do *Diálogo com Trifão*, surpreendentes para nossa mentalidade, chega a afirmar que é a figura do corpo, e não a da alma, que distingue os homens dos animais. Com efeito, todas as almas são iguais e se estendem a todos os seres vivos. A alma humana tem a capacidade de ver a Deus, como a teria igualmente a dos animais, mas estes não podem chegar à visão porque a constituição do corpo deles os impede. Essa constituição não os torna capazes de incorruptibilidade, como o corpo humano. Por outro lado, nem todos os homens verão a Deus, mas somente os que são justos e se purificam pela virtude. Também aqui pode-se observar a distância em relação às concepções filosóficas, essencialmente as de Platão, segundo o qual a contemplação de Deus é produzida pelo parentesco do homem com ele[8]. Mas a alma humana não é divina[9]. Portanto, é somente a liberdade do homem que determina em última instância o destino humano. Ela afeta todo o seu ser; em particular, com relação à visão de Deus e à incorruptibilidade que são o fim do homem, a posse de um corpo adequado passa a ser a propriedade determinante. As almas não seriam por si mesmas imortais; e, sem sua união com o corpo, a existência delas perderia todo sentido. Para obter o fim, é necessária a iluminação do Espírito Santo sobre o intelecto[10].

O anônimo *Sobre a ressurreição*, que muitos atribuem ao próprio Justino, exporá ideias muito próximas. É claro para o autor desse texto que nem o corpo nem a alma constituem por si mesmos o homem, mas são corpo e alma *do homem*. Ele é apenas o composto, pois Deus chamou à vida e à ressurreição não a parte, mas o todo[11]. Deve-se observar nessa passagem o fundamento último da unidade do homem como composto de uma alma e de um corpo: é o querigma cristão da ressurreição do homem à imagem da de Cristo. A visão que tem esse autor, com probabilidade Justino, da imagem e da semelhança de Gn 1,26 é igualmente cristológica:

---

8. *Dialogue avec Tryphon*, 4,1-5 e 6; *TD* I, pp. 21-25 e 33-35. Cf. AYÁN CALVO, *Antropología de san Justino*, pp. 86-96; A. Orbe, La definición del hombre em la teología del s. II, pp. 533-537.

9. *Dialogue avec Tryphon*, 6,1; *TD* 1, pp. 33-35.

10. Cf. A. ORBE, *op. cit.*, pp. 534s.

11. JUSTINO, *Traité de la résurrection*, 8; trad. E. Gauché, *Oeuvres complètes*, Paris, Migne, 1994, pp. 353-356.

Pois se é realmente dele que o Verbo diz: "Façamos o homem à nossa imagem, segundo a nossa semelhança" (Gn 1,26), de que homem se trata? Inevitavelmente um homem de carne. Com efeito, diz o Verbo: "O Senhor Deus modelou o homem com o pó apanhado do solo" (Gn 2,7). É evidente, pois, que o homem modelado à imagem de Deus era de carne. Então que absurdo pretender que seja desprezível, sem nenhum mérito, a carne modelada por Deus segundo sua própria imagem.

Ser a carne estimável é evidente, primeiro porque é obra sua — supondo, é lógico, que o estatuário ou o pintor deem valor à sua obra! E podemos nos aperceber disso no resto da criação. Pois o que é causa de todo o resto é o que há de mais precioso aos olhos do criador[12].

Encontramos aqui a ideia da criação única, já insinuada por Clemente de Roma. Os textos de Gn 1,26 e de Gn 2,7 iluminam-se mutuamente. O homem criado à imagem de Deus é o homem corporal. A definição bíblica prevalece sobre a filosófica, embora esta não seja menosprezada: o homem é o ser criado à imagem e segundo a semelhança de Deus.

Outro apologista, discípulo de Justino, Taciano, defendeu ideias muito semelhantes. A alma humana, diz ele, não é simples, mas composta de numerosas partes. Ela não se manifesta por si mesma, sem o corpo, como tampouco ressuscitará sem o corpo. A definição do homem como animal racional não é suficiente, pois não o distingue suficientemente dos animais:

> Somente o homem é a imagem e a semelhança de Deus, e eu chamo de homem não aquele que se porta como os animais, mas aquele que se afastou muito longe da humanidade para se aproximar do próprio Deus [...]. A alma é a união do corpo, e o corpo é o continente da alma. Se esse composto for como um templo, Deus quer nele morar, por meio do espírito superior; mas, quando esse conjunto não o for, o homem não sobrepuja os animais senão pela palavra articulada; quanto ao mais, leva a mesma vida, não sendo a semelhança de Deus[13].

Se, de uma parte, o homem é um ser material, é, de outra, superior à matéria, não somente por sua alma, mas também pela imagem e semelhança de Deus[14]. A capacidade de possuir o Espírito é o aspecto decisivo do ser do homem, ainda que o Espírito não faça parte da estrutura antropológica. Teófilo de Antioquia também pensa que o homem não foi feito nem mortal nem imortal, mas poderá ser um ou outro se ele seguir ou não os mandamentos divinos. Por sua obediência, o homem podia chegar a se tornar Deus e a participar assim

---

12. *Ibid.*, 7; trad. E. Gauché, p. 353.
13. TACIANO, *Discours aux grecs* 15; PG 6, 837-840; trad. A. Puech, *Recherches sur le Discours aux grecs de Tatien*, Paris, Alcan, 1903, p. 128.
14. *Ibid.*, 12; p. 123. Cf. A.-G. HAMMAN, *L'homme image de Dieu*, p. 42.

da imortalidade divina. A desobediência, em compensação, o arrastou para a morte. Em sua bondade, Deus volta agora a lhe dar o que ele perdeu pela desobediência[15]. Esse pensamento, que tem sua fonte numa profunda inspiração bíblica, dando a prioridade à definição, vinda do Gênesis, de um homem criado à imagem e semelhança de Deus, encontrará um desenvolvimento mais explícito ainda em Ireneu de Lião e em Tertuliano.

2. A DIGNIDADE DO CORPO HUMANO: IRENEU E TERTULIANO

> **INDICAÇÕES BIBLIOGRÁFICAS**: A. ORBE, *Antropología de san Ireneo*, Madrid, *BAC*, 1969. — Y. DE ANDIA, *Homo vivens. Incorruptibilité et divinisation de l'homme selon Irénée de Lyon*, Paris, Études Augustiniennes, 1986. — S. OTTO, Der Mensch als Bild Gottes bei Tertullian, *MThZ* 10 (1959) 272-282. — A. SOLIGNAC, Image et ressemblance, *DSp* VII/2 (1971) 1406-1425.

O *bispo de Lião* constrói sua antropologia sobretudo sobre o corpo. Ele conhece e utiliza a definição corrente do homem, composto de uma alma e de um corpo, mas ela não lhe parece suficiente para fundamentar sua visão teológica, pois falta alguma coisa. Para Ireneu, que segue uma inspiração paulina, é muito importante a noção do Espírito dada ao ser humano, do Espírito que, só ele, pode levar o homem à perfeição:

> Três coisas, como demonstramos, constituem o homem perfeito: a carne, a alma e o Espírito. Uma delas salva e forma, ou seja, o Espírito; outra é salva e é formada, ou seja, a carne; outra, enfim, encontra-se entre as duas, a alma, que tanto segue o Espírito e toma seu voo graças a ele, como se deixa persuadir pela carne e cai nas cobiças terrenas[16].

E, de modo mais conciso: "É nossa substância — ou seja, o composto de alma e de carne que, ao receber o Espírito de Deus, constitui o homem espiritual"[17]. É preciso que nos coloquemos na perspectiva de Ireneu para compreender o alcance desses textos e de outros semelhantes que poderíamos lhes acrescentar. O bispo de Lião vê o homem imerso no desígnio salvífico de Deus e o define com base nesse desígnio. O que Deus quer para ele, a perfeição da imagem e da semelhança, é o que determina mais em profundidade seu ser. Por isso, o homem não pode atingir sua própria perfeição, se não estiver com a força de Deus, com o Espírito Santo. Esse é, sem dúvida alguma, um elemento transcendente, que o homem, como unidade da alma e do corpo, recebe. O Espírito

---

15. TEÓFILO DE ANTIOQUIA, *Trois livres à Antolycus*, II,24 e 27; *SC* 20, pp. 161 e 165-167.
16. IRENEU, *CH*, V.9,1; Rousseau, p. 591.
17. *CH*, V,8,2; p. 588. Cf. A. ORBE, *Antropología de san Ireneo*, pp. 75s e 130s.

de Deus não se põe, portanto, no nível dos componentes propriamente antropológicos. Mas, apesar de tudo, dada a vocação divina do homem, ele é absolutamente necessário para a perfeição do ser humano. Na liberdade que lhe foi concedida, a alma deve seguir as moções do Espírito para que o homem todo se eleve em direção a Deus. Seguindo as moções do corpo, todo o ser humano cai bem baixo. Atinge-se essa perfeição pela obra de Cristo:

> Exatamente como, no começo de nossa formação em Adão, o sopro de vida dado por Deus, ao se unir à obra modelada, animou o homem e o fez parecer animal dotado de razão, assim também, no final, o Verbo do Pai e o Espírito de Deus, unindo-se à substância anterior da obra modelada, ou seja, de Adão, tornaram o homem vivo e perfeito, capaz de entender o Pai perfeito[18].

Essa visão unitária do homem, que inclui a dimensão que chamamos hoje de "sobrenatural", encontra-se definitivamente explicada à luz da concepção ireneana da imagem e da semelhança divina. Já vimos, em Clemente de Roma e no tratado *Sobre a ressurreição*, atribuído a Justino, a ideia da criação única do homem, segundo a qual o homem criado à imagem de Deus (cf. Gn 1,26s.) é o homem modelado (cf. Gn 2,7). Ireneu seguirá e desenvolverá essa concepção, dando-lhe, além disso, um forte sentido cristológico. Porque o modelo segundo o qual o homem foi modelado é Jesus. Ele é a perfeita imagem do Pai (cf. 2Cor 4,4; Cl 1,15), imagem com base na qual o homem foi criado:

> Todo aquele que [diz Deus] derramar o sangue de um homem terá seu próprio sangue derramado [...], porque foi à imagem de Deus que fiz o homem." Ora, a imagem de Deus é o Filho, à imagem de quem o homem foi feito. Foi por isso que, nos últimos tempos, o Filho apareceu, a fim de tornar a imagem semelhante a ele mesmo[19].

A criação de Adão do pó da terra prefigurava já o nascimento de Jesus da Virgem Maria:

> E do mesmo modo como o primeiro homem modelado, Adão, recebeu sua substância de uma terra intacta e virgem ainda [...], assim também, recapitulando em si Adão, ele, o Verbo, foi de Maria ainda Virgem que, com razão, recebeu a geração, que é a recapitulação de Adão [...] — Mas então, pode-se objetar, por que Deus não tomou de novo o limo e fez sair de Maria a obra que ele modelava? — É que não houve outra obra modelada e não foi outra obra que foi salva, mas a mesma de antes foi recapitulada, pelo fato de que seria salvaguardada a semelhança em questão[20].

---

18. *CH*, V.1,3; p. 572. Cf. A. ORBE, *op. cit.*, p. 63.
19. *Démonstration de la predication apostolique*, 22; *SC* 406, p. 115; cf. *CH* V.16,2; Rousseau, pp. 617-618.
20. *CH*, III,21,10; pp. 382-383.

Jesus, nascido da Virgem Maria, é o cumprimento do que fora prefigurado no primeiro Adão. Esse nascimento garante que o Salvador participa da mesma humanidade que aqueles que devem ser salvos e assegura a solidariedade de Jesus com Adão e com todos os homens. A ideia é repetida com mais clareza um pouco adiante:

> É por isso também que Paulo chama o próprio Adão de a "figura daquele que havia de vir" (Rm 5,14); pois o Verbo, Artesão do universo, já esboçara antes em Adão a futura "economia" da humanidade de que se revestiria o Filho de Deus, tendo Deus estabelecido em primeiro lugar o homem psíquico, a fim de que, com toda a evidência, fosse salvo pelo Homem espiritual (cf. 1Cor 15,45-49). Com efeito, uma vez que já existia Aquele que salvaria, era necessário que aquele que seria salvo viesse também à existência, a fim de que o Salvador não ficasse sem razão de ser[21].

Sendo o Verbo a referência de Deus para criar Adão, Verbo esse que deve se encarnar (e ressuscitar), entendemos que foi o homem todo, em seu corpo e em sua alma, que foi criado à imagem de Deus. O Filho e o Espírito Santo[22], que são as mãos divinas, como já o sabemos, o modelaram; o barro inicial já estava misturado ao poder divino:

> Quanto ao homem, foi com suas próprias mãos que Deus o modelou, ao tomar da terra o que ela tinha de mais puro e de mais fino e ao misturar, na medida que era conveniente, seu poder com a terra. [...] Com efeito, revestiu com seus próprios traços a obra assim modelada, a fim de que mesmo aquilo que aparecesse aos olhos o fosse de forma divina[23].

Encontramos também nas obras de Ireneu uma distinção, nem sempre afirmada com total consequência, entre a imagem de Deus e a semelhança. A primeira seria uma noção mais estática, dada à criação e que pertenceria à constituição do homem. A segunda é essencialmente dinâmica e indica a progressiva assimilação a Deus[24]. O homem a perdeu pelo pecado, de modo que Jesus, quando revelou, por sua encarnação, à imagem de quem o homem havia sido feito, restituiu-lhe ao mesmo tempo sua semelhança[25]. Encontraremos uma distinção semelhante em outros autores das quais nos ocuparemos mais tarde.

Tertuliano segue a mesma linha de Ireneu. Também ele desenvolve sua antropologia em relação ao corpo. Sua exegese de Gn 2,7, na qual se diz que

---

21. *CH*, III,22,3; p. 385. A mesma ideia é repetida em *Démonstration*, 32; *SC* 406, p. 129.
22. Cf. *CH*, IV, pref. 4; V,1; 6,1; 28,4; Rousseau, pp. 404, 580, 582, 654. Cf. *supra*, p. 40.
23. *Démonstration*, 11; *SC* 406, p. 99. Cf. A. ORBE, *op. cit.*, p. 69s; E. Romero POSE, *Ireneo de Lión. Domostración de la predicación apostólica*, Madrid, Ciudad Nueva, 1992, p. 79.
24. Cf. A. ORBE, *op. cit.*, 118-148; A. HAMMAN, *op. cit.*, pp. 64 69.
25. Cf. *CH*, V,8,1; 16,2; Rousseau, pp. 587-588 e 617.

Deus modelou o homem com o barro da terra, o leva a isso[26]. O homem é, antes de tudo, o corpo, a carne, uma vez que nela Deus infundiu a alma com seu próprio sopro. Antes dessa infusão, numa leitura literal de Gn 2,7, o homem (ou seja, o corpo) já estava formado. Sobre o mesmo assunto, Tertuliano comenta 1Cor 15,45s:

> Se Adão é o primeiro homem e se a carne designa o homem antes da alma, sem dúvida nenhuma a carne é que foi unida à alma: e, uma vez unida à alma, do momento em que ela era corpo, tornou-se corpo animal [...]. Assim, aquilo pelo que esse nome de corpo animal convém à carne não convém de modo algum à alma[27].

Essa carne, que se torna "corpo animal", ao receber a alma, converter-se-á, por sua vez, pela recepção do Espírito, em corpo espiritual. O corpo é o substrato comum aos dois Adões, Adão e Cristo, como é igualmente o elemento comum à situação do homem nesta vida, "corpo animal", e, quando da ressurreição, "corpo espiritual". Como podemos ver, a razão pela qual Tertuliano dá essa preeminência ao corpo é de inspiração bíblica; ela se funda no Gênesis e em Paulo[28].

Não podemos também separar em Tertuliano a antropologia da cristologia. De modo ainda mais claro que em Ireneu, supondo que isso seja possível, ele mostra Jesus que deve encarnar-se como o modelo com base no qual Deus modelou o homem com o barro do chão:

> Tudo o que era impresso no limo era o pensamento de Cristo, o homem do futuro (*Christus cogitabatur homo futurus*) [...]. O que Deus formou, "à imagem de Deus ele o criou" (Gn 1,27), ou seja, à imagem de Cristo [...]. Assim o limo, ao revestir a partir desse momento a imagem do Cristo que viria na carne, não era somente uma obra de Deus, mas também o penhor[29].

E, com mais clareza ainda, Tertuliano expressou essa versão em seu livro *Contra Práxeas*:

> Havia alguém à imagem de quem [Deus] fazia o homem, ou seja, à imagem do Filho que, devendo ser o homem o mais autêntico e o mais verdadeiro (*homo certior et verior*), quis que fosse chamada de homem sua imagem, que devia ser formada do limo naquele momento: imagem e semelhança do verdadeiro (homem)[30].

---

26. Cf. TERTULIANO, *Contre Marcion*, I, 24,5; SC 365, p. 219.
27. *Id.*, TERTULIANO, *La résurrection des morts*, 53, 6-8; *CCSL* 2, pp. 998 999.
28. Cf. A. ORBE, La definición del hombre en la teología del s. II, pp. 554 660; A. HAMMAN, *op. cit.*, pp. 77-102.
29. TERTULIANO, *La résurrection des morts*, 6,3-5; *CCSL* 2, p. 928. A primeira parte desse texto foi citada pelo concílio Vaticano II em *GS* 22.
30. *Id.*, *Contre Praxéas*, 12, 3-4; *CCSL* 2, p. 1173.

A noção de homem fundamenta-se radicalmente na cristologia e no desígnio salvífico do Pai desde toda a eternidade. Ser homem é ser imagem de Jesus, o homem verdadeiro. Tertuliano conhece também a distinção, em termos semelhantes aos de Ireneu, entre a imagem e a semelhança. No batismo, esta última nos é restituída quando nos é dado o Espírito de Deus, que o homem recebeu com o sopro divino e perdeu pelo pecado. A imagem está na forma; a semelhança, na eternidade[31].

Resumamos brevemente as características dessa corrente de pensamento. Trata-se de uma antropologia que se distingue claramente do pensamento filosófico comum, para sublinhar a unidade do homem e o valor do corpo. A fé cristã na encarnação do Filho e na ressurreição de Jesus e de todos os homens leva obrigatoriamente a insistir na salvaguarda da integridade da mensagem revelada e da salvação que Jesus nos trouxe. Temos de reconhecer que essa linha de pensamento perderá terreno em face da que aceitará mais abertamente, mesmo com as modificações oportunas, a concepção grega do homem como composto de uma alma e de um corpo e que verá sobretudo na primeira a imagem de Deus. Mas alguns remanescentes da concepção anterior vão se manter tanto no Oriente como no Ocidente. Os temas ireneanos da prefiguração da encarnação e da concepção virginal de Jesus na formação do primeiro homem ressoarão ainda em Hilário de Poitiers:

> Adão, por seu próprio nome, prefigura o nascimento do Senhor; pois o hebraico Adão [...] significa em latim "Terra abrasada"[32], e é um hábito da Escritura dar o nome de terra à carne do corpo humano. Essa carne, nascida da Virgem pela obra do Espírito Santo, na pessoa do Senhor [...] tornou-se apta a partilhar da glória espiritual, segundo as palavras do Apóstolo: "Quanto ao segundo homem, ele vem do céu e é o Adão celeste" (1Cor 15,47), porque o Adão terrestre é "a figura daquele que havia de vir" (cf. Rm 5,14)[33].

Aurélio Prudêncio (por volta de 348-405) reunirá, por sua vez, os temas de Tertuliano: "Cristo é a forma do Pai; nós, a forma e a imagem de Cristo [...]. Por isso, [Deus] julgou digna do contato de seus dedos sagrados a matéria com que ele queria modelar, formar seu Filho"[34].

A escola antioquena fez sobreviver no Oriente as intuições de Ireneu. A ênfase dada à humanidade de Jesus, próprio dessa escola, leva necessariamente a uma maior consideração do corpo. Se a imagem de Deus de que fala o Novo Testamento é o Filho encarnado, a consequência lógica é que o corpo entra também na condição de imagem. Assim pensará, por exemplo, Teodoro de

---

31. Cf. TERTULIANO, *Traité du baptême*, 5,7; *SC* 35, p. 74.
32. Ou seja, terra virgem, não cultivada por mãos do homem.
33. HILÁRIO, *Traité des mystères*, I, 2; *SC* 19 bis, p. 77, tradução modificada.
34. PRUDÊNCIO, *Apothéose, poésie*, vers 309 et 1040; ed. M. Lavarenne, Budé (1945), pp. 15 e 38.

Mopsuéstia, mesmo que João Crisóstomo não o siga a respeito desse ponto[35]. Na realidade, essa corrente se desvaneceu, e se impôs a linha alexandrina, à qual faremos referência.

3. O DIÁLOGO COM A FILOSOFIA GREGA: A PRIMAZIA DA ALMA

INDICAÇÕES BIBLIOGRÁFICAS: L. F. LADARIA, *El Espíritu en Clemente Alejandrino. Estudio teológico-antropológico*. Madrid, Univ. Pont. Comillas, 1980. — H. CROUZEL, *Théologie de l'image de Dieu chez Origène*, Paris, Aubier, 1956; *Origène*, Paris-Namur, Lethielleux/Culture et Verité, 1985. — R. BERNARD, *L'image de Dieu d'après saint Athanase*, Paris, Aubier, 1952. — R. LEYS, *L'image de Dieu chez saint Grégoire de Nysse. Esquisse d'une doctrine*, Bruxelles, Bruxelles/ Paris, Ed. Univ./DDB, 1951.

A definição filosófica do homem entrou bem cedo na teologia cristã, ao passo que se deixava em segundo plano o ponto de vista escatológico. Atenágoras é o primeiro dos apologistas a utilizar esse modo de proceder. Também o homem é para ele um composto de alma e de corpo: "Quem recebeu ao mesmo tempo a inteligência e a razão foi o homem, e não a alma por ela mesma; é preciso, pois, que o homem persista eternamente como composto de duas partes"[36]. Mas quando se trata da imagem, Atenágoras se contenta com uma referência a Deus criador: "Os seres que carregam em si a própria imagem do Criador, que a ela juntam a inteligência e que receberam como partilha o juízo da razão, a eles o Criador atribuiu a permanência para a eternidade"[37].

O corpo e a alma em Clemente de Alexandria

O equilíbrio entre a mentalidade filosófica e a bíblica encontra-se igualmente nas obras de Clemente de Alexandria. É difícil extrair de seus textos uma ideia clara de sua antropologia. Suas afirmações concretas juntam-se umas às outras até parecerem às vezes contraditórias. A composição do homem, corpo e alma, normalmente é dada como ponto pacífico. O corpo procede do pó da terra, é irracional e tende para a terra, pois dela provém. Mas não é mau por natureza, pois foi criado por Deus. E mais, sua própria figura é expressão de sua dignidade. Além disso, é suscetível de ser santificado. A alma e o corpo são, sem dúvida, diferentes, o que não significa que sejam contrários. A alma deve dominar o corpo, afetado pelas paixões[38]. A primeira é sem dúvida de maior

---

35. Cf. V GROSSI, *Lineamenti di antropologia patristica*, pp. 61s.
36. ATENÁGORAS, *Sur la résurrection des morts*, 15,6; *SC* 379, p. 277.
37. *Ibid.*, 12,6; p. 263.
38. Cf. *Stromates*, III, 41,2 e 43,2; *GCS* 15, pp. 214 e 215s. Cf. L. F. LADARIA, *El Espíritu en Clemente Alejandrino*, pp. 114-117.

dignidade que o segundo, a melhor parte do homem, mas sem ser, entretanto, boa por natureza: "A alma é reconhecida como a melhor parte do homem e o corpo como a menos boa, mas nem a alma é boa por natureza nem o corpo, mau por natureza"[39].

A insistência sobre a maior dignidade da alma não é acompanhada de um desprezo pelo corpo. Entretanto, em certos textos, nosso autor parece deixar entender que o homem propriamente dito é a alma, embora seja também possível que o termo seja empregado como pronome pessoal[40]. O corpo é o "templo" em que habita a alma, mas essa condição lhe vem do fato de que a alma pode ser tomada por Deus; somente essa se une à divindade[41]. Ele fala às vezes da necessidade que tem a alma de se libertar do corpo, mas também da tendência que pode ter o corpo de seguir a alma para se elevar ao mundo superior[42].

Também na alma é conveniente fazer diversas distinções. Há nela uma parte irracional, que deve ser dominada pela alma superior ou pela inteligência espiritual (*nous*). É ela que, de modo mais preciso que a alma em geral, constitui o homem verdadeiro. Ela é o elemento que o define e o caracteriza; desempenha no homem o papel de timão de um navio. Tem a capacidade de conhecer a Deus. Clemente parece identificá-la com o sopro divino de Gn 2,7. Ela procede do Pai diferentemente de outros elementos do homem, mesmo que não se possa dizer que seja divina em sentido estrito:

> Por ocasião da criação [o homem], recebeu em partilha o sopro divino, como está escrito [...]. É por isso que os pitagóricos dizem que a inteligência chegou até os homens por um favor divino, como reconhecem Platão e Aristóteles. Mas nós dizemos que, além disso, o Espírito Santo é insuflado naquele que tem a fé[43].

O sopro divino se distingue claramente, contudo, do dom do Espírito Santo concedido aos que creem em Jesus Cristo. Somente o dom do Espírito Santo diviniza realmente o homem. Desse dom, Clemente distingue, por sua vez, o conceito antropológico de "espírito", de contornos um tanto imprecisos, mas que parece poder se identificar frequentemente com a inteligência superior (*nous*). A alma é, pois, a parte do homem sobre a qual age mais exatamente o Espírito de Deus, a que realiza por ele as obras boas: "As boas obras, como melhores, são sempre atribuídas ao que há de melhor, ao espiritual; as que procuram o prazer e são pecaminosas são atribuídas ao menos bom, ao que fraqueja"[44]. Por essa mais intensa relação com Deus, a dignidade da alma tornou-se maior que a do corpo.

---

39. *Stromates*, IV,164,3; *GCS* 15, p. 321.
40. Cf., por ex., *Stromates*, I,12,1 e 34,1; *SC* 30, pp. 52 e 71.
41. *Stromates*, III,77,3; *GCS* 15, p. 230. Cf. *Le Pédagogue*, II,115,3; *SC* 108, p. 217.
42. *Stromates*, V,55,2; *SC* 278, pp. 113-115; VII,40,1; *GCS* 17, p. 30.
43. *Ibid.*, V,87,4-88,2; *SC* 278, p. 169.
44. *Ibid.*, IV,165,1: *GCS* 15,321.

Essa concepção vai se refletir na doutrina da imagem de Deus no homem. Clemente distingue, também ele, a imagem de Deus, o Verbo, e o homem criado "segundo a imagem". Mas não leva diretamente em conta a encarnação. O modelo segundo o qual o homem foi criado é o Verbo como razão do universo. Por conseguinte, essa imagem se vê na alma racional (*nous*), ficando o corpo excluído dessa condição: "'Imagem de Deus' é seu Verbo [...] e imagem do Verbo é o homem verdadeiro, o espírito que está no homem e que se diz, por causa disso, ter sido feito 'à imagem' de Deus e 'segundo sua semelhança'"[45]. É precisamente como criaturas do Deus Verbo que somos homens racionais[46]. Uma vez que Deus é imortal, o corpo não pode ter sido feito segundo sua imagem. Há, como facilmente podemos observar, uma profunda coerência entre as noções antropológicas gerais de Clemente e sua doutrina da imagem. A distinção que constatamos haver em Ireneu e Tertuliano entre a imagem e a semelhança encontra também eco em Clemente: "Ó, vós todos que sois imagens, mas nem todas semelhantes, eu quero vos corrigir de acordo com o modelo, a fim de que vos torneis também semelhantes a mim"[47].

Orígenes: prioridade da alma, a única a ser imagem de Deus

Muitas dessas ideias são ainda mais desenvolvidas em *Orígenes*. As almas — mais precisamente, às vezes, as "inteligências" — foram criadas antes do mundo que conhecemos. Todas as criaturas racionais foram criadas ao mesmo tempo e eram iguais entre si; preexistiam à realidade sensível. Esses seres preexistentes tinham desde a origem uma estrutura tricotômica: o "espírito", a inteligência (*nous*) e o "corpo". O primeiro indica a participação do homem na vida divina. Não se identifica exatamente com o Espírito Santo, mas constitui uma participação nele. A inteligência (*nous*) caracteriza-se sobretudo pela liberdade. Essa alma superior é a sede do livre-arbítrio. É em função dela que pôde se dar a diferenciação ulterior entre os seres racionais: os anjos, os demônios, os homens. Como era o caso de Clemente, também para Orígenes a imagem de Deus no homem se localiza na alma. A essa criação da alma se refere Gn 1,26: "Façamos o homem à nossa imagem, segundo a nossa semelhança". Essa alma é discípula do espírito divino. Criada à imagem do Verbo, deve ser cada vez mais semelhante a ele.

As almas preexistentes são aparentemente dotadas de um "corpo", ainda que seja "etéreo" e pneumatológico. Esse corpo etéreo, próprio das inteligências preexistentes e sinal de seu caráter de criatura, diferencia-se do corpo terrestre

---

45. *Protreptique*, X,98,4; *SC* 2 bis, p. 166. Cf. *Le Pédagogue*, III,1,1; *SC* 158, p. 13.
46. *Protreptique*, I,6,4; *SC* 2 bis, p. 60.
47. *Ibid.*, XII,120,4; pp. 190-191.

que possuímos: é resplandecente. Os demônios ou os homens ressuscitados para a condenação terão, por sua vez, um corpo sutil, etéreo, mas "obscuro".

A fidelidade a Deus ou a queda desses seres racionais preexistentes provocaram entre eles uma diferenciação. Foram assim divididos em anjos, demônios e homens. É a consequência do livre-arbítrio que Orígenes defenderá com tanta veemência ao longo de toda a sua vida. Os anjos são os que permaneceram fiéis a Deus. A queda original, no mundo preexistente, não é, pois, universal. Os demônios são as inteligências que pecaram por orgulho. Satanás foi o primeiro deles e arrastou outros anjos. Um terceiro grupo de seres racionais participou da queda de modo menos grave: são os homens, enviados a este mundo sensível como a um lugar de correção[48].

Já fizemos uma breve referência à criação do mundo sensível segundo Orígenes[49]. Temos agora de precisar mais explicitamente sua antropologia. Entre a criação de Gn 1,26 — a alma superior feita segundo a imagem de Deus — e a de Gn 2,7 — a modelagem do corpo humano —, intervém precisamente a queda original. Consequência desse pecado, o homem, tal como é, constituiu-se, foi formado da alma superior preexistente, da alma inferior e do corpo, resultando esses dois últimos da queda. Daí a singular relação entre o pecado e a corporeidade humana tal qual a conhecemos agora. Temos assim uma nítida distinção entre o homem interior, constituído pela alma superior, e o homem exterior, corporal. Há uma tensão entre os dois, uma luta entre as tendências superiores e inferiores. A alma, dotada de liberdade, deve seguir as primeiras e evitar as segundas.

Segundo a concepção origeneana da imagem de Deus no homem, em está circunscrita à alma superior. O corpo não participa dessa dignidade. Orígenes a exclui com palavras impressionantes:

> A modelagem do corpo, com efeito, não contém a imagem de Deus; e não foi dito que o homem corporal foi "feito", mas que foi "modelado", como em seguida declara a Escritura. De fato, diz ela: "O Senhor Deus modelou o homem" [...]. Aquele que foi "feito à imagem de Deus" é nosso homem interior, invisível, incorpóreo, incorruptível e imortal [...]. Imaginar que foi o ser corporal que foi feito à imagem e segundo a semelhança de Deus é supor que o próprio Deus é corporal e possui uma forma humana: tal ideia de Deus é evidentemente uma insanidade[50].

A diferença para com o pensamento de Ireneu e de Tertuliano salta aos olhos. A imagem está localizada agora na alma humana porque a imagem primordial não é mais o Verbo que se deve encarnar, mas o Verbo eterno e preexis-

---

48. Cf. H. CROUZEL, *Origène*, pp. 268-284.
49. Cf. *supra*, p. 45, no cap. consagrado à criação.
50. ORÍGENES, *Homélies sur la Genèse*, I,13; SC 7 bis, pp. 57-59.

tente. Orígenes dificilmente pode estabelecer relação entre a criação inicial e a encarnação do Filho. Essa se produziu porque o Filho, tomado de compaixão pelo homem feito à sua imagem, quando viu que ele tinha se despojado de sua imagem e tinha se revestido com a do maligno, tomou sobre si a imagem do homem e foi em direção a ele[51]. O Verbo, a única imagem verdadeira do Pai, é assim o modelo da criação em geral e do homem (em sua alma) em particular. Criado segundo a imagem, ou seja, segundo o Verbo, o homem participa da vida do Pai na medida em que participa da filiação de Jesus[52]. Essa participação deve crescer; ela é dinâmica e não chegará a seu acabamento senão na outra vida. Será a perfeita semelhança. Encontramos também em Orígenes a distinção entre imagem e semelhança, que conhecemos nas obras de autores anteriores: "O homem recebeu a dignidade da imagem em sua primeira criação, mas [...] a perfeição da semelhança lhe está reservada para a consumação"[53].

A antropologia de Orígenes refere-se de preferência à alma. O corpo, todavia, não é mau em si mesmo. A doutrina da criação não permite que se considere como mau o que Deus fez. Mas sua inferioridade em relação ao mundo espiritual é manifesta. O pecado foi a causa da "encarnação" das almas preexistentes. A existência corporal tem uma finalidade de purificação. As doutrinas de Orígenes darão lugar a grandes discussões nos séculos seguintes. Nós as reconhecemos a propósito das principais declarações conciliares da época patrística[54]. Mas, ainda que essas teses tão extremas (preexistência de almas, queda original num mundo anterior ao nosso) não tenham sido aceitas, a influência do grande Alexandrino se fez sentir ao longo de toda a história. Apesar das incontestáveis raízes anteriores (pensemos em Clemente), Orígenes confirma a tendência que admite a clara preeminência da alma sobre o corpo e identifica de algum modo o homem com a alma.

Atanásio e Hilário: o homem à imagem do Verbo imagem

Ainda em Atanásio manter-se-á a distinção entre a imagem de Deus, que é o Verbo, consubstancial ao Pai, e o homem criado "segundo a imagem". Em alguns desses textos, não em todos, essa imagem não é posta em relação direta com a criação, mas com a encarnação do Filho de Deus, que nos torna participantes de sua vida. Mas quando se trata da criação, a imagem divina se encontra na inteligência (*nous*), em que se pode ver uma analogia do Verbo de Deus[55]. O homem é assim um ser racional (*logikos*), na qualidade de semelhante ao Verbo (*logos*).

---

51. *Ibid.*, I,13; pp. 61-63. Cf. A. HAMMAN, *L'homme image de Dieu*, 144.
52. Cf. H. CROUZEL, *Origène*, p. 131.
53. *Traité des Principes*, III,6,1; SC 268, p. 237.
54. Cf. *infra*, pp. 114-115.
55. Cf. ATANÁSIO, *Contre les païens*, 45; SC 18 bis, p. 201; A. HAMMAN, *op. cit.*, p. 157.

São perceptíveis, pois, as ideias dos predecessores alexandrinos de Atanásio. Mas a distinção tradicional entre imagem e semelhança é abandonada por ele, talvez porque os homens sejam imagens, por graça, desde a origem, ao passo que Cristo o é por natureza. Essa distinção é fundamental e, no contexto da luta antiariana, era necessário mantê-la a todo instante[56].

Encontramos um texto de Hilário de Poitiers que, depois de Ireneu, considerava a encarnação como prefigurada na modelagem de Adão com base na terra virgem[57]. Em Adão se encontrava a imagem do Filho que se deve encarnar. Mesmo que outros textos devam ser interpretados no mesmo sentido, os tratados mais explícitos do bispo de Poitiers sobre essa questão seguem, Orígenes. É a alma que, com o corpo, forma o composto humano, ela que foi criada à imagem e à semelhança de Deus. A velha distinção entre a imagem e a semelhança já caiu no esquecimento, ainda que Hilário mantenha nitidamente a distinção entre a imagem, que é o Filho, e o homem criado segundo a imagem:

> [A realização do homem] se faz "à imagem de Deus". Ela não é a "imagem de Deus", porque a "imagem de Deus" é o "primogênito de toda a criação", mas se faz "à imagem", ou seja, tem as características da "imagem e da semelhança". Um elemento divino e incorpóreo devia estar fundamentado naquilo que então era feito conforme a "imagem de Deus e segundo sua semelhança"; ou seja, uma espécie de reprodução da "imagem de Deus e de sua semelhança" foi estabelecida em nós. Por conseguinte, a primeira característica dessa substância racional e incorpórea de nossa alma é que ela foi "*feita* à imagem de Deus"[58].

Se a distinção entre a "imagem" e o "conforme a imagem" se mantém, a controvérsia ariana estimula Ambrósio a considerar a alma como imagem comum do Pai e do Filho[59]. Muitas distinções no seio da Trindade poderiam dar ocasião a trágicos mal-entendidos. Insinua-se igualmente a doutrina da dupla criação:

> Em primeiro lugar, devemos nos lembrar de que o homem é constituído por duas naturezas, a alma e o corpo, sendo uma delas espiritual e a outra terrestre [...] Mas, quando Deus fez o homem à sua imagem, não fez então o corpo. O Gênesis ensina que, bem antes de ter feito o homem à sua imagem, ele tomou o barro e formou o homem[60].

A alma é o homem interior, feito à imagem de Deus, incorpóreo, sutil e eterno. O corpo, ao contrário, é caduco e terrestre[61].

---

56. Cf. *Contre les ariens*, II,3-5; *PG* 26, 152-157; V. GROSSI, *Lineamenti di antropologia patristica*, p. 54.
57. Cf. *supra*, p. 89.
58. HILÁRIO DE POITIERS, *Comment. sur le Ps 118*, iod, 7; *SC* 347, p. 33.
59. Cf. *La Trinité*, 5,8-9; *CCSL* 62, pp. 158-159; *PF*, I, pp. 178-179.
60. *Comment. sur le Ps 129*, 4-5; *CSEL* 22, 650-651.
61. Cf. *ibid.*, 6; p. 651.

Gregório de Nissa: o homem livre, imagem da Trindade

O pensamento alexandrino terá um desenvolvimento ulterior nas obras dos capadócios. Em Gregório de Nissa, o tema da imagem é fundamental na primeira parte de seu tratado sobre *A Criação do homem*. O homem aparece como a última das criaturas, porque foi destinado a reinar sobre todas as outras e a governá-las. Essa realeza do homem está unida à sua liberdade, que, por sua vez, se relaciona com a imagem divina; o homem foi criado à imagem de Deus, que governa todas as coisas. Sendo o homem imagem divina, deve possuir e praticar as virtudes, sem o que não pode ser um verdadeiro reflexo da bondade de Deus. A referência da imagem parece ser para Gregório toda a Trindade (inteligência, palavra, amor), e não o Verbo. É certamente a luta contra os que negam a divindade do filho e do Espírito Santo que leva a esse raciocínio. A imagem divina se vê sobretudo na alma; correspondem-lhe o livre-arbítrio e as virtudes.

Entretanto, também o corpo humano mostra os sinais da realeza: por sua posição ereta, olha para o alto e possui a linguagem, e sua deficiência de meios físicos é amplamente compensada pela inteligência, graças à qual ele põe a seu serviço a força dos outros animais. O homem, composto de um corpo e de uma alma, une em si os dois extremos, o da natureza divina e o dos seres irracionais[62]. A alma deve dominar a matéria, que é como o instrumento de que ela deve se servir[63]. A distinção entre a imagem e a semelhança também aqui é abandonada. O homem é imagem quando faz o que corresponde ao arquétipo. Senão, deixa de lhe ser semelhante[64]. Apesar de tudo, Gregório não tem o hábito de falar de perda de imagem. Ele mesmo e sobretudo seu irmão Basílio de Cesareia[65] introduzem uma distinção entre o que é o homem, seu ser interior, a alma, e o que é seu exterior, o corpo. O fundamento dessa distinção é a imortalidade da alma, feita à imagem de Deus, em face da mortalidade do corpo, que nos obriga a abandoná-lo no momento da morte.

Ambrósio de Milão acolheu e desenvolveu a mesma ideia: "Uma coisa é o que nós somos; outra, o que temos; outra ainda, o que está à nossa volta. O que nós somos é a alma e o espírito; são nossos os membros do corpo e seus sentidos; estão à nossa volta a riqueza, os serviçais"[66]. Ainda que essas frases não reúnam toda a antropologia dos capadócios e de Ambrósio, não há dúvida alguma sobre a nítida preeminência dada à alma sobre o corpo. As influências platônicas são, pois, bem visíveis.

---

62. Cf. GREGÓRIO DE NISSA, *La création de l'homme*, 1-8; *PG* 44, 124-128; *SC* 6, pp. 83-113.
63. Cf. *ibid.*, 12; *PG* 44,161; *SC* 6, pp. 131-133.
64. *Ibid.*, 11-12; *PG* 44,153-156; *SC* 6, pp. 121-134.
65. Cf. BASÍLIO DE CESAREIA, *Sur l'origine de l'homme*, I,7; *SC* 160, p. 183.
66. AMBRÓSIO DE MILÃO, *Sur les six jours*, VI,7,42; *PL* 14, 258 a; "na alma encontra-se o homem todo", *ibid.*, 43; 258 c. Cf. A. ORBE, *Antropología de san Ireneo*, p. 13.

4. A ANTROPOLOGIA DE AGOSTINHO DE HIPONA

INDICAÇÕES BIBLIOGRÁFICAS: I. BOCHET, *Saint Augustin et le désir de Dieu*, Paris, Études Augustiniennes, 1982. — P. AGAËSSE, *L'anthropologie chrétienne selon saint Augustin: Image, Liberté, Péché et Grâce*, Paris, Centre Sèvres, 1986. — A. TRAPÈ, *S. Agostino, Introduzione alla dottrina della grazia*, 2 vols., Roma, Città Nuova. 1987-1990.

O homem composto de corpo e de alma

Santo Agostinho merece atenção especial, quando se trata do homem. Se a antropologia esteve bastante presente na reflexão teológica até sua época, é com ele que se torna um tema absolutamente central. Para Agostinho, "tudo passa pelo homem"[67]. Nele evocaremos a configuração e a estrutura do homem, bem como a imagem de Deus. Seguindo a definição já clássica do ser humano, Agostinho aborda desde o início a noção do homem como composto de um corpo e de uma alma racional. Os dois elementos são necessários para que se possa falar do homem, mas a alma goza de indiscutível primazia:

> Pois o homem não é nem só corpo nem só alma, mas um composto de corpo e de alma. É certamente verdade que a alma não é o homem todo, mas sua melhor parte; nem o corpo é o homem todo, mas sua parte inferior: são os dois reunidos que merecem o nome de homem[68].

Se o corpo não está, pois, no mesmo nível da alma, isso não quer dizer que não faça parte do homem[69]. Com efeito, o ser humano é composto de dois elementos: "[O] modo segundo o qual os espíritos aderem aos corpos e os tornam vivos é realmente maravilhoso e não pode ser entendido pelo homem: essa união, todavia, é o próprio homem"[70]. Entretanto, a grandeza do homem lhe advém da alma: "O que faz a excelência do homem é que Deus o fez à sua imagem, ao lhe dar uma alma espiritual e uma inteligência que o põem acima dos animais"[71]. Tal composição suscita a admiração de Agostinho, a ponto de ele considerar às vezes que essa união da alma espiritual e racional com o corpo é até mais admirável que o mistério da encarnação:

> Há quem procure explicar a maneira como Deus se uniu ao homem para constituir a pessoa única de Cristo, o que constituiu um caso único, como se fosse

---

67. V. GROSSI, *Lineamenti di antropologia patristica*, pp. 67s; mesma referência para o que segue.
68. AGOSTINHO, *La Cité de Dieu*, XIII,24,1; *BA* 35, p. 329.
69. Cf. *Sermon* 154,10; *PL* 38,839.
70. *La Cité de Dieu*, XXI,10,1; *BA* 37, p. 427.
71. *La Genèse au seus littéral*, VI,12,21; *BA* 48, p. 477.

possível explicar um fato que acontece todos os dias, ou seja, o modo como a alma se une ao corpo para formar uma só pessoa humana [...]. Se a alma não se engana sobre sua natureza, ela entende que é incorpórea. Muito mais incorpóreo é o Verbo de Deus e, por isso, muito mais crível deve ser a união do Verbo de Deus e da alma que a da alma e do corpo [...]. Como poderíamos nós não confessar que a união de dois seres incorpóreos foi mais fácil que a de um incorpóreo e de um corpóreo?[72]

Seria insensato querer destruir essa unidade admirável entre elementos tão discordantes[73]. Agostinho acentua ao mesmo tempo a unidade dos componentes e a grande diferença que existe entre os dois. A alma recebeu o corpo como servo, como ela mesma é serva de seu Senhor. Assim, quando a alma se rebela contra Deus, o corpo, com suas paixões, rebela-se contra a alma e não está mais submetido à sua dominação[74]. O bem do homem não é o do corpo, mas o da alma e do corpo reunidos, ou da alma sozinha. Assim, o homem é uma alma racional que se serve de um corpo mortal e terrestre[75]. A oposição paulina entre a carne e o espírito adquire em Agostinho um sentido nitidamente antropológico. As duas tendências opostas se identificam com a alma e com o corpo; da primeira nasce a tendência para o bem; da segunda, a tendência para o mal[76]. Mais importante que essa oposição fundada nas tendências dos dois componentes do homem é a que se estabelece entre o bem e o mal com base na liberdade humana. É claro para Agostinho que o dualismo radical está excluído. O corpo é bom porque foi criado por Deus e ponte entrar na cidade divina. A esperança na ressurreição é essencial para o cristão. Portanto, ele não rejeita, mas afirma expressamente a dimensão corporal da plenitude da alegria de Deus[77].

De outro modo, a alma é uma criatura; não é divina nem preexiste ao corpo. Agostinho fala às vezes da criação direta da alma por Deus; parece ser essa sua solução preferida para o problema da origem da alma. Mas a respeito desse ponto ele demonstrou ao longo de sua vida algumas hesitações. O problema da transmissão do pecado original o impediu de recusar sempre a solução "traducianista"[78]. No final de sua vida, em suas *Retratações* ou *Revisões*, Agostinho formula ainda uma dúvida:

---

72. *Lettre*, 137,11; *CSEL* 44, pp. 109-111.
73. Cf. *Nature et origine de l'âme*, IV,2,3; *BA* 22 p. 577.
74. Cf. *La peine et la rémission des péchés*, II,22,36; *CSEL* 60, p. 107; igualmente *ibid.*, 10,22; p. 83.
75. *Les mœurs de l'Église catholique*, I,4,6; ed. D. Roland-Gosselin, *BA* 1 (1949), pp. 145-149. Cf. também V. GROSSI, *op. cit.*, p. 70.
76. *Contra Julien*, IV,4,34; 14,71; *PL* 44, 756; 775s.
77. Cf. *La Trinité*, XIII,9,12; *BA* 16, p. 209.
78. Cf. seu livro *Nature et origine de l'âme*; *BA* 22, pp. 376-667. — O traducianismo é a ideia teológica segundo a qual a alma seria transmitida de pais para filhos no momento da geração.

Porque no que diz respeito à origem da alma, como acontece de ela estar no corpo: se vem do único primeiro homem, quando "o homem se tornou um ser vivo", ou se cada alma é criada para cada homem, eu não o sabia antigamente e mesmo hoje não o sei[79].

A alma humana, imagem da Trindade

Com alguns desses pressupostos lembrados, não é de admirar que Agostinho tenha visto somente na alma a imagem de Deus, ainda que em alguns textos da juventude tenha afirmado que o corpo também possuía essa dignidade[80]. Mas essa opinião inicial não prevaleceu. O que ele ressalta no homem é que Deus o fez à sua imagem, pois lhe deu um espírito intelectual para que esteja acima dos animais[81]. Foi sobretudo na segunda parte de seu livro sobre *A Trindade* que o doutor de Hipona desenvolveu o mais possível a ideia da imagem, em relação com sua célebre teoria psicológica da Trindade.

Com efeito, para Agostinho, não é suficiente considerar a imagem e a semelhança de Deus no homem como referidas ao Verbo, porque este é da mesma essência que o Pai[82]. Por conseguinte, a imagem e a semelhança de um significam necessariamente a do outro. Já encontramos essa interpretação em Hilário de Poitiers, e ela será agora desenvolvida de maneira mais consequente. Se, na exegese de Gn 1,26, os primeiros séculos do cristianismo tinham se fixado sobretudo no "façamos" (a criação do homem como obra da Trindade), é agora o "nossa" que chama a atenção. A alma do homem é como que o reflexo e a imagem de toda a Trindade, "imagem inadequada, contudo imagem"[83]. Em primeiro lugar, foi a análise do amor que levou Agostinho a descobrir na alma humana a imagem divina: aquele que ama, o amado e o próprio amor são três. O amor do espírito por si mesmo supõe o conhecimento: temos assim uma primeira tríade: inteligência, amor, conhecimento (*mens, amor, notitia*) que reflete a Trindade, Pai, Filho e Espírito[84]. Essas três realidades são inseparáveis e, apesar disso, cada uma delas tem seu ser próprio. Mas, ao mesmo tempo, as três são uma só substância, porque são relativas umas às outras: se falamos daquele que ama, nós o pomos necessariamente em relação com o amado e com o amor com que ele ama. Com base nessa primeira analogia, Agostinho aprofunda ainda sua descoberta da imagem de Deus na alma: o conhecimento, ou seja, o verbo mental, é igual à inteligência (*mens*) e é gerado por ela; o amor,

---

79. *Les révisions*, I,1,3; *BA* 12, p. 281.
80. Cf. *Quatre-vingt trois questions en un ouvrage unique*, 51,2; ed. G. Bardy et alii, *BA* 10, p. 135.
81. Cf. *La Genèse au sens littéral*, VI,12,21; *BA* 48, p. 477.
82. Cf. *La Trinité*, XII,6,6s; *BA* 16, p. 221s.
83. *Ibid.*, IX,2,2; p. 77.
84. *Ibid.*, IX,5,8; p. 89.

ainda que não possamos dizer que foi gerado, não é menos que a inteligência, porque ama tudo o que conhece e o que é[85]. Uma segunda "trindade" encontra-se na memória, na inteligência e na vontade, iguais entre si e referidas umas às outras: "Eu me lembro que tenho uma memória, uma inteligência e uma vontade; entendo que compreendo, que quero e que me lembro; quero querer, lembrar-me, compreender"[86].

No mundo material e, portanto, no corpo humano, podemos encontrar traços (*vestigia*) de Deus, mas não a imagem no sentido próprio do termo. A imagem em sentido estrito não pode existir senão onde há contemplação do eterno[87]. Por essa razão, a imagem de Deus no espírito humano não nasce do fato de ela se conhecer a si mesma, mas do fato de poder conhecer a Deus: "Se a trindade do espírito é imagem de Deus, não é porque ela se lembra dela mesma, se compreende e se ama; mas porque ela pode ainda lembrar, compreender e amar aquele pelo qual foi criada. Fazendo isso, ela se torna sábia"[88]. A sabedoria pertence a Deus; é por isso que em seu conhecimento o homem se torna sábio. Entre Deus uno e trino e a sua imagem, o espírito humano, existe, apesar de tudo, uma diferença fundamental: na Trindade divina há três pessoas, ao passo que o homem é apenas uma pessoa. De mais a mais, nós não "somos" a memória, a inteligência e a vontade, mas as temos. As três pertencem a um só homem, mas não são um só homem. Em Deus, em compensação, há três pessoas e, mais, essas três pessoas são o único Deus[89].

A doutrina da imagem de Deus é assim posta em relação com o conhecimento de Deus. O homem é em última instância imagem de Deus porque tem a capacidade de conhecê-lo. Por isso, a perfeita imagem e semelhança de Deus (Agostinho não retoma a distinção antiga entre os dois termos) não se dará senão na visão divina perfeita[90]. É preciso compreender igualmente a doutrina agostiniana da imortalidade da alma em ligação com sua criação segundo a imagem divina. É precisamente a capacidade de ver e de compreender Deus que garante que a alma jamais cesse de existir; aliás, quando em sua liberdade ela foi fiel a Deus — e a imagem da alma é então límpida e bela —, como quando, pelo pecado, se tornou tenebrosa e desfigurada[91], Deus, que é imortal, fez um ser imortal à sua semelhança.

Temos de nos voltar um momento sobre a história da definição da pessoa (*persona*) que determina sua aplicação ao homem[92]. Originalmente, a questão

---

85. *Ibid.*, IX,12,18; p. 109.
86. *Ibid.*, X,11,18; pp. 155-157. Cf. XIV,6,8; XV,3,5; XV,20,39; pp. 365; 433; 529.
87. *Ibid.*, XII,4,4; p. 419.
88. *Ibid.*, XIV,12,15; p. 387.
89. *Ibid.*, XV,22,42-23,43; pp. 535-541.
90. Cf. *ibid.*, XIV,17,23; p. 411.
91. *Ibid.*, XIV,4,6; p. 359.
92. Sobre a elaboração do conceito de pessoa no quadro dos dogmas trinitário e cristológico, cf. t.1, pp. 103 e 252-255 e 316-317.

teológica da pessoa não se pôs em antropologia, mas em teologia trinitária. Deus é Pai, Filho e Espírito, e os três são chamados, em latim, pessoas (*personae*), tradução da hipóstase (*hypostasis*) grega. Em Jesus Cristo, de outro modo, há um só indivíduo e não dois. Existe, pois, uma unidade de pessoas segundo os concílios de Éfeso e de Calcedônia. Num contexto ainda cristológico, no início do século VI, Boécio († 524) dará a famosa definição da pessoa, chamada a desempenhar um papel muito importante posteriormente: "Uma substância individual de natureza racional" (*naturae rationalis individua substantia*); em certas ocasiões, substância (*substantia*) é às vezes substituída por subsistência (*subsistentia*)[93]. Essa definição foi aceita quase sem discussão nos séculos seguintes. Será aplicada a Deus, aos anjos e aos homens. A partir de seu uso, podemos descobrir os diferentes enfoques e concepções antropológicas que dominarão a teologia da primeira e da grande escolástica.

5. AS DECLARAÇÕES CONCILIARES SOBRE O HOMEM NA ÉPOCA PATRÍSTICA

Na época de que nos ocupamos, não há declarações solenes que se refiram diretamente ao ser do homem. Mas, quando os concílios cristológicos afirmam a plena humanidade de Jesus, indicam que ele assumiu uma alma racional e um corpo, o que quer dizer indiretamente que os dois constituem o homem completo. Assim o concílio de Éfeso: o Verbo não se transformou em homem completo formado por uma alma e um corpo, mas uniu a si, por hipóstase, a carne animada por uma alma racional. O símbolo do *Ato de união*, de 433, declara que Jesus é homem perfeito constituído de um corpo e de uma alma. A mesma afirmação é repetida no concílio de Calcedônia, em 451: "Verdadeiramente Deus e verdadeiramente homem, composto de uma alma racional e de um corpo"[94]. O concílio diz, pois, que ambos compõem o homem. Mas aqui a atenção incide sobre a forma da união entre a humanidade e a divindade em Jesus, e não sobre as características da alma e do corpo.

Algumas questões antropológicas são tratadas no sínodo local de Constantinopla, em 543, em que se encontram condenadas a preexistência das almas e sua queda neste mundo como castigo do pecado. Em particular; são negadas a preexistência da alma de Cristo e sua união ao Verbo antes da encarnação[95]. A preexistência das almas é igualmente condenada contra os priscilianistas, no primeiro concílio de Braga (563), que condena, aliás, aqueles que dizem que as almas humanas ou os anjos são da substância de Deus[96]. Um pouco mais adian-

---
93. BOÉCIO, *Sur la personne du Christ et ses deux natures*, 3; PL 64, 1343; Cf. t. 1, pp. 309-311.
94. Cf. t. 1, pp. 317-334 e 346-350.
95. Cf. *DzS* 403-405; FC 261, 315-316.
96. Cf. *DzS* 455-456 e também 285; FC 235, 262.

te no tempo, o 4º concílio de Constantinopla, em 870, afirmará que o homem tem apenas uma alma, contra aqueles que afirmam que ele tem duas[97].

O dualismo dos que julgam negativamente a condição do mundo material é, pois, rejeitado, ao passo que a individualidade da alma humana é defendida. Isso dá a impressão de que a composição do homem, corpo e alma, é um pressuposto tal que não seja necessário refletir explicitamente a respeito. De outro modo, o motivo bíblico da imagem de Deus não chegou a fazer parte das declarações magisteriais. Posteriormente, faremos a mesma observação.

II. AS ESPECULAÇÕES MEDIEVAIS SOBRE O SER DO HOMEM

1. A PRIMEIRA ESCOLÁSTICA: A ALMA SEPARADA É UM HOMEM?

INDICAÇÕES BIBLIOGRÁFICAS: R. HEINZMANN, *Die Unsterblichkeit der Seele und die Auferstehung des Fleisches. Eine problemgeschichtliche Untersuchung der frühscholastichen Sentenzen-und Summenlitteratur von Anselm von Laon bis Wilhelm von Auxerre*, Münster, Aschendorff, 1965. — H. J. WEBER, *Die Lehre von der Auferstehung der Toten in den Haupttraktaten der scholastichen Theologie*, Freiburg, Herder, 1973.

No momento de definir o ser do homem, a primeira escolástica confronta-se com uma aporia. De uma parte, é claro que, a partir da tradição precedente, o homem é formado de um corpo e de uma alma. Mas, de outra, é também igualmente claro que, como consequência do pecado, o homem morre e somente um dos dois componentes, a alma espiritual, sobrevive à morte. Se o corpo é essencial para a constituição do homem, é preciso admitir consequentemente que o ser humano se desfaz no momento da morte, pois só a alma sobrevive. Para atenuar essa dificuldade, alguns tentaram considerar que somente a alma constituía propriamente o homem. Põe-se então o problema da significação do corpo. O dilema não é de fácil solução. A questão antropológica se põe, como facilmente se vê, com base nas representações da vida após a morte: a "alma separada" é ou não um homem?

A definição do ser humano não foi considerada pela primeira escolástica como um problema filosófico isolado da questão teológica do homem. A essência do ser humano é estudada no quadro da economia salvífica. "Estado original e estado final são as normas com base nas quais se considera o homem. A morte não é uma determinação metafísica, mas a consequência de um fato histórico. O pecado, destruidor da substância humana, atinge nela sua última e mais clara repercussão. Em resposta ao pecado, a ação salvífica de Deus encontra sua plenitude na ressurreição dos mortos, reconstituição da essência humana destruída

---

97. *COD* II-1, p. 385; *DzS* 657; *FC* 264.

pelo pecado. Essas verdades da revelação constituem o ponto de partida e o estímulo para o esforço teológico-filosófico de compreensão do homem"[98].

Sic et non: *a alma separada não é uma pessoa humana*

A visão integral do homem, constituído de uma alma e de um corpo, foi sustentada na primeira escolástica por Anselmo de Laon e Guilherme de Champeaux. Mais que dar a lista de numerosos autores, é melhor resumir os conteúdos essenciais de suas doutrinas e ver as causas de sua aparição.

O ponto de vista da reflexão deles é a possibilidade de não morrer, concedida ao homem no paraíso. Se não tivesse pecado, o homem teria entrado na vida eterna sem separação da alma e do corpo; teria mantido sua plena constituição. O homem é imagem de Deus por sua alma, de acordo com a tradição já fixada nessa época. Mas acrescenta-se às vezes que o corpo também teria podido participar dessa condição, se não tivesse pecado[99]. A alma é um espírito intelectual, racional, sempre vivo, sempre em movimento, capaz de boa ou de má vontade. Ela deve governar o corpo. Não perde a condição de imagem, mesmo após o pecado. Deus a uniu à carne, quando quis; quando quer, ele as separa uma da outra. Ela se apresentará ao juízo de Deus e aguardará, num lugar digno de seus méritos, o último dia do juízo para receber a carne em que viveu neste mundo.

Segundo *Anselmo de Laon*, Deus formou o homem como composto de um corpo e de uma alma unidos para formar uma pessoa (*in unam personam*)[100]. Outros textos dessa mesma escola darão destaque à mesma ideia: ainda que o corpo e a alma sejam diferentes por natureza e até opostos, vivem juntos na unidade da pessoa[101]. Daí nasce o problema de saber se se pode chamar de homem aquele que morreu ou sua alma separada. Se se pode, é somente porque a alma está sempre em relação essencial com seu corpo.

Gilbert de la Porrée († 1154) é um dos autores mais importantes a seguir essa mesma corrente de pensamento. Também segundo ele, o estado original é importante para a definição do homem. Uma vez que o homem foi criado, caso não tivesse pecado, com a possibilidade de não morrer, a definição do homem como "animal racional mortal" não é adequada. A condição mortal vem de um fato histórico: não é constitutiva da essência humana. De outro modo, a alma tampouco é para ele imortal por natureza, uma vez que nela, como nos espíritos celestes, a essência e a existência não coincidem. Somente essa coincidência dá

---

98. R. HEINSMANN, *Die Unsterblichkeit der Seele und die Auferstehung des Fleisches*, p. 4. Utilizo-me dessa obra no que segue.
99. Assim, segundo uma colação de sentenças da escola de Anselmo de Laon. Cf. R. HEINZMANN, *op. cit.*, p. 10.
100. Cf. *ibid.*, p. 13.
101. Cf. *ibid.*, p. 14.

a simplicidade absoluta que tem por consequência a imortalidade por natureza[102]. É em virtude do desígnio salvador de Deus que a alma não morre. Razões teológicas confirmarão finalmente essa imortalidade.

O homem não coincide nem com a alma nem com o corpo, mas com a união dos dois. Ele vem de fato à existência pela "incorporação" da alma e pela "animação" do corpo[103]. Gilbert, apesar dessa concepção, não aceita que a alma seja a "forma" do corpo. Na interpretação que dele se conhece sobre esse ensinamento aristotélico, essa forma é concebida como um simples acidente. Ele afirma, ao contrário, que a alma é verdadeiramente algo subsistente, uma substância.

A alma separada do corpo após a morte realmente subsiste, mas não é uma pessoa (*persona*). Segundo a definição de Boécio, que Gilbert aceita, "substância individual de uma natureza racional", essa condição poderia corresponder à alma separada. Mas ao mesmo tempo a pessoa é "una por si mesma" (*per se una*)[104]. Dado que o homem é uma unidade constituída do corpo e da alma, e como tal é uno e uma pessoa, teríamos o caso em que uma parte da pessoa teria a condição pessoal, o que é insustentável. O homem é alma e corpo e, ao mesmo tempo, outra coisa; nem um nem outro dos componentes pode reivindicar só para si a totalidade do homem e a condição de pessoa.

Outro autor da mesma corrente, *Simon de Tournai*, afirmará com clareza ainda maior: se é próprio do homem ser composto de um corpo e de uma alma unidos, ele cessa de ser homem por ocasião da separação dos componentes (*separatione enim unius ab altero desinit esse homo*)[105].

Alain de Lille († 1202) irá negar, pelas mesmas razões de Gilberto, que a alma seja forma do corpo. Mas ele dá um grande passo adiante na consideração da unidade dos dois elementos na constituição do homem: o corpo é composto de partes não unidas por natureza, mas, sim, dispersas, separadas. É preciso haver um princípio que as mantenha unidas, que, fora do mesmo corpo, mantenha o corpo unido. Esse princípio é a alma.

A razão pela qual Alain nega à alma a condição de pessoa é igualmente importante. Não se pode atribuir a individualidade ao que é comunicável e essencialmente relativo a um ser que deve ser constituído. Por ser a alma humana um princípio do homem, a natureza dela se converteu numa dimensão da natureza do homem; "a natureza da parte é a natureza do todo", pela alma espiritual o homem todo é espiritual. Essa é a razão pela qual a alma não pode se identificar com a pessoa. A alma separada não pode ser considerada uma pessoa, porque, mesmo que, no momento de que se trata, ela não exista como

---

102. Cf. GILBERT DE LA PORRÉE, *Comment sur le IIe livre de Boèce sur la Trinité*, II,1,18; PL 64, 1306 a. Cf. R. HEINZMANN, *op. cit.*, p. 19.
103. Cf. R. HEINZMANN, *op. cit.*, p. 20.
104. GILBERT DE LA PORRÉE, *op. cit.*, Aprós., 6; PL 64, 1257 a.
105. Cf. R. HEINZMANN, *op. cit.*, p. 30.

parte do homem, ela está essencialmente ligada a seu corpo e ordenada a se unir a ele[106].

Se Alain de Lille pressupõe que o homem é união da alma e do corpo e que a esse composto convém a condição de pessoa, ele declara, em resposta aos que afirmam que a alma separada é uma pessoa, ser um absurdo que a alma possa ser ou não uma pessoa de acordo com as ocasiões[107].

Sic et non: *a alma separada continua sendo uma pessoa humana*

Outra corrente se opõe à de Gilbert de la Porrée: é representada por *Hugo de São Vítor*. Com ele, o pensamento platônico, que já aparece nas obras de alguns Padres, impõe-se de modo mais amplo, mesmo que não se possa falar de uma influência total. Na definição do homem, insistir-se-á mais sobre a alma que sobre o corpo, e às vezes se chegará a identificá-la com o homem todo: "O homem foi feito à imagem e à semelhança de Deus, porque a alma (que é a melhor parte do homem, ou até mesmo que era o próprio homem) era imagem e semelhança de Deus"[108].

A alma é espiritual, imagem de Deus, e foi criada imortal desde o primeiro instante. O corpo não foi citado nem mortal nem imortal, mas com as duas possibilidades, porque tinha o poder de pecar ou não. Se tivesse se decidido pelo bem, o homem teria passado para o estado de "não mais poder morrer". Por causa do pecado original, essa possibilidade não se realizou[109].

Ainda que dê nítida primazia à alma sobre o corpo, Hugo mantém a tese central da tradição: o homem é constituído pela alma e pelo corpo. "A alma e o corpo são uma só pessoa. Mas não se pode dizer do mesmo modo que só a alma ou que só a carne é homem."[110] Afirma também que a alma não pode, segundo o uso comum, ser chamada de homem, porque ele é formado pela alma e pelo corpo[111].

Mas essas afirmações não mudam o tom geral de seu pensamento. A alma espiritual e o corpo são distintos; eles não se transformam um no outro, ainda que o espírito se rebaixe até o corpo e este se eleve até o espírito[112]. Uma vez mais, a definição de Boécio é determinante. Hugo parece interpretá-la no sentido segundo o qual ela se aplicaria somente à alma, de tal modo que o corpo

---

106. Cf. *ibid.*, pp. 32-43.
107. Igualmente Mestre MARTIN, *Compilation de questions de théologie*, R. HEINZMANN, *op. cit.*, p. 50.
108. HUGO DE SÃO VÍTOR, *Les sacrements de la foi chrétienne*, I,6,2; *PL* 176, 264 c.
109. *Ibid.*, I,6,18; 275 b. Outros textos em R. HEINZMANN, *op. cit.*, pp. 75-77.
110. *Les sacrements de la foi chrétienne*, II,1,11; *PL* 176,405 b.
111. Cf. *ibid.*, 411 a. Cf. H. J. WEBER, *Die Lehre von der Auferstehung der Toten...*, pp. 129-130.
112. Cf. *De l'union du corps et de l'esprit*; *PL* 177, 287; igualmente: "L'esprit rationel s'est humilié jusqu'à l'union au corps terrestre", *Les sacrements de la foi chrétienne*, I,6,1; *PL* 176, 264 b.

seria um acréscimo: "A alma, como espírito racional, tem por natureza, por si mesma, o ser pessoal, e quando o corpo se une a ela não se une para constituir uma pessoa, porque ele se une à pessoa"[113]. O corpo, unido à alma, participa, também ele, da dimensão pessoal, mas a alma é uma pessoa com o corpo, enquanto o corpo está unido a ela. Como consequência dessa posição, Hugo afirma que, quando a alma é separada do corpo, na hora da morte, ela continua a mesma pessoa de antes. O corpo, ao se separar da alma espiritual, não a fez perder seu estado de pessoa, do mesmo modo como não aconteceu quando se uniu a ela[114].

O cuidado de Hugo é, por conseguinte, o de garantir a identidade do ser humano neste mundo, e depois na morte. Ele não se satisfaz com a conclusão, expressa por Gilbert, por exemplo, segundo a qual o homem propriamente dito, ao desaparecer com a morte, não é realmente ele, mas somente uma parte que recebe a recompensa ou o castigo até chegar o momento da ressurreição final. Ainda que não se possa falar aqui de um platonismo puro, não há dúvida de que a posição de Hugo se afasta da dos autores estudados até aqui.

Outros autores adotam posições análogas às de Hugo. É especialmente clara a de *Robert de Melum*, que explica não se ver razão pela qual os anjos, que são substâncias individuais de natureza racional, seriam pessoas, uma vez que as almas separadas seriam consideradas como privadas dessa condição. E continua assim: se as almas tivessem existido antes de serem incorporadas, ninguém lhes negaria o ser pessoal. Portanto, do mesmo modo que as almas seriam pessoas se jamais tivessem assumido a carne, também o serão quando se encontrarem separadas dela. Mais: quando a alma está unida ao corpo, confere-lhe a condição pessoal segundo a qual a alma e o corpo são uma só pessoa, como são um só homem[115]. Não se trata, pois, de esquecer o corpo ou de pensar que o homem possa simplesmente se identificar apenas com a alma. Mas a espontaneidade com que Robert fala das almas que poderiam não se incorporar chama nossa atenção. Seu ponto de partida não parece ser a unidade do ser humano, mas seus dois componentes, a alma e o corpo. Ele pode falar da primeira, evidentemente em hipótese, sem relação com a segunda. A identidade da alma separada com a pessoa é expressa por Robert com as mesmas palavras de Jesus ao bom ladrão (Lc 23,43), que não poderíamos aplicar ao corpo. Ele fala da alma como da pessoa do bom ladrão.

A *posição matizada de Pedro Lombardo*

De diferente graduação é a posição de Pedro Lombardo em suas *Sentenças*. Também para ele, a imortalidade da alma está em relação com a condição da imagem de Deus. Como em todos os seus predecessores, a condição de imagem

---

113. *Ibid.*, II,1,11; 409 b.
114. *Ibid.*, 411 a.
115. Cf. R. HEINZMANN, *op. cit.*, pp. 100-101.

está reservada exclusivamente à alma, ou, com mais exatidão, o homem é imagem e semelhança de Deus segundo o espírito: "O homem foi feito à imagem e à semelhança de Deus, segundo o espírito, pelo qual ele se eleva acima dos seres irracionais"[116]. Pedro Lombardo distingue a imagem da semelhança. A imagem se refere à memória, à inteligência e à vontade, ou seja, aos poderes da alma; a semelhança, à inocência e à justiça, conaturais ao espírito racional. A semelhança está, pois, em ligação com a condição moral. De outro modo, no corpo se reflete também a imagem, uma vez que ele é coerente (*congruit*) com a alma racional em razão de sua figura ereta que lhe dá a possibilidade de se voltar para o céu. A distinção clássica entre a imagem, que é o Filho, e o homem criado "segundo a imagem" está presente também aqui[117]. O modelo segundo o qual foi criada a alma humana é toda a Trindade, e não somente o Filho.

O homem é a criatura racional formada pela alma racional e pela carne[118]. Separada do corpo, a alma seria de melhor qualidade que unida a ele? Parece que Pedro Lombardo pensa assim. Procurando alguma razão de conveniência para explicar a união da alma com o corpo, afirma que assim se mostra a capacidade que tem Deus de se unir à criatura de quem tantas coisas o separam. Se o espírito, "excelentíssima criatura", pode se abaixar à união com a carne, criatura ínfima, Deus pode se unir à criatura com um amor inefável[119].

Antes de tratar da criação da alma, Pedro Lombardo ressalta que ela é criada no corpo e que Deus a cria na hora da infusão. A preexistência está excluída, como parece ser igualmente o traducianismo. Resta somente em aberto a questão da criação da alma de Adão. Pedro Lombardo cita Agostinho, segundo o qual a alma do primeiro homem teria sido criada com os anjos, sem corpo. Ela teria se unido a seguir ao corpo, porque ela o quis naturalmente, tendo sido criada para o querer[120]. Talvez seja necessário pôr em relação essa afirmação com a que encontramos no capítulo sobre a escatologia: a beatitude dos justos após a ressurreição é maior, porque há na alma um apetite natural para se unir ao corpo[121].

A exposição da cristologia dá a nosso autor a oportunidade de novas incursões pela antropologia. As reflexões sobre a união hipostática o estimulam a explicar por que, quando o Filho assume a alma racional humana, à qual convém a definição da pessoa, ele não assume realmente uma pessoa humana. É que a alma não é a pessoa senão quando existe por ela mesma (*quando per se est*), quando está separada do corpo; é então uma pessoa como o é um anjo.

---

116. PEDRO LOMBARDO, *Sentences*, L. II, d. 16, c. 4; *PL* 192,684.
117. *Ibid.*, c. 5; 685.
118. *Ibid.*, II,1,4; 653.
119. *Ibid.*, II,1,10; 654.
120. *Ibid.*, II,17,3; 686. O texto de Agostinho ao qual Pedro Lombardo se refere é *La Genèse au seus littéral*, VII,25 e 27. Cf. também *Sentences*, I,41,1; 633, em que se exclui a doutrina da queda das almas.
121. *Sentences*, IV,49,4 (ou 5); *PL* 192,959.

Mas ela não o é quando está unida ao corpo. A conclusão se impõe, aplicada à cristologia. A alma humana de Cristo jamais existiu sem estar unida a outra coisa (não somente a seu corpo, mas também à divindade). Por isso, o nome de pessoa não lhe convém[122]. Se se deixa de lado a questão cristológica, resta que a condição pessoal do composto humano continuará, não a da alma, enquanto ele subsistir. Mas a maneira de equacionar a questão cristológica pressupõe já uma clara prioridade da alma sobre o corpo. É a assunção da alma, não a do homem todo, que obriga a tratar da unicidade da pessoa de Jesus. O desejo natural da alma de se unir ao corpo atenua, sem dúvida, essa real unilateralidade.

A alma, "forma do homem"

A partir da segunda metade do século XII, a corrente de Hugo de São Vítor perderá sua importância. A corrente mais aristotélica, que considera a unidade do ser humano, composto de um corpo e de uma alma, amplia-se cada vez mais. A afirmação de que a alma não é uma pessoa e a insistência sobre a constituição do homem formado de uma alma e de um corpo repetem-se nos autores do final do século XII e do início do século XIII, sem que se possa constatar neles uma originalidade particular. Mas *Guilherme d'Auxerre* († 1231) merece menção especial, já no início da grande escolástica, porque ele utilizou a fórmula da alma como "forma do homem", que antecipa com pouco tempo de intervalo a da "forma do corpo" que santo Tomás utilizará[123]. A alma e o corpo se aperfeiçoam mutuamente. Dado que os dois componentes são igualmente importantes para o ser do homem, afirmam-se as propriedades que lhe correspondem, tanto em virtude da alma como do corpo; assim, diz-se dele que é racional, mas também que tem uma cor. Com muito mais razão, conclui Guilherme, afirmar-se-ão do homem as propriedades que lhe correspondem em virtude da alma e do corpo ao mesmo tempo. Não é de espantar que, com esses pressupostos, e segundo a definição de Boécio, Guilherme negue à alma a personalidade. A nota de "incomunicabilidade" falta à alma, porque sua perfeição se encontra na união com o corpo.

Temos de lembrar enfim uma intervenção papal desse período. Leão IX, em 1053, rejeita uma vez mais a ideia de que a alma humana seja uma parte de Deus; ela foi criada *ex nihilo*[124]. Já vimos a definição do 4º concílio de Latrão (1215), que fala do homem como criatura ao mesmo tempo corporal e espiritual, sem entrar em mais detalhes[125].

---

122. *Ibid.*, III.5,2.3; 766.
123. Cf. R. HEINZMANN, *op. cit.*, p. 144.
124. LEÃO IX, Carta *"Congratulamur vehementer"*, a Pedro, patriarca de Antioquia: cf DzS 685.
125. Cf. *COD* II-1, p. 495; *DzS* 800; *FC* 29; cf. *supra*, p. 6000.

2. A GRANDE ESCOLÁSTICA: A ALMA, FORMA DO CORPO

OS AUTORES E OS TEXTOS: cf. supra, p. 65.

INDICAÇÕES BIBLIOGRÁFICAS: K. BERNATH, *Anima forma corporis. Eine Untersuchung über die ontologischen Grundlagen der Anthropologie des Thomas von Aquin*, Bonn, Borengässer, 1969. — G. GOTTIER, Intelligere Deum finis omnis intellectualis substantiae (*CG* III 25), *Atti del IX Congresso Tomistico Internazionale* I, Roma, 1991, pp. 143-162. — Th. SCHNEIDER, *Die Einheit des Menschen. Die anthropologische Formel "anima forma corporis" im sogenannten Korrektorienstreit und bei Petrus Johannes Olivi. Ein Beitrag zur Vorgeschichte des Konzils von Vienne*, Münster, Aschendorff, 1973.

Boaventura: a aptidão da alma para o corpo

Para Boaventura, o homem é uma natureza composta, corpórea e incorpórea ao mesmo tempo. A alma é definida como uma forma existente, viva, inteligente e livre. Criada por Deus, ela possui a vida imortal em si mesma. Pode conhecer a essência criadora e está sempre livre de constrangimento[126]. Deus quer sempre a beatitude de sua criatura, não somente da criatura espiritual, mais próxima dele, mas também da criatura material, que está mais afastada. A essa criatura ele comunica a beatitude de maneira mediata, ou seja, por meio da criatura espiritual. Deus tornou assim capaz de beatitude não somente o espírito separado, o anjo, mas também o espírito conjunto, o homem[127]. A alma foi criada à imagem da Trindade por sua memória, sua inteligência e sua vontade. As influências agostinianas são claras. À condição de imagem está ligada a possibilidade do conhecimento de Deus, a tendência da alma para a união com ele. Não sendo corruptível, ela não pode vir ao mundo por geração. Capaz de beatitude, é imortal. Essa condição de imagem pertence-lhe por natureza, não no sentido de que a alma não seria dom de Deus, mas de que responde às características com que Deus quis dotar o ser humano em virtude de sua "natureza"[128].

O corpo foi criado do barro da terra para estar sujeito à alma. O poder de Deus se manifesta na criação do homem a partir dessas naturezas tão distantes uma da outra. Mas, mesmo ressaltando essas diferenças, Boaventura se compraz em observar também que o corpo se proporciona à alma. Une-se a ela como a algo que o aperfeiçoa, move-o e eleva-o à beatitude. Essa correspondência do corpo à alma, que tende para o céu, manifesta-se pela posição ereta e pela

---

126. Cf. *Breviloquium*, II,9,1; Éd. Franciscaines, 2, p. 103.
127. *Ibid.*, II; 2, p. 105.
128. Cf. *Commentaire sur les Sentences*, II, d.16, a.l; Quaracchi, t. II, pp. 393-399.

cabeça que se volta para o alto. Se o corpo é aperfeiçoado pela alma, não podemos nos esquecer de que a alma pode estar unida ao corpo.

Isso significa que a alma se une ao corpo por uma aptidão natural, em virtude de um princípio intrínseco. Essa união não é nem um acidente, nem uma queda, porque a alma deseja a natureza toda. Em outras palavras, a união ao corpo é o que lhe convém. A possibilidade de se separar dele no momento da morte não está no mesmo plano que a possibilidade de união. Com efeito, se a segunda possibilidade resulta da natureza, a primeira realizou-se por causa do pecado, que motivou a morte[129]. A alma era inicialmente inocente e, apesar disso, podia cair em falta; o corpo também era impassível, mesmo que pudesse conhecer a pena. Ele podia ou não morrer, manter-se submisso à alma ou se rebelar contra eja. Deus cumulou o homem todo, posto no paraíso, de dons de todo gênero e de ajuda para que se mantivesse no bem. Antes da queda, o homem possuía num grau de perfeição os bens naturais cobertos também eles da graça divina. Deduz-se daí, então, que, se o homem pecou, foi somente por sua falta, ao rejeitar a obediência.

Na discussão sobre a personalidade da alma, Boaventura separa-se claramente da posição de Hugo de São Vítor. É a alma racional unida à carne, e não um dos elementos tomados separadamente, que constitui a pessoa. É por isso que, se a alma só é uma pessoa quando vive no corpo, ela tampouco o é quando dele se separa[130]. De outro modo, é preciso observar que, para o mestre franciscano, a alma e o corpo são, cada um em sua ordem, substâncias completas, constituídas, pois, de matéria e de forma. À alma corresponde uma matéria espiritual. À questão de saber como podem se unir essas duas substâncias completas, Boaventura responde que a alma tem o desejo de aperfeiçoar a matéria corporal, e o corpo, o apetite de receber a alma[131]. O mestre segue também a tradição de sua ordem quanto à pluralidade das formas dos seres corporais. A última forma, que dá ao composto sua perfeição definitiva, une-se à matéria sem que sejam destruídas as formas anteriores, que continuam integradas na unidade superior. É o caso do homem, em quem encontramos unidas as formas vegetativa, sensitiva e racional[132].

Boaventura quer ressaltar a perfeição da obra de Deus na criação do homem. Todos os elementos concorrem para essa harmonia. As influências angostinianas predominam nele, mais que as aristotélicas. A primazia dada à alma é evidente, mas as correções feitas sobre uma visão puramente platônica não são menores. Exclui-se a identificação da alma com o homem, e o desejo que tem a alma de se unir ao corpo mostra que essa união é uma perfeição de sua natureza.

---

129. *Ibid.*, II, d.17, a.1, q.3 e d.19, a.2, q.1; Quaracchi, t. II, pp. 417 e 464-466.
130. *Ibid.*, III, d.5, a.2, q.2; Quaracchi, t. III, p. 133.
131. *Ibid.*, II, d.17, a.l, q.2; Quaracchi, t. II, p. 416.
132. Cf. *Les six jours de la création*, IV 10; Ed. Ozilou, p. 177.

Tomás de Aquino: a alma, "forma" do corpo

A antropologia de santo Tomás é, sem dúvida, mais equilibrada e mais harmoniosa que a de Boaventura. Antes de tudo, é o composto humano que lhe interessa. Mas, ao mesmo tempo, santo Tomás se insere na tradição que dá primazia à alma. As doutrinas aristotélicas, profundamente reconsideradas, encontrarão nele uma visão antropológica que, em numerosos aspectos, é espantosamente próxima da da Bíblia e dos mais antigos Padres da Igreja.

A primazia é dada, então, à alma. Santo Tomás afirma, na *Suma*, precisamente na introdução ao estudo do homem, que pertence ao teólogo a consideração da natureza do homem, pelo que se refere à alma; deve ele tratar do corpo somente por causa da relação (*habitudo*) que tem com a alma[133]. Apesar disso, no desenvolvimento da antropologia, Tomás insistirá muito sobre a unidade do homem. Desde o começo, aceita sem problemas a definição do homem como "animal racional" e considera que pertence ao ser da alma tanto seu ser espiritual quanto sua condição de forma do corpo. A alma se une ao corpo em virtude da essência dela[134]. O homem é constituído de alma e de corpo, mas nenhum dos dois é o homem. O ensinamento de Tomás é muito claro e constante a respeito desse ponto[135]. O próprio intelecto realiza suas funções estando unido ao corpo de que é a forma; não tem necessidade de se separar dele. A fórmula "a alma é a forma do corpo", antecipada por alguns autores que já conhecemos, será a síntese e a quintessência de toda a antropologia de santo Tomás.

Como a alma espiritual e incorpórea pode unir-se ao corpo? Tomás responde à questão ao afirmar que a alma humana, subsistente por ela mesma, diferentemente da dos animais, é forma do ser material e, portanto, comunica-lhe, de certo modo, seu ser. O composto não existe mais que pela forma e, por conseguinte, o ser da forma, nesse caso o da alma, determina o do composto, o do homem todo. A matéria corporal encontra-se elevada acima dela mesma. A alma contém nela o corpo, não ao contrário, e faz dele uma unidade[136].

O princípio intelectivo é a forma do corpo, porque é ele que o faz viver. É aquele em virtude do qual são levadas a termo as diferentes operações corporais e é igualmente o princípio segundo o qual nós compreendemos[137]. A alma é, além disso, a única forma substancial do corpo. É a única que lhe dá o ser. Deve ser assim para que o homem possa ser uno. Senão essa união não se dará nela, porque nada é "simplesmente uno" (*simpliciter unum*), se não é pela única forma[138]. Tomás expõe amplamente essa ideia[139]: a forma substancial se diferen-

---

133. *STh*, Ia, q.75, intr.; Cerf, t. 1, p. 653.
134. Cf. Th. SCHNEIDER, *Die Einheit des Menschen*, p. 13.
135. Cf., por ex., *STh*, Ia. q.75, a.4; Cerf, t. 1, p. 657.
136. Cf. *Somme contre les gentils*, II,69-70; Cerf, pp. 300-303; *STh*, Ia, q.75, a.2-3; q.76, a.3; Cerf. t. 1, 654-656 e 668-669.
137. *STh*, Ia, q.76, a.1; Cerf, t.1, pp. 662-665.
138. *Ibid.*, Ia, q.73, a.1; pp. 638-639. Cf. Th. SCHNEIDER, *op. cit.*, p. 19.
139. Cf. *STh*, Ia, q.76, a.4; Cerf, t. 1, pp. 670-671.

cia da acidental pelo fato de esta última não dar o ser em si mesmo (*simpliciter*), mas "o ser-tal-ou-tal-coisa". A forma substancial dá o ser em si mesmo e assim, com sua chegada, alguma coisa chega ao ser e, por sua ausência, se corrompe. Quando se trata de uma forma acidental, quando, por exemplo, uma coisa adquire uma nova cor, a coisa em si mesma não é engendrada nem se corrompe, se essa cor muda. Se houvesse no homem outra forma preexistente à alma intelectiva, esta não daria pura e simplesmente (*simpliciter*) o ser ao corpo; nem a ausência da alma produziria *simpliciter* a corrupção do corpo. Essa hipótese é, pois, para santo Tomás, manifestamente falsa. Ele acrescenta ainda que o ser substancial, em todas as coisas, consiste numa realidade indivisível. Se se acrescenta ou se tira alguma coisa da substância, a espécie muda. É por isso que, uma vez que o homem é uno, una deve ser a forma substancial, a alma intelectiva. Não há entre a alma e a matéria primeira nenhuma outra forma substancial intermediária. O homem é aperfeiçoado, segundo os diferentes níveis de perfeição, pela própria alma racional; é esta que faz que seja corpo, corpo animado, corpo racional[140].

Tomás de Aquino: *a alma conhece servindo-se do corpo*

A alma é substância e forma do corpo. Devem-se afirmar os dois extremos ao mesmo tempo. Por sua própria perfeição, a alma humana, como intelecto, deve se servir do corpo, dos sentidos e da imaginação; ela se une naturalmente, portanto, ao corpo para que a natureza humana seja completa[141]. A razão disso é que a alma humana é a mais baixa das substâncias intelectuais e, assim, tem de coligir a verdade valendo-se das coisas sensíveis. É preciso ter a capacidade não só de compreender, mas também de sentir. É por isso que, para a perfeição da alma, a união com o corpo é necessária. A unidade do homem se funda, para Tomás, na alma humana, no intelecto; mas este, em sentido estrito, somente se converte em capacidade intelectual plena quando se realiza completamente na sensibilidade. É, portanto, a própria perfeição da alma humana que exige a união com o corpo e um corpo que possa ser o órgão conveniente dos sentidos[142].

Com base no conhecimento, descobre-se então o que é o homem e qual sua constituição. Cada qual tem a experiência de si como aquele que compreende, e ao mesmo tempo é o próprio homem que se experimenta compreendendo e sentindo. A atividade corporal e a atividade espiritual são, pois, atribuídas a um mesmo indivíduo; essa é a experiência humana elementar. A capacidade de compreender não pertence a um órgão corporal, mas se realiza na maté-

---

140. *De l'âme*, q.1 a.1; *Quaestiones disputatae*, Torino, Marietti, 1914, t. 2, pp. 366-371; *STh*, Ia., q. 76, a.1; Cerf, t. 1, pp. 662-665.
141. Cf. Th. SCHNEIDER, *op. cit.*, pp. 23s; K. BERNATH, *Anima forma corporis*.
142. Cf. *STh*, Ia, q.76, a.1; Cerf, t. 1, pp. 662-665.

ria, porque a alma que tem esse poder é a forma do corpo O conhecimento humano tem necessidade, portanto, dos sentidos para apresentar à alma intelectiva o objeto próprio. Esse é o motivo por que o homem é o ser de uma intelectualidade "sensorial"[143].

Por sua dimensão corporal, o homem está imerso no mundo. Isso não tem nada de negativo para ele. Mas, de outro modo, ele transcende este mundo porque a alma, ainda que seja a forma do corpo, ultrapassa a condição da matéria corporal e não está totalmente submersa nela. Isso se deve à maior nobreza da forma. Com efeito, quanto mais se sobe na nobreza das formas, mais o poder delas ultrapassa a matéria elementar. No que diz despeito à nobreza, a alma humana é a mais alta das formas. Tem, por isso, alguns poderes e capacidades que não comunica de modo algum ao corpo. Por essa razão, por sua perfeição, algumas de suas capacidades podem não ser um ato do corpo. Esse poder é o do intelecto, que não é a virtude de nenhum órgão corporal. Por essa mesma superioridade da alma sobre a matéria corporal, a alma humana, diferentemente da dos animais. subsiste em si mesma. Isso se manifesta no fato de compreender, que não é comunicado ao corpo. Nada pode realizar algo por si mesmo, senão o que subsiste por si. A alma humana tem essa qualidade. Por essa razão, a alma humana continua em seu ser, destruído o corpo, o que não acontece com nenhuma outra forma[144]. A alma, por ser uma forma subsistente, somente pode vir à existência por criação imediata[145].

Tomás de Aquino: a alma separada não é homem

É a alma que dá ao corpo seu ser, é ela que o contém, como já vimos. Mas isso não quer dizer que sozinha seja homem. Este último é o composto de dois elementos. Tomás sempre rejeitou a preexistência da alma[146] ou sua união com o corpo de modo acidental[147]. A situação da alma, uma vez separada do corpo, não corresponde à natureza do homem. Com efeito, a morte é fruto do pecado. Na fase de inocência, o homem era imortal. Como a alma racional não tem proporção com a matéria corporal, era conveniente que no início lhe fosse dado também o poder de conservar o corpo na existência, acima da natureza desse mesmo corpo[148]. Se a alma subsiste sozinha após a morte, é por falha do corpo, em virtude de sua morte, mas no início não era assim[149].

Desse modo, a existência continuada da alma após a morte, que Tomás afirma com toda a tradição, não é a fase que lhe convém mais. A perfeição

---

143. Th. SCHNEIDER, *op. cit.*, p. 25.
144. Cf. *STh*, Ia, q.75, a.2; q.76, a.1; Cerf, t.1, pp. 654 656 e 661-665.
145. Cf. *ibid.*, Ia, q.90, a.2; pp. 780-781.
146. Cf. *ibid.*, Ia, q.90, a.4; q.118, a.3; pp. 781-782 e 937-938.
147. *Commentaire sur les Sentences*, III, d.5, q.3, a.2; *Opera omnia*, Paris, Vivès, 1873, p. 103.
148. *STh*, Ia, q.97, a.4; Cerf, t. 1, pp. 823-824.
149. *Ibid.*, Ia, q.90, a.4; pp. 781-782.

natural da alma, já que esta é uma parte da natureza humana e não o homem todo, exige a união com o corpo. Para a própria atividade intelectual, é melhor para a alma estar unida ao corpo. Mas ela tem outro modo de compreender quando está separada do corpo. Apesar de tudo, essa situação está à margem de sua natureza (*praeter naturam suam*)[150]. Tomás usa uma expressão ainda mais forte sobre a situação da alma sem o corpo: é uma situação contra a natureza (*contra naturam*)[151]. É preciso esclarecer, todavia, que essa expressão não se aplica diretamente à alma separada após a morte, mas é utilizada para excluir a hipótese da criação das almas num momento anterior ao de sua infusão no corpo. De qualquer modo, a situação "anormal" em que se encontra a alma que não informa o corpo em determinado momento continua clara. Mas Tomás faz outra afirmação, que pode parecer contraditória com o que já vimos até o momento, quando diz: de certo ponto de vista, a situação da alma separada é melhor, porque ela tem maior liberdade para compreender, sem o obstáculo que o corpo representa para a pureza da inteligência[152].

Seja lá como for a respeito dessa questão, é claro para santo Tomás que a alma não é nem homem nem pessoa, do mesmo modo que não dizemos que é pessoa a mão ou outra parte do corpo[153]. Faltaria à alma a nota de "individualidade", exigida pela definição de Boécio, a qual Tomás substancialmente aceita. A alma tampouco é o "eu" de nenhum homem. Assim, Jesus, entre sua morte e sua ressurreição (*triduum mortis*), não foi um homem, no sentido estrito da palavra[154].

Sabemos que santo Tomás definiu a pessoa divina como a relação subsistente[155]; mas ele negou no mesmo contexto que a relação seja um elemento da definição da pessoa angélica ou humana[156]. O fato de um elemento ser necessário para a definição da pessoa divina não implica que o deva ser para a pessoa criada; nada pode ser dito de modo unívoco de Deus e das criaturas, inclusive para a noção de pessoa. Apesar de tudo, a intuição trinitária de santo Tomás, que nesse ponto prolonga a reflexão de santo Agostinho, foi igualmente proveitosa para a antropologia das épocas posteriores.

Tomás de Aquino: o homem, imagem de Deus

Tomás de Aquino, apesar do forte enfoque na unidade do homem que observarmos em toda a sua antropologia, seguiu a tradição agostiniana na defi-

---

150. *Ibid.*, Ia, q.89, a.1; pp. 767-769.
151. *Ibid.*, Ia, q.118, a.3; p. 937. Cf. também *Somme contre les gentils*, IV,79; Cerf, p. 961.
152. *STh*, Ia, q.89, a.2; Cerf, t. 1, p. 769.
153. *Ibid.*, Ia, q.29, a.1 e 3; q.75, a.4; pp. 369, 371 e 675.
154. Cf. *STh*, IIIa, q.50, a.4; Cerf, t. 4, p. 371.
155. Cf. t. 1, pp. 311-317.
156. *STh*, Ia, q.29, a.4, ad 4; Cerf, t. 1, p. 374.

nição do homem como imagem de Deus. A imagem está no homem somente segundo o espírito. Somente ela distingue as criaturas racionais das irracionais, e é somente das primeiras que se diz terem sido feitas à imagem de Deus. Tomás distingue a semelhança de Deus segundo a imagem, que acontece somente no espírito humano e nos anjos, e a semelhança sob forma de vestígios, de traços, que se encontram em todas as criaturas. O homem é, pois, imagem de Deus, mas o é na qualidade de espírito, ou seja, segundo sua natuleza intelectual, não como corpo. Por essa razão, uma vez que o homem é constituído pelos dois princípios, os anjos são imagem de Deus mais perfeitas que nós, pois neles a natureza intelectual é mais perfeita[157].

Essa condição de imagem tem para o homem três acepções. Em primeiro lugar, refere-se à aptidão que tem a alma humana de conhecer e de amar a Deus, o que lhe permite imitar a Deus, que se conhece e ama a si mesmo. Ressoam aqui os ecos da tradição agostiniana, que ligava a condição de imagem à possibilidade do conhecimento de Deus. Nesse aspecto, a imagem se encontra em todo o homem; o pecador não perde a condição de imagem de Deus, de acordo com esse primeiro sentido. Há uma segunda acepção da imagem: corresponde ao homem que de fato conhece e ama a Deus nesta vida, ainda que de modo imperfeito, pela conformidade com a graça. Nesse aspecto, diz-se que a imagem está somente nos justos. Num terceiro aspecto, é imagem de Deus aquele que conhece e ama a Deus perfeitamente, no céu, pela conformidade com a glória. Nessa terceira acepção, afirma-se a condição de imagem somente nos bem-aventurados[158].

Santo Tomás aceita também a distinção entre a imagem perfeita segundo a natureza, que é somente o Filho, único gerado, e o homem, imagem imperfeita, criada "segundo a imagem" (*ad imaginem*). Mas o "segundo a imagem" não se refere, como entre os antigos, ao homem criado "à imagem da imagem", ou seja, à imagem do Filho de Deus. Essa expressão mostra somente a necessária imperfeição da criatura em sua semelhança divina. A preposição *segundo* indica certo acesso, aproximação, que corresponde a uma coisa distinta de outra. Põe em destaque, pois, a distância que existe entre Deus e o homem[159]. Tomás não podia aceitar a ideia da tradição antiga porque o homem, segundo ele, foi criado à imagem de Deus, ou seja, à imagem da Trindade das pessoas[160]. Nós conhecemos bem a fonte dessa doutrina. Tomás se serve fartamente de Agostinho, que desenvolveu esse pensamento, e cita Hilário que, talvez primeiro e quase de passagem, expressou essa opinião. As palavras de Gn 1,26, "façamos o homem à nossa imagem e segundo nossa semelhança", são determinantes. Uma vez que as três pessoas têm a mesma essência divina, o espírito humano é reflexo de toda a Trindade.

---

157. *STh*, Ia, q.93, a.1-3 e 6; pp. 793-796 e 798-901.
158. *Ibid.*, Ia, q.93, a.4; pp. 796-797.
159. *Ibid.*, Ia, q.93, a.1; p. 794.
160. Cf. *STh*, Ia, q.93, a.5; Cerf, p. 798.

Santo Tomás deu, pois, forte ênfase à unidade do ser humano, servindo-se bastante da filosofia aristotélica, mas modificando-a. Foi claro em defender a individualidade da alma humana, refutando a opinião (próxima talvez da de Aristóteles) que afirmava a existência de um só intelecto espiritual. É a explicação e a justificação filosófica da visão cristã do homem. A unidade do intelecto e da matéria demonstra claramente a transcendência do primeiro sobre este mundo e, com ele, a transcendência do homem todo. Grande parte da tradição platônico-agostiniana foi igualmente acolhida pelas instituições que salvaguardam a primazia do elemento espiritual do homem. Unidade do ser humano sem que ele se perca neste mundo como um ser mundano: esses são os dois pilares da antropologia de santo Tomás. É nesse aspecto que dizíamos que sua visão se aproximava das da Bíblia e dos primeiros escritores cristãos, bem mais que das de muitos de seus predecessores. Apesar de tudo, diferentemente dos primeiros Padres, o sentido cristológico da definição do homem e, portanto, da visão da imagem de Deus praticamente desapareceu. Houve certa transposição, determinada pelo desejo de explicar o que é a "natureza" do homem considerada nela mesma, embora em santo Tomás essa visão esteja ainda inscrita no horizonte do mistério de Cristo.

3. A MORTE NA DISCUSSÃO ANTROPOLÓGICA, DE TOMÁS DE AQUINO (1274) AO CONCÍLIO DE LATRÃO V (1513)

INDICAÇÕES BIBLIOGRÁFICAS; H. J. WEBER. *Die Lehre vor der Auferstehung der Toten in den Hauptraktaten der scholastischen Theologie. Von Alexander von Hales zu Duns Skotus*, Freiburg-Basel-Wien, Herder, 1973. — L. HÖDL, "Anima forma corporis". Philosophisch-theologische Erhebungen zur Grundformel der scholastischen Antropologie im Korrektorienstreit (1277-1287), *Theologie und Philosophie* 41 (1966) 536-556. — Th. SCHNEIDER, *Die Einheit des Menschen. Die anthropologische Formel "anima forma corporis" im sogenannten Korrektorienstreit und bei Petrus Johannes Olivi. Ein Beitrag zur Vorgeschichte des Konzils von Vienne*. — I. IONNA, La 'pars intellectiva' dell'anima razionale non è la forma del corpo, *Antonianum* 65 (1990) 277-289. — B. HALLENSTEIN, *Communicatio. Anthropologie und Gnadenlehre bei Thomas de Vio Cajetan*, Münster, Aschendorff, 1985.

A crítica da alma, forma única do corpo

A antropologia de santo Tomás, que haveria de gozar mais tarde de grande crédito na Igreja, não foi aceita com facilidade no início. Já durante sua vida, a tese da unidade da forma criou dificuldades ao doutor angélico. Em 1276, bem pouco tempo depois de sua morte, essa tese foi declarada falsa pela grande maioria dos mestres de Paris reunidos pelo bispo para discutir a questão. Em março de 1277, o mesmo bispo condena uma série de sentenças filosóficas e teológicas como heréticas, excomungando os defensores delas, sem que figurem, todavia, entre elas as teses da unidade da forma. Ao contrário, condena-se a afirmação segundo a qual o intelecto não é a forma do corpo nem é uma perfeição essencial do homem[161]. Mas no mesmo mês de março de 1277 o arcebispo de Canterbury, o dominicano R. Kilwardby, proíbe o ensino de algumas teses que se referem à doutrina da unidade da forma. Ele nega que as formas vegetativa, sensitiva e intelectiva sejam uma forma simples; proíbe também de ensinar que não se pode falar de corpo morto ou vivo, senão num sentido equívoco.

Com essas condenações começa a disputa chamada dos "revisores", ou seja, as acusações e "revisões" mútuas dos partidários da unicidade ou da multiplicidade das formas no homem. O primeiro a se opor a Tomás de Aquino foi o franciscano Guilherme de la Mare, que colige diversos artigos da *Suma* e das *Questões disputadas*. Nos anos seguintes, sucedem-se os ataques e as defesas de santo Tomás. Sem as expor aqui em detalhes, é oportuno mencionar uma nova condenação, em 1284, pelo arcebispo de Canterbury, J. Peckham, sucessor de Kilwardby, que visa explicitamente à tese da unidade da forma. Outras condenações de alguns discípulos de Tomás de Aquino acontecem na Inglaterra, em 1286. Até mesmo os mestres de teologia de Paris declaram falsa a tese da unidade da forma, em 1285, ainda que no ano seguinte expliquem que, nessa condenação, o termo "falsa" não equivale a herética ou contrária à fé.

Que problemas de fundo se debatiam nessas disputas?[162] Apontemos, logo de início, uma diferença nos pontos de partida: os defensores da unicidade fundamentam-se primeiro sobre a unidade do homem vivo no decurso de sua vida, ao passo que os partidários da pluralidade das formas se atêm sobretudo aos problemas do início e do fim da vida. Os últimos partem de componentes do homem como de alguma coisa, em suma, já existente, e a unidade só vem em segundo lugar. Assim, evita-se o problema da destruição das formas anteriores no processo gradual da formação do corpo humano (começo da vida). O corpo morto, que continua a possuir como tal sua própria forma, pode ser chamado propriamente corpo, o que se torna impossível se a alma, que o abandonou, for a única forma. Os defensores dessa pluralidade atribuem à matéria certa atualidade antes da infusão da alma. Mas os defensores da união se opõem: uma matéria que tenha já certa atualidade prévia à forma é contraditória. De outro modo, quanto ao problema do cadáver, os defensores da forma única podiam argumentar valendo-se do fato de que a própria morte mostra que o corpo não tem a possibilidade de existir de outra maneira senão na união com a alma, visto que o cadáver se decompõe[163]. Não se trata de ser pró ou contra Aristóteles,

---

161. Cf. Th. SCHNEIDER, *op. cit.*, pp. 76s.
162. Cf. *Ibid.*, pp. 129s.
163. Cf. L. HÖDL, "Anima forma corporis", *Theologie und Philosophie* 41 (1966) 551.

mas de duas interpretações opostas do mesmo autor. Todos queriam ser aristotélicos e se apoiavam no estagirita. Enquanto alguns pensam na matéria e na forma como princípios correlativos e argumentam de modo mais abstrato, outros insistem no aspecto empírico e demonstram *a posteriori*. Os defensores da pluralidade das formas sustentam que há um princípio que dá a última forma e a perfeição. Mas pensam que essa perfeição deva ser compreendida tendo em vista uma sucessão e uma hierarquia de formas que garantam a perfeição do homem, do próprio composto em todas as suas dimensões. Entretanto, se há uma pluralidade de formas substanciais, tratar-se-á então de diferentes seres que se unem só exteriormente, o que causa dificuldade. Os pluralistas respondem que se trata de substâncias que são mutuamente necessárias, que se aperfeiçoam gradualmente; as diferentes formas se unem numa só alma por uma ordem ou uma união natural, ou seja, por uma ordenação essencial de uma forma à outra.

Toda essa problemática antropológica está ligada a um problema teológico já mencionado: a identidade do corpo de Cristo durante sua vida mortal e durante o *triduum* de sua morte. É um caso particularmente significativo da questão da identidade entre o corpo e o cadáver. Para santo Tomás, falar de "corpo" vivo ou morto era um equívoco, porque sem a alma não há corpo em sentido estrito. Põe-se em seguida o problema teológico de saber quem desce aos infernos e quem ressuscita. É certamente o Filho de Deus que jaz no túmulo e desce aos infernos, diz santo Tomás, porque o corpo e a alma estão unidos a ele na unidade da pessoa. É o ensinamento sobre a união hipostática e sobre a única pessoa de Jesus que garante essa identidade daquele que viveu, morreu e ressuscitou. Os adversários argumentam que não se pode dizer que o Filho de Deus se fez carne, se ele não assumiu a forma da carne. Eles julgavam que essa identidade entre o corpo vivo e o corpo sepultado não ficava preservada se esse corpo não fosse igualmente em sentido estrito o corpo de Cristo. A eucaristia criava também problemas: como se podia dizer que o pão se convertera no Corpo de Cristo se não se concedia a esse corpo certa entidade independente da alma, uma vez que Cristo não faz nenhuma menção dela nas palavras da instituição?[164]

A crise do pluralismo das formas: Pierre-Jean Olieu

O problema irá se tornar mais agudo com as teses de Pierre-Jean Olieu (ou Petrus Olivi, 1248-1298), que deflagrarão a crise chamada do pluralismo das formas. Em seus primeiros textos, o franciscano defende a unidade da alma humana; suas partes vegetativa, sensitiva e intelectiva foram criadas por Deus como uma única alma racional. Muitas formas corresponderiam a uma pluralidade de seres[165]. Em muitos pontos, Olieu aproxima-se das formulações de

---

164. Cf. *Ibid.*, p. 573.
165. Cf. Th. SCHNEIDER, *op. cit.*, pp. 209-211.

santo Tomás. Mas, apesar da forte insistência sobre a unidade, ele chega a uma concepção diferente: no fundo, a matéria e o intelecto são independentes entre si. Se se defende com muita firmeza sua união, necessariamente se vai de encontro a um inconveniente: ou deve-se afirmar que o homem todo é mortal ou que é inteiramente imortal. Nenhuma das duas opções é, evidentemente, satisfatória. A unidade do homem deve se firmar de maneira menos estrita que a da alma racional como única forma do corpo, mas tampouco se pode falar de uma pluralidade de formas.

A solução de Olieu fundamenta-se no fato de que as formas parciais informam sua respectiva matéria, ao mesmo tempo que a dispõem a receber a forma parcial superior. Esta última, de uma parte informa a matéria e, de outra, age sobre a forma anterior integrando-a a si mesma. Essa integração tem como finalidade a constituição de uma forma total. Esse princípio é então aplicado à alma humana. A alma tem uma matéria espiritual, com três formas parciais, a vegetativa, a sensitiva, a racional. A matéria espiritual, informada pelas duas primeiras formas, pode assim aceitar a última, a racional. As formas vegetativa e sensitiva são a forma do corpo, mas não a parte intelectiva. Esta o é somente de modo indireto, porque informa a matéria espiritual que recebeu também a forma das duas outras, que são diretamente forma do corpo. A parte intelectiva é apenas forma do corpo pelas partes sensitiva e vegetativa[166]. A parte intelectiva é a forma total, mas ela o é de modo mediato, impróprio. Olieu fala, por isso, de uma união substancial, ainda que ele negue que a alma racional seja estritamente forma do corpo; ela o é somente num sentido vago e impreciso. As diferentes partes da alma estão unidas entre si por uma união ou ligação "natural" e, assim, a alma se une, por sua vez, ao corpo. Entre a alma e o corpo forma-se uma unidade natural, mas em sentido estrito o nome de forma do corpo convém somente às formas parciais, não à alma em sua totalidade.

Olieu quer manter a unidade do homem. Vê-se isso no uso que faz do hilemorfismo. Mas sua concepção da divisão da alma faz que essa unidade se ressinta. Ele tem de utilizar um conceito mais amplo de unidade substancial, até então reservada à união matéria-forma. A unidade substancial acontece, segundo Olieu, quando uma forma, ao se unir a uma outra, converte-se numa parte da segunda, de tal modo que a forma que chega pode ser chamada forma num sentido mais completo que antes. Por isso, pode-se dizer que uma coisa vem à existência pelo aparecimento da forma seguinte, com base na coisa que existia anteriormente. Aplicando esse princípio ao homem, pela chegada da alma intelectiva, que faz a sensitiva e a vegetativa formarem uma parte dessa alma única, o ser humano vem à existência. Isso não se pode chamar de união acidental, porque essa nova forma não sobrevém quando já existe um ser completo. Olieu chama-a de união substancial, porque as partes vegetativa e

---

166. Cf. Th. SCHNEIDER, *op. cit.*, pp. 231s.

sensitiva se enraízam na substância ou matéria espiritual e fazem parte da alma racional[167].

Olieu mantém uma tensão muito especial entre unidade do ser humano e pluralidade. De uma parte, ele serve do hilemorfismo e se afasta da concepção habitual da pluralidade das formas no ser humano. Mas, de outra, a união da alma e do corpo, com o sistema complicado das divisões da alma, não pode ser chamada de união substancial em sentido estrito. Ele pensa em alguma coisa que já existe antes e que recebe a perfeição do ser com o advento dessa nova forma.

Olieu quer evitar com essa elaboração o problema que a concepção estrita da alma como forma do corpo criava. Se a alma é imortal, deve comunicar ao corpo sua imortalidade. Se ela não a comunica, é porque não é realmente a forma ou porque não é em si mesma imortal. De outro modo, se a alma intelectiva é a forma do corpo, ela não pode se separar dele ou não pode existir "separada" depois da morte. Além disso, a parte sensitiva é uma parte da alma e, portanto, imediatamente criada por Deus. Somente assim, a unidade entre o corpo e a parte intelectiva fica garantida. São esses, em grande parte, os pressupostos aristotélicos que levaram Olieu a essa complicada concepção. Ele quis salvar a unidade do homem e, ao mesmo tempo, a imortalidade da alma racional.

No campo da teologia franscicana, impõe-se a referência a Duns Scotus, que tampouco aceitou a tese de santo Tomás. A matéria que a alma informa como forma última já está informada pela forma da corporeidade (*forma corporeitatis*), que é uma forma precedente e subordinada. Por outro lado, a humanidade (*humanitas*) é para ele uma entidade distinta da alma e do corpo, formada pelos dois, em sua união e distinção[168].

Nos últimos anos do século XIII, não reina a unidade entre as concepções antropológicas. Certamente não se discute a constituição do homem, corpo e alma; a tendência um tanto simplista que identifica o homem à alma é abandonada; afirma-se também a imortalidade desta última. Mas não há unanimidade quanto à explicação da unidade do composto humano. Já fizemos alusão às discussões que a doutrina de santo Tomás suscitou. As teses de Olieu foram, também elas, combatidas no seio de sua própria ordem franciscana. Nos primeiros anos do século XIV, a ideia da alma como forma única do corpo, que não pode existir sem ela, reaparece.

4. OS CONCÍLIOS DE VIENNE E DE LATRÃO V

INDICAÇÕES BIBLIOGRÁFICAS: J. LECLER, *Vienne*, Paris, Orante, 1964. — O. DE LA BROSSE, J. LECLER, H. HOLSTEIN, Ch. LEFEBVRE, Latran V en Trente, I, Orante, 1975.

---

167. Cf. I. IONNA, La 'pars intellectiva' dell'anima razionale non è la forma del corpo.
168. Cf. Th. SCHNEIDER, *op. cit.*, p. 248; H. J. WEBER, *op. cit.*, p. 155.

O concílio de Vienne (1311-1312) pronuncia-se sobre a questão da alma, forma do corpo. Considerou-se por muito tempo que o concílio condenara as teses de Olieu (não sua pessoa) sobre a unidade do homem. A crítica é agora mais prudente a respeito[169]. Seja como for, parece não haver dúvida de que as doutrinas de Olieu e as discussões a que deram azo (não somente no campo da antropologia, pois estavam também em jogo tensões internas à Ordem franciscana sobre a pobreza) foram a ocasião da definição conciliar.

A constituição *Fidei catholicae* do concílio de Vienne traz uma prova suplementar da relação entre a cristologia e a antropologia. Com efeito, é pela primeira que o concílio começa sua exposição e manifesta sua preocupação maior:

> O Filho único de Deus, que subsiste eternamente com o Pai em tudo aquilo em que o Pai existe como Deus, assumiu no tempo e no seio virginal, na unidade de sua hipóstase e pessoa, as partes de nossa natureza que lhe estão ao mesmo tempo unidas, pelas quais ele, que existe em si mesmo como verdadeiro Deus, tornou-se verdadeiro homem, ou seja, um corpo humano passível e uma alma intelectiva ou racional, informando verdadeiramente por ela mesma e de maneira essencial o próprio corpo[170].

Com a doutrina atribuída a Olieu, a verdade própria da encarnação podia ser posta em causa, pois a unidade do homem não teria sido manifesta. Se o Verbo se une à alma intelectiva, não sendo esta (pelo menos de maneira imediata) a forma do corpo, ele não assume nossa condição humana em toda sua integridade. É precisamente para salvaguardar essa verdade cristológica que o concílio afirma a seguir de todo o homem o que antes afirmou de Cristo:

> Definimos que deverá ser considerado herético todo aquele que de agora em diante ousar afirmar, sustentar ou defender com obstinação que a alma racional ou intelectiva não é forma do corpo humano por si mesma e por essência[171].

É claro, assim, que o homem é substancialmente uno e não está dividido numa parte superior intelectiva, sem união direta com o corpo, e outra inferior, constituída pelas outras partes da alma e do corpo.

Pode parecer estranho que o concílio defina uma proposição que se apresenta como uma tese propriamente filosófica e se refira a uma terminologia aristotélica particularmente técnica. É importante então precisar seu objetivo propriamente doutrinal, já inscrito na relação com a cristologia. O concílio, como todos os outros ao se utilizarem dos termos da filosofia de seu tempo, não

---

169. Ver o estado da questão em J. LECLER, *Vienne*, pp. 109-113.
170. *COD* II-1, p. 747; *DzS* 900.
171. *COD* II-1, p. 749; *DzS* 902; *FC* 265.

pretende definir como tal a teoria propriamente aristotélica do hilemorfismo[172]. As palavras matéria e forma devem ser tomadas no sentido amplo que tinham na cultura do tempo. A afirmação de que a alma racional é por si mesma e essencialmente forma do corpo significa que a unidade intrínseca do composto humano é garantida diretamente pela alma, contra toda interpretação que manteria uma distância entre as duas dimensões do ser humano ou que o decomporia em diferentes níveis de ser. Mas a definição de Vienne não quis tomar partido nas querelas da grande escolástica nem canonizar toda a doutrina de santo Tomás. "O concílio não quis seguramente decidir entre a doutrina tomista, segundo a qual 'a alma intelectual é a forma *única* do composto humano', e a doutrina agostiniana que admite uma *pluralidade* de formas. [...] Quer seja [a alma] forma única, como o querem os tomistas, ou forma suprema de uma hierarquia de formas (vegetativa, sensitiva etc.), como o quer a escola agostiniana, é ela que assegura 'por ela mesma e essencialmente' a unidade do homem em sua natureza. Toda doutrina que nega essa ação informadora definitiva da alma racional e intelectual é condenada pelo concílio como algo que põe em risco a unidade substancial do composto humano."[173] Pode-se pensar, todavia, que as teorias da pluralidade das formas exprimem com mais dificuldade a unidade do homem e que a doutrina de santo Tomás está mais em consonância com a unidade do ser humano que o concílio quis ensinar. A partir desse momento, a unidade substancial do homem como composto de um corpo e de uma alma não foi verdadeiramente posta em discussão na teologia católica. Isso não quer dizer que, de fato, não tenha muitas vezes predominado uma visão muito mais "dualista" que a ensinada pelo concílio de Vienne.

Entre a cristologia e a antropologia, constata-se, nas discussões medievais, um processo de algum modo inverso ao que observamos nos primeiros séculos da Igreja. Antes, os problemas cristológicos exigiam soluções antropológicas e a reflexão então se movia mais da cristologia para a antropologia. Jesus era o modelo à imagem do qual o homem tinha sido criado. Agora, acontece o contrário: a verdade da encarnação deve poder ser expressa com base em noções antropológicas, porque somente assim se pode garantir a verdade e a eficácia da obra salvadora. Se o Filho se fez homem como nós, a realidade de seu ser humano pode e deve ser estudada também pela antropologia. Esta se converteu assim num pressuposto da cristologia, mesmo que, afinal, somente a luz vinda da pessoa de Jesus permite ao homem compreender a verdade de seu ser.

Outro problema antropológico, que deu origem a uma intervenção conciliar importante no início do século XVI, foi o aristotelismo heterodoxo de Pietro Pomponazzi (1462-1525). Adotando as interpretações dadas por Averróis, ele sustentava que o espírito do homem era universal e negava, consequen-

---

172. Hilemorfismo, de *hylé*, matéria, e *morphé*, forma, é o termo que resume a tese aristotélica da alma, forma do corpo.
173. J. LECLER, *Vienne*, pp. 108-109.

temente, a imortalidade pessoal de cada homem em sua singularidade. O concílio de Latrão V, em 1513, reafirma que a alma racional é por ela mesma e essencialmente a forma do corpo humano. Ele acrescenta que essa alma é imortal e que as almas se multiplicam segundo a multidão dos corpos em que são infundidas[174]. A definição de Vienne é assim completada pela afirmação da imortalidade da alma. Ressaltam-se o caráter único e o destino eterno e pessoal de cada homem.

A afirmação original do cristianismo sobre a vida eterna é evidentemente a da ressurreição. Para os Padres, a imortalidade, unida à incorruptibilidade, diz respeito ao homem todo: é um dom de Deus que o faz participar de uma de suas prerrogativas essenciais. O homem, de sua parte, é igualmente capaz de mortalidade ou de imortalidade, conforme observe a vontade de Deus ou se entregue às obras da morte. Mas os Padres, cada vez mais influenciados pela filosofia grega, dedicando-se à análise do composto humano feito de alma e de corpo, terão sua atenção voltada para a questão da imortalidade natural da alma. Por exemplo, Gregório de Nissa, no Oriente, e Agostinho, no Ocidente, desenvolverão essa tese, em razão da espiritualidade e da simplicidade da alma[175]. Essa afirmação será constantemente retomada na teologia escolástica. A imortalidade natural da alma é uma condição da bem-aventurada incorruptibilidade e da vida eterna. No Organismo do dogma cristão, é uma verdade estrutural, que vem de dentro da boa nova da ressurreição.

Outras intervenções magisteriais do período estudado e das épocas ulteriores afirmaram ou supuseram essa constituição do homem, sem ir muito além da simples repetição de fórmulas já conhecidas[176].

III. O CONCÍLIO VATICANO II

> **INDICAÇÕES BIBLIOGRÁFICAS**: Th. GERTLER. *Die Antwort der Kirche auf der Frage nach dem Menschsein. Eine Untersuchung zur Funktion und Inhalt der Christologie im ersten Teil der Pastoralkonstitution "Gaudium et Spes" des Zweiten Vatikanischen Konzils*, Leipzig, St. Benno Verlag, 1986. — L. F. LADARIA, L'homme à la lumière du Christ selon Vatican II, in R. LATOURELLE (ed.), *Vatican II. Bilan et perspectives*. Montréal-Paris, Bellarmin/Cerf, 1988. vol. II, pp. 409-422.

A antropologia do Vaticano II merece alguma atenção. As primeiras afirmações do concílio sobre o homem encontram-se no primeiro capítulo da constituição pastoral sobre a *Igreja no mundo de hoje* (*Gaudium et Spes*). A

---

174. Cf. *COD* II-1, p. 1237; *DzS* 1440; *FC* 267.
175. Esse assunto será retomado, *infra*, p. 353 no capítulo sobre a escatologia.
176. Destacamos na Idade Média a constituição *Benedictus Deus*, de Bento XII, em 1336, *DzS* 1000-1002; *FC* 961-965, que encontraremos de novo no capítulo consagrado à escatologia. Cf. *infra*, pp. 380-382. Para os períodos mais recentes, cf. *DzS* 2828, contra Günter; 3224 contra Rosmini.

primeira originalidade desse documento, em face das diferentes visões do homem presentes em nosso mundo, é de afirmar como característica da concepção cristã do ser humano sua condição de imagem de Deus (*GS* 12). É a primeira vez que um documento magisterial importante se refere ao tema da imagem de maneira tão direta. O concílio vê a imagem de Deus no homem em três traços fundamentais: a capacidade de conhecer e de amar seu Criador, o domínio sobre as outras criaturas terrestres, e sua condição social, ainda que esse último aspecto seja mencionado sem ser posto diretamente em ligação com a imagem divina.

O texto conciliar compendia igualmente a doutrina tradicional sobre a constituição do homem na unidade do corpo e da alma (*GS* 14). Dá destaque à dignidade do corpo, sua bondade e seu destino último na ressurreição final. Pelo corpo, o homem faz parte do universo material, que, por sua vez, atinge no homem seu ápice. De outra parte, em virtude de sua alma imortal, o homem é superior a esse universo. A unidade na distinção da alma e do corpo e a preeminência sobre o universo são duas características do ser humano particularmente valorizadas. Os diversos aspectos da dignidade do homem são a inteligência (*GS* 15), pela qual ele participa da luz da inteligência divina; a dignidade da consciência moral (*GS* 16), que é a lei de Deus escrita no coração e a voz divina que ressoa no mais íntimo do ser humano; e, enfim, a grandeza da liberdade, "sinal privilegiado da imagem divino no homem" (*GS* 17). A mesma dignidade humana exige que o homem aja de acordo com sua consciência e sua livre escolha e não por pressões internas e externas.

O ponto mais decisivo do ensinamento conciliar sobre o ser humano talvez seja a relação explicitamente estabelecida entre o mistério de Cristo e o do homem. Retoma, assim, um tema fundamental da mais antiga tradição da Igreja:

> Na realidade, o mistério do homem só se torna claro verdadeiramente no mistério do Verbo encantado. Adão, o primeiro homem, era efetivamente figura do futuro, isto é, de Cristo Senhor. Cristo, novo Adão, na própria revelação do mistério do Pai e seu amor, revela o homem ao próprio homem e descobre-lhe, sua vocação sublime. Não é portanto de se admirar que as verdades acima ditas tenham nele sua fonte e nele atinjam a plenitude[177].

Sem comentar cada uma dessas afirmações, podemos nos deter sobre o inciso final: todas as verdades expostas antes, aquelas que se referem à condição de imagem de Deus, à grandeza e à dignidade do homem encontram em Cristo sua fonte e seu ápice. Fundamentam-se em Cristo e encontram nele sua maior expressão. Um pouco mais adiante o concílio assinala que Cristo é o "homem perfeito" (*GS* 22; cf. também 38; 41; 45), não somente porque assume a natureza

---

177. *GS* 22; *COD* II-2, p. 2191.

humana em sua integridade, mas também porque nele se realiza no mais alto grau o desígnio de Deus sobre a humanidade. O concílio não desenvolve nem explica com precisão o conteúdo concreto dessas afirmações. Mas sua simples menção indica um caminho a seguir na investigação teológica sobre o homem. Encontra-se, assim, uma perspectiva que, embora jamais totalmente abandonada, não estivera no primeiro plano durante séculos.

Conclusão

Deste capítulo consagrado ao homem criado à imagem de Deus, dois ensinamentos principais se depreendem. O primeiro é que o homem é sempre visto no quadro do desígnio de Deus sobre ele. Esse desígnio é criador; é também salvador. Isso quer dizer que, falando do ponto de vista cristão, não é possível analisar o homem considerando-o isoladamente nele mesmo. Sua existência não faz sentido senão em função de uma origem e de uma vocação: sua origem criada e sua vocação à participação na vida divina. É isso que quer dizer o tema bíblico — estudado sob múltiplos aspectos desde os Padres da Igreja até os teólogos escolásticos — da criação do homem à imagem e semelhança de Deus. É isso que significam igualmente todas as análises do homem em três termos: corpo, alma e "espírito". O "espírito" é aquilo por que o homem chega ao Espírito de Deus; é o que no homem é puro dom de Deus e que de certo modo não faz parte de seu ser; mas, paradoxalmente, o espírito é também aquilo sem o que o homem não é mais plenamente homem, mas se torna um homem mutilado, desequilibrado, em contradição consigo mesmo. Além disso, toda essa antropologia se desenvolveu em ligação com a cristologia: o homem verdadeiro, o homem "perfeito", aquele que verifica totalmente a natureza e a vocação do homem é Cristo.

Foi por isso que, quando o vocabulário da graça se espalhou na teologia, compreendeu-se espontaneamente que Adão foi criado na amizade de Deus, ou seja, na graça. Questões mais sutis sobre esse assunto só serão postas pela escolástica tardia.

Mas o homem, considerado teologicamente como "criatura", ou seja, de acordo com sua relação intrínseca com Deus, devia também ser analisado conforme sua consistência própria, o que faz sua autonomia, com suas faculdades de inteligência e de vontade, com sua responsabilidade e sua liberdade. Então o binômio alma-corpo desempenha todo seu papel. É por isso que, com o passar dos séculos, constatamos que o ponto de vista do homem como "natureza" acompanhou e às vezes suplantou o do homem como "criatura". A contribuição das análises filosóficas tornou-se cada vez maior no decorrer da Idade Média. Entretanto, jamais esqueceram a dimensão propriamente teológica. No cerne das mais sutis especulações sobre a alma, forma do corpo, vistos reemergir a consideração da unidade de Cristo que se tornou verdadeiro homem.

A ausência de um ponto de vista dominava inevitavelmente a exposição desse desenvolvimento dogmático. Nele o homem foi sempre considerado tal qual saiu das mãos de Deus e aquém de qualquer exercício pessoal de sua liberdade. Tratava-se de uma estrutura fundamental, analisada segundo sua origem e seu fim. Tratava-se do pressuposto original e constante da história, mas não ainda do homem considerado em sua história. Esta começa com o pecado que se vem sobrepondo em relação a tudo o que foi dito e põe o homem numa situação dramática. Ele perdeu a salvação que era espontaneamente oferecida pelo dom de Deus; está agora separado de Deus, numa situação da qual não pode sair por si mesmo, e por isso se vê desequilibrado, desorientado em seu próprio ser. O desejo que o leva ao absoluto tornou-se desordenado e se engana de objeto. Tem necessidade de ser libertado primeiro dessa situação pecadora para poder reencontrar sua comunhão com Deus. Sua salvação será uma redenção. É por isso que nossa exposição nos conduz da criação ao pecado e do pecado à justificação e à graça salvadora de Deus. Segundo a ótica antropológica deste tomo, que corresponde especialmente, como dissemos, ao desenvolvimento da dogmática ocidental, se o pecado deve ser analisado em sua dimensão universal, a salvação e a graça o serão de acordo com sua dimensão pessoal[178].

Entretanto, a consideração doutrinal do pecado e da graça levará a novas interrogações sobre o que constitui o homem como homem segundo sua natureza e o que o afeta em nome de sua vocação divina. A reflexão sobre o pecado vai, com efeito, aprofundar a relação entre o que se chama cada vez mais de natureza e sobrenatural. Essa reflexão do final da Idade Média e dos tempos modernos persistirá, não sem conflito, até meados de nosso século. Ela pertence à antropologia propriamente dita e poderia completar este capítulo. Pareceu, todavia, preferível apresentá-la num capítulo mais adiante por duas razões: a primeira é que essa problemática mais tardia é, de um modo, o efeito do contragolpe das reflexões doutrinais sobre o pecado e a graça; a segunda é que, no plano da história, ela tem lugar depois desses debates.

---

178. Para a soteriologia em sua dimensão universal, cf. t. 1, pp. 291 424.

CAPÍTULO III

Pecado original e pecado das origens: de santo Agostinho ao fim da Idade Média

V. Grossi e B. Sesboüé

A história da doutrina do pecado original pode ser delimitada em três etapas principais: de santo Agostinho ao fim da Idade Média; depois, nos tempos modernos, da Reforma até o *Augustinus* de Jansênio (1640); enfim, o período contemporâneo, do fim da Segunda Guerra Mundial aos anos que seguem o concílio Vaticano II. Este capítulo será consagrado à primeira etapa, e o seguinte, às outras duas.

A expressão "pecado original" é de origem latina: Agostinho será responsável por seu êxito na história da doutrina e da catequese. Observemos logo que essa expressão abrange dois aspectos bem diferentes, que muitas vezes se confundem e que a teologia posterior será levada a distinguir com duas expressões diferentes. Há, de uma parte, o "pecado original" ou "originado", que afeta a humanidade em seu conjunto (*peccatum originatum*), e, de outra, o "pecado das origens", ou "originante" (*peccatum originans*), ou seja, o pecado de Adão, que o Gênesis relata e ao qual Paulo dará uma importância decisiva para a história da humanidade (cf. Rm 5). A consideração doutrinal baseou-se sempre no pecado original originado, ou seja, do estado concreto da humanidade em sua necessidade de salvação, para se pôr a questão da relação dessa situação com o pecado das origens, considerado ao mesmo tempo como sua causa e seu começo.

Impõe-se então uma questão preliminar: foi Agostinho que "inventou" o pecado original? Qual era a doutrina do pecado nos séculos que o precederam? Será necessário revisitar os antecedentes gregos e latinos da pregação da fé cristã para conferir a devida importância às inovações da doutrina do pecado original do próprio Agostinho. Temos a seguir de coligir as decisões da Igreja antiga e medieval que no Ocidente farão passar a doutrina para uma etapa propriamente dogmática.

I. SANTO AGOSTINHO, DOUTOR DO PECADO ORIGINAL, POR OCASIÃO DA CRISE PELAGIANA

INDICAÇÕES BIBLIOGRÁFICAS: SOBRE SANTO AGOSTINHO EM GERAL: E. GILSON, *Introduction à l'étude de saint Augustin*, Paris, Vrin, 1949. — P. BROWN, *La Vie de saint Augustin*, Paris, Seuil, 1971. — A. DI BERARDINO, *Initiation aux Pères de l'Église* (continuação da obra de J. Quasten), vol. IV: *Les Pères latins*, Paris, Cerf. 1986. "Saint Augustin", por A. TRAPÉ, pp. 439-588 (farta bibliografia).

SOBRE A QUESTÃO DO PECADO ORIGINAL: J. CLÉMENCE, Saint Augustin et le péché originel. *NRT* 70 (1948) 727-754. — A. SOLIGNAC, La condition de l'homme pécheur d'après saint Augustin, *NRT* 78 (1956) 359-387. — H. RONDET, *Le péché originel dans la tradition patristique et théologique*, Paris, Fayard, 1967. — P. SCHOONENBERG, L'homme dans le péché, *Mysterium Salutis. Dogmatique de l'histoire du salut*, Cerf, 1970, pp. 14-134. — V. GROSSI, *La liturgia battesimale in s. Agostino. Studio sulla catechesi del peccato originale negli anni 393-412*, Roma, Augustinianum, 1970; La formula *credo (in) remissionem peccatorum* agli inizi della polemica pelagiana, *TU* 117 (1976) 428-442; *La catechesi battesimale agli inizi del V secolo. Le fonti agostiniane*, Roma, Augustinianum, 1993. — Th. S. DE BRUYN, Pelagius's Interpretation of Rom 5.12-21. Exegesis within the Limits of Polemic, *Toronto Journal of Theology* 4 (1988) 30-43.

1. O PROBLEMA "AGOSTINHO" NA DOUTRINA DO PECADO ORIGINAL

Com relação ao pecado original, duas questões principais se põem: foi Agostinho quem inventou o pecado original ou somente a expressão? Que valor dogmático se deve dar à tradição agostiniana que se instituiu na Igreja sobre esse dogma? Esses dois aspectos se condicionam reciprocamente e dizem respeito ao conjunto da compreensão da doutrina cristã do pecado original tanto pela inteligência das Escrituras, em particular de são Paulo, quanto das decisões dogmáticas da Igreja.

É Agostinho o "inventor" do pecado original?

INDICAÇÕES BIBLIOGRÁFICAS: A. SAGE. "Péché originel. Naissance d'un dogme", *REA* 13 (1967). pp. 211-248. — J. GROSS, *Entstehungsgeschichte des Erbsündendogmas*. I. *Von der Bibel bis Augustinus*, Munique-Basel, Reinhardt Verlag, 1960. — V. GROSSI, L'auctoritas di Agostino nella dottrina del 'peccatum

originis' da Cartagine (418) a Trento (1546), *Augustinianum* 31 (1991) 329-360.
– A. De VILLALMONTE, El pecado original. Veinticinco años de controversia: 1950-1975, *Naturaleza y Gracia* 24 (1977) 3-63; 195-271; 385-465; 25 (1978), 3-106; Bibliografia sobre el pecado original, años 1950-1978, *ibid*. 25/2 (1978) 1-36; El pecado original en su historia. Comentario a dos libros recentes [= H. KÖSTER, *Urstand, Fall und Erbsünde. Von der Reformation bis zur Gegenwart*, Freiburg, Herder, 1982; id., *Urstand, Fall und Erbsünde in der katholischen Theologie unseres Jahrhunderts*, Regensburg, Pustet. 1983], *Naturaleza y Gracia* 33 (1986) 139-172. – A. VANNESTE, Le péché originel. Vingt-cinq ans de controverses, *EphThL* 56 (1980) 136-145; La nouvelle théologie du péché originel, *EphThL* 67 (1991) 249-277.

Desde meados deste século, a revisão da noção do pecado original, tal qual exposta por santo Agostinho e codificada pelos concílios de Cartago (418) e de Trento (1546), esteve na ordem do dia da inflexão teológica. Contra os pelagianos, Agostinho defende um pecado de origem entendido como falta hereditária para todo descendente de Adão, com a consequência penal da condenação eterna para aqueles que dela não são libertados por Jesus Cristo. Segundo essa perspectiva, ele lia tanto a encarnação do Filho de Deus como o costume da Igreja de administrar o batismo até mesmo às crianças.

Hoje, os especialistas em Agostinho se perguntam se esse modo de compreender o pecado original, bem como sua estreita relação com o batismo, particularmente o das crianças, não terão nascido na história da teologia e portanto, da Igreja, precisamente após a polêmica pelagiana, que se tornou pública no Ocidente em 411 (quando o pelagiano Celéstio foi acusado pelo diácono Paulino de Milão diante do clero de Cartago). Essa suposição, ao implicar verdades fundamentais da fé cristã, como o motivo da encarnação do Filho de Deus, ou a natureza e a formação dos sacramentos na Igreja, acarreta um novo exame do pensamento de Agostinho, a fim de situar sua interpretação; exige também uma nova avaliação da doutrina cristã, influenciada por Agostinho em numerosos setores da fé, da teologia e da ação pastoral. As investigações dos pesquisadores, sobretudo dos especialistas em Agostinho, levam a diversas conclusões.

Do lado protestante, foi Julius Gross quem ofereceu a obra mais importante, com todo um aparato científico, sobre o desenvolvimento do dogma do pecado original da Bíblia até Agostinho. Ao resumir, talvez segundo a mentalidade modernista, as teses de Lutero, de Baio e de Jansênio sobre a identidade do pecado original com a concupiscência, ele atribui essa identificação a Agostinho. Mais: acusa a Igreja católica de ter feito sua a tese agostiniana sobre o pecado original hereditário e de ter assim prestado um enorme mau serviço a si mesma e à humanidade:

> É realmente a primeira vez na história dos dogmas que, com a dogmatização da doutrina agostiniana do pecado original, foi elevado ao nível de um artigo de fé

um teologúmeno que não tem em nenhuma das duas fontes da revelação, nem nas Escrituras nem na tradição, fundamento objetivo algum. Agostinho é, pois, no pleno sentido da palavra, o pai do dogma do pecado original. É por isso que o fato de a Igreja ter elevado ao nível de dogma, ou seja, de artigo absoluto de fé, de valor eterno e irreformável, partes essenciais da teologia do pecado original de Agostinho, condicionada no tempo e no espaço, não prestou serviço nem à humanidade além a ela mesma[1].

Do lado católico, o problema do pecado original não se põe em relação a seu "inventor" na medida em que é um dogma da Igreja, pertencente, por conseguinte, ao depósito da fé — mas, antes, em relação à formulação teológica recebida, de Agostinho até nós. De modo especial, alguns atribuem a Agostinho, além da paternidade da fórmula, agora técnica, de *pecado original*, a da doutrina de conjunto que ele utilizou contra os pelagianos e os discípulos deles: essa doutrina foi de início uma reação contra a negação da necessidade de uma redenção das crianças; segundo os pelagianos, com efeito, as crianças, incapazes de livre-arbítrio, não poderiam herdar o pecado de Adão. Sob a influência da expressão agostiniana de *pecado original*, o concílio de Cartago, de 418, designou assim a culpabilidade na criança, a fim de justificar o significado batismal da profissão de fé, que inclui o perdão dos pecados, pois não se pode admitir nessas crianças senão um pecado hereditário.

Mas a teologia pré-pelagiana, como a da Igreja oriental, tinha falado mais de *morte original*[2]. O papa Zózimo, em sua carta *Tractoria*, teria evitado a terminologia do concílio de Cartago, precisamente para não falar da existência de um pecado hereditário nas crianças[3].

---

1. J. GROSS, *Entstehungsgeschichte des Erbsündendogmas*, p. 375. Os trabalhos mais importantes dos modernistas sobre o pecado original em Agostinho foram os de J. TURMEL, Le dogme du péché originel, *RHLR* 5 (1900) 503-526; 6 (1901) 13-31; 235-258; 385-426; 7 (1902) 128-146; 209-230; 289-321; 510-533; 8 (1903) 1-24; 371-404; 9 (1904) 48-67; 143-163; 230-251; 418-433; 497-518. E. BUONAIUTI, *La genesi della dottrina agostiniana intorno al peccato originale*, Roma, G. Bardi, 1916; Agostino e la colpa ereditaria, *Ricerche Religiose* 2 (1926), 40-427. Sobre a tese de Gross, cf., entre outros, F. J. THONNARD, Prétendues contradictions dans la doctrine de saint Augustin sur le péché original, *REA* 10 (1964) 370-374.
2. Cf. J. A. M. SCHOONENBERG, Gedanken über die Kindertaufe, *Theologischpraktische Quartalschrift* 114 (1966) 232. Cf. V. GROSSI, Battesimo dei bambini e teologia, *Augustinianum* 7 (1967) 323-337; G. BONNER, Les origines africaines de la doctrine augustinienne sur la chute et le péché original, *Augustinus* 12 (1967) 97-116 [retomado em G. BONNER, *God's Device and Man's Destiny. Studies of the Thought of Augustin of Hippo*, Variorum Reprints, London, 1987, n. VIII].
3. F. FLOËRI, Le pape Zosime et la doctrine augustinienne du péché originel, *Augustinus Magister* II, Paris, Études Augustiniennes, 1955, 755-761; III, 261-263. Para a *Tractoria*, ver as observações de O. WERMELINGER, *Rom und Pelagius*, Stuttgart, A. Hiersemann, 1975, apêndice V. pp. 306-307; id., Das Pelagiusdossier in der Tractoria des Zosimus, *ZPhTh* 26 (1979), 336-368.

Em que consiste a novidade agostiniana?

Tratando do pecado original a propósito da obra de Agostinho *Sobre a pena e a remissão dos pecados*, Atanase Sage fala da novidade de vocabulário e de pensamento na obra do bispo de Hipona. Ele concluiu que não se pode deixar de fazer um juízo para avaliar sua obra a respeito do ensinamento tradicional da Igreja sobre o pecado original: "Com efeito, a partir do *De peccatorum meritis*, esconde-se, sob a novidade do vocabulário, uma novidade de pensamento, cujo alcance é preciso delimitar, e sobre o qual falta ainda julgar se respeita ou trai o ensinamento tradicional da Igreja"[4]. Nessa intenção, A. Sage distingue em Agostinho três etapas em sua compreensão evolutiva do pecado original: de 387 a 397, ou seja, até a resposta *A Simplício*, Agostinho via nos descendentes de Adão a herança de uma pena, a morte corporal, mas não o pecado dos primeiros pais; de 397 a 411, além da morte corporal, ele incluiu nessa herança a morte da alma, que se tornou culpada, uma vez que ela é ferida de morte pela concupiscência (*libido*), e porque é a sede do pecado; enfim, em 412-413, a expressão *pecado original* (*peccatum originis* ou *originale*) do tratado *Sobre a pena e a remissão dos pecados* significa o caráter hereditário da pena e do pecado de Adão. Assim, a distinção feita no início da polêmica pelagiana entre pena e pecado na herança de Adão pecador teria sido ultrapassada para não significar mais que um todo único.

A. Sage reconstrói assim a gênese da doutrina do pecado original por meio dos textos de santo Agostinho até a polêmica pelagiana. Mas, na realidade, essa reconstrução elimina qualquer dúvida sobre questões que chamam a atenção de muitos leitores do bispo de Hipona, como, por exemplo, a da existência de um "pecado original" no livro sobre *A primeira catequese*, o que é muito problemático. Além disso, a expressão "pecado original" já se encontra na resposta *A Simplício*[5]. A distinção de A. Sage entre pena e pecado em Agostinho antes do pelagianismo é muito sedutora. Mas ela é uma tentativa de explicação do pensamento agostiniano que, ao insistir sobre o caráter hereditário da pena e não do pecado, acarretaria uma exteriorização da obra redentora de Cristo. Isso não ficaria sem consequência e situar-se-ia nos limites da antropologia pelagiana. Ao contrário, Agostinho fala muito de uma doença hereditária que comporta sua própria culpabilidade e, consequentemente, um aspecto penal.

O desenvolvimento do dogma do pecado original como pecado hereditário e de sua relação com o batismo deve ser posto, portanto, na perspectiva da polêmica pelagiana. Pode-se explicá-la distinguindo-se dois períodos, um pré-pelagiano, e outro pós-pelagiano. No período pré-pelagiano, a relação do pecado original com o batismo não teria sido percebida explicitamente. O batismo das crianças era aceito na Igreja como um fato de que não se procurava

---

4. A. SAGE, Péché originel. Naissance d'un dogme, *REA* 13 (1967) 212.
5. *Deux livres à Simplicien*, I,1,10; *BA* 10, p. 425.

a razão. Seus efeitos não seriam outros que o perdão dos pecados pessoais e a garantia contra as tentações futuras. "O próprio Santo Agostinho — escreve J.-C. Didier — começou confessando, antes da crise pelagiana, sua ignorância sobre o assunto, quando deparou pela primeira vez, em seu campo de trabalho, com o batismo das crianças e quase não estava interessado até então, em sua especulação, senão pelos problemas postos pela falta de participação ativa da criança no sacramento conferido — foi por esse motivo que propôs sua famosa teoria da 'fé dos outros' [...]. Mas é curioso, de outro modo, que, durante esse primeiro período, Agostinho não se tenha preocupado em estabelecer a necessidade nem mesmo a legitimidade do batismo de crianças. Ele aceitava com convicção e filialmente essa prática de 'Igreja'; afirmava seu valor; não procurava, naquele momento, sua razão de ser. Nas suas reflexões desse período, as inclinações de seus espírito tendiam mais para o efeito do batismo, e particularmente para a remissão dos pecados: nas *Confissões*, por exemplo, e na resposta a Bonifácio. Mas elas falam claramente apenas de um perdão dos pecados pessoais e de uma garantia contra as futuras tentações"[6]. Na mesma linha, a conclusão geral de A. Sage sustenta que Agostinho, apesar de um aprofundamento progressivo de sua concepção do pecado original em nós, não teria afirmado claramente a existência de um verdadeiro pecado hereditário antes da polêmica pelagiana. Até 412, ele teria falado de maneira imprecisa de um justo castigo a que está submetida a humanidade após a queda de nossos primeiros pais[7].

A *ligação com a polêmica pelagiana*

Na história do dogma do pecado original, é com a polêmica pelagiana que teria nascido essa terminologia aplicada ao batismo das crianças, que o recebem precisamente para apagar o pecado original presente nelas. Entretanto, ao defender a realidade do pecado original em cada ser humano, Agostinho apela à Sagrada Escritura, à tradição e à prática batismal em uso na Igreja[8]. Os especialistas de santo Agostinho e de seus problemas não julgam tanto as intenções de suas afirmações; revelam apenas a complexidade de suas posições com referência à Escritura e à tradição da Igreja, particularmente da Igreja oriental.

---

6. J.-C. DIDIER, Saint Augustin et le baptême des enfants, *REA* 2 (1952) 127-128; cf. id. Un cas typique de développement du dogme à propos du baptême des enfants, *Mélanges de Science Religieuse* 9 (1952) 191-213; *Le baptême des enfants dans la tradition de l'Église*, Tournai, Desclée, 1959. Cf. J. A. M. SCHOONENBERG, Gedanken über die Kindertaufe, p. 230. Cf. t. 3, pp. 36-37.

7. Cf. A. SAGE, Péché originel. Naissance d'un dogme.

8. Essa posição, articulada assim, é desenvolvida na primeira obra antipelagiana de Agostinho, *Sobre a pena e a remissão dos pecados e sobre o batismo das crianças*, cf. V. GROSSI, *La catechesi battesimale agli inizi del V secolo*.

Mesmo reconhecendo que a demarcação dos elementos aos quais a fé cristã sobre o pecado original não pode renunciar está estreitantente ligada à hermenêutica de que se dispõe em determinada época, tentaremos indicar esquematicamente os problemas que dizem respeito aos termos, aos conteúdos e ao contexto da reflexão de Agostinho. Trata-se de discernir quais desses elementos foram a seguir utilizados nas decisões da Igreja desde as intervenções dos papas e dos sínodos no início do século IV até o concílio de Trento. Além do mais, convém distinguir bem entre os elementos essenciais dos textos de Agostinho e dos documentos da Igreja que se referem ao pecado original, de uma parte, e os esclarecimentos dados sobre o assunto tanto por Agostinho quanto pelas escolas teológicas que nele se inspiraram, de outra. Isso ajudará a relativizar as representações e os esquemas de linguagem desta ou daquela época ligados a determinado modo particular de pensamento.

2. AS GRANDES ETAPAS DA CRISE PELAGIANA

AS FONTES: Synode de Carthage (411) et concile de Carthage (418); *Mansi* 3, 810-815; ed. Ch. Munier, *CCSL* 149, 69-77. — *Tractoria* do papa Zózimo (418-419), para os fragmentos de que dispomos; *PL* 20, 693-695; O. WERMELINGER, *Rom und Pelagius*, Stuttgart, A. Hiersemann, 1975, apêndice II, pp. 295-299; apêndice V, pp. 306-307; Das Pelagiusdossier in der Tractoria des Zosimus, *ZPhTh* 26 (1979) 336-368. — CELESTINO I, Carta 21, de 431; *PL* 50, 528-537; *Capitula Caelestini*; *PL* 51, 205-212 (= *DzS* 237-249).

INDICAÇÕES BIBLIOGRÁFICAS: G. DE PLINVAL, *Pélage. Ses écrits, sa vie et sa réforme. Études d'histoire littéraire et religieuse*, Lausanne, Payot, 1943. — G. GRESHAKE, *Gnade als konkrete Freiheit. Eine Untersuchung zur Gnadenlehre des Pelagius*, Mainz, M. Grünewald, 1972. — G. FOLLIET, 'Trahere/contrahere peccatum'. Observations sur la terminologie augustinienne du péché, C. MAYER-K.H. Chelius (ed.), *Homo Spiritualis* (*Festagabe Luc Verheijen zum 70 Geburstag*), Würzburg, Echter Verlag, 1987, pp. 118-135. — P. AGAËSSE, *L'anthropologie chrétienne selon saint Augustin. Image, liberté, péché et grâce*, Paris, Centre-Sèvres, 1986. — F. G. NUVOLONE e A. SOLIGNAC, Pélage et pélagianisme, *DSp* XII/2 (1986) 2889-2942 [bibliografia]. — V. GROSSI, La polémique pélagienne: amis et adversaires d'Augustin, *Initiation aux Pères de l'Église*, t. 4, pp. 591-627.

A história dessa controvérsia é complexa, pois a discussão conheceu diversos palcos: a África, a Palestina e Roma. Além disso, aqueles que chamamos de "pelagianos", Celéstio, Pelágio e Juliano de Eclano, não defendem exatamente as mesmas teses. Enfim, o objeto da discussão deslocou-se do batismo das crianças para a realidade do pecado original, para a relação da graça e da liberdade, para a natureza da concupiscência (*libido*), para a possibilidade de o homem escapar ao pecado (*impeccantia*), para a universalidade da graça de Cristo e, enfim, para a predestinação[9].

O sínodo de Cartago, de 411

Foi no Ocidente, em Cartago, na África, que se pôs pela primeira vez, em 411, a questão do pecado original. Enquanto a Igreja da África praticava o batismo das crianças, Celéstio, defensor do grupo de Pelágio, não admitia que a criança de pouca idade pudesse ser batizada "para a remissão dos pecados". Ele foi citado perante um sínodo de padres de Cartago, que fora convocado a pedido de Paulino de Milão, e questionado a respeito de seis pontos[10], agrupados em quatro principais artigos de acusação:

— Adão tinha sido criado com natureza mortal e não a adquiriu pelo pecado (ponto 1).

— Seu pecado não teve influência sobre todo o gênero humano: as crianças nascem, pois, na condição em que estava Adão antes do pecado, e a morte não é para ninguém consequência do pecado de Adão (pontos 2-3-4).

— Cada homem tem a possibilidade de não pecar, possibilidade que sempre existiu, porque podemos ganhar a vida eterna pela observância da Lei, bem como pelo seguimento do Evangelho (ponto 5).

— Sempre houve homens impecáveis, ou seja, sem pecado (ponto 6).

Na época do sínodo, num contexto em que a preocupação cristológica e soteriológica era dominante, o problema do pecado original começava a se pôr num nível dogmático como um problema em si, sob o impulso da dupla polêmica que agitou o cristianismo ocidental no final do século IV e nos vinte primeiros anos do século V: a forte reação ao antiascetismo de Joviniano, que encontrou em Pelágio um de seus adversários mais acirrados, e a pastoral dos sacramentos, uma vez que na África os donatistas contavam mais com a santidade da pessoa que administrava os sacramentos do que com o poder (*potestas*) vindo de Cristo[11]. O movimento pelagiano pretendia despertar, por força do livre-arbítrio, as virtudes adormecidas pelo hábito do pecado. É esse hábito, numa imitação do pecado de Adão, que se transmite de geração em geração, e, para os pelagianos, é suficiente para explicar o estado de pecado em muitos

---

9. Cf. P. AGAËSSE, *L'anthropologie chrétienne selon saint Augustin*, p. 7. O relato da crise pelagiana se inspira nesse documento, pp. 7-10.

10. Encontram-se esses seis pontos nos fragmentos de Mário Mercator, *Commonitorium super nomine Caelestii*, 1,1; *PL* 48, 69-70; igualmente, em Agostinho, *La grâce du Christ et le péché originel*, II, 3, 3-4; — *Sur les actes du porcès de Pélage (De gestiis Pelagii)*, 23, 58-62; *BA* 21, pp. 559-569. Cf. O. WEMELINGER, *Rom und Pelagius*, pp. 15s, em particular para a segunda acusação: "O pecado prejudicara somente a Adão, não seus descendentes".

11. Cf. t. 3, pp. 45-47.

homens (não em todos), excluindo a transmissão do pecado das origens. Com efeito, no entender pelagiano do cristianismo é pela escolha do livre-arbítrio que as exigências cristãs contidas nas Escrituras e concebidas como uma soma de preceitos a serem observados devem se tornar próprias dos cristãos.

Diante do movimento pelagiano, a reação da Igreja africana, e em particular de Agostinho, foi imediata: repetiu continuamente que todos os homens estão vinculados ao pecado de Adão por uma situação comum de nascimento, que todos têm necessariamente necessidade de ser libertados por Cristo redentor, inclusive as crianças. Daí a necessidade, mesmo para essas últimas, de um batismo para remissão dos pecados.

O sínodo de Cartago, de 411, põe portanto a questão do pecado original nos termos precisos que serão retomados no decurso da história e ainda hoje: "O estado das crianças que hoje devem ser batizadas é o mesmo que o de Adão antes de sua transgressão, ou a culpabilidade de transgressão delas vem da mesma origem pecadora na qual nascem?"[12]. Isso equivale a perguntar se o nascimento num estado de pecado tem por motivo um pecado das origens. O pelagiano Celéstio o negava: "O pecado só trouxe prejuízo a Adão e não a todo o gênero humano"[13]. Foi acusado e condenado porque considerava que a mortalidade de Adão e dos homens em geral é um fato natural e não uma consequência do pecado de Adão, e que ninguém nasce já submisso ao pecado.

O desenvolvimento doutrinal do dogma do pecado original tem sempre, como baliza, o sínodo de Cartago, de 411, que deve ser considerado seu verdadeiro ponto de partida. As conclusões posteriores, com efeito, não trarão muitos elementos novos. De outra parte, santo Agostinho respeitava bastante as intervenções da Igreja e a ela aderia com fidelidade tanto em seus textos quanto em sua pregação[14].

Celéstio recusou-se a se retratar e foi excomungado. Apelou a Roma, mas não se apresentou lá. Foi à Sicília, depois a Éfeso, onde se fez ordenar padre. Pelágio ainda não tinha sido incriminado, e Agostinho não estava presente nesse sínodo. Deve-se sublinhar isso, dada a forte influência que terá no desenvolvimento futuro da doutrina sobre o pecado original. A primeira intervenção oficial da Igreja, no sínodo de Cartago, de 411, não foi provocada pelo bispo de Hipona, e este não tomou parte alguma nessa decisão. O sínodo aconteceu depois do mês de setembro. Agostinho, que participara da conferência bipartida entre católicos e donatistas, no início de junho, tinha saído de Cartago, depois de lá ter pregado sobre o Salmo 72 no dia 13 de setembro[15].

---

12. Sínodo de Cartago de 411, c. 5; *Mansi* 4, 291: é a questão que Aurélio põe a Celéstio.

13. *Ibid.*, c. 2; 289.

14. Por ex., em 427, quando o monge Floro, do mosteiro de Adrumeto, na África, vem encontrá-lo, ele consagra mais de seis meses para lhe explicar a doutrina pelagiana, apoiando-se não em seus próprios textos, mas nas intervenções do bispo de Roma.

15. Sobre esses pontos, cf. F REFOULÉ, Datation du premier concile de Carthage contre les pélagiens et du *Libellus fidei* de Rufin, *REA* 9 (1963) 41-49.

De Cartago (411) a Cartago (418)

Num primeiro momento, Agostinho, interrogado sobre o assunto por Marcelino, legado do imperador, mostra-se bastante irenista e lhe responde no tratado *Sobre a pena e a remissão dos pecados*, em que faz uma primeira apresentação doutrinal que alude muito pouco a Pelágio. Mas nessa ocasião Pelágio exerce uma influência cada vez maior no Oriente, e Jerônimo fica preocupado. Por isso, João de Jerusalém organiza uma conferência em sua cidade, a fim de encontrar um terreno de reconciliação entre Pelágio e Orósio, padre espanhol que optara por Agostinho. Pelágio permanece evasivo, e o encontro acaba numa reconciliação verbal.

A questão, todavia, não chegara ao fim. Um concílio de catorze bispos, presidido por Eulógio de Cesareia, reuniu-se em Dióspolis (Lydda), em 415. A acusação pesa ao mesmo tempo sobre os textos atribuídos a Pelágio e sobre as proposições de Celéstio censuradas em Cartago, com referência à liberdade e à impecabilidade (*impeccantia*). Pelágio nega a paternidade de alguns textos que se lhe atribuem e se defende, de maneira a parecer ortodoxo, deixando de ser solidário às posições de Celéstio já condenadas. Sai reabilitado e justificado do concílio que ele considera uma vitória.

A sentença de Dióspolis pareceu na África uma retratação da condenação feita em Cartago a Celéstio. Agostinho, que conhecia bastante os textos de Pelágio, reagiu e denunciou os equívocos das fórmulas pelagianas apresentadas em Dióspolis. No verão de 416, 67 bispos reunidos em Cartago e 58, em Milevo, renovam a condenação lavrada contra Celéstio e enviam uma carta ao papa Inocêncio, fazendo apelo à Sé Apostólica e submetendo a ela os erros de Pelágio sobre a graça, o livre-arbítrio e o destino das crianças não-batizadas.

Em sua resposta às Igrejas da África, Inocêncio I confirma esse ponto de vista e lança uma excomunhão contra Pelágio. Este tenta se justificar, suavizando seu pensamento. Mas Inocêncio I morre em março de 417, antes de ter recebido a profissão de Pelágio.

Seu sucessor, Zózimo, era bastante favorável ao julgamento da Igreja do Oriente. Celéstio e Pelágio então o pressionam. Zózimo reconhece, em presença do clero romano, a ortodoxia de Pelágio e suspende a condenação exarada por seu predecessor. E até escreve duas cartas severas ao clero africano.

Mas a Igreja da África se defende energicamente e protesta diante de Roma. Entrementes, Celéstio provoca agitações e violências. As desordens se ampliam, e Zózimo muda seu primeiro julgamento. Celéstio afasta-se de Roma. Três acontecimentos importantes se conjugam então: no dia 30 de abril, o imperador Honório assina um restrito que expulsa os chefes da heresia; dia 1º de maio, um concílio africano que se realiza em Cartago com 214 bispos pronuncia-se contra Pelágio e promulga em nove cânones sua doutrina sobre o pecado e a graça: Agostinho é o inspirador desse texto; Zózimo, enfim, renova a excomunhão contra Pelágio e

Celéstio: numa longa circular, chamada por essa razão *Tractoria*, ele resume a história do debate e assume o essencial dos cânones do concílio da África sobre a graça, o pecado original e a justificação por Cristo.

Depois do concílio de Cartago (418)

Após a condenação lavrada por Zózimo, não se ouve mais falar de Pelágio. Celéstio e depois Juliano de Eclano continuam a resistência. Juliano era filho do bispo Memor, amigo de Agostinho e de Paulino de Nole. Nascido em 386, é eleito bispo de Eclano, em 416. Recusa-se a subscrever a *Tractoria* de Zózimo e é destituído de sua sede. Escreve tratados em que ataca violentamente Agostinho. Morre na Sicília por volta de 454.

3. AS PRINCIPAIS TESES DE PELÁGIO

Entre Pelágio e Agostinho estão em jogo duas concepções do cristianismo, no que diz respeito à relação entre o homem e Deus e, por conseguinte, à natureza da salvação e da redenção[16]. Pelágio é um "asceta", diretor espiritual famoso em Roma; reage contra o laxismo circundante e julga necessário buscar o sofrimento para viver segundo Cristo; ensina o combate espiritual. Sua ortodoxia sobre os artigos do Credo é total. É sua maneira de encarar a vida moral e espiritual que cria problema, quando minimiza a realidade da redenção e o papel da graça. Seu erro é, sem dúvida, o de transportar de maneira absoluta para o plano antropológico e doutrinal um aspecto de nossa experiência psicológica. Para ele, a relação do homem com Deus é antes de tudo uma relação de criação entre um Deus justo e um homem livre. Suas ideias são de um bom senso evidente e imediato, a tal ponto que se é levado a lhe dar espontaneamente razão.

Deus é justo: portanto, recompensa os justos e pune os maus; não pede nada de impossível nem de abusivo, portanto, sua Lei é acessível ao homem. Não há pecado onde não há ato de liberdade pessoal: Deus não pode, pois, admitir a transmissão de um pecado original, pecado hereditário, que seria contrário à moral de Ezequiel (cap. 18). Em sua relação com Deus, cada homem parte do início: cada homem é um novo Adão para si mesmo.

O homem é livre: ele é um "emancipado" por Deus, adulto diante de Deus. Se o "poder" vem todo de Deus, o "querer" (opção pelo bem) e o "cumprir" pertencem ao homem.

---

16. Essa seção se inspira em P. AGAËSSE, *op. cit.*, pp. 6-7.

Pomos a capacidade na natureza, o querer no livre-arbítrio, o ser na execução. O primeiro elemento, a capacidade, pertence propriamente a Deus, que a conferiu à sua criatura; os dois outros, o querer e o ser, devem ser referidos ao homem, pois são decorrência do livre-arbítrio[17].

Em outras palavras, a liberdade histórica do homem está intacta: ele pode fazer o bem e evitar o mal; pode não pecar (*impeccantia*). Pretender o contrário equivaleria a considerar o pecado uma "substância" à moda dos maniqueus. O Antigo Testamento nos dá exemplo de homens inteiramente justos. Acontece em nossa história pessoal o mesmo que na história geral: nossa liberdade recomeça a cada ato. Pelágio não se dá conta de que nossos atos nos transformam, ao passo que Agostinho passava por experiência dolorosa a respeito. Se o homem, pois, peca, pode se converter. Essa concepção é ao mesmo tempo otimista, voluntarista e exigente[18].

O batismo pode então ser conferido às crianças, mas não "para a remissão dos pecados"; pois o conceito de pecado supõe sempre o de responsabilidade voluntária e não pode ser aplicado ao mundo da infância. O batismo das crianças não é senão uma consagração a Cristo, mas sem presumir que haja nelas um pecado a ser perdoado. Ele lhes abre o Reino dos céus, diferente, para Pelágio, da vida eterna. Não há, pois, pecado herdado de Adão, mas somente uma inclinação ao pecado introduzida em todos os homens pelo mau exemplo do primeiro Adão. O batismo, portanto, redime somente os pecados pessoais dos adultos.

Diante de tal doutrina, a reação de Agostinho será viva: se Pelágio tem razão, pensa ele, não temos mais necessidade de salvação, não temos mais necessidade de Cristo mediador e salvador. Via nessa doutrina a negação de toda sua experiência cristã, do ensinamento paulino, do estado radicalmente pecador do homem diante de Deus e da prioridade absoluta da graça; decididamente, a negação da cruz de Cristo. Hoje, a teologia de Pelágio é avaliada com muito mais nuanças, pois comporta uma doutrina do batismo e da salvação: o livre-arbítrio é uma "graça", a redenção continua necessária, pois a maior parte dos homens peca; Pelágio comentou também as epístolas de Paulo, ainda que ele atenue o alcance delas.

4. AGOSTINHO E O PECADO ORIGINAL

As grandes obras de Agostinho sobre o pecado original

OS TEXTOS: AGOSTINHO, Sobre a pena e a remissão dos pecados (*De peccatorum meritis et remissione*); *PL* 44; ed. Vivès, t. 30; — Sobre o espírito e a letra

---

17. Citado por Agostinho no tratado *La grâce du Christ et le péché originel*, I,4,5; *BA* 22, p. 61.
18. O papel da graça na doutrina de Pelágio será indicado, *infra*, pp. 237-239.

(*De spiritu et littera*); PL 44, Vivès, t. 30. — *La grâce du Christ et le péché originel* (*De gratia Christi et de peccato originali*); BA 22. — *La nature et la grâce* (*De natura et gratia*); BA 21. — *Mariage et concupiscence* (*De nuptiis et concupiscentia*); BA 23; Contra Juliano (*Contra Julianum*); PL 44; Vivès, t. 31. — Obra inacabada contra Juliano (*Opus imperfectum contra Julianum*); PL 45; Vivès, tt. 31-32.

A primeira obra manifestamente antipelagiana de Agostinho foi seu livro *Sobre a pena e a remissão dos pecados* (411-412), no qual responde às questões do legado do imperador Marcelino. A obra é sintética e de um tom bastante sereno. Agostinho expõe sua tese principal à luz dos textos da Escritura: se Cristo veio salvar todos os homens, é porque todos pecaram. Depois, combate a tese da impecabilidade do livre-arbítrio e discute a interpretação que Pelágio dá de Rm 5,12. A obra se prolonga no tratado *Sobre o espírito e a terra* (412), que trata do papel correspondente da Lei e da graça na salvação[19].

Um pouco mais tarde (415), em *A natureza e a graça*, Agostinho polemiza contra o tratado *Da natureza*, de Pelágio, que tem em mãos. Desenvolve uma tese importante: "Não temos de louvar o criador de modo a nos ver constrangidos ou, que digo?, absolutamente convencidos e reduzidos a confessar que o Salvador é inútil"[20]. Ele explicita sua concepção antropológica da "natureza pervertida" (*natura viciata*): o homem não se encontra mais na condição de natureza como ela foi criada por Deus[21].

Para coroar essa primeira série de textos antipelagianos, Agostinho escreve no verão de 418 a obra sobre *A graça de Cristo e o pecado original*, em que apresenta Adão e Cristo como as duas "estirpes" da humanidade, uma pecadora, a outra resgatada. Vamos nos ater aqui ao que diz respeito ao pecado original[22]. Agostinho faz referência aos quatro livros *Pelo livre-arbítrio*, de Pelágio[23], nos quais o autor distingue entre a possibilidade, o querer e o ser justo, que depende da ação (*posse, velle et esse*), atribuindo somente a Deus a possibilidade, e considerando que o querer e a ação pertencem a cada homem. Referindo-se ao texto de Pelágio, Agostinho o corrige assim:

> Igualmente [...] diz ele: "A fim de que o que os homens têm a ordem de fazer por sua vontade livre, possam cumprir mais facilmente pela graça". Tirai o "mais facilmente" e o sentido da proposição é não só mais completo, mas mais ortodoxo[24].

---

19. Essa obra será apresentada de modo mais extenso a propósito da graça, *infra*, pp. 240-241.
20. *La nature et la grâce*, 34,39; BA 21, p. 317.
21. Cf. *infra*, pp. 241-242, uma apresentação mais completa desse tratado.
22. O que diz respeito à graça nesse livro será analisado *infra*, pp. 242-243.
23. *La grâce du Christ et le péché originel*, I,41,45; I,4,5; BA 22, pp. 137 e 59-63.
24. *Ibid.*, I,29-30; p. 113.

E conclui:

> Se ele [Pelágio] admite conosco que aquilo que é ajudado por Deus não é apenas a capacidade do homem [...], mas também a própria vontade e ação, ou seja, aquilo que faz querer e agir em consonância com o bem; se, como eu disse, ele admite que a própria vontade e ação são também ajudadas por Deus, e de tal modo ajudadas que, sem essa ajuda, não temos vontade e ação conformes ao bem, e que é na graça de Deus conferida por Jesus Cristo Nosso Senhor que ele nos faz justos por sua justiça, não pela nossa, de maneira que nossa justiça verdadeira é aquela que vem dele, então, penso eu, não haverá mais litígio entre nós com referência à ajuda garantida pela graça de Deus[25].

Para os pelagianos, o pecado original não era uma propagação, mas somente a imitação de um mau exemplo. Nesse livro, Agostinho apresenta a explicação de Pelágio e de Celéstio:

> Se afirmamos que as crianças devem ser batizadas para a remissão dos pecados, pode parecer que apoiamos um pecado de origem. Isso seria uma posição muito distante do sentir católico, pois o pecado não nasce com o homem, uma vez que o homem o comete depois, porque é claro que um delito provém não da natureza, mas da vontade[26].

Celéstio dizia também:

> Todo bem e/ou todo mal pelo qual somos dignos de elogio ou de censura não nasce ao mesmo tempo que nós, mas é o fruto de nossa atividade [...]. Antes da ação da vontade própria, não há no homem senão o que Deus criou[27].

Tratava-se com toda evidência de um debate sobre uma diferente concepção da "natureza". Agostinho, ao fazer uma aplicação ao matrimônio, explicava-se: com a geração, o matrimônio transmite a natureza, que é um bem, e o vício da natureza (*naturae vitium*), que é um mal: ela tem seu Criador, e ele, o vício, necessita do Salvador[28].

Enfim, após a condenação de Pelágio, Agostinho prossegue, a partir de 419 (após a *Tractoria*, de Zózimo), a polêmica com Juliano de Eclano por meio de uma série de obras, *O matrimônio e a concupiscência*, *Contra Juliano* e a *Obra inacabada contra Juliano*. A discussão se torna cada vez mais acerba: Agostinho refuta, frase por frase, as objeções de Juliano. A controvérsia se desloca para o terreno da concupiscência como consequência do pecado original[29].

---

25. *Ibid.*, I,47,52; pp. 149-151.
26. *Ibid.*, II,6,6; pp. 167.
27. *Ibid.*, II,13,14; p. 181.
28. *Ibid.*, II,33,38-40,46; pp. 241-263.
29. Mas a distinção entre concupiscência e pecado original se encontra pela primeira vez no tratado *Sur la peine et la rémission des péchés*, I, 39,69; Vivès, t. 30, pp. 57-58.

A documentação bíblica de Agostinho

> **INDICAÇÕES BIBLIOGRÁFICAS**: J. MEHLMANN, "Natura filii irae", Historia interpretationis Eph 2,3 eiusque cum doutrina de peccato originali nexus, *Analecta Biblica* 6 (1957) [apresenta a exegese de Ef 2,3 nas obras dos Padres da Igreja].
> — M. F. BERROUARD, L'exégèse de Rm 7,7-25 entre 396 et 418... *Recherches Aug.* 16 (1981) 101-196.

As passagens bíblicas sobre o pecado original mais usadas por Agostinho encontram-se unificadas na dupla tese do paralelismo antitético entre Adão e Cristo (*unus et unus*), e da solidariedade entre os que nascem de Adão e os que são regenerados por Cristo (*omnes et omnes*), conforme a ideia de que "Cristo morreu em prol dos ímpios" (Rm 5,6). No tratado *Sobre a pena e a remissão dos pecados*[30], Agostinho cita mais de cinquenta textos do Novo Testamento, que ele passa em revista sobre o assunto, e de outros ainda do Antigo Testamento, para mostrar a necessidade da redenção por Cristo. Eis alguns deles.

No Novo Testamento: Adão pecador é a "figura daquele que havia de vir" (Rm 5,14), mas também figura de todos os seus descendentes futuros.

"A lei da carne habita em mim como pecado" (Rm 6,12 e 7,18-20).

"Também nós outrora estávamos por natureza (*naturaliter*), tanto quanto os outros, destinados à cólera" (Ef 2,3). Agostinho interpreta *naturaliter* no sentido de "por origem" (*originaliter*)[31].

Visto que a morte veio por um homem, é também por um homem que vem a ressurreição dos mortos: assim como todos morrem em Adão, em Cristo todos receberão a vida" (1Cor 15,21-22).

Jesus responde a Nicodemos: "A menos que nasça de novo, ninguém pode ver o Reino de Deus" (Jo 3,3).

"Ela dará à luz um filho a quem porás o nome de Jesus" (Mt 1,21).

No Antigo Testamento: "A mulher está na origem do pecado, e é por causa dela que todos morreremos" (Sr 25,24; cf. Gn 2,9.16-17; 3).

Quem pode dizer: 'Purifiquei o coração, estou limpo do meu pecado'?" (Pr 20,9)

Fui gerado na iniquidade" (Sl 50,7).

Nenhum vivente é justo diante de ti" (Sl 142,2).

Agostinho e a interpretação de Rm 5,12

> **INDICAÇÕES BIBLIOGRÁFICAS**: S. LYONNET, Note sur le rôle de Rom 5,12 dans l'élaboration de la doctrine augustinienne du péché originel, *L'homme devant*

---

30. *Ibid.*, I,27,40-54; Vivès, t. 30, pp. 32-44.
31. *Ibid.*, I,21,29-30; II,10,15; Vivès, t. 30, pp. 23-24 e 71; Juliano lia *prorsus* "absolutamente" ou "inteiramente", *Contre Julien*, VI,l0,33; Vivès, t. 31, p. 406. *Ouvrage inachevé contre Julien*, II,228; Vivès, t. 32, p. 142.

Dieu. Mélanges H. de Lubac I, Paris, 1963, pp. 329-342; Notes complémentaires, *Biblica* 45 (1964) 441-442; Augustin et Rom 5,12 avant la controverse pélagienne. À propos d'un texte de saint Augustin sur le baptême des enfants, *NRT* 89 (1967) 842-849; Peché, *DBS VII* (1966) 524-561; *Études sur l'Épître aux Romains*, Roma, Ist. Biblico, 1989. — A. VANNESTE, Le décret du concile de Trente sur le péché originel, *NRT* 88 (1966) 581-602. — G. BONNER, Augustin on Romans 5,12, *Studia Evangelica* V [*TU* 103] (1968) 242-247. — D. WEAVER, The Exegesis of Romans 5,12 among the Greek Fathers and its Implication for the Doctrine of Original Sin (the 5th-12th Centuries), *St. Vladimir's Theological Quartely* 29 (1985) 133-159.

A interpretação dada por Agostinho sobre o famoso texto de Rm 5,12 está ligada à versão latina (chamada "Vetus Latina") que tinha sob seus olhos[32]. Para compreendê-la é preciso pôr lado a lado uma tradução literal do texto grego e a tradução do texto latino sobre o qual trabalhava Agostinho:

Grego (trad. S. Lyonnet)	***versão latina de Agostinho***
Eis por que,	Eis por que,
assim como por um só homem	assim como por um só homem
o pecado entrou	o pecado entrou
no mundo,	no mundo,
e pelo pecado a morte,	e pelo pecado a morte,
e que desse modo	e assim
a morte atingiu todos	[o *pecado*] atingiu todos
os homens, ou seja,	os homens,
preenchida a condição de	[*pecado*] no qual (*in quo*)
(*eph'ô*) que todos pecaram...	todos pecaram...

Duas diferenças surgem imediatamente entre o texto grego e o latino como Agostinho o leu. Primeiro, Agostinho entende que aquilo que atingiu a todos por causa do pecado de Adão é não a morte, mas o pecado. Ora, o texto grego apresenta — pelo menos na maioria dos manuscritos — o termo "morte", mas a antiga versão latina seguiu um manuscrito no qual faltava esse termo: é por isso que Agostinho entende "pecado", leitura que exprimia a ideia de transmissão. Ele até censurava Pelágio de fazer o texto dizer que não era o pecado que era transmitido, mas a morte física.[33]

---

32. Pode-se ver a interpretação agostiniana desse texto em *Sur la peine et la rémission des péchés*, I,11,13; Vivès, t. 30, p. 12; *Carta*, 157,20; *PL* 33,684; *Mariage et concupiscence*, 2,27,46; BA 23, pp. 245-251.
33. *Resposta a duas cartas de pelagianos*, IV,4,7; BA 23, p. 565; "Querem ver nesse texto não a transmissão do pecado, mas a da morte".

Por outro lado, o *"eph'ô"* é uma expressão idiomática grega que tem um sentido causal "pelo fato de que todos pecaram". Trata-se aqui dos pecados pessoais de cada um, por meio dos quais o poder do pecado atinge todos os homens. Ora, Agostinho e, antes dele, Ambrósio traduziram a fórmula de maneira literal, por um relativo *"in quo"*, "no qual", porque o texto que liam não apresentava a palavra "morte". Agostinho considera então que o antecedente desse relativo é o termo "pecado", que lê imediatamente antes, ou o próprio Adão. Entende, pois, "o pecado de Adão no qual todos pecaram". Ora, o grego não permite essa interpretação, porque o antecedente *"hamartia*/pecado" é feminino, ao passo que *"thanatos*/morte" é masculino.

Historicamente, esse texto deu lugar a duas tradições exegéticas, a tradição grega, que se reencontra na exegese contemporânea, e a latina, que terá influência na formalização do dogma no Ocidente. Para os Padres gregos, o pecado de Adão abriu uma fenda e a força do pecado entrou no mundo, como um dique que se rompe e deixa as águas se precipitarem. Foi assim que a morte passou de Adão a todos os homens, morte física, sem dúvida, mas sobretudo morte espiritual e escatológica, ligada à privação da salvação. Isso aconteceu "pelo fato de que" todos pecaram. É por meio dos pecados pessoais de cada um que a força do pecado atinge todos os homens. Há realmente uma misteriosa solidariedade em Adão, mas Paulo não fala nada dessa solidariedade.

Para Agostinho, pela desobediência de Adão, o pecado atingiu todos os homens, porque todos pecaram em Adão. Agostinho passa aqui para outra ideia a partir de 1Cor 15,22: "Assim como todos morrem em Adão..." Adão se torna assim de algum modo um "universal concreto". Há uma misteriosa inclusão de todos os homens em Adão: "Outro é esse único pecado em que todos pecaram, pois todos os homens não faziam senão um só homem em Adão. Se se compreende não o pecado, mas esse homem único na unidade do qual todos pecaram, que há de mais claro que essa explicação?"[34] A doutrina ocidental referir-se-á à leitura de Agostinho favorecendo o *in quo*, mas o concílio de Trento voltará ao texto da Vulgata, que menciona claramente a morte como objeto primeiro da transmissão.

Entretanto, Agostinho considerava somente Rm 5,12 como um texto de confirmação da doutrina do pecado, comumente aceita na África e na Itália. Sua teologia não depende desse único argumento: para ele é toda a Escritura que ensina a universalidade da redenção em Cristo e, portanto, também a do pecado. Além disso, o versículo de Rm 5,12 não é usado isoladamente, mas no contexto de Rm 5,12-19, ou seja, no quadro sintético da regeneração em Cristo:

> Assim como a geração carnal abrange todos os homens, assim também a geração espiritual abrange todos os justos: com efeito, ninguém é ser humano sem a primeira, e ninguém é um ser humano justo sem a segunda[35].

---

34. *Sur la peine et la rémission des péchees*, I,10,11; Vivès, t. 30, p. 11. *Mariage et concupiscence*, II,27,45; *BA* 23, pp. 243-245; *Réponse à deux lettres des pélagiens*, IV.4,7; *BA* 23,23, p. 563-567; *Ouvrage inachevé contre Julien*, II, 35-47; Vivès, t. 32, pp. 19-26.

35. *Sur la peine et la rémission des péchés*, I,15,19; Vivès, t. 30, p. 17.

A solidariedade com o único Adão e com o único Cristo (*unus et unus*) de todos e de todos (*omnes et omnes*) tem por fimdamento a geração que nos faz homens e a regeneração que nos faz justos[36]. Agostinho a aplica até às crianças, porque "todos os gerados estão condenados, e ninguém está liberto, se não for regenerado"[37].

A *argumentação doutrinal de Agostinho*

O argumento fundamental de Agostinho, claramente expresso desde o início da crise e sempre relembrado, consiste na confissão da universalidade da redenção. Todo o Novo Testamento nos ensina que Cristo veio salvar todos os homens sem exceção. É um dos principais artigos da fé cristã. Isso supõe que todos os homens se encontrem numa situação fundamental de pecado:

> Nosso Senhor Jesus Cristo se encarnou tomando a forma de servo e se fez obediente até a morte, e morte numa cruz (Fl 2,8), unicamente para fazer entrar em seu desígnio de misericórdia todos os homens, pois queria torná-los membros na posse do Reino dos céus; ele teve então de vivificar, salvar, libertar, redimir, iluminar os que estavam mortos pelo pecado, os que estavam doentes, que eram escravos, cativos, os que estavam nas trevas e sob o poder do demônio, príncipe do pecado; ele quis assim se tornar o mediador entre Deus e os homens, a fim de fazer cessar nossas ímpias inimizades e nos reconciliar com Deus para a vida eterna, ao nos arrancar da morte eterna que pesava sobre os culpados[38].

Apoiado nesse fundamento soteriológico da fé, inscrito no coração do segundo artigo do Símbolo[39], Agostinho passa então para a prática do batismo: a Igreja batiza todos os homens "para a remissão dos pecados", mesmo as crianças, que não têm possibilidade de pecar pessoalmente, segurado o testemunho de Cipriano e dos Símbolos africanos[40]. Para remissão de que pecado, então? Para remissão do "pecado original":

> Estando bem estabelecido esse ponto, segue-se que seria necessário excluir desse plano de misericórdia baseado nas humilhações de Jesus Cristo aqueles que não têm necessidade nem da vida, nem da salvação, nem da libertação, nem da redenção, nem da luz. E como o batismo faz parte desse plano de misericórdia no qual vemos os homens sepultados com Jesus Cristo, incorporados a ele como seus membros e seus fiéis discípulos, é certo que esse sacramento não é necessário aos que não têm necessidade de perdão nem de reconciliação por meio do mediador.

---

36. Cf. *ibid.*, I,28,55; pp. 44-45.
37. Sermão 294,16; *PL* 38,1345.
38. *Sur la peine et la rémission des péchés*, I,26,39; Vivès, t. 30, p. 31.
39. V GROSSI, *La liturgia battesimale in s. Agostino*; La formula *credo (in) remissionem peccatorum* agli inizi della polemica pelagiana.
40. Cf. *DzS*, 21s.

Ora, nossos adversários, concordando que as crianças devam ser batizadas, para não ir contra a autoridade da Igreja universal fundamentada em Nosso Senhor e nos apóstolos, são obrigados a conceder que as crianças têm necessidade das graças do mediador, a fim de que, purificadas pelo sacramento que une os fiéis e transformadas em membros do corpo de Cristo, que é a Igreja, sejam reconciliadas com Deus, para que sejam vivas, salvas, livres, redimidas e iluminadas.

Por quê? Será porque são mortos, doentes, culpados, cativos e estão nas trevas do pecado? Ora, uma vez que a idade delas não permite que tenham cometido alguma falta pessoal, resta o pecado original (*restat originale peccatum*)[41].

O argumento de Agostinho une a afirmação universal da salvação à prática eclesial do batismo das crianças. A linha de seu pensamento o leva naturalmente a chamar de "pecado" um estado da humanidade que afeta todos os seus membros, ainda que não haja um ato próprio de pecado. Agostinho inova ao passar formalmente do conceito de "morte" ou de "corrupção" para o de "pecado".

Essa visão se inscreve na temática dos dois Adões, que, aos olhos de Agostinho, constitui o cerne da fé cristã:

> É no destino de dois homens, dos quais um nos vendeu ao pecado e o outro nos resgata de nossos pecados, dos quais um nos precipitou na morte e o outro nos liberta por sua vida — com efeito, o primeiro nos perdeu em si mesmo ao fazer sua própria vontade e não daquele que o tinha criado, ao passo que o segundo nos salvou em si mesmo, ao fazer não sua vontade, mas a daquele que o havia enviado —, é, então, no destino desses dois homens que a fé cristã encontra propriamente sua consistência[42].

Assim, o bispo de Hipona era levado a se pôr uma série de questões: uma vez que o pecado da humanidade se reporta a Adão, de que natureza foi o pecado de Adão? Quais foram as consequências desse pecado para Adão e para sua descendência? Qual a natureza do estado de pecado que se encontra na humanidade separado de todo ato voluntário de pecado? Qual a relação entre o pecado e sua consequência, a concupiscência? Por que meio esse pecado se transmite?

Qual foi o pecado das origens?

Agostinho voltou por três vezes à origem do pecado e ao pecado das origens[43]. É o mistério do "poder pecar", contrapartida do "poder não pecar": o homem é falível (pode "desfalecer") porque é um ser finito; essa finitude,

---

41. *Sur la peine et la rémission des péchés*, I,26,39; Vivès, t. 30, pp. 31-32.
42. *La grâce du Christ et le péché originel*, II,24,28; *BA* 22, p. 211.
43. *La Cité de Dieu*, XII-XIV, *BA* 35; *La Trinité*, XII,8,13-11,16; *BA* 16, pp. 237-243; *La Genèse au sens littéral*, XI: *BA* 49.

todavia, não é o pecado. O pecado começa com a atitude que o homem toma a respeito de sua própria finitude. Como é que os anjos e como é que o homem, criado à imagem de Deus, puderam pecar? Para Agostinho, o pecado do ser ainda totalmente inocente, o pecado "absoluto" em certo sentido, é ao mesmo tempo um ato de orgulho e um ato de avareza. Ele rejeita que o pecado original seja um pecado sexual. O orgulho e a avareza são considerados não somente em sua dimensão moral, mas segundo a contradição "ontológica" que constituem em relação ao ser e à vocação do homem"[44].

"O orgulho é o começo de todo pecado" (Sr 10,13). Com efeito, ele é, no homem, a perversão da imagem de Deus. Em vez de aderir a Deus na humildade e no amor, aceitando receber tudo dele, ou seja, ao mesmo tempo receber a si mesmo como dom e receber tudo o mais dele, o ser pecador quer se apropriar dos dons de Deus como se ele não os devesse senão a si mesmo: a alma "recusando ser semelhante a Deus por Deus, mas querendo ser por ela mesma o que é Deus, afasta-se de Deus"[45]. É esse o sentido da palavra da serpente: "Sereis como deuses" (Gn 3,5), palavra que Agostinho interpreta como um convite a uma "perversa imitação de Deus"[46].

> O que é o orgulho senão a ambição de uma elevação perversa? Com efeito, é uma elevação perversa abandonar o princípio ao qual o espírito deve permanecer ligado, para se tornar de algum modo seu próprio princípio. [...]
>
> O diabo não teria podido se apoderar do homem, se este já não tivesse começado a se comprazer em si mesmo. Com efeito, a palavra que suscitou essa complacência foi esta: "Sereis como deuses". Eles o seriam bem melhor se permanecessem ligados ao supremo e verdadeiro princípio pela obediência e não constituíssem seu próprio princípio pelo orgulho[47].

Mas a Escritura diz também; "A raiz de todos os males é, de fato, o amor ao dinheiro" (1Tm 6,10). A avareza é a outra face do orgulho que reporta tudo a si. Os dois primeiros mandamentos, o amor de Deus e o amor do próximo, não fazem senão um; o amor de si exclui ao mesmo tempo Deus e os outros. O orgulho é a recusa de amar a Deus; a avareza é a recusa de amar o próximo como a si mesmo. Se o orgulho foi o pecado de Adão, a avareza foi o de Caim, ao matar seu irmão Abel por ciúme. Pois avareza é inveja, o desejo que quer deter para si o que é dos outros. A avareza é uma maneira de alguém querer o universal, fazendo-se ele mesmo esse universal. Mas o amor-próprio é também um amor que se priva (*amor proprius, amor privatus*), pois se afasta ao mesmo

---

44. Essa seção se inspira em P. AGAËSSE, *op. cit.*, pp. 39-46.
45. *La Trinité*, X,5,7; *BA* 16, p. 135.
46. *La Genèse au sens littéral*, VIII,14,31; *BA* 49, p. 55.
47. *La Cité de Dieu*, XIV,13,1-2; *BA* 35, pp. 411 e 415 [trad. A. Solignac].

tempo de Deus e dos outros. Neste ponto, tocamos num tema fundamental de
A Cidade de Deus:

> Dois amores construíram duas cidades: o amor de si chegando ao desprezo de
> Deus, a cidade terrena; o amor de Deus chegando ao desprezo de si, a cidade
> celeste[48].
>
> Desses dois amores, um é santo, o outro, impuro. Um se volta para os demais,
> o outro, centrado em si mesmo; um é cioso do bem de todos, tendo em vista
> a cidade celeste, o outro chega até a subordinar o bem comum a seu próprio
> poder, tendo em vista uma dominação arrogante; um é amigo de Deus, o outro,
> rival de Deus[49].

Cristo, com efeito, pelo exemplo de sua vida toda, é o oposto do orgulho
e da avareza: ele é todo humildade (o que para Agostinho representa a *kenosis*
de Fl 2,7) e todo pobreza. É um homem para Deus e para os outros.

Do orgulho e da avareza Agostinho julga provir todos os pecados que
afetam a humanidade: mentira, violência, homicídio etc. Sua leitura, cheia de
psicologia bastante realista sobre a dialética do pecado no mundo, é dramatizante
e dramática quanto ao pecado das origens. É muito diferente da de Ireneu[50].

Opostamente, o drama do pecado de orgulho revela a dimensão da vocação do homem e o sentido de sua liberdade. Há no pecado de orgulho toda
a dimensão negativa da liberdade criada para aderir a Deus. Paul Ricoeur a
ressalta com perspicácia: "Agora, à metafísica da ação finita sucede a metafísica
do desejo de Deus. Essa virada pode ser reconhecida em santo Agostinho, para
quem a *vontade* se revela em sua terrível grandeza, na experiência do mal e
do pecado; a liberdade tem o poder de negar o ser, de 'recusar' e de 'faltar',
de 'fugir' de Deus, de se 'voltar para' a criatura; esse poder formidável — esse
'poder-pecar' — é a marca do infinito sobre a liberdade"[51].

As consequências do pecado para Adão e para a humanidade

Por seu pecado, o homem perde um aspecto vital de sua relação com Deus
que se chama graça. Essa perda é acompanhada de uma desordem da natureza
e em particular de uma desorientação do desejo, que Agostinho chama de concupiscência. O homem então sente experimentalmente que o pecado o transformou: está como que "caído sobre si mesmo" e se encontra numa contradição
existencial com relação ao que ele é. Levado pelo desejo de Deus, ele está agora

---

48. *Ibid.*, XIV,28; p. 455.
49. *La Genèse au sens littéral*, XI,15,20; *BA* 49, p. 261.
50. Cf. *infra*, p. 162-165.
51. P. RICOEUR, Liberté, *Encyclopaedia Universalis*, t. 9 (1968) 984.

separado de Deus, relegado à sua própria finitude e condenado a estar curvado sobre si mesmo. É agora um ser "ferido". O castigo do pecado não é o fato de uma punição arbitrária de Deus, mas o fruto normal e intrínseco do pecado. Mas o castigo do pecado é ainda pecado. Agostinho está de tal modo convencido dessa solidariedade entre pecado e consequência do pecado que chama tranquilamente de pecado a desordem que segue o pecado, porque essa desordem é fruto do pecado e leva ao pecado. Seu vocabulário, que chama de pecado a concupiscência, será retomado na tradição teológica e doutrinal, e se tornará a origem de um contencioso no século XVI entre Lutero e o concílio de Trento.

Essa contradição deixa o homem instalado numa escravidão com referência ao criado e ao finito. Em sua busca indefinida das coisas, procura seu bem naquilo que chamamos hoje de "mau infinito". Ele próprio se aliena, vivendo à margem de si mesmo, no desejo ilusório de um prazer que retrocede diante dele como uma miragem, uma vez que não pode fruir definitivamente senão de Deus. A desordem não está nas coisas, que são boas, mas no apego desordenado que as diviniza.

Pecado e concupiscência

Retomando um texto joanino (1Jo 2,16), Agostinho fala de uma tríplice cobiça: da carne, dos olhos e da riqueza. Mas dará maior importância à concupiscência carnal (*libido*), que poderíamos traduzir pela "desordem do desejo sexual"[52]. Suas experiências tiveram certamente influência em sua reflexão teológica. Com efeito, a sexualidade é para ele um terreno em que o homem faz a experiência de uma perda do controle de si. Não somente o impulso sexual está tomado por uma certa desordem, mas o ato conjugal, mesmo no mais santo matrimônio, faz entrar numa dinâmica que, a partir de certo momento, escapa à liberdade dos esposos. E eles são conduzidos, então, pelo instinto.

Em sua controvérsia com Juliano de Eclano, Agostinho leva até o paradoxo a dureza de suas posições, com fórmulas extremas que exercerão grande influência sobre Lutero. Pensa, sem dúvida, que a sexualidade era um bem, antes da queda. Mas a emergência da concupiscência (*libido*) vem do pecado, que instaura um dualismo no homem e inverte a relação original entre o espírito e o corpo como era vivida na graça. A concupiscência é a perversão de uma sexualidade originalmente boa. A experiência mostra que a *libido* deixada a ela mesma leva ao pecado os que a ela obedecem. Se a concupiscência, pois, define-se como a autonomia da função sexual em relação ao espírito, e até como uma desobediência da carne ao espírito[53], ela é um mal e uma

---

52. Esse sentido de *libido* já se encontra em Cícero.
53. *Mariage et concupiscence*, I,6,7; BA 23, p. 69.

corrupção. Para Juliano, ao contrário, a concupiscência é um bem querido por Deus para a reprodução da espécie. Juliano dirá então: podemos fazer bom uso de um bem, ou mau uso dele; Agostinho responde: só podemos utilizar bem um mal ou utilizar mal um mal[54]. Esse ponto desempenhará um papel importante na representação que Agostinho faz da transmissão do pecado original.

O pecado original e a corrupção, que é sua consequência para a natureza humana, são, todavia, duas coisas distintas para o bispo de Hipona. A "concupiscência" é o sinal manifesto e até "eficaz" do pecado original. Nasce do pecado e leva ao pecado, mas somente se ela triunfa[55], e apenas nesse caso, é chamada de concupiscência vitoriosa (*concupiscentia victrix*)[56].

Um "estado" de pecado sem "ato" de pecado

Agostinho está bastante consciente de que a relação entre o pecado-ato e o pecado-estado ou o pecado-corrupção é analógica. O pecado se define normalmente por seu caráter voluntário: não há pecado se não se peca por própria vontade. Mas há também um estado de pecado que é a concupiscência do ato de pecado, pois o pecado deixa vestígios no ser e na liberdade daquele que o cometeu. Esse estado de desordem interior, de incapacidade de fazer o bem de maneira contínua, ligado à separação de Deus, é uma consequência do pecado e leva ao pecado. Esse estado, que no início de sua carreira Agostinho dizia ser de morte, ele o chama de pecado, como Ambrósio.

Esse estado de pecado é, todavia, livre de todo caráter voluntário? Há, com efeito, em todos os homens uma conivência com esse estado pelo fato de que todos são pecadores. Essa conivência mantém no homem uma tendência ao pecado, ativa e livremente exercida:

> Todo homem, por sua vez, é Adão, uma vez que repete a primeira revolta dele, a qual acarreta as mesmas consequências. Traz, ao nascer, a miséria de Adão, mas a faz crescer por sua má vida [...] De Adão vem outro Adão, e sobre o pecado de Adão nascem muitos outros. Todo homem que nasce, nasce Adão, um condenado que provém de um condenado, e, ao viver mal, acrescentou muitas faltas à de Adão[57].

Esse texto tem o mérito de explicar a situação paradoxal do pecado original na humanidade: torna-a vítima e cúmplice ao mesmo tempo do mal de que é atacada. Agostinho fala, pois, da natureza transmitida por Adão pecador como

---

54. *Ibid.*, II,19,34 e 21,36; pp. 223 e 227.
55. *Ibid.*, I,23,25; p. 111.
56. *Ibid.*, I,14,16; p. 91.
57. *Explications sur les psaumes*, 132,10; Vivès, t. 15, p. 201.

de uma "natureza viciada ... mudada para pior" (*natura viciata ... in deterius commutata*)⁵⁸. Essa expressão será retomada pelos concílios.

Mas como pôde o pecado cometido por um deixar vestígios em outros? Agostinho faz entrar em jogo aqui a analogia do hábito. A experiência nos ensina que a dialética do pecado encontra sua fonte nos primeiros atos pecaminosos que têm como consequência uma tendência ao pecado e são o ponto de partida de um hábito. O bispo de Hipona estima que um "hábito de pecado" se introduziu na humanidade pelo pecado das origens: a concupiscência está, de certo modo, para a espécie como o hábito está para o indivíduo.

A transmissão do pecado original

> **INDICAÇÕES BIBLIOGRÁFICAS**: A. VANNESTE, *Le dogme du péché originel*, pp. 69-85. — P. F. BEATRICE, *Tradux peccati. Alle fonti della dottrina agostiniana del peccato originale*, Milano, Vita e Pensiero, 1978. — G. FOLLIET, "Trahere'/'contrahere peccatum". Observations sur la terminologie augustinienne du péché, — G. SFAMENI GASPARRO, Il tema della concupiscentia in S. A. e il tema dell'enkrateia, *Augustinianum* 25 (1985) 155-183.

A discussão com Pelágio dizia respeito não somente à universalidade do pecado no mundo, mas também ao fato do "receber" (*trahere*) de Adão. Pelágio julgava que cada indivíduo imita Adão por sua própria liberdade. Já Agostinho, apoiando-se sobretudo no texto de Rm 5,12-14, explicou-o pelos conceitos de *transmissão do pecado* por Adão, "figura daquele que havia de vir" (Rm 5,14)⁵⁹, pecado que se contrai por *propagação* e por via de *geração*.

As afirmações do bispo de Hipona são bem nítidas e ligadas à concepção do papel permanente da concupiscência má na geração: "Jazem sob o pecado que contraíram originalmente por nascimento" (*generatione traxerunt*)⁶⁰; e: "o mal original não vem do casamento, mas da concupiscência carnal"⁶¹. A onda de concupiscência que acompanha todo ato de geração transmite então o pecado original dos pais aos filhos, o que explica o fato de parentes batizados gerarem filhos submetidos ao pecado. Trata-se, pois, de um "receber" de Adão que se

---

58. Encontra-se isso com frequência na obra antipelagiana, p. ex., *La grâce du Christ et le péché originel*, II,35,40; *BA* 22, pp. 245-247; *Mariage et concupiscence*, II,34,57; *BA* 23, pp. 179-281. Cf. M. STROHM, Der Begriff der 'natura viciata' bei Augustin, *ThQ* 135 (1955) 184-203.

59. Ao comentar Rm 5,14 ("uma transgressão idêntica à de Adão, figura daquele que havia de vir"), Agostinho dá quatro interpretações diferentes; cf. O. WERMELINGER, *Rom und Pelagius*, p. 22, n. 95; Th. S. DE BRUYN, Pelagius's Interpretation of Rom 5,12-21. Exegesis within the Limits of Polemic, *Toronto Journal of Theology* 4 (1988) 30-43.

60. *De la correction et de la grâce*, 13,42; *BA* 24, p. 365.

61. *Contre Julien*, III,24,54; Vivès, t. 31, p. 249.

transmite por geração carnal, como uma doença contagiosa que afeta a natureza humana.

Reflexões críticas

De outro ponto de vista, que terá o pensamento de Agostinho sobre a Igreja em sua formulação da doutrina do pecado original, não é inútil fazer um juízo de valor sobre os pontos que a Igreja jamais canonizou. A ideia da presença de todos os homens em Adão, transformado, em termos modernos, num "universal concreto", bastante repetida por Agostinho não é aceitável[62]; pois faz, de certo modo, do primeiro homem o único pecador e a totalidade da humanidade. Vimos que essa ideia era um desenvolvimento da interpretação de Rm 5,12. Mas a Igreja, que citará esse versículo numa versão próxima da de Agostinho, não retomará essa interpretação. É possível ler a afirmação do pecado original no texto paulino sem cair nesse tipo de representação.

De outro modo, a doutrina de Agostinho sobre a concupiscência, em que privilegia a concupiscência da carne, em detrimento de suas outras formas (cobiça do poder, das honras, dos bens materiais etc.), comporta um manifesto exagero. Falha de modo particular ao identificar a pulsão sexual com a concupiscência como um mal, e ao ver sempre um mal no exercício do matrimônio e na geração dos filhos. Essa ideia deixará profundas marcas na cultura cristã ocidental. Mas a Igreja jamais ratificou esse ponto de vista em suas decisões oficiais.

A tradição agostiniana tem o mérito de jogar forte luz sobre a solidariedade universal do gênero humano. Enraizada na *natureza* e na geração, essa unidade é também a de uma *vocação* à corresponsabilidade das liberdades. Quando se quebra essa unidade, isso se reflete de certa forma no destino de cada um. Essa unidade da humanidade precede cada existência individual e fundamenta uma solidariedade no pecado que deixa cada um numa situação de necessidade radical de salvação. A solidariedade no pecado é o inverso da solidariedade na graça salvadora de Cristo. Cada homem passa a fazer parte dessa solidariedade pelo simples fato de que nasce nessa humanidade.

5. OS PRIMEIROS DOCUMENTOS ECLESIAIS

É conveniente analisar no contexto do pensamento de Agostinho as duas decisões eclesiais tomadas no final da primeira fase da crise pelagiana e fortemente condicionadas pela pessoa e pela teologia do bispo de Hipona. Trata-se do concílio de Cartago e da carta chamada *Tractoria* (*Tractatoria?*), do papa Zózimo, dois documentos com data de 418.

---

62. Cf. P. AGAËSSE, *op. cit.*, p. 78.

O concílio de Cartago em 418

O concílio geral da África, realizado em Cartago, em maio de 418, reuniu cerca de duzentos bispos e publicou nove cânones[63] que, na prática, visam a um ponto final na controvérsia pelagiana, depois de aproximadamente oito anos de discussão (411-418).

O cânon 1 é repetição do primeiro ponto de 411: "Quem disser que Adão, o primeiro homem, foi criado mortal, de modo que, pecasse ou não, devia morrer corporalmente [...], que seja anátema"[64]. Nele apenas se esclarece que a morte física está ligada ao pecado de Adão, mas não se afirma a condenação a uma morte eterna. O cânon 2, de 418, corresponde aos pontos 2-3-4 de 411 sobre o batismo das crianças "para remissão dos pecados". É útil citá-lo por inteiro, pois o concílio de Trento o retomará:

> Quem negar que as crianças devam ser batizadas, ou disser que é para a remissão dos pecados que são batizadas, mas que nada recebem de Adão que seja pecado original (*nihil ex Adam trahere originalis peccati*), o qual teria de ser expiado pelo banho da regeneração — o que leva à consequência de que para elas a fórmula do batismo "para remissão dos pecados" não tenha um sentido verdadeiro, mas um sentido falso —, que seja anátema.
>
> Pois não se pode compreender de outra forma o que diz o Apóstolo: "assim como por um só homem o pecado entrou no mundo, e pelo pecado, a morte e assim a morte atingiu todos os homens: aliás todos pecaram..." (Rm 5,12) senão do modo como a Igreja católica espalhada por toda a terra sempre compreendeu. Com efeito, é por causa dessa regra de fé que mesmo as crianças, que não podem por elas mesmas cometer pecado algum, são, entretanto, verdadeiramente batizadas para remissão dos pecados a fim de que a regeneração purifique nelas o que a geração lhes trouxe[65].

Sobre o pecado original, o concílio de Cartago vai mais longe que o sínodo precedente, tanto pelo emprego da terminologia como pela afirmação da transmissão. Condena a ideia pelagiana de que as crianças "não recebem de Adão nada que seja pecado original". A partir dessa ocasião, a expressão técnica relativa ao pecado que engloba toda a humanidade será "pecado original" (*originale peccatum*) — no sentido de pecado "originado". Sua vinculação com o pecado das origens será expressa por estas palavras: "receber de Adão" (*ex Adam trahere*)[66]. É a principal aquisição de uma expressão técnica relativa a um

---

63. Há controvérsias tanto sobre o número exato dos bispos que intervieram como sobre o número dos cânones (9, 8 ou 11), em razão da diversidade entre as diferentes coleções. Ver a introdução de Charles Munier, in *CCSL* 149, e para o texto, *ibid*., pp. 69-77.

64. *DzS* 222; *FC* 270.

65. *DzS* 223; *FC* 270/1.

66. Sobre essa terminologia, ver G. FOLLIET, 'Trahere'/ 'contrahere peccatum'.

pecado que envolve toda a humanidade: todo homem que nasce contrai o "pecado original".

O cânon 2 indica também o texto bíblico principal sobre o qual se baseia essa doutrina, o de Rm 5,12. O versículo é citado na versão latina de Agostinho, incluindo o famoso *"in quo"*: Adão, "no qual todos pecaram". Sob a influência de Agostinho, esse versículo paulino que visa normalmente aos adultos aplica-se ao caso das crianças como prova da existência nelas do pecado original. O apelo à interpretação da Igreja "espalhada por toda a terra" ultrapassa o caso da interpretação agostiniana: a exegese grega — da qual vimos que era sensivelmente diferente — deve ser aceita do mesmo modo que a latina, e o versículo Rm 5,12 deve ser compreendido em seu contexto.

O cânon 3, de 418, corresponde ao ponto 5, de 411, sobre a unicidade do Reino dos céus e da vida eterna. Os cânones 4-5-6, de 418, apóiam-se sobre a necessidade da graça. Mas, nos três anátemas desses cânones, não se faz alusão à "natureza viciada", mesmo que haja paralelos com o tratado sobre *A graça de Cristo e o pecado original* (413) de Agostinho. Os cânones 7-8-9, de 418, desenvolvem o ponto 6, de 411, sobre a "impecabilidade"[67].

Sobre os pontos-chave da doutrina do pecado original, o concílio de Cartago, de 418, retoma as posições de Agostinho, de tal forma que este último é considerado o primeiro responsável pelas decisões tomadas, o que faz que seja acusado de ter imposto sua teologia à Igreja. Na realidade, o concílio fica na retaguarda sobre o modo de transmissão do pecado original, tendo em vista um "traducianismo" causado por Adão, como explica Agostinho em seus textos. Afirma somente que o pecado é contraído por todo homem que nasce.

A carta Tractoria *do papa Zózimo (418)*

A carta *Tractoria*, de Zózimo (do verão de 418), pode ser vinculada ao concílio de Cartago do mesmo ano[68]. Solicitava que todos os bispos subscrevessem as decisões tomadas nesse concílio. Mas é menos técnica. Nos fragmentos de que dispomos, o pecado da humanidade é, de fato, expresso em termos mais genéricos:

> Pela morte [de Cristo] fica despedaçada a sentença de condenação (*illud chirographum*) da morte de Adão, introduzida em todos nós e transmitida a toda a alma, sentença essa contraída por propagação[69].

A morte de Adão é, pois, transmitida à humanidade "por propagação", expressão que substitui as palavras "pecado original" do concílio de Cartago.

---

67. O estudo desse concílio será retomado a propósito da graça, *infra*, pp. 258-259.
68. Cf. Ch. MUNIER, Zosime, *DSp*, XVI (1994) 1651-1658.
69. *DzS* 231; nas obras de Agostinho, sob o n. 190, *CSEL* 57, 159; cf. os fragmentos dados por O. WERMELINGER, *Rom und Pelagius*, apêndice V, pp. 306-307.

Com relação às afirmações desse concílio, a carta *Tractoria* comporta três particularidades:

Toda criança que nasce vem ao mundo ligada de algum modo ao pecado de Adão. É nessa ótica que se lê Rm 5,12. Entretanto, a *Tractoria* não fala formalmente de "pecado", mas de "morte contraída por propagação". Segundo certos teólogos, somente nesse sentido Zózimo teria aprovado o concílio de Cartago[70].

O concílio de Cartago fala de "geração" (cân. 2) para explicar a ligação com o pecado original de Adão, ao passo que a carta *Tractoria* utiliza o termo "propagação" ou, segundo alguns manuscritos, "ramificação" (*propagine*, enxerto, rebento, linhagem, raça), para tentar já, de algum modo, interpretar o fato da transmissão.

O concílio (cân. 1) fala da morte física como sendo o efeito do pecado original, ao passo que na *Tractoria* o termo "morte" é mais amplo.

Em suas considerações sobre a relação entre Adão e a humanidade, a ligação mais importante entre os dois documentos é a referência ao texto de Rm 5,12, lido segundo a interpretação de santo Agostinho. Era um meio de excluir a leitura pelagiana, que entendia que "todos se tornaram mortais porque pecaram como Adão" ou, em outros termos, "que aquele que peca imita Adão no mau exemplo de sua transgressão, mas não nasceu em seu pecado".

Depois de 418, a *Tractoria* de Zózimo foi contestada: entre outros, não foi assinada por Juliano de Eclano, apelidado por Agostinho "o arquiteto do dogma pelagiano". Agostinho quis, pois, reafirmar a existência do pecado original. Foi então que a questão se polarizou, como vimos, no modo de transmissão da herança de Adão pecador, na natureza da "concupiscência" e na compreensão do dano causado à natureza concreta do homem. Os termos já usados de "geração" e de "propagação" indicavam então não mais o simples fato de um *receber* (*trahere/contrahere*) negativo de Adão, mas o meio da transmissão. Na versão agostiniana, o pecado original se transmite pela geração da carne, agora atanazada "naturalmente" pela lei da concupiscência[71]. No Ocidente, após a morte de santo Agostinho, semelhante discussão sobre a natureza da concupiscência já não encontrará muita ressonância.

Objeções e respostas no tempo de Agostinho

As soluções adotadas pelo concílio de Cartago, de 418, sobre a questão do pecado original foram tiradas essencialmente de Agostinho, considerado o pri-

---

70. F FLOËRI, Le pape Zosime et la doctrine augustinienne du péché originel, *Augustinus Magister*, II, Paris, Études Augustiniennes, 1955, pp. 755-761; III, pp. 261-263.

71. Ver N. CIPRIANI, Un'altra traccia dell'Ambrosiaster in Agostino: *De peccatorum meritis* 2,36,58-59, *Augustinianum* 24 (1984) 515-525.

meiro responsável pelas decisões tomadas. Tal julgamento foi a fonte de uma série de críticas contra a teologia do bispo de Hipona. Acima de tudo, em razão de sua concepção da graça de Deus, foi acusado de lesar e até de anular completamente a liberdade do homem[72]. Mais, como ele moldava essa graça pelo caso do batismo das crianças, foi também acusado de a fazer depender de sua visão do "pecado da origem". Isso não estaria de acordo com a tradição, mas, antes, com sua própria versão do problema do mal, o que não deixa de criar dificuldade. Sua argumentação sobre o pecado original estaria dominada por um modo de pensamento "traducianista" com relação à alma, sem excluir, entretanto, a explicação criacionista. Em última análise, para nos atermos à acusação de seu contemporâneo Juliano de Eclano, não era mais que uma retomada do princípio maniqueu sobre o mal, ao qual Agostinho tinha aderido em sua juventude.

A essas insinuações, Agostinho responde, a partir de 426, articulando suas explicações em três pontos principais. Primeiro, as indicações que dera sobre a questão pelagiana eram decisões do concílio de Cartago, e não uma discutível opinião pessoal. O próprio Agostinho explicou isso aos monges de Adrumeto, que vieram encontrá-lo em Hipona, depois ele os mandou de volta ao mosteiro deles, dando-lhes por abade o tratado *Da graça e do livre-arbítrio*. Nele acrescentou outros documentos da Igreja da África.

A seguir, os sacramentos da Igreja são administrados de acordo com o que eles significam. No caso do batismo conferido às crianças para a remissão dos pecados, trata-se de sólida tradição: é uma coisa afirmada por Cipriano, "que ele retoma do fundamento da Igreja"[73]. Objetiva e obrigatoriamente, o batismo supõe uma ligação com o "pecado da origem": Adão era bem a "figura daquele que havia de vir" e de toda a humanidade (Rm 5,14). Enfim, como princípio metodológico, Agostinho sugeriu não fazer mudanças no plano pastoral enquanto os problemas em questão estivessem ainda na fase de discussão teórica.

Concretamente, as explicações de Agostinho tenderam a deslocar o problema do domínio ascético e sacramental para o domínio antropológico e para o do livre-arbítrio e da liberdade. Ao esclarecer como a graça de Cristo ajuda o livre-arbítrio do homem, "curvado" (*incurvatum*) pela herança de Adão, Agostinho aprofunda a noção do "pecado original" como tal e de sua transmissão, uma vez que antes da polêmica pelagiana, e mesmo depois, ele utilizara o conceito de natureza viciada" como arma contra os maniqueus, na questão da origem do mal (*unde malum*). O mal é *corrupção*, e todo mal, mesmo o mal original, vem da vontade do homem, da corrupção presente no mundo precisamente pelo pecado do homem; é por isso que somente Deus não tem corrupção.

Agostinho não parou de repetir que sua doutrina sobre o pecado original era a da Igreja e que ele apenas dava uma versão teológica dela. Por exemplo, dois anos antes de sua morte, escreveu:

---

72. Cf. *infra*, pp. 247-250.
73. *Sermão*. 294,20: PL 38, 1348.

Esses irmãos de quem falais e por quem se inquieta vossa religiosa caridade passaram a crer, de acordo com a Igreja de Cristo, que todos os homens nascem sob o peso do pecado do primeiro homem e que ninguém se liberta desse mal senão pela justiça do segundo homem. [...]

A esta vida corporal no tempo pertence também esse pecado que os pelagianos negam, mas que a Igreja de Cristo confessa, ou seja, o pecado original[74].

Declarava, entretanto, em sua última obra: "Gostaria que ninguém abraçasse minhas doutrinas, seguindo-as em todos os pontos, mas somente nas questões em que percebesse que não cometi erro"[75]. Não canonizava, pois, todos os pontos de seu modo de pensar.

II. A TRADIÇÃO DOUTRINAL PRÉ-AGOSTINIANA SOBRE O PECADO NA HUMANIDADE

O estudo da tradição teológica pré-agostiniana sobre o "pecado original" leva-nos a três questões: a da tradição grega, de Ireneu a Cirilo de Alexandria, a da tradição latina, particularmente Ambrósio e o Ambrosiaster, em razão da possível influência que tiveram sobre Agostinho, e, enfim, a dos textos do próprio Agostinho, antes do início da polêmica pelagiana (411).

A Escritura ensina o "pecado original"?

> **INDICAÇÕES BIBLIOGRÁFICAS**: A. M. DUBARLE, *Le péché originel dans l'Écriture*, Paris, Cerf 1958, ²1967. — L. LIGIER, *Péché d'Adam et péché du monde. Bible-Kippur-Eucharistie. 1. L'Ancien Testamento; 2. Le nouveau Testament*, Paris, Aubier, 1960 e 1961. — S. LYONNET. *Das problem der Erbsünde im NT*, Stimmen der Zeit 180 (1967) 33-39. — P. LENGSFELD, *Adam et le Christ. La typologie Adam-Christ dans le NT et son utilisation dogmatique par M. J. Scheeben et K. Barth*, Aubier, 1970. — P. GRELOT, *Péché originel et rédemption à partir de l'épître aux Romains*, Paris, Desclée, 1973. — L. SCHEFFCZYK, *Urstand, Fall und Erbsünde. Von der Schrift bis Augustinus*, "Hanbuch der Dogmengeschichte", 1. Teil, Fasz. 3a, Freiburg, Herder, 1981.

Uma questão prévia merece ser lembrada ao iniciarmos o estudo da tradição mais antiga. O estudo da controvérsia pelagiana mostrou quanto o debate conduzido por Agostinho se baseava na interpretação dos textos da Escritura. Entretanto, é evidente a ausência da terminologia do pecado original nesses

---

74. *Sur la prédestination des saints*, 1,2 e 12,24; *BA*, 24, pp. 467 e 535.
75. *Sur le don de la persévérance*, 21,55; *BA* 24, p. 737.

textos, sem falar da conceitualização que será progressivamente elaborada com o passar do tempo. A questão consiste, pois, em saber se a ideia de uma situação da humanidade coletivamente pecadora já está presente nela e se se vê alguma ligação entre essa situação e o pecado das origens. A tese segundo a qual a Escritura nada menciona a respeito desse ponto parece pelo menos uma grave simplificação da questão.

No Antigo Testamento já se encontra a convicção de que o pecado da humanidade remonta às origens e trouxe graves consequências para a relação do homem com Deus: essas consequências são expressas na narrativa da queda, mediante um jogo de símbolos expressivos. Desde então, o mundo do homem é um mundo onde prolifera o pecado: reina não apenas entre as nações, mas também no povo eleito, o povo de Israel, que desde seu nascimento revive, com o episódio do bezerro de ouro, a experiência dolorosa de um novo pecado "das origens". Toda a história desse povo será a de uma Aliança tumultuada, marcada periodicamente por sua infidelidade sempre denunciada pelos profetas. O pecado, ou a iniquidade, não é apenas uma peripécia periódica é uma situação constante, "congênita", que se perpetua de geração em geração: "Falhamos para com o Senhor, nosso Deus, nós e nossos pais, desde a nossa juventude até hoje" (Jr 3,25). "Assim como nossos pais, também nós pecamos, nós nos desviamos, fomos culpados" (Sl 106,6)[76].

No Novo Testamento, o ensinamento de Paulo é particularmente eloquente pelo quadro que traça da universalidade do pecado no mundo, tanto entre os judeus quanto entre os pagãos (Rm 1-2) e por seu cuidado em ressaltar que todos os homens, presos no pecado, têm necessidade da salvação trazida por Cristo (Rm 3,22-24). Ele é o primeiro a desenvolver uma história antitética do pecado e da salvação, centrada na figura dos dois Adões, e atribui ao primeiro deles a entrada do pecado no mundo (Rm 5,12-14). Isso continua valendo, ainda que não se interprete seu texto segundo a leitura que dele fez Agostinho.

Mesmo nos evangelhos, em que o tema jamais é abordado formalmente, algumas palavras de Jesus comportam alusões aos primeiros capítulos do Gênesis. Sua resposta à questão posta pelos fariseus sobre o direito de repudiar a esposa manifesta que "não foi assim desde o começo". A lei de Moisés leva então em consideração a "dureza de coração" do povo eleito. Mas a intenção original de Deus sobre o homem tal qual saiu de suas mãos era a de um casamento indissolúvel (Mt 19,3-9). Alguma coisa então aconteceu que explica a situação presente da humanidade e até certas prescrições da lei[77]. A mesma coisa é sugerida pela parábola do joio e do trigo, resumo da história do Reino desde suas origens até seu final. Igualmente, Jesus prega a conversão e se apresenta como aquele que veio para os pecadores e não para os justos, o que é

---

76. Cf. A. M. DUBARLE, *Le péché originel. Perspectives théologiques*, Paris, Cerf, 1983, p. 15. — Mesmo tema em P. RICOEUR, *Finitude et culpabilité*, t. 2: *La symbolique du mal*, Paris, Aubier, 1960.

77. Cf. A. M. DUBARLE, *Le péché originel dans l'Écriture*, pp. 105-108.

uma maneira de dizer que aqueles que se julgam tais não o são. Ao denunciar o pecado em todas as suas formas, ele revela a misericórdia infinita de Deus para com os pecadores. João radicaliza essa situação de pecado: Jesus é o cordeiro de Deus que "tira o pecado do mundo" (Jo 1,29). Existe, pois, mais que uma multidão de atos de pecado; existe uma situação fundamental de pecado que afeta a humanidade e se opõe ao anúncio do Reino de Deus. O diálogo de Jesus com Nicodemos, que propõe um novo nascimento da água e do Espírito, necessário para entrar no Reino de Deus, deve ser compreendido nesse contexto, quando opõe o que é carne ao que é espírito (Jo 3,5-6). O Jesus joanino faz remontar a origem do pecado ao diabo "homicida desde o início", "mentiroso e pai da mentira" (Jo 8,44) e acusa seus adversários de o terem por pai. Trata-se de uma alusão certa à serpente tentadora das origens (e provavelmente a Sb 2,24). O pecado da humanidade em sua relação com as origens surge então como o horizonte no qual se inscreve a pregação da salvação trazida por Jesus.

1. PECADO DOS HOMENS E PECADO DE ADÃO NOS PADRES GREGOS

INDICAÇÕES BIBLIOGRÁFICAS: H. RONDET, *Le péché originel dans la tradition patristique et théologique*, Paris, Fayard, 1967. — M. HAUKF, *Heilsverlust in Adam. Stationen griechischer Erbsündenlehre (Irenäus-Origenes-Kappadozier)*, Paderborn, Bonifatius, 1933. — D. WEAVER, The Exegesis of Romans 5,12 among the Greek Fathers and its Implication for the Doctrine of Original Sin (the 5th-12th Centuries), *St. Vladimir's Theological Quarterly* 29 (1985) 133-159.

O que correspondia à expressão latina "pecado da origem", que se tornou técnica na Igreja no tempo de Agostinho, refletia-se antes dele no quadro da catequese batismal sobre o Símbolo, a propósito das palavras que exprimem a finalidade soteriológica do acontecimento Cristo: "Encarnou-se para nossa salvação". A reflexão cristológica prendia-se à compreensão de que por sua encarnação o Verbo assumira um homem real e não somente uma "aparência", como diziam os docetas, ou um "corpo celeste", como o queriam os gnósticos. Foi levada a aprofundar diretamente a relação de Cristo com o Adão do Gênesis, criado à imagem e segundo a semelhança de Deus. Nessa mesma via cristológica e soteriológica, chega-se, sobretudo com os Padres capadócios e contra Apolinário, à conclusão de que o Verbo encarnado é "da mesma massa" que Adão (ou seja, que é em tudo um homem), exceto no pecado. Este inciso "exceto no pecado" referia-se naturalmente à ideia da ligação da natureza humana com o pecado de Adão[78].

Nesse quadro soteriológico, os temas principais que faziam reconhecer uma ligação negativa entre Adão e seus descendentes vinham dos capítulos 2-3 do

---

78. Por ex., BASÍLIO DE CESAREIA, Homilia contra aqueles que dizem por calúnia que nós afirmamos haver três deuses; *PG* 31, 1493 c-1496 a.

Gênesis, que falam do jardim-paraíso e da queda no pecado, acompanhada pela expulsão desse paraíso e pela promessa de um redentor. Esses três elementos exprimem, pois, de maneira estruturada a condição original da humanidade, sua queda e a possibilidade de uma volta à condição primeira do Paraíso. Conviria considerar também a exegese de Jó 14,4 em que se trata do nascimento na impureza. As antíteses Adão/Cristo e Eva/Maria porão em destaque outros elementos.

M. Hauke de algum modo organizou o material patrístico da seguinte maneira: os Padres apologetas mostram como, em Adão pecador, o homem perdeu sua semelhança original com Deus. As prédicas pascais do século II têm por tema a "herança dos filhos de Adão" e a expressão "pecado antigo". Orígenes liga estreitamente três temas: o paraíso e a queda de nossos primeiros pais, as consequências da queda, e seu remédio. Os Padres capadócios, particularmente são Basílio, mostram com insistência como, em razão de sua ligação com Adão, a humanidade se afastou de Deus. Encontra-se na ascese e na vida monástica uma indicação do caminho que leva de volta ao paraíso perdido. De sua parte, Gregório de Nissa começa a falar de um "pecado de natureza".

Melito de Sardes e as homilias pascais

INDICAÇÕES BIBLIOGRÁFICAS: MELITÃO DE SARDES, *Sur la Pâque*; ed. O. Perler, *SC* 123, 1966. — *Homélies pascales I. Une homélie inspirée du traité sur la Pâque de Hippolyte*; ed. P. Nautin, *SC* 27, 1950. — A. GRILLMEIER, Das Erbe der Söhne Adams in der Homilia de Passione Melitos. Ein neues Beispiel griechscher Erbsündelehre aus früchristlicheer Zeit, *Scholastik* 20-24 (1949) 481-502. — R. CANTALAMESSA, La Pasqua ritorno alle origini nell'Omelia Pasquale dello Pseudo-Ippolito", *La Scuola Cattolica* 95 (1967) 339-368; *L'Omelia in Sanctum Pascha dello Pseudo-Ippolito di Roma. Ricerche sulla teologia dell'Asia Minore nella seconda metà del II secolo*, Milano, Vita e Pensiero, 1967.

Entre os documentos gregos do século II, a homilia pascal de Melitão de Sardes dá-nos uma boa indicação sobre a catequese a respeito do pecado que afeta a humanidade. Como é natural, essa catequese fala sobretudo de Cristo e da redenção que ele nos traz; com base nisso, fala também da natureza humana que tem necessidade de ser resgatada, porque ela herdou (*kleronomia*) de Adão a morte, a impureza etc., e de Cristo, a vida[79].

Falando assim do mistério pascal — que, para a tradição asiática, significava o sofrimento de Cristo, pois fazia derivar o termo Páscoa de *paschein*, sofrer[80] —, Melitão explica o sofrimento humano como sendo fruto do primeiro pecado

---

79. MELITÃO, *Sur la Pâque*, n. 46-71; *SC* 123, pp. 84-100.
80. Sobre a etimologia do sentido da palavra "Páscoa", ver Ch. MOHRMANN, "Pascha, passio, transitus", *Études sur le latin des chrétiens*, I, Roma, Ed. di Storia e Letteratura, 1958, pp. 205-222; B. BOTTE, "Pascha", *L'Orient Syrien* 8 (1963) 213-226; H. I. DALMAIS, Pâques, *DSp* t. XII/1 (1984) 171-182.

narrado na Escritura[81]. Une assim a humanidade a seus primeiros pais. A situação de Adão pecador se torna a de todo homem: "Eles eram abastados pelo pecado (*hamartia*) tirânico"[82], pela perdição (*apoleia*) herdada daquele que foi o primeiro da série humana. Melitão esclarece que essa *perdição* é a do mundo por causa da tirania do pecado, da qual nos liberta a Páscoa do Senhor. Com efeito, após sua desobediência, o homem foi lançado fora do paraíso neste mundo visível e nele fica preso como numa "prisão de condenados" (*desmôtérion katadikôn*)[83]. Esse termo lembra uma prisão para as pessoas culpadas. E é somente Cristo, o único Justo, sublinha Melitão, que liberta os condenados[84]. Essa penalidade, para ser justa, deve corresponder a um motivo de culpabilidade.

Os elementos mais interessantes da reflexão teológica de Melitão sobre a herança de uma falta original, e não somente de uma pena, encontram-se em suas considerações sobre a tirania do pecado que oprime o homem. Segundo sua expressão, "o pecado deixou sua marca (*ikhnos*) em todas as almas"[85], o que remete às pegadas dos passos do homem que caminha. A força do pecado (*hamartia*), semelhante a uma pessoa sempre presente no mundo dos homens à medida que vêm à existência, passa sobre eles, imprimindo-lhes seu caráter e deixando neles sua marca. Ela os arrasta para as paixões e para a morte, tanto física quanto espiritual. O pecado deixou sua marca em todas as almas, afirma peremptoriamente Melitão para concluir sua explicação da desordem da natureza física e moral que reina na vida humana: o homem está sob o poder do mal e da morte, porque está submetido ao domínio da *hamartia*, que entrou no mundo pelo que Adão fez[86].

Melitão reflete bem a opinião então seguida pelos grupos encratitas[87], que viam na geração a primeira consequência do pecado de Adio. Por ela teriam

---

81. *Sur la Pâque*, nn. 46-56; *SC* 123, pp. 84-90.
82. *Ibid.*, n. 50; p. 87.
83. *Ibid.*, n. 48; p. 87. A ideia do homem lançado no mundo como numa prisão é platônica. Reflete também a concepção judeu-cristã do mundo, segundo a qual o paraíso se encontrava fora da terra. Adão, expulso do paraíso, é então lançado no mundo e "submetido às leis de ferro das potências subterrâneas revogadas pela ressurreição de Cristo", PSEUDO-CRISÓSTOMO, *Homélie* 5,3; *SC* 187, ed. M. Aubineau, 1972, p. 322. Cf. P. I. DE VUIPPENS, *Le paradis terrestre aux troisième ciel. Exposé historique d'une conception chrétienne des premiers siècles*, Paris, Libr. Saint-François, 1925. A esse contexto do *desmoterion katadikon* podem-se vincular os *massa luti, massa peccati, massa peccatorum* de Agostinho. Cf. "Aquele que, ao nos livrar, por essa notável graça, do abismo deste mundo, nos elegeu e predestinou desde antes da criação do mundo", *Sur le don de la persévérance*, 13,33; *BA* 24, p. 679.
84. *Sur la Pâque*, n. 101; *SC* 123, p. 121.
85. *Ibid.*, n. 54; p. 91.
86. *Ibid.*, nn. 49; 54-56; 102; *SC* 123, pp. 87; 91; 123.
87. *Ibid.*, n. 49; p. 87. Talvez seja também o que pensava Ireneu (*CH* III,22,4; Rousseau, p. 385; *Démonstration de la predication apostolique*, 14; *SC* 406, p. 103) e Clemente de Alexandria (*Protreptique*, 11,111; *SC* 2 bis, p. 179; *Stromates*, III,17,103,1; *GCS* 15, p. 243). A tradição encratita sustentava que a árvore do paraíso era o símbolo da experiência sexual e que foi essa a falta de Adão e Eva. Cf. F. BOLGIANI, La tradizione eresiologica sull'encratismo, *Atti dell'Accademia di Torino* 91 (1956/1957) 349-419; 96 (1961/1962), 537-604. Essa ideia da geração ligada ao

entrado no mundo a morte e todos os outros males. O bispo de Sardes parece então estar inclinado à ideia de que o pecado de Adão foi de ordem sexual.

Melitão precisa melhor a expressão da marca deixada na alma pelo pecado, ao meditar sobre o que a regeneração de Cristo faz na mesma alma. O bispo de Sardes vê no homem dois modos diferentes de existência, que dependem de duas marcas ou impressões (*sphragis*): a do pecado e a do batismo, o que ocasiona as oposições entre escravidão e liberdade, trevas e luz, morte e vida, tirania e realeza eterna[88]. Melitão falava no quadro da retórica asiática, que procedia sobretudo por imagens e conceitos opostos. Ele estabelece uma evidente oposição entre a *signatio* da *hamartia*, que deixa sua marca nos homens, e a do batismo, destinada a resgatar o homem em sua alma e em seu corpo. Esse ponto é ainda mais evidente quando ele fala da libertação que Cristo nos trouxe:

> [Por sua Páscoa, ressalta ele, Cristo] nos libertou do serviço do mundo como da terra do Egito; ele nos desatou os laços de nossa escravidão do demônio como da mão do Faraó, e marcou nossas almas com seu próprio Espírito, como um selo, e os membros de nosso corpo com seu próprio sangue[89].

As oposições entre escravidão e liberdade, trevas e luz, morte e vida, tirania e realeza eram temas próprios da catequese batismal; mas não tinham apenas um valor simbólico ou o sentido alusivo moderno. Melitão se expressava por meio de uma linguagem tipológica e no quadro de uma história que tende a seu acabamento. Via, por exemplo, na salvação dos primogênitos israelitas um efeito do cumprimento da Páscoa, diferentemente dos egípcios, que perderam todos os seus primogênitos, porque não estavam iniciados no mistério pascal[90]. Ao participar da Páscoa de Cristo pelo batismo, os catecúmenos obtêm a mesma salvação[91].

Essa realidade histórica e tipológica manifestar-se-á depois no princípio teológico do realismo sacramental, que receberá aplicações particulares, primeiro, a propósito da eucaristia e, mais tarde, com Agostinho, na polêmica donatista, a propósito dos sacramentos em geral (os donatistas consideravam inválidos sobretudo os sacramentos do Batismo e da Ordem, quando administrados por pecadores), e na polêmica pelagiana, a propósito do batismo das crianças.

No texto de Melitão de Sardes, resta ainda por determinar a natureza da marca do pecado na alma do homem: certamente, é preciso vê-la em relação com o pecado de Adão[92]. Mas de que se trata? De uma pena hereditária ou de

---

pecado original teve depois no cristianismo um desenvolvimento importante até a doutrina de sua "transmissão por geração".

88. *Sur la Pâque*, n. 68; SC 123, pp. 97-99.
89. *Ibid.*, n. 67; p. 97.
90. *Ibid.*, nn. 16-17; p. 69.
91. *Ibid.*, n. 56; p. 91.
92. Pode-se dizer a mesma coisa da homilia *Sur la sainte Pâque* do anônimo do século IV: "O antigo pecado, alimento original da morte" 57; SC 27, p. 184. Satã o encontra em todo homem e só o encontra em vão no corpo de Cristo. A "remissão dos pecados" da homilia de Melitão, 103;

uma falta hereditária (*Erb-Schuld* ou *Erb-Sünde*), como esclarece bem A. Grillmeier?[93] Lembremo-nos de que uma questão assim tão precisa só se pôs no início do pelagianismo. Antes, sobre a linha que liga Adão pecador a seus descendentes, não temos senão indicações da catequese de Melitão. Se as indicações desse último não pertencem a um esquema teológico muito evoluído, como o compreende A. Grillmeier, tampouco se deve minimizá-las, como O. Perler estaria inclinado a fazê-lo. Grillmeier vê a perdição do homem após Adão como um elemento da herança de Adão, que comporta uma "dívida" remota, que o fez "contrair a morte", e uma "dívida" próxima, que são os pecados pessoais. Tirou então como conclusão uma relação "no tipo causa eficiente" entre o pecado de Adão e o nosso. O. Perler, ao contrário, escreve mais rapidamente: "Melitão parece não falar do pecado original propriamente dito"[94]. O mínimo é conceder que as categorias da catequese de Melitão estão abertas à interpretação teológica do pecado original tal qual ela foi compreendida depois dele, na época da polêmica pelagiana.

Todos esses testemunhos relativos à catequese batismal, ainda que pertençam a categorias mais gerais e ainda pouco evoluídas teologicamente, levam à mesma conclusão: há um rastro de pecado no homem, precisamente porque ele é filho de Adão.

Dos apologistas ao otimismo antropológico de Ireneu

Se interrogarmos o testemunho dos apologistas, nós os encontraremos todos ocupados em justificar o mistério cristão a respeito dos judeus, dos pagãos e dos gnósticos. Sua reflexão está centrada na economia da salvação trazida por Jesus, o Cristo, que se põe numa relação filial única com Deus[95]. Mas em que consiste essa salvação? Comporta, sem a ela se induzir, a libertação de uma situação global de pecado que afeta a humanidade, situação vinculada à falta de Adão. Justino fala assim da "raça de homens que, depois de Adão, caiu em poder da morte e no erro da serpente e que, pela falta pessoal de cada um, cometia o mal"[96]. É o primeiro a estabelecer o paralelo entre Eva e Maria, que se introduz no paralelo paulino entre Adão e Cristo, a fim de mostrar que a obediência de Maria devia pôr fim à desobediência de Eva, não mais considerada como o ato pessoal da mãe dos vivos, mas como fato da humanidade em geral, submetida à lei da morte:

SC 123, p. 123, e do anônimo, 44; *SC* 27, p. 164, têm assim uma certa relação com o batismo: trata-se do perdão de todos os pecados, inclusive daquele que nos liga a Adão, e é difícil limitar esse perdão somente aos pecados pessoais.

93. Cf. A. GRILLMEIER. Das Erbe der Söhne Adams in der Homilia de Passione Melitos.
94. A. GRILLMEIER, *art. cit.*; O. PERLER, na edição de Melitão; *SC* 123, nota 395 no n. 54.
95. Cf. t. 1, pp. 136-156.
96. *Dialogue avec Tryphon*, 88,4; *TD* II, p. 75.

Compreendemos que se fez homem pela Virgem, de modo que é pela via por onde começara que chega ao fim também a desobediência vinda da serpente. Eva era virgem, sem corrupção: ao conceber a palavra da serpente, ela deu à luz desobediência e morte. Ora, a Virgem Maria concebeu fé e alegria quando o anjo Gabriel lhe anunciou a boa nova de que o Espírito do Senhor viria sobre ela [...]. Foi então dado à luz por ela [...] aquele por quem Deus destruiu a serpente com os anjos e os homens semelhantes a ele, e livra da morte aqueles que fazem penitência de suas más ações e creem nele[97].

Encontramos uma concepção análoga em Taciano, que até exclui da salvação Adão, o primeiro pecador[98], e em Teófilo de Antioquia, que anuncia o pensamento de Ireneu ao apresentar o pedido de Adão como o de uma criança[99].

Pelo final do século II, para Ireneu, bispo de Lião, mas que viera da tradição asiática, muitos elementos estavam claros. É à luz de sua doutrina da recapitulação de todas as coisas em Cristo, numa perspectiva soteriológica[100] portanto, que ele se expressa sobre a situação pecadora da humanidade e sobre o pecado das origens. Utilizando os paralelos entre Adão e Cristo, Eva e Maria, paralelos que deviam tornar-se clássicos a propósito do pecado original, ele afirma:

Se a sedução de que foi miseravelmente vítima Eva, virgem com marido, foi dissipada pela boa-nova de verdade magnificamente anunciada pelo anjo a Maria, também ela, virgem com marido [...], se, pois, uma vez mais, o pecado do primeiro homem foi sanado pela honestidade de conduta do Primogênito, se a prudência da serpente foi vencida pela simplicidade da pomba e se, por isso, foram quebrados os grilhões que nos mantinham submissos à morte, são estúpidos todos os heréticos, desconhecedores da "economia" de Deus[101].

Recapitulando, pois, em si todas as coisas, Cristo recapitulou também a guerra que travamos contra nosso inimigo:

Ele provocou e venceu aquele que, no início, em Adão, fizera de nós prisioneiros, e espezinhou a cabeça dele, segundo as palavras de Deus à serpente que se encontram narradas no Gênesis [...]. Desse modo, assim como pela falta de um homem nossa raça descera à morte, assim também pela vitória de um homem nós subimos à vida; e assim como a morte triunfara sobre nós por um homem, assim também, por nossa vez, nós triunfamos sobre a morte por um homem[102].

---

97. *Ibid.*, 100, 4-5; pp. 123-125.
98. Cf. *Discurso aos gregos*, n. 7 e 11; A. PUECH, *Recherches sur le discours aux Grecs de Tatien*, Paris, Alcan, 1903, pp. 117 e 123.
99. TEÓFILO DE ANTIOQUIA, *Trois livres à Autolycus*, II,25-26; *SC* 20, pp. 162-164.
100. Cf. t. 1, pp. 387-392.
101. IRENEU, *CH* V,19,1-2; Rousseau p. 626.
102. *CH*, 21,1; pp. 629-630.

A linguagem utilizada por Ireneu para exprimir a herança de Adão na humanidade é a da morte, mas da morte concebida como um "cativeiro", tanto espiritual quanto físico:

> O Pai de todas as coisas, tendo realizado a encarnação de seu Filho e tendo feito acontecer assim um nascimento novo, a fim de que, como havíamos herdado a morte pelo nascimento anterior, herdássemos a vida por esse novo nascimento[103].

Essa situação de morte é também uma situação de desobediência objetivamente pecadora. Cristo "recapitulou por sua obediência no lenho a desobediência que tinha sido perpetrada pelo lenho"[104], ou seja, ele devolveu a uma situação de comunhão uma situação de inimizade entre Deus e o homem. Igualmente, por seu pecado, o homem "ao mesmo tempo se corrompeu e tornou o homem pecador ao persuadi-lo a desobedecer à ordem de Deus", ainda que o verdadeiro iniciador do pecado tenha sido o tentador com sua mentira[105].

Antes de Agostinho, quem também se expressou com muita clareza sobre o pecado das origens foi Ireneu. Ele se choca de início com a afirmação de Taciano, para quem Adão não foi salvo, mas somente seus descendentes. Responde então que o desígnio de Deus não podia deter-se logo em Adão, como se fosse posto em cheque: o novo Adão salva o primeiro. É de acordo com essa perspectiva soteriológica que ele aborda a narrativa de Gn 3.

O verdadeiro responsável pelo pecado de Adão é a serpente corruptora. Foi ela que "precipitou injustamente na transgressão" o homem e a mulher e lhes deu a morte, "sob o pretexto da imortalidade", prometendo que seriam como deuses, o que não está absolutamente em seu poder[106]. O pecado de Adão é, portanto, o de uma autonomia revoltada, baseada numa mentira. Ireneu o chama de *apostasia*. Mas ele aparece antes do homem; é a consequência de um contágio e da tentação da serpente. Por seu pecado, Adão "perdeu seu espírito ingênuo e infantil e chegou à ideia do mal"[107]. É um pecado de infância, que se situa no início da educação do homem para a liberdade[108]. Nesse pecado, Adão é ao mesmo tempo culpado — desobedeceu — e vítima — foi levado ao cativeiro. É um vencido que caiu sob um poder injusto, ele e toda sua descendência, visto que gerou filhos "nesse cativeiro".

É por isso que Ireneu dá destaque à indulgência de Deus diante de Adão pecador; ele não o amaldiçoa. O homem deverá apenas trabalhar duro na terra, e a mulher dar à luz na dor. A maldição recai sobre a serpente. Adão e Eva, que não são amaldiçoados, "não moverão de modo definitivo", mas são punidos a

---

103. *CH*, V,16,2; pp. 571-572.
104. *CH*, V,19,1; p. 626.
105. *Démonstration de la predication apostolique*, 16; *SC* 406, p. 105.
106. *CH*, III,23,1; Rousseau, p. 387.
107. *CH*, III,23,5; p. 390.
108. *CH*, IV,38,1-3; p. 551-553.

fim de não desprezar a Deus. Ireneu será muito mais severo com Caim, objeto da maldição divina. De sua parte, Adão manifesta um sentimento de confusão, e seu entendimento da transgressão gera o arrependimento. Deus expressa então sua longanimidade a respeito dele: "Deus ficou irado com aquele que seduzira o homem, ao passo que, em relação ao homem que fora seduzido, ele foi, pouco a pouco, sentindo compaixão"[109]. Ele expulsa Adão do paraíso, a fim de interromper a transgressão e para que o pecado não ficasse sem cura. A morte será também uma pena medicinal: ela faz cessar o pecado, a fim de que o homem morra para esse pecado e viva para Deus. Ireneu insiste, enfim, sobre o proto-evangelho de Gn 3: a inimizade entre a mulher e a serpente anuncia "o fruto do parto de Maria"[110]. O clima do pensamento de Ireneu sobre o pecado na humanidade é, pois, bem menos trágico que o de Agostinho. Esse pecado não é uma catástrofe; é uma peripécia, grave sem dúvida, mas quase inevitável e previsível, dada a fraqueza do homem no início; a peripécia deixa o homem capaz de liberdade, e a salvação trazida por Cristo triunfa em honra do homem: ele até a integra, de algum modo, na dinâmica do crescimento da humanidade em direção a Deus.

Orígenes: do pecado pré-cósmico ao batismo das crianças

Na tradição alexandrina, Clemente de Alexandria é ainda a testemunha de um pecado de Adão considerado o de "um filhinho de Deus" que sucumbe à volúpia[111]. O grande teórico que foi Orígenes fixou-se no terrível problema da origem do mal no mundo, com a intenção de responder ao dualismo gnóstico. Em sua primeira obra importante, o *Tratado dos princípios*, ele apresenta o mal como o fruto de um ato de liberdade das criaturas espirituais que foram postas diante de uma opção. As almas humanas preexistentes tornaram-se culpadas de pecado e desceram então aos corpos carnais, sob o duplo título de uma punição e de uma prova para reconquistar a inocência inicial. Essa ideia, de tipo platônico, junta-se em Orígenes à exegese dos seis dias da criação. O texto do Gênesis é lido por ele como uma grande alegoria de sentido misterioso. Sabemos que, em sua concepção, a imagem de Deus não reside senão na alma e no espírito do homem[112]. A situação carnal desse homem só intervém após o pecado, sendo as túnicas de pele com que Deus reveste Adão e Eva o símbolo desse corpo de carne.

Orígenes é tomado igualmente de interesse pelos textos da Escritura que evocam a purificação da mulher que deu à luz:

> Penso que estão contidos aí certos mistérios escondidos e que há algum segredo misterioso, em razão do qual "a mulher que concebe de uma semente e dá à luz"

---

109. *CH*, p. 391.
110. *CH*, III,23,7; p. 391.
111. CLEMENTE DE ALEXANDRIA, *Protreptique*, 11,111; *SC* 2 bis, pp. 179-180.
112. Cf. *supra*, pp. 92-94.

é chamada "impura" e, como culpada de um pecado, recebe a ordem de oferecer uma vítima "pelo pecado" e de ficar assim purificada (cf. Lv 12,7). Mais, mesmo daquele que nasce, seja do sexo masculino, seja do feminino, diz a Escritura: Quem está puro da mancha? Ninguém, mesmo que sua vida sobre a terra tenha durado apenas um dia" (Jó 14,4-5, no texto grego)[113].

Depois de ter citado diversos textos da Escritura que evocam a situação pecadora do homem desde seu nascimento (em particular o Sl 50,7 e Jó 14,4-5), o Alexandrino faz a ligação com a prática eclesial do batismo das crianças, na qual ele via, aliás, uma "tradição apostólica"[114]:

> Podemos também acrescentar que é preciso investigar por que razão, uma vez que o batismo da Igreja é dado para a remissão dos pecados, esse batismo, segundo a prática da Igreja, é concedido até às crianças; visto que, certamente, se não havia nada nas crianças que devesse depender da remissão e da indulgência, a graça do batismo pareceria supérflua[115].

Orígenes não está aqui longe do grande argumento doutrinal de Agostinho, mesmo que sua reflexão se apresente como o assunto de uma pesquisa teológica pessoal sobre um ponto ainda pouco balizado por decisões eclesiais. Em suas *Homilias sobre são Lucas*, chegará a dizer que o próprio Jesus teve necessidade de ser purificado da "mancha" — diferente do pecado —, que ele contraiu pelo simples fato de sua encarnação num corpo humano[116].

Do que nos restou de sua exegese de Rm 5,12, Orígenes entende o famoso *eph'hô* em sentido causal: por um só homem o pecado entrou no mundo, pelo fato de que todos pecaram. A maioria dos Padres gregos manterá essa interpretação. Mas isso não se opõe à ideia da transmissão de um castigo:

> Está escrito que, logo que Adão pecou, o Senhor o expulsou do paraíso de delícias e que esse foi o castigo de seu pecado, que passou, sem dúvida possível, para todos os homens. Com efeito, todos foram postos neste lugar de humilhações, neste vale de lágrimas, seja porque todos os filhos de Adão já estivessem em seus rins e tenham sido expulsos com ele do paraíso, seja porque cada um de nós tenha sido banido pessoalmente e recebido sua condenação de uma maneira que não saberíamos dizer e que só Deus conhece[117].

---

113. ORÍGENES, *Homélies sur le Lévitique*, VIII,3; *SC* 287, ed. M. Borret, 1981, p. 17.
114. Comentário sobre Romanos, V,9; *PG* 14, 1047 bc.
115. *Homélies sur le Lévitique*, VIII,3; *SC* 287, p. 21. Cf. XII,4; pp. 177-179.
116. *Homélies sur saint Luc*, XIV, 3-5; *SC* 87, pp. 219-223, em que Orígenes trata do batismo das crianças "para a remissão dos pecados", que ele interpreta como "manchas" contraídas no nascimento.
117. Comentário sobre Romanos, V,4; *PG* 14, 1029 d. Trad. H. Rondet, *Le péché originel*, p. 96.

Esse texto traduz mais uma vez a busca que Orígenes fazia na Escritura. Foi o "castigo" que passou de Adão para seus descendentes, não formalmente o pecado. O autor hesita entre duas explicações: uma que anuncia a de Agostinho e vê todo o gênero humano já presente nos "rins" de Adão; a outra que parece se referir à teoria da queda das almas.

Essa última teoria jamais será aceita pela Igreja: ela até prejudica a memória de Orígenes, suspeito de heresia a respeito desse ponto, de modo bem anacrônico, aliás, pois ele tinha consciência de que não existia então ensinamento eclesial seguro sobre essa matéria. O ensinamento do Alexandrino não quer "fechar" sobre os dois aspectos do pecado original (originante e originado) uma doutrina completa e articulada em seus diferentes elementos; ele não está acima de algumas hesitações e ambiguidades: é uma procura em perpétuo devir. Mas pelo número de suas intuições, em particular no que diz respeito ao estado pecador da humanidade, à distinção esboçada entre "mancha" e "pecado", e ao batismo das crianças, ele anuncia alguns pontos importantes da futura doutrina.

As catequeses gregas dos séculos IV e V

Seria bom evocar ainda os testemunhos dos outros alexandrinos, Atanásio e Cirilo em particular, bem como o dos capadócios[118]. Vamos dar, todavia, prioridade às catequeses batismais que representam o melhor ponto de referência da doutrina corrente nos séculos IV e V, no Oriente.

Cirilo de Jerusalém é um pastor que ensina aos catecúmenos os fundamentos da fé cristã, sem fazer nenhum tipo de especulação. Tendo de convidar seu auditório à penitência, fala do pecado e de sua fonte na vontade do homem. Mas na origem foi o diabo "o instigador do pecado, o pai do mal". Foi por causa dele que "nosso primeiro pai foi expulso e, em troca de um paraíso que produzia espontaneamente frutos maravilhosos, recebeu em herança a terra fecunda em espinhos"[119]. O "embuste acarretou nossa perda [...]. Nós caímos [...]. Nós nos tornamos cegos [...]. Eis que ficamos coxos [...]. Estamos mortos"[120]. Cirilo — que recusa expressamente a doutrina de Orígenes a respeito da preexistência e da queda das almas[121] — ensina que a encarnação foi o remédio para a presença do pecado no mundo, pecado não somente iniciado por Adão e Eva, enganados pelo inimigo, mas também continuado por Caim, pelos homens que viveram na época do dilúvio e até por Israel: apresenta assim o pecado da humanidade como um dado universal, como uma ferida total que vai "dos pés à cabeça"[122]. Ele retoma também o paralelo antitético entre Adão e Cristo[123].

---

118. Cf. H. RONDET, *Le péché originel*, pp. 101-120.
119. CIRILO DE JERUSALÉM, *Catéchèses baptismales*, II,4; trad. J. Bouvet, *PF* 1993, p. 43.
120. *Ibid.*, II,5; p. 43.
121. *Ibid.*, IV,19; p. 73.
122. *Ibid.*, XII,5-7; pp. 168-169.
123. *Ibid.*, XIII,28; p. 204; XV,31; pp. 252-253.

João Crisóstomo é também ele um pastor e um estudioso do anúncio. Quando comenta do púlpito o Gênesis, retoma o paralelo entre Adão e Cristo a partir da árvore do jardim e da árvore da cruz:

> A primeira árvore introduziu a morte no mundo, a segunda nos deu a imortalidade. Uma nos expulsou do paraíso, a outra nos leva ao céu. Uma, por uma só condenação, condena o infeliz Adão aos mais terríveis castigos; a outra nos alivia do peso de um grande número de pecados e nos devolve a confiança em Deus[124].

A oposição entre os dois Adões encontra-se em seu comentário de Rm 5,12-14 (em que o *eph'hô* é lido segundo a tradição grega). João mergulha na antítese da morte e da condenação por um só e da justiça por um só, mas tropeça diante de fórmula "pela desobediência de um só homem, a multidão se tornou pecadora" (Rm 5,19):

> Tendo ele pecado e tendo se tornado mortal, que os descendentes dele também o sejam, não é inverossímil; mas que pela desobediência de um, um outro se torne pecador, onde está a lógica? Pois julgamos que ninguém deva ser condenado se não foi ele próprio um pecador. Que significa então esse termo "pecador"? Parece-me que isso quer dizer estar sujeito ao castigo e ser condenado à morte[125].

Essa dificuldade ressurgirá em todos os debates sobre o pecado original. Crisóstomo responde a ela por meio do vocabulário clássico no Oriente: trata-se de uma solidariedade no castigo e na morte, não no pecado propriamente dito. Mas o termo "morte" é mais denso para ele que para nós e traduz uma situação objetiva do mal. Por sua vez, o termo "pecado" só pode visar a um ato e não a um estado.

Mais embaraçosa é provavelmente esta passagem das *Catequeses batismais*, referente ao batismo das crianças:

> Quando muitos creem que [o batismo] tem como único benefício a remissão dos pecados, nós contamos até dez graças conferidas por ele. É por essa razão que batizamos até as crianças, ainda que elas não tenham pecados, para que lhes seja aumentada a justiça, a filiação, a herança, a graça de serem irmãs e membros de Cristo e de se tornarem morada do Espírito Santo[126].

As crianças não têm pecados. Esse texto, evidentemente, criou dificuldades e foi oposto a Agostinho pelos pelagianos. Ele respondia que, uma vez que Crisóstomo usa o plural, trata-se simplesmente de pecados pessoais, evidente-

---
124. JOÃO CRISÓSTOMO, *Homélies sur la Genèse*, XVI,6; *PG* 53,133; trad. H. Rondet, *op. cit*, p. 125.
125. *Homélies sur Rm*, X,2-3; *PG* 60,477.
126. *Huit catéchèses baptismales*, III,6; *SC* 50, ed. A. Wenger, 1957, pp. 153-154.

mente ausentes de todas as crianças. Mas, segundo o parecer de A. Wenger, essa explicação não é suficiente. Vários outros textos de João caminham no mesmo sentido, quando fala da inocência e da justiça da alma das crianças[127]. Poderíamos até entender que Crisóstomo julgue que as crianças não tenham "pecado" pois esse vocabulário ainda não é reconhecido a respeito do pecado original; mas ele parece negar a existência de qualquer corrupção (*phtora*), linguagem oriental para exprimir a herança da falta de Adão na humanidade. Entretanto, o mesmo Crisóstomo que não diz que se devam suprimir os exorcismos nos batismos das crianças[128], afirma a seguir na mesma homilia:

> Cristo veio uma vez; encontrou a marca ancestral contraída por Adão. Pois foi Adão que começou a contrair a dívidas quanto a nós, aumentamos a carga com todas as faltas posteriores. E ela acarretava maldição, pecado, morte, condenação pela lei. Cristo suprimiu tudo isso e nos perdoou[129].

Agostinho responderá a seus adversários citando com razão essa passagem, que exprime bem a dívida contraída pelo pecado da humanidade começado com o de Adão. Sem dúvida, o pensamento da escola de Antioquia não tem total coerência a respeito desse ponto. Paradoxalmente, João Crisóstomo, embora mais próximo a Agostinho no tempo, está mais afastado dele em relação à doutrina que um Orígenes[130].

Teodoro de Mopsuéstia é talvez o inspirador de Rufino, o Sírio, e de Juliano de Eclano. Os catálogos antigos de suas obras lhe atribuem um *Contra aqueles que dizem que o pecado é inato na natureza*[131]. Parece que ele não admite um pecado original em Adão, mas somente pecados "à imitação" de Adão. Entretanto, para ele também a falta de Adão introduz na "carne" um elemento de fraqueza que afeta toda a descendência e "inclina" ao pecado[132].

2. PECADO DOS HOMENS E PECADO DE ADÃO NOS PADRES LATINOS

Os principais autores latinos que temos de considerar antes de Agostinho são Tertuliano, para a questão do traducianismo, Cipriano, para a concepção do contágio no qual nascemos de Adão, e, enfim, Ambrósio e o Ambrosiaster, que são os mais próximos da compreensão que terá Agostinho do pecado original,

---

127. Cf. a nota 2 de A. Wenger, *ibid*.
128. Cf. H. RONDET, *op. cit.*, p. 146.
129. *Huit catéchèses baptismales*, III,21; p. 163.
130. Sobre o pensamento de Crisóstomo a respeito do pecado original, ver F. J. THONNARD, Sain Jean Chrysostome et saint Augustin dans la controverse pélagienne, *Revue des Études Byzantines* 25 (1967) (= Mélanges V. Grumel), vol. 2, pp. 189-218.
131. Cf. J. M. LERA, Théodore de Mopsueste, *DSp* XV (1991) 387.
132. Cf. R. DEVREESSE, *Essai sur Théodore de Mopsueste*, "Studi e Testi" 141, Vaticano, 1948, pp. 98-99.

como do conjunto da argumentação patrística desenvolvida no século V[133]. A seguir, após a apresentação do pensamento do primeiro Agostinho, daremos atenção particular à compreensão da demonologia.

O traducianismo de Tertuliano

O traducianismo é a teoria segundo a qual a alma humana não é criada por Deus para cada ser humano, mas transmitida dos pais para os filhos e a partir da alma do primeiro homem. Tertuliano defendia o traducianismo das almas em razão da impossibilidade que tinha sua época de conceber um ser existente sem corpo. Numa célebre definição da alma, ele afirma não somente que ela é "corporal", ou seja, uma realidade substancial representada como uma espécie de corpo sutil, mas ainda que a alma de cada um "provinha de uma só" (*ex una redundantem*)[134], aquela que recebera na criação o sopro de Deus. Ela se transmite do pai: no ato da geração, a alma paterna deixa escapar alguma coisa dela mesma[135].

Essa teoria poderia se aplicar facilmente à transmissão do pecado original. Tertuliano julga que os filhos de Adão nascem marcados por uma mancha e ficam sob o poder do demônio. Isso vale não somente a respeito dos filhos dos pagãos, mas também dos filhos dos batizados. Ele já emprega a expressão "alma pecadora":

> Toda alma é levada à conta de Adão, até que seja de novo levada à conta de Cristo; ela está manchada por todo o tempo em que não é levada de novo à conta de Cristo; ela é pecadora, visto que manchada[136].

Tertuliano fala igualmente de um "vício de origem" (*vitium originis*)[137]. O termo diz mais que morte e menos que pecado no sentido pessoal do termo: exprime a objetividade de um mal.

Em seu livro sobre *A carne de Cristo*, Tertuliano retoma o paralelo de Ireneu entre Eva e Maria, e sublinha que o mistério da regeneração batismal está ligado à geração virginal de Jesus, a qual lhe permite que liberte os outros homens das manchas deles:

> Esse é o novo nascimento em que o homem nasce de Deus, depois que Deus nasceu no homem, tomando a carne da antiga semente sem a semente antiga,

---

133. G. MASCHIO, L'argomentazione patristica di S. Agostino nella prima fase della controversia pelagiana (412-418), *Augustinianum* 26 (1986) 459-479.
134. TERTULIANO, *De l'âme*, 22,2; CCSL II, p. 814.
135. *Ibid.*, 27,6; p. 823.
136. *Ibid.*, 40,1; p. 843. A continuação do texto presta-se à discussão em razão de uma possível negação: "*(nec) recipiens ignominiam ex carnis societate*".
137. *Ibid.*, 41,1-2; p. 844.

a fim de lhe dar de novo forma pela nova semente, ou seja, espiritual, e de a purificar livrando-a das manchas de sua velha vida[138].

Os maniqueus utilizaram bastante o traducianismo para explicar a transmissão do princípio do mal ou das trevas, ligada ao elemento da matéria. A questão da origem da alma ocupará Agostinho quase sua vida inteira, precisamente porque ligada à transmissão do pecado original. Por muito tempo ele continuará tentado pelo traducianismo e ficará perplexo diante da alternativa entre traducianismo e criacionismo (concepção segundo a qual a alma é criada diretamente por Deus, a cada nascimento)[139]. Com muita frequência, Juliano de Eclano acusará Agostinho de ter sido sempre maniqueu. A objeção pelagiana a um nascimento no pecado original era, com efeito, clara e cristalina: se a alma é criada por Deus, ela nasce sem pecado; caso contrário, cai-se no erro maniqueu de considerar a alma como um corpo, e o pecado como fruto do corpo e não da alma[140].

Continuando até o fim sem solução definitiva para a origem da alma, Agostinho explicou catolicamente o pecado original, tanto na hipótese traducionista como na criacionista. Ficou somente por explicar por que os filhos de pais batizados nascem com o pecado original, uma vez que o de seus pais fora já remido no batismo deles.

Cipriano e o batismo das crianças

Em sua carta ao padre Fidos, tratando de diversas questões relativas ao batismo das crianças, Cipriano, testemunha da prática africana, afirma em particular que não se devem afastar as crianças do batismo e que há muita clareza quanto à relação do batismo com a remissão dos pecados, mesmo que eles sejam alheios à própria criança e fruto de uma herança vinda de Adão por contágio:

> Os maiores pecadores, depois de terem pecado gravemente contra Deus, quando chegam à fé, obtêm a remissão de suas faltas: ninguém fica privado do batismo e da graça. Com razão muito mais forte, uma criança não deve ficar privada dele; tendo pouco tempo de vida, ela não cometeu falta alguma; ela contraiu somente em seu primeiro nascimento, como descendente de Adão, o vírus mortal do antigo contágio (*secundum Adam carnaliter natus contagium mortis antiquae prima nativitate contraxit*); chega com tanto mais facilidade a

---

138. *La chair du Christ*, 17,3; SC 216, p. 281.
139. Cf. A. SOLIGNAC, Créatianisme et traducianisme, in P. AGAËSSE, *op. cit.*, pp. 119-121.
140. Cf. a citação do *Comentário das Cartas de São Paulo*, de Pelágio, em *Sur la peine et la rémission des péchés*, III,3,5; Vivès, t. 30, p. 108.

obter a remissão dos pecados quanto os pecados que lhe são remetidos não são os dela, mas os de outro[141].

Por várias vezes, Agostinho citará na íntegra essa carta[142]. É que a afirmação de Cipriano tem uma importância notável para sua tese referente ao resultado do pecado original na humanidade e a sua consequência necessária para o batismo das crianças. Mais tarde, no fogo da polêmica pelagiana, ele recorrerá ainda à carta de Cipriano, que exprimia a fé dos bispos reunidos em concílio.

Em seu livro *Sobre a pena e a remissão dos pecados*, Agostinho, dentre os autores especificamente cristãos, cita somente Cipriano e Jerônimo (este último a propósito de sua polêmica contra Joviniano), não como autoridades canônicas, mas como testemunhas da tradição da Igreja sobre o batismo e o pecado original[143].

Ambrósio e o Ambrosiaster

Ambrósio e o autor desconhecido cujas obras foram atribuídas a ele antes de esse autor ser indicado sob a qualificação de Ambrosiaster serão as fontes mais próximas de Agostinho para o pecado original. "Ambrósio fala do pecado e de suas consequências à maneira dos capadócios, sobretudo de Basílio e de Gregório de Nazianzo, como se Adão fosse nós mesmos"[144]. Ele representa, pois, um elo entre a teologia grega do século IV e Agostinho. "O pecado de Adão foi um pecado de orgulho, mas esse pecado foi nosso pecado, pois Adão está em cada um de nós. Essa ideia é vigorosamente afirmada no comentário de são Lucas a propósito da parábola do filho pródigo. O homem ferido e tido como morto é Adão, é a humanidade pecadora"[145]. A propósito do batismo, Ambrósio escreve, por exemplo:

> "Aquele que tomou banho não tem nenhuma necessidade de ser lavado [senão de lavar os pés]" (Jo 13,10). Por que isso? Porque no batismo toda falta é apagada[146].

---

141. CIPRIANO, *Correspondance*; 64,5; Bayard II, p. 216.
142. *Sur la peine et la rémission des péchés*, III,5,10; Vivès, t. 30, p. 111. Agostinho se refere com frequência a essa carta, p. ex. Carta 166,8,23-24; *PL* 33, 730-731, do ano 415, dirigida a Jerônimo; *Réponse à deux lettres des pélagiens*, IV,8,23; *BA* 23, pp. 609-611. Sobre a autoridade de Cipriano em Agostinho, ver J. BORD, L'autorité de saint Cyprien dans la controverse baptismale jugée d'après saint Augustin, *RHE* 18 (1922) 445-469.
143. *Sur la peine et la rémission des péchés*, III,7,13-14; Vivès, t. 30, pp. 114-115.
144. H. RONDET, *op. cit.*, p. 132.
145. *Ibid.*, p. 133; cf. AMBRÓSIO, Comentários sobre o salmo, 35, n. 26; *PL* 14, 965a; Explicação do salmo 118, sermão 7, n. 8; *PL* 15, 1283 a; Apologia do profeta Davi, 11,71; *PL* 14, 915 c; *Traité sur l'évangile de saint Luc*, VII,71-84; *SC* 52, pp. 71-84.
146. *De sacrements*, III,4,7; *SC* 25 bis, p. 95.

Os especialistas ressaltaram a presença de certos temas ambrosianos na obra agostiniana: atribuir-se-ia a Ambrósio a ideia do vínculo de todo homem nascituro com Adão; ao Ambrosiaster, a da transmissão do pecado original por meio do corpo e da geração carnal[147].

Balanço sobre a tradição pré-agostiniana

Essa rápida passagem pelas tradições grega e latina permite estabelecer certo balanço da doutrina pré-agostiniana sobre o pecado de Adão e o dos homens. Esse ponto que dominará tanto a atenção do Ocidente até nossos dias é raramente abordada por ele como um tema formal de ensinamento. Está sempre presente, todavia, na pressuposição do discurso sobre a salvação trazida por Cristo, quer ela seja exposta no quadro da história da salvação e do acontecimento pascal, quer seja abordada na catequese sacramental. Essa tradição é fiel ao ensinamento paulino sobre os dois Adões, que ela estende tranquilamente ao caso das duas Evas, como é o caso do Símbolo de fé que não trata do pecado, mas da remissão dos pecados. Igualmente, o que se diz do pecado sempre é dito sob a modalidade da objetividade de uma situação. Não se encontra na obras desses autores nenhuma análise da consciência pecadora do homem, de sua desordem interior, de tudo o que o Ocidente porá sob o nome de concupiscência.

Com vocabulários diferentes, essas duas tradições consideram, todavia, com clareza que o estado global da humanidade é o de morte, de condenação ou de punição, de mancha ou de corrupção, de cativeiro e, enfim, de certa forma de pecado. Esse termo é ainda empregado de maneira global, geralmente em ligação com a multiplicação dos pecados pessoais no mundo. Não tem evidentemente os contornos que a teologia agostiniana dará ao "pecado original", atribuído a cada ser humano que nasce neste mundo. A consideração das crianças não está no primeiro plano da preocupação, embora o batismo das crianças leve alguns autores a refletir a respeito. Essa situação global e universal é o fato de uma solidariedade de toda a humanidade, solidariedade que tem sua origem em Adão. Mas os esquemas de representação dessa solidariedade são ainda confusos: às vezes se trata de contágio, às vezes Adão é considerado a totalidade da humanidade.

3. AGOSTINHO ANTES DE AGOSTINHO

Os textos de santo Agostinho antes de 411

Em *A primeira catequese* (*De catechizandis rudibus*, por volta de 400), Agostinho retoma a terminologia de Melitão de Sardes, com suas oposições entre a

---

147. Para as fontes de Pelágio no *Ambrosiaster*, B. PIAULT, Autour de la controverse pélagienne: le troisième lieu, *RSR* 44 (1956) 481-514; N. CIPRIANI, Un'altra traccia dell'Ambrosiaster in Agostino. *De pecc. meritis* II,36,58-59, *Augustinianum* 24 (1984) 515-525.

escravidão e a liberdade, as trevas e a luz, a morte e a vida, a tirania e a realeza, sobretudo a oposição entre a morte e a vida eterna, que resume de certo modo todas as outras. Esse fato é um testemunho das relações estreitas entre as tradições asiática e africana, bem como da pastoral comum do batismo nas comunidades da Igreja antiga. O bispo de Hipona explicava aos catecúmenos as diferentes situações deles na existência, em Adão e em Cristo: este é o mediador pelo qual o homem pode se aproximar de Deus, o reconciliador e o libertador da inimizade contraída em Adão, o Salvador das penas que dela decorreram, o restaurador da imagem divina nele, o portador de um novo caminho que o regenera como filho de Deus, que o torna justo, de ímpio que era, "justificando aquele que antes era ímpio"[148]. Essa última expressão de Cristo, "justo", que morre pelo injusto, é especialmente notável e já teve alguns desenvolvimentos em Melitão[149].

Podemos sintetizar a orientação fundamental da catequese batismal no tempo de santo Agostinho com base em dois textos: um tomado de *A primeira catequese*, em que Cristo é apresentado explicitamente como quem nos liberta das penas eternas, essa ruína a que é arrastada a humanidade em razão da morte introduzida por Adão; e o outro, tirado das *Homilias sobre o Evangelho de João*, em que se trata do duplo destino da humanidade: a morte em Adão e a vida em Cristo.

> Dessa ruína, ou seja, das penas eternas, Deus, em sua misericórdia, quis libertar os homens [...]. Enviou seu Filho único [...]. E o Verbo, aparecendo aos homens numa carne mortal, veio habitar entre os homens. Desse modo, "assim como a morte entrou no mundo por um só homem", o primogênito, ou seja, Adão, porque ele concordou com sua esposa seduzida pelo diabo para os fazer transgredir o mandamento de Deus, assim por um só homem, que é também Deus, o Filho de Deus, Jesus Cristo, graças à remissão de todos os pecados passados, todos aqueles que creem nele podem entrar para a vida eterna (Rm 5,12-19)[150].

> O homem nasceu com a herança do pecado e da morte. Nascido de Adão, levou consigo o que foi concebido em Adão. O primeiro homem caiu, e todos os que dele nasceram herdaram dele a concupiscência da carne. Era necessário que nascesse outro homem que não carregasse consigo nenhuma concupiscência. Um homem e um homem: um homem para a morte, e um homem para a vida. Assim fala o Apóstolo: "Visto que a morte veio por um homem, é também por um homem que vem a ressurreição dos mortos" (1Cor 15,21). Por qual homem veio a morte e por qual a ressurreição dos mortos? Tenha paciência! O Apóstolo continua: "Assim como todos morrem em Adão, em Cristo todos receberão a vida (*ibid.*, 22). Quem são os que pertencem a Adão? Todos aqueles que nasceram de Adão. E os que pertencem a Cristo? Todos aqueles que nasceram por Cristo. Por

---

148. *La première catéchèse*, 17,28; 26,52; 27,55; *BA* 11/1, pp. 147, 221, 227-231.
149. MELITÃO, *Sur la Pâque*, nn. 48 e 101; *SC* 123, pp. 86 e 120.
150. *La première catéchèse*, 26-52; *BA* 11/1, p. 221.

que estão todos eles no pecado? Porque ninguém nasceu independentemente de Adão. Nascer de Adão foi para eles uma necessidade imposta pela condenação: nascer por Cristo vem da vontade e da graça[151].

Esses dois textos explicam-se mutuamente e são a chave da doutrina de *A primeira catequese*, que se desenvolve em torno dessas duas passagens da Escritura, 1Cor 15,21-22 e Rm 5,12-19. O fato de relacionar essas passagens uma com a outra ressalta a solidariedade real existente entre os homens, em Adão e em Cristo, para além da causalidade de seus exemplos, a qual era posta em primeiro plano e considerada de maneira exclusiva pelos pelagianos[152]. A *mortalitas* de 1Cor 15,21 e de Rm 5,12 foi uma das categorias principais com que se expressou Agostinho, sobretudo antes da polêmica pelagiana, bem como em seu início, para indicam a solidariedade que une todo homem ao Adão do Gênesis: todos têm em comum um mesmo caminho de mortalidade.

Uma mudança de perspectiva

De 411 a 418, observa-se, no que diz respeito ao pecado original, uma mudança de perspectiva importante. Com efeito, sob o impulso do movimento pelagiano, que reduzia todo pecado individual à responsabilidade pessoal, os ângulos de aproximação evoluíram num tempo relativamente curto. Primeiro, o contexto doutrinal precedente, a saber, a soteriologia, ela própria ligada à catequese cristológica do Símbolo, viu-se relegado a segundo plano. A seguir, a questão do pecado original foi introduzida na polêmica donatista, então centenária (311-411), sobre os sacramentos, e na nova polêmica provocada por Joviniano e conduzida a seu grau máximo por Pelágio, sobre o ascetismo. Enfim, a questão do pecado original foi isolada, para se tornar uma questão dogmática totalmente à parte. Perguntava-se diretamente sobre o "pecado da origem", sobre a natureza e sobre o modo de sua transmissão em todos os descendentes de Adão. Observa-se tal mudança nos textos de Agostinho, sobretudo entre o sínodo de Cartago, de 411, em que foi acusado o pelagiano Celéstio, e o concílio de Cartago, de 418, no qual foram definitivamente condenadas as teses pelagianas.

4. RITOS BATISMAIS DE EXORCISMO E DEMONOLOGIA

A análise dos ritos batismais — particularmente a dos exorcismos, que exprimem a demonologia da Igreja antiga — fornece elementos interessantes

---

151. *Homélies sur l'évangile de Jean*, 3,12; BA 71, p. 233.
152. Essa ligação de 1Cor 15,21-22 com Rm 5,12-19 encontra-se no livro *Sur la peine et la rémission des péchés*, III,11,19; Vivès, t. 30, pp. 118-119. 1Cor 15,22 é ainda lembrado nas *Confessions* X,20,29; BA 14, p. 195.

sobre a consciência que o cristianismo podia ter do pecado original, antes da polêmica pelagiana. A cerimônia do exorcismo dava ao demônio a ordem de abandonar o neófito, conjugando-o a sair dele, com essas palavras; "Maldito, retira-te!" (*maledicte, exi foras*)[153]; tal rito evocava da maneira mais sugestiva a libertação do poder das trevas. É a mesma fórmula que devia ser utilizada em Hipona, pois Agostinho descreve da mesma maneira o exorcismo feito em nome de Cristo e da Santíssima Trindade: esse exorcismo tem a mesma eficácia para expulsar os demônios que a força de Cristo durante sua vida pública:

> O que fazemos em vós depois de ter invocado o nome de vosso Redentor, completai-o pela compunção e atenção de vosso coração. Nós, por nossas orações e nossas súplicas a Deus, resistimos às astúcias do velho inimigo; vós, pelos desejos e a contrição de vosso colação, resisti, a fim de serdes arrancados do poder das trevas e transferidos para o reino de sua caridade e de sua claridade[154].
>
> Essa mesma virtude age fora da Igreja e na Igreja, como a virtude do nome de Cristo operava, mesmo fora da Igreja, a expulsão dos demônios[155].

O exorcismo fazia parte da categoria dos ritos intermediários que ressaltavam a passagem de um estado a outro, do poder do mal para o reino da luz e do amor de Cristo. Essa passagem de libertação realizava-se gradualmente no catecúmeno, à medida que ele se aproximava do batismo. A administração desse rito era obrigatória: os candidatos ao batismo deviam se purificar "pela abstinência, pelo jejum e pelos exorcismos"[156].

Esse rito manifestava do modo mais evidente a consciência que a Igreja — que o administrava — e o catecúmeno — que a ele se submetia — tinham do estado em que este último se encontrava. Com efeito, submeter-se a esses exorcismos, tendo em vista ficar livre do poder das trevas, supõe a pertença à família do demônio, e essa é precisamente a resposta à questão retórica posta por Agostinho: "Para que serve meu exorcismo sobre essa criança, se ela não faz parte da família do diabo?"[157].

É o ato de soprar (*exsufflatio*) sobre o catecúmeno que, normalmente, significava que a dominação do mal estava afastada dele, fosse ele um adulto ou

---

153. OPTATO DE MILEVO, *Sur le baptême*, IV,6; *CSEL* 26, p. 110. Cf. E. NEUVET, Notes sur la liturgie prébaptismale d'après les Pères. Des exorcismes préparatoires au baptême, *EphThL* 42 (1928) 152-162; P. BROWN, Sorcery, Demons and the Rise of Christianity from Late Antiquity into the Middle Age, *Tavistock Publications* (1970), pp. 17-45.
154. Sermão 216,6; *PL* 38,1080.
155. *Sur le baptême*, IV,11,17; *BA* 29, p. 377.
156. *La foi et les œuvres*, 6,8; *BA* 8, p. 369. Cf. J. QUASTEN, Ein Taufexorzismus bei Augustinus, *REA* 2 (1956) 101-108.
157. *Sur la peine et la rémission des péchés*, I,34,62; Vivès, t. 30, p. 52. Gregório de Nazianzo exprimia a mesma ideia: "Não recuses o remédio do exorcismo nem te desencorajes por sua demora", *Discours* 40,27; ed. P. Gallay, *SC* 358, 1990, p. 261.

uma criança[158]. Na significação comum, soprar sobre alguém ou sobre alguma coisa era, então, um sinal de desdém e de zombaria em relação a uma autoridade que se quisesse menosprezar. Ao utilizar esse gesto com os catecúmenos, a Igreja pretendia zombar do diabo destronado, expulsá-lo e esbulhá-lo de um domínio ao qual sucedia o de Cristo[159].

III. DA MORTE DE AGOSTINHO AO FIM DA IDADE MÉDIA: DECISÕES ECLESIAIS E TEOLOGIA ESCOLÁSTICA

A teologia pós-agostiniana, em particular a da Idade Média, aceita os três dados principais desenvolvidos pelo bispo de Hipona: o pecado original é um verdadeiro pecado; ele se transmite por geração; influencia negativamente a natureza humana, tanto no corpo como no livre-arbítrio da vontade.

1. AS INTERVENÇÕES ECLESIAIS APÓS AGOSTINHO SOBRE O PECADO ORIGINAL

> **INDICAÇÕES BIBLIOGRÁFICAS**: J. T. LIENHARD, The Earliest Florilegia of Augustine, *Augustinian Studies* 8 (1977) 21-31. — M. CAPPUYNS, Le premier représentant de l'augustinisme médiéval, Prosper d'Aquitaine, *RTAM* 1 (1929) 326-335. — V. GROSSI, La recezione 'sentenziale' di Agostino in Prospero di Aquitania. Alle origini delle frasi sentenziali attribuite ad Agostino, *in* A. ZUMKELLER e A. KRÜMEL (eds.), *Traditio Augustiniana. Studien über Augustinus und seine Rezeption* (*Festgabe W. Eckermann*), Würzburg, Augustinus Verlag, 1994, pp. 123-140; L'auctoritas magisteriale di Agostino e la Chiesa Romana (sec. V-VIII), *Memoriam Sanctorum venerantes* (*Miscellanea en l'honneur de Mgr. V. Saxer*), Cidade do Vaticano, Ed. PIAC 48, 1992, pp. 491-502.

Antes do concílio de Orange

Os responsáveis pela Igreja Católica no Ocidente, e em particular os papas, tiveram sempre um juízo prévio favorável e até incondicional em relação à ortodoxia de santo Agostinho, a começar por Celestino I, que em maio de 431

---

158. Na *Tradition apostolique*, de Hipólito, 20 e 38; *SC* 11 bis, pp. 79 e 121, o diabo é designado como o *estranho*, e o que está em seu poder como *coisa estranha*. Na polémica com Juliano de Eclano, Agostinho lembra ordinariamente o poder do diabo que mantém presa toda criança que nasce, pois ele é o culpado pelo contágio do pecado, *Ouvrage inachevé contre Julien*, I,117; Vivès, t. 31, p. 802.

159. Cf. *Ouvrage inachevé contre Julien*, III,199; Vivès, t. 32, p. 259, evocando as leis contra as *exsufflationes* sobre as imagens do imperador.

lhe manifestou publicamente sua estima e sua comunhão, na linha de seus predecessores, considerando-o um dos "grandes mestres" do povo de Deus:

> Esse homem de santa memória, que é Agostinho, em razão de sua vida e de seus méritos, nós sempre o tivemos em nossa comunhão e jamais o boato de uma suspeita desonesta o prejudicou. Nós nos recordamos que possuía tal ciência que já meus predecessores sempre o consideraram como um dos melhores mestres[160].

Os textos do bispo de Hipona, que depois de sua morte ocorrida em 430 tiveram influência sobre o desenvolvimento da teologia do pecado original, comportam duas séries de testemunhos: o primeiro diz respeito ao vínculo da humanidade com Adão; o segundo, à questão da predestinação. Essas duas questões estão ligadas às da graça e do livre-arbítrio, elas mesmas em relação com a compreensão do pecado das origens[161].

A primeira série das intervenções oficiais da Igreja inspiradas em Agostinho mostra constantemente a consciência de um vínculo (*nexus*) negativo entre Adão e a humanidade, a saber, que todo homem, pelo simples fato de nascer homem, nasce com uma herança humana problemática. Para exprimir esse dano, utiliza-se a terminologia, tipicamente inspirada em Agostinho, do "vínculo original" (*originalis nexus*) que se transmite dos pais aos filhos (*per traducem a parentibus*), provocando a morte no corpo e na alma da criança que vai nascer. A natureza humana como tal não se transmite mais em seu estado original, porque foi "mudada para pior" (*in deterius commutata*), a ponto de fazer dela uma "raça condenada" (*damnata progenies*). Essas ideias retomam evidentemente quase ao pé da letra a terminologia e os conteúdos da teologia de Agostinho. Os cânones do concílio de Orange sobre o pecado original são sua mais manifesta confirmação.

O segundo concílio de Orange (529)

INDICAÇÕES BIBLIOGRÁFICAS: *CCSL* 148 A; pp. 53-76. — M. CAPPUYNS, L'origine des *Capitula d'Orange* 529, *RTAM* 6 (1934) 121-142.

Cerca de um século após a morte de Agostinho, o papa Hormisda teve de escrever a Possessor, bispo dos africanos (13 de agosto de 520), porque lhe tinham pedido para julgar a doutrina de Fausto de Riez. Ele remeteu seu cor-

---

160. CELESTINO I, Carta 21,2; *PL* 50,530 a. Celestino recebera cartas de Agostinho quando era ainda diácono (Carta 192). Quando foi feito papa, em 423, Agostinho felicitou-o por sua eleição pacífica (Carta 209). Quando se refere a seus predecessores, Celestino faz referência às cartas do papa Inocêncio ao concílio de Cartago (Carta 181) e de Milevo (Carta 182) sobre a condenação da heresia pelagiana.

161. A questão da predestinação será retomada, *infra*, pp. 254-257.

respondente à leitura de Agostinho e lhe mostrou a possibilidade de consultar nos arquivos romanos um compêndio sobre a graça (*expressa capitula*):

> Sobre o livre-arbítrio e a graça de Deus, observava-lhe ele, ainda que se possa reconhecer tranquilamente o que a Igreja romana, ou seja, católica, segue e guarda, com base nos diversos livros do bem-aventurado Agostinho, sobretudo naqueles endereçados a Hilário e a Próspero, todavia, nos arquivos eclesiásticos, conservavam-se os *"expressa capitula"*[162].

Na ideia do papa Hormisda, esses *Capitula*, escritos no gênero literário dos anátemas e, portanto, com a forma de uma sentença canônica, certamente referem-se às "sentenças" de Próspero, tiradas dos textos de Agostinho, e no compêndio que delas fizera João Maxêncio. Esse mesmo compêndio foi utilizado a seguir por Félix IV, no final de 528 ou início de 529, que enviou a Cesário de Arles esses *Capitula*. Foi desses mesmos *Capitula* que se tiraram os 25 cânones de Orange, cujos oito primeiros assumiram a formalidade redacional de um cânon com anátema, e os outros dezessete, a forma mais simples de uma sentença. O concílio de Orange reuniu catorze bispos por iniciativa e sob a presidência de Cenário de Arles durante esse ano de 529. Cesário queria então garantir a plena vitória da doutrina de Agostinho sobre certas tendências "semipelagianas" que se manifestavam ainda na Gália.

Cem anos após a morte de Agostinho, o conceito agostiniano de "natureza viciada" entra então na doutrina da Igreja:

> Se alguém disser que, pela ofensa da prevaricação de Adão, o homem não foi todo ele, em seu corpo e em sua alma, mudado para um estado pior, e se acreditar que somente o corpo foi submetido à corrupção, ao passo que a liberdade da alma ficava intata, esse tal, enganado pelo erro de Pelágio, contradiz a Escritura [...] (cân. 1)[163].

A fórmula citada vem de Agostinho[164]. O objetivo do cânon é afirmar as consequências do pecado de Adão para todo homem que vem ao mundo: essas consequências são ao mesmo tempo corporais e espirituais; o homem todo está deteriorado" e tomado por uma "corrupção". Nesse cânon, tais consequências não são chamadas formalmente "pecado". Serão no seguinte:

> Se alguém disser que a prevaricação de Adão não prejudicou senão a ele e não sua descendência, ou se declaram que somente a morte corporal, que é a pena do pecado, e não o pecado, que é a morte da alma, passou, por um só homem, para

---

162. HORMISDAS, Carta 70,5 ao bispo Possídio, em 520; *DzS* 366; *PL* 63, 493 a.
163. *DzS* 371; *FC* 272.
164. *Mariage et concupiscence*, II,34,57; *BA* 23, p. 280.

todo o gênero humano, esse tal atribui a Deus uma injustiça e contradiz o apóstolo que diz: "por um só homem o pecado entrou no mundo, e pelo pecado a morte, e assim [o pecado] atingiu todos os homens, naquele em quem todos pecaram" (Rm 5,12)[165].

Esse cânon 2 reproduz uma tese de Agostinho que visava Juliano de Eclano[166]. Ele se apóia sempre nas consequências do pecado de Adão na humanidade, porém é mais explícito: a "deterioração" e a corrupção são chamadas agora morte do corpo e morte da alma, e esta última é definida como pecado. Esse pecado foi o objeto de uma transmissão vinda de Adão. Um elemento significativo é que, no apelo a Rnl 5,12, o famoso *"in quo"* está referido diretamente ao pecado de Adão e não à "morte", exatamente como o entendera Agostinho. Esses dois cânones serão amplamente reutilizados pelos dois primeiros cânones do concílio de Trento sobre o pecado original[167].

No cânon 13 e na conclusão, ou seja, na parte dos *Capitula* redigida por Cesário de Arles, encontra-se ainda a terminologia agostiniana:

> Da reparação do livre-arbítrio: o livre-arbítrio da vontade, ferido no primeiro homem, não pode ser reparado senão pela graça do batismo (cân. 13).
>
> Nós devemos pregar e crer que, pelo pecado do primeiro homem, o livre-arbítrio foi tão desviado e enfraquecido que ninguém, a seguir, pode amar a Deus como convém [...][168].

O concílio de Orange propõe aqui, pois, como doutrina de fé, o ensinamento agostiniano: o exercício do livre-arbítrio está ferido em consequência do pecado original[169]. Mas o concílio não condena ninguém. Ele foi confirmado pelo papa Bonifácio II em 531, será aceito na Igreja do Ocidente e terá influência sobre o concílio de Trento. Esses textos de decisões sinodais põem em evidência três elementos que permanecem como aceitos na história do dogma do pecado original: sua natureza, seu modo de aquisição, por transmissão depois de Adão, e suas consequências.

2. A TEOLOGIA ESCOLÁSTICA

INDICAÇÕES BIBLIOGRÁFICAS: H. KÖSTER, *Urstand, Fall und Erbsünde von der Scholastik bis zur Reformation*, Freiburg-Bassel-Wien, Herder, 1979. — O. H.

---

165. *DzS* 372; *FC* 273.
166. *Réponse à deux lettres des pélagiens*, IV,4; *BA* 23, pp. 563 567.
167. Cf. *infra*, pp. 197-199.
168. *DzS* 383 e 396; *FC* 546.
169. As opiniões atribuídas a Fausto de Riez foram sem dúvida a causa direta desse esclarecimento, *De gratia* 1,1; *CSEL* 21, p. 7.

PESCH, *Die Theologie der Rechfertigung bei Martin Luther und Thomas von Aquin*, Mainz, M. Grünewald, 1967. — D. SPADA, Il rapporto persona-natura nei testi tomistici riguardanti il peccato originale, *Euntes Docete* 31 (1978) 42-79. — D. TRAPP, Augustinian Theology of the Fourteenth Century. Notes on Editions, Marginalia, Opinions and Booklore, *Augustiniana* 6 (1956) 146-274.

Os agostinismos da Idade Média

A partir do início da Idade Média, o pecado original não foi mais objeto de discussões dogmáticas, pois toda a Idade Média ocidental será pouco ou muito agostiniana. A marca deixada na teologia pelo doutor de Hipona é evidente. Sua concepção do pecado original presente na humanidade dá a ela o quadro geral de sua pesquisa, que se dedica a precisar a posição agostiniana da natureza humana "mudada para um estado pior" e a explicar a transmissão do pecado de origem e da solidariedade da humanidade em Adão. Manifesta-se também uma mudança de insistência, pois a escolástica, que empregava tranquilamente em suas exposições o quadro clássico da criação (a obra dos seis dias) seguida pela queda, dava lugar bem mais importante à "teologia do paraíso", tratando da pessoa de Adão na situação anterior à queda (dons preternaturais etc.) e em sua responsabilidade pecadora. Todavia, as posições das diversas escolas ficarão amplamente diferenciadas. Pode-se, em particular, distinguir uma tendência mais formalmente agostiniana e uma tendência mais especulativa, que se tornará com o tempo mais aristotélica. Isso se manifestará na maneira de definir o pecado original "originado".

Elementos formal e material no pecado original

Na Idade Média, explicava-se assim, em geral, o pecado original: no espírito de todo homem que vai nascer instala-se uma ignorância, e em sua carne, uma concupiscência rebelde ao espírito, mas sem animosidade especial. Mesmo Agostinho, aliás, falara de uma concupiscência má e de uma concupiscência boa, segundo as coisas desejadas.

No plano teológico, duas tradições se distinguiram então a respeito da definição do pecado original tal qual existe na humanidade. Anselmo, que tem um sentido agudo do pecado como ofensa da honra de Deus[170], definia-o como a ausência e a privação da justiça original em todo homem que nasce. Essa ausência é uma "culpabilidade" (*reatus*); é um dado de fé — teologal e ontológico — que ultrapassa a experiência.

---

170. Cf. t. 1, pp. 410-414.

Que o pecado original seja injustiça, não se pode duvidar. Pois, se todo pecado é injustiça, e se o pecado original é pecado, seguramente é também injustiça. [...]. Se assim é, se a injustiça não é outra coisa que a ausência da justiça devida (*absentia debitae justitiae*) — parece, com efeito, que a injustiça esteja somente na natureza, que não tem a justiça que deve ter —, o pecado original é de todo modo [subsumido] sob essa mesma definição de injustiça[171].

A "justiça devida" é a que pertencia normalmente ao homem que sai das mãos criadoras de Deus. Para Anselmo, a dimensão de "voluntariedade" do pecado original da humanidade vem do fato de termos todos pecado em Adão:

Assim, em Adão, todos pecamos quando ele pecou, não porque teríamos então pecado, nós que não existíamos ainda, mas porque existiríamos a partir dele e porque então foi feita essa necessidade de pecar quando existíssemos, porque "pela desobediência de um só a multidão foi feita pecadora"[172].

No que diz respeito à transmissão do pecado, Anselmo delineia a dialética da pessoa e da natureza que será retomada por santo Tomás: "O pecado foi o de Adão no homem, ou seja, em sua *natureza*, e naquele que foi chamado de Adão, ou seja, em sua *pessoa*"[173].

Pedro Lombardo, sob a influência de Agostinho, identificava praticamente o pecado original com a concupiscência, ou seja, com a desordem das operações que o homem experimenta em si: cobiça desordenada, egoísmo, orgulho. É, pois, uma realidade de experiência, que é da ordem do ato (*actus*).

O que entendemos por pecado original? A sede do pecado, ou seja, a concupiscência ou a faculdade de cobiçar, que chamamos de lei dos membros, ou a doença da natureza, ou o tirano que está em nossos membros, ou a lei da carne[174].

Os grandes escolásticos, a partir de Alexandre de Hales e da escola franciscana, ensaiarão articular os dois aspectos, servindo-se das categorias aristotélicas de matéria e forma. Assim escreve santo Tomás: "O pecado original é materialmente a cobiça, mas, formalmente, a ausência de justiça original"[175]. Sustenta, pois, que a desordem do desejo, ou concupiscência desregrada, que afeta o homem é uma consequência do pecado original[176], mas ele se situa mais

---

171. ANSELMO, *Sur la conception virginale et le péché originel*, 3; *L'œuvre d'Anselme de Cantorbéry*, t. 4, ed. M. Corbin et alii, Paris, Cerf, 1990, pp. 141-143.
172. *Ibid.*, 7, p. 153.
173. *Ibid.*, 1; p. 137.
174. PEDRO LOMBARDO, As Sentenças, IV, 230; *PL* 192,722.
175. *STh*, Ia-IIae, q.83, a.3; Cerf, t. 2, 1984, p. 523. Cf. A. VANNESTE, *Le dogme du péché originel*, pp. 96-100.
176. *STh*, Ia-IIae, q.91, a.6; Cerf, t. 2, p. 580.

na linha de Anselmo para exprimir o centro de gravidade desse pecado. O clima de sua reflexão é mais sereno e menos sombrio que em Agostinho. O pecado original pertence, segundo Alexandre de Hales, à categoria de *habitus*, ou seja, uma disposição habitual — aqui, negativa — da natureza, "que passou, por assim dizer, para o estado de natureza"[177]. Pode-se, portanto, distinguir depois dele o *elemento formal* e o *elemento material* desse pecado. A escola mais agostiniana sublinhará sempre o elemento material.

Tomás de Aquino: *da pessoa à natureza*

Santo Tomás expõe primeiro o que lhe parece pertencer à fé da Igreja:

> Segundo a fé católica, deve-se sustentar que o primeiro pecado do primeiro homem passa à posteridade por via da origem (*originaliter*). É por isso que as crianças são levadas ao batismo, como quem precisa ser lavado da mancha de uma falta. É o contrário da heresia pelagiana, como vemos em grande número de livros de santo Agostinho[178].

Entretanto, Tomás não vincula a transmissão do pecado original à "desordem" da concupiscência que afeta o ato da geração[179]. O pecado provém do simples fato da pertença à descendência de Adão, a qual afeta todo nascimento humano. Para explicar essa propagação do pecado, é preciso levar em conta a união de toda a família humana. Como Anselmo, Tomás de Aquino considera todos os homens presentes em Adão segundo a imagem da solidariedade de todos os membros de um só corpo:

> Todos os homens que nascem de Adão, nós os podemos considerar um só homem. [...] Assim, pois, todos os homens que vêm de Adão são tantos outros membros de um só corpo.

> É assim, pois, que a desordem que se encontra nesse indivíduo gerado por Adão é voluntária, não por vontade dele, filho de Adão, mas por vontade de seu primeiro pai, que imprime o movimento, na ordem da geração, a todos os de sua raça, como faz a vontade da alma com todos os membros na ordem da ação. [...] Assim também, o pecado original não é o pecado de tal pessoa em particular senão na medida em que ela recebe sua natureza do primeiro pai, e, por isso, ele é chamado de pecado da natureza, conforme o Apóstolo, que diz: "Éramos, por natureza, filhos da cólera" (Ef 2,3)[180].

---

177. *STh*, Ia-IIae, q.82, a.1; Cerf, t. 2, p. 521.
178. *Ibid.*, Ia-IIae, q.81, a.1; Cerf, t. 2, p. 515.
179. *Ibid.*, Ia-IIae, q.82, a.4, ad 3; Cerf, t. 2, p. 524.
180. *STh*, Ia-IIae, q.82, a.1; Cerf, t. 2, p. 516.

O pecado *voluntário* da pessoa de Adão torna-se assim um pecado de *natureza* para a humanidade. Por sua vez, a natureza viciada que recebemos torna-se a fonte de nossos pecados *pessoais*. Santo Tomás formaliza explicitamente essa dialética, opondo-a ao movimento inverso da salvação em Jesus Cristo:

> O pecado original propagou-se de tal modo que, no início, foi a pessoa a infectar a natureza, depois foi a natureza que infectou a pessoa. Cristo, ao contrário, repara primeiro o que é da esfera da pessoa, depois, mais tarde, e em todos ao mesmo tempo, reparará o que pertence à natureza[181].

A tradição teológica dos Eremitas de Santo Agostinho

O século XIV serviu-se de Agostinho não somente a título geral, como Padre da Igreja, mas também como intérprete qualificado do Evangelho. A Ordem dos Eremitas de Santo Agostinho, ou "Agostinianos", foi como uma expressão organizada disso, desde sua fundação, em 1244, como "pequena união" (*parva unio*) e, em 1256, a "grande união" (*magna unio*). Desse fato, a historiografia do século XX sobre o movimento da Reforma emitiu a hipótese de um vínculo teológico entre santo Agostinho, a teologia da Ordem Agostiniana fundamentada no bispo de Hipona e o agostiniano Lutero. Nasceu assim a teologia de uma "Escola Agostiniana" (*Augustinsschule*) da Baixa Idade Média, que, mais tarde, a partir do século XVII, será chamada de Escola dos *Agostinenses*[182].

---

181. *Ibid.*, IIIa, q.69, a.4; Cerf, t. 4, p. 516.
182. B. VAN LUIJK, Le controversie teologiche nei secoli XVII-XVIII e gli Agostiniani, *Augustiniana* 13 (1963) 201-225.

CAPÍTULO IV

Pecado original e pecado das origens: do concílio de Trento à época contemporânea

V. Grossi e B. Sesboüé

Dois grandes períodos devem ainda ser considerados na história do dogma do pecado original: o da Reforma e do concílio de Trento (1546), com seus desenvolvimentos nas querelas teológicas dentro do catolicismo sobre o pecado e a graça, cuja prova privilegiada é o *Augustinus,* de Jansênio (1640); e o período contemporâneo, que abriu espaço para uma reflexão vigorosa sobre esse difícil dogma, a fim de melhor distinguir o que pertence à fé da Igreja e o que são representações caducas; sobre esse terreno, os anos que se seguiram à Segunda Guerra Mundial e ao concílio Vaticano II foram importantes.

I. O DECRETO DO CONCÍLIO DE TRENTO SOBRE O PECADO ORIGINAL

O concílio de Trento (1546-1563) é um acontecimento importante da Igreja Católica no início dos tempos modernos. Pela primeira vez nesta obra deparamos com ele de modo decisivo. Com efeito, um de seus primeiros documentos importantes diz respeito ao pecado original; vamos reencontrá-lo mais adiante a propósito da justificação[1], tema sobre o qual realizou, sem dúvida, sua obra-prima dogmática. Estará também presente no tomo 3 desta obra a propósito dos sacramentos[2] e no tomo 4 a respeito da relação entre Escrituras e tradições. Dado o papel que desempenha, com uma referência recorrente em todos os setores da dogmática, não é inútil apresentar primeiro, de modo breve,

---

1. Cf. *infra,* pp. 275-293.
2. Cf. t. 3, pp. 129-178.

o contexto histórico da reunião desse concílio. A seguir, faremos uma análise do decreto da sessão V relativa ao pecado original.

1. O CONTEXTO HISTÓRICO DA REUNIÃO DO CONCÍLIO DE TRENTO

INDICAÇÕES BIBLIOGRÁFICAS: *Concilium Tridentinum. Diariorum, actorum, epistularum, tractatuum nova collectio.* Ed. Societas Goerresiana [= Görresgesellschaft], 13 vols., Freiburg, Herder, 1911-1972. — H. JEDIN, *Histoire du concile de Trente*, t. I: *La lutte pour le concile* (alemão em 1949), Paris, Desclée, 1965; t. II: *Die erste Trienter Tagungsperiode (1545-1547)*, Herder, 1957; t. III; *Bologneser Tagung (1547/1548). Zweite Trienter Tagungsperiode (1551-1552)*, Herder 1970; t. IV/1: *Dritte Tagungsperiode und Abschluss. Frankreich und der neue Anfang in Trient bis zum Tode der Legaten Gonzaga und Seripando*, Herder, 1975, t. IV/2: *Dritte Tagungsperiode und Abschluss. Überwindung der Krise durch Morone, Schliessung und Bestätigung*, Herder, 1975; *Crise et dénouement du Concile de Trente 1562-1563*, (alemão, em 1964), Desclée, 1965. — A. DUPRONT, Le concile de Trente, *Le Concile et les conciles*, Paris, Cerf, 1960, pp. 195-243. — O. DE LA PROSSE, J. LECLER, H. HOLSTEIN, Ch. LEFEBVRE, *Latran V et Trente*, I, Paris, Orante, 1975; J. Lecler, H. Holstein, P. Adnès, Ch. Lefebvre, *Trente*, II, Orante, 1980. — A. MICHEL, Les décrets du concile de Trente (t. X/1 da *Histoire des conciles de* C. J. Hefele e H. Leclercq), Paris, Letouzey et Ané, 1938. — M. VENARD, Le concile Latran V (1512-1517) et le concile de Trente (1545-1563), *COD I*, pp. 291-335.

Quando Lutero apela ao concílio, em 1518, Leão X acabava de concluir, em 1517, o 5º concílio de Latrão — no mesmo ano da questão das indulgências —, que certamente não respondeu ao problema da reforma da Igreja, o qual se tornara crucial, e posto de fato depois do início do século XV. Não importa; para Leão X o concílio terminara e não havia por que abrir outro num lapso de tempo tão curto. Todavia, a urgência dessa reforma da Igreja é tanta que a ideia do concílio continua a ganhar terreno, em particular na Alemanha. Não é somente Lutero que reitera seu apelo ao concílio, em 1520, após sua condenação pela bula *Exsurge Domine*, de Leão X; também na dieta de Nuremberg, em 1523, todos os Estados do império, católicos ou já luteranos, reclamam um "concílio comum, livre, cristão, nos países alemães". O concílio, todavia, só se reunirá em dezembro de 1545, alguns meses antes da morte de Lutero. Durante mais de 25 anos, o concílio será uma espécie de miragem que vai se afastando sem parar. Uma vez começado, viverá sob o signo da prorrogação constante. Esse longo atraso foi considerado "uma infelicidade imensa" para a Igreja (Pastor).

"Por que tão tarde, se todos gritam 'Concílio, concílio!'" — é assim que H. Jedin resume, em sua obra intitulada *La lutte pour le concile*, a questão dos contemporâneos, que é também a dos historiadores[3]. Três fatores principais intervêm: primeiro, a situação política da Europa, marcada pela luta entre Carlos V e Francisco I pela supremacia da Europa, além de uma série de guerras contínuas. O imperador quer o concílio, na esperança de refazer a unidade religiosa e, em consequência, a unidade política de seus Estados; o rei se opõe, porque não conhece as mesmas dificuldades religiosas (até favorece a dissidência religiosa na Alemanha) e porque pensa que o concílio beneficiará seu adversário.

Um segundo fator determinante foi que o papa Clemente VII, que sucedeu ao papa holandês Adriano VI, abertamente reformador, mas que só reinou por pouco mais de um ano (1522-1523), tinha medo do concílio e usaria de rodeios durante doze anos (1523-1534) para escapar a ele. Carlos V arrancaria dele uma promessa a esse respeito; mas ele porá condições que tornariam impossível a realização do concílio. Roma quer escapar à pressão imperial. Por isso, o sucessor de Adriano, Paulo III, far-lhe-ia a amarga censura de "ter roubado dele doze anos de pontificado".

Enfim — terceiro fator —, certas exigências de sabor "conciliarista" vindas dos protestantes que pediam até uma arbitragem superior ao papa, recusado como juiz pois era parte no conflito, faziam ser temidos em Roma os desdobramentos do concílio de Basileia, ainda presentes na memória. Essas exigências serão mantidas até Trento e contribuiriam muito para o revés da presença protestante no concílio. De fato, mais o tempo passa, mais o apelo ao concílio, de sério que era no início, tornar-se-ia do lado protestante um pretexto ou um álibi: põem-se condições que se sabem inaceitáveis. A espera do "até o concílio" permitia, de outro modo, que as comunidades que tinham passado para a Reforma se organizassem progressivamente sem tomar realmente consciência de que um cisma estava para nascer. Entretanto, enquanto esperava o concílio, Carlos V tomou a iniciativa dos "colóquios" teológicos em que representantes das duas partes, católica e protestante, encontraram-se numa busca de reconciliação doutrinal (Worms, em 1540, e Ratisbona em 1541). Apesar dos esboços de acordo sobre o pecado original e sobre a justificação, esses esforços encalharam a respeito da Igreja, dos sacramentos e da hierarquia. Quaisquer que tenham sido a qualidade e a intenção dos parceiros, esses colóquios andavam demasiadamente contra a corrente do clima geral de ruptura para poder chegar a um resultado.

Mas Paulo III (1534-1549) está firmemente decidido pelo concílio: uma vez que se quer o concílio contra o papa, a melhor resposta é que o papado tome sua frente. Apesar dessa vontade, ele ainda levará dez anos, depois de dois insucessos, em 1536 e em 1542, para começar a reuni-lo em dezembro de 1545, com 31 bispos presentes. A escolha da cidade de Trento é fruto de um compromisso sutil: é ao mesmo tempo uma cidade do império (portanto, alemã), à qual

---

3. H. JEDIN, *La lutte pour le concile*, pp. 152s.

católicos e protestantes alemães poderiam concordar em ir, e uma cidade italiana aceita por Roma.

Será ele um concílio da reconciliação para uma reforma geral e comum da Igreja, ou se tornará a primeira indicação do que se chamava, havia pouco, de a "Contra-Reforma" católica? No início, nada funcionou bem. Durante o primeiro período do concílio (1545-1547), com Paulo III, espera-se ainda a chegada dos protestantes. O concílio avança também com uma lentidão calculada e aborda em bloco as questões doutrinais e a reforma da Igreja. É então que vota os decretos sobre o pecado original, sobre a justificação (1546), sobre os sacramentos em geral, o batismo e a confirmação (1547). Mas, por diversas razões ambíguas (ameaça de epidemia [?], perigo de guerra, pressões imperiais e tensão entre Carlos V e Paulo III, desejo de Roma em aproximar o concílio de sua esfera de influência), o concílio se transfere para Bolonha e fica emperrado, porque os alemães não querem ir até essa cidade totalmente italiana. O critério concreto da ecumenicidade ocidental é a presença de quatro nações: França, Espanha, Alemanha e italianos. Em Bolonha, logo não haverá senão italianos. Os teólogos preparam seus dossiês, mas o número dos bispos diminui de tal modo que não se vota mais nada. O concílio vive de perpétuas prorrogações. Finalmente, é suspenso, e nesse clima confuso morre Paulo III.

O papa Júlio III (o cardeal Del Monte, legado de Paulo III no primeiro período conciliar) ordena que o concílio recomece em Trento para um segundo período (1551-1552). Desta vez, são os franceses que não querem comparecer. Emissários protestantes vêm negociar sua participação eventual, mas com as seguintes condições: constituir, de acordo com as duas partes, juízes ou árbitros que conheçam as pendências, segundo a Escritura (uma vez que papa e bispos são partes em causa); considerar que os decretos emitidos em Trento depois de 1546 não são definitivos e que a discussão sobre o assunto deve ser retomada ("nós não fomos ouvidos"); quanto aos erros e às questões estranhas às Escrituras confirmados pelo concílio, é preciso submetê-los a árbitros. Mas a essa altura ninguém estava disposto a um verdadeiro diálogo: nem os legados do papa nem os emissários protestantes. Todavia, um primeiro salvo-conduto foi dado aos últimos "para que viessem livremente", em 1551; um novo salvo-conduto "mais amplo" (*amplioris formae*) foi assinado em 1552 (em virtude do que aconteceu com Jan Hus, queimado por ordem dos Padres do concílio de Constança). Melanchton já se pusera a caminho de Trento com uma delegação oficial. Enquanto isso, o concílio trabalha sobre os sacramentos da eucaristia, da penitência e da extrema-unção. Mas uma campanha militar de Maurício da Saxônia ameaça a cidade de Trento e o concílio é suspenso uma vez mais.

Só será retomado dez anos mais tarde, com Pio IV (1562-1563). Um dos motivos é que Paulo IV (1555-1559), reformador radical e favorável à Inquisição, pretende dispensar o concílio. Paulo IV reconvoca o concílio em 1560: mas ele só consegue se firmar em 1562, em meio a fortes tensões nacionais, eclesiásticas e doutrinais. Trata-se dessa vez de terminar e de poder promulgar seus decretos anteriores. O convite aos protestantes e a revalidação de seus salvo-condutos assumem agora o valor de uma formalidade. Dá-se definitivamente a guinada para a Reforma católica. O concílio termina seu trabalho sobre os sacramentos. Mas conhece, a propósito do sacramento da Ordem, uma grave crise sobre a relação entre o primado romano e o episcopado, o que impede qualquer tomada de posição sobre esse assunto. O papa controla de perto o concílio por intermédio de seu sobrinho, Carlos Borromeu, arcebispo de Milão. O concílio vota igualmente importantes decretos de reforma da Igreja, em particular sobre a pregação e o ensinamento da Escritura, a residência dos bispos e a criação dos seminários. E no dia 4 de dezembro de 1563 ele se encerra, para alívio geral. "Finalmente!"

Na Igreja católica, o papado, que aprovou imediatamente os decretos conciliares, empenhar-se-á com firmeza no acolhimento e na execução dos decretos da reforma, que levarão, por sua vez, a um profundo enquadramento clerical da Igreja. Os decretos dogmáticos do concílio dominarão toda uma época da teologia católica até meados do século XX e sustentarão amplamente a teologia de controvérsia

O concílio de Trento é, pois, um acontecimento considerável que durou cerca de meio século e se estende praticamente por um século inteiro, se levarmos em consideração o primeiro apelo ao concílio, de 1518, e a promulgação de seus decretos na França, em 1615[4]. Na história da Igreja Ocidental, marca a virada da cristandade medieval para o catolicismo dos tempos modernos[5]. É o fim de um mundo e o começo de uma nova imagem da Igreja e do cristiaiaismo. Apesar de suas primeiras intenções, consagra as rupturas do século XVI e em particular a dilaceração da cristandade ocidental; traz também o germe de futuras rupturas, como a da Igreja e o Estado, bem como a da Igreja e o mundo da cultura. O papado sairá fortalecido do concílio. Se o primeiro período de Trento pôde ser chamado ainda de "concílio imperial", o terceiro é incontestavelmente o de um "concílio pontifical". É o fim das relações medievais entre o papa e o imperador, entre o "Sacerdócio e o Império". Roma a partir daí tratará diretamente com cada nação.

2. O DEBATE DOUTRINAL SOBRE O PECADO ORIGINAL ANTES DO CONCÍLIO

"Via antiga" e "via moderna" no início do século XVI

INDICAÇÕES BIBLIOGRÁFICAS: G. DIAS GARCÍA, *De peccati originalis essentia in schola augustiniana praetridentina*, El Escorial, La Ciudad de Dios, 1961. —

---

4. A. DUPRONT, *art. cit.*, p. 197.
5. Cf. *ibid.*, pp. 205-206 e 236-238.

A. ZUMKELLER. Die Augustinertheologen Simon Fidati von Cascia und Ugolin von Orvieto und Martin Luthers Kritik an Aristoteles, *ARG* 54 (1963) 15-37; *Erbsünde, Gnade, Rechtfertigung und Verdienst nach der Lehre der Erfurter Augustinertheologen des Spätmittelalters*, Würzburg, Augustinus-Verlag, 1984. — G. SCHIAVELLA, Il peccato originale negli scritti di Gregorio da Rimini, *Augustiniana* 8 (1958) 444-464. — H. JEDIN, Ein Streit um den Agustinismus vor dem Tridentinum (1537-1543), *Römische Quartalschrift* 35 (1927) 351-368.

As decisões do concílio de Trento sobre o pecado original foram tomadas no contexto do debate teológico da escolástica do fim da Idade Média, debate que se mostra sempre centrado no nome de Agostinho, tanto na Reforma protestante quanto na Contra-Reforma católica. Para essa nova influência de santo Agostinho como doutor da Igreja católica contribuiu muito, no ano de 1500, a edição de suas obras impressas[6]. Mas a atenção dada a essa edição foi o resultado também do papel que exercia então na teologia o que se chama de "via agostiniana" ou "via de Gregário"; em outras palavras, o pensamento de Agostinho veiculado por Gregório de Rimini. Essa linha teria sido adotada no ensinamento dado em Wittemberg, primeiro, e em Erfurt, depois.

As doutrinas de Lutero tiradas da Escola agostiniana seriam sobretudo a da identificação do pecado original com a concupiscência e a da justificação. Mas estudos precisos sobre os mais representativos teólogos de antes da Reforma mostraram que eles não identificam pecado original com concupiscência. Chega-se, todavia, no tempo da Reforma, a tirar de Agostinho a conclusão de que era preciso dar um conteúdo verificável ao dogma religioso do pecado original. Os textos de santo Agostinho em sua polêmica contra Juliano de Eclano sobre a natureza da concupiscência davam a essa ideia sólido suporte. Para compreender como os teólogos protestantes puderam identificam concupiscência com pecado original, é necessário referir-se continuamente aos debates teológicos da tardia escolástica. Esses debates voltavam-se para três direções: a "via antiga" preocupava-se em cristianizar Aristóteles, a "devoção moderna" queria valorizar a experiência religiosa e a "via moderna", de Tübingen, velava para que a ciência não acabasse em metafísica no quadro da filosofia natural, nem a exegese em ética nos quadros da teologia.

A "via moderna", escorada sobre a experiência, procedia fundamentalmente negando a distinção entre mística e teologia. Essa tendência se manifestava na crítica de Aristóteles e da teologia que a ela se ligava, e propunha positivamente a tese da absoluta necessidade da "graça que sana" (*gratia sanans*), ou seja, da primazia da graça não somente em geral, mas ainda para todo tipo de bem produzido pelo livre-arbítrio do homem.

Com base nesse ponto de vista, na compreensão dos dogmas cristãos, parte-se de uma experiência (*Erfahrung*) que seja possível verificar. Para o

---

6. Foram onze tomos, editados com mais de duzentos exemplares em Basileia, na tipografia de Johannes Amerbach († 1523).

pecado original, transmitido por geração, era muito fácil dar o passo necessário para identificá-lo com a concupiscência carnal. Se os teólogos da Escola agostiniana não se entusiasmam com tal identificação, contrariamente aos da Reforma protestante e, mais tarde, a Miguel Baio e a Jansênio, os textos agostinianos sobre a concupiscência, abundantes na obra antipelagiana e sobretudo na polêmica com Juliano de Eclano, serão lidos então como referentes no próprio pecado original.

O método dessa teologia "experimental" não levava suficientemente em conta que a experiência de fé, tanto a da graça como a do pecado, não está sujeita à verificação, como as ciências naturais. Agostinho percebera isso com toda a clareza ao escrever *A Cidade de Deus*. Nessa obra, mesmo os dois amores que constroem as duas cidades não podem oferecer senão sinais que permitem saber qual dos dois amores nos impulsiona, sem dar um conhecimento de certeza. A única realidade é a mistura (*permixtio*) das duas cidades, sem possibilidade de identificação absoluta no tempo da história. Assim, quando Agostinho fala dos sacramentos, vê bem que a transmissão da graça e da caridade não depende da santidade do ministro, contrariamente ao que pretendiam os donatistas. Tal fruto da graça não é possível senão somente pelo poder de Cristo, que confere o sacramento, para além da santidade possível daquele que o administra.

Lutero: *pecado original e concupiscência*

> **INDICAÇÕES BIBLIOGRÁFICAS**: C. STANGE, Über Luthers Beziehungen zur Theologie seines Ordens, *Neue Kirchliche Zeitschrift* 11 (1900) 574-585; Luther über Gregor von Rimini, *ibid.* 13 (1902) 721-727. — A. V. MÜLLER, *Luthers theologische Quellen. Seine Verteidigung gegen Denifle und Grisar*, Giessen, 1912. — M. VAN RHIJN, Luther en Gregorius van Rimini, *Theologisch Tijdschrift* 53 (1919) 238-242. — A. ZUMKELLER, Martin Luther und sein Orden, *Analecta Augustiniana* 15 (1962) 225-290.

Desde 1515-1516, assim se exprimia Lutero sobre o pecado original em seu comentário da epístola *aos Romanos*:

> Agora, o que é, então, o pecado original?
>
> Primeiramente, a acreditar nas sutilezas dos teólogos escolásticos, é a privação ou a falta de justiça original [...].
>
> Mas, em segundo lugar, segundo o apóstolo e segundo a simplicidade do sentido em Jesus Cristo, não é somente a privação da qualidade na vontade, ou melhor, não é somente a privação da luz no intelecto, de força na memória, mas absolutamente a privação de toda a honestidade e de todo o poder [que poderia emanar] de todas as forças, tanto do corpo quanto da alma e do homem todo,

interior e exterior. Mais ainda, é a própria inclinação para o mal, o desgosto pelo bem, a repugnância pela luz e pela sabedoria, mas [também] o amor do erro e das trevas, a fuga e o horror diante das boas obras, e [ainda] a corrida para o mal. [...] Com efeito, não é somente a privação em si que Deus odeia e imputa (são muitos os que esquecem seu pecado e não o reconhecem), mas é a concupiscência em toda sua amplitude, que faz que não obedeçamos ao mandamento: "Não cobiçarás..." (Ex 20,17).

[...] Por conseguinte, como os antigos Padres, os santos disseram com razão; o pecado original é o próprio tição, a lei da carne, a lei dos membros, a fraqueza da natureza, o tirano, a doença original etc.[7]

Na herança teológica da Idade Média, Lutero se situa, pois, nitidamente, do lado da tradição agostiniana. Ele retoma a tese de Lombardo, dando-lhe, porém, um sentido novo. A uma definição teológica de ordem ontológica, a seus olhos, portanto, sutil e abstrata, ele prefere a descrição existencial de uma experiência. O homem se descobre tomado por uma desordem interior radical, que destruiu todo seu equilíbrio e o orienta espontaneamente para o mal. A concupiscência, fonte de cobiça, a lei da carne, o egoísmo fundamental, tudo isso é o pecado original. Ora, isso está sempre em nós, mesmo depois do batismo. Mas, por misericórdia, Deus não nos imputa nossa injustiça. É um erro a teologia escolástica acreditar que o pecado original tenha sido eliminado pelo batismo. Lutero pretende seguir a posição de Agostinho, segundo uma fórmula que ele cita: "A concupiscência da carne é redimida no batismo, não de maneira que não mais exista, mas de modo a não mais ser imputada como pecado"[8]. Ele identifica praticamente pecado original com concupiscência. O pecado fica sempre no homem, como, para Lutero, o demonstra a descrição da situação do homem feita por Paulo em Rm 7. Lutero era, pois, considerado pelos católicos como aquele que contradiz, em nome de uma concepção exagerada do pecado original, uma afirmação completamente tradicional: o batismo perdoa o pecado original[9].

Os colóquios de conciliação: Worms e Ratisbona

Os colóquios de Worms (1540) e de Ratisbona (1541) permitem situar com exatidão os pontos controversos no debate entre protestantes e católicos sobre o pecado original às vésperas do concílio de Trento. Esses textos provisórios de acordo recapitulam e tentam equilibrar os dois pontos de vista, outrora complementares e que se tornaram antagônicos, a ponto de criar um "cisma da linguagem" entre os parceiros.

---

7. LUTERO, *Commentaire de l'épitre aux Romains*, c. 5; Genève, Labor et Fides, t. XII, 1985, pp. 65-66.
8. AGOSTINHO, *Mariage et concupiscence*, I,25,28; BA 23, pp. 117-119.
9. Cf. A. VANNESTE, *Le dogme du péché originel*, pp. 100-109.

No momento da Reforma, os teólogos católicos de todas as escolas, mas com diferentes instâncias, mantêm a dimensão do "elemento formal" do pecado original, ou seja, a privação da justiça original. Do lado protestante, Lutero identifica, já o vimos, o pecado original com a concupiscência, com o "elemento material", portanto. Mas ele o faz dando à sua afirmação um peso existencial novo. O pecado original é a má disposição interior do homem, seu egoísmo radical e fundamental, seu desejo pervertido. Há nele uma fonte ou um poder de pecado sempre pronto a se afirmar. Isso já é pecado, antes mesmo de qualquer ato formalmente pecador.

Nessa mesma tirada, a interpretação da eficácia do batismo tornava-se diferente de uma parte e de outra, e caía numa contradição doutrinal. Para os católicos a situação pecadora do homem por causa de sua origem dá então lugar a uma situação nova, a da amizade com Deus; a culpabilidade foi retirada (*transit reatu*). Não há mais nada no homem que desagrade a Deus. É o essencial. A concupiscência que fica não é senão uma pena ou uma consequência do pecado, uma ferida e uma enfermidade.

Para os protestantes, a concupiscência e a desordem das operações permanecem: o pecado permanece, portanto (*manet actu*). É o essencial. Com ela fica a realidade concreta do pecado original: o coração do homem não mudou. A concupiscência é também pecado, tendo em vista que vem do pecado, que se inclina ao pecado e que há sempre nela alguma coisa que se opõe a Deus. A natureza humana fica radicalmente corrompida. Daí o sentido desse documento de concordância de Worms, que procura levar em conta os dois elementos e de clarificar a linguagem:

> Confessamos que há uma concordância unânime de que todos os descendentes de Adão nascem, segundo a lei comum, com o pecado original e, assim, na cólera de Deus. O pecado original é a ausência da justiça original que deveria existir, bem como a concupiscência.
>
> Estamos também de acordo em que no batismo se encontra remida a culpabilidade (*reatus*) do pecado original, com todos os pecados, pelo mérito da paixão de Cristo. Instruídos não somente pelas Escrituras apostólicas, mas também pela própra experiência, pensamos que a concupiscência permanece, que é uma enfermidade, uma doença das forças naturais. A respeito dessa doença nos regenerados, há concordância entre nós de que o *elemento material* do pecado original permanece, sendo o *elemento formal* retirado pelo batismo.
>
> Chamamos também de pecado o *elemento material*, porque vem do pecado e inclina ao pecado, assim como a depravação da natureza humana, que, em sua realidade, é algo que se opõe à lei de Deus; é nesse sentido que Paulo o chama também de pecado. Pela mesma razão, ensinamos habitualmente em resumo nas escolas que o *elemento material* do pecado original permanece nos batizados, mas que o *elemento formal*, ou seja, a culpabilidade, é retirada[10].

---

10. Fórmula de concórdia de Worms (17.1.1540); *Corpus Reformatorum*, Halis Saxonum C.A. Schweschke et filium, t. IV, 1837, pp. 32-33.

Esse texto, que, como todo documento de concordância "ecumênica", não está isento de ambiguidade e no qual cada parte arrisca manter o que está conforme a seu ponto de vista e esquecer o que corresponde ao ponto de vista do outro, constitui um esforço notável para sintetizar os pontos dominantes católico (elemento formal) e protestante (elemento material). Não hesita diante de uma definição do pecado original (o que o concílio de Trento não se arrisca a fazer). Explica também em que sentido a concupiscência pode ainda ser chamada de pecado depois do batismo (em termos próximos aos de Trento), mas sustenta que há sempre no homem após o batismo alguma coisa que se opõe a Deus (o que Trento recusará). Encontrar-se-ão, aliás, algumas de suas fórmulas no concílio[11], permitindo ver ao mesmo tempo a retomada e o abandono de certos elementos.

3. O DECRETO DA 5ª SESSÃO (1546)

O TEXTO: *CTA* V. 239s; *COD* II-2, pp. 1354-1358; *DzS* 1510-1516; *FC* 274-280.

INDICAÇÕES BIBLIOGRÁFICAS: Sobre a elaboração do decreto: H. JEDIN, *Girolamo Seripando. Sein Leben und Denken im Geisteskampf des 16. Jahrhunderts*, I-II, Würzburg, Rita-Verlag, 1937. — D. GUTIERREZ MORAN, Hieronymi Seripandi scripta, *Latinitas* (1964) 142-152; Los Agustinos en el Concilio de Trento, *La ciudad de Dios* 158 (1947) 5-119; Concilio Tridentino y notas acerca de Seripando, *ibid.* 164 (1952) 603-620. — E. STAKEMEIER, *Der Kampf um Augustin. Augustinus und die Augustiner auf dem Tridentinum*, Paderborn, Bonifatius, 1937.

SOBRE A DOUTRINA DO DECRETO: P. PENAGOS, *La doctrina del pecado original en el Concilio de Trento*, Comillas, Univ. Pontificia, 1945; A. VANNESTE, La préhistoire du décret du concile de Trente sur le péché originel, *NRT* 86 (1964) 355-368 e 490-510; Le décret du concile de Trente sur le péché originel. Les trois premiers canons, *NRT* 87 (1965) 688-726; Le quatrième canon, 88 (1966) 581-602; *Le dogme du péché originel*, Louvain-Paris, Nauwelaerts, 1971.

A *elaboração do decreto*

No dia 24 de maio de 1546 os Padres do concílio de Trento começaram a discussão sobre o pecado original, para aprovar o decreto sobre o assunto no dia 17 de junho, na 5ª sessão. Fez-se a discussão, pois, com grande pressa, nela surgindo muitas contradições: as duas tendências da tradição escolástica e agostiniana estavam presentes. Não se definirá, pois, o pecado original e procurar-se-á

---

11. Para uma análise pormenorizada dos documentos de Worms e de Ratisbona, cf. A. VANNESTE, La préhistoire du décret sur le péché originel, pp. 500-510.

quanto possível o apoio nos velhos concílios de Cartago e de Orange. Os debates versaram sobre a existência, a propagação e as consequências do pecado original, mas sobretudo sobre o valor do batismo como meio de sua demissão e sobre sua relação com a concupiscência.

Foi o prior geral da Ordem agostiniana, Jerônimo Seripando[12], que conduziu a batalha em nome de Agostinho — considerado fiel intérprete do apóstolo Paulo[13] —, ainda que sua orientação tenha estado mais perto da "devoção moderna" alemã que do humanismo cristão do convento agostiniano "do Santo Espírito", de Florença. Dispomos de uma documentação precisa sobre as intervenções orais e escritas de Seripando no decreto sobre o pecado original, que são o eco do que era então a Escola teológica agostiniana. Essa documentação nos permite compreender melhor a atitude do concílio sobre a questão, o qual não assumiu o que era mais pertinente dessa Escola.

Entre 28 de maio e 5 de junho, Seripando redigiu um tratado sobre *O pecado original*[14]. Na congregação geral do dia 5 de junho apresentou duas moções que fazem compreender bem o assunto em discussão, assim como o pensamento definitivo do concílio.

A primeira dizia respeito ao batismo como remédio principal para o pecado original. Seripando pedia que se reconhecesse antes de mais nada o papel da fé, "pois o batismo só purifica pela fé". A explicitação da fé, como outro elemento além do rito sacramental, põe em evidência naturalmente o alcance salvífico de um sacramento que, aliás, não se pode verificar. Seripando aceitava assim a indicação da *devotio moderna* sobre a experiência do fato religioso. Os Padres conciliares consideraram que, se no caso do batismo podemos controlar objetivamente o rito exterior, não podemos controlar a alma do rito, ou seja, a fé. Essa emenda não permaneceu no decreto, mantendo-se a seguinte fórmula: o pecado original é remido "tanto nos adultos quanto nas crianças pelo sacramento do batismo, conferido segundo a forma e o uso da Igreja" (cân. 3).

A segunda moção de Seripando dizia respeito à relação entre pecado original e concupiscência. A orientação teológica da experiência religiosa da "via moderna" levara os reformadores protestantes a considerar o pecado original um fato controlável; nessa ótica, ele acabava se identificando com a concupiscência. Essa conclusão era um aprofundamento do mandamento da Escritura: "Não cobiçarás". Na escola agostiniana, cujo representante mais em evidência era então Seripando, compreendia-se assim a indicação de Agostinho sobre a concupiscência e sua ligação com o batismo: nos batizados, ela não é pecado, mas impele para o pecado. Assim considerada, era tida como um elemento

---

12. Jerônimo Seripando foi prior geral da Ordem Agostiniana (1539-1551), primeiro teólogo e depois padre e legado pontifício no concílio de Trento (a partir de 1561), arcebispo de Salerno (1554-1563).

13. O título do livro de E. STAKEMEIER, *Der Kampf um Augustin*, exprime bem essa tese, embora em sua obra o autor sustente a tese contrária.

14. Texto em *CTA* XII, pp. 541-549.

negativo que desagradava ao próprio Deus. É por isso que, considerando que a concupiscência permanece nos batizados, Seripando propôs eliminar do decreto a frase: "naqueles que renasceram Deus não detesta nada", e a substituir por esta: "naqueles que renasceram não fica nenhuma iniquidade"[15]. Essa solicitação de Seripando era o eco da preocupação teológica da escola agostiniana até o século XV, mas a emenda tampouco foi aceita. Sustenta-se que o pecado original é perdoado pelo batismo, e que a concupiscência está no batizado "como fraqueza" e "foco do pecado" (*fomes peccati*) (cân. 5). O concílio de Trento não ratificou, pois, a explicação do pecado original no nível físico (a concupiscência), mas o considerou uma perda da graça, que enfraquecia as possibilidades do livre-arbítrio. Contra os reformadores protestantes que concebiam um livre-arbítrio totalmente corrompido e, assim, definitivamente perdido pelo pecado das origens, o concílio de Trento lembrou, na linha do concílio de Orange, que ele está "enfraquecido", mas não "extinto".

Em resumo, o concílio de Trento toma posição sobre dois pontos a respeito do pecado original: primeiro, não deu aos sinais externos, à concupiscência, no caso, o valor de uma certeza de consciência, como se pode fazer para a experiência submetida à verificação; a seguir, não sendo o pecado original um fato controlável pela experiência, não o quis identificar com a concupiscência nem, por conseguinte, considerar o homem, como o queriam os teólogos protestantes, totalmente corrompido.

Os cinco cânones da 5ª sessão

O gênero literário escolhido não foi o de uma exposição doutrinal construída (*doctrina*), como será o caso para a justificação, mas o de cânones doutrinais com uma relação bastante ampla e muitas vezes acompanhada de um comentário ou de citações bíblicas. Os Padres de Trento definiram, pois, a doutrina católica sobre o pecado original em seis cânones, tendo diante de seus olhos quatro pontos de referência: as Escrituras, os testemunhos dos Padres da Igreja e dos concílios, o julgamento da Igreja e sua aceitação.

Na introdução ao decreto, diz o concílio que "a antiga serpente, inimiga perpétua do gênero humano [...] não somente suscitou a propósito do pecado original e de seu remédio novas querelas, mas até mesmo trouxe de volta as antigas"[16]. A nova querela visava especialmente à concepção antropológica de Lutero, identificando a concupiscência cona o pecado original e considerando o homem "totalmente pecador", radicalmente incapaz de uma justificação efetiva. A antiga querela evocava a discussão entre Agostinho e os pelagianos, em especial Juliano de Eclano. Mas então era mais a existência de um pecado original

---

15. *CTA* V, p. 552.
16. *COD* II-2, p. 1355; *Dzs* 1510; *FC* 274.

que estava em jogo. Em contrapartida, em Trento, tratava-se sobretudo de compreender sua modalidade em Adão e nos descendentes dele.

O 1º cânon: o pecado de Adão e suas consequências para Adão

O 1º cânone é uma renovação desenvolvida do primeiro cânon do concílio de Orange. Foi admitido sem nenhuma dificuldade. Mas, ao passo que o cânon de Orange não visava senão às consequências do pecado original no homem em geral, em referência ao passado de Adão, Trento desloca a mesma afirmação para o próprio Adão e o pecado das origens. Isso pode surpreender, se pensarmos que o pecado das origens não estava absolutamente no primeiro plano da preocupação e das controvérsias. Mas o fato desse cânone não ter sido praticamente discutido mostra que é prova de uma evolução do pensamento que leva a objetivar o pecado de Adão no plano das representações. Esse dado é o resultado da curiosidade nova que se desenvolveu na Idade Média a respeito da "teologia do paraíso terrestre". Duas razões tinham dado o impulso para isso: o cuidado de colocar a exposição do pecado das origens depois da obra dos seis dias no Gênesis e o desejo de esclarecer a difícil noção de pecado hereditário[17]. O resultado foi, em Trento, um singelo anteprojeto de decreto que descrevia o estado original de Adão antes do pecado. Não restou senão esse único cânon centrado no caso do próprio Adão. Trento é assim a prova de um desenvolvimento da consideração de Adão segundo uma orientação que se tornará rígida na teologia pós-tridentina com a multiplicação das hipóteses e das teorias sobre Adão e os inícios da humanidade[18]. Na apresentação do texto foram impressos em negrito os elementos tirados de Orange e em itálico entre colchetes certas fórmulas do projeto e certas expressões intencionalmente recusadas:

> Se alguém não confessar que o primeiro homem, Adão, depois de ter transgredido o mandamento de Deus no paraíso,
> (a) perdeu imediatamellte a santidade e a justiça [*original*] nas quais havia sido constituído [*criado*];
> (b) e incorreu, em virtude da ofensa que essa prevaricação constituía, na cólera e na indignação de Deus e, em seguida, na morte com que ele tinha sido antes ameaçado por Deus, e, com a morte, no cativeiro sob o poder daquele que em seguida "detinha o poder da morte, isto é, o diabo" (Hb 2,14);
> (c) e que **pela ofensa que constituía essa prevaricação, Adão todo, em seu corpo e em sua alma, foi mudado para um estado pior** [*sem que nenhuma parte de sua alma ficasse intacta*] seja anátema (cân. 1.)[19].

---

17. Cf. A. VANNESTE, *art. cit.* (1965), p. 709. O comentário dos cânones de Trento se inspira em parte no que foi dado por A. Vanneste nos artigos citados.
18. Cf., *infra*, o capítulo sobre natureza e sobrenatural, pp. 321-325.
19. *COD* II-2, p. 1357; *DzS* 1511; *FC* 275.

(a) Como se vê, Trento desenvolve a afirmação de Orange voltando para o passado em sua descrição dos efeitos do primeiro pecado sobre Adão. Estabelece que o primeiro homem, por seu pecado, perdeu "a santidade e a justiça em que tinha sido "constituído" (*constitutus*). Essa expressão retoma a linguagem da escolástica e evoca o "elemento formal" do pecado original.

(b) Essa primeira aflimação é seguida por expressões agostinianas que evocam a cólera de Deus e a morte e a escravidão do homem: a cólera de Deus pertence sempre ao elemento formal, mas a morte e a escravidão constituem o "elemento material".

(c) Conclui-se tudo com a citação de Orange[20], que retomava uma expressão de Agostinho: "Pela ofensa que constituía essa prevaricação, Adão todo, em seu corpo e em sua alma, foi mudado para um estado pior"[21]. O final do projeto "sem que nenhuma parte de sua alma ficasse intacta" foi suprimido, embora tenha um precedente em Orange em que se tratava da "liberdade da alma". Desapareceu, portanto, qualquer afirmação da diminuição do livre-arbítrio.

Seria interessante saber, com base nas discussões conciliares, se foi de propósito que, para exprimir as consequências do pecado de Adão, não se utilizaram os termos agostinianos de "natureza humana" e de "livre-arbítrio". Essa terminologia tinha sido tradicional nos documentos sinodais precedentes e, depois desse decreto, será utilizada sem dificuldade no decreto da justificação: "O livre-arbítrio não foi absolutamente extinto, embora enfraquecido e extraviado em sua força"[22].

No século XVI, todo o mundo poderia subscrever esse cânon: ele não visava a ninguém.

O 2º cânon: as consequências do pecado de Adão para a humanidade

O segundo cânon retoma as mesmas afirmações a despeito de toda a humanidade. As consequências do pecado de Adão são as mesmas para sua descendência e para ele. O texto é igualmente retomado do 2º cânon de Orange, cuja alusão era diretamente antipelagiana (os elementos em negrito vêm de Orange):

> Se alguém afirmar que
> (a) **a prevaricação de Adão não prejudicou nem a ele só nem à sua descendência**;
> (b) e que ele perdeu a santidade e a justiça recebidas de Deus somente para ele e não também para nós;

---

20. Cf., *supra*, p. 178.
21. O concílio de Orange, em 529, em seu cânon 1º: "*in deterius dicit hominem commutatum*", retoma AGOSTINHO, *Mariage et concupiscence*, II,34,57; *BA* 23, p. 281.
22. *COD* II-2, p. 1367; *DzS* 1521; *FC* 555. A expressão se refere ao concílio de Orange, cânon 8º: *DzS* 378.

(c) ou que, manchado pelo pecado de desobediência, **transmitiu somente a morte** e as punições **do corpo a todo o género humano** [*segundo a lei comum*], mas **não o pecado, que é a morte da alma**, seja anátema, uma vez que **está em contradição com o apóstolo que diz: "por um só homem o pecado entrou no mundo, e pelo pecado, a morte e assim a morte atingiu todos os homens, naquele em quem todos pecaram"** (Rm 5,12) (cân. 2)[23].

(a e b) A primeira afirmação é diretamente antipelaglana. O pecado originado comporta a perda da justiça e da santidade: isso representa o elemento formal do pecado original.

(c) A prevaricação de Adão causa duas mortes, a do corpo e a da alma, que se chama pecado. A expressão "segundo a lei comum" foi retirada, a fim de não incluir a Virgem Maria.

Em sua citação de Rm 5,12, Trento retoma a versão latina que apresentava o *in quo*; mas o texto, diferentemente do de Orange, apresenta o termo "morte": foi então a morte que passou para todos os homens[24]. Essa citação visa ao humanista Erasmo, que excluía estar a ideia de pecado original presente em Rm 5,12. Sabe-se que o humanismo do século XVI tinha alguma simpatia pelo pelagianismo.

Esses dois cânones são, pois, a cuidadosa retomada do ensinamento antigo: não trazem elementos realmente novos. Podemos compreender a decepção que causaram. O historiador na época, Sarpi, escreveu: "Quando os decretos (dessa) sessão foram impressos e chegaram à Alemanha, deram azo a muita discussão. Dizia-se que o concílio realmente perdeu tempo pondo-se a discutir a impiedade pelagiana já condenada havia mil anos"[25].

O 3º cânon: o remédio para o pecado original, o batismo

C) 3º cânon trata do remédio para o pecado original. Não havia mais modelos sobre o assunto nos concílios antigos: o concílio devia então inovar. Expõe aqui a afirmação tradicional e bíblica da redenção: o remédio para o pecado original é o mérito do único mediador, e esse mérito é conferido pelo batismo:

> Se alguém afirmar que o pecado de Adão
> (a) — que é um por sua origem e, transmitido por propagação e não por imitação, é próprio de cada qual —;

---

23. *COD* II-2, p. 1357; *DzS* 1512; *FC* 276.
24. Seripando sabia muito bem que o *eph'hô* grego tinha um sentido causal e traduzia: "porque todos pecaram", "*eo quod omnes peccaverunt*" ou "*propterea quia omnes peccaverunt*".
25. Citado por A. VANNESTE, *art. cit., NRT* 87 (1965) 713.

(b) é retirado pelas forças da natureza humana ou por outro remédio que não o mérito do único mediador, nosso Senhor Jesus Cristo, que nos reconciliou com Deus em seu sangue, "que se tornou para nós sabedoria que vem de Deus, justiça, santificação e libertação" (1Cor 1,30);

(c) ou se negar que o mérito de Jesus Crista seja aplicado igualmente tanto aos adultos quanto às crianças pela [fé e] pelo sacramento do batismo conferido segundo a forma e o uso da Igreja,

seja anátema[26].

(a) A primeira fórmula "que é um por sua origem e próprio de cada qual" visa ao controversista católico Pighi († 1542), que sustentava que o pecado original em nós nada mais é que o pecado de Adão, o qual é imputado por Deus aos descendentes do mesmo Adão[27]. Não havia, pois, segundo esse teólogo, senão um só pecado original, que não é interior nem próprio de cada um. A criança nasce com uma culpabilidade (*reatus*) pela qual não cometeu ato algum (*actus*). A expressão *"origine unum"* é, pois, uma concessão a Pighi: não é senão em sua origem que esse pecado é um; mas ele se multiplica em seus descendentes, o que Pighi negava. Esses esclarecimentos históricos não são inúteis para compreender a intenção do cânon. Seria um grave anacronismo ler nele uma afirmação qualquer do "monogenismo teológico". O concílio tampouco entra na questão que se discutia na época sobre a pluralidade dos pecados das origens[28].

A segunda fórmula "por propagação e não por imitação" retoma o termo da *Tractoria*, do papa Zózimo[29], mais que o de "geração", utilizado pelo concílio de Cartago, de 418, e mais comumente por Agostinho. A expressão visava a Pelágio e afirma antes de mais nada que o pecado original na humanidade não é o fato de uma simples imitação de Adão.

(b) A menção das "forças do homem" visa a Pelágio ou aos pelagianos humanistas.

(c) A menção da fé que o projeto fazia foi retirada, apesar dos desejos de Seripando e provavelmente para não parecer ceder à insistência dos Reformadores sobre a fé. Ela estava, pois, em seu devido lugar. O cânon se completa pela citação de três textos bíblicos (At 4,12; Jo 1,29; Gl 3,27) que vêm ilustrar o propósito dogmático.

O 4º cânon: o batismo das crianças

O 4º cânon aplica essa doutrina à criança que nasce. Como nos mostra a apresentação tipográfica, à parte algumas variantes, ele foi retomado textualmente do cânon 2º do concílio de Cartago, de 418, o qual já se referia a Rm 5,12:

---
26. *COD* II-2, p. 1357; *DzS* 1513; *FC* 277.
27. Cf. A. VANNESTE, *art. cit.*, pp. 720-725.
28. Cf. A. M. DUBARLE, La pluralité des péchés héréditaires dans la tradition augustinienne *REA* 3 (1957) 113-136.
29. Cf., *supra*, p. 153.

(a) **se alguém negar que as crianças que vierem a nascer devam ser batizadas,** mesmo que nasçam de pais batizados, **ou se disser que elas são certamente batizadas para a remissão dos pecados, mas que não têm nada do pecado original que vem de Adão e que é necessário ser expiado pelo banho da regeneração** para obter a vida eterna, **donde se segue que para eles a fórmula do batismo para a remissão dos pecados não tem um sentido verdadeiro, mas falso,**
seja anátema;
(b) **Porque não se pode compreender de outro modo o que diz o apóstolo [citação de Rm 5,12], se não for como o entendeu sempre a Igreja católica espalhada por todos os lugares;**
(c) **É com efeito por causa dessa regra de fé** que vem da tradição dos apóstolos **que mesmo as crianças, que não puderam ainda cometer nenhum pecado por elas mesmas, são, todavia, verdadeiramente batizadas para a remissão dos pecados, a fim de que seja purificado nelas pela regeneração o que contraíram pela geração** [citação de Jo 3,5].

Esse texto foi, pois, comentado a propósito do concílio de Cartago[30]. E mantém em Trento a alusão diretamente antipelagiana. Mas a insistência sobre o rito batismal como tal, mais particularmente evidente no caso da criança, visava também à posição anabatista e à emenda proposta por Seripando sobre a primazia do papel da fé na justificação, independentemente do rito. Trento acrescenta igualmente que o batismo das crianças remonta a uma tradição apostólica. Era a opinião de Orígenes e de Agostinho[31].

O 5º cânon: os efeitos do batismo

Este último cânon visa propriamente ao contencioso entre protestantes e católicos, que constitui a novidade da posição tridentina: trata-se do vínculo entre pecado original e concupiscência. Encontramos nele certa semelhança com o documento de Worms:

(a) Se alguém negar que, pela graça de nosso Senhor Espírito-Cristo conferida no batismo, a culpabilidade (*reatus*) do pecado original é remida, ou mesmo se afirmar que tudo o que tem um verdadeiro e próprio caráter de pecado não é totalmente retirado, mas é somente demolido ou não imputado, seja anátema;
(b) Com efeito, naqueles que nasceram de novo nada é objeto da repulsa de Deus, pois, "sepultados com Cristo em sua morte pelo batismo (cf. Rm 6,4), eles

---

30. Cf., *supra*, pp. 152-153.
31. ORÍGENES, cf., *supra*, p. 166; AGOSTINHO, *Sur la peine et la rémission des péchés*, I,26,39; Vivès, t. 30, p. 32.

não andam sob o domínio da carne" (Rm 8,4), mas "despojando-se do velho homem" e revestindo-se do homem novo, que foi citado segundo Deus (cf. Cl 3,9-10; Ef 4,24), tornaram-se inocentes, sem mancha, puros, irrepreensíveis e filhos amados de Deus, "herdeiros de Deus e co-herdeiros de Cristo" (Rm 8,17), de modo que nada seja de obstáculo à entrada deles no céu;

(c) Que a concupiscência ou o foco do pecado persiste nos batizados, este santo concílio o confessa e assim pensa; essa concupiscência, ficando para ser combatida, não pode prejudicar os que com ela não consentem e a ela resistem corajosamente pela graça de Cristo. E mais ainda, "aquele que lutar conforme as negras receberá a coroa" (cf. 2Tm 2,5);

(d) Essa concupiscência, que o apóstolo chama às vezes de "pecado" (Rm 7,14.17.20), o santo concílio declara que a Igreja católica jamais compreendeu que tenha sido chamada pecado porque seria real e propriamente um pecado naqueles que nasceram de novo, mas porque vem do pecado e inclina para o pecado. Se alguém pensar o contrário, seja anátema[32].

(a) Pelo batismo, a culpabilidade, ou seja, o "elemento formal" do pecado original, é remida. O concílio recusa as fórmulas luteranas de simples não-imputação. O pecado original não se reduz, portanto, à concupiscência.

(b) Essa proposição é ilustrada por várias alusões bíblicas que sublinham que nos regenerados nada desagrada mais a Deus.

(c) A concupiscência permanece certamente no batizado: é o elemento material. Fica para o combate espiritual. Mas não tem mais o caráter de um pecado, caso se lhe resista. O concílio não se pronuncia sobre a relação do pecado original com a concupiscência antes do batismo.

(d) O concílio volta à Escritura, mas dessa vez para falar do sentido das fórmulas paulinas que empregam o termo "pecado", a propósito da força que impulsiona o homem para o mal (Rm 7). Se a concupiscência é chamada de pecado, é porque nasce do pecado e porque inclina pala o pecado. Trento retoma aqui as fórmulas de Agostinho em sua polêmica com Juliano[33]: "A própria concupiscência não é mais um pecado nos regenerados [...] Nós a chamamos de pecado, de acordo com certo modo de falar, porque vem do pecado e o produz, se ela triunfa"[34]. Assim, o concílio esclarecia a compreensão agostiniana da concupiscência como principal expressão do pecado original.

Enfim, num sexto parágrafo que não é um cânon, o concílio exclui a Virgem Maria de qualquer consideração sobre o pecado original[35].

---

32. *COD* II-2, p. 1359; *DzS* 1515; *FC* 279.
33. V. GROSSI, *Baio e Bellarmino interpreti di S. Agostino nelle questioni del sopranaturale*, Roma, Augustinianum, 1970, em particular pp. 226-243; G. Sfameni GASPARRO, Il tema della concupiscentia in Agostino e la tradizione dell'enkrateia, *Augustinianum* 25 (1985) 155-183.
34. *Mariage et concupiscence*, I,23,25; *BA* 23, p. 111.
35. *COD* II-2, p. 1359; *DzS* 1516; *FC* 280. Cf. t. 3, p. 495.

O essencial das decisões de Trento

O concílio de Trento trabalhou, pois, no contexto tradicional, particularmente do 2º concílio de Orange, que, com autoridade, difundira no Ocidente os termos e o pensamento de santo Agostinho. Ele afirma, de uma parte que um laço comum negativo une os homens entre si depois de nascerem. Esse dado negativo não é apenas da ordem de uma penalidade limitada ao corpo; atingiu também a alma, como "pecado". Trento diz, de outra parte, que esse nascimento de toda criatura humana numa situação negativa encontra sua saída positiva na mediação de Jesus Cristo, que se tornou para os homens "justiça, santificação e libertação" (1Cor 1,30), mediação comunicada pelo sacramento do batismo. O batismo é dado para desligar o homem do pecado original. Nele, esse pecado é realmente tirado, não é apenas "demolido" ou "não-imputado", como se, identificado com a concupiscência, reaparecesse cada vez que emerge no homem a desordem de seu desejo. A afirmação da necessidade e da validade do rito batismal, tanto para os adultos como para as crianças, faz abstração da primazia do papel da fé na justificação (posição dos anabatistas e de Seripando).

O concílio de Trento, como o de Orange, exclui a Virgem Maria de qualquer consideração sobre o pecado original; como ele também, liga a "concupiscência" ao pecado original quanto à sua origem, e a apresenta como o "foco do pecado atual; mas exclui a identificação entre concupiscência e pecado original proposta pelo conjunto das teses luteranas. A exatidão dos Padres de Trento sobre a relação entre a concupiscência e o pecado original constitui, pois, uma orientação valiosa para a leitura de Agostinho, exposta então à pré-compreensão de um homem que era considerado, no sentido ético e ontológico, "todo pecado". Mas o concílio não entra na interpretação da natureza da concupiscência (posição da escola agostiniana).

Utilizando os textos de santo Agostinho na linha dos concílios precedentes, Trento não se obriga a emitir seu parecer sobre as interpretações que lhes são dadas de diversas partes para sustentar diferentes teses. Ao contrário, pode-se dizer que a secular autoridade de que gozava Agostinho na Igreja de Roma é posta de lado, sem mais consideração, não obstante a Igreja do Ocidente ter assimilado seu pensamento. Esse fato não foi indiferente à maneira como se desenvolverá a teologia entre os concílios de Trento e do Vaticano II.

A interpretação ulterior do decreto de Trento

O concílio de Trento concentrou no clima da tradição agostiniana seu ensinamento sobre o pecado originado na humanidade, mas opôs-se a interpretações excessivas; pouco se ocupou do pecado das origens. Falou deste último no quadro das representações de sua época com o único fim de estabelecer um princípio de explicação do pecado originado. Mas, ao se apresentarem novas questões referentes à origem da humanidade, vindas da história, da pré-história e da ciência, reportou-se ao decreto de Trento para fazê-lo falar sobre o pecado das origens. Em particular, interrogou-se sobre questões que os Padres não se tinham posto. Todos eles supunham a historicidade empírica da narração do Gênesis. A aproximação que fizeram dos textos bíblicos era a dos Padres da Igreja. A linguagem simbólica da afirmação doutrinal era para eles inseparável de suas representações historicizantes. Seria, pois, anacrônico invocar suas afirmações por meio do primeiro cânon — cuja intenção, convém lembrar, é falar dos efeitos do pecado original no primeiro homem —, sobre pontos aos quais não dedicaram atenção. Ao contrário, é indispensável distinguir o que pertence ao mundo de suas representações e o que é objeto de suas afirmações doutrinais.

A questão de uma época ainda recente pode ser formulada assim: se pusermos em causa a historicidade empírica de Adão e do Gênesis, ou mesmo apenas a unicidade de um casal iniciador da humanidade, a afirmação doutrinal de Trento sobre o pecado de Adão perderá todo sentido e todo conteúdo? Por muito tempo se respondeu *sim* a essa questão, no século XIX e na primeira parte do século XX. Até impressionava a expressão "um, por origem" (*origine unum*) do 3º cânon de Trento, interpretada à margem de sua intenção real, que visava ao teólogo Pighi. Curiosamente, essa posição se manteve após a aceitação oficial dos gêneros literários da Escritura e da compatibilidade da fé com a teoria da evolução[36]. O concílio Vaticano II esboçou nova abertura, e os teólogos em sua grande maioria respondem agora com um *não* a essa questão: "Mesmo para quem considera Adão um tipo literário ou uma figura mítica, escreve A. Vaneste, esse primeiro cânon guarda seu sentido e seu objeto próprio, pois a descrição mais ampla que ele dá do estado de Adão após seu pecado visa, com toda a evidência, a explicar as consequências desse pecado em nós. Para a teologia moderna, a nosso ver, a questão da historicidade de Adão continua de algum modo a mesma de antes, após o estudo do decreto do concílio de Trento. [...] A contribuição do concílio para o problema que preocupa nossos contemporâneos é, antes, indireta"[37]. Em outras palavras, a afirmação tridentina sobre o pecado original não diz mais do que já expressava o paralelo paulino de Adão e de Cristo. Uma justa interpretação do concílio de Trento requer, pois, uma séria adaptação de enfoque. A problemática dele é profundamente diferente da nossa.

---

36. Cf. LABOURDETTE, *Le péché originel et les origines de l'homme*, Paris, Alsatia, 1953; K. Rahner, de seu lado, evoluiu, no que diz respeito ao monogenismo, entre uma primeira contribuição, de 1954, Le monogénisme et la théologie, *Écrits théologiques*, Paris, DDB, 1966 [trad. franc.], pp. 9-85, e outra de 1967, Péché originel e évolution, *Concilium* 26 (1967) 57-69.

37. A. VANNESTE, *art. cit.*, 1965, pp. 716-717. No mesmo sentido, Ch. BAUMGARTNER, *Le péché originel*, Paris, Desclée, 1969, pp. 122-124.

II. DO CONCÍLIO DE TRENTO A NOSSOS DIAS

1. APÓS O CONCÍLIO DE TRENTO

O período que seguiu o concílio de Trento não conheceu decisões doutrinais particulares sobre o pecado original, mas somente intervenções colaterais a propósito de Miguel Baio, de Jansênio e dos jansenistas. Essas intervenções retomaram as posições de Trento sobre a impossibilidade de identificar o pecado original e a concupiscência, identificação que acarretava a consequência ética da supressão da diferença entre pecado mortal e pecado venial, e levava à consideração negativa de todas as ações dos não-crentes e a não ver o livre-arbítrio senão como capaz de pecar.

Miguel Baio: a lei do pecado

Miguel de Bay, chamado Baio, nasceu em Meslin, na Bélgica, em 1513. Por toda a sua vida ensinou teologia na universidade de Louvain. Prendeu-se ao método positivo, a exemplo dos humanistas, e teve a intenção de realizar um retorno aos Padres da Igreja, para além da escolástica, sendo um sistemático impenitente. De fato, ele conhecia sobretudo Agostinho, cujas obras leu diversas vezes. Publicou em 1563-1564 seus principais opúsculos, praticamente todos de natureza antropológica[38]. Baio identifica o pecado original com a concupiscência, que ele considera culpável em si mesma. Essa culpabilidade é igual para todos. A concupiscência é mortal nos batizados que ela domina. Baio ultrapassa, pois, o pessimismo agostiniano até excessos injustificáveis. Nós o encontraremos a propósito de suas concepções sobre a relação da natureza com a graça[39]. Morreu em 1589, tendo se submetido sempre às condenações de que foi objeto.

As proposições que seguem, tiradas, entre outras, da obra de Baio, foram condenadas pela bula *Ex omnibus afflictionibus*, de Pio V. em 1567, como "ofensivas aos ouvidos dos fiéis":

> Nenhum pecado é venial por sua natureza, mas todo pecado merece a pena eterna, prop. 20.
> Todas as obras dos infiéis são pecados, prop. 25.
> O livre-arbítrio, sem a graça de Deus, só serve para pecar, prop. 27.
> Os maus desejos com que a razão não consente são proibidos pelo preceito: "Não terás maus desejos" (Ex 20), prop. 50.

---

38. *Sobre o livre-arbítrio e seu poder, Sobre a justiça e a justificação, Sobre os méritos das obras, Sobre a primeira justiça do homem e as virtudes dos ímpios*, opúsculos reunidos por Gabriel Gerberon, Michaelis Baii opera, Köln, 1696.

39. Cf., *infra*, pp. 297 e 326-328.

A concupiscência é uma verdadeira desobediência à lei, prop. 51.
Nos batizados que caíram no pecado mortal, a concupiscência que domina agora neles é um pecado, como os demais hábitos maus[40].

Todo "movimento de concupiscência", pois, é em si pecado, sem possível distinção entre pecado mortal e venial. A preocupação de Agostinho sobre a origem do mal (*unde malum*) e sobre o pecado original, que nasce também da vontade, encontrava-se reduzida e limitada a um horizonte novo em que se pensava apenas na possibilidade do pecado, mesmo sem relação com a vontade. São prova disso duas outras proposições de Baio:

> O voluntário não pertence nem à essência nem à definição do pecado: saber se todo pecado deve ser voluntário não é uma questão de definição, mas uma questão de causal e de origem, prop. 46.
> É por isso que o pecado original tem realmente o caráter de pecado, sem relação ou referência com a vontade, na qual tem sua origem, prop. 47[41].

Baio articulará essas conclusões em sistema antropológico. Seu pensamento está suficientemente orientado para negar a Agostinho a paternidade de uma fómula que se encontra efetivamente nele[42]:

> A proposição: 'Deus não ordenou nada impossível ao homem' é atribuída falsamente a santo Agostinho, mas é de Pelágio[43].

O Augustinus *de Jansênio*

INDICAÇÕES BIBLIOGRÁFICAS: J. ORCIBAL, Jansénius. *Catholicisme* 6 (1967) 332-343; *Jansénius d'Ypres*, Paris, Études Augustiniennes, 1989. — A. VANNESTE, Pour une relecture critique de l'*Augustinus* de Jansénius, *Augustiniana* 44 (1994) 115-136 [O autor tenta fazer sobressair a significação teológica do *Augustinus*, centrando-a sobre a distinção das duas graças: a de Adão e a de Cristo]. — M. LAMBERIGTS (ed.), *L'augustinisme à l'ancienne Faculté de Théologie de Louvain*, Louvain, University Press/Uitgeverij Peeters, 1994.

---

40. DzS 1920, 1925, 1927, 1950, 1951, 1974; *FC* 620, 686, 627, 621, 625. A proposição 51 é inspirada em Agostinho, Sermão 154,7; *PL* 38, 837; *La nature et la grâce*, 17,18-19; *BA* 21, pp. 272-275. Os erros jansenistas, condenados sob o pontificado de Alexandre VIII por decreto do Santo Ofício, em 1690, reproduziram as orientações de Baio, DzS 2301-2330.

41. DzS 1946-1947; *FC* 286-287.

42. No tratado *Sur la peine et la rémission des péchés*, II,6,7; Vivès, t. 30, p. 64, e em *La nature et la grâce*, 43,50; *BA* 21, p. 339. Para Baio, cf. V. GROSSI, *Baio e Bellarmino*; para os outros autores que apelaram para a autoridade de Agostinho no tempo da Reforma e depois, cf. as Atas do *Congresso Internazionale su S. Agostino nel XVI centenario della conversione*, vol. III, Roma, Augustinianum, 1987, pp. 241-289.

43. DzS 1954; *FC* 622.

Cornelis Jansen, ou Cornélio Jansênio (1585-1638)[44], encontrou Saint-Cyran em Paris, em 1604[45], e com ele, nos anos de 1612-1617, concebeu um vasto plano teológico visando aos teólogos de controvérsia da Contra-Reforma. Ensinou por algum tempo em Louvain, antes de começar, em 1628, a redação do *Augustinus*, publicado em 1640, dois anos após sua morte. Tinha sido eleito bispo de Ypres, em 1636.

A equação entre concupiscência e pecado original foi expressa por Jansênio com a clareza que o caracteriza: "Santo Agostinho sempre ensinou — diz ele —, como sendo descoberta sua, que o pecado original é a concupiscência"[46]. Essa tese do *Augustinus* depende do tema central da obra, a saber, o conceito agostiniano de "natureza viciada", como indicado no subtítulo: *Doutrina de santo Agostinho sobre a saúde, a doença e a cura da natureza humana, contra os pelagianos e os monges de Marselha*. Jansênio confunde o pecado com a corrupção: pertencendo o primeiro à ordem moral da graça e da liberdade, e a segunda à ordem da realidade física, corporal e natural. Radicaliza assim a noção de concupiscência e a relação estreita entre "natureza viciada" e pecado, em razão de sua concepção particular da necessidade da graça. A essência do debate entre Agostinho e Pelágio teria sido então, segundo Jansênio, verificar se a natureza humana estava realmente "viciada" em consequência do pecado de Adão. Mas Jansênio insistia nas consequências do pecado original, ao passo que Agostinho ressaltava o pecado original enquanto tal. Nesse sentido, Agostinho teria defendido o pecado original de maneira desmesurada[47]. Com efeito, Jansênio escreveu a propósito da graça da vontade sadia (de Adão) e da graça da vontade doente (da humanidade decaída):

> Convém saber que Agostinho e Pelágio [...] tiveram um grave desentendimento a respeito da integridade e da ferida da natureza humana [...]. Pelágio sustentava que a natureza humana não estava viciada pelo pecado [...] e Agostinho, que a natureza está "violada" pelo pecado, ou seja, que o livre-arbítrio contraiu determinada doença que o impede de querer bem[48].

De outra parte, segundo Jansênio, o "deleite da concupiscência" (*delectatio libidinosa*) será invencível: "Dessa *libido* ou concupiscência, acontece que a vontade do homem não pode ser libertada nem por seu próprio poder nem pelo

---

44. Que é preciso distinguir de seu tio Cornélio Jansênio, bispo de Gent [Bélgica] (1510-1576).

45. Chamava-se Duvergier de Hauranne, tornou-se abade de Saint-Cyran e morreu em 1643. No convento de Port-Royal, sucedeu-lhe Arnauld, que escreveu, em 1644/1645, duas apologias para Jansênio em que defendia Agostinho, teólogo da graça, contra os molinistas, ou seja, os teólogos da Companhia de Jesus. As *Cartas provinciais*, de Pascal, serão de 1656-1657.

46. JANSÊNIO, *Augustinus*, II. *De l'état de la nature déchue*, I,1. Jansênio não leva em conta a solução apresentada por Agostinho contra Juliano: distinguir entre a concupiscência/desordem (*vis concupiscentiae*) e a própria sensibilidade dos sentidos (*vis sentiendi*).

47. *Augustinus*, II. *De l'état de la nature déchue*, I,1 e 12.

48. *Ibid.*, III,2,1.

de um homem ou de um anjo, mas única e exclusivamente pela graça de Deus"[49]. Encontraremos de novo Jansênio a propósito da graça e da predestinação[50].

2. O PERÍODO MODERNO E CONTEMPORÂNEO

Há mais de um século, a compreensão do "pecado original" não encontra mais paz na Igreja. A época contemporânea está marcada pela renovação dos estudos bíblicos — e, portanto, por uma releitura do capítulo 3 do Gênesis sobre o pecado das origens — e pelo desenvolvimento das ciências humanas, em particular da antropologia cultural, da etnologia, da paleontologia etc. Esse clima levará a três intervenções do magistério: a do Santo Ofício, a propósito das posições de Antônio Rosmini, a de Pio XII, sobre o poligenismo, e a de Paulo VI, diretamente sobre o pecado original, em 1966, primeiro, e em 1968, depois.

As distinções de Antônio Rosmini sobre a noção de pecado

> **INDICAÇÕES BIBLIOGRÁFICAS:** ROSMINI, *Trattato sulla coscienza morale*, Milano, 1840; *Le nozioni di peccato e di colpa illustrate. Operetta di Antonio Rosmini, prete roveretano* (1841); em francês: *Anthropologie morale*, Paris, Beauchesne, 1973. — F. EVAIN, *Être et personne chez A. Rosmini*, Paris, Beauchesne, 1981. — R. BESSERO BELTI, *La questione rosminiana*, Stresa, 1988.

Em seu *Tratado da consciência moral*, A. Rosmini, filósofo e teólogo de Rovereto (perto de Trento), propôs que se distinguissem os conceitos de "pecado" e de "falta". O "pecado", explica ele, é todo desvio moral, e a "falta" é um desvio livremente contraído; assim, num indivíduo, pode haver "pecado" sem "falta". É o caso, precisamente, conforme Rosmini, do pecado original.

A posição de Rosmini foi muito contestada[51]. O papa Gregório XVI julgou oportuno promulgar um "decreto de silêncio" (7 de março de 1843), proibindo a discussão a respeito. Mas a polêmica sobre a validade dessa posição inflamou-se violentamente com Pio IX, após a intervenção da Congregação do Índex[52]. Se o debate amainou, a questão teológica continuava.

---

49. *Ibid.*, II. *De l'etat de la nature déchue*, 1.3.
50. Cf., *infra*, pp. 297-298 e 328-329.
51. Ele respondeu a essas objeções uma primeira vez, em 1841, em sua *Resposta... ao falso Eusébio cristão* (alusão ao opúsculo que atacava seu *Tratado sobre a consciência moral*), depois, de maneira mais organizada, pelas *As noções ilustradas de pecado e de falta — pequena obra de Antonio Rosmini, padre de Rovereto*, em resposta a três opúsculos anônimos (1841).
52. Cf. *DzS* 3154-3155.

As intervenções de Pio XII e de Paulo VI

DOCUMENTO: PIO XII, Encíclica *Humani generis* (12.8.1950), *DC* 47 (1950) 1165-1166.
— PAULO VI, Alocução de 11 de julho de 1966; *DC* 63 (1966) 1346-1351; Profissão de fé pronunciada no dia 30 de junho de 1968, n. 17; *DC* 65 (1968) 1254.

INDICAÇÕES BIBLIOGRÁFICAS: M. FLICK, Il poligenismo e il dogma del peccato originale, *Gregorianum* 28 (1947) 555-563. — G. BLANDINO, *Peccato originale e poligenismo. Le recenti ipotesi teologiche e un nuovo tentativo di soluzione*, Forli, Ed. De Etica. 1967. — K. RAHNER, Erbsünde und Monogenismus, *Quaestiones Disputatae* 44 (1970) 176-223. — A. VANNESTE, Le péché originel. Vingt-cinq ans de controverse, *EphThL* 56 (1980) 136-145.

A questão teológica do pecado original foi de novo levantada em nossa época e com vivacidade sob os pontificados de Pio XII e de Paulo VI. Com efeito, a teologia do período contemporâneo sobre o pecado original foi marcada pela comparação entre o texto bíblico (Gn 1-3) e a evolução das ciências naturais, entre outras a cosmologia, a biologia e os diversos ramos da antropologia cultural. Avançou-se em particular a hipótese de um poligenismo da humanidade, em oposição ao monogenismo tradicional da narrativa bíblica. Essa nova hipótese foi contestada pela encíclica *Humani generis* (1950), de Pio XII, que se baseia precisamente na doutrina do pecado original:

> Com efeito, não vemos absolutamente como concordar semelhante doutrina [o poligenismo] com o que ensinam as fontes da verdade revelada e o que propõem os atos do Magistério eclesiástico sobre o pecado original, pecado que busca sua origem num pecado verdadeiramente pessoal cometido por um só Adão, e que, difundido em todos pela geração, encontra-se em cada um e lhe pertence[53].

Pio XII julgava que o monogenismo era o pressuposto lógico do dogma do pecado original. "Observe-se a prudência com que se afirma a conexão entre o monogenismo e a doutrina do pecado original. A encíclica não diz: vê-se que essa opinião não é de modo algum compatível com a doutrina do pecado original, mas: não se vê como ela o poderia ser. No dia seguinte ao da aparição da encíclica, A. Bea escrevia: 'Continua em aberto a questão de saber se poderia haver formas de poligenismo compatível com a doutrina certa da Igreja'."[54]

A questão do pecado original foi de novo abordada sob o pontificado de Paulo VI. Ele próprio fala a respeito em sua alocução de 11 de julho de 1966 aos participantes do Simpósio sobre o pecado original, no qual lembra as intervenções do concílio Vaticano II sobre o assunto. Não é inútil retomar aqui as fórmulas do concílio, a fim de ver a intenção dele:

---

53. *DzS* 3897; *FC* 269.
54. Ch. BAUMBARTNER, *Le péché originel*, p. 118; a citação de A. Bea vem de *Scholastik* 26 (1951) 54.

O Pai eterno [...] decretou elevar os homens à participação da vida divina. E, caídos em Adão, jamais o abandonou [...] (*LG 2*).
Estabelecido por Deus num estado de santidade, o homem, seduzido pelo maligno, logo no começo de sua história abusou da própria liberdade, levantando-se contra Deus e desejando alcançar seu fim fora dele. Tendo conhecido a Deus, "não lhe prestou a glória a ele devida, mas obscureceu-se o seu coração insensato e serviu à criatura, preferindo-a ao criador" (cf. Rm 1,21-25). E o que a revelação divina nos dá a conhecer concorda com os dados da experiência (*GS 13*).

O vaticano II retoma o conteúdo doutrinal das afirmações anteriores, mas num discurso tão desprovido quanto possível das representações que tinham revestido de maneira clássica esse dogma. O texto de *Gaudium et spes* prefere dizer "o homem" e não "Adão", o que é uma maneira totalmente legítima de traduzir o termo do Gênesis. Ao estabelecer um vínculo entre Gn e Rm, ele considera esse pecado como o começo do longo pecado da humanidade.

Por sua vez, Paulo VI convida os participantes do simpósio a trabalhar por uma "definição e uma apresentação do pecado original que sejam mais modernas, ou seja, que satisfaçam mais às exigências da fé e da razão, como são sentidas e expressas pelos homens de nosso tempo", e citava a fórmula de João XXIII no início do concílio: "Com efeito, uma coisa é o próprio depósito da fé, ou seja, as verdades contidas em nossa venerável doutrina, e outra é a forma sob a qual essas verdades são anunciadas, conservando-se, todavia, o mesmo sentido e o mesmo alcance"[55]. Ele os convidava a usar de uma real liberdade, exercitando-se na fidelidade à Escritura, à tradição e ao magistério da Igreja. Julga, todavia, que o pressuposto de um poligenismo que pusesse em causa a desobediência do primeiro homem, "figura do futuro Adão", seria incompatível com o dogma católico. Ele se prende, pois — segundo o Vaticano II, que ele cita —, ao paralelismo doutrinal entre os dois Adões.

Dois anos mais tarde, em 1968, Paulo VI incluía um parágrafo sobre o pecado original em sua profissão de fé. Esse texto é uma recapitulação dos dados da tradição e dos concílios, muito sóbrio no plano das representações:

> Cremos que em Adão todos pecaram, o que significa que a falta original cometida por ele fez cair a natureza humana, comum a todos os homens, num estado em que ela carrega as consequências dessa falta e que não é aquele em que ela se encontrava antes, em nossos primeiros pais, constituídos na santidade e na justiça, e no qual o homem não conhecia nem o mal nem a morte. É a natureza humana assim decaída, despojada da graça que a revestia, ferida em suas próprias forças naturais e sujeita ao império da morte, que é transmitida a todos os homens, e é nesse sentido que cada homem nasce no pecado.

---

55. *DC* 63 (1964) 1347-1348.

Sustentamos, pois, com o concílio de Trento, que o pecado original é transmitido com a natureza humana, "não por imitação, mas por propagação", e que é assim "próprio de calda um".

O papa retoma o termo "propagação", menos diretamente ligado à ideia de geração — portanto, mais afastado da representação propriamente agostiniana do modo de transmissão —, termo que permite uma concepção mais antropológica da transmissão. Os debates teológicos que seguiram a *Humani generis* procuraram não tanto postular um acordo entre a narração bíblica e a hipótese poligenista — hipótese, aliás, mais "teológica" que "científica" e que não preocupa mais os espíritos — das origens da humanidade quanto propor novas categorias de reflexão, que tomam certa distância em relação às representações tradicionais que tinham tido seu ponto de partida em Agostinho. Em particular, a ligação entre o dogma do pecado original e o esquema histórico dado por são Paulo e retomado no tempo de Agostinho é então considerada em seu valor simbólico de revelação, que permanece, ainda que se considere que sua realidade "historial" — ou seja, seu alcance como acontecimento da história *sobrenatural* da humanidade — não dependa da historicidade empírica e *natural* de Adão[56]. A antítese entre Adão e Cristo (Rm 5,12-21) guarda todo seu valor, ainda que um e outro não se situem no mesmo plano de historicidade: Adão é o negativo teológico de Cristo numa totalização da história segundo duas figuras: Cristo é o autor de uma salvação definitiva oferecida de uma ponta à outra do tempo; Adão é posto como o homólogo inverso, e demonstra ser radical a necessidade da salvação da humanidade, a partir de um acontecimento de pecado universal, total, original, que afeta todos os tempos[57].

III. BALANÇO DOUTRINAL

A reflexão teológica atual sobre o pecado original procura manter juntos fatores que não eram ainda suficientemente levados em consideração: o peso que se deve dar à autoridade de Agostinho, as grandes decisões da Igreja e a valorização de categorias teológicas que tentam explicar o pecado original. As interferências entre a contribuição de Agostinho, as decisões da Igreja e as categorias de expressão são evidentes. A propósito dos documentos eclesiais, a questão principal é saber em que sentido o conteúdo deles, transmitido na linguagem de outra época, vincula a fé do crente hoje. Com base nas principais convergências entre esses diferentes elementos, podemos arriscar a exposição de uma proposição hermenêutica.

---

56. P. Grelot, retomando as categorias de G. FESSARD, *Péché originel et rédemption à partir de l'épitre aux Romains*, pp. 114 e 147-150.

57. Cf. P. LENGSFELD, *Adam et le Christ. La typologie Adam-Christ dans le N.T. et son utilisation dogmatique par M.J. Scheeben et K. Barth*, Paris, Aubier, 1970, p. 241.

1. A AUTORIDADE DE AGOSTINHO

Praticamente após a morte do bispo de Hipona, a apresentação do cristianismo feita por ele foi considerada pelo magistério da Igreja uma interpretação indiscutível. Em geral, para a Igreja romana, Agostinho foi considerado um "doutor" católico, não obstante as difíceis questões discutidas por ele e pelos outros. A indicação do *Indiculus*, documento antipelagiano atribuído ao papa Celestino e retomado na coleção dos *Décrétales* de Dionísio, o Exíguo, é uma constante na Igreja romana a partir de 431:

> Quanto aos pontos mais profundos e difíceis das questões que se põem e de que trataram mais amplamente os que resistiram aos heréticos, não ousamos desprezá-los, da mesma maneira que não julgamos necessário citá-los[58].

O bispo de Hipona tinha autoridade como católico, sobretudo por suas explicações sobre a graça de Deus e sobre o livre-arbítrio. Assim, o *Indiculus* subentende essa ideia para mostrar, contrariamente às insinuações de certas facções, que Agostinho não podia de modo algum ser considerado o pai da heresia predestinacionista. Essa posição da Igreja de Roma buscava apoio em um dos fundamentos da compreensão de Agostinho sobre o livre-arbítrio e sobre a "graça de Cristo", ou seja, sua maneira de compreender o pecado original. Todavia, após as polêmicas da época da Reforma, repôs-se essa autoridade nas dimensões de um autor católico comum, embora insigne. Em outras palavras, suas posições não tinham mais valor determinante somente porque eram de santo Agostinho; mas elas podiam entrar na linha comum da continuidade da tradição da Igreja. Nessa ótica, Alexandre VIII condenou a seguinte proposição jansenista: "Quando alguém encontrar uma doutrina claramente fundamentada em Agostinho, poderá sustentá-la e ensiná-la absolutamente sem levar em conta nenhuma bula pontifícia"[59]. Com a vinda da Reforma, acabava o tempo em que a Igreja, sobretudo Roma, aceitava Agostinho como seu "doutor", a tal ponto que se pode legitimamente falar de uma consciência "agostiniana" da Igreja de Roma[60].

A questão que a teologia se põe hoje é de saber se a confiança depositada pelos papas em Agostinho até a época da Reforma pode se aplicar explicitamente ao dogma do pecado original. Vimos que, a propósito desse dogma, questionou-se o título de doutor católico dado a santo Agostinho, considerado o intérprete da fé cristã da Igreja de Roma. Sobre essa questão, encontramos nos especialistas duas opiniões bastante díspares: alguns veem Agostinho como o pai efetivo do pecado original, compreendido como uma culpabilidade que se

---

58. *Indiculus*, c. 10; *DzS* 249.
59. *DzS* 2330.
60. De sua parte, Agostinho pensara a mesma coisa por sua própria fé sobre o pecado original: "Nós temos a mesma fé da Igreja romana", Carta 194,1; *PL* 33,875.

transmite a toda criança que nasce[61]; outros consideram a reflexão de Agostinho um desenvolvimento do dogma no âmbito da fé cristã e, ao mesmo tempo, uma herança que ele buscou no pensamento encratita[62]. Na realidade, a doutrina do "pecado original" explicava-se até então em estreita conexão com a soteriologia. Essa conexão evoluiu para uma consideração cada vez mais limitada ao "pecado original", como a uma questão em si, e mostrou outras conexões, como a relação entre pecado original e concupiscência. Naturalmente, o dogma do pecado original deve a Agostinho um momento de madura reflexão doutrinal.

2. A PARTE DE AGOSTINHO NAS DECISÕES DOGMÁTICAS

Um exame ainda que sumário da doutrina expressa pelos concílios sobre o pecado original poderá esclarecer um pouco as coisas. E sobre o "como" do pecado das origens e sobre seu vínculo de consequência com toda a humanidade que se põe a questão da maneira como a autoridade de Agostinho foi aceita no concílio de Cartago, de um lado, e no de Trento, de outro.

O concílio de Cartago, seguido pela carta *Tractoria* do papa Zózimo, registrou a condenação das teses pelagianas e a aceitação das posições de Agostinho sobre o pecado original e sobre a ajuda (*auxilium*) de graça de Deus para sua remissão. O concílio de Trento repetiu essa posição oficial no contexto da polêmica de Lutero sobre o homem "todo pecador".

O "pecado original" aparece na história como um dogma de fé. A história mostra como foi elevado pela Igreja ao patamar de uma verdade pertencente ao "depósito da fé" que deve ser guardado e transmitido. Depois de Trento, as diferentes relações entre natureza e pessoa, consciência e liberdade, tornaram-se fontes sugestivas para muitos autores. Entretanto, o problema era sempre saber como conjugar os dados da fé com as reflexões que geralmente são de natureza mais filosófica.

O "pecado de origem" é entendido pela tradição católica como um "vínculo de origem" (*nexus originalis*), um "vínculo de pecado" que enraiza-se na árvore da humanidade, o Adão pecador do Gênesis, e que, de geração em geração, engloba, singular e coletivamente, toda a humanidade. Esse "vínculo de pecado" pertence de fato a cada homem tomado individualmente, não na categoria da falta pessoal ou da exemplaridade, mas, antes, na de uma situação hereditária negativa, chamada pela teologia de "pecado de natureza".

Em seu decreto sobre o pecado original, o concílio de Trento exprime esse "vínculo original", que liga toda a humanidade no "pecado de natureza", como sendo a perda da santidade e da justiça que o homem tinha no momento de sua aparição na cena da vida. Para expressar a mesma realidade, o decreto seguinte

---
61. Cf., *supra*, pp. 128-133.
62. É a tese de P. F. BEATRICE, *Tradux peccati*.

sobre a justificação fala de "perda da inocência na prevaricação de Adão"[63]. Na linha de Agostinho, acrescenta às vezes um esclarecimento suplementar, referindo-se a uma posição do segundo concílio de Orange sobre o homem, corpo e alma, "mudado para pior após a transgressão de Adão", para fazer dele uma aplicação ao livre-arbítrio: em todos os homens, pagãos e judeus, "o livre-arbítrio não foi de modo algum extinto, embora enfraquecido e desviado de seu poder"[64].

Essa aplicação remonta à concepção antropológica de Agostinho. De fato, do conjunto dos dois decretos de Trento — que julgamos devam ser lidos em estreita conexão um com o outro — somos levados a ler a "perda da inocência original", afirmada pelo concílio, na ótica da "perda de Deus" da antropologia agostiniana. Para o bispo de Hipona, "perder Deus" significa que o homem, tendo perdido o fio de seu destino definitivo, está privado do bem sem o qual se deteriora no ser que o constitui. Essa interpretação positiva da doutrina do concílio de Trento sobre o pecado original, definido sinteticamente como "perda" da justiça ou da inocência, resulta com muita clareza das explicações contidas nos dois decretos tridentinos[65].

Enfim, essa convicção é corroborada pela experiência da persistência da concupiscência mesmo nos batizados. Essa última ideia que Trento busca em Agostinho significa diretamente a intenção de recusar a tese luterana da identidade do pecado original com a concupiscência; porque, se essa equação fosse verdadeira, a concupiscência não deveria mais subsistir naquele que foi batizado. Exprime, de outra parte, a vontade de aceitar a demanda de muitos teólogos, protestantes ou não, que propunham uma reflexão menos abstrata sobre os dogmas cristãos e mais próxima da história dos homens. Enfim, o concílio não quer avalizar a tese agostiniana da concupiscência-geração como explicação da transmissão do pecado original, mesmo se o decreto tridentino reconheça que ela faz parte dos danos causados ao homem pelo primeiro pecado. A união desses dois elementos tinha efetivamente criado, depois de Agostinho, algumas dificuldades para compreender a teologia do matrimônio[66].

Concluindo, o ícone do homem tridentino, que nasce no pecado de Adão, mas pode ser realmente justificado pela graça de Jesus Cristo, apóia-se — podemos afirmá-lo com provas suficientes — na antropologia de santo Agostinho.

---

63. Decreto sobre a justificação, c. 1; *COD* II-2; *DzS* 1521; *FC* 555.

64. *Ibid.*

65. A teologia de controvérsia lerá cada vez mais a "*perda* da justiça original" como pura *ausência* da "graça original", sem se preocupar de pôr esse dado em relação com fatos verificáveis, como o enfraquecimento do livre-arbítrio e a presença da concupiscência desordenada no homem. Essa aproximação, utilizada para exprimir a relação do mundo sobrenatural com o mundo natural, subentendia o esquema teológico do homem no estado de pura natureza. Sobre as consequências negativas dessa aproximação teológica, verificadas no cristianismo ocidental a partir da Reforma, cf., *infra*, c. VII, pp. 320-337.

66. É sintomático, p. ex., que as decisões de Trento sobre o matrimônio (24ª sessão, 1563) não façam nenhuma alusão à "concupiscência" nem em si mesma nem em ligação com a geração. Cf. t. 3, pp. 197-200.

Tanto no tempo da história como no além, o homem agostiniano não pode ser compreendido como um ser autônomo — à pelagiana, com um livre-arbítrio oposto frontalmente ao outro, ainda que seja Deus —, mas como um ser todo ele em relação com sua raiz, ou seja, com Deus:

> Deus, de quem a gente não se afasta senão para cair, para o qual se voltar é de novo se levantar, e em quem permanecer é encontrar um sólido apoio; afastar-se de ti é morrer, voltar a ti é reviver, habitar em ti é viver[67].

3. UMA PROPOSIÇÃO HERMENÊUTICA

INDICAÇÕES BIBLIOGRÁFICAS: G. FESSARD, Image, symbole et historicité. *Demitizzazione e immagine*, Roma, Ist. di Studi filosofici, 1962, pp. 42-68; L'histoire et ses trois niveaux d'historicité, *Sciences ecclésiastiques* 18 (1966) 329-357. — Ch. BAUMGARTNER, *Le péché originel*, Paris, Desclée, 1969. — H. RONDET, E. BOUDES, G. MARTELET, *Péché originel et péché d'Adam*, Paris, Cerf, 1969. — P. SCHOONENBERG, *L'homme et le péché*, Tours, Mame, 1967; L'homme dans le salut, *Mysterium Salutis. Dogmatique de l'histoire du salut*, t. 8, Cerf, 1970, pp. 9-134. — P. GUILLUY (ed.), *La culpabilité fondamentale. Péché originel et anthropologie moderne*, Gembloux, Duculot, 1975. — G. MARTELET, *Libre réponse à un scandale. La faute originelle, la souffrance et la mort*, Paris, Cerf, 1986.

Certamente nada nos choca de modo tão rude como essa doutrina. Entretanto, sem esse mistério, o mais incompreensível de todos, nós somos incompreensíveis a nós mesmos. O ponto central de nossa condição encontra seus desdobramentos e seus meandros nesse abismo. De sorte que o homem é mais incompreensível sem esse mistério do que esse mistério é incompreensível ao homem[68].

Esse pensamento de Pascal recapitula toda a dificuldade do tema e abre caminho para se tratar dele. Uma justa compreensão do dogma do pecado original supõe que seja proposto um mínimo de acesso ao que ele afirma. Longe de constituir uma condenação arbitrária da humanidade, esse dogma foi primeiro apresentado no organismo da fé cristã como a pressuposição de uma salvação. De outro modo, ele não poderia ser desvinculado da experiência global e universal da humanidade que se debate na dolorosa questão: por que o mundo é o que é? Por que esse fardo de mal, de maldade e de sofrimento? Por que os homens são "maus"? É, pois, a condição concreta do homem que é preciso levar em conta, antes de pronunciar o termo tão problemático de "pecado original". "Na pregação e na catequese, diz com razão K. Rahner, não se deveria partir

---

67. AGOSTINHO, *Solilóquios*, I,1,3; *BA* 5, p. 29.
68. PASCAL, *Pensées*, Brunschwicg 434; Fafuma 131.

imediatamente dessa palavra [...], mas dever-se-ia assimilar suficiente teologia para, com base na experiência e na descrição da situação existencial do homem, ser capaz de dizer mais ou menos a coisa, sem recorrer primeiro a essa palavra."[69] Propomos um breve percurso em três tempos.

Primeiro tempo: o peso da condição humana

O primeiro tempo poderia consistir na simples descrição de diversas divisões e alienações que afetam a condição humana: alienação entre o homem e a natureza ligada ao problema da morte, que não é um simples acontecimento biológico, mas um acontecimento humano vivido como o revés radical da existência; divisão dos homens entre si em diversas esferas da sexualidade e da família, do trabalho e da vida econômica, da vida política, enfim, todas as escalas da sociedade humana marcada pela ascendência da violência. Mais radicalmente ainda, os homens se sentem separados do "absoluto" que desejam com todas as suas forças, seja qual for a representação que eles lhe deem: absoluto da felicidade, absoluto da vida, absoluto do amor.

Nessa situação, os homens fazem a experiência de uma solidariedade misteriosa em que cada um é ao mesmo tempo vítima e culpado. Vítima, porque entra num mundo já marcado pelos malefícios objetivos que irão abater-se sobre ele, e culpado porque ele se torna imediatamente cúmplice e acrescenta pouco ou muito ao peso global da infelicidade da humanidade. Em relação à existência de cada pessoa, esse fenômeno é original, pois é na sociedade marcada por esses malefícios que cada uma delas se descobre a si mesma. Mas é também o fruto objetivado, o resultado cristalizado de um jogo de liberdades no qual cada um tem sua parte de responsabilidade. No bojo dessa solidariedade dos homens na alienação, no mal e na violência, fazemos a experiência da "solidariedade das liberdades".

Essa solidariedade de cumplicidade afeta as culturas humanas e sua linguagem, em particular sob a forma da falsidade. Todas as mentalidades, todas as culturas veiculam um certo estado de costumes, uma série de juízos de valor que comportam pontos cegos e deformações. Nenhuma cultura é inocente; cada uma tem seus preconceitos e seus contravalores. "O mal faz parte da conexão inter-humana, escreve o P. Ricoeur, como a linguagem, como a ferramenta, como a instituição."[70] A educação, lugar por excelência da transmissão da linguagem, está, também ela, tomada pelo mal: cada geração transmite à seguinte certo número de alienações, de complexos, de desequilíbrios.

Efetivamente, se considerássemos as coisas de modo diacrônico, diríamos que o mal "é transmitido; é tradição e não apenas acontecimento; há assim uma

---

69. K. RAHNER, *Traité fondamental de la foi*, Paris, Centurion, 1983, p. 133.
70. P. RICOEUR, *Finitude et culpabilité*, II, p. 241.

anterioridade do mal em relação a ele mesmo, como se o mal fosse sempre o que precede a si mesmo, o que cada qual encontra e continua ao começar, mas de forma individual"[71]. Observemos, enfim, que essa solidariedade cultural e histórica é indissociável da solidariedade biológica e humana da sucessão das gerações. "Pela origem física de seu corpo e pela gênese de seu psiquismo que condicionam sua hereditariedade, seu nascimento, seu meio sociocultural, sua educação etc. [o homem] está em solidariedade de situação espiritual e de destino com essa humanidade da qual recebe a existência."[72]

Desse estado de coisas nenhuma pessoa humana pode se considerar imune. Quem for honesto consigo mesmo deverá reconhecer que é atingido pela divisão interna da falta. Paulo analisou com lucidez essa experiência do homem dividido em si mesmo, que não faz o bem que quer fazer e faz o mal que não quer (Rm 7,18-20). Cada um descobre em si, desde que toma consciência de si, uma conivência com o mal do mundo: por que essa "escravidão do desejo"?[73] Por que esse gosto malsão pelo que nós mesmos consideramos mau? Quem não faz a experiência dessa duplicidade que leva a condenar nos outros o que nós mesmos fazemos em segredo, como já observara Agostinho?

Sem dúvida, a revelação cristã faz dessa condição do homem na história uma leitura radical que não se deduz simplesmente dessas análises. Todavia, o cristão não pode deixar de constatar, com o Vaticano II, que "o que a revelação divina nos dá a conhecer concorda com nossa própria experiência. Pois o homem, quando olha para dentro do próprio coração, descobre-se inclinado também para o mal, e imerso em muitos males, que não podem provir de seu Criador, que é bom" (*GS* 13).

Agostinho já propunha em seus *Diálogos* um método de pesquisa que não opõe a razão ou as ciências à fé revelada, mas as utiliza lado a lado como dois caminhos do conhecimento humano. "Nosso coração não descansa, Senhor, enquanto não repousa em ti."[74] Essa célebre frase é uma mistura de desejo e de "guerra intestina" consigo mesmo e pressupõe de algum modo um "pecado de origem". Manifesta uma inquietação existencial que toca o ponto central e o resultado de muitas ciências do homem na cultura moderna. Em face do mistério do homem, não poderiam essas ciências se aproveitar da hipótese de trabalho que a fé cristã lhes propõe? O "pecado de origem" não designa a ausência de reconciliação na qual todos nascem e que se manifesta no adulto pela desordem de todos os desejos que se tornaram cobiça para além de toda honestidade? Nossa consciência as registra como "a alienação" de si mesma. O homem bíblico de Gn 3 apresenta assim uma ausência profunda de reconciliação.

---

71. *Ibid.*, p. 241.
72. P. GRELOT, *Péché originel et rédemption à partir de l'épître aux Romains*, p. 128.
73. Cf. P. RICOEUR, Prospective et utopie. Prévision économique et choix éthique, *Esprit* (1966) 187.
74. *Confessions*, I,1,1; *BA* 132, p. 273.

A cultura moderna, ciente do valor das escolhas da consciência, e, portanto, da responsabilidade da liberdade de todo homem, sente-se mal em admitir um "pecado de origem", independentemente da escolha do indivíduo, e tendo um caráter de "falta". Sem dúvida, o terreno deve primeiro ficar livre de todo erro semântico, particularmente sobre a noção de "falta" e de "pecado". A teologia deve saber se explicar sobre esse ponto. Mas na cultura moderna a sociologia analisa os fenômenos ligados à solidariedade das liberdades; a psicologia chega, também ela, a falar não de falta, mas de "sentido da falta", que está em ligação com o sentido da responsabilidade pessoal do indivíduo.

Segundo tempo: a revelação cristã do pecado do mundo (ou pecado "originado")

Todas as religiões, todas as filosofias no decurso da história tentaram dar suas explicações dessa condição humana. Não é o caso de as relacionar aqui. Vamos nos ater somente ao alcance do que diz a antropologia cristã à luz da revelação. Realidades como a graça de Deus e o pecado original não podem ser conhecidas senão com base na revelação.

A fé cristã interpreta a situação anteriormente descrita com relação a um desígnio de Deus sobre a humanidade. Sua primeira afirmação consiste em anunciar a salvação e a libertação do homem de todos os malefícios que afetam sua vida presente. Fundamenta-se essa proclamação no acontecimento pascal de Jesus, o Cristo, que veio assumir em sua própria pessoa todas as consequências do mal e do pecado, até a morte violenta, para dar por sua ressurreição o sinal definitivo da salvação.

Essa salvação chama-se também "remissão dos pecados". Isso quer dizer que a situação em que se encontra a humanidade é fundamentalmente um fato de pecado. É esse o sentido do afresco paulino da *Carta aos Romanos*, em que toda a humanidade, judeus e pagãos, é apresentada como encarcerada no pecado, "a fim de que toda boca seja fechada e o mundo inteiro seja reconhecido culpado diante de Deus" (Rm 3,19). Essa situação não é simplesmente, pois, um fato coletivo, mas um "universal", ou seja, diz respeito a todos e a cada um. É uma realidade trans-histórica que atravessa a história do início ao fim. Esse pecado do mundo é uma realidade prolífera que tem uma unidade, exprime a orientação radical da humanidade, recai sobre cada um e da qual cada um participa. Propaga-se por meio de todos os vetores de comunicação da sociedade dos homens. É um fato de solidariedade, pois a humanidade histórica é, em relação a Deus, um corpo, um povo: constitui uma unidade solidária de origem, de destino e de vocação. "O pecado, escreve W. Kasper, é entendido na Escritura como uma situação geral e um poder que se apodera de todo homem, em virtude de sua solidariedade substancial e não somente étnica e prática com todos os outros, e que ele ratifica a seguir por sua ação pessoal."⁷⁵

Esse pecado é qualificado de maneira teologal como a rejeição de Deus, recusa em conhecê-lo, recusa em responder à sua oferta de comunhão. Está na base das desordens diante das quais a humanidade sucumbe (Rm 1-2). Está também em misteriosa relação com as diversas formas de mal objetivo, em particular com a divisão do homem e da natureza, com seu séquito de sofrimento, de doença e de morte (cf. Gn 3). Nós não fazemos a experiência do mundo como ele saiu das mãos de Deus no dia de sua criação. Sem dúvida, há uma forma de mal em sentido amplo, ou de "não-bem", que é a marca da finitude criada do homem e que pode explicar os males, os sofrimentos e as falências de um corpo em crescimento que não devem ser atribuídos à culpabilidade do homem. Todavia, a finitude criada do homem não pode explicar sozinha o peso e o drama dos sofrimentos históricos, sob pena de se chegar a uma concepção neroniana de Deus. Mas a verdade é que somos incapazes de fazer uma separação precisa entre o que depende da finitude criada e o que é devido ao pecado do homem na história, como tampouco podemos nos representar a condição de um universo sem pecado.

O pecado do mundo é uma expressão do pecado original originado, entendido como uma orientação radical e universal da humanidade. Todos nascem sob esse signo, sem conhecer o momento inicial desse estado: "Somos aqueles que, sem escapatória possível, temos de realizar nossa própria liberdade num plano subjetivo, num contexto que é codeterminado pelas condições externas que derivam do pecado"⁷⁶. Essa solidariedade é primeiro passiva nas crianças e não comporta ainda nenhuma recusa pessoalmente pecadora — e esse ponto é importante na consideração da salvação das crianças mortas sem batismo. Mas ela é também ratificada pelo fato do consentimento pessoal de cada um ao pecado. Aqui adquire todo seu valor a fórmula paulina, entendida em seu sentido original: "pelo fato de que todos pecaram".

Que a condição global da humanidade seja chamada de "pecado" segundo a linguagem da Escritura, isso se entende. Mas põe-se aqui uma questão terrível: seria preciso chamar de pecado a solidariedade simplesmente passiva que existe na criança, que não pôde ainda cometer pecados pessoais? Sabemos que os Padres gregos preferiram evitar fazê-lo, falando mais de morte, de corrupção, de quebra da imagem de Deus. Vimos igualmente o papel de Ambrósio e de Agostinho a respeito. Alguns teólogos lamentam isso hoje, julgando que o termo "pecado", que não respeita a analogia existente entre o estado da criança e o pecado pessoal, presta-se à confusão: "Seria realmente possível sem esse termo, escreve K. Rahner, enunciar o que há de permanente, de válido, no dogma do pecado original, bem como seu sentido existencial. Mas, por outro lado, é pre-

---

75. W. KASPER, *Jésus le Christ*, Paris, Cerf, 1976, p. 304.
76. K. RAHNER, *Traité fondamental de la foi*, pp. 131-132.

ciso levar em conta o fato de que há e deve haver uma regulação da linguagem em teologia e na pregação, e que justamente a história da formulação da experiência de fé se desenvolveu, *de fato*, de tal modo que esse termo aí está, e que o indivíduo não pode dele se livrar por arbítrio particular"[77].

Terceiro tempo: a origem da condição pecadora do homem e a narrativa de Adão

Seria possível parar aí e considerar que o pecado do mundo constitui em relação a cada um o pecado das origens? Apesar de alguns ensaios teológicos sobre isso, parece que não. A questão se reporta a um ponto mais acima e se reduplica: por que o pecado do mundo? Por que essa orientação universal da humanidade? Terá ela saído assim das mãos de Deus? Essa questão é de ordem "etiológica", ou seja, leva-nos à origem dessa situação. Aqui intervém a narrativa bíblica sobre o pecado de Adão, e sua interpretação paulina: é uma "conclusão etiológica retrospectiva, que baseia-se na situação presente para remontar à sua origem"[78].

A resposta cristã a essa última questão consiste numa duplicação da afirmação: o pecado do mundo, com seu duplo aspecto de experimentado e querido, vem da liberdade humana. A narrativa da criação e da falta de Adão tem por função desdobrar a origem do mal em relação à do bem[79]. Exprime, na línguagem religiosa do mito e, portanto, do símbolo, um acontecimento de liberdade "original", a passagem do homem inocente, mas falível, ao homem pecador. O limite humano ligado ao estado de criatura foi vivido como uma proibição e provocou uma revolta. Há, pois, duas ordens de início: o início da criação, em que tudo vem de Deus como graça e como vida; é o mais original; depois, um segundo início, que vem do homem e traz o pecado e a morte. Mas o "bem original" é mais antigo que o "pecado original". Não é Deus que é a causa do mal, mas a vontade do homem.

Os Padres da Igreja e, seguindo-os, inumeráveis teólogos tentaram tratar o tema de Adão segundo diversos esquemas, a fim de melhor compreender a relação entre essa liberdade original e nossa própria liberdade. De uma parte, disseram que cada homem é de algum modo Adão para si mesmo — é o elemento de verdade no pensamento de Pelágio —, tendo em vista que, se estivesse no lugar de Adão, teria feito a mesma coisa. Todo homem que recomeça a pecar, começa de algum modo. Igualmente, a tradição espiritual fez o cristão pensar o pecado de Adão como o que vive seu próprio pecado. O pecado de Adão realiza-se concretamente em cada pecado particular. Deve-se dizer também que, para

---
77. *Ibid.*, p. 133.
78. *Ibid.*, p. 136.
79. Cf. P. RICOEUR, *Finitude et culpabilité*, II, pp. 219-228.

Adão como para cada um de nós, o pecado vem de mais longe que ele, pois ele foi "tentado" pela serpente. Paulo nos diz que por ela o pecado (*hamartia*) entrou no mundo, como se ele lá estivesse pronto a se expandir. Todavia, essa reflexão não explica tudo: o "antes" do pecado de Adão não é parecido com nosso próprio "antes". Adão não ratifica nenhuma anterioridade do pecado humano.

Outra interpretação considera Adão uma "personalidade corporativa", segundo um esquema da tradição judaica. Cada tribo tem seu herói epônimo: o herói epônimo da humanidade é Adão, cujo nome quer dizer homem. No pecado de Adão, é o pecado de toda a humanidade solidária que está simbolizado como radicalmente responsável pela situação presente que é a sua. Alguns Padres exploraram esse caminho, mas servindo-se de uma representação muito biológica e considerando que estávamos muito presentes nos rins de Adão.

Essa linha de pensamento é o fruto do vínculo existente entre universalidade e origem: não se pode pensar a universalidade do pecado sem o situar em sua origem. Foi no começo que o homem se fez livremente pecador e mortal, sob uma forma totalmente não representável para nós, e, portanto, radicalmente misteriosa.

"Nessas condições, *o pecado de Adão torna-se ao mesmo tempo a figura do drama humano em sua generalidade e a representação simbólica do acontecimento original que é seu ponto de partida.*"[80] O pecado do mundo é ainda um pecado induzido: a figura de Adão nos permite remontar ao pecado indutor. Essa origem que não podemos representar e da qual só podemos falar mediante representações. Mas o pecado é um mistério opaco que desafia qualquer nacionalização: racionalizar o pecado original seria de algum modo justificá-lo. Como o tinha visto bem Agostinho, essa questão do pecado original é muito difícil[81] e a mais obscura para explicar. Também a linguagem do símbolo e do mito é a mais apropriada para falar dele. Há, todavia, mais nas imagens reveladas que nas racionalizações que se lhes dão. É impossível converter Adão em um conceito. O papel do dogma é de nos fazer compreender na verdade o símbolo, mantendo sua natureza de símbolo.

---

80. P. GRELOT, *Péché originel et rédemption à partir de l'épître aux Romains*, p. 147.
81. *Nature et origine de l'âme*, I,6,6; BA 22, p. 385.

CAPÍTULO V

Graça e justificação:
do testemunho da Escritura ao fim da Idade Média

V. Grossi e B. Sesboüé

> *"Que Deus vos conceda observar tudo isso [...], não como escravos, sob a lei, mas como homens feitos livres, sob a graça"*
> Agostinho, *Regra*, 8,48.

Graça e justificação são dois termos-chave da dogmática cristã que permearam a história de inumeráveis debates e se tornaram agora sínteses da compreensão do cristianismo, quer no sentido ortodoxo, quer no sentido heterodoxo, ou de acordo com essa ou aquela escola teológica. A propósito deles, veremos que Agostinho contribuiu para a abertura de um novo capítulo da história da teologia. Mas, antes de abordar a obra decisiva do bispo de Hipona, vamos ver a origem semântica desses termos em toda a literatura bíblica, pois foi a partir da Escritura que se espalharam por toda a literatura cristã antiga e moderna, desde antes de Agostinho, aliás.

I. DAS ESCRITURAS A AGOSTINHO

1. A SEMÂNTICA BÍBLICA

INDICAÇÕES BIBLIOGRÁFICAS: Claude MOUSSY, *Gratia et sa famille*, Paris, PUF, 1966. — Ignate DE LA POTTERIE, *Kharis paulinienne et kharis johannique*, E. E. Ellis-E. Grässer (eds.), *Jesus und Paulus (Festschrift W. Kümmel)*, Göttingen, Van den Hoeck & Ruprecht, 1975, pp. 256-282. — K. SNODGRASS, Justification by Grace — to the Doers. An Analysis of the Place of Rom 2 in the Theology of

Paul, *NTS* 32 (1986) 72-93. — F. MUSSNER, Die neutestamentliche Gnadentheologie. Grundzügen, *Mysterium Salutis* IV, 2, Einsiedeln, Benziger Verlag, pp. 611-630. — M. J. FIEDLER, Dikaiosyne in der Diaspora-jüdischen und intertestamentarischen Literatur, *JSJ* 1 (1970) 120-143. — J. REUMANN, *Righteousness in the New Testament*, Filadélfia, Fortress, 1982. — J. N. ALETTI, *Comment Dieu est-il juste? Clefs pour interpréter l'épître aux Romains*, Paris, Seuil, 1991.

Graça

A terminologia da "graça" e da "justificação" nos textos do Novo Testamento é influenciada pelo contexto do judaísmo helenista e da literatura sapiencial contemporânea.

A expressão "graça" (*eleos* na tradução da Septuaginta [LXX][1], *charis* no Novo Testamento) está quase que ausente dos evangelhos (em João, só a encontramos no prólogo, Jo 1,18). É uma expressão especialmente paulina, utilizada em referência a um dom recebido, particularmente para sublinhar a gratuidade da salvação em Jesus Cristo.

Em hebraico, os termos equivalentes a "graça" como dom gratuito são sobretudo *hanan/hen*, traduzido na Septuaginta por *charis*, e *hesed* (misericórdia), traduzido, também na Septuaginta, por *eleos*. O primeiro termo, *hen*, tem o sentido literal de "se debruçar sobre alguém" e o sentido moral de "demonstrar benevolência". É utilizado correntemente na expressão "encontrar 'graça' aos olhos de alguém": Noé "encontrou 'graça' aos olhos do Senhor" (Gn 6,8). O segundo termo, *hesed*, misericórdia, exprime a lealdade para com aquele com quem a gente se compromete, e se aproxima da fidelidade (*emet*); assim, o próprio Deus é celebrado (Ex 34,6) como "Deus misericordioso e compassivo, lento na cólera, rico em bondade (*hesed*) e em fidelidade (*emet*)", porque ele concluiu uma Aliança (*berit*) eterna com seu povo (Dt 5,10; 7,9.12).

Se juntarmos a palavra *todah*, equivalente a "celebrar, louvar" o Senhor por sua eterna misericórdia, teremos o húmus bíblico geral da semântica de "graça" que, no Novo Testamento, encontrará seu centro em Jesus Cristo. De outra parte, o judaísmo helenista, do qual o cristianismo herdou muitas características, tivera em Fílon de Alexandria o teórico da antropologia da graça. Em todas as suas obras está presente de modo implícito a ideia de que, na criatura e na vida, tudo é graça, tudo é *charis* que vem de Deus até o homem. Por sua vez, diante de tal realidade, o homem não pode deixar de ser ou *charistos*, ou seja, "eucarístico", dando prova de gratidão, ou *acharistos*, descurando essa gratidão. Nesse caso, o *acharistos* é um ímpio, pois não agradece a Deus, mas a si mesmo.

---

1. Sobre a tradução dos Setenta, cf. t. 1, p. 61.

Todavia, depois da Septuaginta, a literatura judaica conheceu uma evolução semântica do termo "graça", que continuará na teologia. Com efeito, da "graça", como disposição pessoal, passou-se pouco a pouco à ideia de uma realidade em si que, associada à justiça, exprime um "estado" da humanidade. Na literatura sapiencial, *charis* tem o sentido de "justiça" vista como recompensa escatológica para os eleitos (Sr 32,16; Sb 3,9 e 4,14); ela se torna um termo global indicando a salvação futura, como na *Didaché*: "Que a graça venha e que este mundo passe"[2].

No judaísmo da Diáspora, a *charis* anda junto com a sabedoria criadora. Deus, com efeito, cria com a Sabedoria (Pr 3,19), que é ela mesma criada antes de toda criatura (Sr 24,4.9.10); ela se espalha em todas as coisas, sendo o *logos* criador e, portanto, princípio racional e norma ética; a graça de Deus dada a Israel identifica-se com a Lei, *Torah*. O Livro dos Provérbios (8,22-31) apresenta a personificação da sabedoria identificada com a Torah. Ela se torna então revelação de Deus que ultrapassa a sabedora dos gregos, mas é também *charis* como mistério escondido, revelado e participado pelos gentios. É assim que o itinerário de Abraão, "o justo pela fé" que se torna modelo da conversão, da eleição e da justificação, mesmo para os cristãos, é designado como *charis* divina.

A palavra latina *"gratia"* traduz o grego *"charis"*. Tem, entretanto, implicações ao mesmo tempo religiosas e profanas que não correspondem totalmente à nossa palavra moderna "graça". Veremos mais adiante as etapas da evolução e da especialização desse termo da teologia ocidental.

A "justiça de Deus e do homem" (justitia Dei et hominis)

"A justiça, escreve J. Guillet, é para nós um estado, a situação de uma sociedade em equilíbrio e em paz. Esse equilíbrio se fundamenta em trocas em que cada um dá o equivalente do que recebe. A linguagem habitual fala de *fazer justiça*. [...] Essa concepção da justiça não é especificamente moderna. [...] Há, todavia, um traço que marca em profundidade o ideal israelita da justiça: é seu aspecto pessoal. Na reciprocidade que marca toda justiça, Israel é menos sensível à igualdade das contribuições que à comunicação entre as pessoas, ou seja, à capacidade de ouvir o apelo do outro, de perceber sua necessidade profunda. Esse aspecto pessoal surge a cada página do saltério. Nele a justiça usa constantemente um pronome pessoal. [...] A justiça é normalmente a resposta a um direito. E o direito, no mundo da bíblia, é sempre uma exigência pessoal, exprime a necessidade mais profunda de um ser, sua aspiração a existir no meio dos homens, a ser reconhecido em sua verdade."[3] A ação salvífica de Deus é a

---

2. *La doctrine des douze apôtres* (*Didachè*), 10,6; SC 248, p. 181.
3. J. GUILLET, Justifiés par la foi du Christ. L'évangile selon Paul et l'évangile selon Mathieu, in *Penser la foi. Mélanges offerts à Joseph Moingt*, Paris, Cerf/Assas Éditions, 1993, pp. 111-112.

manifestação dessa justiça, compreendida no sentido da fidelidade à sua Aliança. Ao permanecer fiel a si mesmo, Deus se mostra justo e manifesta sua fidelidade à humanidade.

Por outro lado, além de seu sentido judiciário clássico de justiça distributiva e comutativa (cf. Dt 25,1), a justiça do homem segundo a Bíblia tende a se identificar com a caridade que, o mais das vezes, se manifesta pela esmola (Is 58,6s; Jó 29,12-17; etc.). É esse o sentido de Mt 5,20; 6,1-3; 25,37-39, em que Cristo fala da justiça que deve ser superior à dos fariseus.

A *justificação* (dikaiosyné)

Compreendemos então o que é a justificação. "Ela é a justiça reconhecida por aquele que experimenta seu efeito. E somente ele é capaz de o dizer, pois somente ele sabe se é atingido no ponto desejado. [...] Não posso ser justificado senão ao perceber o acolhimento do outro que aceita o dom que lhe apresento, ao admitir sua palavra. Se a lei é incapaz de me justificar [...], é que ela é muda. Ela está escrita, e não é suficiente observá-la para perceber Deus que aceita minha obediência. [...] Somente a presença viva de Cristo, somente a segurança que ele nos dá de perceber em sua pessoa a palavra do Pai é capaz de nos trazer a justificação, de nos fazer entender na fé o acolhimento de Deus: Tu achaste justo, tu me dás o que eu esperava de ti."[4] É necessário um dom do Espírito e seu efeito nos corações, a fé.

Em Rm 8,30, Paulo já apresenta quatro etapas do processo de justificação da parte de Deus: 1. O amor gratuito de Deus predestina o homem, chama-o, justifica o e glorifica-o. 2. Esse processo se realiza graças à redenção concluída em Jesus Cristo, por meio do qual somos justificados (Rm 3,24; 4,25; 5,9; 1Cor 6,11 etc.). 3. O laço que une o homem à redenção de Jesus Cristo é dado pela fé em Jesus Cristo, fé pela qual somos salvos (*pistei, diá pisteos, ek pisteos*, Rm 3,26; 5,1; 10,4; Gl 2,16 etc.). 4. É a graça que justifica (Rm 3,24). Em Paulo, Abraão se torna o tipo veterotestamentário dessa salvação vinda pela fé, e não em virtude de uma dívida paga (Gn 15,6; Rm 4,3.16; Gl 3,6).

O termo "justificação" está presente sobretudo na Carta aos Romanos, como resultado da ação de Deus no homem, depois da pregação do Evangelho. O dom da graça justifica judeus e gentios, ambos pecadores: "São gratuitamente justificados por sua graça, em virtude da libertação realizada em Jesus Cristo" (Rm 3,24). Essa graça, não merecida pelo judeu nem pelo pagão, não indica ainda as precisões futuras sobre a graça como agente ou instrumento da justificação.

Quando Paulo fala de justificação, utiliza o verbo no indicativo, ao passo que se serve do imperativo ao falar da santificação e inventar a trilogia "justificação/santificação/salvação", que será o modelo da reflexão futura de santo Agostinho e de santo Tomás de Aquino sobre a graça.

---

4. J. GUILLET, *op. cit.*, p. 112.

A Carta de Tiago, enfim, insiste sobre o valor das obras que justificam o homem (todo homem, Tg 2,24; Abraão, Tg 2,21; Raab, Tg 2,25), mas não para opor uma justificação pelas obras a uma justificação pela fé; é para sublinhar o perigo de uma esterilidade da fé que, sem as obras correspondentes, é morta (Tg 2,17).

Breve balanço sobre a Escritura

As bases para um desenvolvimento da relação entre graça e justificação estavam postas, pois, no judaísmo helenista. O livro da Sabedoria tinha assim sintetizado esse "casamento": "A Sabedoria é um reflexo da luz eterna, um espelho sem mancha da atividade de Deus e uma imagem de sua bondade [...]. Permanecendo em si mesma, renova o universo e, ao longo dos tempos, insere-se nas almas santas para formar amigos de Deus e profetas" (Sb 7,26-27). Tudo é graça, dizia Fílon, na ótica antropológica de um homem que não pode estar senão cheio de ação de graça ou entregue à impiedade. "A graça de Deus precede todas as coisas, inclusive a vontade. A eleição existe antes da criação" (Enoc 81,5); "Como o relâmpago precede o trovão, assim a graça antecede o homem reservado" (Sr 32,10); "Deus zomba dos zombadores, mas concede seu favor aos humildes" (Pr 3,34; Sb 6,6).

De seu lado, o apóstolo Paulo — e com ele as primeiras gerações cristãs ancoradas na herança judaica — opõe à salvação pela Lei (*Torah*) a salvação por Cristo, ao que se obtém pela graça o que viria de recursos do homem. Sua visão da eleição de Israel concluída na eleição do cristão, o dom de Cristo completando a *Torah*, a justificação livre e gratuita em Cristo dos pagãos que não conheciam a *Torah* foram outros tantos elementos que constituíram a base do desenvolvimento futuro do dogma cristão da graça.

"*Hesed, charis, Torah*" eram na Bíblia termos equivalentes. De fato, o judaísmo não conhecia a futura distinção de uma justificação pela fé e de outra pelas obras da Lei, porque o coração da *charis* era a fé na revelação de Deus feita na *Torah*. Mais tarde, Paulo adota essa concepção, lembrando os heróis dessa salvação no Antigo Testamento: Noé, Melquisedec, Abraão, Isaac, Jacó, que tinham recebido a graça de Deus independentemente de toda obra pessoal (Rm 4; 9,20-22; e também Hb 11).

Da literatura sapiencial, a perspectiva cristológica de Paulo retém, além disso, dois aspectos da graça: a Sabedoria (Pr 8,22) é Cristo; a justiça é dom da eleição divina. A história, de seu lado, manifesta o drama entre graça (*charis*) e pecado (*hamartia*). Em Israel, perdão e salvação vêm da graça de Deus, que se manifesta pelo dom da *Torah*, dom exclusivo de Deus a Israel. O israelita que cumpre a Lei terá a *charis* como recompensa. A literatura sapiencial amadureceu esses dois elementos. Em Paulo, Cristo substitui a Lei. O contraste, todavia, não é entre a Lei e as obras, mas entre a graça da *Torah* e a graça de Cristo.

Em Paulo, a referência a Cristo, que reúne a cultura "eucarística" do judaísmo helenista, exprime-se — além de sua tradução da "eucaristia" dos cristãos por *"eucharistia"* e não por *"eulogia"* (1Cor 11,23s) — na forte síntese de 1Cor 1,30: "É por Ele que vós existis no Cristo Jesus, que se tornou para nós sabedoria que vem de Deus, justiça, santificação e libertação". Aqui, sabedoria, justiça, santificação e redenção são todos identificados no Cristo "graça": "Ele, que não poupou seu próprio Filho, mas o entregou por nós todos, como, junto com seu Filho, não nos daria todas as coisas?" (Rm 8,32)

Para concluir a respeito dessas passagens de Paulo, distingamos dois blocos: o primeiro engloba 1Ts, 2Ts, 1Cor, 2Cor, Gl, Fl, Rm; o segundo, Cl e Ef. No primeiro bloco, "graça" encontra-se no início e no final das cartas, exprimindo uma saudação unida à paz, segundo o costume hebraico de desejar a paz. Pode ser que a assonância entre as palavras gregas *charis* e *chairê* (saudação) tenha contribuído para unificar a fórmula paulina, que se tornou facilmente fórmula de bênção nas assembleias: "A graça do Senhor Jesus Cristo, o amor de Deus, e a comunhão do Espírito Santo estejam com todos vós" (2Cor 13,13). Paulo concebe sua missão apostólica como uma "graça que Deus me deu" (1Cor 3,10; Gl 1,15-16) e que implica a ideia de generosidade (a coleta para a comunidade de Jerusalém, 1Cor 16,3; 2Cor 8,1s), de amor desinteressado (Fl 2,6-11), de gratidão a Deus por intermédio de Jesus Cristo (Rm 7,24-25). A graça (*charis*) é muitas vezes associada ao agradecimento, à eucaristia (1Cor 1,4; 2Cor 4,15).

A perspectiva da graça é histórica em Rm; no conjunto Cl e Ef, ela é cósmica: o mistério redentor de Deus é destinado ao cosmo todo. O cristão agradece a Deus, porque ele o tornou capaz de dar graças e porque a graça em Cristo é o coração do cosmo.

Os carismas ou graças para a constituição da comunidade (1Cor 12,4-31; Rm 12,6), à exceção de 1Pd 4,10, encontram-se somente em Paulo. A teologia escolástica medieval os chamará de "graças dadas gratuitamente" (*gratiae gratis datae*) para distingui-las da "graça que torna justo" (*gratia gratum faciens*) ou para justificação, que o concílio de Trento chamará de "graça santificante" (*gratia sanctificans*). Eles estão em relação com o Espírito (*pneuma*) e o carisma espiritual (*charisma pneumatikon*) (Rm 1,11 e 6,23).

O dom da graça que vem de Deus até o homem, a teologia a chamará de graça *criada* (*gratia creata*), efeito da "graça incriada" (*gratia increata*) ou de Deus Trindade. Ela tem influência sobre a conduta do crente, que a faz frutificar, segundo a justificação recebida (Rm 6,1-23; 2Cor 6,1).

2. A DOUTRINA DA GRAÇA NA TRADIÇÃO GREGA

INDICAÇÕES BIBLIOGRÁFICAS: C. VERFAILLIE, *La doctrine de la justification dans Origène d'après son commentaire de l'épître aux Romains*, Strasbourg, Éd.

Universitaires, 1926. — W. KEUCK, *Sünder und Gerechter. Römer 7,74-25 in der Auslegung der griechischen Väter (diss.)*, Tübingen, J. C. B. Mohr, 1955. — E. DES PLACES, *Syngeneia. La parenté de l'homme avec Dieu d'Homère à la patristique*, 1964. — E. PERETTO, *La giustizia. Ricerca su gli autori cristiani del II secolo*, Roma, Marianum, 1977. — C. P. HAMMOND BAMMEL, Notes on the manuscripts and Meditions of Origen's Commentary on the Epistle to the Romans in the Latin Translation by Rufinus, *JThS* n. 26 (1965) 338-357; *Der Römerbrieftext des Rufin und seine Origenes Übersetzung*, Freiburg i. B., Herder, 1985. — J. A. VINEL, L'argument liturgique opposé par saint Augustin aux pélagiens, *Questions liturgiques* 68 (1987) 204-241. — J. R. DIAZ SANCHEZ-CID, *Justicia, pecado y filiación. Sobre el commentario de Orígenes a los Romanos*, Toledo, Est. Teol. S. Ildefonso, 1991. — V. GROSSI, Cristo autore dei sacramenti nella patristica. L'apporto di S. Agostino, *Rivista Liturgica* 81 (1994) 21-59.

Na história da teologia da "graça", com razão considera-se Agostinho um divisor de águas. De fato, com ele, por ocasião da polêmica pelagiana, esse termo era o eixo em torno do qual girava toda a reflexão sobre a salvação pessoal do homem. A tradição grega da graça — compreendida seja como iniciativa livre e amável de Deus para com o homem, seja como o fruto que ela produz no crente — desenvolveu-se em diversos contextos semânticos, todos referidos a Cristo como sua fonte. Vamos pôr em evidência o contexto "mistérico", ligado à graça sacramental, e indicar as grandes linhas do pensamento dos Padres.

O contexto "mistério" da teologia dos sacramentos

Textos com o título *Dos mistérios* foram redigidos por um pagão, como Jâmblico, bem como por um bispo, como Ambrósio de Milão. Um se infere aos cultos (teurgias) dos deuses do paganismo, o outro é uma iniciação catequética aos sacramentos cristãos. Uns e outros, celebrando por meio de iniciações os sofrimentos, o amor e a benevolência de um deus (Mitra, Ísis e Osíris para os pagãos; Jesus Cristo para os cristãos), penetravam num mistério de salvação desconhecido antes, o mistério oferecido pelo deus celebrado nas iniciações[5].

Na iniciação pagã, o próprio deus se "revelava", oferecendo a salvação ao indivíduo. A ação mistérica tomava-se então mediação "de salvação" quanto à divindade celebrada. A relação entre o deus celebrado e essa ação "salutar" era naturalmente muito estreita.

A estrutura sacramental cristã amadureceu nesse contexto de iniciação geral, oferecendo, evidentemente, suas próprias correções, e, acima de tudo, a referência histórica e narrativa a Jesus Cristo. Num homileta do século II, temos, por exemplo, um bom testemunho da compreensão da salvação cristã nesse quadro dos "mistérios":

---

5. Cf. K. RAHNER, *Mythes grecs et mystère chrétien*, Paris, Payot, 1954.

Depois de ter consumido o fel amargo e ácido do Dragão, [Cristo] em troca verteu inteiras sobre nós as fontes suaves que vêm dele. Querendo destruir a obra da mulher e criar obstáculo àquela que, portadora de morte, saíra antes do lado [de Adão], eis que abriu seu próprio lado sagrado, de onde jorravam Sangue e Água, sinais plenos das núpcias espirituais, da adoção e do renascimento místicos. Com efeito, foi dito: "Ele mesmo vos batizará no Espírito Santo e no fogo"[6].

Mais tarde, Cirilo de Jerusalém, em suas *Catequeses mistagógicas*, e João Crisóstomo continuarão esse mesmo discurso por meio da categoria do mistério: nos mistérios o homem experimenta a salvação. A convicção deles é que aquele que não recebe o batismo não recebe a salvação.

Justiça e graça antes de Niceia: de Clemente de Roma a Orígenes

Quando Clemente de Roma faz apelo à conversão e ao arrependimento, esclarece que se trata de uma graça que vem de Cristo: "Tenhamos os olhos fixos no sangue de Cristo e compreendamos quanto é precioso a seu Pai, pois, derramado por nossa salvação, trouxe ao mundo inteiro a graça do arrependimento"[7]. Igualmente, a justificação se verifica pela fé em Deus que nos justifica:

> Não somos justificados por nós mesmos nem por nossa própria sabedoria, piedade ou inteligência, tampouco pelas obras que realizamos na pureza do coração, mas pela fé; foi por ela que o Deus todo-poderoso justificou todos os homens desde a origens[8].

A literatura apócrifa, em termos que provêm evidentemente da apocalíptica judaica, mostra que a parusia da justiça de Cristo acarreta o desaparecimento do mal no mundo dominado pelo poder de Satanás. O *Apócrifo de João* e os textos gnósticos setitas apresentam a justiça como sinônimo de vida. No começo da criação, esta substitui praticamente a "Sabedoria" criadora da literatura sapiencial. É interpretada como um ato de bondade e de amor[9]. Vincula-se a Cristo como uma expressão da fidelidade de Deus para com o homem: a encarnação se deu para que Jesus, vindo ao mundo, pudesse "oferecer em seu corpo um abrigo de salvação e um templo de justiça por meio da fé"[10].

Os gnósticos ocuparam-se sobretudo dos homens "justos", que Teódoto compara aos "psíquicos", enquanto suscetíveis de se tornarem "espirituais": Na região

---

6. *Sur la sainte Pâque*, 53; ed. P. Nautin, SC 27, pp. 178-180.
7. CLEMENTE DE ROMA, *Épitre aux Corinthiens*, 7,4; SC 167, p. 111.
8. *Ibid.*, 32,4; SC 167, p. 153.
9. Cf. E. PERETTO, *La giustizia. Ricerca su gli autori cristiani del II secolo*, p. 27.
10. *Terceira Carta aos Coríntios*, 10-18; cf. M. ERBETTA, *Gli Apocrifi del Nuovo Testamento*. II. *Atti e legende*, Torino, Marietti, 1966, p. 254.

"psíquica", que não podemos reduzir à região "material" (hílica), efetuava-se para os gnósticos a possibilidade de escolha do homem; daí a consideração dos elementos psíquico e pneumático, que são princípios ativos mediadores da fé no Salvador Jesus. Os "justos" possuem uma centelha do "espiritual", que Jesus se preocupa em libertar. Tais eram os justos do Antigo Testamento à espera da redenção[11].

Os apologistas dos séculos II e III, em polêmica contra o fatalismo pagão e gnóstico de origem dualista, falam da possibilidade que o homem tem de se reconciliar com Deus e mesmo da divinização do homem mediante Jesus Cristo. Exprimem esse conceito fundamental com diversas categorias, como a semelhança com Deus (*homoiôsis Theô*), em Clemente de Alexandria, e o retorno do homem à sua criação original, em Orígenes[12]. Esse caminho implicava, no texto bíblico de Gn 1,26 e 2,7, a distinção entre "a imagem" seguindo a qual nascemos, e "a semelhança" com o Verbo encarnado que, no Espírito Santo, adquire-se com a virtude. Para eles, esse processo começa no homem pela conversão religiosa (*metanoia*) com a graça do batismo[13] e se desenvolve com a virtude e a justiça.

O conceito originário da *syngeneia* platônica (afinidade do homem com a divindade, por intermédio do espírito) traduz-se em "semelhança" (*homoiôsis*) por meio de uma nova dimensão moral, a justiça, pela qual o homem consente em amar a Deus e seu próximo como pede a exigência ética do Evangelho. Assim escrevia Justino[14]: "Deus mostrou em toda a raça humana o que é eterno e absolutamente justo, toda justiça". Pois "toda a justiça e piedade se completam nos dois mandamentos" (Mt 22,40)[15]. Os cristãos, herdeiros dos antigos justos e dos bem-amados de Deus[16], tornam-se justos por causa da fé em Cristo[17]. A propósito de Abraão, Justino comenta: "Foi pela fé com a qual ele creu em Deus que ele foi justificado e abençoado, como a Escritura o declara; e recebeu a circuncisão como sinal, não para a justificação"[18].

Em resumo, Justino põe a justiça em correlação com os dois mandamentos do Senhor (o amor de Deus e o amor do próximo) que são seu fundamento. Para ele, "cumprir a justiça" significa inaugurar uma nova via moral, que une a aceitação de Jesus Cristo e a prática do amor. A justiça não é uma virtude entre outras, mas uma atitude global do cristão, a qual enraíza-se na fé, como foi o caso de Abraão[19]. Se as *Apologias* de Justino falam da justiça não somente

---

11. E. PERETTO, *op. cit.*, pp. 90-107 consagradas às diversas acepções gnósticas da justiça. Sabemos que o gnóstico Epifânio escreveu precisamente um tratado *Sobre a Justiça*.

12. Orígenes levanta a hipótese de uma dupla criação: a primeira para os seres racionais, a segunda, "infralapsária", para o mundo material. A encarnação do Verbo levou de volta o todo ao estado primitivo.

13. ORÍGENES, *Commentaire sur Jean*, VI 6,33; SC 157, p. 155.

14. Os capítulos 92 e 93 do *Diálogo com Trifão*, de Justino, são os mais ricos sobre a justiça de Cristo e sobre a dos cristãos. Cf. E. PERETTO, *op. cit.*, pp 190-210.

15. *Dialogue avec Tryphon*, 93,1-2; TD 2, p. 95.

16. Cf. *ibid.*, 119,5-6; TD 2, pp. 213-215.

17. Cf. *ibid.*, 52,4; TD 1, p. 235.

18. *Ibid.*, 23,4; TD 1, p. 109.

19. *Ibid.*, 119,3; TD 2, p. 207.

como de uma virtude que tem sua origem em Deus, mas também e mais ainda em seu sentido judicial, no *Diálogo com Trifão*, é Deus quem imprime no coração do homem a noção de justiça, posta em relação com a piedade e o amor de Deus e do próximo.

Ireneu combate a tese marcionita ao afirmar o caráter irreconciliável da justiça e da misericórdia em Deus[20], bem como a tese valentiniana, que apresenta a justificação como uma simples denominação. Por isso, fala da justificação por Cristo em sentido teológico: é a indefectível justiça de Cristo que resgata o homem, atingindo sua ação todos os homens[21].

Orígenes merece um lugar à parte, sobretudo por seu *Comentário sobre a Carta aos Romanos*, obra de maturidade, que praticamente não possuímos senão em sua tradução latina, uma vez que o texto original em grego desapareceu quase totalmente. Esse comentário desenvolve, mais que os termos futuros de "graça" e de "justificação", o tema da redenção gratuita em Jesus Cristo[22], o da justificação de Abraão graças à fé[23], o do pecado de Adão e de suas consequências sobre os descendentes dele[24] em união com a vocação da raça humana destinada à vida inaugurada por Cristo[25], e, enfim, o da filiação divina e adotiva[26].

Os Padres após Niceia

Mais tarde, na controvérsia ariana, a afirmação da divindade de Cristo levou à distinção entre a filiação divina por natureza e a filiação por adoção, chamada de modo equivalente de filiação "por graça". O princípio soteriológico "o que não é assumido não é resgatado"[27] guiou a cristologia, bem como a compreensão da divindade do Espírito Santo e, por conseguinte, a da redenção que atinge o homem mediante a "graça" do Santo Espírito[28]. A isso se junta o sentido aprofundado de uma revelação de Deus, que não pode ser dada senão gratuitamente, pois é impossível ao homem conhecer o mistério incomensurável de Deus.

Outro aprofundamento da "graça" divina encontra-se nas considerações dos Padres gregos sobre o pecado de Adão. Por esse pecado, como diz Atanásio, o homem perdeu seu estatuto original de imagem do Verbo, que o fazia conhecer a Deus e, consequentemente, dava-lhe a imortalidade. Graças ao Verbo en-

---

20. Cf. IRENEU, *CH*, III,25,3; Rousseau, pp. 397-398.
21. Cf. *CH* V,1,1; 24,2; Rousseau, pp. 569-570 e 639-640; cf. também IV,38,3; p. 553.
22. ORÍGENES, Comentários sobre Rm, III,7; *PG* 14, 941-945.
23. *Ibid.*, IV,1; *PG* 14, 959-966.
24. Comentário sobre Rm, *PG* 14, 1003-1021.
25. *Ibid.*, V,2-3; *PG* 14, 1021-1029.
26. *Ibid.*, VII,3; *PG* 14, 1105-1107.
27. Cf. t. 1, pp. 292-307.
28. Essa foi a tese dos Padres capadócios, particularmente de Basílio de Cesareia, *Sur le Saint-Esprit*, 8,17-21; *SC* 17 bis, pp. 303-321.

carnado, conhecimento (*gnosis*) e imortalidade voltaram a fazer parte das possibilidades da humanidade[29]. A encarnação, com efeito, dá de novo ao homem a graça segundo o Verbo.

No meio grego, Gregório de Nissa foi talvez o primeiro a pôr o problema da graça numa perspectiva próxima à que assumirá mais tarde santo Agostinho. No quadro geral da divinização (*homoiôsis Theô*), ele fala, com efeito, da cooperação (*synergeia*) entre a graça (*charis*), a força divina comunicada no batismo, e a liberdade do homem. De seu lado, João Crisóstomo via a graça como a força que impulsiona a alma a fazer o bem, ainda que ele fale também do mérito a propósito dessa graça.

A relação da graça com a liberdade constituirá a seguir a base sobre a qual se apoiarão os meios monásticos preocupados com a ascese e a oração contínua. O Pseudo-Dionísio põe na base de sua teologia a iluminação que leva o homem até o Deus transcendente. Para ressaltar a origem divina de todo conhecimento, utiliza a expressão traduzida mais tarde por "sobrenatural" (*hyperphiés*). Em Máximo, o Confessor († 662), a encarnação do Verbo torna-se o modelo de toda gratuidade divina, e a graça é o supranatural que aperfeiçoa a natureza[30]. Suas ideias serão retomadas por João Damasceno, na *Exposição da fé ortodoxa*, particularmente para as distinções entre natureza (*physis*) e graça (*charis*) e entre *vontade antecedente* e *vontade consequente*[31], distinções que a teologia medieval retomará.

Algumas conclusões podem ser tiradas dessa rápida passagem pela tradição grega. Primeiro, a concepção da salvação cristã como justificação pela graça de Cristo mediante a fé do homem está bem presente, desde antes de Agostinho. Essa tradição não se afastou do ensinamento paulino sobre o assunto. Todavia, esse ponto não é o objeto principal de sua reflexão teológica, pois as preocupações daquele tempo e daquela parte do mundo cristão apoiavam-se mais sobre o mistério do próprio Cristo que sobre seu mistério em nós. A relação que o crente pode ter com esse mistério é da ordem da evidência, por meio da contemplação, da oração e da liturgia. Se a "sinergia" de sua liberdade é considerada necessária, ela não se torna objeto de uma interrogação particular. Igualmente, depois de santo Agostinho, a doutrina da justificação e da graça não será objeto de um contencioso entre Oriente e Ocidente. O Oriente enriquecerá sua reflexão com certo número de dados retirados dos debates latinos, mantendo-se ao mesmo tempo afastado das últimas obras agostinianas, que exercerão uma influência ambígua sobre a teologia ocidental. Hoje, os temas da justificação e da graça têm seu pleno lugar numa dogmática ortodoxa[32].

---

29. ATANÁSIO, *Sur l'incarnation du Verbe*, 5; 11; 54; *SC* 199, pp. 279-283; 303-307; 457-461.
30. MÁXIMO CONFESSOR, Questões a Talássios 59; *PG* 90, 604 d-608 c.
31. JOÃO DAMASCENO, Exposição da fé ortodoxa, IV,8 e II,29; *PG* 94, 1115-1117 e 967-970.
32. Cf., p. ex., P. N. TREMBELAS, *Dogmatique de l'Église ortodoxe catholique*, Chevetogne/Paris, DDB, 1967, t. 2, pp. 237-337.

3. A TRADIÇÃO LATINA ATÉ SANTO AGOSTINHO

Até Agostinho, a teologia ocidental da graça oferece seus elementos mais significativos no bojo do desenvolvimento do dogma cristológico, bem como no estudo da Igreja e dos sacramentos, entendidos como "instituições salutares" (*instituta salutaria*) que veiculam a graça da salvação.

A Igreja, "instituição de salvação": Cipriano

Cipriano foi o primeiro a expressar a salvação cristã com a categoria romana da salvação (*salus*). É nessa ótica que escreve sua obra *A unidade da Igreja católica*. Se excetuarmos Tertuliano, bastante fundamentado no pensamento de Ireneu, a soteriologia patrística latina extraiu suas expressões mais características do contexto cultural romano, que sublinhava o valor das instituições. Enquanto o cristianismo alexandrino desenvolvia a relação do Cristo-Verbo com a criatura, o cristianismo latino faz surgir um novo binômio mais institucional que pessoal, o de Cristo e da Igreja. Segundo esse ponto de vista, o Verbo encarnado, redentor da Igreja, dá-lhe o Espírito Santo e exerce a mediação da salvação para todos os homens, a ponto de Cipriano lançar a célebre fórmula: "Fora da Igreja, não há salvação"[33]. Assim, a Igreja, como instituição divina, era entendida não somente como lugar de salvação (*salus*), mas ainda como "interesse de salvação" (*utilitas salutaris*).

A bem conhecida expressão romana "salvação do povo romano" (*salus populi romani*) tornou-se um bem próprio das comunidades cristãs latinas que a aplicaram à Igreja, a seus chefes, aos sacramentos, a suas atividades, à vida "segundo a Igreja" considerada "via salutar" (*via salutaris*)[34]. Nesse contexto, os sacramentos foram entendidos como "instituições salutares" (*instituta salutaria*): o batismo é uma "água salutar" (*aqua salutaris*)[35]; a eucaristia é um alimento de salvação (*cibus salutis*)[36]; a penitência é uma "indulgência salutar" (*indulgentia salutaris*)[37]. Os chefes da Igreja, sobretudo o bispo, tornam-se mediadores de salvação, na condição de administradores dessas "instituições salutares" (*instituta salutaria*). A seguir, as categorias da paz romana (*pax romana*) e da "salvação do gênero humano" (*salus generis humani*), levadas de

---

33. CIPRIANO, *Correspondance*, 4,4; Bayard, t. 1, pp. 12; 73,21; Bayaid, t. 2, p. 275. Agostinho, em sua polêmica contra os donatistas, retoma essa expressão de Cipriano, *Sept livres sur le baptême*, IV,17,24; BA 29, p. 295.

34. CIPRIANO, *De l'unité de l'Église catholique*, 2; ed. Labriolle, Paris, Cerf, 1942, p. 5.

35. *Correspondance*, 73,10; Bayard, t. 2, p. 268. O costume africano de indicar o batismo pelo nome de "*salus*" foi aplicado mais tarde pelo bispo de Hipona ao batismo das crianças, para indicar a graça; cf. *Sobre a pena e a remissão dos pecados*, Livro 1.

36. CIPRIANO, *De la prière*, 18; CSEL 3/1, p. 280.

37. Id., *À Demetrianus*, 25; CSEL 3/1, p. 370.

Roma a todos os povos, produziram no cristianismo latino uma imagem correspondente da Igreja e uma nova imagem do redentor.

Cristo se torna o salvador (*sôter*) do homem individual em seu corpo e em sua alma, como também da Igreja e de todo o gênero humano. Segundo Cipriano, ele é o "autor da salvação"[38], o "Salvador do gênero humano"[39]. É por isso que sua relação com a Igreja é explicitada nas categorias da salvação. Com efeito, Cristo vive na Igreja em que, por meio dos sacramentos, comunica a salvação e por essa razão é chamado "caminho da salvação"[40], no sentido de que está salutarmente presente na Igreja durante o tempo que vai de sua primeira vinda na encarnação e nos sacramentos até sua segunda vinda, quando voltará como juiz[41].

A graça, pois, por mais que não constitua um capítulo à parte, situa-se no conjunto da salvação que Cristo deu aos homens e que podemos alcançar na Igreja e em suas instituições de salvação, em particular os sacramentos.

Graça e liberdade em ligação com a cristologia no Ocidente

Tertuliano distingue, na linha de Ireneu, a "imagem" e a "semelhança": vincula a "imagem" ao Verbo, e a "semelhança" ao Espírito Santo[42], lançando assim as bases do futuro desenvolvimento da doutrina da graça no meio latino, sobretudo em terras africanas. Com efeito, em sua polêmica contra Marcião sobre a antítese de um Deus bom e de um Deus justo, ele consagra primeiro um capítulo especial à liberdade do homem[43] e às suas possibilidades de mérito (*meritum*) e de satisfação (*satisfactio*)[44]; a seguir, liga a justiça ou a graça à predestinação ou à bondade de Deus. Em Cipriano, o batismo é o caminho rumo à luz da salvação para o bomem[45], mas na Igreja, que possui o Espírito Santo[46], essa graça é gratuita[47].

Para santo Hilário de Poitiers, impregnado de teologia oriental, o compromisso da liberdade merece o auxílio ulterior de Deus, ou seja, a graça. Em Mário Vitorino, a salvação é a misericórdia da graça divina dada aos homens. Mas os elementos mais importantes se encontram no quadro cristológico da polêmica

---

38. *Id., Les ídoles*, 15; *CSEL* 3/1, p. 31.
39. *Id., À Quirinus*, II,7; *CSEL* 3/1, p. 71.
40. *La vertu de patience*, 9; *SC* 291, 203.
41. *Id., Sur les faillis*, 7; *CSEL* 3/1, p. 241; *Les idoles*, 12; *CSEL* 3/1, p. 29; *La vertu de patience*, 23; *SC* 291, 241. Para o desenvolvimento desses conceitos, ver B. STUDER, *Dieu sauveur*, Paris, Cerf. 1989.
42. TERTULIANO, *La résurrection de la chair*, 6,3-5 = *CCSL* 2, p. 928; *Traité sur le baptême*, 5,7; *SC* 35, p. 74.
43. *Id., Contre Marcion*, II,6; *SC* 368, pp. 49-55.
44. *Id., De l'âme*, 21,5-6; *CCSL* 2, p. 814.
45. CIPRIANO, *À Donat*, 4; *SC* 291, pp. 83-87.
46. *Id., Correspondance*, 70,1; Bayard, 2, pp. 252-253.
47. *Id., À Quirinus*, III,100; *CSEL* 3/1, p. 178.

antiariana. Porque a distinção entre a filiação divina do Verbo encarnado e a filiação adotiva daquele que crê em Jesus Cristo obriga os interlocutores a distinguir entre natureza e graça, ao sublinhar como esta última é um dom gratuito.

Ambrósio, uma das fontes teológicas mais diretas de Agostinho, já chegou ao que será o esquema da evolução futura da doutrina da graça: todo homem nasce com a herança de Adão, a falta/pecado que o priva da justiça original[48], e tem, pois, necessidade de uma redenção que ele não pode senão receber. Ambrósio chama essa redenção, a propósito do batismo, de a graça da conversão inicial, expressa por este texto dos Provérbios: "Com efeito, é Deus que prepara a vontade humana" (Pr 8,35, LXX)[49].

Conclusão

A teologia pré-agostiniana da graça, tanto no Oriente como no Ocidente, utiliza as palavras *charis* e *gratia* não como um termo técnico, mas no sentido genérico de condescendência de Deus para com o homem, em particular mediante a economia da salvação, que vai da obra redentora de Cristo aos sacramentos da Igreja, ao trabalho ascético pessoal e ao testemunho de uma vida cristã. A condescendência de Deus é expressa por termos como "*eudokia, eunoia, euergesia, philanthropia, synkatabasis, vocatio, electio, praedestinatio*", ou ainda, com a finalidade de um favor comunicado, pelas palavras "*pneuma, dynamis, doxa, donum, justitia*". A referência a Cristo é habitual nessas diferentes categorias; assim, por exemplo, a propósito do batismo, Gregório de Nazianzo toma a imagem da luz: pelo batismo "Cristo é iluminado; brilhemos com ele"[50].

As fontes de Agostinho em sua doutrina da graça devem ser buscadas sobretudo em Tertuliano, que se ocupa do dom da salvação e da liberdade do homem, e em Ambrósio, que liga o pecado original, perda de uma justiça antecedente, à redenção em Cristo. O pecado de Adão herdado por nascimento e o livre-arbítrio do homem, que deve ser curado pela graça de Cristo, serão os eixos principais do desenvolvimento da doutrina da graça em santo Agostinho, cuja reflexão será guiada pelo testemunho bíblico de são Paulo.

II. AGOSTINHO, DOUTOR DA GRAÇA

INDICAÇÕES BIBLIOGRÁFICAS: H. RONDET, *Gratia Christi. Essai d'histoire du dogme et de théologie dogmatique*, Paris, Beauchesne, 1948. — J. CHÉNÉ, *La théologie de saint Augustin. Grâce et prédestination*, Le Puy/Lyon, Mappus, 1961.

---

48. AMBRÓSIO, *Apologie de David*, 11,56; 14,71; *SC* 239, pp. 151 e 171.
49. Id., *Sur saint Luc*, 1,10; *SC* 45, p. 52.
50. GREGÓRIO DE NAZIANZO, *Discours*, 39,14; *SC* 358, p. 181.

— F. J. THONNARD, La notion de nature chez saint Augustin. Ses progrés dans la polémique antipélagienne, *REA* 11 (1965) 239-265. — A. TRAPÈ, *S. Agostino. Introduzione alla dottrina della grazia. I. Natura e grazia*; II. *Grazia e libertà*, Roma, Città Nuova, 1987 e 1990. — V. GROSSI, L'antropologia agostiniana. Note previe, *Augustinianum* 22 (1972) 457-467; La crisi antropologica nel monastero di Adrumeto, *Augustinianum* 19 (1979) 103-133; L'antropologia cristiana negli scritti di Agostino: *De gratia et libero arbitrio* e *De correptione et gratia*, *Studi Storici Religiosi* 4 (1980) 89-113; Il termine 'praedestinatio' tra il 420-435: Dalla linea agostiniana del 'salvati' a quella di 'salvati e dannati', *Augustinianum* 25 (1985) 27-64. — M. G. MARA, Agostino e la polemica antimanichea: Il ruolo di Paolo e del suo epistolario, *Augustinianum* 32 (1992) 1-25, [em particular a nota 20, que traz os textos de Paulo utilizados por Agostinho]. — B. STUDER, *Gratia Dei — Gratia Christi bei Augustinus von Hippo. Theozentrismus oder Christozentrismus*, Roma, *Augustinianum*, 1993. — C. TIBILETTI, Rassegna dl studi sui 'semipelagiani', *Augustinianum* 25 (1985) 507-522.

Agostinho é chamado o "doutor da graça", e realmente deve-se admitir que ele foi o primeiro a escrever de maneira sistemática sobre esse assunto, deixando-nos uma herança que para todos depois dele, de um modo ou de outro, foi e será uma referência. Ele se concentrou sobretudo nas expressões "justiça de Deus, justiça do homem", estabelecendo o problema da correlação da graça de Deus com o livre-arbítrio e a liberdade humana.

Já deparamos com Agostinho como a figura de proa do dogma sobre o pecado original. Sua pessoa já foi apresentada, bem como a história da crise pelagiana e os textos agostinianos referentes ao pecado original, muitos dos quais pertencem ao mesmo dossiê dos que tratam da graça[51]. O horizonte do debate, portanto, já está presente na mente do leitor. Damos agora as indicações necessárias sobre o sentido dos termos "graça e justificação" no tempo de Agostinho; completamos a apresentação das obras do bispo de Hipona que abordam mais a questão da graça; e expomos a doutrina desenvolvida por ele no quadro da mesma polêmica.

1. O CONTEXTO PELAGIANO

A palavra "graça" recebeu numerosas elucidações teológicas no tempo de Agostinho, no contexto da polêmica pelagiana. Tinha na sociedade em geral uma conotação pejorativa, na medida em que "graça" era então sinônimo de corrupção, pelo abuso que dela se fazia mediante diferentes canais de recomendações que passavam por cima de qualquer respeito pela justiça. Por isso, mais que a graça, exigia-se, sob diversos ângulos, a justiça e a honestidade da vida,

---

51. Cf., *supra*, pp. 138-140.

que Pelágio afirmava serem acessíveis a todos pela simples força da vontade[52]. Pelágio propunha a todos um compromisso e um zelo ascéticos, e não somente instituições ascéticas como tais. De outra parte, segundo K. Flasch, o significado da "graça" estava ligado ao imperador, que a concedia arbitrariamente. Devido a isso, uma correlação teria se introduzido entre a graça e a predestinação. Com efeito, o imperador teria sido, aos olhos de Agostinho, a partir de 426, uma imagem de Deus que dispensa a graça segundo sua vontade todo-poderosa[53].

Em outras palavras, Pelágio dera início à polêmica sobre a compreensão cristã da justiça do homem: esta depende da vontade humana ou da graça de Deus? Depois, a partir de 426, surgiria a questão da justiça de Deus e da justiça do homem em relação à graça da predestinação. De sua parte, Pelágio propunha uma noção de "graça/justificação" em alguns pontos precisos:

— A graça é, antes de tudo, a criação do homem dotado de livre-arbítrio e de uma "saúde" que lhe permite discernir o bem e o mal. A natureza do homem, criada livre, é, com efeito, uma graça, pois é dada gratuitamente[54].

— A graça é, além disso, a doutrina do Antigo e do Novo Testamento (Lei antiga e Lei nova). A revelação divina ajuda o homem a conhecer a vontade de Deus e a obseravar seus preceitos; é, pois, uma "graça de salvação".

— A graça consiste ainda, nos exemplos dos santos, mesmo que pagãos, pois sempre houve homens que não pecaram ou não permaneceram no pecado. Nas escolhas, a graça é, pois uma ajuda externa da liberdade humana para que ela decida com retidão, mas não age no cerne do livre-arbítrio.

— Há, enfim, uma graça dos sacramentos, especialmente do batismo, que nos liberta dos "atos" de nossos pecados anteriores e também da concupiscência[55]. A graça sacramental era vista pelos pelagianos como uma remissão dos pecados passados; quando muito como uma santificação, no caso do batismo das crianças, mas tendo em vista uma simples agregação ao povo de Deus.

Sobre a base de uma grande confiança na liberdade do homem, Pelágio tentava dar, pois, uma nova compreensão global do cristianismo, tanto a respei-

---

52. Cf. J. MYRES, Pelagius and the End of Roman Rule in Britain, *Journal of Roman Studies* (1960) 21s; V. PARONETTO, *Agostino Messaggio di una vita*, Roma, Studium, p. 195.

53. Pelo menos segundo K. FLASCH, *Agostino d'Ippona. Introduzione all'opera filosofica* (ed. al. 1980), Bologna, Il Mulino, 1983. Entretanto, a partir de 426, a imagem agostiniana de Deus está marcada pela figura sapiencial do "*Dominus et Pater*", imagem própria da família romana, mais que pela imagem do imperador e de sua onipotência. A noção de "predestinação à discrição de Deus" nasceu, de mais a mais, fora da procura de Agostinho.

54. Agostinho fala da graça segundo os pelagianos como criação e revelação da lei, em *Sobre o espírito e a letra*; e da graça sacramental somente como perdão dos pecados, em *A pena e a remissão dos pecados*.

55. Cf. A. SOLIGNAC, Pélage et pélagianisme, *DSp* XII/2 (1986) 2926-2929.

to do entendimento das Escrituras como sobre a graça de Jesus Cristo, a vida cristã e o destino final da criatura humana recompensados por sua vida honesta.

O conjunto dessas proposições pelagianas encontrou na África o clima da polêmica donatista, já no fim. Depois de cerca de um século, essa polêmica privilegiará a santidade da pessoa que administrava o sacramento, em detrimento do próprio valor do rito, canal da graça de Deus. Nessa ótica, os donatistas estavam no mesmo comprimento de onda que o movimento pelagiano: o compromisso da vontade. A maneira de compreender o batismo das crianças que vigorava na Igreja foi o "banco de prova" e a ocasião de esclarecer diversas posições. Os dois movimentos, o donatista terminando e o pelagiano ainda no início, encontraram um obstáculo no bispo de Hipona, que defendia o valor do rito sacramental como tal. Nasceu daí uma nova polêmica, contra os pelagianos, fonte de uma importante literatura (ainda não totalmente explorada) na qual a compreensão da palavra "graça" desempenhava o papel principal.

2. OS TEXTOS PRINCIPAIS DE AGOSTINHO SOBRE A GRAÇA

> **OS TEXTOS**: AGOSTINHO, *Les deux livres à Simplicien sur diverses questions (De diversis quaestionibus ad Simplicianum*; BA 10 — Sobre o espírito e a letra (*De spiritu et littera*); PL 44; Vivès, t. 30. — *La nature et la grâce* (*De natura et gratia*), BA 21. — *La grâce du Christ et le péché originel* (*De gratia Christi et de peccato originali*); BA 22. — *Sur la grâce et le vibre arbitre* (*De gratia et libero arbitrio*); BA 24. — *Sur la correction et la grâce* (*De correptione et gratia*); BA 24. — *Sur la prédestination des saints* (*De praedestinatione sanctorum*); BA 24; — *Sur le don de la persévérance* (*De dono perseverantiae*); BA 24.

A doutrina de Agostinho sobre a graça será apresentada segundo duas aproximações sucessivas: a primeira, documentária, seguirá a cronologia de suas principais obras sobre o assunto; a segunda, sistemática, sintetizará os pontos principais da doutrina agostiniana, ao mesmo tempo que leva em conta a evolução por que ela passou.

Os dois livros a Simplício sobre diversas questões (397)

Esse documento se reveste de grande importância entre as obras sobre a doutrina da graça, porque o próprio Agostinho confessa que a partir desse período (início efetivo de seu episcopado) ele corrigiu sua maneira de compreender a necessidade da graça. Meditando sobre 1Cor 4,7 ("Que tens que não hajas recebido?"), teve a intuição, naquele ano de 397, de que a graça é necessária até para o desejo da conversão e para o primeiro ato de fé em Deus, embora antes ele tenha pensado de modo diferente. E interpreta ainda Rm 7 como a descrição do homem que não está sempre sob a graça[56].

Sobre o espírito e a letra (412)

A obra se baseia sobre a graça de Cristo que salva. Essa graça não significa a observância de uma lei que nasce do querer da liberdade sem ser inspirada também pela caridade; a graça, com efeito, está em relação com a caridade difundida nos corações pelo Espírito Santo por meio de Jesus Cristo (Rm 5,5 é citado catorze vezes nesse livro). Agostinho utiliza também expressões próximas, como "a caridade de Deus", "a salvação do Senhor", "a fé de Jesus Cristo"[57]; fala da graça de Deus, da justiça cristã e do dom de Deus, o que demonstra que ele está ainda no início da teologia da salvação expressa pela palavra "graça". Numa síntese feliz, ele se expressa assim, opondo-se explicitamente a Pelágio:

> Nós, ao contrário, dizemos que a vontade humana é ajudada por Deus a cumprir a justiça da seguinte maneira: não somente o homem foi criado com o livre-arbítrio da vontade, não só dispõe ele da doutrina que lhe ordena como deve viver, mas recebe o Santo Espírito que suscita em sua alma o prazer e o amor desse soberano bem que é Deus[58].

Agostinho assume como tema de sua obra a passagem de são Paulo: "A letra mata, mas o Espírito vivifica" (2Cor 3,6); mas ele o desenvolve comentando os primeiros capítulos da Carta *aos Romanos*, na qual, como ele diz, o apóstolo Paulo se mostra "um defensor constante e perseverante da graça"[59], como se ele não falasse senão desse assunto[60]. O próprio Agostinho lamentará ter falado "nesse livro com mais exuberância que o necessário"[61], o que mostra bem que também para ele se tratava dos inícios de uma teologia da graça.

Essa obra terá uma posteridade. No tempo da Reforma, Lutero a relerá sem cessar, comentando a epístola *aos Romanos*. Ele se apoiará bastante na intuição contida no tratado *Sobre o espírito e a letra*, bem como na comparação entre a lei da fé que salva e a lei das obras (cf. Rm 3,27-28), sublinhando a justiça de Deus, que era entendida por Agostinho como misericórdia que perdoa[62]. O concílio de Trento fará sua a distinção entre a "justiça de Deus"

---

56. Cf. *Les révisions*, II,1,1; *BA* 12, pp. 451-453.
57. *Sur l'esprit et la lettre*, 9,15; 11,18; 18,31; 32,56; Vivès, t. 30.
58. *Ibid.*, 3,5; Vivès, t. 30, p. 128.
59. *Ibid.*, 13,22; Vivès, t. 30, p. 145.
60. *Ibid.*, 7,12; Vivès, t. 30, p. 134.
61. *Ibid.*, 35,63; Vivès, t. 30, pp. 184-185.
62. LUTERO, *Werke*, WA 54, p. 186.

referida a Deus, que é justo nele mesmo, e a "justiça de Deus" que justifica os homens[63].

A natureza e a graça (415)

Essa obra marca um nítido progresso da doutrina da graça em Agostinho, como na história da teologia. Com efeito, a partir desse momento, o bispo de Hipona acrescentará o termo "graça" ao título de muitas de suas obras: é sinal de que nascia uma questão específica, terminando o termo por englobar as expressões utilizadas antes para o mesmo conteúdo, como, por exemplo, "a salvação de Deus", "a misericórdia de Deus", "a caridade de Deus".

Agostinho, que tivera a ocasião de ler o tratado de Pelágio *Sobre a natureza*, acrescenta ao título da obra de seu adversário — de quem ele cita numerosos extratos — a palavra "graça". Põe a nu duas interpretações opostas da antropologia cristã fundamentadas em conceitos diferentes de "natureza" e de "graça".

Pelágio chegava ao conceito de "natureza humana" apelando para a criação de Adão, dotado de livre-arbítrio desde a origem. Tal possibilidade (*posse*) do ser humano era para Pelágio um dom de Deus e, portanto, uma graça; a atualização (*esse*) de tal possibilidade dependia, em compensação, da escolha do homem. Assim se explicava ele:

> Uma vez que se diz que essa possibilidade (*posse*) não depende absolutamente do livre-arbítrio do homem, mas da natureza, ou seja, do autor da natureza, quer dizer, de Deus, como pode acontecer de a gente imaginar como separado da graça de Deus um poder que se considera dependente propriamente de Deus?[64]

Pelágio concluía, então, que a natureza humana não mudou de condição após o pecado das origens, mas permaneceu íntegra. Admitia que Adão prejudicará a humanidade, mas somente na medida em que lhe dera um mau exemplo, e não por ter infectado uma natureza que se propagaria a partir de então ferida pelo pecado dele.

Se Pelágio punha em destaque os dons de Deus, Agostinho ressaltava que, para a fé cristã, são igualmente necessários os dons de Deus Salvador, visto que ele é o Criador e o Salvador da natureza humana. Entende então por "natureza" uma "natureza concreta", ou seja, a natureza humana tal qual existe, herdeira de Adão. Com base nisso, ele desenvolve a compreensão dos conceitos de livre-arbítrio e de liberdade, e conceitua bem o de graça do Salvador. Explicava-se assim, referindo-se a uma metodologia teológica precisa:

---

63. Decreto sobre a justificação, c. 7; *COD*, II-2, p. 1371; *DzS* 1529; *FC* 564. O decreto remete à *Trindade*, XIV,12,15, mas a distinção já se encontra em *Sobre o espírito e a letra*, 9,15; 11,18; 18,31; 32,56.

64. *La nature et la grâce*, 45,53; *BA* 21, p. 343.

Ó meu irmão [dirigia-se a Pelágio, sem o nomear], é bom te lembrares que és cristão [...]. Em vez de pensar que a natureza humana não pode ser corrompida pelo pecado, cremos que ela o foi, reportando-nos às divinas Escrituras; procuremos então como isso pôde acontecer[65].

Embora não seja possível evitarmos [os pecados] sem o concurso de nossa vontade, ela sozinha não é suficiente para conseguir isso[66].

Agostinho cita então são Paulo, adaptando-o: "Se a justiça vem da natureza, foi para nada que Cristo morreu" (cf. Gl 2,21), e ainda: "Eis reduzida a nada a cruz de Cristo (cf. 1Cor 1,17), se sustentarmos que qualquer um pode ser justificado sem ela, graças à lei natural e à livre escolha de sua vontade"[67].

A graça não é, pois, a possibilidade de não pecar, possibilidade recebida do Criador com o livre-arbítrio[68]; não é apenas a ajuda que constitui a revelação de uma lei[69]; ela não é apenas a remissão dos pecados, mas a ajuda necessária para não os cometer[70].

Com a aparição desse tratado sobre *A natureza e a graça*, de Agostinho, inaugura-se, no desenvolvimento dessa doutrina, a formação de um vocabulário técnico que fala da natureza humana, herdeira de Adão, como "ferida, arruinada, atormentada, perdida" (*vulnerata, sauciata, vexata, perdita*)[71], e da "graça de Cristo", evocada diretamente por esse conceito de "natureza ferida".

O concílio de Trento, em seu decreto sobre a justificação, assumirá asserções agostinianas dessa obra:

> Deus, certamente, não ordena o impossível, mas por seus mandamentos nos convida a fazer o possível e a lhe pedir pelo que vai além de nossas possibilidades[72]. Deus não abandona o [homem], a menos que seja abandonado (*non deserit nisi deseratur*)[73].

A *graça de Cristo* e o *pecado original* (418)

Escrita após a carta *Tractoria* de Zózimo (também ela de 418), essa obra não é nova em seu conteúdo; mas, por seu título, dá início a um novo binômio

---

65. *La nature et la grâce*, 20,22; p. 281.
66. *Ibid.*, 18,20; p. 277.
67. *Ibid.*, 9,10; p. 259.
68. *Ibid.*, 51,59 e 53,61; pp. 355-357 e 361.
69. *Ibid.*, 40,47; p. 333.
70. *Ibid.*, 18,20 e 34,39; pp. 277 e 317.
71. *Ibid.*, 53,62; p. 363.
72. *Ibid.*, 43,50 e 69,83; pp. 339 e 409. TRENTO, Decreto sobre a justificação, c. 11; *COD* II-2, p. 1375; *DzS* 1536; *FC* 570.
73. *La nature et la grâce*, 26,29; *BA* 21, p. 299; ideia que percorre toda a obra agostiniana; Trento, *ibid.*; *DzS* 1537.

na doutrina da graça: pecado original e graça de Cristo, que corresponde ao paralelo antinômico de Adão e de Cristo:

> É [...] no destino de dois homens, dos quais um nos vende ao pecado e o outro nos redime de nossos pecados; dos quais um nos precipitou na morte e o outro nos liberta para a vida [...], é no destino, pois, desses dois homens que a fé cristã encontra propriamente sua consistência[74].

Esses dois binômios, que exprimem um mesmo conceito, tornaram-se comuns na teologia posterior. Agostinho, que agora desconfia das fórmulas ambíguas de Pelágio, aproveita esse livro para comentar duas afirmações dele, explicando-as em sentido ortodoxo: uma sobre a graça de Cristo[75], a outra sobre o batismo das crianças[76].

O bispo de Hipona insiste sobre a graça interior, evitando reduzir a graça ao simples auxílio de uma revelação vinda de Deus para o agir ético do homem:

> Possam então os pelagianos ler e compreender, refletir e confessar que não é pela proclamação exterior da lei e da doutrina, mas por uma poderosa ação interior e secreta, admirável e inefável que Deus é o autor não somente de verdadeiras revelações, mas também de decisões voluntárias de acordo com o bem[77].

Isso é necessário não só para observar mais facilmente a lei divina — o que Pelágio admitia —, mas para sua simples observância[78].

Sobre a graça e o livre-arbítrio (426)

Essa obra nasceu das dificuldades encontradas pelos monges de Adrumeto, na África (hoje, Sousse, na Tunísia), a propósito da leitura da carta 194, que Agostinho endereçara, em 419, ao padre romano Sisto[79]. Dessa carta, os monges entendiam que a noção de graça, tal qual a explicava o bispo de Hipona, tornava inócuo e até nulo o livre-arbítrio do homem. "Por causa daqueles que imaginam que negamos o livre-arbítrio, quando defendemos a graça de Deus [...], escrevi um livro — resume Agostinho nas *Revisões* — com o título *Da graça e do livre-arbítrio*"[80]. Nascia, pois, a partir dessa época, a dificuldade, que dominará por

---

74. *La grâce du Christ et le péché originel*, II,24,28; BA 22, p. 211.
75. *Ibid.*, I,2,2; p. 55.
76. *Ibid.*, II,1,1; p. 159.
77. *Ibid.*, I,24,25; p. 105.
78. *Ibid.*, II,29,34; pp. 229-231. — O que diz respeito ao pecado original nesse livro foi analisado *supra*, pp. 138-139.
79. Que se tornará bispo de Roma de 432 a 440.
80. *Les révisions*, II,66; BA 12, p. 559.

muito tempo a história da teologia no que diz respeito à compreensão da graça cristã por parte do bispo de Hipona. Agostinho responde de maneira quase catequética, provando a fé cristã pelas Escrituras, tanto sobre a necessidade da graça de Deus[81] quanto sobre a existência do livre-arbítrio[82].

> Penso ter discutido bastante com aqueles que atacam com violência a graça de Deus, graça que não suprime a vontade humana, mas que a muda de mal em bem, e que a ajuda quando ela se tornou boa (*cum bona fuerit adiuvatur*)[83].

A partir desse momento, Agostinho dá início a uma reflexão sobre a relação entre a graça e o livre-arbítrio da vontade humana. "Cada um desses dois elementos é verdadeiro" (*utrumque verum est*), sublinha o bispo de Hipona, ou seja, nós dizemos a verdade ao confessar tanto a necessidade da graça como a existência do livre-arbítrio[84]. Com efeito, o Apóstolo, conclui ele, não quer falar "nem da graça de Deus apenas nem dele só, mas da graça de Deus com ele"[85]. Nessa relação, "graça e livre-arbítrio" são o equivalente de Deus e do homem, e mais precisamente de "Cristo Salvador e do homem"[86].

Depois de ter repetido suas explicações antipelagianas, ou seja, que a graça, em sentido estrito, não é a lei[87], que não é a natureza[88], que não é apenas a remissão dos pecados[89], Agostinho começa a propor a terminologia de *graça operante* e de *graça cooperante*. Para a graça operante, ele se apóia sobre os seguintes textos: "A vontade é preparada pelo Senhor" (Pr 8,35 LXX); "É Deus quem opera em vós o querer e o fazer" (Fl 2,13); "Vos farei guardar meus costumes" (Ez 36,27); e explica:

> É certo que guardamos os mandamentos, se quisermos, mas, visto que "a vontade é preparada pelo Senhor", temos de lhe pedir que ele nos dê toda a vontade de que necessitamos para que, querendo, façamos. É certo que somos nós que queremos, quando queremos, mas é Deus que nos faz querer o bem [...]. Certamente somos nós que agimos, quando agimos, mas é Deus que faz que possamos agir, quando concede à nossa vontade uma força plenamente eficaz[90].

---

81. *Sur la grâce et le libre arbitre*, 4,7; BA 24, p. 107.
82. *Ibid.*, 2,2; pp. 93-95.
83. *Ibid.*, 20,41; p. 185.
84. *Ibid.*, 21,42; p. 191.
85. *Ibid.*, 5,12; p. 119.
86. Carta 214,2; *PL* 33,969.
87. *Sur la grâce et le libre arbitre*, 12,24 e 19,40; BA 24, pp. 143-147 e 181-183.
88. *Ibid.*, 13,25; p. 147.
89. *Ibid.*, 13,26; p. 149.
90. *Ibid.*, 16,32; pp. 163-165.

A respeito da graça cooperante, escreve:

> [Deus] cooperando, conclui o que ele começou, ao operar. Pois ele opera, no começo, para que queiramos, e ele mesmo, no acabamento, coopera conosco, quando queremos [...]. Portanto, para que queiramos, ele opera sem nós, mas quando queremos, e quando queremos até agir, ele coopera conosco[91].

Na mesma obra, Agostinho reúne numerosos textos bíblicos sobre a caridade, fazendo o equivalente sobre a inspiração da graça. Ele retomará e articulará essa meditação na obra seguinte *Sobre a correção e a graça*, escrita aos monges de Adrumeto, e que eclipsará de certo modo o tratado *Sobre a graça e o livre-arbítrio*[92].

Sobre a correção e a graça (427)

Essa obra, que apresenta uma síntese sobre a relação entre a graça de Deus e o livre-arbítrio da vontade humana, é o escrito teológico mais importante e o mais difícil — sobre a antropologia cristã no cristianismo latino do século V. Isso vale sobretudo para os capítulos 10 a 12. Dado seu caráter conciso e às vezes tão rigoroso teologicamente quanto o *Tratado dos Princípios*, de Orígenes, as incompreensões e os equívocos a respeito dessa obra foram numerosíssimos no correr dos séculos. Substancialmente, a obra trata do modo de cooperação ("co-agir") da graça com o livre-arbítrio, sem que a primeira possa reduzir a nada o segundo, ou seja, anulá-lo.

O bispo de Hipona, seguindo o método das *questões*, elabora os fundamentos da doutrina cristã da graça, que podemos sintetizar brevemente assim:

— O homem consegue e realiza as possibilidades de sua liberdade pela graça, e não vice-versa: "Não é pela liberdade que a vontade humana obtém a graça, mas é, antes, pela graça que ele obtém a liberdade, e, além disso, da graça obtém o dom de uma estabilidade agradável e de uma força invencível"[93].

— Deus, ao criar os anjos e os homens, "dispôs a vida deles de maneira a demonstrar nela, primeiro, o que podia o livre-arbítrio deles e, em seguida, o que podia o benefício de sua graça e o julgamento de sua justiça"[94].

---

91. *Ibid.*, 17,33; p. 167.
92. O tratado *Sobre a graça e o livre-arbítrio* permaneceu como uma obra praticamente desconhecida. O leigo Hilário nos informa que até monges de Marselha não a conheciam (Carta 226,10, no corpo das cartas agostinianas; *PL* 33,1011). É pena, pois essa obra teria podido desenvolver, entre Agostinho e seus leitores, outro diálogo sobre a graça e a liberdade do homem.
93. *Sur la correction et la grâce*, 8,17; BA 24, p. 307.
94. *Ibid.*, 10,27; p. 329.

— Adão foi criado na graça de Deus, numa condição três vezes diferente da nossa, herdeira do pecado dele: ele podia não morrer (*posse non mori*, ou *prima immortalitas*), não conhecia a luta da carne contra o espírito e podia não pecar (*posse non peccare*, ou *prima libertas*)[95].
— Ao pecar, com seu livre-arbítrio, Adão perdeu essa condição primitiva, arrastando consigo todo o gênero humano, razão pela qual ninguém mais nasce na condição original de Adão inocente.
— Todo aquele que é libertado de tal herança deve isso unicamente à graça de Cristo[96]. Ao ligar definitivamente Cristo redentor à libertação da liberdade de todo homem, Agostinho define bem a diferença entre a graça recebida por Adão e a que nos é dada em Cristo. A de Adão era o *auxílio sem o qual Adão não podia* perseverar no bem em que fora criado; Agostinho a chama de o *adiutorium sine quo non*[97]; a graça de Cristo, ao contrário, dá não apenas o poder perseverar, mas a própria perseverança; Agostinho a chama de *o auxílio pelo qual* se persevera, o *adiutorium quo*. O bispo de Hipona, profundamente tocado pela ação da graça que dá de novo ao homem uma liberdade liberta do condicionamento da concupiscência, chega a dizer:

> De tal modo se veio em socorro da fraqueza da vontade humana, que ela é posta em movimento pela graça divina de um modo indeclinável e invencível (*indeclinabiliter et insuperabiliter*); e é por isso que, malgrado sua fraqueza, a vontade não desfalece e não é vencida por nenhuma adversidade[98].

É a bondade de Cristo que opera esse momento de liberdade: "E quem amou mais os fracos do que aquele que se tornou fraco por todos e, em razão de sua fraqueza, foi crucificado por todos?"[99]

O tratado *Sobre a correção e a graça*, de Agostinho, será muito utilizado no século XVII, sobretudo por Jansênio, que dele fará a chave de sua doutrina. Lendo o tratado, chegaremos à célebre distinção entre a *graça suficiente* e a *graça eficaz*. A graça de Adão, indicada pelo bispo de Hipona como o *adiutorium sine quo non*, será assim assimilada à *graça suficiente*; e a graça de Cristo, indicada como o *adiutorium quo*, assimilada à *graça eficaz*. Em outras palavras, a questão da graça dada a Adão inocente e, depois dele, por meio de Cristo, a toda a humanidade já se transformara na Idade Média numa questão sobre a natu-

---

95. *Ibid.*, 11,29; pp. 333-335.
96. *Ibid.*, 10,28; p. 333. Para Agostinho, que certamente aceitava aqui uma tradição do judeu-cristianismo, até Adão foi salvo pela graça de Cristo. *Ouvrage inachevé contre Julien*, VI,12 e 22; Vivès 32, pp. 521 e 561.
97. *Sur la correction et la grâce*, 12,34; *BA* 24, p. 347.
98. *Ibid.*, 12,38; p. 357. Cf. A. SOLIGNAC, Les excès de *l'intellectus fidei* dans la doctrine d'Augustin sur la grâce, *NRT* 10 (1998) 840-843.
99. *Sur la correction et la grâce*, 16,49; p. 381.

reza interna da graça; mas, com Jansênio, vai-se mais longe ainda, modificando-se a terminologia agostiniana para a da graça suficiente e/ou eficaz. Perguntar-se-á, então, em virtude de que a graça é suficiente e/ou eficaz. É que, paradoxalmente, a graça chamada "suficiente" é a que, concretamente, "não foi suficiente". De outro modo, que espaço deixa à liberdade a graça chamada "eficaz" e até "invencível"?

Far-se-á assim uma leitura do tratado agostiniano no espírito de opor graça e liberdade, o que levará logicamente a pensar que a graça é "irresistível" em relação à vontade humana (será essa a posição de Lutero, de Calvino e de Jansênio), ao passo que Agostinho queria, antes de mais nada, expor a cooperação das duas (co-agir). Foi o que fez ao mostrar a graça como um auxílio (*adiutorium/auxilium*) do livre-arbítrio, evitando justamente apresentá-la como concorrente em relação à vontade humana.

Sobre a predestinação dos santos
Sobre o dom da perseverança (428)

Essa obra que passou para a posteridade com dois títulos é na realidade uma única obra em dois volumes. Nela, Agostinho considera a graça não mais em sua necessidade ou como uma ajuda ao livre-arbítrio do homem, mas, sob a ótica das questões que preocupavam os monges da Provença[100], naquele que a dá, ou seja, em Deus. Esse ponto de vista levantou logo a questão da relação entre o dom da graça de Deus e a salvação universal tal qual foi anunciada em 1Tm 2,4: "Deus quer que todos os homens se salvem"[101].

Ainda que os monges provençais nomeados numa carta de Hilário a Agostinho tenham admitido o pecado original e a necessidade da graça, eles a explicavam como dependente da vontade. "Com efeito, eles estão de acordo — escrevia Hilário — em que todo o gênero humano está perdido em Adão, e que ninguém pode libertar-se por sua própria vontade."[102] Pressionado assim de vários lados, o bispo de Hipona porá então a questão da graça como o dom feito aos predestinados, uma vez que a predestinação não era possível senão como um efeito da graça. Os outros, ao contrário, em vida de Agostinho ou após sua morte, liam na predestinação a ideia de que Deus dá a graça a quem ele quer: assim ele salva aqueles a quem a dá e condena aqueles a quem não a dá. Eis, em especial, o que pensavam de Agostinho os monges da Provença:

---

100. As Cartas 225-226 (classificadas entre as cartas de Agostinho, *PL* 33, 1002-1012) de Próspero de Hilário informaram Agostinho sobre a maneira como tinha sido recebido seu livro *Sobre a correção e a graça* nos meios gauleses.

101. Cf. V. GROSSI, Il porsi della questione della *'voluntas salvifica'* negli ultimi scritti di Agostino, I. (420-427), *Collectanea Augustiniana*, New York, Peter Lang, 1990, pp. 315-328; Il termine *'praedestinatio'* tra il 420-435: Dalla linea agostiniana dei *'salvati'* a quella di *'salvati e dannati'*, *Augustinianum* 25 (1985) 27-64.

102. Carta 226,2: *PL* 33,1008.

Entre os servos de Cristo que residem na cidade de Marselha, muitos pensam que as ideias que tua Santidade expôs em seus textos contra a heresia de Pelágio sobre a vocação dos eleitos, fundamentada no decreto de Deus, são contrárias ao pensamento dos Padres e ao sentir da Igreja [...]. Se um decreto divino predispõe as vontades humanas, isso equivale a eliminar todo esforço de fazer o bem e a suprimir as virtudes. O nome predestinação introduz uma espécie de fatalismo[103].

Tendo assim criticado Agostinho, os monges de Marselha propunham sua própria versão da graça de Deus: ela segue a determinação da vontade, como a predestinação segue a presciência dos méritos, tanto da fé inicial quanto da perseverança final[104]. Tomando o exemplo do doente que chama o médico, assim se explicavam: "Não é negar a graça, mas afirmar que ela é precedida pela vontade, a qual não faz outra coisa que procurar o médico, sem poder nada fazer sozinha"[105]. Nas crianças, incapazes de mérito e de demérito, eles consideravam os méritos e deméritos "futuríveis", ou seja, as obras que teriam realizado se tivessem vivido.

Em sua resposta, Agostinho repete duas posições: ao realizar o bem, a vontade do homem é predisposta pela graça de Deus; sozinha, ela não pode nem começar nem acabar nenhuma obra boa, porque o início da fé, bem como a mais perfeita fé, chega até o homem pela graça interior[106]. Por conseguinte, é a graça — incluindo-se aí a graça da fé — e não a natureza que distingue os bons dos maus:

> Poder ter a fé, como poder ter a caridade, é uma faculdade natural comum aos homens; ter a fé, ter a caridade é uma graça própria dos fiéis. É por isso que a natureza, na qual nos foi dada a possibilidade de crer, não permite que haja discernimento algum entre os homens, ao passo que a fé diferencia o fiel do infiel[107].

Postas essas premissas, Agostinho conceitua bem em dois pontos o sentido da predestinação em relação à graça:
— A predestinação significa a relação com a graça que Deus dá: "Essa obra, Deus previu que a realizaria; eis a predestinação dos santos"[108]. Esta última não é "nada mais que a presciência e a preparação dos benefícios de Deus pelos quais são infalivelmente resgatados todos os que são resgatados"[109].

---

103. PRÓSPERO DE AQUITÂNIA, Carta 225,2-3; *PL* 33, 1002-1003.
104. Id., *Carta*, 225,3; HILÁRIO, Carta 226,4; *PL* 33, 1003 e 1009.
105. Carta 226,2; *PL* 33, 1008.
106. *Sur la prédestination des saints*, 2,3 e 21,43; *BA* 24, pp. 469 e 595-597.
107. *Ibid.*, 5,10; p. 497.
108. *Sur le don de la persévérance*, 7,15; *BA* 24, p. 631.
109. *Ibid.*, 14,35; p. 681.

— Cristo constitui para todo crente o exemplo e o princípio de uma predestinação que não pode ser senão gratuita, ele "que foi 'estabelecido' Filho de Deus com poder" (Rm 1,4)[110]. O mesmo se diga de Maria: "Não foi o Filho único de Deus que essa mulher, em quem residia a plenitude da graça, concebeu?"[111] Pois "a graça que faz de todo homem um cristão, desde o momento em que ele começou a crer, é a graça que fez desse homem Cristo, desde que começou a existir; o Espírito em que o cristão renasceu é o Espírito em que ele nasceu"[112].

Em seu resultado — a perseverança final (objeto do segundo livro, *Sobre o dom [ou o bem] da perseverança*) que faz alcançar a vida eterna —, essa graça é a característica dos "eleitos", operando neles "o próprio querer", "por uma ação maravilhosa, inefável"[113]. Com o termo "perseverança", Agostinho entende sempre nesse tratado a "perseverança final", ou seja, a obtenção da vida eterna para além do tempo da história: "Creio ter defendido com força especial a ideia de que a perseverança final é também um dom de Deus [...] que nos predestinou para seu reino e sua glória"[114]. No tratado *Sobre a correção e a graça*, ele utilizava, de fato, o termo "perseverança" mesmo para o tempo da história.

A graça da predestinação, apontada pelo bispo de Hipona como graça da "perseverança final", tem nele uma dupla conexão: primeiro, ela tem em Cristo sua chave de leitura[115]; a seguir, visa a criar no homem, quer individual, quer em comunhão com o "Cristo total", a gratidão pelo dom de Deus. "A previsão que Deus teve de que Cristo seria nosso chefe e que seríamos, nós, seu corpo, foi a previsão de uma obra que ele mesmo devia realizar e que não seria precedida, nem em Cristo nem em nós, de nenhum mérito"[116].

A reflexão teológica depois de Agostinho perderá essas conexões. Ela esquecerá a declaração do bispo de Hipona sobre os limites do poder do homem e sua incapacidade de penetrar nos insondáveis desígnios de Deus. Reduzirá seu campo unicamente à união da graça da predestinação com a vontade "antecedente" de Deus[117] e concentrará sua atenção na falha do pensamento de Agostinho, que parece não ter conseguido pensar que a graça continuava graça, mesmo quando fosse oferecida a todos. Ele, com efeito, respondia às objeções ressaltando sua intenção de respeitar ao mesmo tempo os atributos divinos de "misericórdia e de justiça":

---

110. No texto latino da Bíblia, Agostinho lia *"praedestinatus"* em *"koristhentos"*, hoje traduzido por "estabelecido".
111. *Sur la prédestination des saints*, 15,30; BA 24, p. 555.
112. *Ibid.*, 15,31; p. 557.
113. *Ibid.*, 20,42; p. 593.
114. *Ibid.*, 21,55; pp. 735-737.
115. *Sur la prédestination des saints*, 15,30; e *Sur le don de la persévérance*, 24,67; pp. 553-333 e 761-763.
116. *Sur le don de la persévérance*, 24,67; p. 763.
117. A obra intitulada *Da predestinação e da graça*, de PL 45, 1365-1678, é falsamente atribuída a Agostinho e já reflete essa orientação.

"Mas por quê, pergunta-se, a graça de Deus não é dada aos homens segundo o mérito deles?" Respondo: porque Deus é um Deus de misericórdia. — "Por quê, então, não é ela dada a todos?" A isso respondo: porque Deus é Juiz. Assim, é de modo gratuito que ele dá sua graça a alguns, e o justo juízo que faz de outros mostra qual benefício é essa graça naqueles que a recebem [...]. Aquele, pois, que é libertado deve amar a graça, e aquele que não é libertado deve reconhecer sua dívida. Se é verdade que perdoar uma dívida é um pacto de bondade, e que é ser justo exigir seu pagamento, não se encontrará nenhuma injustiça em Deus[118].

Numerosos sucessores de Agostinho chegarão a interpretar a graça da predestinação como o fato de uma vontade incontrolável e indiscutível de Deus, que a dá àquele que ele salva e não a dá àquele que condena.

Essa graça não pode ser senão gratuita, e ninguém a pode conhecer. É por isso que o cristão, conclui Agostinho, deve levar sua vida sem perturbação, uma vida de oração, de trabalho etc., segundo todos os condicionamentos ligados à vida humana.

3. AS LINHAS ESSENCIAIS DA DOUTRINA AGOSTINIANA DA GRAÇA

INDICAÇÕES BIBLIOGRÁFICAS: [complementos às indicações da p. 150]. J. LEBOURLIER, Grâce et liberté chez s. Augustin. La grâce d'Adam dans le *De correptione et* gratia. *Augustinus Magister* II, Paris, Études Augustiniennes, 1955, 789-793. — Ch. BOYER, *L'adiutorium sine quo non*. Sa nature et son importance dans la doctrine de saint Agustin, *Doctor Communis* 13 (1960) 5-18. — A. SAGE, Les deux temps de grâce, *REA* 7 (1961) 209-230; La volonté salvifique universelle de Dieu dans la pensée de saint Augustin, *Rech. August.* 3 (1965) 107-131. — A. TRAPÈ, A proposito di predestinazione: S. A. e i suoi critici moderni, *Divinitas* 7 (1963) 243-284. — F. J. THONNARD, La prédestination augustinienne et l'interprétation de O. Rottmanner, *REA* 3 (1963) 259-287; La notion de nature chez saint Augustin. Ses progrès dans la polémique antipélagienne, *REA* 11 (1965) 239-265. — B. QUELQUEJEU, *Nuturalia manent integra*. Contribution à l'étude de la portée méthodologique et doctrinale de l'axiome théologique *gratia supponit naturam*, *RSPT* 49 (1965) 640-655.

A terminologia da "graça" que pouco a pouco se vai formando em Agostinho torna-se o equivalente da terminologia da "justiça e da justificação". Nasceu daí um vocabulário único, estruturado na base de conceitos relacionais. Nós os distinguimos para poder compreendê-los em sua particularidade e para auxiliar o leitor de Agostinho a evitar possíveis equívocos sobre o pensamento referente à graça e à liberdade.

---

118. *Du don de la persévérance*, 8,16; *BA* 24, p. 633.

A graça é antes de tudo uma relação

A "graça" exprime em Agostinho uma relação: ela não é somente um "ponto" instrumental possível entre o homem e Deus, mas é também sempre benevolência de alguém que se dá. Não é, pois, única e exclusivamente um "intermediário", mesmo que depois de Agostinho se fale de graça "criada" e de graça "justificante", como de alguma coisa que existisse em si. Na obra do bispo de Hipona, é sobretudo uma questão de relação do homem com Deus (a graça de Deus), e particularmente do homem com seu Redentor (a graça de Cristo), por meio da caridade derramada no coração pelo Santo Espírito (*inspiratio caritatis*). Seu aspecto relacional é desenvolvido com referência ao livre-arbítrio e à liberdade.

A relação da graça com o livre-arbítrio e com a liberdade

Agostinho distingue o livre arbítrio da liberdade. O *livre-arbítrio* é a faculdade de escolha com a qual nascem todos os homens. Ele é a própria vontade como pertencente a uma natureza espiritual. Jamais pode ser perdido, ainda que a vontade se encontre em situação de escravidão em relação ao pecado.

A *liberade* não é, a rigor, o poder de escolha: é o amor ao bem; é o estado da vontade orientada para o bem, que é Deus. Inscreve-se no movimento que conduz o homem, segundo sua vocação, a participar da vida divina. Essa liberdade não pode existir senão na graça: Deus é sempre o primeiro a amar e a dar. "Deus sustenta o homem em sua ação livre, como sustenta sua existência no ser."[119] Se o homem contradiz essa orientação, perde essa liberdade. Mantém, porém, seu livre-arbítrio.

Existe uma articulação entre o livre-arbítrio e a liberdade. O primeiro serve de meio para a segunda. É mediante a sucessão das escolhas do livre-arbítrio na vida de cada dia que a liberdade se orienta fundamentalmente pró ou contra Deus. O exercício do livre-arbítrio permite, pois, que a liberdade se aproxime do dom de Deus através do tempo. Quanto mais a liberdade se firma em Deus, menos fica sujeita às vicissitudes do livre-arbítrio.

Agostinho observa que as Escrituras nos revelam que o nome próprio de Deus e do Redentor é o de "misericórdia"; a graça, por sua vez, é um auxílio (*auxilium/adiutorium*) ao livre-arbítrio do homem, dando-lhe a possibilidade concreta de se tornar liberdade. Adão, no estado de inocência, agia na graça, ou seja, na possibilidade efetiva de estabelecem escolhas de liberdade; após o pecado original, privado da liberdade na qual havia sido criado, ele caiu, ficando sob a dominação da concupiscência. Seu livre-arbítrio permanece, mas ele está a partir

---

119. P. AGAËSSE, *L'anthropologie chrétienne selon saint Augustin*, p. 105.

de então na impossibilidade de poder escolher o domínio do bem. Assim, Agostinho diz que Adão, com o pecado, perdeu a "liberdade". A graça, entretanto, não substitui o livre-arbítrio; faz apenas que ele esteja pronto para ser efetivamente capaz de liberdade:

> É preciso, pois, reconhecer que temos um livre-arbítrio para fazer o mal e o bem; mas, para fazer o mal, cada qual é livre a respeito da justiça e escravo do pecado, ao passo que para o bem ninguém pode ser livre, a menos que tenha sido libertado por aquele que diz: "Se é o Filho que vos liberta, sereis realmente homens livres" (Jo 8,36) [...].
> Se são filhos de Deus, são guiados pelo Espírito de Deus para fazer o que devem fazer, e, quando o fizerem, que deem graças àquele que sobre eles agiu: eles, com efeito, recebem essa ação para agir, não para nada fazer[120].

A graça é soberana, porque, de acordo com uma frase paulina que Agostinho gosta de repetir, nada temos que não tenhamos recebido e tudo vem da iniciativa gratuita de Deus. Todavia, nosso livre-arbítrio permanece, pois é próprio da graça não nos constranger, mas fazer-nos agir livremente. Esses dois favores não se situam no mesmo plano, como se fossem dois cavalos puxando a mesma carruagem: a força que um exerce alivia outro tanto a que o outro deve executar. Entre a graça e a liberdade, as "duas ações não são da mesma ordem, escreve Y. de Montcheuil; elas não são concorrentes e pode-se admitir que é uma que faz a outra ser: *em minha boa ação tudo é da graça e tudo é da liberdade*, pois é a graça que me dá o ser livre, ou seja, não o poder escolher, mas o agir livremente *hic et nunc*"[121]. Podemos encontrar uma correspondência análoga desse dado misterioso numa experiência humana: pela educação, os pais e os mestres elevam progressivamente a criança à liberdade e ao amor, por meio do afeto que têm para com ela, por seus exemplos e seus ensinamentos. Assim agindo, exercem uma real influência sobre ela, mas essa influência, se bem orientada, não tem como efeito condicionar a criança a ser cópia deles, mas a ajuda a "liberar" em si a própria autonomia, a própria responsabilidade, a arte de se portar como adulto. As crianças a quem faltou essa ajuda ficam tragicamente marcadas para a vida.

A distinção de Agostinho, já lembrada, entre a graça de Adão (*auxilium sine quo non*) e a de Cristo (*auxilium quo*) não desenvolve tanto um conceito de submissão do livre-arbítrio e da liberdade em relação à graça (a necessidade da graça era já uma aquisição da primeira polêmica pelagiana), quanto seu caráter relacional. De fato, o bispo de Hipona desenvolve com cuidado o conceito de

---

120. *Sur la correction et la grâce*, 1,2 e 2,4; *BA* 24, pp. 271 e 275. Essa concepção é habitual em Agostinho.
121. Y. DE MONTECHEUIL, Notas inéditas, *Recherches et débats*, 1ª série em cópias, n. 10 (junho-julho 1950) 2-6.

"vontade boa" e de sua gradação: pequena e ainda incapaz (*parva et invalida*), grande e capaz de efetuar o que deseja (*magna et robusta*). A essa gradação se adapta a graça, que se faz também ela pequena ou grande[122]. Com efeito, a libertação do homem se realiza no tempo.

A relação da graça com a natureza

A graça está também em relação — mas em outro sentido — com a natureza criada do homem. Agostinho contestou vivamente Pelágio quando este afirmava que a graça podia ser considerada na própria criação do livre-arbítrio como natureza, ou seja, o "poder" ser livre. Mais: ele compreendia a natureza no sentido da condição concreta na qual todos nascem, e não como um "poder" abstrato que se pudesse opor ao conceito do que não é natureza. É por isso que ele falava da "condição na qual fomos criados com o livre-arbítrio"[123], referindo-se a esta afirmação de Pelágio: "Conheceis muito bem a graça de que eu quero falar e, ao ler meu livro, podeis vos lembrar que ela é aquela pela qual Deus nos criou com o livre-arbítrio". Com os pelagianos, com efeito, ressaltava Agostinho, não era a graça, da qual provém a criação do homem, que estava em questão, mas aquela da qual provém sua salvação: não a graça pela qual Deus instituiu a natureza, mas aquela pela qual ele restituiu a natureza[124]. Aos pelagianos ele repetia, pois, que não era questão de procurar quem é o Criador da natureza, mas de procurar a quem o Salvador é necessário[125]. Com seu tratado *Sobre a correção e a graça*, Agostinho pôs-se ainda a questão antropológica da graça, ou seja, do homem mais ou menos firmemente estabelecido na graça: "Outra questão a ser encarada e a ser resolvida"[126]. Essa questão se tornará mais aguda na teologia dos séculos XVI e XVII, com Baio, Jansênio e com a escola dos Agostinianos.

O início da fé e a perseverança final

A relação fundamental entre a graça e a liberdade vale para a totalidade da existência do homem. Ela marca o começo da fé, ou a primeira conversão; continua por toda a vida; reencontra-se, ao fim, pelo dom da perseverança final. Esse é o ensinamento positivo que se deduz das discussões de Agostinho no fim de sua vida com os monges de Adrumeto e da Provença.

---

122. *Sur la grâce et le libre arbitre*, 15,31-17,33; BA 24, 159-169.
123. *Ibid.*, 10,22; p. 483.
124. *La nature et la grâce*, 53,62; BA 21, pp. 361-363.
125. *La grâce du Christ et le péché originel*, II,33,38; BA 22, p. 241.
126. *Sur la correction et la grâce*, 10,26s; BA 24, pp. 327s.

Eles não são de modo algum pelagianos. Bem mais tarde e certamente sem razão, suas obras foram classificadas como "semipelagianas". Os monges da Provença em particular invocavam em seu favor a tradição teológica grega sobre a graça. Para muitos Padres gregos, a própria natureza já é sinal de graça e a antropologia deles não é a da teologia latina[127]. Sentem também um mal-estar diante das teses de Agostinho sobre a relação entre a graça e a liberdade. Se reconhecem que a fé é um dom de Deus, julgam, em compensação, que o homem deve se preparar para esse dom por uma disposição positiva, uma aspiração e procedimentos de oração e de penitência. "Em resumo, *o homem começa e Deus termina*, recompensando um desejo humano."[128] Essa opinião tinha sido, aliás, a de Agostinho antes de 397. Mas sua experiência, como a leitura da Escritura (cf. 1Cor 4,7), o faz mudar de opinião: toda iniciativa do homem que o conduz à salvação já é dirigida por uma iniciativa de Deus. A preparação para a fé é, ela mesma, um dom de Deus. Os concílios de Orange e de Trento confirmarão essa posição. E Deus, pois, que começa.

Os monges fazem uma insistência análoga, mas em sentido contrário, a respeito da perseverança. Uma vez que Deus deu a graça, cabe agora ao homem manter-se nela por sua fidelidade e suas boas obras. O adágio precedente se transforma então neste: "*Deus começa, o homem termina*: a vida eterna é a coroação de uma vida de méritos"[129]. Mas também aqui o discernimento da fidelidade necessária é errôneo, em relação à lógica agostiniana. O homem não pode continuar fiel por ações que sejam independentes da graça. A relação inicial se abre sobre uma relação constante. Incessantemente, o homem depende da graça para continuar a viver na graça; incessantemente, ele recebe sua libertação num processo de santificação e de divinização. Quando Deus o recompensa, ele coroa seus próprios dons.

O que vale da perseverança na vida temporal vale ainda da perseverança final, que Agostinho qualifica de "grande dom" (*magnum donum*). A mesma lógica funciona sempre: é Deus que acaba o que ele começou. Encontramos, contudo, aqui o ponto mais delicado do pensamento de Agostinho, que ele não viu totalmente claro, a predestinação.

Graça e predestinação

A doutrina da predestinação já foi abordada a propósito das obras *Sobre a predestinação dos santos* e *Sobre o dom da perseverança*. Convém retomá-la de maneira sintética, levando em consideração o fato de que Agostinho sustentou essa tese

---

127. Cf. A. SOLIGNAC, Semipelagianos, *DSp* XIV (1990) 564-568.
128. P. AGAËSSE, *op. cit.*, p. 94.
129. *Ibid.*, p. 95.

desde antes da crise pelagiana, em 397, em seus *Os dois livros a Simpliciano sobre diversas questões*. Com o tempo, suas fórmulas ficarão cada vez mais rígidas.

A predestinação é o ato pelo qual Deus decide eternamente a salvação dos que serão efetivamente salvos: sobre esse ponto, a leitura dos textos de são Paulo foi decisiva para Agostinho: "Aqueles que ele de antemão conheceu, também os predestinou a serem conformes à imagem de seu Filho. [...] Os que predestinou, também os chamou; os que chamou, justificou-os; e os que justificou, também os glorificou" (Rm 8,29-30). Igualmente, Deus "nos predestinou a ser para ele filhos adotivos por Jesus Cristo" (Ef 1,5).

Mas o texto chave da reflexão agostiniana será o de Rm 9,9 21, em que Paulo se pergunta sobre o mistério da eleição e do pecado de Israel. Agostinho não lê esse desenvolvimento em função da história da salvação e do papel de Israel num plano em que Deus que mantém sua coerência ao mesmo tempo que sua gratuidade. Ele pensa na salvação ou na condenação de cada crente. Para melhor ressaltar a gratuidade absoluta da graça e a soberania da liberdade divina, ele se põe a pesquisar as expressões mais duras, isolando-as, a fim de provar que Deus salva quem ele quer num decreto pré-temporal no qual ele escolhe uns e deixa outros se perderem. Esse decreto não leva em conta as futuras obras boas dos interessados: "Justantente porque a graça é evangélica, ela não pode ser devida às obras: 'do contrário a graça não é mais graça' (Rm 11,6)"[130]. Agostinho dramatiza a famosa fórmula: "Eu amei Jacó e odiei Esaú" (Ml 1,2-3, citado em Rm 9,13); e seu discurso subentende a ideia de que a graça não seria mais graça se fosse oferecida a todos.

Igualmente, a graça de Deus não poderia fazer misericórdia em vão: "O resultado da misericórdia de Deus não poderia estar em poder do homem, de modo que se o homem a rejeitar, Deus fará misericórdia em vão"[131]. Também o desígnio de predestinação é infalível: não é uma simples presciência, mas uma verdadeira decisão e ação de Deus:

> O desígnio de justificação de Deus é firme não porque ele encontra nos homens boas obras, que o levam a escolher; mas porque é firme esse desígnio para justificar os que creem é que ele encontra obras boas, pelas quais faz então sua escolha para o reino de Deus[132].

Isso não quer dizer que a predestinação seja forçosa, pois Deus não age por constrangimento. É de dentro da vontade que ele age, permitindo-lhe comprazer-se no bem.

Mas então "haveria injustiça em Deus?", pergunta são Paulo. Não, responde Agostinho: não há nesse comportatnento divino nenhuma injustiça. A

---

130. *Les deux livres à Simplicien sur diverses questions*, I,22; BA 10, p. 443.
131. *Ibid.*, I,2,13; p. 473.
132. *Ibid.*, I,2,6; p. 457.

resposta final faz apelo à transcendência absoluta de Deus: quem é o homem para contestá-lo?

> Diz-se que [Deus] se torna resistente a certos indivíduos que perpetram o pecado, e a razão é que ele não usa de misericórdia para com eles, não porque ele os leve a pecar. Ele não usa de misericórdia para com aqueles que, por toda uma justiça de mistério e completamente diferente dos julgamentos humanos, julgam que misericórdia não deve ser usada. Insondáveis, com efeito, são seus julgamentos e incompreensíveis seus caminhos (Rm 11,33)[133].

A predestinação de Cristo é o exemplo e o modelo de nossa predestinação, do mesmo modo como "a graça que elevou Cristo homem é o protótipo de nossa graça e a fonte de toda graça"[134]:

> Nós temos outro exemplo maravilhosamente luminoso de predestinação e de graça, o próprio Salvador nosso, Cristo Jesus homem, mediador entre Deus e os homens. Pois por quais méritos prévios — quer se trate de méritos das obras, quer dos da fé a natureza humana que está nele obteve semelhante dignidade? [...] Por que esse homem mereceu ser assumido em unidade de pessoa pelo Verbo coeterno com o Pai e assim se tornar o Filho único de Deus?[135]

Entretanto, Agostinho sustenta que não há predestinação para o mal, pois o mal vem sempre do desfalecimento da liberdade humana. É certo, todavia, que, se todos recebem graças, somente aqueles que Deus diferencia e escolhe recebem a graça da perseverança final. Essa falha em seu pensamento deu azo mais tarde a interpretações excessivas. Mas para o próprio Agostinho a não-predestinação de alguns não é arbitrária: ela tem em Deus razões que não conhecemos neste mundo, mas que conheceremos na vida futura. Será isso um indicador de que ele tinha uma dúvida secreta, ou inconsciente, a respeito da exatidão de sua interpretação?[136]

De outro modo, o contexto mental em que Agostinho reflete é o de uma "massa provinda de Adão e condenada às penas do inferno" (*massa damnata*) que se opõe ao pequeno número dos eleitos. A humanidade está globalmente perdida, bem aquém de toda recusa pessoal da salvação, e a Igreja é um jardim fechado no número fixo e predestinado dos justos: "O número dos justos que, segundo seu desígnio, Deus chamou e dos quais foi dito: 'O Senhor conhece os seus' (2Tm 2,19), eis o que forma o jardim fechado, a fonte selada, o poço de água viva"[137].

---

133. *Ibid.*, I,2,16; p. 483.
134. P. AGAËSSE, *op. cit.*, p. 109. Essa seção se inspira nesse autor.
135. *Sur la prédestination des saints*, 15,30; BA 24, p. 553.
136. Cf. *Enchiridion*, 24, 94-27,103; BA 9, pp. 269-293; *Sur le don de la persévérance*, 21,55; BA 24, p. 737.
137. *Sept livres sur le baptême*, V, 27,38; BA 29, pp. 395-397.

Esse horizonte pesará sobre a consciência cristã no Ocidente, ainda que a Igreja jamais tenha canonizado essa doutrina.

O bispo de Hipona tem certamente razão de afirmar a prioridade absoluta e, portanto, eterna da iniciativa divina e da graça. Mas ele se deixou fechar em conceitos demasiadamente antropomórficos para pensar a eternidade e a causalidade divina. A eternidade não é o tempo. Ora, Agostinho cai numa representação temporal da eternidade que leva a situar o ato de Deus e o ato do homem no mesmo plano, segundo a ordem do antes e do depois. Isso é espantoso, pois o mesmo Agostinho demonstrou ter uma concepção muito elaborada da eternidade que transcende o tempo. O decreto da predestinação não deve, pois, ser posto num antes do tempo. A eternidade "envolve o tempo e é contemporânea de todos os instantes e do desenrolar do tempo. A graça é ao mesmo tempo transcendente em relação à ação humana como eterna e contemporânea de cada ação humana. Ela não está nem antes nem depois, mas está presente e age no desenvolvimento do tempo. Não é, pois, alguma coisa irrevogável e fechada em si mesma, como se Deus tivesse fixado uma vez por todas seu desígnio, como se estivesse acorrentado por um passado irrevogável"[138].

De outro modo, Agostinho — que sustenta, aliás, que graça e liberdade não estão num mesmo plano de ação e que a printeira suscita a segunda — corre o risco de esgotar a liberdade na graça ao sustentar somente a causalidade divina. Sem dúvida, a liberdade não é causa da graça, mas o livre-arbítrio deve intervir para que seja realizada a boa ação. Deus não nos santifica por um ato que seria somente seu. Senão, o homem seria mais livre quando recusa do que ao consentir.

4. AS DECISÕES ECLESIAIS CONTRA PELÁGIO (411-418)

INDICAÇÕES BIBLIOGRÁFICAS: ver p. 156-157.

Voltamos a encontrar a propósito da graça as intervenções eclesiais já encontradas a respeito do pecado original[139]. Nos anos 411-418, vemos a Igreja expressar suas posições em três etapas: o sínodo de Cartago, de 411, o de Dióspolis, em 415, e o concílio de Cartago, de 418. Essas três assembleias fixaram o ponto de vista oficial da Igreja sobre a doutrina da graça.

O sínodo de Cartago, de 411

As principais acusações feitas por esse sínodo contra o pelagiano Celéstio[140] não diziam formalmente respeito à graça, mas visavam a teses que a questiona-

---

138. P. AGAËSSE, *op. cit.*, p. 113. Cf. W PANNENBERG, *Systematische Theologie*, Bd.3, Kap.14, "Erwählung und Geschichte", Göttingen, Vandenhoeck & Ruprecht, pp. 473-567.
139. Cf., *supra*, pp. 133-137 e 151-154.
140. Essas acusações foram expostas a propósito do pecado original, *supra*, pp. 133-134.

vam em seus aspectos essenciais: Cristo, não mais que Adão, não influenciou a humanidade senão por seu exemplo: em consequência, os ritos sacramentais perdem seu efetivo alcance; além disso, Celéstio só atribuía valor de justificação à possível impecabilidade de cada homem. Essas teses são formalmente rejeitadas.

O sínodo de Dióspolis (415)

O sínodo de 415 realizado em Dióspolis, perto de Jerusalém, foi convocado com base num libelo antipelagiano[141] e fez perguntas precisas a Pelágio. Suas respostas lhe valeram a absolvição, mas Agostinho as julgou muito evasivas[142]. As perguntas feitas a Pelágio puseram em evidência o estado da discussão sobre a compreensão da graça no clima pelagiano e agostiniano. Elas diziam respeito em particular às seguintes proposições: "A graça de Deus e seu auxílio não são dados para cada ato humano, mas estão presentes no exercício do livre-arbítrio, na lei e na doutrina"[143]. Além disso, a graça não é dada gratuitamente, mas depois de um mérito. Assim, ter a graça depende da vontade do homem[144]. Se não fosse assim, quando se sucumbe ao pecado, não seria o homem o responsável, mas Deus[145]; e suprimiríamos em seguida toda diversidade de graças, nitidamente afirmadas, todavia, por são Paulo[146]. Finalmente, a necessidade da graça anularia o livre-arbítrio: "Não há mais livre-arbítrio se ele tem necessidade do auxílio de Deus, uma vez que cada qual decide em sua própria vontade fazer ou não fazer alguma coisa"[147]. O teor dessas perguntas feitas a Pelágio ajudam a melhor compreender o sentido das decisões de Cartago, em 418.

O concílio de Cartago (418)

O concílio de Cartago, de 418, abre um capítulo completamente novo na história da teologia da graça. Com efeito, os cânones 3, 4 e 5 excluem os três sentidos pelagianos da graça e definem bem a natureza e o sentido dessa graça cristã "pela qual somos justificados":

> Quem disser que a graça de Deus, que justifica o homem por Nosso Senhor Jesus Cristo, vale unicamente para a remissão dos pecados já cometidos, mas não para ajudar a não mais cometê-los, seja anátema (cán. 31).

---

141. Sobre o sínodo de Dióspolis, em 415, cf. O. WERMELINGER, *Rom und Pelagius*, apêndice 3, pp. 300-301.
142. *Ibid.*, apêndice 2, pp. 295-299. Agostinho apresenta o protocolo das perguntas feitas a Pelágio em seu livro *Sur les actes du procès de Pélage (De gestis Pelagii)*; BA 21, pp. 432-579.
143. Dióspolis 21; WERMELINGER, *op. cit.*, p. 297.
144. *Ibid.*, 22 e 29; WERMELINGER, pp. 297-299.
145. *Ibid.*, 23; WERMELINGER, p. 298.
146. *Ibid.*, 24; WERMELINGER, p. 298.
147. *Ibid.*, 27; WERMELINGER, p. 299.

Quem disser que essa mesma graça de Deus por Nosso Senhor Jesus Cristo nos ajuda a não mais pecar porque ela nos revela e nos abre o entendimento dos mandamentos, de modo que saibamos o que devemos desejar e o que devemos evitar, mas que não nos dá de modo algum o amor e a força de fazer também o que reconhecemos como nosso dever, seja anátema (cân. 4).

Quem disser que a graça da justificação nos é dada precisamente para poder cumprir mais facilmente por ela o que devemos fazer por nosso próprio arbítrio, de modo que, se a graça não fosse dada, poderíamos todavia, embora com menos facilidade, observar sem ela os mandamentos de Deus, seja anátema (cân. 5)[148].

Três sentidos, pois, são considerados insuficientes: A graça não se reduz à demissão nem dos pecados passados, nem a uma revelação que nos diz o que temos de fazer, nem a um auxílio para cumprirmos a lei mais facilmente. De positivo, o concílio define que a graça é também um auxílio (*adiutorium*) para não fazer o mal, compreendida como amor no cumprimento do bem conhecido. Sem essa ajuda, que se insere na vontade, "para que amemos fazer", o homem não pode observar os preceitos divinos.

Essa definição da necessidade da graça foi retomada também pelo concílio para repelir qualquer pretensão de impecabilidade quanto aos santos do Antigo e do Novo Testamento. Essa aproximação corresponde ao pedido do Pai-Nosso: "Perdoai nossas ofensas", em que pedimos realmente nesse sentido e não apenas por humildade. Igualmente, o concílio expressou a posição original de Agostinho sobre a validade e a necessidade do rito batismal "para a remissão dos pecados", em referência à "necessidade da graça" e à validade da oração na recepção da ajuda de Deus para evitar o mal[149]. Dessa estreita conexão estabelecida durante a polêmica pelagiana entre graça e oração nasceu o ditado: "A lei da oração estabelece a lei da fé" (*lex orandi, lex credendi*)[150]. O concílio apóia suas decisões num grande número de textos da Escritura, citados[151].

A Tractoria, *do papa Zózimo (418)*

A *Tractoria*, do papa Zózimo (418), de acordo com os três fragmentos de que dispomos, não faz mais que repetir dois elementos: o renascimento espiritual em Cristo, que dá a verdadeira liberdade (frag. 1); a necessidade de pedir

---

148. *DzS* 225-227; *FC* 521-523.
149. Essa posição ganha destaque pelo fato de que o cânon 6, de 418, faz apelo a 1Jo 1,8, *DzS* 228; *FC* 524.
150. *Indiculus*, de Celestino, c. 8 (cerca de 431): "[...] para que a lei da oração constitua a lei da fé", *DzS* 246; *FC* 537. Sobre o sentido desse adágio, cf. K. FEDERER, *Liturgie und Glaube*, Freiburg i.Br., Herder, 1950.
151. Para o exame pormenorizado desses cânones, suas fontes possíveis e as variantes das passagens bíblicas utilizadas, cf. O. WERMELINGER, *op. cit.*, pp. 169-194.

na oração a ajuda da graça para agir e para pensar (frag. 2), ajuda essa pela qual tudo deve ser sempre referido a Deus (frag. 3)[152].

Se o sínodo de Cartago, de 411, não nos deixou referências bíblicas, as intervenções sucessivas do sínodo de Dióspolis, em 415, e do sínodo de Cartago, de 418, bem como a *Tractoria* do papa Zózimo, nos oferecem um dossiê de textos do Antigo e do Novo Testamentos que situam bem o quadro da polêmica pelagiana sobre a graça e a orientação tomada pela Igreja:

— Nenhum homem está sem pecado, em relação a Deus ("Não entres em juízo com teu servo, pois nenhum vivente é justo diante de ti", Sl 143,2; "Não existe homem que não peque", 1Rs 8,46; "Se dissermos: 'Não temos pecado' enganamo-nos a nós mesmos e a verdade não está em nós", 1Jo 1,8; 1Jo 1,9).

— A graça não é apenas o auxílio da lei, de que falam as Escrituras; é também caridade que vem de Deus (Is 8,20; Sl 94,10; 1Cor 8,1; 1Jo 4,7).

— Sua necessidade é tal que, sem ela, todo esforço humano seria inútil (Sl 127,1; Rm 9,16; "Separados de mim, nada podeis fazer", Jo 15,5).

— Ela colabora com o homem ("Mas o que sou, devo-o à graça de Deus", 1Cor 15,10), fazendo-o tornar-se participante da natureza divina (2Pd 1,4).

— Por "graça" se entende a graça de Deus por Jesus Cristo nosso Senhor (Infeliz que eu sou! Quem me livrará deste corpo que pertence à morte? Graças sejam dadas a Deus por Jesus Cristo, nosso Senhor", Rm 7,24; 1Cor 15,10). É ele que dá ao homem a condição de ser livre (Jo 8,36).

III. A TEOLOGIA PÓS-AGOSTINIANA DA GRAÇA DA MORTE DE AGOSTINHO (430) AO FIM DA IDADE MÉDIA

1. SEGUNDO SANTO AGOSTINHO

Nos teólogos das Gálias

> **INDICAÇÕES BIBLIOGRÁFICAS**: C. TIBILETTI, Giovanni Cassiano. Formazione e dottrina, *Augustinianum* 17 (1977) 355-380; Libero arbitrio e grazia in Fausto di Riez, *ibid.* 19 (1979) 259-285; Fausto di Riez nei giudizi della critica, *ibid.* 21 (1981) 567-587; Valeriano di Cimiez e la teologia dei maestri provenzali, *ibid.* 22 (1982) 513-532; La teologia della grazia in Giuliano Pomerio. Alle origini dell'agostinismo provenzale, *ibid.* 25 (1985) 489-506; Rassegna di studi sui 'semipelagiani', *ibid.* 25 (1985) 507-522; Polemiche in Africa contro i teologi provenzali, *ibid.* 26 (1986) 499-517; Tertuliano, Lerino e la teologia provenzale, *ibid.* 30 (1990) 45-61.

---

152. Cf. O. WERMELINGER, *op. cit.*, apêndice V, pp. 307-308; Das Pelagiusdossier in der *Tractoria* des Zosimus, ZPhTh 26 (1979) 336-338.

Os teólogos das Gálias, João Cassiano, Juliano Pomério, Valeriano de Cimiez, Fausto de Riez etc., deram destaque, na dialética da graça, ao papel da liberdade humana para recuperar a salvação perdida, opondo-se às tendências predestinacionistas. Nesse contexto começou a se desenvolver uma reflexão articulada sobre a "graça que cura" (*gratia sanans*) a natureza humana. O conhecimento desses autores, estudados não mais na ótica de um preconceito antiagostiniano e de tendência semipelagiana, progrediu muito graças aos estudos de Carlo Tibiletti.

Fausto de Riez (por volta de 408-490), em seus dois livros *Sobre a graça*, demonstrou em profundidade como a natureza humana se tornara enferma e sem forças, semelhante ao negociante do evangelho agredido por salteadores no caminho de Jericó, ou como alguém que sai de uma longa doença[153]. Ele entendia esse estado de doença como uma diminuição das forças da vontade do homem, não como uma perda delas. Ele foi, talvez, a fonte direta desta elucidação que encontramos também depois dele: "Fazemos cair o livre-arbítrio de dois modos, seja ao afirmar que é íntegro e sem ferida, seja ao dizer que desapareceu completamente"[154].

A teologia da graça de tendência predestinacionista

INDICAÇÕES BIBLIOGRÁFICAS: J. T. LIENHARD, The Earliest Florilegia of Augustine, *Augustinian Studies* 8 (1977) pars. 21-31. — M. CAPPUYNS, Le premier représentant de l'augustinisme médiéval, Prosper d'Aquitaine, RTAM 1 (1929) 326-335.

Imediatamente após a morte do bispo de Hipona, nos anos 431-435, a questão do predestinacionismo foi debatida num clima de uma violência inaudita. Compuseram-se florilégios dos textos de Agostinho, sobretudo dos posteriores a 426, em que era acusado de ser o pai de uma nova heresia, o predestinacionismo — no intuito de que Deus predestinaria ao paraíso ou ao inferno, porque, ao dar mais ou menos graça, predestinaria ao bem ou no mal. Imputavam-se-lhe todas as consequências que se podiam tirar de um princípio desses, em particular de que Deus é o autor do mal, e que o homem está privado de toda responsabilidade, tanto no bem como no mal.

A essas acusações, provenientes dos meios da Gália, responderam Próspero de Aquitânia[155], em suas Respostas em favor de Agostinho[156], e o papa

---

153. FAUSTO DE RIEZ, *Sur la grâce*, I,8; CSEL 21, p. 24.
154. *Ibid.*, I,1; CSEL 21, p. 7.
155. O livro das *Sentenças encontradas nas obras de Agostinho*, de Próspero de Aquitânia, constituiu o primeiro dossiê em favor de Agostinho.
156. É esse, entre outros, o sentido dos *Capitula Gallorum* (PL 51, 155-174), *Vincentiarum* (PL 51, 176-186) e dos *Excerpta Genuensium* (PL 51, 187-202), escritos nos anos 431-434. Cf. V.

Celestino I, em sua carta aos bispos da Gália — à qual sempre se acrescenta depois o *Indiculus*[157]. Na discussão da relação entre o agir divino e o livre-arbítrio do homem, havia naturalmente de modo implícito a questão do pecado de origem e sua influência sobre o livre-arbítrio, mudado para um estado pior (*in deterius commutatum*), segundo a ótica agostiniana. O predestinacionismo foi condenado e ao mesmo tempo Agostinho foi justificado de tal acusação. A autoridade de Agostinho foi regularmente invocada, e os bispos de Roma defenderam explicitamente seu pensamento como ortodoxo a respeito da relação entre o agir humano e o livre-arbítrio do homem. Vimos que o papa Hormisda, um século mais tarde, remetia o bispo Possessor à leitura de Agostinho e de Próspero de Aquitânia[158].

O segundo concílio de Orange (529)

O segundo concílio de Orange, de 529[159], apresenta, a respeito da graça, cânones que retomam pouco a pouco os mesmos textos da Escritura utilizados pelo concílio de Cartago, de 418, e que repetem quase ao pé da letra a doutrina de Cartago, manifestamente inspirada em santo Agostinho[160]. Geralmente se julga que Orange consagrou na Igreja um agostinismo moderado.

O concílio concentrou sua atenção no papel da graça "preveniente", ou seja, aquela que intervém antes da justificação e é necessária após o pecado original: ela precede todo esforço do homem. É ela que suscita a oração (cân. 3), muda o querer humano para sua conversão (cân. 4). Em resumo, o começo da fé (*initium fidei*) vem todo ele de Deus:

> Se alguém disser que o crescimento da fé, bem como seu começo e o atrativo da crença, pelo qual cremos naquele que justifica o ímpio e que nos faz chegar à regeneração do santo batismo, não está em nós pelo dom da graça, ou seja, por uma inspiração do Santo Espírito, o qual corrige nossa vontade, e da impiedade e infidelidade a leva à fé, mas que são em nós naturais, mostra ser adversário dos dogmas apostólicos[161].

Essa prioridade da graça é mantida no ato da justificação: é a graça que "repara o livre-arbítrio" (cân. 13), que liberta (cân. 14), que dá a justiça de Cristo (cân. 21). Ela será encontrada no progresso ulterior dos justos: é neces-

---

GROSSI, Il termine 'praedestinatio' tra il 420-435: dalla linea agostiniana dei 'salvati' a quella di 'salvati e dannati', *Augustinianum* 25 (1985) 27-64.
    157. CELESTINO I, Carta 21, de 431; *PL* 50, 528-537; *Indiculus* ou *Capitula Coelestini*; *DzS* 238-249; *FC* 527-540.
    158. Cf., *supra*, p. 178.
    159. Sobre a reunião desse concílio, cf., *supra*, pp. 178-180.
    160. *DzS* 373-395; *FC* 541-545. Em *DzS* 396-397; *FC* 546-547, encontra-se a conclusão redigida por Cesário de Arles.
    161. *DzS* 375: *FC* 543.

sária para viver na justiça (cân. 9), para perseverar (cân. 10), para amar a Deus (cân. 25).

Com efeito, a graça de Deus, que já é necessária para que o livre-arbítrio de Adão inocente possa cumprir e exercer o bem, torna-se duplamente necessária para os herdeiros de Adão. Uma vez que caíram sob o domínio da concupiscência, não somente o livre-arbítrio deles perdeu seu poder de "co-agir" com a graça, mas devem ainda enfrentar o obstáculo da concupiscência. É a graça de Cristo que liberta de tal impotência (ou seja, do "vínculo original") e permite produzir um bem digno da eternidade. Essa posição antropológica de Agostinho é muitas vezes retomada nos documentos sinodais e nas intervenções da Sé Apostólica, por exemplo, na carta do papa Bonifácio II a Cesário de Arles[162].

Mas a conclusão acrescentada aos documentos de Orange pelo mesmo Cesário põe também em evidência a cooperação humana após a conversão e rejeita formalmente a doutrina da predestinação à condenação (*reprobatio*):

> Cremos também, segundo a fé católica, que, depois de ter recebido a graça pelo batismo, todos os batizados podem e devem cumprir, com a ajuda e a cooperação de Cristo, tudo o que diz respeito à salvação de sua alma, se quiserem fielmente trabalhar nisso. Não somente não cremos que alguns homens sejam predestinados ao mal pelo poder divino, mas, se houver alguém que queira crer em tal horror, nós o condenaremos com toda nossa reprovação[163].

A prioridade absoluta da graça, claramente afirmada no mais puro espírito de Agostinho contra toda tentação "semipelagiana", não tira nada, pois, da necessária cooperação do livre-arbítrio humano. A condenação da predestinação ao mal se opõe a certas interpretações unilaterais, consideradas, aliás, ilegítimas, das teses do bispo de Hipona sobre o assunto[164].

Encontramos em Orange, nas citações bíblicas, os textos comentados por Agostinho para estabelecer a necessidade da graça: "A vontade é preparada pelo Senhor" (Pr 8,35); "Que tens que não hajas recebido?" (1Cor 4,7); "O que sou, devo-o à graça de Deus" (1Cor 15,10); "Não é por causa de uma capacidade pessoal que poderíamos atribuir a nós mesmos, é de Deus que vem nossa capacidade" (2Cor 3,5); "Separados de mim, nada podeis fazer" (Jo 15,5); "Ninguém poderá vir a mim se o Pai que me enviou não o atrair" (Jo 6,44).

---

162. Carta *Per filium nostrum* (jan. 531), 1; DzS 398.
163. DzS 397; FC 547.
164. A Igreja considerou Agostinho autor católico, não obstante as das difíceis questões que ele enfrentou e nas quais o magistério não entrou nem para o defender nem para o condenar. Já se encontra essa atitude no *Indiculus*, do papa Celestino (431), c. 10: "Nos pontos mais profundos e mais difíceis das questões que se põem e que trataram mais extensamente aqueles que resistiram aos heréticos, nós não ousamos menosprezá-los, da mesma maneira que não julgamos necessário citá-los", DzS 249; FC 540/1.

2. A ALTA IDADE MÉDIA: REVIVISCÊNCIAS PREDESTINACIONISTAS

INDICAÇÕES BIBLIOGRÁFICAS: J. GOTTSCHICK, Studien zur Versöhnungslehre des Mittelalteers, *ZKG* 22 (1901), pp. 378-438; 23 (1902) 35-67, 191-222, 321-375; 24 (1903) 15-45, 198-231. — J. RIVIÈRE, *Le dogme de la rédemption au début du Moyen Âge*, Paris, Vrin, 1934. — J. AUER, *Die Entwicklung der Gnadenlehre in der Hochscholastik*, 2 vols., Freiburg, Herder, 1942-1951. — Ch. CARLOS, *Justification in Earlier Medieval Theology*, The Hage, 1975.

No século IX, Godescalco (por volta de 808-867), monge da abadia de Orbais, propôs de novo a doutrina da dupla predestinação para o bem e para o mal, afirmando que Cristo não morreu por todos. Ele causou a reunião dos concílios de Mainz (848) e de Quierzy (maio de 853), este último conduzido por Hincmar de Reims. Como os debates não amainaram e a doutrina de Hincmar foi considerada suspeita por alguns, um novo concílio foi convocado em Valença (janeiro de 855) pelo imperador Lotário (817-855). No essencial, esses concílios rejeitaram a dupla predestinação e retomaram a doutrina tradicional do livre-arbítrio libertado pela graça de Cristo[165].

Uma vez mais, os concílios se servem das palavras de Agostinho, por exemplo Quierzy: "No primeiro homem, perdemos a liberdade de nosso julgamento (*libertatem arbitrii*)"[166]; ou fazem referência a seu pensamento: quando o concílio de Valença quer condenar a dupla predestinação, declara que era necessário primeiro escutar e aceitar tudo o que havia sido escrito sobre o assunto por diversos autores cristãos, entre os quais Agostinho:

> Com respeito, nós nos submetemos ao ensinamento de Cipriano, Hilário, Ambrósio, Jerônimo, Agostinho e de outros que adormeceram na piedade católica; com obediência, nós lhes submetemos nosso julgamento; aderimos com todas as forças ao que eles escreveram para nossa salvação (cân. l)[167].

3. A TEOLOGIA ESCOLÁSTICA DA GRAÇA

Hugo de São Vítor e sua escola

INDICAÇÕES BIBLIOGRÁFICAS: J. CHÂTILLON, De Guillanume de Champeaux à Thomas Gallus. Chronique d'histoire littéraire et doctrinale de l'école de Saint-Victor, par. II: Hugues de Saint-Victor, *Revue du Moyen Âge latin* 8 (1952) 147-162.

---

165. Para o concílio de Quierzy, cf. *DzS* 621-624; *FC* 547/1-4; para o concílio de Valença, *DzS* 625-633.
166. N. 2, *DzS* 622; *FC* 547/2.
167. *DzS* 625.

— A. COMBES, *La théologie mystique de Gerson. Profil de son évolution*, 2 vols., Paris, Desclée, 1963-1965.

A teologia escolástica conheceu duas orientações principais na abordagem da graça. A primeira foi a orientação platônico-agostiniana, cultivada sobretudo pela escola dos Vitorinos, do mosteiro de Saint-Victor, em Paris. Hugo de São Vítor (por volta de 1096-1141), seu principal representante, foi apelidado "o outro Agostinho" (*alter Augustinus*). Teologia e mística encontraram nele um dos grandes representantes da tradição agostiniana e da *Hierarquia celeste* de Dionísio, o Areopagita. Em sua concepção da mística, efeito da graça, e da finalidade do estudo, que não é a ciência como tal, mas a caridade encontram-se os principais elementos da inspiração agostiniana sobre a graça.

A tradição "agostiniana" dos Vitorinos continuou particularmente na teologia afetiva da escola franciscana de são Boaventura, dos teólogos dos Eremitas de Santo Agostinho e no que se chamou de a "devoção moderna". De movimento espiritual que era no início, a "*devotio moderna*" entrou no quadro teológico graças a Gerson, para quem a ciência cristã não se aprende por silogismos ou pela sofística, mas é o fato da fé, da esperança e da caridade[168]. Nesse contexto, a teologia da graça, de inspiração agostiniana, tornou-se uma espiritualidade própria, contribuindo notavelmente para a redução das distâncias entre a teologia acadêmica e a piedade cristã do povo de Deus.

A teologia franciscana (Alexandre de Hales, Boaventura, Duns Scotus), ligada a João Cassiano e a João Crisóstomo, começará a falar de um mérito de *congruo*[169], fazendo referência a um movimento inicial para a virtude, possível até para os não-batizados. Além disso, Alexandre de Hales identifica a graça "preveniente" com a "assistência geral" de Deus, no quadro do pecado original entendido como a "perda da justiça original" e dos dons preternaturais concedidos a Adão.

Elementos próximos da linguagem da Escritura e da doutrina dos Padres da Igreja (como a necessidade da economia redentora, uma justiça que ultrapasse o sentido jurídico, a "satisfação como amor") foram veiculados pela literatura, que remontava a Agostinho, a última das quais não foi a literatura pseudo-agostiniana[170].

Uma temática da graça: santo Tomás de Aquino

INDICAÇÕES BIBLIOGRÁFICAS: H. BOUILLARD, *Conversion et grâce chez saint Thomas d'Aquin*, Paris, Aubier, 1944. — M. FLICK, *L'attimo della giustificazione*

---

168. João Charlier (1363-1429), nascido em Gerson-lès-Barby, escreveu um livro *Sobre a consolação da teologia e das obras místicas*.
169. Encontraremos o mérito chamado de *congruo*, com suas ambiguidades, *infra*, p 289.
170. Esses elementos foram reunidos por J. RIVIÈRE, *Le dogme de la rédemption au début du Moyen Âge*, pp. 53-60; 206-213; 303-308; 459-463.

secondo S. Tommaso, Roma, PUG., 1947. — H. LAIS, *Die Gnadenlehere des hl. Thomas in der* Summa contra Gentiles *und der Kommentar des Franziskus Sylvestris von Ferrara*, München, K. Zink, 1951 — O. H. PESCH, *Die Theologie der Rechtfertigung bei Martin Luther und Thomas von Aquin*, Mainz, M. Grünewald Verlag, 1967.

A outra orientação é aristotélico-tomista. Ela sistematizou a doutrina da graça, desenvolvendo uma conceituação precisa, expressa por certo número de termos associados para formar uma série de duplas que não ocultam umas às outras: "graça sanante" e "graça elevante"; "graça habitual" e "graça atual"; "graça incriada" e "graça criada".

Admitindo-se que o fim último do homem reside na beatitude da visão de Deus dada aos ressuscitados e que o pecado de Adão não mudou essa vocação sobrenatural do homem, este aparece duplamente desprovido para atingir seu fim. Tem necessidade de uma graça que cure (*gratia sanans*) sua natureza ferida pelo pecado e de uma graça que o eleve acima de sua própria natureza para que possa entrar em comunhão com Deus (*gratia elevans*), que é seu fim. A doutrina da graça que sana corresponde à impotência do homem decaído de fazer o bem, diagnosticada por Agostinho. Essa graça é propriamente a graça da justificação do homem pecador (*gratia justificationis*), ou graça que torna o homem agradável a Deus (*gratia gratum faciens*), ou ainda graça santificante. Sem ela, o homem não é capaz de ter uma conduta plenamente moral. Mais otimista que Agostinho, Tomás estima que o homem decaído tenha forças suficientes para realizar bens particulares na ordem de sua vida pessoal e social: trabalhar, comer, ter amigos, prestar serviços na cidade[171]. Entretanto, esse homem não pode amar a Deus acima de todas as coisas nem resistir por muito tempo às tentações mais fortes.

Mas a graça de Deus deve também ser necessariamente uma graça que eleva, pois a vida eterna ultrapassa as possibilidades da natureza humana. É preciso, pois, um dom habitual que, depois de ter curado a natureza, "a eleve também até o fazer cumprir as obras que merecem a vida eterna; pois isso ultrapassa o poder da natureza"[172].

Outra aproximação da realidade da graça distingue a graça atual da graça habitual. O auxílio de Deus que põe o sujeito humano em movimento (*auxilium Dei moventis*)[173], ou graça atual, é uma ajuda temporária de Deus numa situação precisa: por exemplo, a graça preveniente que orienta o não-batizado ou o pecador para a justificação; ou o movimento interior que inspira a fazer uma boa ação. A graça habitual (ou *habitus* de graça) é outro nome da graça

---

171. *STh*, Ia-IIae, q.109, a.2 e 5; Cerf, t. 2, pp. 751 e 754.
172. *Ibid.*, Ia-IIae, q. 109, a.9; t. 2, p. 759.
173. *Ibid.*

santificante. Como seu nome indica, ela significa o estado estável do homem justificado que vive em comunhão com Deus. Essa graça é a participação da alma na vida trinitária e lhe permite exercer as virtudes da fé, da esperança e da caridade. O sujeito das virtudes teologais recebe com esse *habitus* de graça uma qualidade permanente que, no pensamento escolástico, é da ordem dos "acidentes", como "graça criada" que transforma o homem. A teologia posterior aprofundará a presença de Deus na alma do homem, ou habitação, como efeito da graça.

Essa reflexão leva a uma terceira aproximação que distingue a graça criada da incriada. Santo Tomás construiu sobretudo uma teologia da graça criada em que se recapitulam todos os benefícios e dons de Deus que transformam o homem para o tornar apto a entrar em comunhão com o próprio Deus. Desse modo, a graça de Deus é uma realidade: "Quando dizemos que o homem tem a graça de Deus, isso significa que uma realidade sobrenatural lhe é comunicada por Deus"[174]. Mas essa graça criada é inseparável da graça incriada, ou seja, da presença favorável de Deus e do dom de amor que ele faz de si mesmo ao se comunicar à sua criatura. Põe-se aqui a questão especulativa da formalidade da participação criada da alma humana na natureza divina. Seguindo os contextos, santo Tomás faz intervir a causa formal, ou seja, a causa que assimila o efeito que ela produz ao que ela própria é (contexto da visão beatífica), ou a causa eficiente, que produz uma forma criada distinta dela mesma e permite a comunhão (contexto da graça). A teologia de santo Tomás sobre a graça incriada se desenvolve na das missões trinitárias do Filho que se encarna e do Santo Espírito que vem habitar na alma dos justos.

Santo Tomás distingue igualmente a graça que torna agradável a Deus (*gratia gratum faciens*) e a graça gratuitamente dada (*gratia gratis data*), pela qual um homem pode cooperar para o retorno de outro homem para Deus; a graça operante e a graça cooperantes a graça preveniente e a graça subsequente[175]; a "predestinação à graça" e a "predestinação à glória". Essas distinções jamais devem fazer esquecer que a graça é antes de tudo benevolência amorosa de Deus para com o homem e, portanto, ser de relação. É nesse sentido que santo Tomás desenvolve sua teologia. Mas a série das categorias de graça pôde dar lugar a certa coisificação ou multiplicação numérica "das" graças, ao passo que ela não faz senão atrair a atenção sobre aspectos diferentes de uma só e mesma graça.

Santo Tomás propõe igualmente uma doutrina da justificação do ímpio extremamente elaborada que servirá de referência para o concílio de Trento. Ele a apresenta, primeiro, conforme o itinerário que conduz o pecador à justiça, itinerário constantemente inscrito na prioridade da graça, mas que dá também lugar à resposta do livre-arbítrio. Ele a analisa, a seguir, em seu ins-

---

174. *Ibid.*, Ia-IIae, q.110, a.1; t. 2, p. 763.
175. *Ibid.*, Ia-IIae, q.111, a.1, 2 e 3; t. 2, pp. 768, 769, 770.

tante, pois "a justificação do ímpio é realizada por Deus instantaneamente"[176]. Isso quer dizer que no final do itinerário da preparação um retorno instantâneo se produz no ser do pecador que se torna justo. Esse retorno repousa na pressuposição mútua do dom de Deus e da resposta livre do homem: de um mesmo movimento ele recebe a caridade infusa de Deus, ao passo que detesta o pecado para se voltar para Deus no amor. O amor de Deus pelo homem se torna amor do homem por Deus.

---

176. *Ibid.*, Ia-IIae, q.113, a.7; t. 2, p. 786.

CAPÍTULO VI

Graça e justificação:
do concílio de Trento à época contemporânea

V. Grossi e B. Sesboüé

Diversas etapas determinaram o desenvolvimento da doutrina da graça nos tempos modernos até nossos dias: a influência agostiniana na tardia escolástica sobre a leitura luterana da justificação; a valorização da doutrina da justificação pelos Reformadores, que fazem dela o ponto central da dogmática cristã no quadro de uma antropologia em parte nova; o decreto principal do concílio de Trento sobre a justificação; as controvérsias sobre a graça, que ocuparam a teologia após o concílio, em particular as reações às doutrinas de Baio e de Jansênio, e a controvérsia chamada *De auxiliis* (sobre os auxílios divinos). Serão abordadas no final certas conotações mais contemporâneas da doutrina da graça[1].

I. DO AGOSTINISMO DO FIM DA IDADE MÉDIA À REFORMA

1. O PAPEL DE AGOSTINHO NA ESCOLÁSTICA TARDIA

A experiência religiosa na teologia

> **INDICAÇÕES BIBLIOGRÁFICAS**: H. A. OBERMAN, Headwaters of the Reformation: Initia Lutheri — Initia reformationis, *Luther and the Dawn of the Modern Era* (ed. H. A. Oberman), Leiden, Brill, 1974, pp. 40-88, sobretudo pp. 69-85; *Werden und*

---

1. A questão da relação entre natureza e sobrenatural, conexa com a doutrina da graça, será tratada no capítulo seguinte, *infra*, pp. 307-337.

Wertung der Reformation. Vom Wegestreit zum Glaubenskampf, Tübingen, J. C. B. Mohr, 1977. — F. STEGMÜLLER, *Gratia sanans.* Zum Schicksal des Augustinismus in der Salmantizenserschule, in M. Grabmann-J. Mausbach (eds.), *Aurelius Augustinus. Die Festchrift der Görresgesellschaft zum 1500 Todestag des heiligen Augustinus,* Köln, J. P. Bachem, 1930, pp. 395-409. — D. TRAPPA, Augustinian Theology of the Fourteenth Century. Notes on Editions, marginalia, opinions and booklore, *Augustiniana* 6 (1956) 146-274. — A. ZUMKELLER, Die Augustinertheologen Simon Fidati von Cascia und Ugolin von Orvieto und Martin Luthers Kritik an Aristoteles, *ARG* 54 (1963) 15-37; Die Augustinerschule des Mittelalters: Vertreter und philosophisch-theologische Lehre, *Analecta Augustiniana* 27 (1964) 167-262. — M. SCHRAMA, Gabriel Biel et son entourage. 'Via moderna et devotio moderna', *Nederlands Archief voor Kerkgeschiedenis* 61 (1981) 154-184. — D. CURTIS STEINMETZ, *Luther and Staupitz. An Essay in the Intellectual Origins of the Protestant Reformation,* Durham, Duke University Press, 1980.

No período da tardia escolástica, os textos de Agostinho foram utilizados segundo dois enfoques de leitura na questão debatida na Idade Média sobre os dois fins do homem: um, apostando no desejo inato de Deus, desenvolveu uma estreita relação entre Deus e o homem; o outro, privilegiando mais a conceptualidade que a análise do desejo, desenvolveu uma antropologia que distingue o que é natural ao homem do caráter gratuito da graça que lhe é dada.

A primeira orientação, a do desejo inato de Deus, privilegiou o método teológico da experiência religiosa que, tendo se tornado a característica da "devoção moderna" e da "via moderna", foi particularmente empregada por Lutero, Baio e Jansênio. Os estudos de H. A. Oberman mostraram como, no quadro da universidade de Tübingen, fundada em 1427, a *devotio moderna* se ligou à *via moderna* para formar uma síntese de teologia acadêmica e de vivência cristã que se difundiu depois nos principais centros europeus[2], mesmo que, como em Colônia, a corrente tomista estivesse em voga.

A *via moderna*, oposta à "via antiga" (*via antiqua*), nasceu como movimento acadêmico no bojo do nominalismo de Gabriel Biel (†1495), também ele de Tübingen e discípulo de Ockham. Ao mesmo tempo professor em Tübingen e prior dos cônegos de Urach, Biel foi o artesão de uma das principais sínteses entre *devotio moderna* e *via moderna*. A originalidade de sua teologia consistia em seu método, que se opunha a uma metafísica essencialista e atribuía papel fundamental à experiência, sobretudo no domínio científico. No domínio religioso, o ímpeto de Gabriel Biel faz passar para segundo plano o valor de um pensamento essencialista, naturalista e institucional, que acaba por ser rejeitado totalmente na teologia da Reforma.

Esse método da experiência religiosa abria caminho ao movimento reformador. Ciência e religiosidade juntaram-se, com efeito, num método único

---

2. Cf., *supra*, pp. 189-191.

que visava a reformar a "sociedade cristã" e purificar a teologia dos conceitos abstratos; esse método virava as costas à *via antiqua*, ou seja, à escola que se ancorava no realismo, com suas bases sobretudo em Colônia, Louvain e Heidelberg.

A *"auctoritas"* de Agostinho nos séculos XV e XVI

Na segunda metade do século XV e no início do século XVI, Agostinho conheceu um momento especial de glória, como autoridade doutrinal da Igreja católica. O século XVI produziu não somente as primeiras edições impressas de Agostinho, como também o florilégio de Joaquim Westphal[3], redigido em relação com o debate teológico de então. A atenção particular pelo bispo de Hipona explica-se também no quadro da predileção humanista pela autoridade (*auctoritas*) dos anciãos. Gil de Viterbo († 1532), por exemplo, próximo de Marsílio Ficino e de Pico della Mirandola, sublinha a tradição da *auctoritas* dos "antigos teólogos", de Hermes Trismegisto a Virgílio e Ovídio, ou seja, os "sábios anciãos" (*antiqui sapientes*)[4].

A posição fundamental do teólogo agostiniano consistia em negar a distinção entre mística e teologia. Essa tendência se concretizava na crítica de Aristóteles e da teologia que dele dependia. A mesma tensão será, em seguida, absolutizada por Lutero no nível da fé. Naturalmente, a tendência aristotélico-tomista não comungava com essa linha. João Eck, por exemplo, atribuindo a Jerônimo e não a Pelágio a *Carta a Demetríades*, escrevia: "Muitos filósofos pagãos fizeram bom uso do livre-arbítrio"[5], afirmação essa que não saía da tradição agostiniana. A linha teológica da "via moderna" e da "via de Gregório", já vimos[6], teria sido a adotada pelo ensino acadêmico dado em Wittenberg, primeiro, e em Erfurt, depois, centros onde Lutero se formou teologicamente.

Quando se inflamou a discussão sobre a fé, os teólogos de Tübingen, W. Steinbach († 1519) e J. Staupitz († 1524), invocaram Agostinho com instância. Para Staupitz, Agostinho é o intérprete fiel de são Paulo e o põe em paralelo com a Bíblia: "Alguns o chamam o discípulo de Paulo, outros, o arauto do Evangelho e o verdadeiro teólogo"[7]. Ele põe a piedade e o ensinamento em relação com o ministério pastoral. Sua teologia está resumida em seu pequeno tratado *Sobre o cumprimento da predestinação eterna*[8], em que estuda as palavras atribuídas a Agostinho: "Se tu não estás predestinado, faz que o sejas", pala-

---

3. *Collectanea sententiarum D. Aurelii augustini*, Ratisbona, 1555.
4. J. W. O'MALLEY, *Gilles of Viterbo on Church and Reform. A Study in Renaissance Though*, Leiden, Brill, 1968.
5. *Chrysopassus Praedestinationis* (de 1512), cent. 3, cap. 79. Para outras passagens e outros autores, ver H. A. OBERMAN, *op. cit.*, pp. 91-92.
6. Cf. *supra*, p. 189.
7. Numa carta de Scheurl a Lutero, WA, Br. 1.84,10-26.
8. *Libellus de exsecutione aeternae praedestinationis, Staupitz Werke* (ed. J. K. F. Kannake) I, Postdam, 1867, pp. 136-184.

vras que queriam explicitar Rm 11,29 (os dons de Deus são irrevogáveis). Chamando o bispo de Hipona de "nosso Agostinho"[9], Staupitz polemizava, talvez, com Jakob Wimpfling († 1528), que em 1505 negava toda conexão entre os agostinianos e santo Agostinho[10]. Lutero foi espiritual e teologicamente um autêntico discípulo de Staupitz.

Erasmo foi o primeiro grande autor do século XVI a propor à Igreja outro guia teológico. No fervor de sua edição da obra de Jerônimo, optara pela teologia do eremita de Belém, de preferência à de Agostinho[11]; mas depois da edição de Agostinho por Erasmo (Basileia, 1528-1529) o bispo de Hipona reencontrou seu papel de príncipe dos teólogos, a tal ponto que em sua nova edição de são Jerônimo, em 1524, o humanista não compara mais os dois doutores. O confronto entre eles tinha nele a intenção de contornar as dificuldades provocadas pela antropologia luterana nascente. Se Staupitz jura por "nosso Agostinho", Erasmo o faz por "nosso Jerônimo", que se tornou, todavia, o patrono da comunidade de Geert Groote[12].

De outra parte, Lutero não somente desaprovara Erasmo como também convidara todos os teólogos a uma maior estima por Agostinho, pois ele estava na linha do apóstolo Paulo[13]. Lutero censurava Erasmo por não ter lido o oitavo volume da edição de Amerbach, obra antipelagiana de Agostinho, que o teria permitido anotar de modo diferente sua edição do Novo Testamento[14].

2. A LEITURA LUTERANA DA JUSTIFICAÇÃO

INDICAÇÕES BIBLIOGRÁFICAS: E. KÄHLER, *Karlstadt und Augustin. Der Kommentar des Andreas Bodenstein von Karlstadt zu Augustins Schrift De spiritu et littera,* Halle-Saale, Niemeyer, 1952. — L. SMITS, *Saint Augustin dans l'oeuvre de Jean Calvin,* I. *Étude de critique littéraire,* Assim, Van Gorcum, 1957. — H. A. OBERMAN, *Spätscholastik und Reformation,* I. *Der Herbst der Mittelalterlichen Theologie,* Zürich, EVZ-Verlag, 1965; II. *Werden und Wertung der Reformation. Vom Wegestreit zum Glaubenskampf,* Tübingen, J. C. B. Mohr, 1977, em especial pp. 82-140. — L. GRANE, Augustins 'Expositio quarumdam propositionum ex epistola ad Romanos' in Luthers Römerbriefvorlesung, *ZThK* 69 (1972) 304-330; Divus Paulus et S. Augustinus, interpres eius fidelissimus. Über Luthers Verhältnis zu

---

9. *Ibid.*, 4,17.
10. Sobre esse "pseudo-agostiniano" ver H. A. OBERMAN, *op. cit.*, p. 100, n. 67.
11. ERASMO, *Carta a Leão X,* de 21.5.1515; ALLEN, *Opus epistolarum,* II,88,292; 86,220s.
12. Cf. ALLEN, *Opus epistolarum* V,466,64. Sobre esse problema Jerônimo-Agostinho, cf. Ch. BÉNÉ, *Érasme et saint Augustin sur l'humanisme d'Érasme,* Genève, 1969.
13. *WA,* Br. 170,17-19; citado por H. A. OBERMAN, *op. cit.*, p. 94.
14. Cf. a carta de Lutero a Spalatin, em 1516, *WA,* Br. 1.70,8-16.

Augustin, *Festschrift für E. Fuchs* (ed. G. Ebeling, E. Jüngel, G. Schunack), Tübingen, J. C. B. Mohr, 1973, pp. 133-146.

Lutero e Karlstadt, os dois pensadores da teologia de Wittenberg, estavam ligados à escola de Tübingen, que via em Agostinho seu principal ponto de referência. Somente mais tarde a dependência dos teólogos da Reforma em relação a Agostinho diminuiu. Assim, por exemplo, Calvino substituirá o "Nosso Agostinho", de Staupitz, pela fórmula "Agostinho está completamente de acordo conosco"[15].

A doutrina da justificação pela fé sem as obras é central na teologia de Lutero: conhece-se seu adágio, ela é "o artigo que sustenta ou faz cair a Igreja" (*articulus stantis vel cadentis ecclesiae*). Está ligada à experiência íntima de Lutero e à sua descoberta da doutrina da Carta *aos Romanos* e da interpretação que dela dava Agostinho em seu tratado *Sobre o espírito e a letra*. Ela se opunha radicalmente a muitas práticas católicas, em particular às das indulgências e das missas estipendiadas pelos defuntos, que Lutero considerava uma forma de justificação pelas obras e, portanto, de pelagianismo. A doutrina luterana da justificação abria de fato o caminho a uma nova *pietas* cristã. Fundada na doutrina de são Paulo, ela se exprimia numa terminologia paulino-agostiniana. Visto que a antropologia de Lutero queria compreender segundo essa chave a situação do homem "pecador", justificável diante de Deus somente por meio da fé em Cristo. Este, o único justo, pode cobrir a injustiça do homem (*injustitia hominis*) imputando-lhe sua própria justiça. A condição necessária e suficiente da justificação é somente a fé, uma fé-confiança na misericórdia divina que perdoa os pecados. Mas a justificação assim "imputada" não anula a culpabilidade do homem, fonte de sua injustiça. Essa posição é solidária da identificação do pecado original com a concupiscência, considerada não somente foco do pecado (*fomes peccati*), mas também pecado, correspondente à "lei dos membros" ou "lei do pecado", ou seja, à rebelião da carne contra o espírito, de que fala Paulo. O homem justificado é "ao mesmo tempo pecador e justo" (*simul peccator et justus*)[16].

As obras, pois, não contribuem em nada para a justificação, o que não quer dizer que sejam inúteis. Apesar de certas afirmações polêmicas e incisivas, Lutero estima que a fé deve ser ativa e que as obras a devem acompanhar e segui-la. Para Melanchton, as obras são mandadas por Deus: são o fruto e o testemunho da fé. A fé que justifica traduz-se por uma vida nova: a observação da lei divina se torna possível para o crente.

---

15. JOÃO CALVINO, *L'institution chrétienne*, III,4.

16. Ateve-se Lutero a uma justificação exclusivamente "forense", ou seja, a uma declaração de justiça ou não-imputação que permanece exterior ao homem justificado? A pesquisa contemporânea estabelece aqui uma diferença entre Lutero e Melanchton. A doutrina a que o concílio de Trento visava era a de Melanchton e não a de Lutero. Cf. H. RÜCKERT, *Die Rechtfertigungslehre auf dem tridentinischen Konzil*, Bonn, Markus und Weber, 1925, p. 105.

3. A DOUTRINA DA DUPLA JUSTIFICAÇÃO

Os ensaios de reconciliação realizados por ocasião dos colóquios de Worms e de Ratisbona (1541)[17] trataram igualmente da justificação. Na escola de Colônia, Pighi e seu aluno Gropper tinham elaborado uma via média com a teoria da "dupla justiça", que tentava manter juntos o ponto de vista protestante — com seu enraizamento bíblico e agostiniano e a sensibilidade vinda da *devotio moderna*, que atribui toda a justificação a Cristo e à fé nele — e uma interpretação do ponto de vista católico — que insiste sobre uma justificação interior e uma transformação do pecador nas quais as obras têm sua parte. A doutrina da dupla justificação foi retomada no colóquio de Ratisbona. O parágrafo-chave do *Livro de Ratisbona* assim se exprime:

> Embora quem é justificado receba a justiça e a tenha inerente em si por Cristo, como diz o Apóstolo: "Vós fostes lavados, fostes santificados, fostes justificados etc." (foi por isso que os santos Padres se serviram do termo "ser justificado", mesmo quando se trata de significar a justiça inerente), a alma fiel, contudo, não se apóia nessa justiça, mas unicamente na justiça de Cristo que nos é dada e sem a qual não há e não pode haver absolutamente nenhuma justiça. E é assim que somos *justificados ou considerados justos pela fé em Cristo*, ou seja, somos aceitos por seus próprios méritos e não por causa de nossa dignidade ou de nossas obras; e somos *chamados de justos por causa da justiça inerente* pela razão de fazermos obras justas, de acordo com a palavra de João: "Aquele que faz a justiça é justo..."[18]

É essa a doutrina da dupla justificação, exposta aqui numa intenção de conciliação: somos, de uma parte, considerados justos pela fé em Cristo, em razão dos méritos dele e independentemente de nossas obras, e, de outra, chamados justos pelo motivo de fazermos obras justas. Essa conciliação é, de fato, um compromisso que não chega a considerar a unidade concreta dos dois aspectos da justificação, mas os apresenta em duas realidades hierarquizadas: uma justiça superior, que é a de Cristo e nos é imputada; uma justiça inferior, que leva em conta nossas obras, mas é insuficiente. A justiça de Cristo não é mais realmente nossa; nossa justiça não é mais realmente a justiça de Cristo. A primeira é por demais extrínseca; a segunda está unida de maneira ambígua a nossas obras. No plano dogmático, essa doutrina de compromisso não é, no fundo, nem muito protestante nem muito católica. Mas no plano da psicologia e da experiência religiosa ela tenta explicar um aspecto real das coisas. Historicamente, foi recusada ao mesmo tempo por Roma e por Lutero[19]. Foi, entretanto, apresentada à discussão do concílio de Trento por Seripando.

---

17. Cf., *supra*, p. 192-194.

18. Cf. J. LE PLAT, *Monumentorum ad historiam concilii Tridentini potissimum illustrandam spectantium amplissima collectio*, III, Louvain, 1784, pp. 15-16.

19. Cf. *La justification par la foi*. Documento do grupo misto de diálogo luterano-católico dos Estados Unidos, n. 48; *DC* 82 (1885) 134; cf. também nn. 45-48.

II. A 6ª SESSÃO DO CONCÍLIO DE TRENTO SOBRE A JUSTIFICAÇÃO

1. A ELABORAÇÃO DO DECRETO
"PARA ESTABELECER A JUSTIÇA DE CRISTO"

> **INDICAÇÕES BIBLIOGRÁFICAS**: H. JEDIN, *Girolamo Seripando. Sein Leben und Denken im Geisteskampf des 16. Jahrhunderts*, I-II, Würzburg, Rita Verlag, 1937. — E. STAKEMEIER, *Der Kampf um Augustin. Augustinus und die Augustiner auf dem Tridentinum*, Paderborn, Bonifatius, 1937. — P. PAS, La doctrine de la double justification au concile de Trente, *EpThL* 30 (1954) 5-53. — A. MARRANZINI, *Dibattito Lutero-Seripando su "Giustizia e Libertà del cristiano"*, Brescia, Morcelliana, 1981. — D. GUTIERREZ MORAN, Los agustinos em el Concilio de Trento, *La Ciudad de Dios* 158 (1947) 5-119 (para Seripando, pp. 66-111); Concilio Tridentino y notas acerca de Seripando, *La Ciudad de Dios* 164 (1952) 603-620. — V. GROSSI, La giustificazione secondo Girolamo Seripando nel contexto dei dibattiti tridentini, *Analecta Augustiniana* 41 (1978) 5-24.

Depois do decreto sobre o pecado original, os Padres do concílio de Trento produziram seu mais importante documento com o decreto sobre a justificação. A discussão, iniciada no dia 22 de junho de 1546, terminou sete meses mais tarde, por ocasião da 6ª sessão, e levou à aprovação do decreto no dia 13 de janeiro de 1547[20]. Foi esse o trabalho mais lento e mais profundo de todo o concílio, que tinha plena consciência das implicações e da dificuldade do assunto. Como a questão em si não tinha sido tratada por um concílio anterior, não podia mais se tratar de modificar os cânones antigos. Pesando todas as consequências dessa situação, o concílio promulgou não somente uma lista de 33 cânones, mas ainda e pela primeira vez um longo texto de doutrina (*doctrina*), dividido em dezesseis capítulos, que foi discutido com a mesma atenção dada aos cânones. Esse texto conheceu vários projetos sucessivos, sempre revistos, antes de chegar à sua promulgação. Assim agindo, o concílio estabelecia a doutrina da justificação, "a exemplo dos Reformadores, em tratado autônomo e completo"[21].

Os agostinianos presentes ao concílio junto com seu superior geral, Jerônimo Seripando, deram uma extraordinária contribuição para essa elaboração[22]. Entretanto, a seleção feita pelos Padres entre as proposições de Seripando mostra o cuidado de marcar a diferença delas em relação às doutrinas dos Reformadores protestantes, em particular luteranos, bem como a vontade de ficar acima das escolas teológicas da época. Seripando, que desempenhou o maior papel na

---

20. *CT* V, pp. 791s; *COD* II-2, pp. 1367-1387; *DzS* 1520-1583; *FC* 554-615.
21. H. KÜNG, *La justification* (1957), Paris, DDB, 1965, p. 134.
22. Para as obras de Seripando, cf. D. GUTIERREZ, Hieronymi Seripandi scripta, *Latinitas* 12 (1964) 142-152. No concílio, Seripando teve dificuldades pelo fato de Lutero vir da mesma Ordem agostiniana.

preparação do decreto tridentino, estava consciente do fato de que o concílio não mantivera algumas de suas proposições, que pertenciam à tradição teológica agostiniana.

A "batalha" sobre a justificação foi conduzida em nome de Agostinho, considerado fiel intérprete de Paulo. Seripando fez que considerassem toda a importância da leitura agostiniana da Bíblia. Ele se lamentava do fato de muitos Padres conciliares, em suas intervenções, não respeitarem essa tonalidade bíblica e patrística, chegando a fazer pensar que a "justiça de Cristo" fosse um produto de esquemas inventados pelos homens[23]. Nesse debate sobre a justificação pela fé, a parte dada à experiência religiosa, já presente na discussão sobre o pecado original, encontrava-se mais ou menos manifesta. Vimos, a propósito do pecado original, a posição pessoal de Seripando sobre o papel da fé com relação ao batismo. Seripando concentrava a instância dos Reformadores protestantes, que privilegiavam o papel da fé e a indicação da *via moderna* sobre a experiência religiosa. Os Padres de Trento, ao contrário, ligavam a fé à mediação do sacramento.

Restava a questão da compreensão da "justiça do homem", ou justificação do homem, pela graça de Jesus Cristo. O decreto tridentino sobre a justificação não podia deixar de levar em conta o conjunto desses elementos. Desde o dia 30 de junho, Seripando distribuíra aos Padres conciliares um esquema sobre a questão, e nas primeiras semanas de julho redigiu um tratado *Sobre a justificação*[24], que ele expôs pessoalmente e foi a base tanto da discussão como da redação final do decreto tridentino. No dia 11 de agosto, apresentou um novo esquema, mas esse esquema recebeu tantas modificações que ele mesmo não o reconheceu mais como seu[25]. No dia 20 de outubro, começou a redigir um terceiro projeto de decreto, que sofreu ainda muitos retoques[26]. O texto que foi aprovado na 6ª sessão não continha mais algumas emendas de Seripando, mas conservava o estilo bíblico-patrístico, paulino e agostiniano desejado pelo redator.

Essas discussões levaram principalmente a dois "pontos delicados" nos debates de então. Houve, inicialmente, a questão da "dupla justiça", que Seripando fez discutir sem a apresentar como sua, contrariamente ao que se lê com frequência. Essa discussão empenhou os melhores teólogos da época sobre a justiça de Cristo: era ela "imputada" ou "inerente" à pessoa, ou ainda as duas coisas ao mesmo tempo, segundo a distinção da "dupla justificação"?

---

23. Semelhante crítica era evidentemente uma alusão aos teólogos controversistas que, para ele, condenavam a "justiça de Cristo" a ser engolida pelos raciocínios humanos, cf. *CT* V, pp. 666 e 674.

24. O texto, *CT* XII, pp. 613-636, foi estudado por H. JEDIN, *Girolamo Seripando*, I, pp. 364s.

25. *CT* II, p. 430.

26. A posição protestante foi resumida por Ambrósio Catharin em 28 artigos, *CT* V, pp. 472-473, n. 2.

Abordou-se a seguir outra questão debatida: um crente pode ter certeza de estar em estado de graça? Essa questão estava ligada à instância da experiência religiosa, introduzida na tardia escolástica e então abordada no debate teológico da Reforma. A esse respeito, dissera Agostinho em *A Cidade de Deus*: ninguém sabe se está dominado pelo "amor de si" ou pelo "amor de Deus". Em Agostinho, como na tradição agostiniana, essa incerteza se transformava numa oração que se apoiava sobre a esperança na misericórdia de Deus, e não sobre a confiança em seus próprios méritos. Para Seripando, a questão da certeza ou não de seu próprio estado de graça punha em evidência não tanto o mérito como a confiança em Cristo Redentor. Os Padres do concílio não quiseram adotar essa sensibilidade, provavelmente por medo da linguagem luterana da fé-confiança que se abria à justiça de imputação, e não a acolheram no decreto.

A recusa afastava ao mesmo tempo o ponto de vista que apresentava a "justiça de Cristo" como "dupla justiça". Visto que permanece uma incerteza no crente, que espera em definitivo receber o perdão dos méritos do Filho de Deus, segundo a expressão da liturgia: "Senhor, não olheis nossos pecados, mas os méritos de vosso Filho". Essa última posição, adotada pela escola agostiniana, era levada ao extremo por Lutero em sua concepção da "justiça de imputação". A posição de Seripando, que tentara unificar os elementos positivos das diferentes proposições, considerava que a justiça é ao mesmo tempo o fruto da redenção de Cristo e das obras do justificado. O Senhor comunica ao homem sua justiça mediante os sacramentos e, ao admitir o esforço humano para bem agir, ele o sustenta em sua imperfeição. A justificação atinge seu objetivo quando se chega à vida eterna, que é ao mesmo tempo graça e recompensa: graça, na medida em que as boas obras não têm por si, em sentido estrito, a perfeição adequada à justiça de Deus; e recompensa na medida em que essas obras provenientes da justiça de Cristo são reconhecidas dignas de gratificação, não pela dignidade intrínseca delas, mas pela misericórdia de Deus.

Essa posição, discutida no quadro da justificação dentro da doutrina do mérito, não foi aceita, o que contribuiu, aliás, para orientar a teologia da graça para as sutis distinções deploradas por Seripando, que pareciam subverter a "justiça de Cristo" de que nos falam as Escrituras[27]. No concílio de Trento prevaleceu o esquema da "única justiça"; ou seja, formam uma realidade única o dom da justiça de Cristo e a retidão intrínseca das ações humanas realizadas na graça, que, em última instância, são meritórias para a vida eterna.

2. ANÁLISE DOUTRINAL DO DOCUMENTO

> **INDICAÇÕES BIBLIOGRÁFICAS**: HEFELE-LECLERCQ, *Histoire des conciles d'après les documents originaux*, t. X-1: *Les décrets du concile de Trente*, por A.

---

27. Sobre o modo como foi eliminada do esquema a "dupla justiça", compreendida nesse sentido, e sobre as reações de Seripando e dos outros, cf. CT I, pp. 485,36-488,23; V, pp. 497,3 e 523,30-632,30.

Michel, Paris, Letouzey, 1938. — F. CAVALLERA, Le décret du concile de Trente sur la justification, *BLE*, 1943 a 1952. — O. de LA BROSSE, J. LECLER, H. HOLSTEIN, Ch. LEFEBVRE, *Latran V et Trente*, t. 1, Paris, Orante, 1975.

Nesse decreto, a compreensão católica do homem justificado desenvolve-se sob o signo da "justiça de Deus" (*justitia Dei*). O decreto é feito com base na distinção entre os três estados da justificação do pecador: o primeiro estado diz respeito à primeira justificação — é o desenvolvimento mais importante —; o segundo é a vida do homem justificado; o terceiro, a recuperação da justificação para os batizados caídos no pecado. Se a primeira justificação passa pelo sacramento do batismo, sua recuperação passa pelo da penitência.

A *primeira justificação: sua pressuposição na economia da salvação*

A primeira justificação é tratada segundo dois pontos de vista diferentes. O primeiro é o da pressuposição global da justificação na economia divina da salvação da humanidade pecadora. O segundo é o do devir existencial da justificação, considerado com base no caso normativo dos adultos candidatos ao batismo.

Capítulo 1º: Impotência da natureza e da Lei para justificar os homens. A primeira pressuposição da justificação é a situação da humanidade pecadora, recapitulada em duas afirmações principais. Primeiro, todos os homens se encontram numa incapacidade radical de se libertar da servidão do pecado. Essa situação atinge a humanidade desde sua origem, dada a prevaricação inicial, e diz respeito a todos os homens, seja qual for a situação histórica deles em relação à economia da salvação: de uma parte os pagãos não podem, para se justificar, apoiar-se na "força da natureza"; de outra, os judeus não podem se libertar pela observância "da própria letra da lei de Moisés". Fora de Cristo, pagãos e judeus estão presos sem apelação no pecado. Essa afirmação é a renovação do que já foi dito a respeito do pecado original: aqui, o concílio continua próximo das mesmas fontes[28] e retoma as expressões provindas da tradição agostiniana.

Entretanto — é a segunda afirmação —, a humanidade pecadora mantém uma capacidade radical de ser libertada, pois o livre-arbítrio humano não é absolutamente "extinto" (*minime extinctum*)[29], ainda que esteja "enfraquecido e desviado em sua força" (*attenuatum et inclinatum*, conforme a conclusão do concílio de Orange). As expressões-chave são termos retomados dos concílios agostinianos da Antiguidade latina. Apesar de seu estado de servidão, os homens continuam homens; mantêm sua faculdade de escolha e pelo exercício dela podem se determinar. Essa faculdade continua neles, embora seu exercício esteja profundamente desorientado e tenha se tornado muito fraco para os fazer

---

28. Cf. *Indiculus* de Celestino, *DzS* 239; *FC* 528; concílio de Orange, *DzS* 386 e 391.
29. Cf. o concílio de Arles, de 473; *DzS* 331; *FC* 540/2.

sair do pecado. A persistência desse livre-arbítrio fundamental é o lugar em que a salvação pode atingir o homem e de onde ele poderá lhe responder. O livre-arbítrio permanece, uma vez que pode efetivamente ser libertado, no sentido evangélico da palavra, pela graça de Deus e pode se tornar capaz de "cooperar" com essa graça. Essa importante precisão não aparecia no decreto sobre o pecado original. A 6ª sessão supre as lacunas da 5ª. Por esses termos, o concílio situa exatamente sua posição tanto diante da doutrina de Pelágio quanto a respeito dos humanistas do século XVI e de certos exageros oratórios do luteranismo[30]. Esse duplo olhar ou esse combate em duas frentes antagonistas será uma das constantes de todo o decreto.

A inspiração bíblica desse capítulo é manifestamente paulina. Sem citar formalmente o texto, o concílio evoca a grande composição literária que são os capítulos 1º e 2º da Carta *aos Romanos*, em que pagãos e judeus são sucessivamente apresentados como pecadores, objetos da cólera divina, quer tenham pecado sem a lei quer sob a lei. "Todos pecaram, estão privados da glória de Deus" (Rm 3,23).

Capítulo 2º: A economia e o mistério da vinda de Cristo. A segunda pressuposição da justificação se encontra do lado da benevolência divina; não há salvação possível para o homem senão pela iniciativa absolutamente gratuita de Deus a seu respeito. Essa iniciativa é atribuída ao "Pai das misericórdias" que "anunciou e prometeu", segundo seu desígnio eterno, o envio de seu Filho. Essas promessas tomaram corpo por meio das disposições históricas, designadas pela citação "antes da lei e durante a Lei". Trata-se da promessa feita a Abraão e dos anúncios proféticos.

A vinda de Cristo diz respeito ao mesmo tempo aos judeus e aos pagãos, de acordo com as categorias históricas da Economia da salvação já evocadas no capítulo 1º. O concílio passa naturalmente da ideia de *redenção* ("resgatar os judeus") à de *justificação* ("fazer chegar a justiça aos pagãos"). No conjunto do decreto, o primeiro termo exprime mais o lado objetivo e global da salvação, o segundo, o lado subjetivo e pessoal: mas essa repartição não exclui empregos equivalentes.

Tanto para uns como para outros, a salvação não se reduz à dimensão libertadora do pecado; comporta também o dom positivo da "qualidade de filhos adotivos". A distinção técnica entre graça "medicinal" e graça "elevante" ou "divinizante" não é expressa no decreto, mas lhe está subjacente. Se nele a figura dominante da graça é, por hipótese, a da libertação do pecado, a menção frequente da adoção filial mostra que a problemática dos Padres conciliares era mais ampla e não esquecia a realidade positiva da amizade divina como um aspecto necessário da justificação.

---

30. Mas reconhece-se hoje que Lutero, com sua doutrina do "servo-arbítrio", jamais quis professar um determinismo do homem ao mal. Para ele, o *arbitrium* humano continuava, mas tinha perdido a liberdade evangélica e, por isso, tornara-se *servo*.

Esse breve capítulo, reduzido a uma só afirmação bem-estruturada, termina com a citação de Rm 3,25, em que Cristo é apresentado como "destinado para servir de expiação por seu sangue, por meio da fé, para mostrar o que era a justiça". Esse texto principal anuncia o tema da justificação pela fé. Essa conclusão concentra o olhar na pessoa de Cristo, que, no mistério da cruz, foi constituído nossa justiça.

Capítulo 3º: Os que são justificados por Cristo. Na elaboração do decreto, os capítulos 3º e 4º formavam inicialmente um só bloco com o capítulo 2º. Mas o concílio preferiu distinguir de modo mais nítido os diversos momentos da economia que tocam pessoalmente cada justificado. Esse capítulo realiza uma primeira passagem do aspecto objetivo da redenção para o aspecto subjetivo da justificação na medida em que esta é *comunicada* aos homens. Mas este aspecto continua sendo tratado do ponto de vista da economia global e não comporta nenhuma análise da relação de Deus e do homem. O texto faz três afirmações:

Cristo morreu por todos (cf. 2Cor 5,15). Essa evocação não era teórica numa época em que a questão da predestinação era muitas vezes tratada.

Entretanto, "somente aqueles a quem o mérito de sua paixão é comunicado" recebem seu benefício. Não é suficiente que a salvação tenha sido realizada no nível da história universal em Jesus Cristo; é necessário também que essa salvação atinja concretamente cada membro da humanidade em sua história pessoal. O termo "comunicado" evoca, pois, uma relação de atualidade estabelecida entre o acontecimento de Cristo e a particularidade de cada um, bem como a eficácia concreta do dom recebido, isto é, livremente aceito. O texto inscreve então o princípio da comunicação no quadro do paralelo entre Adão e Cristo: assim como há solidariedade na injustiça entre Adão e todo homem pelo simples fato do *nascimento*, assim também deve ser instaurada uma solidariedade nova na justiça com Cristo por meio de um *renascimento*. Esse paralelo é evidentemente análogo, uma vez que num caso a solidariedade existe independentemente do consentimento do homem e, no segundo, o renascimento não pode ter lugar sem uma necessária participação do homem. A prioridade do dom de Deus sobre a recepção humana é posta em destaque: o homem é sempre o sujeito passivo dessa comunicação da justiça.

A terceira afirmação apresenta a justificação como uma transferência de herança ou de solidariedade, como uma passagem das trevas do pecado ao reino do Filho. Ela faz transição com a afirmação central do capítulo 4º. A inspiração paulina de todo o capítulo é evidente.

Capítulo 4º: Esboço de uma descrição da justificação do ímpio. Seu modo no estado de graça:

> Essas palavras [2Cor 5,15, citado no final do capítulo precedente] esboçam uma descrição da justificação do ímpio, como sendo uma transferência do estado no qual o homem nasce filho do primeiro Adão ao estado de graça e de adoção dos

filhos de Deus pelo segundo Adão, Jesus Cristo, nosso Salvador. Após a promulgação do Evangelho, essa transferência não se pode fazer sem o banho da regeneração ou seu desejo[31].

Esse capítulo, complemento do precedente, é a conclusão da exposição da economia divina da justificação. Ele completa a consideração da comunicação ao desenvolver três afirmações, das quais duas já foram anunciadas:

A justificação é uma transferência da herança de Adão para a herança da graça de Cristo, que confere a adoção filial.

A realização dessa transferência exige o batismo, chamado aqui de "banho da regeneração" — segundo a lógica da linguagem adotada do renascimento —, ou pelo menos seu desejo, pois a tradição cristã sempre reconheceu que o desejo autêntico de receber o batismo o substitui. Com a menção do batismo exprime-se a dimensão eclesial, comunitária e sacramental da transferência da justificação. Essa economia traduz visivelmente a prioridade da obra divina, pois ninguém pode batizar-se a si mesmo. No sacramento do batismo o presente da salvação realizada na cruz junta-se ao presente existencial do neófito mergulhado simbolicamente na morte e na ressurreição de Cristo.

A necessidade do batismo é acompanhada de um inciso restritivo: ela só vale "após a promulgação do Evangelho". O decreto ressalva, pois, o tempo dos judeus e dos pagãos, que dependiam de outra economia da justificação. Não visa senão ao tempo da Igreja. Duas interpretações são possíveis. Pode-se compreender a fórmula da origem primeira da evangelização, depois de Pentecostes, que instaura o tempo da Igreja e a exigência do batismo. Os Padres conciliares pensavam segundo a mentalidade da cristandade. Mas a expressão pode ser também entendida no sentido da efetividade local e temporal dessa pregação. O tempo dos pagãos sobrevive a si mesmo, enquanto durar o crescimento da Igreja. Aqueles que não receberam o Evangelho podem ser salvos pela mediação do mistério de Cristo, do mesmo modo que os pagãos que precederam a vinda do Senhor. A interpretação da salvação deles depende de uma leitura global da história segundo as estruturas da revelação, tal qual a encontramos em Paulo. Vários teólogos sustentaram essa segunda interpretação, em particular Perrone, no século XIX, que julgava que o Evangelho não estava ainda promulgado por toda a parte.

A primeira justificação: sua preparação nos adultos

O concílio opera então uma radical mudança de ponto de vista: passa do aspecto do homem para analisar primeiro o devir existencial da justificação. Prioridade absoluta da graça, mas cooperação exigida da liberdade humana agindo

---

31. *COD* II-2, p. 1369; *DzS* 1524; *FC* 558.

sob a graça, tal será o *leitmotiv* de todo o decreto. Os capítulos 5º e 6º, que formavam antes um só conjunto, estudam a preparação para a justificação, ou seja, seu devir considerado antes do momento da própria justificação.

Capítulo 5º: Necessidade para os adultos de uma preparação para a justificação. Sua origem. O título do capítulo anuncia uma primeira análise do respectivo papel da graça e da liberdade antes da justificação. A especificação "para os adultos" que se preparam para o batismo lembra que a hipótese desse estudo visa ao caso normal e normativo de toda reflexão sobre a justificação. O caso do batismo das crianças é, com efeito, um caso-limite; seu entendimento deve ser esclarecido à luz do caso normal.

Os Padres de Trento tinham duas preocupações principais na redação de cada capítulo: de um lado, excluir todas as formas de semipelagianismo que pusessem em causa a prioridade da iniciativa divina na origem da justificação; de outro, diante dos protestantes, afirmar a possibilidade e a necessidade da livre cooperação do homem, que não é completamente passivo em sua própria justificação. Essa dupla preocupação comanda a dupla afirmação que estrutura o texto.

Os membros do concílio viviam uma tensão interna diante da afirmação conjunta da prioridade da graça divina e da necessária cooperação da liberdade humana. Duas tendências se confrontavam. Uma agostiniana, bastante restritiva diante do livre-arbítrio, tendo chegado alguns de seus defensores a inquietar a maioria ao dizer que o livre-arbítrio se comportava de maneira puramente passiva na justificação. Observou-se que em suas intervenções "eles parecem não ter falado de maneira muito católica"[32]. Outra tendência, a dos católicos scotistas, veio da ideia de méritos entendidos em sentido amplo[33]. O concílio visa a um equilíbrio em que tudo o que se diz da liberdade esteja sempre situado na graça.

Afirma primeiro que "a própria justificação nos adultos tem sua origem na *graça preveniente* de Deus por Jesus Cristo". Essa graça é ao mesmo tempo um apelo e um auxílio: ela atrai e instiga. É de uma gratuidade total, pois é dada "sem nenhum mérito" prévio. Não entra em concorrência senão consigo mesma: nada a precede, nada a acompanha, o que a segue já é seu fruto. É a rigorosa repetição da doutrina do "início da fé" (*initium fidei*) do concílio de Orange[34]. Essa prioridade absoluta é ao mesmo tempo cronológica e lógica: primeira no tempo, a graça é o fundamento primeiro e sempre atual do devir, do instante e do momento seguinte ao da justificação. A partir desse capítulo, o concílio parece se inspirar num texto de santo Tomás que lhe servirá de referência implícita no capítulo seguinte: "O primeiro princípio dos atos [da penitência] é a operação de Deus que converte o coração"[35]. O decreto declara igualmente que a origem da justificação deve ser posta na graça preveniente de Deus por Jesus Cristo.

---

32. *CT* V, p. 280.
33. Cf., *infra*, p. 289.
34. Cf., *supra*, p. 263.
35. TOMÁS DE AQUINO, *STh* IIIa, q.85, a.5; Cerf, t. 4, p. 694.

A segunda afirmação segue a primeira, como uma consequência: "Desse modo, aqueles que se tinham afastado de Deus por seus pecados, impelidos e auxiliados pela graça dele, dispõem-se (*disponantur*) a voltar para a justificação que Deus lhes concede, ao aquiescerem e cooperarem livremente com essa mesma graça". A cooperação da liberdade é possível e necessária porque a graça tem a iniciativa. O homem, portanto, não pode manter-se inativo, pois é desafiado a uma opção de recusa ou de aceitação. Aceitação que é preciso evitar de supor como externa à iniciativa da graça e de considerar como um ato pelo qual o homem se dirigiria para a justiça somente com as forças de sua "livre vontade". Mas aceitação livre, pois a hipótese da recusa é sempre possível. A liberdade na aceitação é confirmada pela liberdade que se exprime na recusa.

Duas fórmulas bíblicas (Zc 1,3 e Lm 5,21) vêm ilustrar afinal o papel da liberdade e a preveniência da graça. A maneira nova de citar os textos da Escritura como simples *dicta probantia* para ilustrar depois uma doutrina já formulada sem eles pareceria menos parcial do que aquela que, nos capítulos precedentes, teciam literalmente a exposição conciliar com passagens bíblicas maiores.

Capítulo 6º: Modo da preparação. Uma vez que a atividade livre do homem, realizada sob a preveniência da graça, é necessária para o devir da justificação, o decreto se põe a traçar o plano dos atos sucessivos que esse encaminhamento preparatório comporta. Esse texto reproduz as grandes linhas da descrição dada para esses mesmos atos por santo Tomás no desenvolvimento sobre a penitência acima lembrada. Vários pontos dessa sequência de atos que se encadeiam foram longamente discutidos entre companheiros de diversas escolas teológicas (scotistas e tomistas em particular), especialmente a prioridade do temor sobre a esperança e a menção de um começo de amor no final do processo de preparação. O texto é aqui apresentado de maneira a fazer surgir a sucessão dos atos dessa preparação:

> Os homens se dispõem para a própria justiça
> *quando*,
> incentivados e auxiliados pela graça divina,
> concebendo neles a *fé* que pretendem pregar, caminham livremente para Deus,
> *crendo* que é verdadeiro tudo o que foi divinamente revelado e prometido e, antes de tudo, que Deus justifica o ímpio "por sua graça, por meio da redenção que está em Jesus Cristo" (Rm 3,24);
> *quando*, também, compreendendo que são pecadores e passando do *temor da justiça divina*, que muito utilmente os toca, à consideração da misericórdia de Deus,
> eles se elevam à *esperança*, confiando que Deus, por causa de Cristo, lhes será favorável,
> *iniciando a amá-lo* como fonte de toda justiça e, por essa razão,
> se erguem contra os pecados, animados por uma espécie de ódio e de abominação, ou seja, pela *penitência* que se deve fazer antes do batismo;

quando, enfim, se propõem receber o *batismo*, começar uma vida nova e observar os mandamentos divinos[36].

Essa descrição não é uma fenomenologia da preparação à justificação; ela dá a tipologia abstrata e o encadeamento lógico dos atos da liberdade que respondem à iniciativa da graça. Essa lógica não deixa de ter ligação com o desenvolvimento cronológico, pois o subentende, mas no nível da experiência grandes variações podem acontecer.

No ponto de partida da preparação à justiça, o decreto põe mais uma vez a graça, recapitulando assim o ensinamento anterior. A sequência dos atos que serão mencionados inscrevem-se, pois, na pressuposição dessa graça preveniente. A sucessão deles está estruturada pela tríade da fé, da esperança e da caridade. Mas essas palavras não designam aqui as virtudes teologais infusas, que, por hipótese, somente podem existir no homem justificado. Trata-se de atos de fé e de esperança e de um início de amor correspondente a uma graça que continua ainda exterior ao ser do pecador. Essa exterioridade se reduz até o momento da justificação em que a graça se tornará o princípio sobrenatural imanente do agir humano. Mas, na preparação à justificação, a fé, a esperança e o início do amor envolvem os atos próprios para a conversão: temor de Deus e penitência.

O primeiro ato é evidentemente a fé, resposta à pregação eclesial da boa-nova evangélica. A definição que dela se dá é tipicamente católica, por sua maneira de pôr em destaque o momento de verdade da fé, e não o da confiança que será mencionado a propósito do ato de esperança. Mas a menção da adesão às promessas, em particular à da justificação, atesta uma abertura a essa segunda dimensão da fé. O segundo ato, o do temor, é gerado pelo próprio ato de fé, pois é a fé na palavra de Deus que revela o pecado. Esse temor não é "servil", como na descrição dada por santo Tomás, mas voltado para Deus, pois seu dinamismo é de fazer passar o pecador da consideração da justiça para a da misericórdia. Esta última conduz então o pecador à esperança e à confiança na benevolência de Deus, por causa de Cristo, numa atitude filial. A dinâmica da esperança, enfim, somente se pode abrir ao amor, cujo germe ela contém. É por isso que o decreto menciona nesse ponto do devir o momento em que os pecadores "começam a amar". A expressão tornou-se o objeto de perpétuas contestações, porque atingia o desacordo entre tomistas e scotistas sobre a possibilidade de um amor natural de Deus. Ela foi mantida com nuança e sem submissão às posições de escola. O momento em que o pecador começa a amar a Deus estabelece o limiar preciso em que a preparação à justificação envereda para a própria justificação (como se dirá no capítulo 7), pois amor de caridade coincide com o dom do Espírito de amor e com a justificação efetiva[37]. O inverso

---

36. *COD* II-2, pp. 1369-1371; *DzS* 1526; *FC* 560.
37. Os mesmos debates sobre a abertura ao amor na justificação serão retomados por ocasião da sessão sobre a penitência, mas dessa vez o concílio não mencionará o amor, cf. t. 3, pp. 155-157.

desse início de amor é a abominação do pecado e a penitência preparatória para o batismo. Todo esse movimento leva, enfim, ao propósito de receber o batismo, o que não quer dizer que o instante da justificação coincida forçosamente com a celebração do sacramento.

O texto se completa com uma série de citações bíblicas ilustrando cada um dos atos mencionados. Seja lá qual for a pertinência de cada citação, o método continua bastante artificial. Observa-se, aliás, que o texto que ilustra o início do amor foi esquecido, reflexo das dificuldades que essa menção causara nos debates.

A primeira justificação: sua definição e suas causas

O concílio chega então ao estudo do próprio ato da justificação. O ponto de vista do *devir* dá lugar ao do *momento* em que se estabelece o ato pelo qual o pecador se faz amigo de Deus. A reflexão, que antes se prendia mais ao ponto de vista do homem e de sua consciência, volta-se para o aspecto de Deus, pois o autor da justificação não pode ser outro senão o próprio Deus.

Capítulo 7°: "A justificação do ímpio e suas causas". Esse capítulo é considerado a peça mestra do decreto. Dá primeiro a definição da justificação com base em seus efeitos: estes têm uma dimensão negativa, a remissão dos pecados, e uma dimensão positiva, a santificação e a renovação do homem interior pela recepção da graça. Esses dois aspectos da justificação são inseparáveis: a não-imputabilidade do pecado é ao mesmo tempo uma santificação real do homem. Na sistematização católica, a santificação pertence ao ato da própria justificação, ao passo que a tradição protestante distingue mais radicalmente os dois aspectos.

Para que não esteja ausente dessa definição a menção do livre-arbítrio, esclarece-se que a recepção dos dons e da graça é "voluntária". Assim como anteriormente a menção da graça acompanhava a análise dos atos da liberdade, a exposição do dom da graça divina comporta, reciprocamente, a lembrança da necessária resposta dessa liberdade.

O desenvolvimento conciliar propõe então uma "ontologia" da justificação segundo a metafísica das causas. Essa passagem, que se serve da célebre grade aristotélico-escolástica, é manifestamente marcada pelo sinal de uma mentalidade cultural. Esse esquema tem por finalidade essencial explicitar todos os aspectos segundo os quais Deus pode ser chamado de autor da justificação. Ele concebe os dados da economia da salvação exprimindo sob as categorias de causa meritória e instrumental a realização histórica de nossa justificação pelo agir de Cristo e sua celebração eclesial no sacramento da fé, que é o batismo. A única causa não mencionada é a causa material, ou seja, o próprio homem, ao passo que se ressaltam todas as que têm, de uma maneira ou de outra, Deus como sujeito. O texto inscreve numa linguagem especulativa a prioridade absoluta do agir divino em nossa justificação:

As causas dessa justificação são estas: *causa final*, a glória de Deus e de Cristo, e a vida eterna; *causa eficiente*, Deus que, em sua misericórdia, lava e santifica gratuitamente com o distintivo e a unção do Espírito Santo prometido "que é penhor de nossa herança" (Ef 1,13-14); *causa meritória*, o Filho único bem-amado de Deus, nosso Senhor Jesus Cristo que, "quando éramos inimigos" (Rm 5,10), "por causa do grande amor com que nos amou" (Ef 2,4), por sua santíssima paixão no madeiro da cruz mereceu-nos a justificação e deu satisfação por nós a Deus seu Pai; *causa instrumental*, o sacramento do batismo, sacramento da fé sem a qual jamais houve justificação para ninguém. Enfim, a *única causa formal* é a justiça de Deus, "não aquela pela qual ele mesmo é justo, mas aquela pela qual ela nos torna justos"[38], ou seja, pela qual, tendo-a recebido dele como dom, somos renovados por uma transformação espiritual de nosso ânimo (Ef 4,23); não apenas somos julgados justos, mas somos chamados e somos realmente justos (cf. 1Jo 3,1), recebendo cada um de nós a justiça, segundo a medida que o Espírito Santo reparte a cada um como ele quer e segundo a disposição e a cooperação própria de cada um[39].

A causa final é citada em primeiro lugar porque é logicamente a primeira e determinará todas as outras. Ela associa a glória de Deus, a glória de Cristo e a vida eterna. A glória de Deus e a vida do homem andam juntas e constituem um só fim. O decreto se inscreve na grande tradição produzida pela célebre fórmula de Ireneu: "A glória de Deus é o homem vivo, e a vida do homem é a visão de Deus"[40]. O concílio põe também Cristo no centro do desígnio de Deus, no espírito do hino da Carta aos *Efésios* (1,3-14). Cristo é, com efeito, a unidade do fim desejado visto do lado de Deus e do lado do homem. Essa perspectiva é muito próxima do adágio de Calvino: "Somente a Deus a glória" (*soli Deo gloria*).

A causa eficiente é, uma vez mais, o Deus trinitário. O Pai tem a iniciativa puramente gratuita em sua misericórdia. O Filho se tornará causa meritória pelo acontecimento de sua paixão, que ele suporta em virtude de seu grande amor[41]. O Espírito, enfim, dom do Pai, intervém "com o distintivo e a unção".

A causa instrumental é o batismo, com razão chamado "sacramento da fé", expressão tomada de Agostinho. A mediação sacramental representa a efetividade no tempo do acontecimento realizado uma vez por todas. Ela constitui a visibilidade eclesial do dom da justificação realizada no coração da economia divina da salvação.

O alcance especulativo da "causa formal" é difícil de compreender e apresenta uma dificuldade metafísica. Mas essa afirmação é central no decreto.

---

38. Expressão tomada de Agostinho, *La Trinité*, XIV, 12,15; *BA* 16, p. 389. Essa distinção é comum no tratado *Sobre o espírito e a letra*, 9,15; 11,18; 18,31; 32,56.
39. *COD* II-2, p. 1371; *DzS* 1529; *FCX* 563-564.
40. IRENEU, *CH*, IV,20,7; Rousseau, p. 474.
41. O sentido específico dessa causa foi analisada no t. 1, pp. 418-419.

Repousa sobre a ideia de que toda causa age segundo sua própria forma e informa por ela mesma aquele sobre o qual ela age, por certa assimilação do efeito à causa. O oleiro, por exemplo, vai progressivamente assimilando a terra que ele modela à forma do utensílio que tem em sua cabeça. No quadro dessa coerência, o decreto afirma que a essência de nossa justificação constitui-se pela justiça de Deus, enquanto esta nos é de fato comunicada a ponto de ser realmente nossa própria justiça. A justiça de Deus se torna em nós a "forma" de nossa justiça. É por isso que o texto afirma a inerência própria dessa justiça no mais íntimo de nós mesmos: não somos apenas "considerados" justos, mas o somos efetivamente; é por isso que somos "chamados" de justos. Assim, nossa justiça interior é toda ela de Deus e está toda em nós. "Nossa justiça interior é suspensa a todo instante pelo influxo de Cristo. É uma vida em Cristo."[42] Ela é tão nossa que se diversifica em cada um de nós, segundo a medida da liberalidade divina e o grau de cooperação de cada um.

Karl Rahner retomou em nossos dias "o modelo da causalidade formal" para explicar o paradoxo inerente à afirmação de uma autocomunicação de Deus, em que "o próprio doador é o dom": "O específico dessa autocomunicação divina significa uma relação entre Deus e o ser finito que pode e deve ser entendido por analogia a uma causalidade em que a própria 'causa' se torna um princípio constitutivo interno do que é causado"[43].

Essa causa formal é *única*: o concílio descarta a tese da dupla justificação, que havia sido defendida por ocasião do colóquio de Ratisbona. Se havia dois graus de justiça, seria preciso então estabelecer duas causas formais: uma para a justiça imputada e uma outra para a justiça inerente. O concílio faz na realidade aqui uma afirmação dialética: é a justiça de Cristo que se torna efetivamente nossa própria justiça, permanecendo continuamente dom gratuito de Cristo.

O capítulo distingue, todavia, segundo Agostinho, a justiça que está no próprio Deus e a justiça pela qual ele nos faz justos. Já que o paradoxo se mantém na distinção que existe entre Deus e nós. Se a justiça de Deus nos diviniza, nós não nos tornamos, todavia, Deus mesmo. Distinção dialética, de novo, pois não há duas justiças de Deus. Mas a justiça eterna de Deus continua transcendente à que ela pode realizar em nós. É preciso aqui pensar em Cristo: "Essa identidade e essa não-identidade de um ser criado e de Deus incriado são justamente realizadas e unidas pelo Verbo encarnado em sua união hipostática: esse homem é Deus. A justiça 'que nos torna justos' é Cristo que se reporta a nós; e essa justiça é a mesma justiça 'pela qual Deus é justo', pois esse homem é Deus"[44]. A mediação do Verbo encarnado fundamenta a dialética da justiça de Deus que se torna nossa própria justiça. O texto continua, precisando o instante da justificação:

---

42. Ch. BAUMGARTNER, *La grâce du Christ*, Tournai, Desclée, 1963, p. 114.
43. K. RAHNER, *Traité fondamental de la foi. Introduction au concept du christianisme*, Paris, Centurion, 1983, p. 144.
44. E. POUSSET, documento datilografado.

Com efeito, ainda que ninguém possa ser justo se os méritos da paixão de nosso Senhor Jesus Cristo não lhe forem comunicados, é, todavia, isso o que acontece na justificação do ímpio, no momento em que (*dum*), pelo mérito da santíssima Paixão, a caridade de Deus é derramada pelo Espírito Santo no coração daqueles que são justificados e habita neles. Por isso, com a remissão dos pecados, o homem recebe na justificação por Jesus Cristo, em quem é inserido, todos os seguintes dons infusos ao mesmo tempo: a fé, a esperança e a caridade. A fé à qual não se juntam nem a esperança nem a caridade não une perfeitamente a Cristo e não torna membro vivo de seu corpo. Por essa razão, dizemos com toda a verdade que a fé sem as obras é morta (cf. Tg 2,17.20) e inútil, e que em Cristo Jesus nem a circuncisão nem a incircuncisão têm valor, mas a fé "que age pelo amor" (Gl 5,6)[45].

A justificação se realiza no momento em que a caridade de Deus é derramada no coração, a ponto de nele se tornar inerente; no mesmo momento o justificado recebe a remissão dos pecados e os dons infusos. Em outras palavras, a justificação se dá no momento em que a fé se torna amor, ou seja, "viva". A trilogia da fé, da esperança e do amor, posta em destaque na preparação para a justificação sob a forma dos atos, encontra-se sob a forma dos três dons infusos após a transformação radical operado pelo instante da justificação. Os atos preparatórios para a justificação já eram o efeito de uma graça, mas esta ainda era externa ao pecador em devir de conversão; após a justificação, ao contrário, a fé, esperança e o amor habitam o justificado no qual se imprime o mistério de Cristo por uma comunicação viva e íntima.

O texto considera, então, o resultado da justificação. O dom infuso da justiça deve-se revestir de algo exterior e traduzir-se pelas obras da caridade e da obediência aos mandamentos. O vínculo entre fé e caridade se expressa com a ajuda de dois textos bíblicos: "a fé que não tivesse obras seria morta" (Tg 2,17) e "a fé que age pelo amor" (Gl 5,6). Mas em nenhum caso essas obras intervêm como causas da justificação.

O que faz a beleza desse capítulo, sob a aparência escolástica do discurso, é sua insistência em atribuir a Deus, segundo a totalidade dos pontos de vista, a iniciativa eficaz de nossa justificação.

Capítulo 8º: Como compreender que o ímpio é justificado pela fé e gratuitamente. "Todos são gratuitamente justificados por sua graça, em virtude da libertação realizada em Jesus Cristo. [...] De fato, estimamos que o homem é justificado pela fé, independentemente das obras da lei" (Rm 3,24.28). No século XVI, essas palavras estavam no centro do debate sobre a justificação. A Igreja católica compreende a expressão paulina "o homem é justificado pela fé" tendo em vista que a fé é, por parte do homem, o *início* (*initium*) de sua salvação e que é seu *fundamento* permanente e sua *raiz*. Pela fé o concílio entende aqui o

---

45. *COD* II-2, pp. 1371-1373; *DzS* 1530-1531; *FC* 565-566.

ato de fé e não a virtude infusa de fé. Essa interpretação está de acordo com a sistematização católica que contradistingue nitidamente a fé da caridade.

Igualmente, o homem é justificado "gratuitamente" porque "nada do que precede a justificação, seja a fé, sejam as obras, merece essa graça da justificação". A própria fé não é uma obra, mas um dom de Deus.

O concílio faz atuar aqui dois binômios de oposição, o da fé e da caridade, de um lado, e o da fé e das obras, de outro, ao passo que Paulo só conhece um. Sobre o segundo binômio, Trento é perfeitamente paulino e exclui as obras da justificação tão formalmente quanto ele. E vai também ao encontro da exigência da doutrina protestante. Sobre o primeiro binômio, o concílio não segue imediatamente as fórmulas de *Romanos*, em que Paulo considera sempre a fé com a finalidade de uma vida no Espírito na qual existe o compromisso da caridade (portanto, de uma fé viva no sentido católico). Com efeito, a teologia católica adquirira o hábito de distinguir as três virtudes teologais de fé, esperança e caridade, à luz do hino da caridade de 1Cor 13. Daí a oposição entre a fé, como início da justificação — eventualmente a "fé morta" se é contradita pela maneira de viver —, e a "fé viva", como justificação realizada na caridade. A Reforma seguia a temática de *Romanos*. Existe aí uma diferença de linguagem que causou, outrora, muitas dificuldades, mas que hoje, pode-se dizer, foram elucidadas: os dois adágios "só a fé" (*fide sola*) e "fé viva" (*fide viva*) não se contradizem, pois as duas dizem "a fé viva, mas só" (*fide viva et sola*).

Como o precedente, esse capítulo satisfaz, pois, à exigência protestante naquilo que ela tem de profundamente paulino. Exceto uma nuança. Grandes conhecedores da linguagem escolástica observaram que o verbo que exclui todo mérito antecedente à justificação é o verbo latino *promeretur* e não *meretur*. Ora, na técnica dessa linguagem *promeretur* exclui todo mérito em sentido estrito (*de condigno*, justo mérito, como o salário de um operário) e não o mérito em sentido amplo (*de congruo*, o bônus, por exemplo, ou a recompensa que se dá ao trabalhador que cumpriu bem uma tarefa, embora não incluída no contrato de trabalho). Assim, esses méritos em sentido amplo não teriam sido formalmente excluídos da justificação. Parece que Trento não quis decidir a respeito das opiniões divergentes das escolas teológicas da época[46].

Capítulo 9º: Contra a vã confiança dos heréticos. Esse capítulo é mais polêmico, até mesmo em seu título. Faz um discernimento numa das mais apaixonadas controvérsias da época. Ao término de debates um tanto confusos, os Padres de Trento contentaram-se de fato em recusar as posições extremas. Há duas afirmações principais: (1) Ninguém pode se gabar de ser justificado com base na "certeza de fé" que tenha; visa-se aqui ao propósito de resumir a justifi-

---

46. Sobre esse ponto, cf. M. VILLER, *Cours Viller. Étude historique et doctrinale des documents de l'Église contenus dans l'Enchiridion de Denzinger*, ad instar manuscripti, San Miguel, Argentina, 1956, t. 1, p. 284; E. SCHILLEBEECKX, *Aperçu nouveau sur le décret tridentin touchant la justification*, Concilium 5 (1965) 165-168, retomando um estudo do teólogo protestante A. Oberman.

cação à experiência subjetiva que o crente possa ter. (2) Reciprocamente, não se pode professar que essa certeza subjetiva e indubitável é necessária à justificação em si; não há correlação necessária entre a certeza do perdão dos pecados e o perdão efetivo. A essa atitude o concílio opõe uma confiança legítima na misericórdia de Deus, que não é, todavia, isenta de temor, em virtude da fraqueza do homem. Ela não é, pois, uma certeza infalível. É vivida numa humilde esperança. A resposta de Joana d'Arc durante seu processo é a melhor expressão disso: "Estás em estado de graça? — Se estou, Deus nele me conserve; se não estou, Deus nele me ponha".

Se é certo hoje que "a certeza da graça ensinada por Lutero não é a que Trento condenou"[47], uma forte insistência sobre a subjetividade da fé continua típica do luteranismo. Ela estabeleceu, de certo modo, uma reação sadia contra a alienação da teologia extrinsecista. Mas levou também a fórmulas de sobrelanço psicológico e dramático. Está igualmente ligada a uma minimização do papel dos sacramentos na vida de fé e a um desconhecimento relativo do vínculo da fé de cada crente com a fé de toda a Igreja.

A vida do homem justificado

Capítulo 10º: Crescimento da graça recebida. Com esse capítulo começa a segunda grande parte do decreto, referente à vida do homem justificado. Da parte de Deus, a justificação dá lugar a um crescimento, e da parte do homem ela exige um progresso. É que ela põe o justificado numa situação existencial nova. De propósito, o concílio não cita senão nesse capítulo uma fórmula muito disputada na época: "Averiguais que o homem deve sua justiça às obras e não somente à fé" (Tg 2,24). Ele evitou que ela aparecesse no capítulo 8º, como contrapeso de sua interpretação das fórmulas paulinas sobre a justificação pela fé. Ele a situa no momento após a justificação. As obras não cooperam para a justificação; mas, realizada a justificação, contribuem na graça para o crescimento de uma justiça que as exige ao mesmo tempo que as torna possíveis.

O dom da justiça deve normalmente desenvolver a qualidade das disposições do justificado, bem como sua cooperação, e permitir um progresso na santificação, que é identicamente para o concílio um crescimento na justiça: "eles são mais justificados". Se existe um nítido limite entre o justificado e o não-justificado, há, em contraposição, entre os justificados infinitas nuanças, que são as da caridade vivida. Nessa dinâmica, as boas obras, realizadas na fé e na caridade, têm seu papel a desempenhar. Mas elas não contribuem para a justificação senão na medida em que são dons do próprio Deus. Essa posição não tira nada das afirmações anteriores.

---

47. J. ALFARO, Certitude de l'espérance e 'certitude de la grâce', *NRT* 94 (1972) 29.

Esse caminho de progresso na justiça e na santidade e de eliminação da resistência pecadora à graça corresponde ao sentido católico do célebre adágio luterano: "ao mesmo tempo pecador e justo". Nesse sentido, o momento da justificação coexiste com todos os instantes da vida do homem justificado, pois a justificação é um dom sempre atual de Deus, um dom que cresce na mesma medida dos frutos que produz.

Capítulo 11: A observação dos mandamentos. Sua necessidade e sua possibilidade. O mesmo ponto de vista é desenvolvido de modo mais concreto e existencial. O capítulo compreende três afirmações principais: primeiro, a observância dos mandamentos é *possível*, ao mesmo tempo que necessária, ao justificado, porque Deus não somente não manda o impossível como até concede aquilo que ordena. Isso fica de pé, apesar da fragilidade do justo, sempre capaz de cair em pecados leves. Segundo duas sentenças agostinianas, Deus convida a fazer o que podemos e a pedir o que não podemos[48]; jamais abandona aqueles que não o abandonam primeiro[49].

A seguir, a pretensão de uma salvação dada somente pela fé não deve constituir um álibi para as exigências da vida nova do cristão e do necessário combate com Cristo, nem provocar negligência na fidelidade aos mandamentos. Enfim, é errôneo dizer que em toda boa ação o justo peca pelo menos venialmente.

Capítulos 12 e 13: Temos de nos abster de uma presunção temerária com referência à predestinação e ao dom da perseverança. Esses dois capítulos abordam a difícil questão da predestinação e da perseverança final, retomando as posições assumidas no capítulo 9º. Eles excluem a possibilidade de haver a respeito desses pontos uma certeza subjetiva absoluta. Ninguém pode presumir sua própria predestinação nem se declarar convencido de estar no número dos eleitos. Todo homem, com efeito, é capaz de pecar; de outro modo, a predestinação é segredo total de Deus. Pela mesma razão, ninguém pode se manter, com certeza absoluta, sobre a segurança de sua perseverança final. A fragilidade humana é tal que aquele que pensa estar de pé deve tomar cuidado para não cair. A autêntica atitude cristã é a de uma "firme esperança" e de uma humilde vigilância.

A recuperação da justificação

Capítulo 14: Os que caíram e seu reerguimento. Aqueles que o pecado fez decair da justificação podem recuperá-la. A estrutura do novo ato de justificação é rigorosamente semelhante à do primeiro. Num caso como no outro, exige-se uma preparação com a graça de Deus. A única diferença está na expressão sacramental da justificação: um segundo batismo é agora impossível, mas uma segunda penitência é sempre possível. Essa penitência irá se inscrever no âmbito

---

48. *La nature et la grâce*, 43,50 e 69,83; *BA* 21, pp. 339 e 409.
49. Fórmula que se encontra em toda a obra de Agostinho, entre outras, *ibid.*, 26,29; *BA* 21, p. 299.

do sacramento instituído por Cristo para aqueles que recaíram no pecado. Ressaltando os diferentes atos da penitência e seu caráter mais trabalhoso, o texto faz um apanhado da doutrina da penitência, que será retomada na 14ª sessão[50].

Capítulo 15: Todo pecado mortal faz perder a graça, mas não a fé. Esse capítulo estabelece a recíproca da análise da justificação apresentada no capítulo 7°. Com efeito, se a justificação se dá efetivamente no momento da infusão da caridade e não com o primeiro ato de fé, ela também se perde quando uma liberdade rebelde contradiz gravemente a atitude de caridade e não somente quando o ato pecador conduz à perda da fé. Segundo a lógica do decreto, a fé que não é viva não justifica; mas a fé pode continuar naquele que está "morto" para a justiça e para a graça. Essa sistematização é diferente da que é própria da doutrina luterana, para a qual a fé compreende sempre a caridade. Mas uma diversidade de linguagem não implica forçosamente uma divergência doutrinal.

Capítulo 16: O fruto da justificação: o mérito das boas obras. Sua natureza. O concílio conclui seu decreto com um longo desenvolvimento parenético que cita a Escritura com novo entusiasmo. Analisa o mérito como o fruto normal de uma atividade conduzida na graça. O mérito significa simplesmente que Deus se liga aos efeitos de sua própria graça, que são nossas obras. Há mérito porque Deus age no homem. Posto no fim do decreto, esse capítulo adquire o valor de um acabamento da doutrina e tira toda ambiguidade sobre a doutrina católica do mérito.

De modo algum essa doutrina faz concorrência ao princípio de "apenas a graça" (*gratia sola*): "'mérito' significa a historicidade da graça todo-poderosa na liberdade humana e não faz, pois, concorrência alguma, em nenhum aspecto, à '*sola gratia*'"[51]. Aos que perseveram no bem promete-se a vida eterna como uma graça e como uma recompensa concedida às boas obras e a seus méritos. Os dois termos "recompensa" — empregado de preferência pela Reforma — e "mérito" são considerados sem oposição entre si. Pela força da graça de Cristo, o justo merece realmente a vida eterna. Depois de ter eliminado toda ambiguidade sobre o papel das boas obras na justificação, o concílio proclama que os justificados "realmente mereceram (*promeruisse*) obter, a seu tempo, a vida eterna". Dentro da ordem da graça e em Cristo podemos, pois, fazer valer um mérito diante de Deus, que graciosamente estabeleceu uma relação de justiça entre ele e nós: o mérito é realmente o mérito, porque a graça é realmente a graça.

Assim, nossa justiça é ao mesmo tempo de Deus e nossa. A doutrina do mérito é a consequência da afirmação central do capítulo 7° sobre a causa formal da justificação. Essa realidade do mérito atestada na Escritura sob outra linguagem (recompensa, salário, Deus dará a cada um segundo suas obras) não deve encher o cristão de vanglória: é no Senhor que ele deve se glorificar, pois são os próprios dons dele que se tornam nossos méritos.

---

50. Cf. t. 3, pp. 154-158.
51. E. SCHILLEBEECKX, "Aperçu nouveau sur le décret tridentin touchant la justification", p. 168.

Balanço

> O decreto sobre a justificação, apesar de ser uma obra artificial, não deixa de ser, de muitos pontos de vista, um excelente trabalho; de tal modo que podemos nos perguntar se a Reforma teria se processado se esse decreto tivesse sido produzido no concílio de Latrão, no início do século, e tivesse realmente sido feito carne e sangue da Igreja[52].

Esse é o julgamento espantosamente positivo feito por A. von Harnack sobre o trabalho do concílio de Trento. Com efeito, apesar de uma dimensão polêmica inerente às condições de sua produção, esse documento propõe um ensinamento equilibrado e geralmente sereno da doutrina da justificação pela graça, que ele transforma no capítulo central da dogmática católica. O tema da justificação, que esteve no âmago da crise da Reforma, tem sido em nosso século o objeto de grandes diálogos teológicos entre K. Barth e H. Bouillard[53], entre o mesmo K. Barth e H. Küng[54], de uma confrontação entre santo Tomás e Lutero[55] e, mais recentemente, de numerosos diálogos ecumênicos[56], bastante profundos no plano histórico e teológico. Sem entrar aqui em detalhes de resultados obtidos, podemos dizer que essas verificações doutrinais permitiram chegar a um "consenso fundamental sobre o Evangelho". As dificuldades que permanecem dizem mais respeito às consequências da justificação na vida do justificado e na Igreja. Elas se cristalizam em torno do termo "cooperação".

III. A DOUTRINA CATÓLICA DA GRAÇA APÓS O CONCÍLIO DE TRENTO

Após o decreto tridentino sobre a justificação, a teologia católica referente à antropologia cristã e a graça foi pouco a pouco se estabilizando. Seripando, por exemplo, mantém-se entre Agostinho e Lutero. Ele se aplicou a comentar as cartas de Paulo *aos Romanos e aos Gálatas*, e escreveu, em 1553, seu tratado

---

52. A. VON HARNACK, *Dogmengeschichte* III, p. 711; citado por H. Küng, *La justification*, p. 132.
53. Cf. H. BOUILLARD, *Karl Barth*, t. 2: *Parole de Dieu et existence humaine*, Paris, Aubier, 1957.
54. Cf. H. KÜNG, *La justification*.
55. O. H. PESCH, *Theologie der Rechtfertigung bei Martin Luther und Thomas von Aquin. Versuch eines systematisch theologischen Dialogs*, Mainz, M. Grünewald, 1967.
56. Cf. Grupo misto de diálogo luterano-católico dos Estados Unidos, *La justification par la foi*; DC 82 (1985) 126-162; ARCIC II (Comissão anglicano-católica), Declaração *Le salut et l'Église*; DC 84 (1987) 321-327; Comissão mista entre a Aliança Reformada mundial e o Secretariado para a Unidade dos Cristãos da Igreja católica romana, *Vers une compréhension commune de l'Église*; DC 88 (1991) 625-652; Comissão internacional católico-luterana, *Église et justification. La compréhension de l'Église à la lumière de la doctrine de la justification* (1993); DC 91 (1994) 810-839. Um balanço da maior parte desses diálogos pode ser encontrado em A. BIRMELÉ, *Le salut en Jésus-Christ dans le dialogues oecumeniques*, Paris, Cerf, 1986.

Da liberdade cristã, série de anotações ao livro de mesmo nome escrito por Lutero em 1520⁵⁷. Esta última obra se apresenta em forma de debate, sete ou oito anos após a morte de Lutero. As diferenças entre as duas obras permitem observar que, tendo terminado o concílio de Trento, a problemática estava profundamente modificada. A escola agostiniana não se preocupava mais com as distinções a serem feitas entre Lutero, Agostinho e os Agostinianos. Impunham-se outras questões referentes à graça, trazendo a controvérsia *De Auxiliis*, a leitura de Agostinho por Baio, o movimento espiritual de Port-Royal, que levou ao *Augustinus* de Jansênio, e a ascensão da teologia de controvérsia.

1. A FORMAÇÃO DOS TRATADOS "DA GRAÇA" E "DE DEUS QUE CRIA E ELEVA O HOMEM"

De certo modo, foi em 415 que começou a formação de um tratado sobre a graça na pesquisa teológica. Com efeito, com *A natureza e a graça*, de Agostinho, começou a se criar um vocabulário técnico sobre a natureza humana, herdeira de Adão e "ferida", bem como sobre a "graça de Cristo". O conceito de natureza humana era entendido por Agostinho no sentido existencial e histórico de "nascimento", ou seja, para um ser é natural aquilo que ele tem ao nascer. Essa obra marcou a história da doutrina da graça. A partir desse momento, com efeito, Agostinho começou a introduzir a palavra "graça" em muitos de seus textos, fazendo assim desse conceito uma questão totalmente à parte. Um segundo momento da formação do tratado da graça situa-se nos anos 426-427, por ocasião dos textos de Agostinho aos monges de Adrumeto: a necessidade da graça, invocada na polêmica antipelagiana para o começo da fé, para a prática do bem e a obtenção da vida eterna, é neles apresentada num contexto antropológico.

Na tradição agostiniana, a reflexão sobre a graça sempre respeitou essa leitura do conceito de "natureza" segundo a categoria do "nascimento". Pôr o problema desse modo fazia surgir a relação de Deus com o homem tal qual nos é contada pelo texto bíblico. Nessa escola teológica, o esquema narrativo da criação, do pecado de Adão e da redenção por Cristo era, pois, de obrigação.

A teologia da controvérsia pós-tridentina isolou as principais questões debatidas pelo movimento da Reforma protestante e pelo da Contra-Reforma, opondo-os cada vez mais. Domingos de Soto escrevia em Salamanca, em 1561, seu *Da natureza e da graça*, que manifestava a emergência de uma nova problemática teológica. Pouco a pouco, com efeito, as antigas *Questões*, que se tornaram *Controvérsias* em Roberto Belarmino (1542-1621), transformaram-se em

---

57. H. JEDIN, *Girolamo Seripando*, II, pp. 239-249 e 391-403. Para o tratado *Sobre a liberdade cristã*, cf. A. MARRANZINI, *Dibattito Lutero Seripando su "Giustizia e Libertà del cristiano"*, Brescia, Morcelliana, 1981.

*Discussões sobre a graça*⁵⁸. Por volta de 1680, o gênero da controvérsia e da disputa deu forma aos tratados "Do ser sobrenatural" (*De ente supernaturali*) e "Da graça" (*De gratia*), cujo esquema ficou tal qual até o Vaticano II. Invocando a garantia do decreto tridentino sobre a justificação, esse tratado adotou o seguinte plano: preparação para a graça, justificação, vida de graça, mérito.

Para salvaguardar a transcendência e a gratuidade da graça de Deus, a teologia de controvérsia procedia com método, começando por precisar os conceitos de "natural" e de "sobrenatural", comparando-os, depois. A procura dos elementos essenciais constitutivos das duas ordens deu corpo à aproximação que, depois da teologia de controvérsia — a começar pelas *Controvérsias*, de Belarmino —, foi aplicada à leitura de santo Agostinho: é o que passou a se chamar então a questão do "sobrenatural".

Após a controvérsia *De auxiliis*, e sobretudo em consequência das polêmicas suscitadas por Baio e Jansênio, formou-se e desenvolveu-se o tratado "De Deus que cria e eleva o homem" (*De Deo creante e elevante*). D. Palmieri (1829-1909), no quadro dos progressos da neo-escolástica, foi seu primeiro idealizador, em 1878. Fundamentou a segunda parte do tratado (*De Deo elevante*) nas teses da controvérsia baio-jansênio. Se um trabalho como o tratado "De Deus criador" (*De Deo creatore*), de Suárez, por exemplo, pusera o conceito de natureza no nível cosmológico, o *De Deo elevante* definia as duas ordens em relação ao conceito de sobrenatural, opondo-os. Essa apresentação tinha todos os méritos de um discurso analítico claro e distinto, mas, teologicamente, ao opor natureza e sobrenatural, ela os tornava estranhos um ao outro.

2. A CONTROVÉRSIA *DE AUXILIIS*

> **INDICAÇÕES BIBLIOGRÁFICAS**: G. SCHENEEMANN, *Controversiarum de divinae gratiae liberique arbitrii Concordia initia et progressus*, Freiburg i.B., 1881. — C. CREVOLA, La interpretación dada a s. A. em las disputas *De auxiliis*, *Archivo Teológico Granadino* 13 (1950) 5-171. — H. RONDET, Prédestination, grâce et liberté, *NRT* 69, (1947) 449-474.

A obra do teólogo jesuíta Luis Molina (1536-1600) ensaiara elaborar um sistema teológico de relação entre a graça de Deus e a liberdade humana. Em duas edições sucessivas, Molina publicara sua obra discutida: *Concordância do livre-arbítrio com os dons da graça, com a divina presciência, a providência, a predestinação e a condenação*⁵⁹. A questão posta pertence à herança agostiniana:

---

58. Essa passagem se faz notar pela obra de Ripalda, *Disputationes theologicae de ente supernaturali*, I. Bordeaux 1634; II. Lião 1645; III. Colônia 1648 (em apêndice "*Adversus Baium et baianos*").

59. *Liberi arbitrii cum gratiae donis, divina praescientia, providentia, praedestinatione et reprobatione concordia*, 1ªed., Lisboa, 1588, 2ªed., Antuérpia, 1595.

apoiava-se na eficácia da graça, mas era tratada segundo um ponto de vista novo. Como conciliar a graça de Deus e a liberdade do homem? Mais exatamente, como conciliar a presciência de Deus, que conhece infalivelmente o futuro, e a liberdade do homem? Como entender que o homem possa fazer a graça falir? A tese de Molina fazia apelo à ideia de *ciência média* e se opunha à de *predestinação física*, sustentada pelos dominicanos.

A *predestinação física* (em que o termo *física* deve ser entendido no sentido de causalidade eficiente) era ensinada pelo dominicano Bañez († 1604). Essa teoria afirmava que o decreto livre de Deus de oferecer a cada ato do homem a cooperação necessária comportava uma "premoção física" — como o machado, que não pode cortar sem receber um impulso físico — segundo a qual o sujeito humano é infalivelmente determinado em sua natureza própria, de modo que Deus sabe o que o homem vai fazer livremente. Mas para a escola tomista, essa predeterminação não suprime a liberdade da criatura: está em relação intrínseca com o livre-arbítrio e faz que o ato livre seja livre. O ato salutar é o fruto da graça eficaz. Entretanto, a dificuldade que essa teoria sempre apresentou refere-se ao respeito da liberdade humana.

Molina baseava-se, ao contrário, na existência do livre-arbítrio e na capacidade do homem de fazer isso ou aquilo. Mas o homem não pode exercer sua liberdade senão por meio de uma cooperação divina. Além de um auxílio geral que pertence à ordem da criação, Deus ajuda o homem por uma graça preveniente de ordem sobrenatural. Essa cooperação não é uma "premoção" física, mas uma cooperação simultânea. Para evitar cair no agravo do semipelagianismo, Molina apelava então para a *ciência média* de Deus, ou seja, a ciência dos futuríveis: Deus sabe o que poderia fazer tal pessoa se fosse posta em tal situação, ou se tal ou tal condição se verificasse. Essa ciência é infalível, sem comportar nenhum decreto de predeterminação. A predestinação de uns e a condenação de outros não se explica por um decreto divino, mas pela livre ação da criatura.

A importância que adquiriu a polêmica entre dominicanos e jesuítas levou Clemente VIII a vincular a questão a seu tribunal. Em 1597, reuniu-se uma comissão romana secreta, que chegou a um parecer em favor da condenação de Molina; depois os debates recomeçaram de maneira contraditória: após mais de 120 reuniões realizadas entre 1598 e 1607, Paulo V não condenou ninguém e proibiu as duas partes de censurar as posições uma da outra[60]. Um decreto do Santo Ofício, em 1611, chegará a proibir de tratar a questão, sob qualquer pretexto, proibição renovada por Urbano VIII, em 1625 e em 1641. A controvérsia *De auxiliis* recomeçou após a publicação do *Augustinus*, de Jansênio. Essas decisões eram bastante sábias, pois a sutileza de uma discussão que se tornara sem fim demonstrava que as próprias premissas da questão exigiam ser revistas.

---

60. *DzS* 1997.

3. DE BAIO A JANSÊNIO E AO JANSENISMO

INDICAÇÕES BIBLIOGRÁFICAS: V. GROSSI, *Baio e Bellarmino interpreti di S. Agostino nelle questioni del soprannaturale*, Roma, Augustinianum, 1968. — L. CEYSSENS, Autour de la Bulle Unigenitus. La déclaration, dernière illusion et ultime désillusion de Louis XIV, *RHE* 84 (1989) 5-29. — A. VANNESTE, Pour une relecture critique de l'*Augustinus* de Jansénius, *Augustiniana* 44 (1994) 115-136. — B. NEVEU, *L'Erreur et son juge. Remarques sur le censures doctrinales à l'époque moderne*, Nápoles, Bibliopolis, 1993; *Érudition et religion aux XVIIe e XVIIIe siècles*, Paris, Albin Michel, 1994. — Cf. indicações bibl. na p. 206.

O pensamento antropológico de Baio, fundamentado em textos antipelagianos de Agostinho, foi considerado um pródromo do jansenismo[61]. Com efeito, o segundo tomou do primeiro a tese segundo a qual a justiça original é devida ao homem inocente. Baio e Jansênio, leitores assíduos do bispo de Hipona, particularmente das obras antipelagianas e das obras dos últimos anos, gravitaram na tradição agostiniana de Louvain. Entretanto, eles não entenderam o conceito de natureza segundo a ideia agostiniana existencial de nascimento, mas, antes, segundo a ideia do fim a obter. Nessa ótica, esses dois célebres teólogos do Norte da Europa reduziram à natureza a graça que Adão recebera na criação.

A graça de Cristo, ou *auxilium quo*, de que fala Agostinho no tratado *Sobre a correção e a graça*, Jansênio a traduziu em *graça eficaz*, à qual a vontade humana não pode resistir. Essa graça é infalível e necessitante; ela domina o livre-arbítrio, que só permanece como tal porque não está submisso a nenhuma coação. E da graça concedida a Adão inocente, graça que estava submetida à decisão de sua liberdade, ou *auxilium sine quo non*, Jansênio fez a *graça suficiente*. Na teologia de controvérsia, essa categoria queria salvaguardar a liberdade humana e a universalidade da graça. Mas, como essa graça jamais se torna efetiva após o pecado de Adão, uma vez que a vontade perdeu sua liberdade e segue necessariamente o deleite mau, Jansênio a considerou inútil. Ele a criticava tanto, que chegou a sugerir que orássemos para que ficássemos livres dessa graça "suficiente". Estando assim descartada essa graça, a teologia da graça de Jansênio viu-se reduzida ao fato de que Deus predestina somente alguns. A predestinação à glória tem como contrapartida lógica uma forma de predestinação ao mal e à condenação. A distinção entre "graça eficaz" e "graça suficiente", que nasceu com o jansenismo, não tinha futuro na reflexão teológica.

O jansenismo, condenado em 1653 por Inocêncio X em cinco proposições tiradas do *Augustinus*[62], pode se resumir em três pontos principais: não se

---

61. O pensamento de Baio será retomado no capítulo seguinte a propósito da questão do sobrenatural, pp. 326-328.
62. Constituição *Cum occasione*, de 1653, referente aos erros de Jansênio sobre a graça; *DzS* 2001-2007; *FC* 635-639.

podem observar os mandamentos de Deus sem a ajuda da graça; o homem não pode opor-se à graça, pois ela é irresistível; Cristo não morreu por todos, afirmação que contradizia a soteriologia continuamente sustentada na Igreja. O movimento se distinguia, além disso, por um forte rigorismo moral, unido a um grande pessimismo e a uma espiritualidade de medo.

Sucessivas condenações foram lançadas pelos papas contra o jansenismo: primeiro, Alexandre VII (1656)[63]; no tempo de Alexandre VIII (1690), o Santo Ofício condenou a afirmação de que uma posição doutrinal de Agostinho podia ser defendida e ensinada sem levar em conta nenhuma bula pontifícia[64]; Clemente XI, em 1713, prestou atenção aos erros de Pascásio Quesnel, oratoriano ligado a Port-Royal, que limitava a graça à pura vontade de Deus: "A graça não é outra coisa senão a vontade todo-poderosa de Deus que manda e faz o que manda"[65], e reduzia a graça dada a Adão à simples graça da criação: "A graça de Adão é uma consequência da criação e era devida à natureza sadia e íntegra"[66]. O jansenismo italiano, que se manifestara no sínodo de Pistoia, em 1786, foi condenado pelo papa Pio VI, em 1794, pela bula *Auctorem fidei*[67].

Jamais, na história da teologia, o horizonte da graça tinha sido assim reduzido, sem contar o grande prejuízo causado às obras do bispo de Hipona. Com efeito, a condenação romana das proposições de Baio e de Jansênio produziu em muitos teólogos uma verdadeira desconfiança em relação aos textos de Agostinho. Sob a influência dessa leitura jansenista, e até tempos recentes, os mais benevolentes teólogos entenderam a distinção agostiniana da graça *auxilium sine quo non* e *auxilium quo* como duas economias da graça[68].

4. A ESCOLA DOS "AGOSTINIANOS"

A escola dos "agostinianos" (*augustinenses*), ligada de maneira particular à herança espiritual e teológica do bispo de Hipona, conheceu duas fases distintas: a primeira, de Gil de Roma (1243-1316) a Jerônimo Seripando (1539-1551), situou-se teologicamente entre santo Agostinho e santo Tomás de Aquino; a segunda se desenvolveu do concílio de Trento ao Vaticano II.

Em antropologia teológica, quando se fala da escola dos "agostinianos", faz-se referência especialmente a essa segunda fase. Na linha de Agostinho, essa

---

63. *Constituição* de 16 de out. de 1956; *DzS* 2010-2012, afirmando que as proposições de Jansênio foram condenadas no sentido que lhes dava o autor.
64. Decreto do Santo Ofício, 7 de dez. de 1690, sobre os erros dos jansenistas; *DzS* 2330.
65. *Constituição* de 8 de set. de 1713; *DzS* 2411; *FC* 651.
66. *DzS* 2435.
67. Bula *Auctorem fidei*, *DzS* 2616-2626.
68. A. SAGE, Le deux temps de grâce, *REA* 7 (1961) 209-230; J. LEBOURLIER, Grâce et liberté chez s. A. La grâce d'Adam dans le *De correptione et gratia, Augustinus Magister* II, Paris (editor), 1955, pp. 789-793; Ch. BOYER, *L'adiutorium sine quo non*. Sa nature et son importance dans la doctrine de s. A., *Doctor Communis* 13 (1960) 5-18.

escola fundamentou sua reflexão teológica no curso histórico da humanidade. O método histórico em teologia, que se apoiava na revelação bíblica do homem, foi um ponto firme do pensamento de Agostinho, que o esclarecia assim: ver as questões em jogo (o fato da graça de Deus e do livre-arbítrio do homem) e a autoridade capaz de dar algumas indicações a respeito (ou seja, a sagrada Escritura). Encontramos toda a profundidade do método histórico de Agostinho em sua polêmica com Porfírio[69]. É por isso que a escola agostiniana não reflete tanto com base nos conceitos de natureza e de supranatureza, como com base no fato da criação e da redenção do homem tal qual nos é apresentado nas Escrituras. Fundamentando-se na narrativa bíblica que dá conta da elevação do homem à ordem sobrenatural desde sua criação, ela conjuga a relação natureza-supranatureza na realidade existencial concreta e na totalidade do ser humano. A ideia agostiniana é de refletir sobre o homem com base em uma relação que já existe entre ele e Deus desde o primeiro momento da criação, evitando a preferência de uma hipotética relação de antíteses que se opõem e se unem para determinar os elementos essenciais das duas ordens natural e sobrenatural.

A escola dos *augustinenses* está ligada sobretudo aos nomes de teólogos da Ordem da santo Agostinho, como Enrico Noris[70], F. Bellelli[71], Gian Lorenzo Berti[72] e, bem recentemente, o padre A. Trapè[73]. Essa escola sobreviveu até o Vaticano II, enfrentando as acusações persistentes de baianismo e de jansenismo, ou ainda de fraca capacidade intelectual, porque se suspeitava de não ser sensível senão à cronologia, em seu método histórico. Ademais, a mentalidade teológica geral julgava então que a hipótese da natureza pura constituía uma mediação necessária para defender a ordem sobrenatural segundo o pensamento do magistério da Igreja, e não uma opinião teológica[74].

IV. QUESTÕES CONTEMPORÂNEAS E BALANÇO

Ao final deste percurso, não será inútil fazer dele certo balanço e responder a algumas questões que hoje se põem à teologia da graça.

---

69. Cf. B. STUDER, "La 'cognitio historialis' di Porfirio nel *De civitate Dei* di Agostino (Civ 10,32)", *La narrativa cristiana antica*, Roma, Augustinianum, 1995, pp. 529-554.

70. Autor das *Vindiciae Augustinianae* e da *Historia Pelagiana*, na segunda metade do século XVII.

71. Autor da *Mens Augustini de statu creaturae rationalis ante peccatum*, 1711.

72. Autor do *De theologicis disciplinis*, 1792.

73. Cf. A. TRAPÈ, De gratuitate ordinis supernaturalis apud theologos augustinenses litteris encyclicis 'Humani generis' praelucentibus, *Analecta Augustiniana* 21 (1951) 217-265.

74. Foi somente por volta dos anos 50 que o estudo de M. WREDE, *Die Möglichkeit des Status Naturae Purae im Lichte der kirchlich verurteilten Sätze des Bajus vom Urstand*, Limburg, Druckerei der Pallotiner, 1953, propôs que "não resulta com certeza" que a condenação de Baio constitua uma afirmação do magistério da Igreja considerando a hipótese da natureza pura como categoria necessária para defender a ordem sobrenatural. Veremos, *infra*, pp. 334-336, os desenvolvimentos da teologia escolástica e neo-escolástica, bem como a posição de H. de Lubac sobre esse assunto.

1. AGOSTINHO E O VATICANO II (1962-1965)

Ao superar o primeiro esquema da comissão teológica, elaborado na linha da encíclica *Humani generis*, o concílio Vaticano II orientou a pesquisa antropológica para uma visão unitária e integral do homem, tal qual ela surge sobretudo da revelação divina. O homem real, considerado em si mesmo e unido aos demais, na realidade de sua criação à imagem de Deus inserida na realidade do mundo, esse homem que peca, que vive, que foi resgatado, que constrói sua própria história no tempo e para além do tempo, eis a base da compreensão de seu ser misterioso. Foi assim que a constituição dogmática *Lumen gentium* ressaltou a vocação comum da humanidade ao fim sobrenatural, que é em conjunto o da Igreja e do mundo (n. 48).

Embora centrada na Igreja, a constituição pastoral *Gaudium et spes* aprofundou os elementos comuns a todo homem: uma comum criação e elevação ao sobrenatural; uma comum lei do pecado; uma comum esperança de redenção; uma comum vocação à perfeição em Cristo, o homem perfeito (*GS*, 1-2 e caps. 1 e 4). Foi assim que o Vaticano II descreveu a antropologia do homem integral, individual e coletivo, historicamente mergulhado no mundo, mas que tende para Deus.

Nessa apresentação da antropologia cristã pode-se reconhecer uma inspiração agostiniana, levada ao concílio por grandes teólogos modernos presentes em quase todas as comissões, como H. de Lubac, Y. Congar ou A. Trapè. "Quando o concílio — observou um especialista de santo Agostinho —, depois de ter lembrado as mudanças do mundo, começa a considerar o homem em si mesmo, em sua comunidade e em sua atividade, mostra-se agostiniano: o homem criado à imagem de Deus, criado bom, criado único, mas não deixado só; o homem que peca e ofusca a imagem de Deus. O pecado, desde então, faz parte da atividade do homem, e essas duas aproximações do homem agostiniano obtêm aqui uma confirmação. Na análise dos elementos constitutivos — corpo, interioridade, inteligência, verdade e sabedoria, consciência moral, grandeza da liberdade — crer-se-ia ouvir falar Agostinho, tão grande é a semelhança não somente no pensamento, mas até na expressão."[75] Se, no passado, houve teólogos que tiveram algumas dúvidas sobre essa apresentação agostiniana da antropologia como pouco satisfatória para um espírito filosófico[76], a opinião hoje se transforma extraordinariamente[77].

Na realidade, ao repor a antropologia cristã numa visão agostiniana, o Vaticano II optou por uma reflexão teológica sobre o homem que se inscreve de preferência num objetivo histórico. Sem insistir de modo forçado nos proble-

---

75. J. MORAN, *Presenza di S. Agostino nel Concilio Vaticano II*, Augustinianum 6 (1966) 460-488.
76. G. GALEOTA, *Bellarmino contro Baio a Lovanio*, Roma, Herder, 1966, pp. 114-115.
77. V. GROSSI, *La coscienza storica tra Bibbia e Tradizione*, Lateranum N. S. 66 (1990) 653-678.

mas relativos à narrativa do Gênesis e na teologia paulina dos dois Adões, não se pode fugir de uma antropologia que leve em conta a realidade da humanidade: as Escrituras falam da história de Deus com o homem. Mesmo que ela não tenha a clareza da escolástica, essa aproximação é mais próxima da história do homem.

2. VISÃO DE CONJUNTO SOBRE A DOUTRINA DA GRAÇA

Vamos tentar propor uma síntese de conjunto que não se limite simplesmente a registrar a história. Indicaremos então os dados de fé que dizem respeito à graça; o papel que exerceram os Padres da Igreja e, no Ocidente, Agostinho; os dados ressaltados pelo magistério, no mais das vezes por ocasião de polêmicas bem determinadas; e os elementos construídos pelas diferentes escolas teológicas.

Das Escrituras aos Padres gregos

A doutrina da graça de Deus e de Cristo enraíza-se nas fontes da revelação. Nas Escrituras, a Aliança de Deus com a humanidade, fio condutor da revelação e categoria com a qual os Padres da Igreja liam a Bíblia para os catecúmenos, exprime seja a benevolência de Deus para com os homens (conceito de graça, de misericórdia), seja uma santidade particular naquele que se beneficia dessa Aliança. No primeiro caso, "graça" e "misericórdia" destacam a salvação do eleito como testemunho da fidelidade de Deus à sua Aliança; no segundo, essas palavras designam "o justo pela fé", como Abraão, cujo reto agir moral é um aspecto e um testemunho dessa Aliança. Nesse contexto, o mundo cristão podia se exprimir como o apóstolo Paulo: "Por ele, nos tornemos justiça de Deus" (2Cor 5,21), ou seja, por meio da fé em Cristo, manifesta-se neles a fidelidade de Deus à humanidade.

Se a Bíblia faz sobressair a primazia da misericórdia de Deus e a justiça que vem da fé em Cristo (Rm 3,27; 1Cor 4,7), a reflexão oriental privilegia a ideia de divinização, distinguindo no homem um processo que vai da imagem à semelhança, pela ação comum do dom do Espírito Santo e da vontade do homem. Na "semelhança" do Verbo encarnado, exemplo do cristão, implanta-se toda a concepção ascética do monaquismo oriental.

A categoria da "divinização" (*theopoiesis*) foi sem dúvida a que, na Igreja grega, deu maior valor à graça como santificação total[78]. Muito comum na liturgia oriental, ela não foi, todavia, muito utilizada na reflexão da Igreja ocidental.

---

78. Cf. t. 1, pp. 292-317.

Agostinho e a contribuição de categorias novas

É com razão que, na história da teologia da "graça", consideramos Agostinho à parte. Com ele, com efeito, a discussão sobre o conjunto da salvação do homem se concentrou sobre esse termo. Foi uma ocasião de numerosos esclarecimentos para a antropologia cristã. Ao abordar o tema da liberdade/livre-arbítrio, tocava-se numa infinidade de questões que até hoje são debatidas; formava-se a alma da cultura ocidental, sempre atenta em defender sua autonomia antropológica. Sem dúvida, do ponto de vista da inculturação, o problema era central, mas a mediação teológica do primado de Deus com a liberdade do homem, tal qual resulta da revelação bíblica, é uma dialética tão forte que parece a do Deus de Israel, sempre fiel à Aliança com seu povo que se debate na tentação de uma infidelidade sem fim.

A escolha dessas categorias privilegiou naturalmente um ponto de vista antropológico, fortemente interpersonalizado. A complexa dialética dessa relação tratada por meio dessas categorias explica as dificuldades surgidas sem cessar após a polêmica pelagiana. Duas vontades, duas liberdades, a de Deus e a do homem, foram postas em oposição em termos suscetíveis de múltiplas acepções. Os diversos esquemas sucessivamente utilizados por Agostinho indicam as possibilidades múltiplas de fazer avançar a reflexão teológica sobre a graça e a justificação. Com muita frequência, seus leitores escolheram um só deles e restringiram o horizonte ao se apoiarem exageradamente só nas últimas obras do bispo de Hipona. De sua parte, Agostinho sabia harmonizar teologicamente quatro princípios da doutrina da graça: a necessidade da graça medicinal de Cristo; a necessidade da oração de súplica; a distinção entre natureza íntegra e natureza decaída; a fragilidade do homem, mesmo justo, e a imperfeição da justiça no tempo presente, o que são Paulo chama de "redenção em esperança".

Os principais dados dogmáticos

A teologia da graça e da justificação tornou-se, pois, uma questão totalmente restrita ao mundo ocidental por ocasião da polêmica pelagiana. Marcou toda a antropologia teológica a partir de santo Agostinho, fazendo-a, literalmente, explodir na época da Reforma. Dois concílios deram as indicações de base, o de Cartago e o de Trento. Organizaram-se a partir daí as leituras antropológicas da teologia católica: até a Reforma, o apoio foi sobre Cartago, e até hoje, sobre Trento.

Sobre a graça e a justificação, o concílio de Cartago apresentou a terminologia e sua significação. Trata-se da "graça pela qual somos justificados por Nosso Senhor Jesus Cristo", da "graça de Deus", da "graça da justificação", explicada como um "auxílio" para não mais pecar e como um amor para que o livre-arbítrio possa cumprir os mandamentos divinos.

Diante da teoria de uma justificação somente imputada, o concílio de Trento precisou o caráter de interioridade da graça e a realidade da mediação dos sacramentos. Apoiando-se na doutrina paulina, ele soube situar a doutrina da justificação no quadro geral da história da salvação e aplicar ao caso particular da justificação pessoal a lógica universal da prioridade do dom de Deus ao homem, em Cristo. Mas ele conjugou também com constância a articulação do papel da graça e da liberdade, evitando de as pôr em conflito. Sua definição da justificação e de suas causas é um hino à gratuidade do dom de Deus. Ele afastou todas as suspeitas que se pudessem lançar contra a Igreja católica sobre seu "pelagianismo" com base em certas práticas suas. Soube demonstrar que o dogma da justificação pela graça, por intermédio da fé, não é uma doutrina protestante, mas uma doutrina simplesmente cristã.

Uma retomada constante dos debates

O mundo ocidental seguiu Agostinho no bem e no mal. O bispo de Hipona é um autor difícil de classificar. Muitas incompreensões sobre seu pensamento se devem a sistematizações que ele mesmo jamais se permitiu fazer. Vimos que o magistério da Igreja fez seu o essencial do pensamento dele sobre a primazia da graça de Deus e sobre o respeito da liberdade humana, desde o concílio de Cartago até o decreto de Trento sobre a justificação. Mas as soluções de Baio e de Jansênio sobre as questões da graça e da predestinação lançaram sobre a obra de Agostinho e sobre a escola dos agostinianos uma suspeita de conluio com essas doutrinas, que durará até o Vaticano II.

A partir do século XVI, a teologia católica sobre a graça conheceu um desenvolvimento quase que violento. A radicalização de Agostinho feita pelos Reformadores protestantes levou a teologia católica a utilizar menos a herança do bispo de Hipona. Se Lutero dera a Calvino os elementos de uma doutrina de predestinação absoluta, Jansênio chegou ao conceito da indefectibilidade da graça com relação à liberdade humana. Baio e Jansênio aproximaram admiravelmente os conceitos de natureza e de graça, a ponto de se ter acusado o primeiro de reduzir a graça à natureza, e o segundo de exagerar o poder da graça com relação à natureza decaída e ao livre-arbítrio.

A teologia de controvérsia seguiu as indicações do decreto de Trento, mas abandonando seu método bíblico e patrístico. Ela insistiu sobretudo sobre a definição conceptual de termos como natureza, graça, justiça, justificação, mérito. Essa aproximação ofereceu muita clareza nas difíceis questões de então e prevaleceu na pesquisa antropológica até o Vaticano II. Já falamos da correção de trajetória realizada por esse concílio.

3. AS QUESTÕES QUE HOJE SE FAZEM À TEOLOGIA TRADICIONAL DA GRAÇA

Elas correspondem para muitos às questões que se fazem à teologia de tradição agostiniana. Há, primeiro, as questões de sempre. Considerar a graça um dom sem apelação, sem outra condição, parece a muitos pôr em Deus uma nota de injustiça. Foi essa a acusação constante dos pelagianos. Agostinho tinha consciência de que, dada a grandeza do mistério da graça e da liberdade, podia-se apenas tentar estabelecer corretamente o problema. Mas a dificuldade relativa à salvaguarda da liberdade humana, inscrita na dialética da relação do homem com Deus, reaparece regularmente contra Agostinho.

A teologia moderna põe assim a Agostinho novas questões sobre a graça, em particular duas questões de natureza sacramental: acusa-se, primeiro, o bispo de Hipona de ter reduzido a compreensão da graça à que é dada às crianças no batismo e de ter feito dela um parâmetro geral, ao passo que ela é tão diferente nos diversos estados e idades da vida. Censura-se, além disso, que o objetivo insistente do batismo das crianças faz que a graça perca sua conotação interpessoal, reduzindo-a a uma objetivação ou "coisificação"[79].

Alguns autores se perguntam ainda se Agostinho não rompeu com a doutrina tradicional da graça, ruptura que iria bem além do desenvolvimento do dogma[80]. Essa questão radical, que se pôs logo depois de sua morte, reaparece em muitos problemas teológicos após os anos cinquenta. Todavia, a teologia tem mais a tendência de considerar Agostinho um mestre, mesmo se, sobretudo no terreno da graça, ele foi compreendido de modo tão diverso.

Há também as questões que se fazem à teologia escolástica pós-tridentina. Esta se ateve com muita frequência a defender o caráter sobrenatural e transcendente da graça, seu caráter gratuito e a santidade interior que ela traz. Os dois primeiros pontos (supranatureza e gratuidade) visavam sobretudo ao jansenismo, e o terceiro, ao protestantismo. A ligação entre esses diversos conceitos, em particular entre natureza e supranatureza, foi elaborada de maneira clara, muito clara certamente, e dominou a teologia até a metade deste século. A censura que se faz a essa posição teológica diz respeito à sua raiz conceptual, ou seja, o fato de tratar a graça de Deus e a liberdade humana mais como conceitos que como uma história viva, a de Deus e do homem.

4. A REFLEXÃO DE HOJE

A reflexão teológica renova-se continuamente, sobretudo nas fases agudas de mudanças culturais. Compete-lhe então ajudar a abrir novos horizontes de

---

79. Cf. V. GROSSI, Battesimo dei bambini e teologia, *Augustinianum* 7 (1967) 323-327.
80. G. RING, Bruch oder Entwicklung in Gnadenbegriff Augustins? Kritische Bemerkungen zur K. Flash, Logik des Schrekkens, *Augustiniana* 44 (1994) 31-113.

reflexão para a graça de Deus no mundo de hoje. Reconhece-se, aliás, que no decurso da história a teologia da graça foi submetida a interpretações unilaterais e a distorções em relação às indicações oficiais da Igreja. Hoje, a teologia procura mais do que nunca compreender a relação de Deus com o homem tal qual no-lo representam as Escrituras. A consciência dos limites da linguagem analítica convida a dar um caráter menos absoluto à expressão teológica. Igualmente, a utilização da linguagem simbólica no domínio da antropologia teológica poderia levar as distinções a um nível de proposição, sem pretender dar uma visão sistemática e cartesiana carregada de ideias claras e distintas.

Por exemplo, em vez de se limitar ao estudo do termo *charis/gratia*, pode-se partir da ideia de salvação comunicada gratuitamente por Deus. Salvaguarda-se assim a soberania de Deus e a gratuidade, bem como a relação interpessoal de Deus com o homem, fundamentada na criação, em que a "semelhança" acarreta a liberdade desse homem. Chega-se, então, aos caminhos para a salvação, que são o dom do Verbo encarnado e do Espírito Santo na Igreja de Cristo, na qual se encontram "a comunhão dos santos, a remissão dos pecados, a vida eterna". Se a gratuidade faz surgir a graça como dom e mostra a livre iniciativa divina, a salvação engloba muitos outros conceitos, e antes de tudo Cristo, que realiza a salvação, ocasionando a justificação e a ação da Igreja pelos sacramentos. A reflexão teológica deve levar em conta o conjunto dos elementos em causa. Pode também dar um espaço maior à tradição do Oriente cristão que encontra na liturgia e na mistagogia a ideia da "divinização" como dom. Recentemente, K. Rahner renovou essa visão ao fazer do homem o "acontecimento da auto-comunicação livre e perdoante de Deus"[81].

Segundo a revelação, o fim do homem é o próprio Deus, e somente Deus pode dar os meios de alcançá-lo. As fontes da fé nos falam da salvação de Deus dada ao homem em Cristo, pois "Deus quer que todos os homens se salvem" (1Tm 2,4). O homem, "grande questão", mas também "grande capacidade e grande miséria", não pode conseguir seu fim senão por meio da graça, suprema benevolência e dom da caridade divina. Reconhecer esse fato não é negar a transcendência e a gratuidade da graça, não é negar o homem em sua grandeza e em sua liberdade; é apenas reconhecer que Deus criou o homem nessa situação. A graça de Deus e a liberdade do homem existem e "cooperam" na natureza humana. É essa a fé cristã, são esses os dados inevitáveis de toda reflexão ulterior.

---

81. K. RAHNER, *Traité fondamental de la foi*, p. 139.

CAPÍTULO VII
Natural e sobrenatural
L. F. Ladaria

Convém retomar aqui o tema complexo da natureza e da graça, ou da natureza e do "sobrenatural", que pertencem às questões fundamentais referentes à constituição do homem. Já o dissemos[1], duas razões nos levam a isso. A primeira se baseia no fato de que esse tema pressupõe não somente a afirmação do homem criado à imagem e à semelhança de Deus, mas também toda a teologia do pecado e da justificação e da graça; a segunda é que sua problemática, que se origina na grande escolástica, encontrou seu desenvolvimento principal nos tempos modernos e se constituiu num dos grandes problemas doutrinais do século XX.

Na Igreja antiga, o problema do homem foi tratado em relação com o mistério de Cristo. A definição do ser humano, criatura feita à imagem de Deus, liga-o à economia salvífica. Mas, com o correr dos séculos, desenvolveu-se um processo que tendia a considerar o homem em si mesmo, deixando para segundo plano sua relação com Deus e com Cristo. Ao contrário, a relação com Cristo surgirá sempre com muita clareza quando se tratar do pecado de que Jesus nos livra e da graça que nos concede.

A inserção do homem no mistério de Cristo é um dom, uma graça, no sentido mais estrito do termo. Mas, ao mesmo tempo, ela não é estranha à própria constituição do homem. Não podemos pensar, pois, que seja qualquer coisa simplesmente "acidental" para a perfeição e para a realização de sua finalidade intrínseca. A relação entre a condição de criatura do homem e sua plenitude em Cristo, entre o dom de Deus, que é sua própria existência, e o dom maior ainda de sua vocação divina: essa é a questão que devemos abordar agora.

---

1. Cf., *supra*, p. 126.

I. OS ANTECEDENTES ANTIGOS

1. AS INTUIÇÕES DOS PADRES

INDICAÇÕES BIBLIOGRÁFICAS: J. RIUS CAMPS, *El dinamismo trinitario en la divinización de los seres racionales según Orígenes*, Roma, Pont. Inst. Or., 1970. — H. DE LUBAC, *Surnaturel. Études historiques*, Paris, Aubier, 1946; *Le Mystère du surnaturel*, Paris, Aubier, 1965.

O problema não foi objeto de reflexão explícita nos primeiros séculos cristãos. Mas entre os Padres já se observa certa tensão entre a constituição do homem e o caráter gratuito e transcendente da perfeição a que ele é chamado. Para Ireneu, por exemplo, o homem não é perfeito se não recebe o Espírito de Deus, que não é, todavia, um elemento antropológico em sentido estrito. O bispo de Lião não se põe a questão de saber o que o homem poderia ter sido, separado de Cristo, porque Jesus é precisamente o ponto de partida de sua reflexão. O homem é a criatura feita por Deus para ser coberto de seus benefícios[2]. Por isso, a condição de criatura, bem como a de beneficiário desses dons divinos, veem-se, sem dúvida alguma, em certa tensão. O destino do homem é a configuração a Cristo, o que se tornou possível porque o Filho assumiu a condição humana. O homem não tem, para os primeiros autores cristãos, outra finalidade; ela é puro dom divino sobre o qual não temos nenhum direito, pois não corresponde à "natureza" do homem. É o que afirma Clemente de Alexandria, ao distinguir a filiação divina de Jesus, que lhe corresponde por "natureza", e a nossa, fundamentada na livre vontade de Deus[3]. Diz ele implicitamente que esse dom não nos corresponde por "natureza". Orígenes conhece uma distinção semelhante: Jesus é Filho por natureza e não por adoção[4]. Fala-se nos primeiros séculos cristãos da natureza do homem e do que a ultrapassa. A primeira é a condição concreta na qual o homem se encontra como criatura; o "sobrenatural" ou, mais exatamente, o "superceleste" ou "supercósmico" é a visão de Deus à qual ele é chamado, e o divino em geral[5].

Santo Agostinho reconhece um duplo plano em nossa relação com Deus: o que corresponde à nossa condição de criaturas, em virtude da qual somos servidores, e o que corresponde à filiação por graça:

> Mesmo que já sejamos filhos pela graça, somos servidores, por sermos criaturas, porque toda a criação serve a Deus[6].

---

2. Cf. IRENEU, *CH*, IV, 14,1; Rousseau, pp. 445-446.
3. CLEMENTE DE ALEXANDRIA, *Stromates*, II,77,4; *GCS* 15, p. 153.
4. Cf. *Fragment sur Jean*, 109; *GCS* 10, pp. 526s. Cf. J. RIUS CAMPS, *El dinamismo trinitario en la divinización de los seres racionales según Orígenes*, pp. 211-215.
5. Cf. H. DE LUBAC, *Surnaturel*, pp. 325-428.
6. AGOSTINHO, *Explications sur les Psaumes*, 122,5; *CCSL* 40, pp. 1818s; cf. *Lettre* 140,4,10; *CSEL* 44, pp. 161-162: "Nós já éramos alguma coisa antes de sermos filhos de Deus [...]. Por sua

Esse modo pelo qual Deus — não quando nascemos, mas quando fomos criados e constituídos por ele — nos gerou por sua palavra e por sua graça para que fôssemos seus filhos é chamado de adoção[7].

De uma parte, Deus nos criou, mas, de outra, nos gerou para que fôssemos seus filhos. Há dois aspectos da obra de Deus em nós; o primeiro corresponde à "natureza", o segundo, à "graça". Mas a natureza humana e o dom de Deus não se opõem. Há entre eles, em sua grande diferença, uma íntima harmonia:

> Por conseguinte, para essa natureza criada numa tal excelência que, embora mutável, obtém a felicidade ao se unir ao bem imutável, ou seja, a Deus soberano — ela não pode preencher sua indigência sem ser feliz, evidentemente, e somente Deus a pode preencher —, não se unir a Deus é, certamente, um vício para ela[8].

É conhecida a afirmação do primeiro parágrafo das *Confissões*: "Fizeste-nos orientados para ti, e nosso coração não encontrará descanso enquanto não repousar em ti"[9]. O homem, finito por natureza, atinge sua plenitude só no Infinito. A tensão entre a natureza do homem e seu destino em Deus encontra-se assim claramente expressa.

Agostinho, de outro modo, parece ter uma real concepção da natureza como exatamente distinta do dom da graça. Assim, ele observa que poder ter a fé e a caridade é algo próprio da natureza humana, mas tê-las de fato é próprio da graça dos fiéis. A possibilidade é para todos os homens, a realidade dessa fé distingue o fiel do infiel[10]. O homem recebeu de Deus os bens naturais, a estrutura de seu ser, a vida, os sentidos, o espírito. Esses bens, mesmo enfraquecidos, ficam no homem, depois do pecado, quando perdeu a graça[11]. Essa distinção é importante. Agostinho reconhece, então, certo quadro da natureza que está integrado na história concreta marcada pelo dom inicial da graça de Deus e pelo pecado do homem. Distinguiu os dons que o homem recebe em decorrência da criação e os que Deus lhe outorga por uma gratuidade superior. Mesmo que no texto seguinte ele fale dos anjos, a afirmação pode ser transposta para o homem, sem ser forçada: "[Deus é aquele] que ao mesmo tempo institui a natureza deles e os enriquece com a graça"[12]. Ele não parece ter refletido diretamente sobre uma ordem natural hipotética, diferente da ordem da graça em que o homem se encontra atualmente. Nessa situação concreta, o homem é,

---

graça, fomos feitos o que não éramos, ou seja, filhos de Deus. Mas éramos alguma coisa e alguma coisa bem inferior, ou seja, filhos dos homens".

7. Contra Fausto, III,3; *PL* 42, 215.
8. *La Cité de Dieu*, XII,1,3; *BA* 35, p. 153.
9. *Confessions*, I,1,1; *BA* 13, p. 273.
10. Cf. *Sur la prédestination des saints*, 5,10; *BA* 24, p. 497.
11. Cf. *La nature et la grâce*, 3,3; *BA* 21, 249s.
12. *La Cité de Dieu*, XII,9,2; *BA* 35, p. 177. Cf. H. DE LUBAC. *Le mystère du surnaturel*, p. 121.

todavia, um ser paradoxal; somente em Deus ele pode chegar à plenitude de seus desejos, mas não os pode procurar sem Deus. Somente se Deus descer em direção ao homem é que este o poderá alcançar: "Sou eu quem desço, porque tu não podes vir"[13].

2. AS DISTINÇÕES DA PRIMEIRA ESCOLÁSTICA

A distinção entre bens "naturais", que correspondem ao homem em razão de sua criação e não se perdem pelo pecado, e, de outro modo, a "graça", a amizade com Deus que o pecado destruiu, manter-se-á com diferentes nuanças e dará lugar às distinções ulteriores entre a natureza e a graça. Refletiremos de modo cada vez mais explícito sobre as duas ordens de "gratuidade", que são a criação — sobre a qual é evidente que o homem não tem direito algum — e a amizade com Deus, presente divino a que a criatura humana jamais pode aspirar. Essa distinção encontrará apoio em Tg 1,17: "Todo dom valioso (*datum optimum*) e toda dádiva perfeita (*donum perfectum*) descem do alto". Essa passagem, citada pelo Pseudo-Dionísio no início de sua *Hierarquia celeste*[14], foi utilizada por seus discípulos e comentadores para distinguir as duas categorias dos dons recebidos pelo homem: o "dom valioso" se refere à criação, aos bens que são dados a toda criatura; a "dádiva perfeita" aplica-se à graça divina[15]. São dois modos de participar da bondade divina conferidos ao homem. Hugo de São Vítor comentará igualmente: "A criatura racional, a única que foi feita à imagem e à semelhança do Criador, recebeu os dons e as dádivas"[16]. O mesmo autor observa que o que Deus deu a menos à alma em sua criação ao uni-la ao corpo, dará a ela por graça na glorificação futura[17]. Deus quis, desde a origem, levar à consumação de seu fim a natureza do homem[18], e esse fim da natureza se refere ao próprio Deus: "É grande certamente a dignidade da criatura humana, pois foi feita de tal modo que nenhum bem lhe é suficiente senão o bem supremo"[19]. Tais são o dom prometido, a recompensa da fidelidade do homem, e não os bens terrestres que receberam Adão e Eva desde o primeiro instante. São de dois tipos os bens que Deus destina ao homem: os exteriores e os interiores, os que correspondem ao homem neste mundo e os que lhe foram prometidos como recompensa. Distinguem-se, por conseguinte, sem aspirar à nitidez das épocas posteriores, os dons que o homem recebe pela graça e os que lhe vêm da natu-

---

13. *Explications sur les Psaumes*, 121,5; *CCSL* 40, p. 1806. Cf. para essas questões, A. TRAPÈ, *S. Agostino. Introduzione alla dottrina della grazia* I. *Natura e Grazia*, pp. 305-315.
14. *La hiérarchie céleste*, 1,1; *SC* 58 bis, p. 70.
15. Cf. H. DE LUBAC, *Le mystère du surnaturel*, p. 122.
16. HUGO DE SÃO VÍTOR, Comentários sobre a hierarquia celeste, 2,2; *PL* 175, p. 936.
17. Cf. *Os sacramentos da fé cristã*, I,6,1; *PL* 176, 264.
18. *Ibid.*, I,7,11; 291.
19. *Ibid.*, I,6,6; 268.

reza, ou seja, de sua condição de criatura. Essa condição, já gratuita em si mesma, jamais se satisfaz, senão com o bem supremo. Mas os bens dessa natureza e os afetos ordenados por ela não levam ainda a Deus, não levam "para além da natureza". São as virtudes que Deus nos dá com sua graça reparadora que nos conduzem à remuneração "para além da natureza" (*supra naturam*)[20]. Na primeira metade do século XII, já se propõe uma síntese bastante clara: há uma dupla ordem de gratuidade, mas Deus é a única finalidade da criatura humana. O que o homem faz por natureza não leva a Deus, mas somente as virtudes que Deus infunde em nós.

Anselmo, alguns anos antes, estava certo, também ele, de que a finalidade pela qual Deus criara as criaturas racionais era fazê-las fruir do próprio Deus[21]. Ele insinua igualmente a distinção entre os dons naturais e os dons gratuitos: os filhos devem ser restituídos gratuitamente ao estado de justiça que os pais perderam?[22] De novo, a questão da natureza e da graça cristalizou-se em torno da questão do estado original e dos bens perdidos pelo pecado. Foi assim que se desenvolveu gradualmente a doutrina do "sobrenatural"[23].

As ideias de Pedro Lombardo coincidem com as de Hugo, às vezes com grande precisão. O homem, no primeiro instante da criação, recebeu duas "graças": a da criação em si e a da ajuda espiritual para obter a vida eterna, que não se pode alcançar somente com a primeira[24]. A distinção a que já fizemos referência entre o dom valioso e a dádiva perfeita de Tg 1,17 encontra-se assim em Pedro Lombardo. A situação do homem decaído dá ocasião para refletir sobre os dois planos da gratuidade. Segundo Lc 10,30, o homem que caiu nas mãos dos ladrões foi ferido e roubado:

> Ferido nos bens naturais, de que não foi privado, porque a reparação não podia se processar de outro modo; roubado[25] nos bens gratuitos, que pela graça foram acrescentados aos bens naturais (*per gratiam naturalibus addita fuerunt*). Esses dons são os dons valiosos e as dádivas perfeitas (cf. Tg 1,17), dos quais alguns, ou seja, os naturais, foram corrompidos pelo pecado, como a habilidade, a memória, o intelecto; os outros, ou seja, os gratuitos, foram tirados. Mesmo que os bens naturais sejam por graça, pertencem à graça geral de Deus. Faz-se com frequência essa distinção, pois a palavra "graça" se refere à espécie, não ao gênero[26].

---

20. *Ibid.*, I,6,17; 274.
21. Cf. *Pourquoi un Dieu homme?* II,4; eds. M. Corbin e A. Galonnier. Paris, Cerf, 1988, p. 405.
22. *La conception virginale et le péché originel*, 28; eds. M. Corbin et alii. Paris, Cerf, 1990, t. 4, p. 199.
23. Cf. A. VANNESTE, Saint Thomas et la question du surnaturel. *Eph. Theol. Lov.*, 64 (1988) 348-370, 358s.
24. *As Sentenças*, II, 24,1; *PL* 192, 701.
25. A distinção entre o homem ferido (*vulneratus*) em seus dons naturais e despojado (*spoliatus*) dos dons sobrenaturais terá êxito na Idade Média e chegará até nossos dias.
26. PEDRO LOMBARDO, *Sentenças*, II,25,7 (ou 8); Ed. Quaracchi, Grottaferrata, 1971, p. 465; *PL* 192, 707.

Há, pois, dois níveis de gratuidade e de graça. O primeiro é geral e se aplica a tudo o que é dado gratuitamente e sem mérito. É evidente que a criação é gratuita e que o homem não tem nenhum direito sobre os bens naturais que Deus lhe dá. Mas existe um segundo nível específico, ao qual corresponde mais propriamente o nome de graça: a capacidade de fazer o bem que leva diretamente ao fim do homem, ou seja, à vida eterna. A reflexão sobre esses dois tipos de dons já era desenvolvida entre esses grandes autores do século XII. Em Hugo, a expressão *super naturam* designava o que ultrapassa a natureza humana. Mesmo que a primeira escolástica tenha discutido sobre a ordem segundo a qual os dons foram concedidos ao homem, ela jamais duvidou da vocação fundamental desse homem à vida divina. A finalidade da natureza humana a eleva acima dela mesma. É por isso que somente o dom especial da graça, no sentido estrito do termo, lhe permite atingir esse fim. O homem não pode achar satisfação de seus desejos senão em Deus.

II. A GRANDE ESCOLÁSTICA: A VISÃO DE DEUS, ÚNICO FIM DO HOMEM

1. SÃO BOAVENTURA

Boaventura resumiu com clareza as ideias de seus predecessores:

> O primeiro princípio criador, em sua soberana benevolência, fez o espírito racional capaz da beatitude eterna. O princípio reparador restaurou para a salvação essa capacidade que se tornara caduca pelo pecado. Ora, a beatitude eterna consiste na posse do soberano Bem. Esse bem é Deus, bem infinitamente superior ao mais eminente serviço humano. Nenhum homem é digno de se aproximar desse bem soberano, que transcende todos os limites da natureza, a menos que Deus, em sua condescendência, o eleve acima dele mesmo[27].

Que o único fim do homem seja Deus é claro desde o *Comentário sobre as Sentenças*. O fim último de toda operação racional é a beatitude perfeita, e a alma foi feita para participar da beatitude, que é o único bem supremo. Ela foi feita capaz de Deus, pois foi feita à sua imagem e semelhança[28]. Parece que Boaventura não fala de outro fim do homem. A propósito do estado original e da situação do homem após o pecado, encontramos também a distinção habitual entre o que corresponde à natureza e o que corresponde à graça[29]. E, assim como o princípio criador dá a vida à natureza, o princípio reparador deve dar vida ao espírito no

---

27. BOAVENTURA, *Breviloquium*, 5,1,3; vol. 5, pp. 29-30; cf. *ibid.*, 2,9; vol. 2, pp. 101-107, sobre a alma capaz de Deus.
28. *Comentários às Sentenças*, II, d.19, a.1, q.1; Quaracchi, t. II, p. 460.
29. *Ibid.*, a.3, q.1; Quaracchi, p. 469.

ser gratuito[30]. À natureza se opõe, pois, a gratuidade que Deus nos deu desde o primeiro instante e que nos foi entregue pela obra de Jesus.

2. SANTO TOMÁS DE AQUINO E O DESEJO NATURAL DE VER A DEUS

> **INDICAÇÕES BIBLIOGRÁFICAS**: H. DE LUBAC, *Surnaturel. Études historiques.* Paris, Aubier, 1946, pp. 431-480. — J. ALFARO, *Lo natural y lo sobrenatural. Estudio histórico desde santo Tomás hasta Cajetano (1274-1534)*, Madrid, Consejo Superior de Investigaciones Cientificas, 1952. — A. VANNESTE, Saint Thomas et la question du surnaturel, *Eph. Th. L.* 64 (1988) 348-370. — Q. TURIEL, Insuficiencia de la noción de potencia obediencial como solución al problema de las relaciones del espíritu finito con la Visión de Dios, *Divinitas* 35 (1991) 19-54. — G. COTTIER, Intelligere Deum finis omnis intellectualis substantiae (*CG* III 25), *Atti del IX Congresso Tomistico Internazionale*, Roma, Libreria Ed. Vaticana, 1991, I, pp. 143-162.

Uma dupla gratuidade

Nas obras de santo Tomás, essas ideias, dispersas em seus predecessores, encontrarão uma mais ampla sistematização. Tomás de Aquino conhecia a distinção entre as perfeições que são "devidas" à natureza e as que são completamente gratuitas, ou seja, que não são devidas nem à natureza nem ao mérito. São os dons sobrenaturais, a "graça", que ultrapassa a ordem da natureza:

> A graça, precisamente porque é gratuitamente dada, exclui qualquer ideia de débito. Mas há dois modos de conceber um débito. Um se fundamenta no mérito [...] segundo a palavra do Apóstolo (Rm 4,4): "Para aquele que realiza obras, o salário não é considerado uma graça, mas um débito". Outro se fundamenta na condição da natureza; assim, dizemos que é um débito para o homem possuir a razão e tudo o que pertence à natureza humana. [...] Portanto, se os dons naturais não são devidos pelo primeiro motivo, eles o são pelo segundo. Os dons sobrenaturais, ao contrário, não são devidos por motivo algum, e é por isso que se deve, de maneira especial, dar-lhes o nome de graça[31].

Às perfeições que correspondem ao homem por sua natureza acrescentam-se outras que são obra unicamente da graça divina, somente do favor de Deus[32]. Entre essas últimas, contam-se, em primeiro lugar, a graça santificante, a

---

30. Cf. *Breviloquium*, 5,4,3; vol. 5, p. 53.
31. TOMÁS DE AQUINO, *STh* Ia-IIae, q.111, a.1, ad 2; Cerf, t. 2, p. 768. A mesma ideia é retomada no *Compendium de teologia*, 214.
32. Cf. *Sobre o tratado da Trindade de Boécio*, q.3, a.1.

imortalidade, a integridade. É claro que os dons naturais são, também eles, gratuitos, pois Deus criou livremente tudo o que existe. Não se trata de uma exigência que, a respeito deles, se pudesse exercer sob o ponto de vista jurídico, mas de uma coerência "ontológica", tendo em vista que a ausência deles significaria uma autêntica privação. Deus pode criar ou não criar, mas, se está determinado a criar, deve dotar as coisas com as perfeições próprias da natureza delas. A razão que apresenta santo Tomás para explicar essa exigência é muito interessante: a criatura deve se submeter a Deus para que nela se cumpra a ordem divina segundo a qual tal natureza deva ter tais condições e propriedades, a fim de que, agindo de determinada maneira, ela obtenha fins determinados[33]. A relação estabelecida aqui entre a natureza e seu fim será um ponto importante para a discussão posterior: a uma natureza concreta corresponde uma finalidade determinada no desígnio de Deus. É evidente que o homem continua a ser considerado segundo a perspectiva teológica de salvação que Deus lhe oferece. Senão, não haveria sentido falar de bens sobrenaturais e da graça não devida. E, mais ainda, quando Deus "deve" dar de algum modo a cada natureza as coisas que lhe são próprias, ele o faz porque deve ser fiel não às coisas, mas, antes, a si mesmo, à sua vontade, segundo a qual as coisas devem ter sido criadas[34].

A *natureza do homem considerado "em si"*

Mas, sem tirar o valor que têm as considerações precedentes, pode-se observar ao mesmo tempo uma tendência, ainda nascente, de determinar o que corresponderia ao homem "em si", de estabelecer o que é a natureza humana à qual se juntam outros bens que a superam. Essa tendência já é insinuada por alguns autores anteriores a santo Tomás. Também ele propaga a distinção entre os bens que o homem perde e aqueles que se mantêm após o pecado. A integridade substancial dos princípios da natureza continua, mesmo quando se perde a justiça original que o homem possuía[35]. Deus criou Adão desde o primeiro instante com a graça santificante, mas não seria absurdo se ele o criasse somente com os bens naturais. A concessão da graça santificante é algo que depende da livre vontade de Deus. Santo Tomás não diz que Deus poderia criar o homem sem o "elevar" à ordem sobrenatural. Mas sua insistência sobre o caráter de esse dom não ser devido faz pensar que a decisão de criar o homem não deva acarretar necessariamente a comunicação das perfeições de ordem sobrenatural[36]. Se o homem fosse criado, desde o primeiro instante, mortal e sujeito à concupiscência, nada seria destruído da natureza, porque os dons da integridade e da imortalidade provêm da graça e não são consequências da criação como tal.

---

33. *STh*, Ia-IIae, q. 111, a.1; Cerf, t. 2, p. 168.
34. Cf. *Da verdade*, 6,2; *Quaestiones disputatae*, Torino, Marietti, 1914, t. 3, p. 136.
35. Cf. *STh*, Ia-IIae, q.75, a.1; Cerf, t. 2, p. 483.
36. Cf. ALFARO, *op. cit.*, pp. 245s.

Essa reflexão tão elaborada a respeito de uma dupla ordem de gratuidade no ser humano é sem dúvida um progresso. Com ela, toma-se renovada consciência da gratuidade radical do dom de Deus em Jesus Cristo e da visão beatífica à qual o homem está destinado e à qual é chamado, como consequência. Igualmente, explicita-se melhor algo que sempre esteve na consciência cristã e que vimos já insinuado em épocas anteriores. Mas, ao mesmo tempo, deu-se uma mudança de perspectiva em relação aos primeiros tempos cristãos. Agora, começa-se a distinguir com mais nitidez o que Deus fez e o que poderia ter feito, o que corresponde e o que não corresponde ao homem "como tal". Por isso, como facilmente se vê, começa-se a trabalhar com base em uma noção abstrata do homem, que pode abarcar o que existe e o que teria podido existir. O desígnio concreto de Deus sobre ele, uma vez que é "sobrenatural", não devido à sua natureza, já não faz parte da definição do homem. A reflexão explícita sobre as duas ordens de gratuidade, que é sem dúvida um progresso, tem essa contrapartida. O sobrenatural pôde ser pensado como alguma coisa que "é acrescentada" ao que o homem é e poderia estar na ordem natural, com a natureza humana não corrompida e no estado de corrupção não total na qual ela se encontra após o pecado[37]. Essas consequências levarão bem mais longe do que as afirmações de santo Tomás. Além disso, mesmo que a possibilidade da criação sem o destino à visão divina possa ter sido conforme ao espírito do Doutor Angélico, o fato é que Tomás não insistiu especialmente em descrever a condição na qual se veriam esses homens nesta vida ou na outra. Somente de maneira indireta é que se podem fazer conjecturas com base no que ele diz, por exemplo, sobre o limbo das crianças[38].

O desejo natural de ver a Deus

Além disso, porém, santo Tomás, em muitos textos seus, afirma que o homem está tomado por um desejo natural de ver a Deus face a face — ponto que toca numa questão importante para as épocas posteriores —, e diz que a perfeita beatitude só se atinge nessa visão. Tal ideia é expressa em numerosos textos. Na *Suma contra os gentios* já aparece essa doutrina: a última beatitude do homem não consiste senão na contemplação de Deus[39]. Tomás explicou antes a razão desse fato: todas as criaturas, inclusive as que não são dotadas de intelecto, estão ordenadas a Deus como a seu fim último. Todas chegam a esse fim, pois participam de certo modo de sua semelhança. As criaturas racionais atingem esse fim de uma maneira especial, ou seja, por sua própria operação, tendo um

---

37. *STh*, Ia-IIae, q. 109, a.2; Cerf, t. 2, p. 751: no estado de natureza íntegra, o homem teria podido fazer todo o bem proporcionado à sua natureza. No estado atual, ele pode fazer algum bem particular, como construir casas, plantar vinhas etc.

38. Cf. ALFARO, *op. cit.*, pp. 256s e A. VANNESTE, *art. cit.*

39. *Somme contre les gentils*, III,37; Cerf, p. 464.

entendimento de Deus. Daí que compreender Deus é o fim da criatura intelectual[40]. Essa finalidade própria da natureza intelectual suscita o desejo natural de ver a Deus. E como, segundo o Doutor Angélico, é impossível que o desejo natural seja vão, segue-se que deve ser possível que as substâncias intelectuais cheguem a Deus pela inteligência. Somente nessa visão repousa o desejo natural da substância intelectual[41]. Doutrina semelhante se encontra na *Suma*:

> Com efeito, como a beatitude última do homem consiste na mais alta operação, que é a operação intelectual, se o intelecto criado não pode jamais ver a essência de Deus, de duas uma: ou jamais alcançará a beatitude, ou sua beatitude consistirá em outro fim que não Deus, o que é estranho à fé[42].

Só Deus pode dar ao homem a beatitude última, visto que ele é para si mesmo essa plena beatitude, pois repousa somente em si[43]. Qualquer conhecimento de um efeito criado conduz necessariamente o intelecto a procurar mais até conhecer o próprio Deus, até conhecer a causa primeira.

> Exige-se, pois, para a perfeita beatitude, que o intelecto atinja a essência da causa primeira. E assim ele possuirá a perfeição ao se unir a Deus como a seu objeto; somente nisso consiste a beatitude[44].

O intelecto humano é, pois, capaz desse conhecimento direto de Deus, da visão. E não somente é capaz de ter essa visão, mas a deseja como a única que lhe pode dar a plena beatitude. Somente Deus é a verdade por essência, e somente sua contemplação torna o homem perfeitamente feliz.

Um desejo natural realizado por um dom sobrenatural

Mas esse desejo de Deus tem uma característica muito especial: não pode ser atingido pelas forças naturais do homem. Sem dúvida, existe aqui um paradoxo. O homem deseja algo que só pode obter com a ajuda da graça. Já na *Suma contra os gentios* é claramente dito que a visão de Deus pela essência divina corresponde somente à natureza divina. Qualquer outra substância intelectual não pode chegar a esse conhecimento se o próprio Deus não a conduz a si[45]. A *Suma teológica* insistirá ainda mais sobre o mesmo tema. Somente porque Deus

---

40. Cf. *ibid.*, III,25; pp. 442-445. Cf. G. COTTIER, Intelligere Deum finis omnis intellectualis substantiae (CG III 25).
41. *Somme contre les gentils*, III,50-51; Cerf, pp. 500-503.
42. *STh*, Ia, q.12, a.1; Cerf, t. 1, p. 222.
43. *STh*, Ia, q.73, a.2; Cerf, t. 1, pp. 639-640.
44. *STh*, Ia-IIae, q.3, a.8; Cerf, t. 2, p. 41.
45. *Somme contre les gentils*, III,52, Cerf, p. 504.

se une por sua graça ao intelecto criado é que este pode vê-lo em sua essência. É a mesma essência de Deus que se torna a forma inteligível do intelecto quando este vê a Deus em sua essência. É preciso, pois, que alguma disposição sobrenatural se junte à inteligência para que ela seja elevada a uma tão alta sublimidade, pois o conhecimento acontece quando o objeto conhecido está no conhecedor[46]. Será que isso significa uma fraqueza ou uma imperfeição da natureza humana, que não pode, por si só, chegar ao que ela deseja? Pelo contrário. A finalidade de todas as criaturas, como já dissemos, é o próprio Deus. Ora, somente a natureza humana pode chegar plenamente a esse fim e conseguir o bem perfeito, ainda que tenha necessidade do auxílio divino para isso. Ela está, pois, numa condição superior e mais digna do que as demais criaturas, as irracionais, que não podem de modo algum chegar a esse bem perfeito: "Uma natureza que pode alcançar um bem perfeito, ainda que tenha necessidade para isso de um auxílio exterior, é de uma condição superior à da natureza que não pode obter esse bem perfeito"[47]. Por conseguinte, o homem só atinge sua plenitude em Deus, mas essa plenitude é um dom que ele recebe pela graça. Somente a Deus, não à criatura, corresponde naturalmente a beatitude perfeita[48]. A condição paradoxal do homem se manifesta também pelo fato de que essa visão de Deus é, de um lado, superior à natureza da alma racional, pois esta não a pode alcançar por suas próprias forças, mas, de outro, é conforme à sua natureza, porque a alma é capaz de ver a Deus, uma vez que foi criada à sua imagem e semelhança[49].

A visão de Deus que o homem deseja e que constitui sua plenitude vai mais longe do que aquilo que ele pode explicitar sob a forma de um desejo claro. Não se trata, pois, do fato de que o homem conheça com exatidão o que o espera nem de que seja capaz de desejar com precisão o que Deus lhe dará. Desse ponto de vista, a natureza humana não pode se comparar com a dos outros seres: "A vida eterna é um bem sem proporção com o poder da natureza criada, pois transcende até mesmo seu conhecimento e seu desejo, conforme a palavra do Apóstolo: '(Nós anunciamos) o que o olho não viu, o que o ouvido não ouviu [...]' (1Cor 2,9)"[50]. E, ainda que todos os homens desejem a beatitude, não podem conhecer em que ela consiste, e por essa razão eles não desejam, conscientemente, a visão de Deus[51]. As forças naturais não são suficientes para obter o bem supremo, nem para conhecê-lo ou desejá-lo[52]. Significariam esses textos que é preciso negar o desejo natural, tão claramente expresso? O contexto de algumas dessas passagens trata da fé, o único meio

---

46. *STh*, Is, q.12, a.4-5; Cerf, t. 1, pp. 225-227.
47. *STh*, Ia-IIae, q.5, a.5, ad 2; Cerf, t. 2, p. 55. Cf. também Ia-IIae, q.109, a.5; p. 754.
48. *Ibid.*, Ia, q.62, a.4; Cerf, t. 1, p. 575.
49. Cf. *ibid.*, IIIa, q.9, a.2; Cerf, t. 4, p. 95.
50. *Ibid.*, Ia-IIae, q.114, a.2; Cerf, t.2, p. 793.
51. Cf. *ibid.*, Ia-IIae, q.5, a.8; Cerf, t. 2, p. 58.
52. Cf. *Da verdade*, 14,2. O fundamento bíblico dessas afirmações é sempre 1Cor 2,9.

pelo qual podemos ter acesso ao conhecimento do fim último do homem[53]. Vê-se claramente a transcendência dessa finalidade do ser humano. O homem não a pode atingir por suas próprias forças, pois ela vai além do que ele pode pensar e querer. Se, de uma parte, o desejo de Deus se encontra enraizado no mais profundo do homem, de tal modo que não pode haver para ele outro fim definitivo senão a visão divina, de outra, sua obtenção ultrapassa as forças humanas. Se santo Tomás fala às vezes de um "fim natural", ele se refere ao conhecimento de Deus e à beatitude que se pode adquirir nesta vida[54]. A tensão entre o que podemos chamar de "imanência" e "transcendência" do sobrenatural explica as formulações do Doutor Angélico, cuja harmonização nem sempre é fácil.

3. DUNS SCOT: O DESEJO NATURAL DE DEUS MANTIDO

Duns Scot também imaginou o homem ordenado para Deus como para seu fim natural. Todavia, esse fim não se obtém "naturalmente, mas sobrenaturalmente"[55]. Mesmo que o homem não o possa alcançar valendo-se do que é simplesmente natural, ele o recebe de modo extremamente natural, pois esse fim é aquilo para o que tende intrinsecamente a natureza humana. Com efeito, o homem tende para a visão de Deus não por um ato de sua vontade nem somente depois de ter conhecido esse fim, mas porque a natureza tende à sua perfeição como a pedra é atraída para a terra pela força da gravidade. É, pois, a inclinação da natureza inteira para sua própria perfeição. Trata-se de uma "tendência passiva", diferente das tendências ativas nas quais a potência se orienta livremente para o que é desejado.

Uma vez que na visão de Deus se encontra a perfeição suprema da natureza racional, esta deve desejá-la necessariamente. Esse desejo não depende, pois, da liberdade ou da escolha do homem. É um desejo universal, pois se identifica com a natureza do ser intelectual criado. É por isso que mesmo pecadores condenados o manteriam, pois permanece neles a natureza humana. E, uma vez que a suprema inclinação da natureza está voltada para sua perfeição, o desejo que visa a alcançá-la é o mais intenso possível. Mas esse desejo não inclui a tendência de atingir o bem desejado com as forças naturais nem a capacidade de se pôr em movimento em direção a ele. Desejamos essa visão divina como alguma coisa que devemos receber pela ação de Deus. É desejada como dom. A essência divina não está naturalmente presente como objeto senão a Deus, não ao homem nem a nenhum intelecto criado. Estamos de

---

53. *STh*, Ia, q.1, a.1; Cerf, t. 1, p. 154.
54. *Ibid.*, Ia, q.62, a.1; Cerf, t.1, p. 572. Cf. Ia-IIae, q.5, a.5; t. 2, p. 55.
55. DUNS SCOTUS, *Écrit d'Oxford sur le livre I des Sentences*, prol., q.1, n.9; *Opera omnia*, Paris, Vivès, 1893, t. 8, p. 16. Cf. ALFARO, *Lo natural y lo sobrenatural*, pp. 40s.

novo diante do paradoxo que observamos em santo Tomás: de uma parte, a suprema inclinação da natureza para a visão de Deus, de outra, a impossibilidade de a alcançar.

Sobre essa "potência passiva" não age, pois, um princípio ativo que lhe correspondesse por natureza, mas um princípio ativo sobrenatural, o próprio Deus, visto que ele age "sobrenaturalmente", ou seja, não mais no quadro de sua obra criadora ou segundo sua providência ordinária. Deus age de maneira sobrenatural, na ordem da gratuidade, quando não realiza simplesmente o que pertence à natureza ou que dela decorra segundo "exigências ontológicas". Já no plano natural, Deus deve dar à alma humana as perfeições que lhe correspondem. Se ele não é, em sentido estrito, "devedor" de ninguém, "devendo" apenas sua bondade, ele passa a sê-lo também de suas criaturas, por causa de sua liberalidade, uma vez que lhes concede o que exige a natureza delas. Distingue-se dessa obra primeira o que Deus realiza por puro amor, sem nenhum tipo de exigência por parte da criatura. O dom da graça divina é assim totalmente *não-devido*, gratuito, ainda que responda ao mais profundo desejo do homem[56].

Fica assim consolidada a distinção entre as perfeições do homem que, ao lhe serem totalmente dadas, de algum modo lhe correspondem, e o apelo à visão de Deus, diante da qual o homem não pode apresentar exigência alguma. As duas ordens de bens, que correspondem às duas ordens de gratuidade dos dons divinos, são dadas no que é o ser concreto do homem.

Esse desejo da visão divina, tão profundamente enraizado na natureza humana, não pode ser realmente conhecido em sua existência senão pela revelação. Só por ela sabemos que a visão de Deus é possível à criatura racional e, portanto, ao homem. Uma vez conhecido pela revelação que é esse o fim do ser humano, pode-se deduzir a existência desse desejo, ao passo que a natureza deve sempre se inclinar para sua própria perfeição. Assim, a alma tem, em relação à visão beatífica, o mesmo desejo natural que a respeito das perfeições naturais, embora essa visão seja estritamente sobrenatural[57].

Existe, pois, no homem um desejo inato da visão da essência divina. Mas a natureza racional criada, que deseja esses bens sobrenaturais, não os pode alcançar por sua atividade natural. É preciso uma intervenção sobrenatural de Deus, conhecida somente pela revelação divina. Nesta vida, o homem não conhece mesmo, sem a revelação, o fim de seu desejo inato. Parece que Duns Scot não se pôs explicitamente a questão de saber se Deus poderia ter criado a natureza humana somente com as perfeições da natureza, sem a elevação sobrenatural. Ele considerou com mais clareza a hipótese daquele que teria morrido na pura condição "natural" e que não chegaria então à visão de Deus. Mas há uma grande diferença entre esse caso e o de um homem privado da visão beatífica por causa do pecado. No segundo caso, a

---

56. Cf. J. ALFARO, *op. cit.*, pp. 54s.
57. Cf. *ibid.*, pp. 38, 71s e 125.

privação é uma pena; no primeiro, ela deriva simplesmente das condições da natureza. Naturalmente, Scot afirma que, de fato, nenhum homem jamais estará na condição que corresponda a essa hipotética "natureza" humana. Mas aproxima-se dessa situação a das crianças mortas sem batismo e que — segundo a lógica dessa doutrina — se encontram no "limbo". Elas conhecem sua essência humana e podem atingir a beatitude "natural", sabendo que Deus é o primeiro ser[58].

São numerosos os pontos de coincidência entre Duns Scot e santo Tomás. Não há, por conseguinte, motivo de espanto se, nesse ponto, a coincidência entre os teólogos das escolas tomista e franciscana tenha fundamentalmente continuado ao longo dos séculos XIV e XV. A existência do desejo inato de ver a Deus foi opinião comum de todas as escolas teológicas dessa época. Diferenças de nuanças podem ser observadas: Duns Scot e a escola franciscana insistem sobre o que o desejo tem de inato, como algo identificado com a natureza racional e, portanto, anterior a todo conhecimento. Os teólogos tomistas, com algumas exceções, e os agostinianos consideram a inquietude na qual se encontra a alma humana por não conhecer imediatamente a Deus. Naturalmente, essa inquietude é expressão do desejo inato[59].

Para nós, fica certamente o problema de saber como harmonizar o desejo natural de ver a Deus com o fato de esse desejo ser algo não devido. Parece, à primeira vista, que, se alguma coisa é "natural", deve responder a uma exigência. Tomás de Aquino, Duns Scot e os teólogos que os seguiram não se preocuparam com isso. A explicação de J. Alfaro é de que, no período considerado, não se pôs a questão da possibilidade de todo o gênero humano ter sido criado sem a elevação sobrenatural à visão de Deus. Considera-se somente a hipótese de tal homem em particular, para negar que, de fato, tal caso tenha ocorrido ou aconteça; depois, considera-se o caso especial das crianças mortas sem batismo que vão para o limbo. Mas, "enquanto não se pensa na hipótese de todo o gênero humano não destinado à visão de Deus [...], a dificuldade da frustração total do desejo natural de ver a Deus não aparece com destaque e, consequentemente, não se considera em que tal desejo, para não existir em vão, parece exigir que o homem esteja necessariamente destinado à visão de Deus"[60].

III. A TEOLOGIA DO SOBRENATURAL NOS TEMPOS MODERNOS NA ÉPOCA CONTEMPORÂNEA

INDICAÇÕES BIBLIOGRÁFICAS: H. RONDET, Le problème de la nature pure et la théologie au XVIe siècle, *RSR* 35 (1948) 481-521. — J. ALFARO, Lo natural

---

58. Cf. *ibid.*, pp. 316s.
59. Cf. o resumo de J. ALFARO, *ibid.*, p. 407.
60. *Ibid.*, pp. 405-406.

y lo sobrenatural..., — B. HALLENSLEBEN, *Communicatio, Anthropologie und Gnadenlehre bei Thomas de Vio Cajetan*, Münster, Aschendorff, 1985.

1. A HIPÓTESE DA "NATUREZA PURA"

Não foi fácil manter o equilíbrio dos grandes autores da escolástica. Quando se começa a especular sobre o que corresponderia à natureza em si mesma, abre-se um caminho em que o dom da graça é considerado uma adjunção a um ser que seria consistente nos limites de sua natureza. A ordenação à visão de Deus deixa de fazer parte da definição do homem. Por isso, não é de estranhar que nos séculos XIV e XV a afirmação do desejo natural de ver a Deus deixe de ser unânime. Apontam-se habitualmente dois opositores a essa tese: Tomás Anglicus, representante da escola tomista, no início do século XIV, e Dionísio de Chartreux, no século seguinte. Mais importante que o número de autores é o raciocínio de fundo. Para Tomás Anglicus, existe no mundo a ordem natural e a ordem sobrenatural. Ora, a primeira é anterior à segunda, não necessariamente conforme a cronologia, mas porque a ordem sobrenatural pressupõe a existência da ordem natural. Podemos com nosso pensamento suprimir a ordem sobrenatural e, mesmo assim, a ordem natural continuaria íntegra em todas as suas perfeições. Se o desejo de ver a Deus é natural, o efeito então é um absurdo: a ordem natural poderia existir sem a sobrenatural e, por consequência, existiria o desejo natural, que teria como objeto alguma coisa absolutamente impossível. Por conseguinte, o desejo natural de ver a Deus não existe. Dessa argumentação parece seguir-se que Tomás considera a hipótese da existência do homem apenas na ordem natural como algo possível. Um outro argumento de Tomás Anglicus contra o desejo natural de ver a Deus é que não se pode desejar naturalmente o que não se pode alcançar por natureza. Não existe, pois, no homem um desejo do sobrenatural. Há um desejo natural da beatitude que tem Deus como objeto, mas ele não determina que conhecimento de Deus é desejado. Exclui-se poder se tratar da visão beatífica. Tomás é quase o único a sustentar essa posição. E não exerceu praticamente influência no escola tomista, nem no século XIV nem no seguinte[61].

Para Dionísio de Chartreux († 1471) também, a existência do desejo natural de ver a Deus continua incompreensível. Uma perfeição sobrenatural vai além da condição da natureza. Se a natureza intelectual desejasse naturalmente o fim sobrenatural, isso significaria que se pode satisfazer o desejo por causas naturais. Para Dionísio, a cada natureza corresponde um fim próprio, segundo sua perfeição essencial. Somente do intelecto incriado é próprio contemplar em sua essência a luz infinita, que é Deus. Em contraposição,

---

61. Cf., *ibid.*, pp. 210-215 e 221-222.

corresponde às inteligências criadas o conhecimento de Deus segundo sua própria natureza. Não pode haver senão um apetite natural do que está ao alcance das forças naturais. Além disso, decorre desse princípio que, se o desejo de ver a Deus fosse natural, ele seria devido ao homem segundo a ordem natural das coisas; ao intelecto criado corresponderia então a visão de Deus segundo sua essência. O que é evidentemente falso. Outro argumento alegado é o seguinte: se esse apetite natural existisse, a razão poderia conhecê-lo e saber que a essência divina é visível. É por isso que se deve afirmar que a criatura racional não deseja naturalmente a visão imediata de Deus, mas se contenta com a posse de Deus que lhe permitem as forças de sua natureza. Nessa ordem, ela teria um conhecimento "perfeito", que satisfaria seus desejos e preencheria sua capacidade natural[62].

Em alguns autores do século XV amplia-se cada vez mais a via que considera possível a existência de um homem criado na simples condição natural, comportando uma beatitude adequada a essa condição na outra vida. Mas a tese, comum a todas as escolas, do desejo natural da visão de Deus substancialmente ainda se mantém. Essa doutrina será negada por Cajetano nos primeiros anos do século XVI.

2. CAJETANO E A DUPLA FINALIDADE DO HOMEM

Cajetano (Tomás de Vio, † 1534) baseia-se no fato, reconhecido por todos, de que Deus quis se comunicar de duas maneiras aos seres criados e contingentes: em primeiro lugar, ao criá-los, e, em segundo lugar, ao dar à criatura racional a possibilidade de chegar à visão divina. Para isso, ele concede a essa criatura a possibilidade da fruição perfeita, dando-lhe por graça o que ele não podia obter por natureza. Deriva daí uma dupla ordem entre os seres criados, de fato existentes, a ordem da natureza e a da graça. Se pertence à primeira ordem o que convém às diferentes substâncias criadas, pertence à segunda a caridade e a visão de Deus. A ordem natural equivale ao "devido" à criatura, nos termos que já conhecemos; a ordem sobrenatural, ao que nas criaturas está acima do que se lhe deve. Nesse sentido, "sobrenatural" equivale a "gratuito". Cajetano segue nesse ponto a doutrina de santo Tomás. Também ele explica, como seu predecessor, em que sentido se pode dizer que Deus "deve" alguma coisa às criaturas: a propósito delas Deus é devedor de sua sabedoria e de sua vontade. Mas a graça, dada, por hipótese, gratuitamente, faz que o homem participe do próprio Deus e da natureza divina. Para compreender o que é a graça, é preciso referi-la à natureza divina: concretamente, a graça nos faz irmãos de Cristo, que é o Filho de Deus por natureza. Igualmente, a luz de glória (*lumen gloriae*), que nos dará a possibilidade de ver a Deus na outra vida, é também de ordem divina. Tanto a graça como a luz da glória ultrapassam a capacidade de seja lá qual for a natureza criada e são "sobrenaturais", no sentido mais estrito.

---

62. Cf. *ibid.*, pp. 286-292; H. DE LUBAC, *Le mystère du surnaturel*, pp. 183-184.

A rejeição do desejo natural de ver a Deus

O fim último do homem, a visão de Deus, é, pois, sobrenatural. Por essa razão, ela não pode ser conhecida naturalmente, ainda que pudéssemos conhecer perfeitamente nossa natureza[63]. Na natureza não se dá um desejo do sobrenatural; não há desejo da visão de Deus porque o apetite natural não pode ir além do que é capaz de atingir naturalmente. Na natureza humana existe, sim, a capacidade de receber as perfeições sobrenaturais, mas essa capacidade, que é somente passiva, não é acompanhada de nenhum desejo a respeito delas. Cajetano discute especialmente as teses de Scot que falam do desejo natural de ver a Deus. Mas ele se opõe também de fato a numerosos textos de santo Tomás com os quais deparamos.

Uma vez que as perfeições sobrenaturais, segundo Cajetano, são de uma ordem superior à natureza, esta não pode ter em relação a elas a inclinação que tem em relação às perfeições de ordem natural. Ou, então, à inclinação natural deve corresponder a capacidade ativa de alcançar o que é desejado. Se há em alguma criatura potência de alguma coisa sobrenatural, supõe-se que conheçamos a existência dessa realidade sobrenatural. Igualmente, a inclinação, se é natural, deve poder ser naturalmente conhecida. Se essa inclinação existisse, a revelação não seria necessária para o conhecimento dessas realidades sobrenaturais; caso contrário, a potência natural seria vã[64]. Uma inclinação natural que não possa ser realizada pelas forças naturais se torna, para Cajetano, uma contradição. Senão, a dimensão sobrenatural do objeto do desejo tornar-se-ia um compromisso. Assim o homem deseja somente o conhecimento de Deus que pode alcançar com suas forças naturais. Essa posse e esse conhecimento são suficientes para satisfazer seu desejo de beatitude, sem que lhe seja necessário chegar à visão perfeita. É claro, de outro modo, que a plena beatitude se encontra somente nessa visão, mas nada faz desejá-la[65].

Existe, portanto, no homem apenas um "poder obediencial", ou seja, uma capacidade de receber o dom de Deus. Essa capacidade não significa apenas a ausência de impossibilidade de receber esse dom, mas também uma capacidade positiva de elevação sobrenatural. A alma humana, em virtude de sua intelectualidade, é capaz da visão divina, ainda que de modo confuso. Essa visão pode até, de certo modo, ser chamada de "natural"[66]. Há, pois, certa conaturalidade positiva, mas que não é comparável à relação entre o desejo das perfeições naturais e essas mesmas perfeições. A simples capacidade de receber, não acompanhada do desejo em relação ao bem sobrenatural, não deve ser necessariamente satisfeita.

---

63. Cf. J. ALFARO, *op. cit.*, p. 91.
64. Cf. *ibid.*, pp. 104-112.
65. Cf. *ibid.*, pp. 146 e 151.
66. CAJETANO, Comentário sobre a STh, IIIa, q.9, a.2; em santo Tomás, *Opera omnia*, ed. Leonina, Roma, Poliglota, 1891, t. 11, pp. 141-142. Cf. B. HALLENSLEBEN, *Communicatio. Anthropologie und Gnadenlehre bei Thomas de Vio Cajetan*, pp. 306 e 331-332.

Natureza "absoluta" e natureza elevada à beatitude

Para conciliar sua própria teoria com os textos de seu mestre Santo Tomás, os quais afirmam o desejo natural de ver a Deus, Cajetano introduz uma distinção que terá mais tarde grandes consequências. A criatura racional pode ser considerada com base em dois pontos de vista: segundo o que ela é em si mesma, absolutamente (*absolute*), e segundo sua ordenação à beatitude. O homem, em si mesmo, não deseja naturalmente a visão de Deus. Mas, conforme o segundo ponto de vista, ele deseja naturalmente a visão, uma vez conhecidas pela revelação a graça e a glória. Estas últimas têm como causa Deus, tal qual é em si mesmo e não somente como agente ou criador universal. Daí a conclusão: "Mesmo se no homem tomado absolutamente não se encontra o desejo natural desse tipo, [esse desejo] é, apesar de tudo, natural no homem ordenado pela divina providência a essa pátria"[67]. Notemos o passo dado por Cajetano com essa distinção: há uma definição do homem considerado em si mesmo, uma outra do homem que podemos chamar de "histórico", o único que de fato existiu ordenado por Deus à visão beatífica. A definição do homem como ser intelectual, animal racional, com uma natureza e perfeições próprias, refere-se ao primeiro ponto de vista. A definição do homem dada de maneira absoluta (*absolute*), ou seja, isolada de todo contexto, abarca ao mesmo tempo o ser que existe e o que teria podido existir e faz abstração da finalidade concreta que Deus deu ao homem que criou.

Cajetano dá um passo considerável no problema já levantado nas obras de Tomás de Aquino. O Doutor Angélico distinguia as perfeições "devidas" à natureza das gratuitas. Mas essa distinção se observava no único homem existente, que não tinha por finalidade senão a visão de Deus. Ele considerava somente por exceção o caso do homem que existe apenas com os dons da natureza. Parece que a partir de então essa exceção de santo Tomás é considerada o ponto de partida. Cajetano fala do homem segundo sua natureza ao fazer abstração do fim que Deus lhe deu. Acrescenta que não é esse homem em si que Tomás considera, porque como teólogo deve tratar todas as coisas segundo a revelação de Deus. Essa distinção, como podemos ver, é introduzida por Cajetano e não por santo Tomás.

O desejo genérico da beatitude "natural" implica o conhecimento de Deus, que se pode obter pelas forças naturais. Essa beatitude é "perfeita" em sua ordem e, segundo a opinião de Cajetano, vai além desta vida, pois ele diz expressamente que é a beatitude da "alma separada"[68]. Entre o fim último do homem elevado à ordem sobrenatural e o fim natural, existe, para Cajetano, um grande paralelo que demonstra que esse fim natural do homem é concebido como um estado definitivo do homem. Dadas as numerosas afirmações de Cajetano sobre a

---

67. Comentário sobre a STh, Ia-IIae, q.3, a.8; cf. santo Tomás, Ed. Leonina, t. 6, p. 36. Cf. J. ALFARO, *op. cit.*, pp. 151s.

68. Comentário sobre a STh, Ia-IIae, q.3, a.6; cf. santo Tomás, Ed. Leonina, t. 6, p. 34.

possibilidade de Deus não elevar a natureza humana à ordem sobrenatural, pode-se deduzir que para ele o estado de "natureza pura" (mesmo que ele não utilize ainda essa terminologia) é uma possibilidade real. Ele até teceu considerações sobre a situação e as possibilidades do homem nesse estado[69]. Começa a se desenhar aqui uma doutrina que terá mais tarde amplas repercussões. Estudar-se-á o que o homem pode fazer sem a graça, sua capacidade de operar o bem que lhe corresponderia e a possibilidade de cumprir a lei natural. Cajetano concede também à ordem natural um estatuto e uma consistência própria. Ele observa até que a graça aperfeiçoa a natureza conforme aquilo que ela é em si mesma (*per modum naturae*), segundo seus princípios naturais[70].

A exemplo de alguns raros predecessores, Cajetano, pois, abandonou a doutrina medieval clássica do desejo natural de ver a Deus. Com isso, ele abriu o caminho para a introdução da doutrina dos dois fins do homem, um natural e outro sobrenatural. O segundo é o que de fato foi dado, o primeiro é o que apenas poderia ter sido dado. Para descrever o que poderia ser esse fim, ele recorre a um paralelo e deprecia o que a revelação nos diz da visão de Deus, que constitui nosso destino sobrenatural.

Com a introdução, mais ou menos consciente, dessa dupla finalidade, o caminho está igualmente aberto à consideração explícita da possibilidade da "natureza pura", ou seja, da existência do homem sem a elevação à ordem sobrenatural. Mais ainda, a intenção de descrever o que seria o homem nessa situação correspondente à sua natureza começa a se manifestar. Sem dúvida a gratuidade da ordem sobrenatural e o dom da graça ficam plenamente salvaguardados nessa concepção, pois ela põe em relevo um dom de Deus acrescentado a uma ordem natural que tem sentido em si mesma. Mas, de outro aspecto, é grande o perigo de fazer dessa ordem sobrenatural uma adjunção sem interesse para o homem e uma justaposição a uma natureza já tão perfeita em si mesma que mal se vê a razão de a elevar à vocação sobrenatural.

Compreende-se como pôde se desenvolver assim a ideia da pura natureza, da finalidade e do destino "naturais" do homem. A tendência à negação do desejo natural de ver a Deus acentua-se, então, mesmo que, como teremos ocasião de verificar, essa posição não desapareça completamente nos séculos XVI e XVII. A posição extrema de Baio, à qual é preciso dar alguma atenção, contribuirá para reforçar a tendência de Cajetano.

3. A TEOLOGIA PÓS-TRIDENTINA: BAIO E JANSÊNIO

Posições extremas sobre o sobrenatural, que serão logo julgadas heterodoxas, não deram apenas lugar a condenações. Bem ou mal, determinaram tam-

---

69. Cf. J. ALFARO, *op. cit.*, pp. 170-203.
70. Coment. sobre a STh, Ia-IIae, q.89, a.6; cf. santo Tomás, Ed. Leonina, t. 7, p. 147; Ia, q.62, a.5; t. 5, p. 115; B. HALLENSLEBEN, *op. cit.*, p. 337.

bém em larga escala o desenvolvimento teológico. Não há nada de estranho, pois, que certo agostinismo, extraído na época pós-tridentina do contexto do pensamento do bispo de Hipona, tenha marcado bastante a reflexão católica sobre o tema do sobrenatural.

> **INDICAÇÕES BIBLIOGRÁFICAS**: J. ALFARO, Sobrenatural y pecado original en Bayo, *Revista Española de Teología* 12 (1952), 3-75. — M. ROCA, *Génesis histórica de la bula* "Ex omnibus affictionibus", Madrid, Ex. diss. PUG, 1956. — G. GALEOTA, *Bellarmino contro Baio a Lovanio. Studio e testo di un inedito bellarminiano*, Roma, Herder, 1966. — G. RUGGIERI, Orizonti della 'natura' nel secolo XVI. In margine al dibattitto sui diritti degli indios, *Cristianesimo nella Storia* 14 (1993) 303-321.

Baio: os direitos do homem em sua criação

A questão começou com Baio[71], que fez partir sua reflexão da integridade e da retidão de que o homem gozava no paraíso antes do pecado original. Essa retidão consiste na presença do Espírito Santo e na ausência da concupiscência. Não se poderia explicar a criação do homem sem o dom do Espírito, pois este é, segundo santo Agostinho, a vida da alma, como a alma é a vida do corpo[72]. Essa condição de inocência original de Adão não foi alguma coisa concedida graciosamente por Deus além do dom da criação, mas o que correspondia à condição natural devida ao homem. O fato de o mal se encontrar agora no homem mostra que o estado atual de concupiscência significa a carência de um bem devido. Deus não podia por conseguinte criar assim o homem.

As noções de natural e de sobrenatural, como Baio as compreende, ajudam a explicar sua posição. O natural é o que pertence à integridade de uma coisa, seja porque ela não pode existir sem esse bem, seja porque, sem ele, ela não pode existir isenta de mal. Sem a integridade, o homem podia existir, mas ele não podia estar isento do mal; por isso, essa integridade lhe era natural e "devida"[73]. Segundo outro sentido da palavra "natural", a integridade de que gozava o primeiro homem correspondia à sua natureza, pois ela vinha de seu nascimento.

Se Adão não tivesse pecado, observa nosso autor, a questão do sobrenatural não seria posta:

> Se Adão e sua posteridade continuassem como no início em que foram criados e tivessem prestado um culto a Deus com a mesma facilidade com que cultivavam os campos, quem faria agora conjecturas para saber se uma coisa não era

---

71. Sobre Baio, cf., *supra*, pp. 205-206 e 297.
72. Cf. V. GROSSI, *Baio e Bellarmino interpreti di Agostino*, p. 45.
73. Cf. *ibid.*, p. 53.

natural, ou seja, concedida pela geração e pelo nascimento, e outra sobrenatural, ou seja, não devida à nossa natureza e generosamente juntada à nossa integridade para seu ornato pela generosidade do Criador?[74]

Foi, portanto, o pecado de Adão que criou o problema dessas duas ordens. Com a perda da justiça pelo pecado e a reparação por Cristo põe-se o problema do que o homem perdeu, do que ele conservou e do que Cristo lhe concede. Como, de fato, a justiça que nos dá Cristo de novo não deriva do curso normal dos acontecimentos, Deus a concedeu segundo seu bel-prazer, e nesse sentido ela é sobrenatural. A justiça original era "natural", como já o sabemos, pois ela pertencia à integridade do primeiro estado. É natural tudo o que foi concedido a Adão. Não podemos falar de "sobrenatural" senão depois da vinda de Cristo. Mas a função de Cristo em sua ligação com o "sobrenatural" é, em Baio, muito limitada. Cristo é um simples "reparador". O homem tem necessidade agora de sua graça para fazer atos moralmente bons. Cristo reconduz o homem à sua integridade original, mas não mais alto. Se, numa hipótese absurda, o homem realizasse atos bons sem a graça de Cristo, este seria supérfluo. A novidade de Cristo não é reconhecida, tampouco a ligação intrínseca entre a pessoa de Jesus e a salvação. Cristo não dá a filiação divina, não transforma interiormente o homem e não o "eleva". Ele apenas o "cura", trata as feridas do pecado e o faz retornar ao estado original. Numa aparente fidelidade às fórmulas de santo Agostinho, Baio se afastou profundamente do espírito de seu mestre. Como observou com perspicácia H. de Lubac, Baio, que aparentemente negou a gratuidade do sobrenatural ao negar a "natureza pura", fez na realidade muito mais; ele esvaziou o "sobrenatural" de seu conteúdo. Ele a reduziu ao que se afasta da ordem normal dos acontecimentos, sem a definir pelos conteúdos que ela significa: o apelo do homem à visão de Deus, a real transformação interna e a divinização que permite ao homem renovado pelo Espírito obedecer aos mandamentos de Deus. A obediência a Deus é para Baio independente da renovação interior, estritamente "sobrenatural", do homem. Ela não vai além da justiça da lei. Assim, as obras boas são dignas de mérito, independentemente do estado perante Deus da pessoa que as realiza[75].

A bula Ex omnibus afflictionibus

Uma série de proposições de Baio — vimos isso — foram condenadas pelo papa são Pio V na bula *Ex omnibus afflictionibus*, de 1º de outubro de 1567[76].

---

74. *Baiana*, t. 1, pp. 60-61; citado por H. DE LUBAC, *Augustinisme et théologie moderne*, p. 48.
75. Cf. H. DE LUBAC, *ibid*. Igualmente, H. ROANDET, *Gratia Christi*, pp. 287-293.
76. Cf. *DzS* 1901-1980.

Reproduzimos algumas delas que tocam mais diretamente a questão do sobrenatural. Assim, a proposição 21:

> A exaltação e elevação da natureza humana à participação da natureza divina era devida à integridade do estado primitivo e deve, pois, ser chamada de natural e não de sobrenatural[77].

Essa proposição não é textualmente de Baio. Os termos latinos empregados (*exaltatio et sublimatio*) não correspondem ao vocabulário de Baio, que rejeita precisamente a ideia de exaltação, como veremos. Trata-se, antes, de uma "tradução" de sua teologia nas categorias mais comuns da época. Textual, todavia, é a proposição 26:

> A integridade da primeira criação não foi uma exaltação não devida à natureza humana, mas sua condição natural[78].

Coerentes com essa proposição são as seguintes:

> 55. Deus não teria podido, na origem, criar o homem tal qual ele nasce agora.
> 78. A imortalidade do primeiro homem não era um benefício da graça, mas sua condição natural[79].

Segundo Baio, Deus deve tudo ao homem. Compreende-se por que H. de Lubac pôde escrever: "O pelagiano perfeito seria o orgulhoso que não quer dever nada a ninguém. O baianista perfeito seria, antes, o litigante chicaneiro que apregoa sempre miséria, reclamando o que se lhe deve. Baio é um Pelágio que se faz pedinchão. Pelágio, a ascese pura. Baio, o juridicismo puro. Um e outro, cada qual em sua ordem e à sua maneira, um naturalismo puro"[80].

Jansênio e a impotência da natureza sem a graça

A posição de Jansênio[81] sobre a questão que nos ocupa parece ser oposta à de Baio. Se este exaltava a natureza, Jansênio exalta a graça, a ponto de a natureza humana ficar quase aniquilada. H. de Lubac caracterizou assim as posições opostas dessas duas figuras que a história uniu por suas pretensões de voltar a santo Agostinho, ainda que, a rigor, eles falsifiquem profundamente o pensamento do doutor de Hipona:

---

77. *DzS* 1921; *FC* 281.
78. *DzS* 1926; *FC* 283.
79. *DzS* 1955 e 1978; *FC* 284 e 285.
80. H. DE LUBAC, *Augustinisme et théologie moderne*, p. 20.
81. Sobre Jansênio, cf., *supra*, pp. 206-208 e 297-298.

Os dois, por certos traços, homens do Antigo Testamento — *in novo, non autem de novo Testamento*. Baio, todavia, parece ter conservado sobretudo o espírito dos fariseus que, estabelecendo entre o homem e Deus uma espécie de convenção jurídica, viviam com ele num processo contínuo, pondo toda a esperança deles em obter no julgamento uma sentença de justificação; Jansênio pareceria ter herdado mais um outro caráter do judaísmo carnal, que foi também o de Maomé: a mesquinhez exaltada daquele que acredita ser o eleito do Senhor. O primeiro tendia a suprimir, de fato, a ideia da graça; já o segundo não a exagera, de certa forma, ao concebê-la como uma manifestação de poder tanto mais adorável quanto mais parecia arbitrária e tirânica? Enfim, se um e outro tendem igualmente a anular a união entre Deus e o homem, na qual consiste essencialmente o Mistério de Cristo, não é verdade que um eleva o homem em face de Deus na reivindicação de seus direitos, ao passo que o outro o aniquila?[82]

As doutrinas de Jansênio não afetam tanto a questão do sobrenatural como as de Baio. Tampouco lhe dizem respeito diretamente as condenações mais importantes do jansenismo[83].

4. O CONTRAGOLPE NA TEOLOGIA DOS TEMPOS MODERNOS

A oposição às doutrinas de Baio levou de fato a teologia católica a tornar rígida a distinção entre a ordem natural e a ordem sobrenatural, na linha já traçada por Cajetano antes de explodir a polêmica com Baio. Desse ponto de vista, a crise baianista criou uma situação nova, ao impor aos teólogos, mas em sentido inverso, sua abordagem do problema. Para melhor sublinhar que os dons da graça e da integridade concedidos a Adão antes do pecado não eram devidos à natureza humana, a teologia será tentada a projetar num real possível o que não era até então senão uma análise estrutural da relação do homem com Deus. Propagou-se a hipótese da possibilidade da criação do homem na natureza pura, cuja existência teria uma consistência própria e um sentido. A distinção tornou-se então separação concreta. Como essa natureza deve ser perfeita e completa em sua ordem, cada vez com mais nitidez se lhe recusa o desejo natural de ver a Deus. Francisco Suárez, por exemplo, assim se expressa:

> Deve-se dizer que no homem não existe desejo inato de ver a Deus claramente e como ele é em si mesmo, e, por conseguinte, tampouco existe [o desejo inato] da beatitude sobrenatural [...]. O desejo inato se fundamenta na potência natu-

---

82. H. DE LUBAC, *ibid.*, pp. 50-51.
83. Cf. *DzS* 2001-2007; 2301-2332; *FC* 635-639; p. ex., "Tudo o que não provém da fé cristã sobrenatural, que opera pela caridade, é pecado", *DzS* 2311.

ral; mas no homem não existe a potência natural à beatitude sobrenatural; tampouco existe o desejo inato[84].

É claro, de outro modo, que o homem pode desejar a beatitude sobrenatural com a ajuda da graça. Em outras palavras, o homem, que sabe por revelação que ela é, de fato, seu fim, não pode satisfazer seus desejos sem ela. Suárez tampouco exclui que seja dado um desejo natural imperfeito, condicionado, à beatitude sobrenatural. Ele observa, apesar de tudo, que no estado de pura natureza, mesmo que o homem pudesse ter algum desejo condicionado dessa visão de Deus, não ficaria inquieto — sob a condição de se comportar com prudência —, ficaria contente com sua sorte natural, porque saberia que seu desejo é o de uma coisa muito distante de sua natureza. Por isso, não é necessário que o desejo inato se dirija para essa realidade em torno da qual gira esse desejo imperfeito, como acontece com outras *veleidades* de coisas impossíveis[85].

Assim se vê transformada a distinção das duas ordens, o que serviu sem dúvida alguma para salvaguardar e para explicar a gratuidade da ordem sobrenatural. Deve-se considerar também o amplo quadro cultural em que se situa essa atitude: o mundo da Renascença, com a descoberta do humanismo, e o surgimento de uma ordem profana que reivindica certa autonomia diante da revelação divina e da Igreja.

Mas essa tendência, que começou a ser dominante a partir do século XVI, não foi uniforme nem nesse século nem no início do século seguinte. A escola scotista manteve a tese do "desejo natural" defendida por seu mestre, contra a qual reagira Cajetano, esquecido de que, sobre esse ponto, Duns Scot coincidia substancialmente com santo Tomás. João de Rada, franciscano morto em 1606, já observava com perspicácia e ironia: "Os discípulos de santo Tomás, para não parecer que estão de acordo com Scot, acrescentam ao divino Tomás uma opinião que lhe é estranha"[86].

Mas os scotistas não eram os únicos. H. de Lubac falou do "tomismo conservador" do século XVI[87]. Francisco de Vitória já criticava as doutrinas de Cajetano[88]. Seu discípulo Domingos de Soto seguiu também a doutrina tradicional do desejo de ver a Deus como inerente à natureza humana. Para ele é igualmente claro que é necessária a revelação para conhecer esse desejo e que o homem somente com suas forças não o pode satisfazer. Observa ele explicitamente que muitos tomam esse fato incontestável para negar o desejo natural. Mas é preciso distinguir entre a causa e o efeito do apetite. O desejo da visão divina é natural, não porque o homem o possa alcançar por suas próprias

---

84. F. SUÁREZ, *La fin ultime de l'homme*, Disp. XVI,2,6,10; *Œuvres complètes*, Paris, Vivès, 1856, t. IV, pp. 152-153.
85. Cf. *ibid*.
86. Citado por H. DE LUBAC, *Augustinisme...*, p. 159.
87. Cf. *ibid*., pp. 135-181.
88. Cf. G. RUGGIERI, *Orizzonti della 'natura' nel secolo XVI...*, pp. 314s.

forças, mas porque a natureza o pôs nele. Uma vez que é desejado pelo apetite natural, esse fim pode ser chamado, nesse sentido, de natural. Essa linguagem se aproxima bastante da de Duns Scot.

Francisco de Toledo seguiu uma linha semelhante, fundamentando-se em santo Tomás e em Duns Scot. Como a visão de Deus não pode ser obtida pelas forças da natureza, ele recusa chamá-la de fim "natural". Tampouco ela é devida à natureza do homem e não pode ser conhecida sem a revelação. Mas, apesar de tudo, a natureza do homem leva ao amor e à visão de Deus. Entretanto, Francisco de Toledo não chega à dissociação dos fins, ainda que deixe espaço à natureza e à ordem natural.

Encontram-se igualmente reflexos dessa doutrina tradicional nas obras de Belarmino. A nova situação criada leva-o sem dúvida a um esforço para precisar a distinção entre o natural e o sobrenatural. Assim, o corpo e a alma, as faculdades sensitivas e intelectivas, são naturais ao homem. Uma vez que "natureza" designa o constitutivo do homem, esse termo se opõe ao "sobrenatural", mas não é utilizado em outras acepções, por exemplo, para descrever aquilo de que o homem dispõe em virtude de seu nascimento. Belarmino quer evitar mal-entendidos e confusões com a doutrina de Baio. No sobrenatural, pode-se distinguir o sobrenatural "por si" (*per se*) e "por acidente" (*per accidens*). No primeiro caso, encontramo-nos diante do que não pode de modo algum ser produzido pela natureza: a graça santificante, as virtudes infusas. Sobrenatural *per accidens* diz respeito ao que não ultrapassa as forças da natureza em si mesma, mas no modo de execução: por exemplo, as curas que Cristo fez. É claro que o problema teológico fundamental se põe no primeiro plano, não no segundo. O sobrenatural é o que tem em Deus sua razão e sua causa, o natural é o que tem sua razão e sua causa na natureza das coisas[89].

O homem não pode, pois, produzir por si mesmo os atos sobrenaturais. Não pode alcançar por si mesmo a visão de Deus. Mas isso não quer dizer que ele não a deseje. A visão de Deus é chamada de fim natural do homem não porque o homem possa naturalmente chegar a ela, mas porque a natureza é capaz da visão de Deus e porque o homem deseja essa visão. Belarmino dá dois exemplos: uma pedra tende naturalmente a cair na terra, mas, enquanto está no alto de um telhado, não pode deslocar os obstáculos que a impedem de cair[90]; a alma separada deseja a união com o corpo, mas ela não pode chegar a isso naturalmente. Como espírito, o homem tem a capacidade de ver a Deus e também esse desejo. Reconhece-se o pensamento de santo Tomás quando Belarmino observa que não é indigno da natureza humana ter Deus criado o homem com um fim superior à sua natureza, mas ao contrário: o ponto mais alto de sua dignidade é ter sido criado para um fim mais sublime que aquele que pode alcançar somente com as forças de sua natureza.

---

89. Cf. V. GROSSI, *Baio e Bellarmino*, pp. 168s; G. GALEOTA, *Bellarmino contro Baio*.
90. Cf. H. DE LUBAC, *Augustinisme...*, p. 186.

Belarmino admite, todavia, que não haveria nada de absurdo se Deus não destinasse o homem a essa visão divina. Ele poderia, de fato, tê-lo criado com um fim proporcional à sua natureza, que seria o de procurar a verdade pelo raciocínio. Belarmino utiliza uma comparação que lhe vem de Aristóteles por intermédio de santo Tomás: os olhos do morcego têm a capacidade natural de ver o sol, mas Deus o fez somente para ver uma luz bem mais fraca[91]. O desejo natural da visão de Deus pode, pois, combinar com a possibilidade da "natureza pura". Henri de Lubac julga que Belarmino foi o primeiro a formular a hipótese da natureza pura, mesmo que não tenha levado adiante essa ideia[92]. Belarmino afirma algures que o homem chegou a seu fim quando vê a Deus tal como é. Essa é a consequência de sua condição de imagem de Deus, a qual não pode chegar à sua plenitude se não tem a mais perfeita semelhança com o modelo.

5. O DEBATE A RESPEITO DO SOBRENATURAL NA ÉPOCA CONTEMPORÂNEA

INDICAÇÕES BIBLIOGRÁFICAS: H. DE LUBAC, *Surnaturel. Études historiques*, Paris, Aubier, 1946; Le mystère du surnaturel, *RSR* (1949) 80-121; *Augustinisme et théologie moderne*, Paris, Aubier, 1965; *Le mystère du surnaturel*, Paris, Aubier, 1965; *Petite catéchèse sur nature et grâce*, Paris, Fayard, 1980. – B. SESBOÜÉ, Le surnaturel chez Henri de Lubac. Un conflit autour d'une théologie, *RSR* 80 (1992) 373-408.

K. RAHNER, De la relation de la nature et de la grâce, *Écrits théologiques*, t. III, Paris, DDB, 1963, pp. 9-33. – La nature et la grâce, *Questions théologiques aujourd'hui*, II. *Dogmatique*, Paris, DDB, 1965 (alemão 1960). – L. F. LADARIA, Naturaleza y gracia: Karl Rahner y Juan Alfaro", *Estudios eclesiásticos* 64 (1989) 53-70.

H. URS VON BALTHASAR, *Karl Barth. Darstellung und Deutung seiner Theologie*, Köln, J. Hegner, 1951, pp. 294-313; Der Begriff der Natur in der Theologie, *ZKTh* 75 (1953) 452-464.

J. ALFARO, Trascendencia e inmanencia de lo sobrenatural, *Gregorianum* 38 (1957) 5-50; El problema teológico de la transcendencia e inmanencia de la gracia, in *Cristología y antropología. Temas teológicos actuales*, Madrid, Cristiandad, 1972, pp. 227-343. – Q. TURIEL, Insuficiencia de la noción de potencia obediencial como solución al problema de las relaciones del espíritu finito con la Visión de Dios, *Divinitas* 35 (1991) 19-54.

---

91. Cf. *ibid.*, p. 187.
92. *Ibid.*, pp. 188,192; V. GROSSI, *op. cit.*, pp. 175s; G. GALEOTA, *op. cit.*, p. 188.

Uma trabalhosa mutação na teologia

Finalmente, a hipótese de uma criação do homem no estado de "natureza pura" acabou por se impor na teologia católica. A gratuidade da ordem sobrenatural foi garantida pela doutrina das duas ordens, a hipótese da natureza pura e a negação do desejo natural de ver a Deus. Essa reflexão deixava grande espaço ao meio "natural" do homem, a que chamamos hoje de autonomia da realidade temporal, o imenso campo das atividades em que a revelação cristã não tem incidência direta. Reconhece-se a necessidade de se abrir às exigências universais da razão.

Mas essa posição traz consigo o perigo de fazer de Deus e da vocação sobrenatural algo extrínseco ao ser humano, alguma coisa de que se pode abstrair e que não é necessária para ser homem. O termo "excedente", até certo ponto injurioso no assunto, pôde ser empregado. A distância que se verifica em relação à primeira tradição cristã é enorme. Como já tivemos ocasião de perceber, numerosas razões provocaram essa evolução. Os aspectos positivos e negativos se misturam inevitavelmente nessa história. Compreende-se, porém, que a renovação dos estudos bíblicos e da história da tradição ocorrida na primeira metade deste século tenha provocado a insatisfação em relação às teses que prevaleciam no decurso dos últimos séculos. A redescoberta de uma visão mais unitária nas obras dos Padres da Igreja e da tese de santo Tomás referente ao desejo natural de ver a Deus provocarão uma mudança de perspectivas. De estudos simplesmente históricos, no início, passou-se, depois, inevitavelmente, a novos ensaios sistemáticos.

Com a tese do desejo natural de ver a Deus proposta de novo, o problema da gratuidade da ordem sobrenatural e da vocação à visão beatífica tornou-se objeto de vivo debate. A publicação, em 1946, do famoso livro de Henri de Lubac, *Surnaturel. Études historiques*, suscitou numerosas discussões. Os debates provocaram uma intervenção de Pio XII na encíclica *Humani generis*, de 1950:

> Outros deformam a verdadeira noção da gratuidade da ordem sobrenatural, ao pretenderem que Deus não possa criar seres dotados de inteligência, sem os ordenar e os chamar à visão beatífica[93].

Com esse ponto de referência, a teologia católica deixou essa questão em sono profundo nos anos seguintes. Vários grandes nomes da teologia do momento intervirão no debate: Karl Rahner, Hans Urs von Balthasar, Henri de Lubac já citado nestas páginas, Juan Alfaro etc.

---

93. *DzS* 3891; *FC* 654.

Henri de Lubac: do sobrenatural à natureza

As posições de H. de Lubac, sobretudo sua intenção de abstrair da hipótese da "natureza pura", suscitarão enormes discussões. Para de Lubac, a teoria da natureza pura se refere a uma ordem possível das coisas, a partir da qual se desdobram natureza e sobrenatural em duas finalidades paralelas e justapostas. Mas ela não justifica a ordem atual e é insuficiente para explicar a gratuidade aqui e agora do dom de Deus e da visão beatífica. A finalidade pela qual Deus nos criou é parte essencial de nosso ser e não alguma coisa que possa ser mudada arbitrariamente. "O verdadeiro problema [...] se põe para o ser cuja finalidade já é sobrenatural, e é esse o nosso caso. [...] Resta, pois, demonstrar como para esse mesmo ser não há realmente 'exigência' de tal fim, no sentido em que essa palavra com razão causa escândalo."[94] O apelo à visão de Deus é constitutivo de nosso ser, como o é o fato de ter sido criado. O duplo dom de Deus e a dupla gratuidade, que de Lubac afirma claramente, encontram sua unidade no ser concreto de cada um.

Para resolver o problema, H. de Lubac propõe uma reviravolta na problemática. Ele se opõe à imagem ingênua de um presente dado a alguém já existente, o que subentende a representação de um Deus que, primeiro, me deu o ser e, depois, imprimiu nesse ser uma finalidade sobrenatural. O problema é insolúvel, se se vai do natural para o sobrenatural; torna-se compreensível, se se vai do sobrenatural à natureza: "Não é o sobrenatural que se explica pela natureza, ao menos como postulado por ela; é a natureza que se explica, aos olhos da fé, pelo sobrenatural, como solicitado por ele"[95]. É o desígnio original que tem Deus de atrair o homem ao sobrenatural que determina a certeza de sua natureza. De acordo com essa visão, a dupla gratuidade do sobrenatural e da criação fica respeitada.

Todavia, permanece um mistério: o do desejo natural de ver a Deus. A natureza humana é um ser espiritual, ou seja, ela não é simplesmente natureza no sentido em que esse conceito se verifica para os seres de nosso cosmo. O paradoxo do homem é de ser ao mesmo tempo natureza e espírito:

> A criatura espiritual tem uma relação direta com Deus que lhe vem de sua origem. E isso muda tudo. Daí haver nela essa espécie de bamboleio, essa misteriosa claudicação, que não é a do pecado, mas, mais radicalmente, a de um animal que é espírito, de uma criatura que, estranhamente, atinge Deus[96].

Em 1965, H. de Lubac justifica sua posição em relação às críticas que lhe foram feitas e expressa assim sua concordância com a *Humani generis*:

---

94. H. DE LUBAC, Le mystère du surnaturel, *RSR* 36 (1949) 92-93. O autor desenvolveu as mesmas ideias em seu livro de 1965, que tem o mesmo título, justificando-as mais a propósito das críticas de seus adversários.
95. *Ibid.*, p. 105.
96. *Ibid.*, p. 107.

Sem nada negar dogmaticamente das possibilidades que nos escapam, sem recusar uma hipótese abstrata que pode ser um bom meio de nos representar ao vivo uma realidade certa, não seria "mais simples e mais razoável", na elaboração de uma doutrina teológica, não procurar sair do real que conhecemos? [...]
Haveria a necessidade de demonstrar de modo inteligível como Deus jamais pode ser coagido, por exigência alguma, a se dar ele mesmo ao ser saído de suas mãos, como se depreende do mais elementar, do mais fundamental e mais constante ensinamento cristão, lembrado recentemente na encíclica *Humani generis*, de Pio XII[97].

O autor sustenta, pois, a legitimidade e a verdade da fórmula de Pio XII; mas ele a considera expressão de uma "hipótese abstrata", e com igual firmeza rejeita sempre fazer dela a referência de uma reflexão teológica sobre a gratuidade do sobrenatural. Essa tensão interior a seu pensamento tinha certamente alguma coisa a ver com as objeções que lhe tinham sido feitas[98].

Karl Rahner e "o existencial sobrenatural"

Também para Karl Rahner o ponto de partida da teologia deve ser o homem realmente existente, não o homem possível. Ora, tudo o que experimentamos em nós mesmos não equivale à nossa "natureza pura", porque, de fato, ela não "existe" em estado puro. O homem se encontra na ordem da graça, e essa ordem não pode deixar de ter influência sobre o modo de ele compreender a si mesmo, ainda que não tenha disso uma consciência refletida. No homem realmente existente, a ordenação para Deus e a capacidade de recebê-lo constituem o centro de seu ser. Mas, ao mesmo tempo, essa capacidade deve se caracterizar como um dom não-devido, sobre o qual, como criatura, ele não tem direito algum. O conceito de natureza pura, como distinto da "essência concreta" do homem, é um conceito "residual", ou seja, aquilo que restará, se tirarmos mentalmente de nosso ser o que significa essa ordenação a Deus. Esse conceito é necessário para salvaguardar a gratuidade do apelo à graça. Mas jamais podemos determinar seus conteúdos, porque o homem, em sua maneira de se experimentar e de se compreender, não pode eliminar o que, de fato, constitui o mais profundo dele mesmo, a ordenação para Deus.

K. Rahner mantém assim a distinção de base entre a natureza tomada como tal e a vocação gratuita ao sobrenatural que o afeta concretamente. Ele chama essa vocação, numa linguagem de tipo heideggeriano, de "existencial sobrenatural". É um existencial, ou seja, um dado que, sem pertencer de modo algum à natureza como tal, afeta-a de modo original, intrínseco e necessário em

---
97. H. DE LUBAC, *Le mystère du surnaturel*, pp. 75-76.
98. Cf. B. SESBOÜÉ, *art. cit.*, pp. 391-402.

sua existência. Por exemplo, o fato de ser "histórico" é para o homem um existencial. Mas o existencial em causa aqui é sobrenatural: é o fato do desígnio gratuito de Deus a respeito do homem. No plano propriamente natural, Rahner só reconhece no homem uma abertura, uma "potência obediencial".

K. Rahner junta-se às principais preocupações de H. de Lubac em seus cuidados de evitar todo dualismo entre natureza e sobrenatural. Mas sua solução é realmente diferente. Onde seu confrade francês dá destaque ao desejo *natural* de ver a Deus, Rahner fala de um existencial *sobrenatural*. E os dois de modo algum chegam a um acordo. Pois, para De Lubac, o existencial sobrenatural é uma "suposição inútil" que só faz deslocar o problema e chega sutilmente a uma concepção próxima da de Cajetano e da tardia escolástica. Não podemos constatar senão esse contencioso que marca duas aproximações possíveis do paradoxo do homem em sua relação com Deus. Rahner respeita em todos os sentidos a noção de gratuidade; ele se apega mais à unidade concreta da existência do homem, remetendo a noção de natureza pura à análise abstrata dos conceitos. De Lubac quer dar mais destaque à consistência paradoxal da natureza espiritual do homem.

Hans Urs von Balthasar entrou, por sua vez, nesse debate tentando fazer a síntese das duas posições precedentes. Ele distingue dois pontos de vista, um para baixo, do homem, para o qual a hipótese da natureza pura deve ser respeitada e para o qual a vocação sobrenatural continua sendo um "existencial"; outro para cima, ou de Deus, segundo o qual não podemos mais saber se a existência de uma natureza pura goza de uma inteligibilidade suficiente, pois Deus jamais quis outra coisa senão a vocação sobrenatural do homem. O primeiro ponto de vista vai no sentido de K. Rahner; o segundo, no de H. de Lubac.

Um balanço

O concílio Vaticano II não entrou nesse tema e até evitou a terminologia natureza-sobrenatural. Não podemos acompanhar aqui os pormenores das controvérsias mais recentes[99]. Mas alguns resultados podem ser considerados já adquiridos: no homem que conhecemos, existem, numa profunda unidade, as dimensões natural e sobrenatural. O homem é uma criatura de Deus, distinta dele, portanto, mas é, ao mesmo tempo, uma criatura chamada à vida divina, à comunhão com as pessoas divinas. A gratuidade do sobrenatural fundamenta-se na gratuidade absoluta da encarnação do Filho e do dom do Espírito. Essa é a melhor prova do amor de Deus, que não tem nenhum pressuposto e não se fundamenta no fato da criação. Os homens foram escolhidos em Jesus desde antes da criação do mundo, de modo que há somente um fim do ser

---

99. Permito-me remeter o leitor a meu estudo, *Teología del pecado original y de la gracia*, Madrid, BAC, 1993, 3-30, com indicações bibliográficas complementares.

humano, somente uma vocação, a vocação divina, como ressaltou a *Gaudium et spes* (22). Essa vocação não pode deixar de determinar profundamente nosso ser, de maneira que devemos afirmar que existe em nossa natureza esse desejo de Deus.

Temos de afirmar um duplo plano de gratuidade nos dons que Deus concedeu ao homem, tendo em vista que a autodoação de Deus em Jesus Cristo, com tudo o que ela comporta para o homem, não se deduz da criação. Mas isso não pode levar a pensar que no homem realmente existente se encontre uma dupla finalidade, "natural" e "sobrenatural". Não há outro destino para o homem senão a plena comunhão com Deus, que a tradição da Igreja chamou de "visão beatífica". Se ele não a atinge, ele se perde. Em razão da gratuidade da encarnação e da graça que dela deriva, poderíamos hipoteticamente pensar num mundo e num "homem" não-orientados para Cristo. A criação seria possível sem a encarnação como consequência da dupla ordem de gratuidade de que acabamos de falar. Mas a diferença entre os homens que somos e um hipotético ser humano (poderíamos até discutir a propriedade dessa denominação) com outra finalidade seria de tal modo radical que seria inútil fazer comparações ou nos esforçar por determinar os conteúdos dessa possível "natureza".

CAPÍTULO VIII
Fim do homem e fim dos tempos
L. F. Ladaria

A ressurreição de Jesus ofereceu para os que nele creem a esperança de ressuscitar com ele, por ocasião de sua segunda vinda. Com essa ressurreição, chegaram os últimos tempos, e os primeiros crentes vivem voltados para o futuro, na expectativa de um próximo fim do mundo. O senhorio de Cristo ressuscitado, a quem o Pai tudo submeteu, continua ainda escondida por algum tempo. Mas a manifestação gloriosa do Senhor revelará sua realeza salvífica sobre todos.

A expressão mais qualificada desse senhorio é certamente o julgamento de todos os homens, sinal de poder sobre todas as coisas, que o Pai deu ao Filho. A vinda gloriosa do Senhor para julgar os vivos e os mortos acompanha a ressurreição de toda a carne. Essa ressurreição significa a volta dos homens à vida para o juízo que discernirá o bem do mal e que o Senhor realizará (cf. Mt 25,31-46). "Os que tiverem feito o bem, sairão para a ressurreição que conduz à vida; os que tiverem praticado o mal, para a ressurreição que conduz ao julgamento" (Jo 5,28-29). Mas a ressurreição significa também a plena participação dos que são salvos, isto é, dos justos, na glória do Senhor (cf. 1Cor 15,20-28.35-49). Não há nada de extraordinário no fato de, após os primeiros tempos cristãos, os acontecimentos do fim terem se revestido de grande importância. A ressurreição dos mortos é o caráter distintivo da fé cristã em relação à salvação futura. A vida do ressuscitado é a vida em Jesus Cristo na plenitude de Deus.

Por outra parte, o Novo Testamento nos fala também do destino do homem imediatamente após a morte. O Senhor na cruz promete ao ladrão arrependido: "hoje" mesmo estarás comigo no paraíso (Lc 23,43). Paulo julga que a morte é um ganho; para ele, "partir e estar com Cristo" é o que de melhor lhe pode acontecer, ainda que, para o bem dos cristãos de Filipos, ele deseje viver para continuar a ajudá-los (cf. Fl 1,21-25). O destino de cada um após a morte já é um objeto de preocupação para os autores do Novo Testamento e, portanto, para toda a história da teologia.

A manifestação do Senhor e a sorte da humanidade, de um lado, e o destino pessoal de cada um no momento da morte, de outro, foram os dois polos em torno dos quais girou a escatologia cristã. De acordo com as épocas, deu-se prioridade a um ou a outro aspecto. Mas os dois sempre estiveram presentes na reflexão eclesial, desde as ricas intuições, muitas vezes fragmentárias, dos Padres mais antigos, até as sistematizações mais coerentes da escolástica e a redescoberta da dimensão escatológica inerente à totalidade do mistério cristão. Em razão da diversidade das questões que se entrecruzam no tratamento dos fins últimos, nossa exposição será fragmentária. Tentaremos dar destaque aos aspectos mais representativos do pensamento de cada um dos autores.

I. A IDADE PATRÍSTICA: A RESSURREIÇÃO DO CORPO TOTAL DE CRISTO

1. SOB O SIGNO DO FIM PRÓXIMO E DO MARTÍRIO

> **INDICAÇÕES BIBLIOGRÁFICAS**: B. DALEY (em colaboração com J. Chreiner e H.E. Lona), *Eschatologie in der Schrift und Patristik*, Freiburg-Basel-Wien, Herder, 1986. – B. DALEY, *The Hope of the Early Church. A Handbook of Patristic Eschatology*, Cambridge University Press, 1991. – A. FERNANDEZ, *La escatología en el siglo II*, Burgos, Aldecoa, 1979. – Ch. E. HILL, *Regnum Caelorum. Patterns of Future Hope in Early Christianity*, Oxford, Clarendon Press, 1992.

Procuraríamos em vão entre os Padres antigos um tratamento completo da questão escatológica. Mas as referências a seu respeito são numerosas em razão de sua íntima relação com o anúncio de Jesus Cristo ressuscitado. Na *Epístola aos Coríntios*, de Clemente de Roma, já encontramos um testemunho da fé na ressurreição dos mortos, dentre os quais Jesus Cristo teve a primazia. Essa ressurreição nos é mostrada na sucessão do dia e da noite, da semeadura e do fruto; a fênix significa a mesma coisa[1]. Não há nada de extraordinário no fato de Deus ter o poder de ressuscitar:

> Consideraríamos um prodígio extraordinário o fato de o criador do universo fazer ressuscitar aqueles que o serviram na santidade e com a confiança de uma fé perfeita, quando ele manifesta, mesmo que por meio de uma ave, a grandeza do que anunciara? Com efeito, diz-se em algum lugar: "Minha carne refloresceu e por minha própria vontade lhe renderei graças" (cf. ? Sl 27,7 [grego]; 87,11), e: "Deitei-me e dormi; acordei (Sl 3,6), pois estás comigo" (Sl 22,4). E, por sua vez, diz Jó: "Pois eu sei que meu redentor vive e que, no último dia, eu ressus-

---

1. Cf. *Épitre aux Corinthiens*, 24-25; SC 167, pp. 143s.

citarei da terra e, de novo, serei revestido da minha pele: e, na minha carne, eu verei meu Deus" (Jó 19,26 [Vulgata])[2].

A razão última dessa esperança é que tudo é possível a Deus[3]. A ressurreição dos que realizaram o bem dá-se no momento da vinda de Cristo[4]. Essa vinda deve ser esperada como a esperaram os santos do Antigo Testamento. Para isso, o cristão deve viver santamente para que a misericórdia divina o proteja no julgamento futuro[5]. Clemente nos fala também da situação dos que estão mortos, e especialmente dos que deram a vida por Cristo. Assim, Pedro está no lugar de glória reservado para ele; Paulo, no lugar santo. Muitas mulheres que igualmente sofreram têm já sua recompensa[6]. "Aqueles que pela graça de Deus se tornaram perfeitos na caridade estão na morada dos homens pios; e estes se manifestarão quando aparecer o reino de Cristo", que os ressuscitará de seus túmulos[7].

A *Carta do Pseudo-Barnabé* fala também da ressurreição de todos em relação com a de Jesus:

> Como era necessário que ele se manifestasse na carne a fim de aniquilar a morte e provar a ressurreição dos mortos, ele [a] suportou para cumprir a promessa feita aos pais e para mostrar, ao preparar o povo novo durante sua estada sobre a terra, que é ele mesmo que vai julgar, depois de ter operado a ressurreição[8].

Por ocasião da ressurreição, dar-se-á o julgamento que recompensará cada qual segundo suas obras:

> O Senhor julgará o mundo com imparcialidade: cada qual receberá de acordo com o que tiver feito [...]. Estejamos atentos para não nos tranquilizarmos em nossa vocação, por medo de adormecermos em nossos pecados e de o mau Príncipe nos tomar em seu poder para nos expulsar do Reino do Senhor[9].

A realidade da vida nova em Jesus ressuscitado é o centro da escatologia de Inácio de Antioquia. Sua ressurreição é a esperança da nossa:

> [Jesus Cristo] ressuscitou verdadeiramente dentre os mortos. Foi seu Pai quem o ressuscitou e é também ele [o Pai] que, à semelhança dele, nos ressuscitará em Jesus Cristo, a nós que cremos nele, fora do qual não temos a verdadeira vida[10].

---

2. *Ibid.*, 26, 1-2; p. 145.
3. *Ibid.*, 27,2; p. 147.
4. Cf. *ibid.*, 50,3; p. 181.
5. Cf. *ibid.*, 28,1; 29,1; pp. 147-149.
6. Cf. *ibid.*, 5,4.7 e 6,2; pp. 109 e 110.
7. Cf. *ibid.*, 50,3-4; pp. 181-183.
8. *Épitre de Barnabé*, 5,6-7; SC 172, p. 109.
9. *Ibid.*, 4,12-13; pp. 103-105; cf. também 20,1; pp. 211-213.
10. INÁCIO DE ANTIOQUIA, *Tralliens*, 9,2; SC 10 bis, p. 119; cf. também *ibid.*, inscr. e 2.2; pp. 111 e 113; *Éphésiens*, 21,1; p. 93.

A ressurreição é contemplada aqui em seu aspecto positivo de participação na vida de Jesus, não no sentido neutro da recuperação do corpo[11]. A identificação com Jesus ressuscitado será atingida por Inácio em seu martírio: "Mas, se eu sofro, serei um liberto de Jesus Cristo (1Cor 7,22) e renascerei nele, livre"[12]. Parece que Inácio não determina com precisão o "momento" da ressurreição à qual seu martírio o leva. Por esse martírio, ele espera "alcançar a luz pura", fazendo-se imitador de Jesus; para isso "será um homem"[13]. "Alcançar a Deus" é outra fórmula repetida em contextos semelhantes[14]. Ela indica a plenitude humana à qual Inácio chegará por seu martírio. De outra parte, um futuro de imortalidade, que lhe é desde já assegurado pela participação na eucaristia, "remédio de imortalidade", aguarda o cristão, "para que ele viva em Jesus Cristo, para sempre"[15]. Toda a vida eterna para Inácio está, pois, centrada na relação e na comunhão com Deus e Jesus Cristo. É belíssima a metáfora de Inácio sobre a morte como crepúsculo que dá lugar ao nascer do dia em Deus: "É bom deitar-se longe do mundo, voltado para Deus, para nele se levantar"[16].

Policarpo de Esmirna, em sua *Carta ao Filipenses*, refere-se também à ressurreição dos homens em união com a de Jesus: "Aquele que o ressuscitou dentre os mortos ressuscitar-nos-á também, se fizermos sua vontade"[17]. Aqueles que sofreram pelo Senhor não correram em vão: "Estão no lugar que lhes era devido junto do Senhor com quem eles sofreram"[18]. A menção de um destino especial para os mártires no além é frequentemente repetido, em razão da particular identificação deles com o Senhor na morte.

A fé na ressurreição da carne encontra-se nitidamente expressa na Homilia anônima do século II, chamada *Segunda Carta de Clemente*. A encarnação de Jesus e a salvação dos homens que ele realizou em sua carne são a razão da ressurreição:

> Que ninguém de vós diga que esta carne não será julgada e que não ressuscitará. Aceitem isso como verdade. Como fostes salvos, como recuperastes a visão senão quando fostes revestidos dessa carne? [...] Se Cristo, o Senhor, nosso Salvador, de espírito que era se fez carne para nos chamar, significa que é nesta carne que receberemos nossa recompensa[19].

---

11. Cf. *Smyrniotes*, 2,1; p. 157, que parece negar a ressurreição daqueles que a negam.
12. *Romains*, 4,2; p. 131.
13. *Ibid.*, 6,2-3; p. 135.
14. *Éphésiens*, 12,2; *Magnésiens*, 14; *Tralliens*, 12,2; 13,3; *Romains* 1,2; 2,1; 4,1; 9,2; *Smyrniotes*, 11,1; *À Polycarpe*, 7,1; pp. 83; 107; 121; 123; 127; 130; 137; 165; 178.
15. *Éphésiens*, 20,2; p. 91.
16. *Romains*, 2,2; p. 129.
17. POLICARPO, *Aux Philippiens*, 2,2; SC 10 bis; p. 205. Cf. também 5,2; p. 211.
18. *Ibid.*, 9,2; p. 217.
19. *Homélie du IIe siècle*, 9,1-5; trad. Ir. Suzanne-Dominique, *Les écrits des Pères apostoliques*, Paris, Cerf, 1991, p. 135.

O dom do Espírito torna possível a participação da carne na vida e na incorruptibilidade que Deus nos dá[20]. A diferença de destino dos homens é clara no espírito do autor da homilia. Uma vez que Deus é fiel, aquele que pratica a justiça entra em seu Reino e receberá as promessas que o olho não viu, que o ouvido não ouviu (1Cor 2,9)[21]. Ao contrário, os incrédulos serão castigados com o fogo inextinguível. Daí a exortação à conversão e ao arrependimento[22].

Noções teológicas desenvolvidas com certa precisão estão presentes em *O Pastor*, de Hermas. Encontra-se nessa obra um dos raros textos da época em que é utilizado o termo técnico *parusia* para se referir à vinda de Jesus na glória. O tempo da ausência do mestre que parte de viagem e dá ordens a seus servidores (cf. Mt 25,14-30; Lc 19,11-27) é o tempo que falta até a parusia[23]. Hermas quer convidar todo o mundo à penitência antes do julgamento iminente de Deus[24]. A conhecida parábola da construção da torre oferece uma ideia da visão de Hermas sobre a diferente sorte dos homens: o Senhor da torre, que deve chegar para que se termine a construção, é o único que poderá determinar que pedras devem ou não fazer parte dela[25]. O sentido da comparação assim se explica:

> Viste, diz ele, que as pedras que tinham passado pela porta eram utilizadas na construção da torre e que as que não passavam por ali tinham sido devolvidas a seu antigo lugar? [...] Se não podes entrar na construção senão pela única porta que ela possui, diz ele, igualmente um homem não pode entrar no Reino de Deus senão pelo nome de seu Filho bem-amado[26].

A torre é a Igreja; dela fazem parte somente os que entram no Reino. As pedras recusadas podem empregar utilmente a trégua concedida em sua construção para a penitência. Em caso contrário, "outros entrarão e eles serão definitivamente rejeitados"[27]. A plenitude do Reino é assim a da Igreja na qual entram aqueles que são considerados dignos. Jesus é a porta. Os salvos habitarão com o Filho de Deus, pois têm parte em seu Espírito, e com os anjos, se perseverarem no bem[28]. A vinda de Jesus opera a diversidade do destino dos homens, conforme forem julgados aptos ou não para a construção da Igreja. Em contrapartida, em Hermas, não se encontra menção da ressurreição.

Os Padres apostólicos não desenvolvem uma escatologia harmoniosa. Mas o testemunho deles é de um valor inestimável. Sem pretensão sistemática, reuniram em diversas expressões o essencial da mensagem neotestamentária sobre

---

20. Cf. *ibid.*, 14,5; p. 140.
21. Cf. *ibid.*, 11,7; 19,3-4; pp. 137 e 144.
22. Cf. *ibid.*, 15,5; 16-18; pp. 141-143.
23. Cf. HERMAS, *Le Pasteur*, Sim. V,5,3; *SC* 53, p. 237.
24. Sobre o apelo de Hermas à penitência, cf. t. 3, pp. 90-92.
25. Cf. *ibid.*, Sim. IX, 3-11; *SC* 53, pp. 295-311.
26. *Ibid.*, Sim. IX,12,4-5; p. 317.
27. *Ibid.*, Sim. IX, 14,2; p. 323.
28. Cf. *ibid.*, Sim. IX,24,4 e 27,3; pp. 343 e 347.

a salvação definitiva do homem. Não teria sentido questioná-los sobre o que não formularam diretamente: a relação entre o momento da morte de cada um e a ressurreição, a condição diferente na qual se encontram os homens antes e depois dessa ressurreição, a imortalidade da alma. É evidente para eles que a salvação significa alcançar Deus, estar com Cristo, participar da vida eterna. É somente por Jesus Cristo, e em particular por sua ressurreição, que a esperança dos homens na ressurreição tem um sentido.

2. O TEMA CRISTÃO DA RESSURREIÇÃO DOS CORPOS: JUSTINO E ATENÁGORAS

A salvação do homem em sua integridade é também a preocupação dos apologistas. Justino ressaltará isso com veemência e vinculará a recompensa final do homem à ressurreição. O filósofo julga, como era, aliás, habitual em sua época, que a alma é imortal[29], mas acredita que essa doutrina é insuficiente se a ela não se junta a fé na ressurreição. Pela mesma razão, não é a recompensa da alma que o interessa: "Não tenhais por cristãos [aqueles] que negam, além disso, a ressurreição dos mortos e afirmam que, no mesmo momento em que morrem, a alma deles será elevada ao céu"[30]. Não é que não haja diferença entre os bons e os maus antes da ressurreição: a alma dos homens pios estão num lugar melhor, e a dos injustos e dos maus em outro, mas todas aguardam o momento do juízo. Algumas mostraram-se dignas de Deus, ao passo que outras merecem o castigo[31].

A escatologia final é, por conseguinte, a que suscita o interesse de Justino. A segunda vinda de Jesus, a parusia, é o momento da ressurreição e do julgamento:

> Com efeito, os profetas anunciaram dois acontecimentos de Cristo: o primeiro que já se realizou, como de um homem desprezado e submetido ao sofrimento; o segundo, que terá lugar, de acordo com a proclamação feita, quando ele, com glória, voltar do céu com o exército de seus anjos; então, ressuscitará o corpo de todos os homens que existiriam, revestirá os justos de uma vida incorruptível e enviará os maus para o fogo eterno num eterno sofrimento com os demônios maus[32].

A ressurreição se baseia somente no poder de Deus. Para ele, não há nada impossível. Seguindo a tradição bíblica (cf. Rm 4,17; 2Mc 7,23.28), Justino estabelece uma relação entre o poder criador de Deus e seu poder de ressus-

---

29. Cf. JUSTINO, *Ire Apologie*, 44,9; Wartelle, p. 157.
30. *Dialogue avec Tryphon*, 80,4; *TD* II, p. 35.
31. Cf. *ibid.*, 5,3; *TD* I, p. 31.
32. *Ire Apologie*, 52,3; Wartelle, p. 169. Cf. *Dialogue avec Tryphon*, 40,4; *TD* I p. 181.

citar[33]. A confiança no poder de Deus é o fundamento da fé cristã, ainda que não tenhamos tido a experiência direta da ressurreição. Por ocasião de sua segunda vinda, o Senhor ressuscitará o homem todo: "Nós nos alegramos em nossa fé de que Deus, por seu próprio Cristo, nos ressuscitará e nos fará incorruptíveis, impassíveis e imortais"[34]. Junto com a ressurreição para o julgamento e com a discriminação entre bons e maus, Justino fala nessas outras ocasiões da ressurreição em termos exclusivamente positivos. As características que teremos, uma vez ressuscitados, exprimem a participação da vida de Deus em Jesus ressuscitado.

Uma visão bem diferente é a que nos oferece outro apologista, Atenágoras, autor — ainda que essa atribuição tenha sido questionada — de um tratado *Sobre a ressurreição dos mortos*. Tem ele a intenção de mostrar a coerência da fé cristã na ressurreição com base em ideias gerais sobre a criação e sobre o poder de Deus. A ressurreição de Jesus não é mencionada em sua obra. O poder criador de Deus é o fundamento dessa fé:

> Na verdade, que Deus tenha suficiente capacidade de ressuscitar o corpo, a própria criação dele é a prova; pois se Deus, numa primeira disposição, tirou do nada o corpo dos homens e seu princípio constitutivo, mesmo após a dispersão dele, de qualquer modo que aconteça, ele o ressuscitará com a mesma facilidade: isso lhe é igualmente possível[35].

Atenágoras deu a razão um pouco antes: Deus conhece desde antes da criação de cada homem todos os elementos de que ele devia nos formar; ele conhece igualmente, com exatidão, aquilo em que se tornaram quando nosso corpo se desfaz[36]. Todas as possibilidades de morte do homem e todos os modos de dissolução do corpo são levados em consideração pelo autor, que demonstra ter uma concepção muito fisicista da ressurreição do corpo humano[37]. Prova igualmente a ressurreição ao considerar que Deus não faz nada em vão, o que aconteceria se o corpo humano que ele criou não ressuscitasse[38]. A composição mesma do homem, formado de um corpo e de uma alma, demonstra a coerência da ressurreição; em caso contrário, o homem não se manteria. A ressurreição é enfim uma exigência da justiça. Ao homem todo, e não somente à alma, Deus deu os preceitos e dará, portanto, as recompensas ou os castigos que derivam do cumprimento ou não deles[39]. Como a ressurreição de Jesus não é um ponto de referência para Atenágoras, logicamente ele não fala da ressurreição senão

---

33. Cf. *Ire Apologie*, 18-19; Wartelle, pp. 123-125.
34. *Dialogue avec Tryphon*, 46,7; *TD* I, p. 209. Cf. *ibid.*, 69,7; p. 339.
35. ATENÁGORAS, *Sur la résurrection des morts*, 3; *SC* 379, p. 225.
36. Cf. *ibid.*, 2,5; p. 223.
37. Cf. *ibid.*, 3-8; pp. 225-247.
38. Cf. *ibid.*, 12-13; pp. 257-267.
39. Cf. *ibid.*, 23,1-2; pp. 307-309.

como a reconstituição da integridade do ser humano e não leva em consideração a participação do homem na vida divina do Senhor.

3. A SEDUÇÃO MILENARISTA: JUSTINO, IRENEU, TERTULIANO

"Chamamos de milenarismo (ou quiliasma) o conjunto de crenças relativas a um futuro reino terrestre de Cristo e de seus eleitos; esse reino — e esse reinado — teria a duração estimada de mil anos (entendidos quer literalmente, quer simbolicamente); o acontecimento milenarista situa-se entre uma primeira ressurreição (a dos eleitos já mortos) e uma segunda (a dos maus, em vista do julgamento e da condenação). Situa-se, pois, no tempo da história, antes da 'nova criação' e da 'nova Jerusalém', as quais correspondem a realidades a-históricas"[40]. O ponto de partida dessa doutrina é a afirmação do *Apocalipse* de João (20,1-6), que fala de um reino de mil anos dos justos com Cristo na terra após uma primeira ressurreição. Essas representações se desenvolveram no judeu-cristianismo. J. Daniélou distingue nelas duas formas, a versão asiática, que ressalta o aspecto de "paraíso terrestre" reencontrado, e a versão helenizada, de natureza mais espiritual, que insiste sobre o "repouso dos justos", a exemplo do repouso do Criador no sétimo dia[41].

Essa doutrina teve um verdadeiro sucesso no cristianismo primitivo, heterodoxo e ortodoxo. Parece emergir na *Didaké* e parcialmente na *Carta de Barnabé*. Justino registra seu tema no *Diálogo com Trifão*, apresentando o *millenium* como o cumprimento futuro de profecias do Antigo Testamento, corroboradas pelo testemunho do *Apocalipse*:

> Para mim e para os cristãos de ortodoxia integral, enquanto o são, todos sabemos que uma ressurreição da carne acontecerá em mil anos na Jerusalém reconstruída, decorada e engrandecida, como os profetas Ezequiel, Isaías e os demais afirmam. Eis como Isaías fala desse período de mil anos [segue Is 65,17-25...]. Além disso, entre nós, um homem de nome João, um dos apóstolos de Cristo, profetizou no Apocalipse que lhe foi feito, que aqueles que acreditarem em nosso Cristo passarão mil anos em Jerusalém; depois disso, acontecerá a ressurreição geral, em uma palavra, eterna, para todos sem exceção e, depois, o juízo[42].

Ireneu desenvolverá ainda mais o assunto no 5º livro de sua obra *Contra as heresias*. Os seis dias da criação de Gn 1 simbolizam também a duração do mundo em seis milênios; pois, segundo 2Pd 3,8 (cf. Sl 90,4), um dia para Deus é como mil anos, e inversamente. Às seis idades do mundo deve então suceder

---

40. J. SÉGUY, Millénarisme, *Catholicisme* IX (1982) 159.
41. J. DANIÉLOU, *Théologie du judéo-christianisme*, Paris, Desclée/Cerf, ²1991, pp. 392-404.
42. JUSTINO, *Dialogue avec Tryphon*, 80,5-81,4; *TD* II, pp. 37-43.

o sétimo milênio, antes da aparição gloriosa do Senhor. Nesse tempo, reinarão os justos, que devem ressuscitar antes da parusia, para receber a herança prometida por Deus a seus pais. Se eles sofreram neste mundo, é nele que devem receber justiça, recebendo seus frutos[43]. Uma situação de extraordinária fertilidade da terra e de prosperidade material acompanhará esse reino dos justos:

> Chegarão dias em que vinhas crescerão, as quais terão dez mil cepas, e em cada cepa dez mil ramos, e sobre cada ramo dez mil rebentos e em cada rebento dez mil grãos [...]. Igualmente o grão de trigo produzirá dez mil espigas, cada espiga terá dez mil grãos [...] e igualmente, guardadas as proporções, para os outros frutos, para as sementes e para a erva[44].

Também para Tertuliano, antes da consumação final, os justos devem reinar durante mil anos neste mundo. A razão é a mesma que propôs Ireneu: é justo que gozem no lugar em que sofreram, "pois é ao mesmo tempo justo e digno de Deus que seus servidores exultem aqui igualmente, no mesmo lugar onde foram torturados em nome dele"[45]. A teoria milenarista antiga fecha-se praticamente com Tertuliano. Criticada por Orígenes e por Agostinho — que, de início, era seu adepto —, não mais aparecerá até a Idade Média.

A doutrina oficial da Igreja não aceitará essa representação do fim dos tempos, fruto de uma leitura muito material do *Apocalipse*. Tampouco esse tema continuará a exercer uma influência duradoura. O milenarismo, sob diversas formas, emergirá no decurso da história em certos movimentos apocalípticos — por exemplo, com Joaquim de Flora († 1202)[46], em quem se mostra com novo estilo — e mais tarde ainda no decurso dos séculos[47].

4. A SALVAÇÃO DA CARNE: IRENEU, TERTULIANO, CIPRIANO

> **INDICAÇÕES BIBLIOGRÁFICAS**: A. ORBE, Visión del Padre e incorruptela según san Ireneo, *Gregorianum* 64 (1983) 199-241; "Gloria Dei vivens homo", *Gregorianum* 73 (1992) 205-268; *Teología de san Ireneo. Commentario al libro V del "Adversus haereses"*, 3 vols., Madri-Toledo, La Editorial Catolica, 1985, 1987, 1988.

Jesus ressuscitado estará no centro da escatologia de Ireneu. Diante da gnose, que reduz a salvação do homem à da alma, sem relação com este mundo material, Ireneu insistirá na salvação da carne (*salus carnis*)[48], em coerência

---

43. Cf. IRENEU, *CH*, V,32,1; Rousseau, p. 662.
44. *CH*, V,33,3; p. 667.
45. TERTULIANO, *Contre Marcion*, III,24,5; SC 399, p. 207.
46. Cf., *infra*, pp. 369-370.
47. Sobre as principais etapas milenaristas, cf. J. SÉGUY, *art. cit.*, pp. 162-163.
48. Cf. *CH*, V,2,2; Rousseau, p. 573.

com a visão antropológica que lhe é própria. As almas, após a morte, vão para um lugar invisível, onde esperam, antes de voltar para receber seu próprio corpo. A alma é imortal, não por natureza, mas porque Deus, em sua vontade, quer mantê-la no ser e fazê-la esperar a ressurreição do corpo[49]. Por isso, como já pensava Justino, essas almas, antes do julgamento, gozam de diferentes sortes. Os justos estão no seio de Abraão; gozarão da visão de Deus por ocasião da ressurreição[50]. Essa ressurreição terá lugar no momento da aparição gloriosa de Jesus, quando ele vier para recapitular todas as coisas:

> É o Verbo feito carne, que é Jesus Cristo nosso Senhor, é ele, que sofreu por nós e ressuscitou por nós, que voltará na glória do Pai para ressuscitar toda carne, fazer surgir a salvação e aplicar a regra do justo julgamento a todos aqueles que se submeterem a seu poder [...] e que tudo recapitulou em si[51].

A relação entre a ressurreição gloriosa de Jesus e a nossa é claramente afirmada por Ireneu. Ele utiliza o motivo paulino da primazia de Jesus, que será seguido por todo o corpo, de que o Senhor é a cabeça: "Ele realiza em si as primícias da ressurreição do homem. Visto que, assim como a cabeça ressuscitou dos mortos, assim o resto do corpo, ou seja, o homem todo, encontrar-se-á na Vida"[52]. A morte e a ressurreição de Jesus são razão e causa únicas da ressurreição dos homens. Não há nada de extraordinário, pois, no fato de Ireneu, sem esquecer a ressurreição para o julgamento, ter falado sobretudo da participação do homem na vida divina, caracterizada pela não-corrupção e pela imortalidade. Ireneu foi um dos primeiros a formular a grande tese da "permuta" como fundamento da salvação que Cristo nos dá: "O Verbo de Deus, Jesus Cristo nosso Senhor, ele que, por causa de seu excessivo amor, fez-se exatamente o que somos a fim de fazer de nós exatamente o que ele é"[53]. Essa ideia traz nitidamente consigo a projeção escatológica. A perfeição da filiação divina significa a participação na vida divina imortal:

> Esta é a razão pela qual o Verbo se fez homem, e o Filho de Deus, Filho do homem: foi para que o homem, juntando-se ao Verbo e recebendo assim a filiação adotiva, se tornasse filho de Deus. Com efeito, não poderíamos ter parte na incorruptibilidade e na imortalidade, se não estivéssemos unidos à incorruptibilidade e à imortalidade. Mas como poderíamos estar unidos à incorruptibilidade e à imortalidade, se a Incorruptibilidade e a Imortalidade não se tivessem feito antes o que somos, a fim de que o que era incorruptível fosse absorvido pela

---

49. Cf. *CH*, II,34,1-4; pp. 266-269.
50. Cf. *CH*, II,33,5-34,1; pp. 266-267; V,31,2; p. 661. Cf. A. ORBE, *Las parábolas evangélicas en san Ireneo*, II, Madrid 1972, La Editorial Catolica, pp. 443s.
51. *CH*, III,16,6; p. 352. Cf. também, III,4,1; p. 282.
52. *CH*, III,19,3; p. 370.
53. *CH*, V, pref.; p. 568; cf. t. 1, pp. 292-295.

incorruptibilidade, e o que era mortal, pela imortalidade, "a fim de que recebêssemos a filiação adotiva"?[54]

A morte de Jesus é a causa da vitória sobre a corrupção. A condição do corpo ressuscitado será a de conformidade com Jesus, que em sua ressurreição tem a plenitude do Espírito Santo: "A carne, possuída como herança pelo Espírito, esquece o que ela é, para adquirir a qualidade do Espírito e se tornar conforme ao Verbo de Deus"[55]. É então que o homem, do mesmo modo que carregou a imagem do homem terrestre, carregará a imagem do homem celeste (cf. 1Cor 15,49). Realizar-se-á em plenitude nesse momento a condição de imagem de Deus e de semelhança com ele, própria do homem. O Espírito, possuído como primícias, já nos faz dizer "Abba Pai" (cf. Rm 8,15; Gl 4,6); com a comunicação de toda sua graça, ele nos tornará semelhantes a ele e levará a seu cumprimento a vontade do Pai: que os homens sejam à imagem e à semelhança de Deus[56]. A ressurreição, que é a plenitude da obra de Deus pela comunicação do Espírito, significa ao mesmo tempo a plenitude da filiação divina. Tudo isso é possível pelo poder de Deus, não pelas forças da natureza humana:

> Essas palavras (1Cor 15,53-55) serão ditas com razão quando esta carne mortal e corruptível, exposta à morte, esmagada sob o domínio da morte, subir para a vida e se revestir da incorruptibilidade e da imortalidade: pois será então que a morte será verdadeiramente vencida [...]. Qual é, pois, esse corpo de abjeção que o Senhor transfigurará e tornará conforme a seu corpo de glória? Com toda a evidência, é o corpo que se identifica com a carne, a essa carne que manifesta sua abjeção ao tombar na terra. Mas a transformação pela qual, de mortal e corruptível, ela se torna imortal e incorruptível não vem de sua própria substância; essa transfiguração vem da ação do Senhor[57].

O homem ressuscitado é, assim, o herdeiro da vida eterna que lhe foi dada para a visão de Deus. Pelo amor e pela condescendência do Pai, tornar-se-á possível no Reino o que as forças do homem não podem alcançar:

> Com efeito, o homem, por si mesmo, jamais poderá ver a Deus; mas Deus, se ele o quiser, será visto pelos homens, por aqueles que ele quiser, quando ele quiser e como quiser. Pois Deus tudo pode: visto outrora pela mediação do Espírito conforme o modo profético, depois visto pela mediação do Filho segundo a adoção, ele será visto também no reino dos céus segundo a paternidade. Para isso, o Espírito prepara antes o homem para o Filho de Deus, o Filho o

---

54. *CH*, III,19,1; p. 368.
55. *CH*, V,9,3; pp. 592-593.
56. *CH*, V,8,1; pp. 587-588.
57. *CH*, V,13,3; p. 606.

conduz ao Pai e o Pai lhe dá a incorruptibilidade e a vida eterna, que resultam da visão de Deus por aqueles que o veem[58].

Não se trata, pois, de o homem se tornar incorruptível para ver a Deus. O pensamento de Ireneu caminha mais em sentido inverso; é a visão de Deus que o torna vivo: "Os homens verão a Deus a fim de viver, tornando-se imortais com essa visão"[59]. Essa visão não vem "de fora", mas o homem verá a Deus na outra vida, porque estará em Deus. Quem contempla a Deus é iluminado por ele, vivificado e, com isso, feito imortal, eterno e participante de seu esplendor: "Pois, assim como os que veem a luz estão na luz e participam de seu esplendor, assim também os que veem a Deus estão em Deus e participam de seu esplendor. Ora, vivificante é o esplendor de Deus. Terão, pois, parte na vida os que veem a Deus"[60]. É nesse contexto que se encontra e pode ser entendida a famosa frase de Ireneu: "A glória de Deus é o homem vivo, e a vida do homem é a visão de Deus"[61]. Deus emprega sua glória em dotar o homem de sua própria vida. Não se trata de o homem vivo glorificar a Deus, mas de Deus querer dar sua glória como presente ao homem. Para Ireneu "Deus procura em tudo glorificar o homem [...; e quer] que o homem seja iluminado pela mesma claridade de Deus"[62]. O homem vivo é aquele que é dotado da vida do Espírito, em comunhão de vida com Deus. É o homem na última etapa da concessão da salvação que participa da vida de Cristo ressuscitado, porque está totalmente possuído pelo Espírito: "Esses serão com razão chamados de homens 'puros', 'espirituais' e 'que vivem para Deus', porque têm o Espírito do Pai"[63]. O Espírito que dá a vida ao homem é recebido como herança, a fim de que a carne do homem, sem deixar de ser o que é, assuma a qualidade do Espírito paternal e esteja conforme ao Verbo de Deus[64]. A visão do Pai é possível somente porque o homem participa da glória de Cristo, imagem e semelhança divina do Verbo glorificado. Para isso, a visão do Pai, mais que "pela mediação" de Cristo, é dada "na comunhão" com a carne glorificada de Cristo[65]. A vida divina do homem ressuscitado consiste, assim, na participação da vida da Trindade. Essa vida se refere ao homem todo ressuscitado e, muito especialmente, à sua corporeidade. É a carne que é deificada, o homem vê a Deus na carne. A visão do Pai se realiza após a ressurreição dos mortos. O poder divino se manifesta precisamente na salvação da carne, de algo que, à primeira vista, é inferior e mais fraco.

---

58. *CH*, IV,20,5; p. 472.
59. *CH*, IV,20,6; p. 472.
60. *CH*, IV,20,5; p. 472.
61. *CH*, IV,20,7; p. 474.
62. A. ORBE, Gloria Dei Vivens homo, *Gregorianum* 73 (1992) 205-268, 263.
63. *CH*, V,9,2; p. 591.
64. Cf. A. ORBE, Gloria Dei vivens homo, pp. 264s.
65. Cf. A. ORBE, Visión del Padre e incorruptela según san Ireneo, *Gregorianum* 64 (1983) 199-241, 208s.

A mensagem de salvação da alma, do aspecto espiritual do homem, não é suficiente para explicar a novidade cristã.

Essa visão divina é concedida ao homem gratuitamente; é, pois, puro dom de Deus. Mas esse dom não é algo estático. Na relação com Deus e na participação de sua vida, o homem poderá sempre ir adiante. Deus tem também algo de novo a ensinar e, correlativamente, o homem terá sempre alguma coisa a aprender[66]. Os eleitos "progredirão" sempre no reino que lhes foi dado em herança: "Receberão para sempre o reino e progredirão nele"[67]. Não se trata evidentemente de uma visão de Deus que poderia ser ultrapassada por um outro Deus superior ou por uma mudança qualitativa. Simplesmente em virtude da ação de Deus sobre o homem, este aprofundará cada vez mais o conhecimento de seu criador. Deus é sempre o mesmo, e por essa razão o homem que estiver nele caminhará sempre para a frente em direção a ele. Deus, portanto, não cessa de conceder benefícios e de enriquecer o homem, e, por sua vez, o homem não para de os receber e de se enriquecer. O homem tem sempre alguém que o leva a progredir[68]. Deus confere ao homem a não-corrupção em perpétuo crescimento.

A mensagem escatológica cristã está, antes de mais nada, voltada para a plenitude da sorte dos justos. Neles se realiza a obra de Deus. Sobre o destino dos condenados, guardemos apenas esta profunda sentença de Ireneu:

> Ao contrário, a todos aqueles que dele se separam voluntariamente ele inflige a separação que eles mesmos escolheram. Ora, a separação de Deus é a morte; a separação da luz são as trevas; a separação de Deus é a perda de todos os bens que dele provêm. Aqueles, pois, que por sua apostasia, perderam o que acabamos de dizer, estando privados de todos os bens, são lançados em todos os castigos: não que Deus tome a dianteira para os castigar, mas o castigo os segue justamente porque estão privados de todos os bens[69].

A sorte do condenado é assim o contrário da sorte do justo: morte, trevas, abandono; não por iniciativa de Deus, mas como resultado de uma livre escolha que Deus respeita.

Também para Tertuliano a escatologia se refere de modo preferencial ao corpo humano. Não há nada de estranho, pois que, a exemplo de Ireneu, seu interesse pelo corpo humano, criado à imagem e semelhança de Deus, se reflete também na escatologia.

Seu olhar está fixo na ressurreição, que significará a "recomposição" do composto humano que a morte destruiu. A morte é a separação da alma e do

---

66. Cf. *CH*, II,28,3; p. 237.
67. *CH*, IV,28,2; p. 503.
68. Cf. *CH*, IV,11,2; p. 435; IV,20,7; p. 474. Cf. A. ORBE, *Visión del Padre*, pp. 236-238.
69. *CH*, V,27,2; p. 651.

corpo, a vida é a união dos dois; se na morte eles se separaram, devem se juntar na ressurreição. Esta é, pois, a recondução da alma à carne[70]. No momento da ressurreição produz-se a união definitiva dos dois compostos do ser humano, o "estágio de comunhão", em que os dois se tornam uma só coisa para sempre[71]. Observa-se em Tertuliano uma evolução em relação à doutrina da alma. Em suas primeiras obras, ele defendeu a espiritualidade das almas: por conseguinte, elas não podiam nem sentir nem sofrer, estando separadas do corpo. Mais tarde, ele mudou de opinião[72]: como o que não é corporal não pode sofrer, deve-se concluir que as almas são corporais, pois elas podem sofrer. A parábola evangélica do rico epulão e de Lázaro apresenta uma confirmação bíblica para suas ideias. A alegria ou a dor se referem, portanto, às almas corporais antes da ressurreição final. Como Justino e Ireneu, Tertuliano pensa também que os justos, após a morte, não vão diretamente para a presença do Senhor. A sorte dos homens já é diferenciada no momento da morte: o seio de Abraão distingue-se claramente do inferno, mas não é ainda o céu[73]. A consolação do seio de Abraão pode já ser uma certa antecipação da glória[74], mas só chegamos a ela no momento da consumação final. Diferentemente dos autores que acabamos de mencionar, Tertuliano admite uma exceção para os mártires; eles são logo admitidos à presença do Senhor[75]. A chave do paraíso se encontra no sangue de Cristo[76]. Nele podem entrar de imediato aqueles que partilharam da morte do Senhor.

O momento final da salvação representa e define o conteúdo da esperança cristã: "A ressurreição dos mortos é a garantia dos cristãos (*Fiducia christianorum resurrectio mortuorum*). Cremos nisso; a verdade nos leva necessariamente a crer nisso; a verdade é Deus que no-la descobre"[77]. Também os heréticos aceitam a salvação da alma, precisamente quando negam a ressurreição da carne[78]. Mas a fé cristã insiste na salvação do homem todo. Os que aceitam apenas a imortalidade da alma dividem o homem, creem apenas numa "ressurreição pela metade", numa vida futura que não atinge o homem em sua totalidade[79]. A ressurreição futura será com o mesmo corpo que possuímos, não outro (não será *alius*), mesmo que seja uma coisa distinta (*aliud*)[80]. A carne ressuscitará inteira, a mesma, em sua integridade. Tertuliano insiste muito sobre a identidade de substância do corpo atual com o corpo ressuscitado, mesmo que obser-

---

70. Cf. *De l'âme*, 27,2; CCSL, 2, p. 823; *La résurrection des morts* 28,6; *ibid.*, p. 957.
71. Cf. *La résurrection des morts*, 46,7; *ibid.*, p. 983; *La pénitence*, 3,4; RC 316, p. 153. Cf. A. FERNANDEZ, *La escatología en el siglo II*, p. 323.
72. Cf. *De l'âme*, 7,1s; CCSL 2, pp. 790s.
73. Cf. *Contre Marcion*, IV,34,13; CCSL 1, p. 638.
74. Cf. *De l'âme*, 58; CCSL 2, pp. 867-869.
75. Cf. *La résurrection des morts*, 53,4; *ibid.*, p. 978s.
76. Cf. *De l'âme*, 50,5; *ibid.*, p. 863.
77. *La résurrection des morts*, 1,1; *ibid.*, p. 921.
78. Cf. *ibid.*, 2,11-12; p. 923; *Contre Marcion*, V,9; CCSL 1, pp. 688-691.
79. Cf. *La résurrection des morts*, 2,2; CCSL 2, p. 922.
80. *Ibid.*, 55,7; p. 1002.

ve também que terá características dos seres espirituais[81]. O argumento de justiça, que já conhecemos, é igualmente utilizado por Tertuliano para explicar a razão da ressurreição do corpo. O homem inteiro deve receber a recompensa por suas obras[82].

Se a carne de Jesus é o centro da economia da salvação, se a carne é eixo da salvação (*caro salutis est cardo*)[83], não há nada de singular em ser a salvação da carne humana a primeira preocupação de Tertuliano. Já vimos[84] que para ele o homem é antes de tudo o corpo. Na ressurreição dá-se o primeiro encontro pleno com Cristo[85]. O corpo ressuscitado de Cristo se identifica com a terra prometida pelos profetas[86]; de certo modo, a ressurreição se dá "em Cristo".

Cipriano de Cartago († 258) vincula nossa ressurreição à de Cristo: "Uma vez que [nosso Cristo] é, ele mesmo, a ressurreição, pois nele ressuscitamos, podemos entender que ele mesmo é o reino de Deus, porque nele reinaremos"[87]. Ele ressalta igualmente a importância da plenitude do corpo de Cristo e, assim, a dimensão social da salvação. Um grande número de santos, já no paraíso, nos aguarda, seguro da salvação deles, mas preocupado com a nossa[88]. Em compensação, diferentemente dos últimos autores a que fizemos referência, ele acredita que não somente os mártires gozam da presença de Deus no Reino a partir do momento da morte, mas também aqueles que viveram na firmeza da fé e no temor de Deus. Os que seguem a Cristo são honrados por ele em meio aos mártires[89]. Deve-se, talvez, a Cipriano a primeira menção do fogo purificador após a morte[90]. Já encontramos, assim, a ideia explícita de uma purificação além da morte em termos não muito precisos ainda; encontraremos essa ideia também nas obras dos alexandrinos e de Agostinho.

5. A VIDA ETERNA DA ALMA: CLEMENTE DE ALEXANDRIA E ORÍGENES

INDICAÇÕES BIBLIOGRÁFICAS: K. SCHMÖLE, *Läuterung nach dem Tode und pneumatische Auferstehung nach Klemens von Alexandrien*, Münster, Aschendorff, 1974. — H. CROUZEL, La doctrine origénienne du corps ressuscité, BLE 81 (1980) 175-200 e 241-266; *Le fins dernières selon Origène*, Aldershot, Variorum, Grower Publishing Group, 1990. — J. R. SACHS, Apocatastasis in Patristic Theology, *Theological Sudies* 54 (1993) 617-640.

---

81. Cf. *Ibid.*, 62, pp. 1010s.
82. *Ibid.*, 17,7-9; pp. 941s.
83. *Ibid.*, 8,2; p. 931.
84. Cf., *supra*, pp. 87-88.
85. Cf. *La résurrection des morts*, 51,3; p. 994.
86. *Ibid.*, 26,11; p. 955. Cf. B. E. DALEY, *The Hope of the Early Church*, p. 35.
87. *Sur la prière du Seigneur*, 13; CSEL 3,1; p. 276.
88. Cf. *Sur la mort*, 26; CSEL, 3,1; p. 313.
89. *À Fortunat*, 12; CSEL 3,1, p. 345.
90. Cf. *Correspondance*, 55,20; Ed. Bayard, Budé, 1925, t. 2, pp. 143-144.

Se os autores até agora considerados insistiram sobretudo na ressurreição da carne, a escola alexandrina preocupar-se-á muito mais com as almas. Já sabemos que, para ela, a alma é a melhor parte ou aspecto do homem, ainda que o corpo não seja, todavia, mau; aliás nem pode sê-lo, pois foi criado por Deus.

Segundo Clemente de Alexandria, as almas são imortais e incorruptíveis, mas possuem essa condição por dom de Deus, como fruto da presença do Espírito nelas[91]. A morte é a passagem para um estágio de vida superior em que se pode ver a Deus, o que constitui o fim último do cristão. Essa visão é em última análise uma assimilação a Deus, além da santificação e da amizade com ele[92]. Clemente não esquece a ressurreição do último dia. Com ela acontecerá a iluminação última do homem. O próprio fato de o Senhor ter assumido a carne tem por fim salvar a carne[93]. A vida eterna é o conhecimento de Deus que o Espírito torna possível[94]; é o orvalho do Espírito que dá vida nova ao "ressuscitado"[95].

Clemente pensa numa possibilidade de purificação das almas após a morte. O caminho da alma para o conhecimento de Deus, que vai além deste mundo, é uma purificação. Somente quando esse caminho foi percorrido é que se pode falar de perfeição do homem. Em Clemente se encontra também uma abertura para a doutrina que levará à representação, ulteriormente desenvolvida, de um lugar de purificação chamado purgatório[96]. De outro modo, essa doutrina da purificação, em Clemente, põe a questão da salvação possível de todos os homens. Os castigos após a morte parecem ter essa finalidade de purificação, mais que a de sanção definitiva[97]. Para Clemente, já se põe o problema da ressurreição universal ou *apocatástase*, que encontraremos em Orígenes.

Orígenes é o representante mais qualificado da escola alexandrina na época pré-nicena. Ele partilha da tese, comum em seu tempo, da imortalidade da alma. A morte física, diferentemente da morte devida ao pecado, afeta somente o corpo, mas a alma sobrevive. Apesar de tudo, há uma relação indireta entre o pecado e a morte física, dado que a condição carnal é fruto do pecado das almas. Assim, a morte física é salário do pecado. A imortalidade da alma se fundamenta em diversas razões: o desejo que o homem tem de conhecer a Deus, pois em caso contrário ele se sentiria frustrado. A alma participa da luz eterna, imortal, que faz que a inteligência humana, criada à

---

91. Cf. *Sur 1Pd 1,9*; *GCS* 17, p. 203; *Le Pédagogue*, II,19,4-20,1; *SC* 108, pp. 48-49, entre outras.
92. Cf. B. E. DALEY, *op. cit.*, p. 45.
93. Cf. *Le Pédagogue*, I,28,3-5; *SC* 70, pp. 162s; III,2-3; *SC* 158, pp. 15s.
94. Cf. *ibid.*, I,37,1; *SC* 70, p. 179. Cf. L. F. LADARIA, *El Espíritu en Clemente Alejandrino*, Madrid, Univ. Pont. Comillas, 1980, p. 238.
95. Cf. *Le Pédagogue*, II, 104,3; *SC* 108, p. 199.
96. Cf. K. SCHMÖLE, *Läuterung nach dem Tode und pneumatische Auferstehung nach Klemens von Alexandrien*.
97. Cf. *Stromates*, VII,12 e 56,5; *GCS* 17, pp. 9-10 e 41.

imagem de Deus, não possa morrer; afirmar o contrário seria ofender o próprio Deus[98]. À imortalidade que pertence à essência da alma acrescenta-se a imortalidade da graça que elimina a morte devida ao pecado. É a imortalidade que dá a vida verdadeira, da qual, pelo batismo, o cristão participa já nesta vida; estando totalmente submisso à tentação, ele tem a possibilidade de não pecar. Essa segunda imortalidade é um dom de Cristo, que é ressurreição para os justos e beatitude eterna. Se a primeira imortalidade afeta todos os homens, essa segunda está reservada somente aos justos[99].

Não é fácil determinar em que sentido, após a morte, as almas se veem "separadas" do corpo, à espera do momento da ressurreição. Como certas passagens bíblicas apresentam pessoas falecidas como sendo corporais (por exemplo, Lázaro e o rico), Orígenes atribui às almas dos mortos certa corporeidade. Algures, fala de almas sem corpos. A questão não é importante para ele. Mas, diferentemente de Ireneu e de Tertuliano, Orígenes considera que os justos já vão para o paraíso antes da ressurreição. Jesus, em sua Ascensão, levou consigo os santos do Antigo Testamento. Quanto aos que morrem depois, enquanto durar este mundo, sua alma receberá uma recompensa segundo seus méritos: ou a herança da vida eterna e a beatitude, ou o fogo eterno e os outros suplícios[100]. A interpretação que, em sua obra, às vezes Orígenes dá desse fogo é conhecida: é a marca que os pecados deixam em nós e o remorso que deles o pecador experimenta[101].

O problema da eternidade dessas penas, do inferno, segundo Orígenes, está na origem de numerosas discussões. Trata-se de um castigo propriamente dito ou de penas medicinais? Encontram-se afirmações à primeira vista contraditórias[102]. Se a vida eterna dos justos não oferece dificuldade, não acontece o mesmo com as penas dos condenados.

A questão da "restauração" (apocatástase)

Eis-nos diante da questão, há séculos objeto de tantas discussões, do ensinamento de Orígenes sobre a *apocatástase*, ou restauração universal do mundo e dos homens. O fundamento desse ensinamento é o texto paulino de 1Cor 15,20-28, que nos fala da restituição do Reino ao Pai, por Cristo, para que Deus seja tudo em todos. Trata-se de uma harmonia e de uma unidade final na criação que mostram que todas as almas estarão finalmente unidas a Deus como estavam no começo[103].

---

98. Cf. *Traité des Principes*, IV,4,9-10; *SC* 268, pp. 425-429.
99. Cf. H. CROUZEL, *Origène*, Paris-Namur, Culture et Vérité-Lethielleux, 1985, pp. 304s, (igualmente para o que segue).
100. Cf. *Traité des Principes*, I, Pref., 5; *SC* 252, p. 83.
101. *Ibid.*, II,10,4-5; pp. 383-387.
102. Cf. CROUZEL, *op. cit.*, pp. 337-341.
103. Cf. *Traité des Principes*, I,6,2; *SC* 252, pp. 197-201.

Parece que não se pode chegar a uma conclusão clara sobre o pensamento de Orígenes a esse respeito. Ele faz notar às vezes que o inimigo último, a morte (cf. 1Cor 15,26), será destruído, não tendo em vista que cessaria de existir, mas que sua vontade inimiga de Deus se transformaria[104]. Como em diversas ocasiões ele identifica a morte com o diabo, pode-se pensar que a mudança de vontade se refere a ele, porque não se vê como se poderia mudar a vontade da morte. Outras passagens parecem tender para uma direção oposta. Orígenes se pergunta se é possível que os demônios se convertam, porque a maldade, uma vez livremente aceita, pode se tornar uma parte de sua natureza[105]. Em algum lugar, ele nega ter ensinado a salvação dos demônios[106]. Quanto à salvação dos homens, os textos não são unívocos. Que Deus seja tudo em todos parece indicar uma universalidade da salvação. Mas as palavras de Orígenes podem ser a expressão de uma esperança e de um desejo, mais que de uma certeza. Essas afirmações criarão dificuldade mais tarde.

Encontra-se também em Orígenes a ideia do batismo de fogo, de uma purificação escatológica em ligação com nosso purgatório, com base na interpretação de 1Cor 3,11-15: o próprio Deus é o fogo que purifica. Por meio dessa prova manter-se-á o que cada um fez com as matérias incorruptíveis, ouro e prata, e queimar-se-á o que realizou com obras combustíveis, palha e madeira[107]. O justo, salvo e purificado, contempla as obras de Deus e o próprio Deus e se une a ele no amor[108]. Em sua consumação final, o justo verá o Pai como o vê o Filho, e não somente conhecendo a realidade por imagem.

Rumo à plenitude do corpo de Cristo

Orígenes dá grande importância à plenitude do corpo de Cristo, a qual somente se realizará quando todos os que são salvos estiverem no paraíso. Até este momento, os justos que já gozam da presença de Deus participam, de certa forma, das dores e das fadigas dos que estão ainda na terra. Eles esperam que eles cheguem ao paraíso para que a alegria seja completa. O próprio Jesus só estará totalmente completo quando seu corpo estiver reunido no reino:

> Nosso Salvador não bebe mais vinho, "até o dia em que o beber de novo no Reino" de Deus com os santos. Meu Salvador, ainda agora, chora meus peca-

---

104. *Ibid.*, III,6,5; *SC* 268, p. 245. Cf. CROUZEL, *op. cit.*, pp. 337s.
105. Cf. *ibid.*, I,6,3; *SC* 252, p. 203; *Commentaire sur saint Jean*, XX, 21,174; *SC* 290, p. 243.
106. Em sua carta aos amigos de Alexandria que nos transmitem Rufino e Jerônimo. Cf. H. CROUZEL, *op. cit.*, 337.
107. Cf. *Homélies sur Jérémie*, XX,3; *SC* 238, p. 265. Cf. H. CROUZEL, *op. cit.*, pp. 316s.
108. Cf. *Traité des Principes*, II,11,7; *SC* 252, pp. 411s; *Commentaire sur saint Jean*, XX,7,47; *SC* 290, p. 181.

dos. Meu Salvador não poderá degustar a alegria enquanto eu estiver na iniquidade [...]. Como, pois, ele, o advogado para meus pecados, poderia beber o vinho da alegria, quando eu o contristo, pecando? [...]. Aproximando-se do altar, ele não bebe o vinho da alegria, porque experimenta ainda a amargura de nossos pecados. Ele não quer, pois, ser o único no reino a beber o vinho [...]. Somos certamente nós que, ao negligenciar nossa vida, atrasamos a alegria dele [...]. Mas a alegria será completa quando não faltar nenhum membro em teu corpo. Pois também tu aguardarás os outros, como foste tu mesmo esperado[109].

Seria elucidativo acompanhar o desenvolvimento desse tema na patrística. São numerosos os que seguiram os traços de Orígenes a respeito: Hilário, Gregório de Nissa, Ambrósio de Milão[110]. Embora nem todos tenham sublinhado como ele a falta de alegria do Senhor, referiram-se à plenitude do corpo, que se realizará somente com a presença de todos no paraíso. Jesus estará então inteiramente submetido ao Pai (cf. 1Cor 15,28). Isso não quer dizer que já não esteja pessoalmente submetido ao Pai; mas falta ainda a plena submissão de seu corpo. Temos aí, de um lado, a afirmação da presença no paraíso dos salvos após a morte e, de outro, a expressão da solidariedade de todos no corpo de Cristo e da "necessidade" que o próprio Jesus tem da plenitude de seu corpo para que seja perfeita sua alegria como Cabeça.

A natureza do corpo ressuscitado

O pensamento de Orígenes a respeito da ressurreição do corpo criou dificuldades durante muito tempo. Com toda a certeza, a ressurreição é para ele um ponto central da doutrina cristã[111]. Trata-se da ressurreição de nosso corpo, ainda que seja num estado e numa condição que se distinguem dos que vivemos atualmente[112]. Para indicar ao mesmo tempo essa identidade e essa diferença, Orígenes se inspira no ensinamento paulino de 1Cor 15,35-50. O corpo ressuscitado é um corpo espiritual de características distintas do corpo atual. Orígenes se opõe às teorias "materialistas" do corpo ressuscitado, que sublinham de maneira grosseira a identidade com o corpo terrestre e não dão destaque à diferença entre um e outro. Para Orígenes, ao contrário, segundo as palavras de Jesus (cf. Mt 22,23-33), os homens no paraíso serão como anjos de Deus, o que não significa ausência de corporeidade, mas posse de corpo trans-

---

109. *Homélies sur le Lévitique*, VII,2; *SC* 286, pp. 309-319.
110. Encontram-se alguns textos desses autores em H. DE LUBAC, *Catholicisme. Les aspects sociaux du dogme*, Paris, Cerf, 5ª ed. 1952, pp. 355-362.
111. Cf. *Traité des Principes*, I, pref., 5; *SC* 252, p. 83.
112. Cf. *ibid.*, II,10,1-2; pp. 375-379.

figurado, etéreo e luminoso. A alma imortal "reveste" o corpo e assim o faz participar da condição de imortalidade. Ele se converte então em corpo espiritual, sutil, resplandecente, como convém à natureza da criatura racional[113].

Orígenes tenta esclarecer a relação entre o corpo atual e o corpo ressuscitado por meio da noção de "razões seminais" (*logoi spermatikoi*). Com esses conceitos, exprime-se a identidade do corpo consigo mesmo no fluxo contínuo dos elementos materiais concretos[114]. A substância material, segundo Orígenes, não possui por si mesma nenhuma qualidade concreta. Para isso, há em nós um elemento estável, que não muda e garante nossa identidade. Mas esse elemento estável existe com qualidades mutáveis, pois não está unido necessariamente a nenhuma. É o que exprime Paulo quando usa a comparação entre a semente e a planta, em 1Cor 15,35-41. Há na semente uma força que fará dela uma planta. De modo semelhante, em nosso corpo terrestre já existe uma força que permitirá, por ocasião da morte, a germinação do corpo glorioso. A qualidade de mortalidade é abandonada para receber a da incorruptibilidade e da imortalidade. Há desde agora em nós uma razão seminal, que se conservará, ainda que nossa carne morra. Assim, Orígenes pode explicar que toda carne, ainda que morra e seja como palha, verá a salvação de Deus.

A noção de forma (ou *eidos*) ajuda também nosso autor a falar da identidade de que tratamos. Essa forma exprime a unidade do corpo, inclusive na evolução constante dos elementos que o constituem. Da infância à velhice, apesar das contínuas mudanças, o *eidos* é sempre o mesmo. Vários sintomas corporais manifestam essa identidade ao longo de todas as mutações. Ela se manterá também no corpo ressuscitado. O princípio de individuação do corpo é o que ressuscitará. Fica assim garantida nossa identidade corporal substancial entre este mundo e o mundo futuro, a despeito da mudança dos elementos materiais.

6. QUESTÕES A PROPÓSITO DE 1COR 15,24-28 NO SÉCULO IV

INDICAÇÕES BIBLIOGRÁFICAS: L. F. LADARIA, *La cristología de Hilario de Poitiers*, Roma, PUG, 1989. — G. PELLAND, La 'subiectio' du Christ chez saint Hilaire, *Gregorianum* 64 (1983) 423-452; La théologie et l'exégèse de Marcel d'Ancyre sur 1Co 15,24-28. Un schème hellénistique en théologie trinitaire, *Gregorianum* 71 (1990) 679-695. — M. DURST, *Die Eschatologie des Hilarius von Poitiers*, Bonn, Borengässer, 1987. — K. SEIBT, Marcell von Ancyra, *TRE* 22 (1972) 83-89.

Marcelo de Ancira merece breve menção em razão das reações provocadas por suas doutrinas escatológicas. Franco adversário de Ário, defensor até o

---

113. Cf. *Comment. sur Mathieu*, XVII,30; *GCS* 40, pp. 669-671; *Traité des Principes*, II,2-3; *SC* 252, pp. 249-257; III,6,4; *SC* 268, pp. 243s.
114. Cf. H. CROUZEL, *Origène*, pp. 319s.

extremo da consubstancialidade do Pai e do Filho, Marcelo chega a afirmar que a Trindade se desenvolveu na economia da salvação, mas que ela não corresponde em última análise ao ser divino. Quando chegar a seu término a história da salvação, Cristo entregará o Reino ao Pai, e o Filho e o Espírito Santo serão reabsorvidos na unidade do Pai; Deus retornará à sua simplicidade primeira e será "tudo em todos". É essa a interpretação que Marcelo dá a 1Cor 15,24-28. Se o símbolo de Constantinopla introduziu a frase "e seu reino não terá fim", com referência ao Filho, talvez tenha sido em razão da reação de muitos teólogos do século IV a essas doutrinas de Marcelo. O sóbrio ensinamento sobre a parusia e o juízo é assim acompanhado pela afirmação do Reino eterno do Filho, o que pressupõe sua existência pessoal.

Os capadócios coligirão numerosas ideias de Orígenes. É claro para eles que os justos, após sua morte, recebem a recompensa por suas boas obras, ainda que esses Padres não esqueçam a ressurreição final, pois é o homem todo que deve ser salvo. O céu é visto como a união com Deus, a plena divinização, a posse do bem para a qual o homem tende por natureza. Gregório de Nissa tende para a restituição final (apocatástase). A separação entre bons e maus se explica como separação do bem e do mal. O desígnio de Deus deve se realizar em todos. Parece que a capacidade humana de ver a Deus não deva continuar eternamente frustrada. Também para Gregório a plenitude da submissão do Filho ao Pai implica a plenitude do corpo de Cristo[115].

No Ocidente, poucos anos antes, Hilário de Poitiers desenvolve uma escatologia que dá a preferência à ressurreição final como participação do homem na vida de Jesus ressuscitado. Em primeiro lugar, a ressurreição de Jesus é o princípio que destrava toda a consumação escatológica. Comentando Ef 1,19-22, em que a submissão de tudo a Cristo é apresentada como já realizada, em ligação com 1Cor 15,24-28, que fala de uma submissão ainda futura, ele resolve o problema afirmando que o Apóstolo fala no primeiro texto das coisas futuras como já realizadas. A razão é importante: o que deve se realizar no final dos tempos já tem sua consistência em Jesus Cristo, em quem habita toda plenitude. Para isso, o que vai acontecer no futuro é o desenvolvimento da economia da salvação, mas não, em sentido estrito, uma novidade[116]. A plena submissão de Cristo e a entrega do Reino ao Pai significam a entrega da humanidade glorificada, ou seja, dos homens que, vivendo segundo ele na glória de seu corpo, verão a Deus[117]. "Assim o homem, imagem de Deus, chegará à sua perfeição. Pois, feito semelhante à glória do corpo de Deus, ele é elevado à imagem do Criador [...], ele será para sempre a imagem de seu Criador."[118] E tudo isso não acontece a cada um separadamente dos outros, mas à plenitude

---

115. Cf. B. E. DALEY, *The Hope of the Early Church*, pp. 85s.
116. Cf. HILÁRIO DE POITIERS, *La Trinité*, XI, 31; CCSL 62A, p. 560; trad. A. Martin, PF III, p. 99.
117. *Ibid.*, XI,38-39; pp. 566-567; PF III, pp. 103-105.
118. *Ibid.*, XI,49; CCSL 62A, pp. 557-578; PF III, p. 113.

do corpo do Senhor, no qual cada um encontra seu repouso definitivo. Depois de ter habitado na Igreja, nós repousaremos no corpo do Senhor. O justo entrará no corpo de Cristo, que é a Igreja; esta reinará com Cristo, conformada a ele[119].

7. DO FIM DA HISTÓRIA À CIDADE DE DEUS, EM AGOSTINHO

> **INDICAÇÕES BIBLIOGRÁFICAS**: J. LE GOFF, *La naissance du purgatoire*, Paris, Gallimard, 1981, "Le vrai père du purgatoire: Augustin", pp. 92-118. — P. PIRET, *La Destinée de l'homme. La Cité de Dieu. Un commentaire du "De civitate Dei" d'Augustin*, Bruxelles, Ed. De l'IET, 1991.

A escatologia de Agostinho oferece numerosos pontos de interesse e sua influência no Ocidente foi incalculável. A experiência pessoal do bispo de Hipona teve parte importante no desenvolvimento de suas ideias escatológicas. O saque de Roma pelos Godos, em 410, impressionou-o muito. Parece-lhe então que o mundo está num momento de senilidade e de decadência e que a salvação não pode ser esperada dessa história cujo suprassumo se julgava ser o Império romano. A cidade de Deus e a cidade terrestre estão em oposição: "duas cidades, dois amores"[120], ou seja, o amor de Deus e o do mundo[121]. Mas a manifestação final do triunfo de Cristo está assegurada. A Igreja representa já neste mundo o reino dos santos que reinarão mil anos com Cristo. Depois de ter tido inclinação, em sua juventude, pelo "milenarismo", Agostinho decidiu-se por uma interpretação eclesiológica da "primeira ressurreição"; esta já aconteceu com o batismo, mas fica ainda diante de nós a ressurreição definitiva e o juízo final[122]. Esses acontecimentos devem se distinguir da ação da graça salvadora de Deus na história. Nela, os cristãos são como peregrinos, mesmo que tenham já a firme esperança dos bens futuros. No momento final, terão lugar a vinda gloriosa de Cristo e a ressurreição dos mortos. Será também o momento do juízo, em que cada qual receberá conforme suas obras.

Nesse contexto do fim da história e da realização da cidade de Deus, Agostinho contempla a sorte diferente de cada homem. Ela começa após a morte de cada um, sendo que os santos gozam já da presença beatificadora de Deus. Mas eles só receberão a plenitude da salvação na ressurreição dos mortos; maiores serão então as alegrias dos que forem salvos e maiores os sofrimentos dos condenados[123]. Parece que Agostinho não falou diretamente da visão de Deus durante o "estado intermediário"[124].

---

119. Cf. *Commentaire sur les Psaumes*: Ps 14,17; 51,4; *CSEL* 22, pp. 96 e 99. Cf. L. F. LADARIA, *La cristología de Hilario de Poitiers*, pp. 265-289.
120. AGOSTINHO, *La Cité de Dieu*, XIV,28; *BA* 35, p. 465.
121. Cf. *Explications sur les Psaumes*: Ps 64,2; *CCSL* 39, p. 824.
122. *La Cité de Dieu*, XX,7-9; *BA* 37, pp. 211-243.
123. Cf. *Homélies sur l'évangile de Jean*, 49,10; *BA* 73b, p. 223.
124. Cf. B. E. DALEY, *The Hope of the Early Church*, pp. 138s (igualmente para o que segue).

O fogo purificatório (ignis purgatorius)

A tradição da oração pelos defuntos unida à diferenciação que se estabelece entre a sorte dos bons e a dos maus, enquanto durar a história e no final dela, permite a Agostinho desenvolver a ideia da purificação após a morte para alguns, não certamente para todos os pecadores. Existe uma possibilidade de purificação e de perdão no além para aquele que não foi perdoado nesta vida[125]. Agostinho acolhe a ideia já lembrada das penas e do fogo purificatório (*ignis purgatorius*, ou *ignis purgationis*)[126]. Por outra parte, a oração dos vivos acompanha e ajuda os defuntos nessa purificação[127]. Assim, os mortos não se separam da vida da Igreja.

A vida ressuscitada, termo da história

O que mais prende a atenção de Agostinho são os acontecimentos da ressurreição final e do juízo. Com eles dá-se a passagem do tempo para a eternidade, do momento do crescimento para o momento definitivo. Toda sua teologia da história se orienta para essa consumação final. A fé na ressurreição é igualmente para Agostinho o caráter distintivo da fé cristã[128]. As promessas que Deus fez aos homens estão reservadas para o momento da ressurreição. Voltadas para esse momento, as almas esperam a união com seus respectivos corpos[129]. Com a ressurreição, os homens chegam à plena conformação com Cristo ressuscitado[130]. Deus criador será também o restaurador de nosso corpo. Agostinho insiste na identidade material dos corpo atual com o corpo ressuscitado, opondo-se, por isso, àqueles — platônicos e maniqueus — que depreciam o corpo humano. Por outro lado, o corpo ressuscitado é espiritual, como diz Paulo, e não será um peso, porque não será corruptível, mas perfeitamente integrado à alma[131]. A ressurreição será a realização de nossa plena identidade: "seremos nós mesmos"[132]. O mundo novo acompanhará também os homens renovados[133].

A vida eterna pertence em plenitude ao ressuscitado. A expressão que encerra *A Cidade de Deus* é muito feliz: "Lá repousaremos e amaremos; amare-

---

125. Cf. *La Cité de Dieu*, XXI,13; *BA*, pp. 433s.
126. Cf., entre outros, *Explications sur les Psaumes*: Ps 37,3; *CCSL* 38, p. 384; Sobre o Gênesis contra os maniqueus, II,20,30; *PG* 34, 212; *Enchiridion*, 69; *BA* 9, p. 227.
127. Cf. Sermões, 159,1; *PL* 38,868, que sublinha a exceção significativa dos mártires, aos quais não se reza; *La Cité de Dieu*, XXI,24,2; *BA* 37, 471s; *Enchiridion*, 109-110; *BA* 9, pp. 303s.
128. Cf. Sermões, 241,1; *PL* 38, 1133; 361,2; *PL* 39, 1599.
129. Cf. *La Cité de Dieu*, XIII, 20; *BA* 35, pp. 307s.
130. Cf. *La Trinité*, XIV,18,24; *BA* 16, p. 413.
131. *La Cité de Dieu*, XIV,3,1; XXII,26; *BA* 35, p. 357; 37, p. 683.
132. *Ibid.*, XXII,30,4; *BA* 37, pp. 715s.
133. *Ibid.*, XX,16; *BA* 37, p. 267.

mos e louvaremos. Eis o que será no fim, sem fim. E que outro fim temos nós senão o de chegar ao Reino que não terá fim?"[134] O louvor será a atividade primeira do homem na vida eterna. Mas para nos tornarmos aptos a essa outra vida temos de exercitá-la desde já[135]. Em outra parte ele fala também da visão de Deus, que é o fundamento da comunhão com ele e da "divinização" que leva à alegria que não tem fim[136]. O céu é gozar Deus e por causa de Deus[137]. A comunhão com todos os eleitos é também uma dimensão importante da vida eterna. Entre todos reinará a união da caridade, que tornará impossível a inveja, mesmo numa glória desigual. Não haverá possibilidade de inimizade nem de divisão na glória do céu, mas uma perfeita harmonia entre todos os que fruem de Deus[138]. A plenitude da glória será a plenitude do corpo de Cristo: "Haverá um só Cristo que amará a si mesmo"[139]. A comunhão com Deus significa a comunhão de todos em Jesus.

A massa de perdição e o pequeno número dos eleitos

Agostinho não é, todavia, otimista quanto à salvação da humanidade. Sua visão do pecado que abrange toda a humanidade o faz considerar o conjunto dos homens como uma massa de perdição ou *massa damnata*. Naqueles que são salvos, a misericórdia de Deus resplandece mais claramente. Agostinho teve dificuldades em conciliar a condição gratuita da salvação com seu oferecimento a todos os homens. A condenação atinge, evidentemente, aqueles que pecaram pessoalmente, mas também as crianças mortas sem batismo, que não foram incorporadas ao Cristo. Mas para elas as penas serão especialmente suaves[140]. O tormento do inferno será eterno. Agostinho se distancia das hipóteses origenianas sobre a cessação dos tormentos dos homens condenados ou do diabo e de seus anjos após um longo castigo. A Escritura, segundo ele, mostra com clareza que tanto os anjos quanto os homens que fizeram o mal e não se converteram submetem-se ao tormento eterno[141]. A misericórdia de Deus, apesar de tudo, não os castiga tanto como mereceriam[142], e às vezes lhes concede algum alívio ou intervalo em suas penas[143]. Por outro lado, Agostinho está

---

134. *Ibid.*, XXII,30,5; *BA* 37, p. 719.
135. Cf. *Explications sur les Psaumes*: Ps 118,1; *CCSL* 40, p. 2165; igualmente 85,24; *CCSL* 39, p. 1197.
136. *Ibid.*: Ps 35,14;43,5; *CCSL* 38, pp. 333 e 483s.
137. *Confessions*, X,22,32; *BA* 14, p. 201.
138. *Homélies sur l'évangile de Jean*, 67,2; *BA* 74a, p. 221; *La Cité de Dieu*, XIX, 13,2; *BA* 37, p. 115.
139. *Commentaire de la Ire épitre de Jean*, 10,3; *SC* 75 (PL 35,2055).
140. Cf. *Enchiridion*, 93; *BA* 9, p. 268.
141. Cf. *La Cité de Dieu*, XXI,17 e 23; *BA* 37, pp. 449-453 e 467.
142. *Ibid.*, XXI,24,3; p. 475.
143. Cf. *Enchiridion*, 112; *BA* 9, pp. 309s.

consciente de que é o pecador que se condena a si próprio. Deus deixa o pecador no mal em que caiu ao se afastar dele e não lhe aplica nenhuma pena com todo o rigor[144]. O bispo de Hipona acolhe assim uma ideia que já se encontra em Ireneu[145].

8. DE AGOSTINHO A JULIANO DE TOLEDO: O PRIMEIRO TRATADO DE ESCATOLOGIA

INDICAÇÕES BIBLIOGRÁFICAS: JULIANO DE TOLEDO, *Presciência do século futuro (Prognosticon futuri saeculi)*, ed. J. N. Hillgarth, *CCSL* 115, 7-126, Turnhout, Brepols, 1976. — C. POZO, La doctrina escatológica del 'Prognosticon futuri saeculi' de San Julián de Toledo, *Estudios eclesiasticos* 45 (1970) 173-201.

A influência de Agostinho foi decisiva no desenvolvimento das doutrinas escatológicas. A partir dele "cristalizou-se", por assim dizer, um esquema escatológico em fase dupla, que se imporá nas épocas posteriores. Assim, Gregório Magno pensa que as almas dos defuntos veem a Deus imediatamente após a morte, mas que a beatitude delas será bem maior depois da ressurreição geral. Os condenados vão diretamente para o inferno[146]. A purificação dos pecados veniais antes do julgamento final, com referência a 1Cor 3,12-15, mesmo com hesitações sobre o "lugar" dessa purificação, foi igualmente ensinada por Gregório[147]. A condição material do corpo ressuscitado é outra preocupação de Gregório: "Nessa glória da ressurreição, com efeito, nosso corpo será sem dúvida sutil pela manifestação de seu poder espiritual, mas será palpável pela verdade de sua natureza"[148]. A ideia é repetida textualmente por Beda[149].

Como exemplo especialmente significativo, pode-se mencionar Juliano de Toledo, bispo dessa cidade em 680 e autor do que poderíamos chamar de primeiro tratado de escatologia, a *Presciência do século futuro*. Nele se encontra resumido de modo orgânico todo o ensinamento escatológico da época. A obra está estruturada em três livros: o primeiro sobre a origem da morte humana, o segundo sobre as almas dos defuntos antes da ressurreição final dos corpos, o terceiro sobre a ressurreição em si. Os dois últimos livros se referem mais diretamente a nosso assunto. As almas têm, após a morte, sua sorte diferenciada, paraíso ou inferno. Os que se salvam vão para onde se encontra o Senhor ressuscitado, onde está o Senhor em seu corpo[150]. Os que deixam este mundo

---

144. Cf. *Explications sur les Psaumes*: Ps 5,10; *CCSL* 38, p. 24.
145. Sobre a doutrina da predestinação em Agostinho, cf., *supra*, pp. 254-257.
146. Cf. GREGÓRIO MAGNO, *Dialogues*, IV,26-30; *SC* 265, pp. 84-103.
147. Cf. *Ibid.*, IV,41; pp. 148-150.
148. GREGÓRIO MAGNO, *Morales sur Job*, XIV,72; *SC* 212, p. 435.
149. Cf. BEDA, VENERÁVEL, Sobre o evangelho de Lucas, 6,24; *PL* 92,629.
150. Cf. JULIANO DE TOLEDO, *Prognosticon futuri saeculi*, II,8; *CCSL* 115, p. 48.

sem uma perfeita santidade, mas que tampouco merecem ser condenados com o diabo e seus anjos, não podem ser recebidos imediatamente no paraíso, mas expiam suas faltas com penas medicinais. Eles contam com a ajuda da Igreja "que ora por eles com eficácia". Parece que, seguindo a tendência agostiniana, também para Juliano esse estado de purificação poderia se estender até o fim dos tempos, quando terá lugar a ressurreição[151], ainda que ele mostre também que as penas serão mais ou menos duráveis conforme tenha sido mais ou menos duradouro o amor das coisas deste mundo[152]. A consideração de Juliano sobre a oração pelos defuntos praticada na Igreja é diferenciada: essa oração serve de ação de graças pelos defuntos muito bons, é propiciação pelos menos bons, e não ajuda os maus[153]. O fogo purificatório (*ignis purgatorius*), pelo qual muitos são salvos, é diferente do fogo do inferno. Para Juliano, também 1Cor 3,12-15 constitui a base bíblica desse ensinamento, que parece já bastante seguro[154]. Os justos veem a Deus desse estágio intermediário, mas não o podem ver do mesmo modo que após a ressurreição, quando não desejarem mais a união ao corpo. De outra forma, uma vez que o corpo se transformou em corpo espiritual, estará completamente apropriado à natureza da alma[155]. A influência de Orígenes faz-se igualmente sentir: os justos não esperam para alcançar conosco a perfeita beatitude[156] da qual participará também o corpo. Os santos, e não somente os mártires, já reinam com Cristo[157]. E, assim como os santos já estão no céu, os injustos estarão no inferno desde o instante de sua morte. Esse inferno é perpétuo e tem diferentes intensidades[158].

Por ocasião da parusia do Senhor, terão lugar a ressurreição dos mortos e o juízo. O Senhor aparecerá amável para os justos, terrível para os injustos, que não serão capazes de ver a dignidade dele[159]. Juliano é prolixo sobre as particularidades da ressurreição e da condição dos corpos e sobre a separação dos bons e dos maus por ocasião do juízo. Sem entrar em pormenores, guardemos algumas indicações teológicas que não são sem interesse: Jesus abandonará, após o juízo, a forma de servo e nos fará ver sua divindade. Então entregará a Deus Pai, como Reino, todo o corpo, de que ele é a Cabeça[160]. A visão de Deus será então completa, como a que têm atualmente os anjos[161]. Essa visão de Deus não terá fim[162] e será acompanhada pelo louvor e pela total satisfação de todos

---

151. Cf. *ibid.*, II,10; p. 49.
152. *Ibid.*, II,22; p. 59.
153. *Ibid.*, I,22; p. 40.
154. Cf. *ibid.*, II,19-22; pp. 55-59.
155. *Ibid.*, II,12; p. 51.
156. *Ibid.*, II,28 e 35; pp. 65s e 73.
157. *Ibid.*, II,37; pp. 74s.
158. *Ibid.*, II,13s e 22; pp. 51s e 59.
159. *Ibid.*, III,7-8; p. 87.
160. *Ibid.*, III,45; p. 115.
161. *Ibid.*, III,54s; pp. 121s.
162. *Ibid.*, III,60; pp. 124s.

os nossos desejos. As últimas palavras do *Prognosticon* são uma renovação das de *A Cidade de Deus*[163].

A importância dessa obra vem do fato de ela constituir, com grande probabilidade, o primeiro tratado sistemático de escatologia que conhecemos. Tanto por sua disposição quanto por seus conteúdos, bastante inspirados em Agostinho, mas também em Gregório Magno, ela exercerá influência sobre a teologia medieval.

9. AS INTERVENÇÕES CONCILIARES A RESPEITO DA ESCATOLOGIA

As declarações conciliares relativas ao problema escatológico na época patrística são pouco numerosas, mas essenciais, pois se enraízam nos Símbolos de fé. O credo de Niceia já se refere à segunda vinda de Jesus para julgar os vivos e os mortos[164]. O Símbolo de Constantinopla acrescenta no segundo artigo que, na segunda vinda, Jesus virá "em sua glória" e que "seu reino não terá fim". Na redação do terceiro artigo, menciona a esperança na "ressurreição dos mortos" e na "vida do mundo que há de vir"[165].

As querelas origenistas levaram a tomadas de posição sobre certas teses atribuídas com mais ou menos razão a Orígenes. Um edito do imperador Justiniano publicado por ocasião do sínodo de Constantinopla, de 543, condenou a restauração ou reintegração (apocatástase) dos demônios e dos ímpios (cân. 9)[166]. Com o humor que convém, pode-se dizer que o cânon 5 condena aqueles que afirmam que os corpos na ressurreição serão redondos[167]. A propósito de todas essas condenações, temos de ter bem presente que os problemas nasciam dos origenistas dessa época, mais que dos ensinamentos do próprio Orígenes. O primeiro concílio de Braga, em 561, afirma a fé na ressurreição da carne[168]. Em alguns dos concílios de Toledo celebrados ao longo do século VII, encontramos diferentes indicações escatológicas. Assim, no 4º concílio (em 633), fala-se da vinda do Senhor, da ressurreição geral "na carne em que vivemos agora" e do juízo que terá como resultado a vida eterna ou a condenação. Encontram-se ideias semelhantes no 6º concílio, em 638[169]. A mesma insistência sobre a ressurreição da carne "em que vivemos, subsistimos e nos movemos", junto com a parusia e o juízo, é retomada no 11º concílio de Toledo, em 675[170]. Esse concílio fala também de nossa ressurreição, a exemplo de Cristo,

---

163. Cf. *ibid.*, III,62, pp. 125-126. Sobre o louvor, além disso, 59,60; pp. 124s.
164. *COD* II-1, p. 35; *DzS* 125; *FC* 2.
165. *COD* II-1, p. 73; *DzS* 150; *FC* 8; cf. t. 1, pp. 131-133.
166. *DzS* 411; *FC* 951.
167. *DzS* 407.
168. *DzS* 462; *FC* 239.
169. *DzS* 492.
170. *DzS* 540; *FC* 27-28.

nossa cabeça. Ensinamento idêntico, com mais insistência sobre o juízo, encontra-se no símbolo do 16º concílio da mesma cidade, em 693[171]. Os Símbolos ou profissões de fé do Oriente ou do Ocidente referem-se em geral à parusia, ao juízo, à ressurreição e à vida eterna, como o faz o símbolo niceno-constantinopolitano. Em alguns deles, à menção da vida eterna é acrescentada a da morte eterna[172].

Desse percurso pode-se extrair um apanhado geral; três pontos são mais ou menos firmemente excluídos: o milenarismo, a redução da vida eterna à imortalidade da alma e a perspectiva da restauração (apocatástase). O centro de gravidade da escatologia cristã está situado na ressurreição dos mortos no momento da volta de Cristo no final dos tempos, como o ressaltam os Símbolos de fé. Ao mesmo tempo, certo número de questões se põem sobre a escatologia pessoal: que acontece durante o intervalo entre a morte de cada um e essa ressurreição? Com muitas nuanças e certas interrogações que continuam na maneira de representar as coisas, ficou em evidência a ideia de uma diferenciação imediata entre a sorte dos justos e a dos maus. Evoca-se a possibilidade de uma purificação última após a morte. O tratado de Juliano de Toledo, eco da doutrina agostiniana, apresenta um bom balanço do problema, no limiar da Idade Média.

II. O PERÍODO MEDIEVAL:
A SISTEMATIZAÇÃO DA ESCATOLOGIA PESSOAL

1. SOB A INFLUÊNCIA DE AGOSTINHO: A PRIMEIRA ESCOLÁSTICA

INDICAÇÕES BIBLIOGRÁFICAS: R. HEINZMANN, *Die Unsterblichkeit der Seele und die Auferstehung des Leibes. Eine Problemgeschichtliche Untersuchung der frühscholastischen Sentenzen — und Summenliteratur von Anselm von Laon bis Wilhelm von Auxerre*, Münster, Aschendorff, 1965. — J. LE GOFF, *La naissance du purgatoire*, Paris, Gallimard, 1981. L. OTT, *Eschatologie in der Scholastik* (aus dem Nachlass bearbeitet von E. Naab), Freiburg-Basel-Wien, Herder, 1990. — H. DE LUBAC, *La postérité spirituelle de Joachim de Flore*, 2 vols., Paris, Aubier, 1979, 1981. — D. HATTRUP, *Eschatologie*, Paderborn, Bonifatius, 1992.

O capítulo consagrado à antropologia[173] permitiu distinguir nesse período duas linhas fundamentais na definição do homem: ele é para alguns o composto de alma e de corpo; para outros, a alma, de preferência. Poderíamos pensar que no tratamento da escatologia se reflita essa diversidade de concepções. Mas um

---

171. *DzS* 574.
172. Cf. *DzS* 72 (*fides Damasi*); 76 (Símbolo *Quicumque*), FC 10.
173. Cf., *supra*, pp. 102-108.

exame atento leva a uma outra conclusão. A ideia cristã da ressurreição é tão forte e tão importante que mesmo os autores mais propensos à solução platônica lhe concedem uma importância fundamental[174]. Hugo de São Vítor constitui um exemplo eloquente de uma relativa "inconsistência".

Da sorte dos defuntos na ressurreição final: Hugo de São Vítor e Pedro Lombardo

Impõe-se aqui uma breve exposição do conjunto da escatologia de Hugo e do lugar que ela ocupa em sua obra principal, *Os sacramentos da fé cristã*. Os fins últimos tratam em três partes da morte de cada homem, do fim do mundo e do estado do mundo futuro. Diríamos hoje que a primeira estuda a escatologia "intermediária", as duas últimas, a escatologia final. A sistematização é coerente com o desenvolvimento histórico que Hugo dá a todo seu tratado.

Os grandes temas são os que já conhecemos. A alma não habita mais no corpo quando ela cessa de o vivificar. Mesmo separada do corpo, as almas podem sofrer penas. São as penas do inferno, de um lado, e as "penas purgativas", de outro, que constituem a salvação "através do fogo", de 1Cor 3,15. Nelas, a medida da dor será a falta de amor. As orações e esmolas pelos defuntos têm o triplo efeito que já lhes concedia santo Agostinho: ação de graças pelos muito bons, propiciação pelos menos maus, consolação dos vivos, no caso dos condenados. As almas dos santos vão depois para o céu, onde se encontra Cristo segundo sua humanidade[175].

A vinda de Cristo é precedida pelas tribulações de que nos falam os evangelhos. A parusia do Senhor e as condições do corpo ressuscitado são tratadas em detalhe. Hugo insiste sobre a ressurreição da carne "porque não pode haver verdadeira ressurreição se não se reergue o que está caído"[176]. Todos os homens ressuscitarão, inclusive os mortos e os "fetos abortivos", mas na estatura que tiveram ou teriam tido em sua juventude, por volta dos 30 anos, que foi a idade com que Jesus morreu. Também para esses detalhes há um fundamento bíblico: todos devem ressuscitar "segundo a medida do dom de Cristo" (Ef 4,7)[177]. O juízo faz passar para o mundo definitivo. O mundo deve ser transformado em mundo melhor para se adaptar aos homens ressuscitados, que terão, também eles, sido transformados em homens melhores em sua carne[178]. As penas do inferno, que já terão começado antes do momento final, são diferentes de acordo com a gravidade dos pecados dos condenados. Ainda que sejam os diferentes

---

174. Cf. R. HEINZMANN, *Die Unsterblichkeit der Seele und die Auferstehung des Leibes*, pp. 146-255, sobre a disposição dos tratados escatológicos da primeira escolástica.
175. Os sacramentos da fé cristã, II,16,3-7; *PL* 176, 584-594.
176. *Ibid.*, II,17,13; 602.
177. *Ibid.*, II,17,14-19; 602-605.
178. *Ibid.*, II,18,1; 609.

tormentos que atraem a atenção de Hugo, ele não deixa de mencionar o afastamento de Deus: a morte eterna consiste no fato de a alma não poder viver sem estar presa a Deus, nem se ver livre das dores do corpo moribundo[179]. Os santos entrarão na vida eterna, que consiste na visão de Deus tal como ele é. O amor, o conhecimento e o louvor são também elementos da vida eterna[180]. Como na obra de Juliano de Toledo, as últimas palavras de *A Cidade de Deus*, de Agostinho, são também as do livro sobre *Os sacramentos de fé cristã*[181].

Na obra de Pedro Lombardo quem exerceu a principal influência foi Agostinho, autoridade indiscutível sobre a qual ele se fundamenta; mas Juliano de Toledo pôde ser também uma fonte imediata. A distribuição dos assuntos nas *Sentenças* não corresponde exatamente à linha histórica que encontramos em Hugo de São Vítor, mesmo que a escatologia esteja posta também no fim da obra[182]. Não há dúvida de que o tratamento dessas matérias sofre certa confusão. A escatologia não é a parte mais feliz das *Sentenças*. Ao lado de questões importantes, outras — que, para nós pelo menos, não têm senão um valor anedótico — são igualmente estudadas.

O Mestre trata em primeiro lugar da ressurreição e da vinda de Cristo, além do julgamento dos vivos e dos mortos. Para Pedro Lombardo também todos ressuscitarão com a idade de Cristo. Nada se perderá da matéria de cada um, porque todas as partes do corpo serão reintegradas nele. O corpo dos santos resplandecerão como o sol. As características do corpo dos condenados são também estudadas, a maneira como eles podem queimar sem se consumir, bem como a capacidade das almas separadas de sofrer o fogo material antes da ressurreição[183]. Após a ressurreição, Lombardo trata dos diversos receptáculos das almas após a morte e dos sufrágios pelos defuntos. Esses sufrágios ajudam aos "medianamente maus" (*mediocriter mali*) para o alívio das penas, e os "medianamente bons" (*mediocriter boni*) para a plena absolvição[184]. Pedro Lombardo preocupou-se antes com o "fogo purgatório", em ligação com a remissão dos pecados após esta vida[185]. Os pecados leves podem ser perdoados, mas não os graves. O texto de 1Cor 3,10-15 é determinante nesse ensinamento. A edificação com os materiais comparáveis à madeira, ao feno e à palha refere-se àqueles que não se preocupam apenas em agradar a Deus, mas também aos homens. O termo *purgatório* é em Lombardo um adjetivo, mas a tendência à localização se manifesta com a ideia de "receptáculo"[186].

As doutrinas de Agostinho sobre o suplício eterno dos condenados, mas também sobre a possibilidade de algum alívio, são igualmente reunidas por

---

179. *Ibid.*, II,18,3; 609.
180. *Ibid.*, II, 16.20; 613s e 616s.
181. Cf. *ibid.*, II,18,22; 618.
182. *Ibid.*, no livro IV, distinções 43 a 50.
183. PEDRO LOMBARDO, *Sentenças*, IV, d.44; PL 192,945-948.
184. *Ibid.*, IV,45, a.1-2; PL 192, 948-949.
185. Cf. *ibid.*, IV, d.21, a.1-6; PL 192,895-897.
186. Cf. J. LE GOFF, *La naissance du purgatoire*, pp. 201-203.

Pedro Lombardo[187]. O juízo universal e seus pormenores parecem interessar de modo especial nosso autor, ainda que não encontremos sobre esse ponto afirmações teológicas de particular importância. Na situação definitiva dos que foram salvos e dos condenados após o juízo final haverá diferenças, tanto na glória dos que são salvos como no castigo dos condenados. Alguns gozarão mais do supremo bem, outros menos, mas a vida de todos será Deus, que eles verão face a face. Seguindo a linha agostiniana, o Mestre das *Sentenças* pensa também ele que os salvos terão uma glória maior e uma alegria mais intensa, após o julgamento final e a ressurreição, do que antes[188].

Joaquim de Fiore: o fim dos tempos numa nova idade

A partir de Hugo e de Pedro Lombardo, mesmo com as notáveis diferenças que encontramos entre eles, o tratamento das questões escatológicas adquire certa consistência e estabilidade. Mas é preciso fazer menção aqui a uma figura atípica que merece atenção em toda exposição da história da escatologia cristã. O abade Joaquim de Fiore (c. 1130-1202) acolherá algumas ideias milenaristas da Igreja primitiva, já lembradas, e delas dará uma interpretação dentro do curso da história. As ideias escatológicas tiveram com ele certo início de "mundanização". Joaquim profetiza a realização já neste mundo do que tradicionalmente esperamos para o além. O centro de sua doutrina é a divisão da história em três épocas que correspondem às três pessoas divinas: "Três estados do mundo por causa das três pessoas da divindade"[189]. A primeira idade é a do Pai e começa com Adão. É a época dos "leigos", em que os reis governaram seus súditos. É um tempo caracterizado pelo poder e pela força, em que os homens viveram como escravos sob a lei e foram como crianças. A segunda era começa com o rei Ozias e frutificou particularmente a partir de Jesus Cristo. Com Jesus descobrimos o verdadeiro sentido do Antigo Testamento. Hoje, o povo de Deus não é somente Israel, mas toda a Igreja. Os homens não são crianças submissas a preceptores (a lei), mas jovens que já compreendem e que não devem ser governados somente pela força. É a época dos clérigos, que pregam a palavra de Deus. A virtude característica desse momento é a humildade de que Cristo deu exemplo. Mas esse reino do Filho não é ainda definitivo e perfeito. Depois dele deve seguir a era do Espírito Santo, a dos monges ou "espirituais", que começou com são Bento e que na época de Joaquim estava por se manifestar definitivamente. Diante da estrutura hierárquica e visível da Igreja é a presença invisível do Espírito Santo que deve reger os homens. Será o tempo do louvor de Deus, não-dominado pelos interesses deste mundo, um sábado da alegria. Será o tem-

---

187. *Sentenças*, IV, d.46, a.1; *PL* 192, 951.
188. Cf. *ibid.*, d.49, a.1 e 3-4; *PL* 192, 957-960.
189. Concordância do Novo e do Antigo Testamento, IV,6.

po da religião livre e espiritual, ainda que Joaquim não tenha cessado de dar prescrições inclusive para essa época. De qualquer modo, o que se deve esperar para o fim da história é visto como um objeto de realização nela. Mas Joaquim não limita a este mundo o objeto de sua esperança. Após esse reino do Espírito, para o qual ele determina uma duração simbólica de mil anos, o próprio tempo entrará na eternidade.

Joaquim exerceu influência sobre os franciscanos espirituais na segunda metade do século XIII e no início do século XIV. Mas sofreu o embate de forte oposição. Santo Tomás o julgará "rude" em questões sutis da teologia[190]. Seu erro principal consiste, sem dúvida alguma, em separar Cristo do Espírito, em não compreender que o Espírito Santo leva a crer em Jesus, o Filho, que, por sua vez, revela e dá acesso ao Pai (cf. Ef 2,18).

O "nascimento" de um lugar purgatório

INDICAÇÕES BIBLIOGRÁFICAS: J. LE GOFF, *Naissance du purgatoire*, Paris, Gallimard, 1981. — L. SCHEFFCZYK e B. DENEKET, Fegfeuer, *Lexikon des Mittelalters* 4 (1989) 328-331.

A ideia de purgatório não está presente na Escritura. A Igreja antiga, já vimos, refletiu com base na prática da oração pelos defuntos, considerada um fato de tradição que se pode apoiar em alguns textos bíblicos (2Mc 12,41-46). Ela se interrogou igualmente sobre a necessidade de uma "purificação" daqueles que não morreram num estado de santidade suficiente para ver a Deus. Considerou-se então um "fogo purificador", tanto no Oriente (Clemente de Alexandria, Orígenes, Cirilo de Jerusalém) quanto no Ocidente (Agostinho), o que refere certos textos da Escritura que fazem menção de um "fogo" (Sl 66,12; 1Cor 36,11-14; Lc 16,19-26). Mas essa ideia ficava ainda sem conexão com um "tempo" e com um "lugar".

Foi nos séculos XI e XII, após a grande ruptura com o Oriente, que se tenta precisar, na Igreja latina, o estatuto da alma em processo de purificação. Segundo J. Le Goff, a passagem do adjetivo "fogo purgatório" para o substantivo "purgatório" acontece por volta de 1170. A primeira menção do substantivo encontrar-se-ia num sermão atribuído a Hildeberto de Lavardin, bispo de Le Mans, e reconhecido como de Pedro Comestor[191], a seguir usado por Odon d'Ourscamp. Em compensação, a menção do purgatório numa obra de são Bernardo seria ação de um "hábil falsário". Seus primeiros teólogos serão Pedro le Chantre e Simão de Tournai. Essa passagem para o substantivo corresponde

---

190. Cf. Y. M. J. CONGAR, *Je crois em l'Esprit Saint*, I, Paris, Cerf, 1980. Cf. também o resumo de D. HATTRUP, *Eschatologie*, 1992, pp. 138-157. Sobre a influência de Joaquim de Fiore, H. DE LUBAC, *La postérité spirituelle de Joachim de Flore*.

191. Cf. PL 171, 739-740; J. LE GOFF, *op. cit.*, pp. 209-214.

à representação de um "lugar" diferente em que se encontram as "almas do purgatório". Esse termo aparece logo na linguagem dos papas, no século XIII. O purgatório conhecerá a seguir um "triunfo" (J. Le Goff) não somente na teologia, mas também na pastoral e na tradição mística (Catarina de Gênova[192], Teresa de Ávila, João da Cruz). Teresa insiste na dimensão positiva do purgatório, que compreende sem dúvida o sofrimento, mas constitui também uma espécie de experiência mística que não deixa de ter alegria na aproximação cada vez maior da contemplação de Deus. O purgatório conhece também um "triunfo poético" na *Divina comédia*, de Dante[193]. A devoção da oração pelas almas do purgatório cresceu ao longo dos séculos e conheceu seu ápice no século XIX.

A Ortodoxia contesta seriamente a noção ocidental de purgatório por fidelidade às Escrituras e por respeito diante do mistério, e interpreta com circunspecção os textos dos Padres gregos sobre o fogo purificador. Todavia, ela tem a prática da oração tradicional pelos mortos, fala eventualmente de um "sofrimento da consciência" daquele que ainda não está purificado, mas recusa toda ideia de "lugar" e de "fogo purificador", tencionando reservar para o juízo final a realidade do fogo eterno[194]. Veremos a posição dos Reformadores do século XVI a propósito da tomada de posição do concílio de Trento[195].

2. SÃO BOAVENTURA: DO JUÍZO À RESSURREIÇÃO

INDICAÇÕES BIBLIOGRÁFICAS: H. J. WEBER, *Die Lehre von der Auferstegung der Toten in den Hauptraktaten der scholastischen Theologie. Von Alexander von Hales bis Duns Skotus*, Freiburg-Basel-Wien, Herder, 1973.

As questões tradicionais são reunidas pela grande escolástica do século XIII com um aprofundamento especulativo notável. Para Boaventura, o resumo da escatologia se encontra no juízo. Este se impõe, uma vez que Deus criou a criatura racional, capaz de beatitude, com uma vontade livre. Ele impõe ao homem uma lei que o convida à beatitude e o obriga à justiça, sem violentar sua liberdade. Uma vez que alguns agem de um modo e outros, de outro, segundo suas vontades, o juízo universal é necessário "para manifestar a sublimidade do poder, a retidão da verdade, a plenitude da bondade"[196]. Em sua parusia, Jesus se tornará visível a todos em sua humanidade, mas somente os justos o verão em sua forma divina[197]. O juízo final tem, para Boaventura, alguns "preâmbulos" que são o purga-

---

192. Cf. CATARINA DE GÊNOVA, *Traité du purgatoire*, ed. M. Bouix, Paris, Librairie Lecoffre, 1883, pp. 205-243.
193. Cf. J. LE GOFF, *op. cit.*, pp. 449-479.
194. Cf. P. N. TREMBELAS, *Dogmatique de l'Église orthodoxe catholique*, t. 3, Chevetogne/Paris, DDB, 1968, pp. 445-455: "Le dogme inconsistant du feu purificateur".
195. Cf., *infra*, pp. 383-384.
196. SÃO BOAVENTURA, *Breviloquium* VIII,1,2; Éd. Franciscaines, 7, p. 61.
197. Cf. *ibid.*, VII,1,1; 7, p. 59.

tório e os sufrágios pelos defuntos. O purgatório é uma exigência da perfeição divina, que ama infinitamente o bem e detesta o mal. Se alguém morre sem ter feito toda a penitência devida, seu mérito não pode ficar sem recompensa nem sua falta ficar impune. Para isso, é preciso esse castigo corporal, que é também satisfação e purificação. Cumpridas essas exigências, a alma é capaz de receber a influência deiforme da glória[198]. A duração dessa purificação após a morte depende evidentemente das faltas de cada um. O ensinamento sobre os sufrágios para os defuntos está unido ao ensinamento sobre o purgatório. O sufrágio principal é o sacrifício da missa; além disso, Boaventura menciona a oração, o jejum e a esmola. O fundamento para Boaventura é eclesiológico: em razão de sua justiça, as almas do purgatório estão unidas aos outros membros da Igreja, e os méritos da Igreja pode cobri-los[199].

Incluem-se no julgamento final a destruição e a renovação do universo, bem como a ressurreição. Esta segunda é, sem dúvida alguma, uma questão bastante central e importante. A ressurreição é para todos, e os bons ressuscitarão na medida da plenitude de Cristo (Ef 4,7). Todos os corpos ressuscitarão, tanto o dos bons como o dos maus, em sua identidade numérica. Os defeitos corporais dos justos serão corrigidos[200]. A ressurreição é uma exigência da justiça, da graça, e ao mesmo tempo da natureza. A justiça exige que o homem seja recompensado ou castigado em todo seu ser. A graça exige que o corpo inteiro seja assimilado à sua Cabeça, que é Cristo ressuscitado. Para isso, a ressurreição de Cristo é causa exemplar e instrumental da ressurreição dos homens. A natureza, enfim, exige que o homem seja formado de uma alma e de um corpo, forma e matéria, que se desejam mutuamente[201]. Mas tudo isso, que a natureza deseja e exige, não está em seu poder. Somente Deus o pode realizar. Boaventura, em seus *Comentários sobre as Sentenças*, explica em pormenor como se podem juntar todas as partes do corpo, do qual muitas já se corromperam. Ele chega à noção de "razões seminais", em virtude das quais nenhuma forma se corrompe totalmente. Alguma coisa fica da forma primitiva, precisamente a "razão seminal" (*ratio seminalis*) que Deus em sua ressurreição leva à perfeição. Assim, a identidade do corpo se mantém, mesmo que os diversos elementos possam ter se corrompido. Fica claro, de qualquer modo, que a ressurreição depende apenas da causa primeira. As razões seminais não a permitem por si mesmas.

As penas do inferno são a consequência da justiça divina, que se manifesta no castigo do pecado. Deus não é apenas suprema misericórdia, mas também suprema justiça[202]. O pecado mortal leva à impenitência final, que é uma desor-

---

198. *Ibid.*, VII,2,1-6; 7, pp. 64-71.
199. *Ibid.*, VII,3-4; 7, pp. 75-77.
200. *Ibid.*, VII,5,1.4; 7, pp. 91; 97.
201. *Ibid.*, VII,5,3-5; 7, pp. 93-97; *Coment. sobre as Sentenças*, IV, d.43, a.1; Quaracchi, t. IV, pp. 883-896 (igualmente para o que segue). Cf. H. J. WEBER, *Die Lehre von der Auferstehung der Toten*, pp. 217s.
202. *Breviloquium*, VII,6,3; p. 101; *Comentários sobre as Sentenças*, IV, d.44; p.1, a.1, q.1; Quaracchi, t. IV, pp. 907-908.

dem perpétua, voluptuosa e múltipla. A essa desordem corresponde uma pena perpétua, dolorosa e múltipla. Ao pecador, segundo o grau da desordem, corresponderá no inferno uma pena maior ou menor[203]. Boaventura se pronuncia contra uma suspensão ou uma diminuição temporal das penas do inferno. A misericórdia divina se manifesta no pecador, porque Deus não o submete a toda a pena que mereceria por seu pecado, nem lhe concede alívios periódicos[204].

Boaventura já utiliza uma distinção que terá no futuro numerosas consequências: a diferenciação entre a pena de condenação e a do sentido. A primeira é a privação de Deus. Boaventura fala dela como da "pena de carência" e a associa ao limbo. A segunda é constituída pelo fogo. Somente essa última parece ser para ele um verdadeiro tormento, pois é a pena que corresponde propriamente ao inferno[205].

A glória do paraíso é a visão, a posse e a fruição de Deus. A visão será face a face. Deus aparecerá aos bem-aventurados a descoberto e sem nenhum véu. Somente Deus, o Soberano Bem, sacia nosso apetite e dá a plena beatitude, que tem sua origem em Deus e não na alma[206]. Deus, por outro lado, será visto em sua própria substância. Essa recompensa substancial da visão de Deus é acompanhada, segundo o mestre franciscano, da glória corporal, definida pela claridade, sutileza, habilidade e impassibilidade. A alma, uma vez recebida essa glória, tende com mais perfeição para o supremo céu. Uma recompensa especial será concedida a alguns: aqueles que sofreram o martírio, que se consagraram à pregação ou se mantiveram continentes[207]. A razão dessa eleição particular é que essas atividades respondem ao triplo dinamismo da alma: ao dinamismo da razão corresponde a pregação da verdade; ao dinamismo do desejo, a renúncia aos desejos corporais; ao dinamismo do esforço corresponde suportar a morte por Cristo. Mesmo que os justos vejam a Deus após a morte deles, o estado do homem após a ressurreição é mais perfeito e a beatitude, mais completa. Com efeito, enquanto a alma não estiver com o corpo, ela deseja a união com ele e, enquanto estiver separada dele, não consegue a plena beatitude[208].

3. SANTO TOMÁS DE AQUINO: UMA COSMOLOGIA DOS FINS ÚLTIMOS

Santo Tomás não chegou a escrever a parte que devia ser consagrada à escatologia na *Suma teológica*. Por isso, é preciso pesquisar antes de mais nada

---

203. *Breviloquium*, VII,6,3.6; 7, pp. 101;107.
204. *Comentários sobre as Sentenças*, IV, d.44, p.1, a.1, q.1; Quaracchi, t. IV; pp. 907-908.
205. *Ibid.*, IV, d.45, a.1, q.1; t. IV, pp. 939-940.
206. *Ibid.*, IV, d.49, p.1, a.único, q.1; t. IV, pp. 1000-1001.
207. *Breviloquium*, VII,7,1.5; 7, pp. 109; 117.
208. *Comentários sobre as Sentenças*, IV, d.43, a.1; Quarachi, t. IV, pp. 883-896; *Breviloquium*, VII,7,4; 7, p. 113.

sua obra da juventude, o *Comentário sobre as Sentenças*, para encontrar uma exposição sistemática de sua doutrina escatológica. Os problemas que Tomás põe não são diferentes dos que agitam sua época. Em sua obra se organiza e se desenvolve a doutrina dos acontecimentos futuros que dizem respeito a cada homem e à humanidade inteira no além da história.

O fim pessoal dos mortos

Começando pelas questões que afetam o indivíduo imediatamente após a morte, Tomás julga que a retribuição do céu ou do inferno começa de maneira imediata para a alma separada do corpo, "a menos que alguma coisa o impeça", como o pecado venial, de que a alma deve se purificar antes de ir para o céu. A razão dessa antecipação da glória antes da ressurreição é que a espera de uma glorificação do homem ao mesmo tempo e em todos seus componentes parece não convir. Adiar a glória até a ressurreição seria para os santos maior prejuízo que a glorificação só da alma, pois a glória do corpo não é tão essencial como a da alma. De outro modo, as almas são criadas por Deus uma a uma, separadamente, ao passo que os corpos são criados "em certa continuidade". Por isso, é melhor que todos os corpos sejam glorificados ao mesmo tempo, mas essa razão não vale igualmente para as almas[209]. A razão para diferir a glória é a necessidade da purificação. A existência do purgatório é para Tomás, como para seus contemporâneos ocidentais, uma verdade indiscutível. Nele são perdoados os pecados veniais por meio da purificação pelo fogo mais ou menos intenso para cada caso, segundo a gravidade da falta, e mais ou menos longa de acordo com o enraizamento do pecado no sujeito. Também para o purgatório, Tomás faz distinção entre a pena da "condenação", devida ao atraso da visão de Deus de que sofre a alma — pois o desejo do Soberano Bem é mais intenso nos santos após esta vida —, e a pena do sentido, ou seja, o castigo pelo fogo corporal[210]. Ao ensinamento sobre o purgatório corresponde o ensinamento sobre os sufrágios pelos defuntos. O laço de caridade que une todos os membros da Igreja torna possível a ajuda aos defuntos pelos sufrágios dos vivos. A oração, o sacrifício eucarístico e a esmola são os sufrágios que ajudam sobretudo os defuntos a suportar as penas do purgatório, pois é neles que a caridade se comunica mais e são eles que estão mais diretamente orientados para o próximo. Mas outras obras boas que nascem da caridade não se excluem, as quais podem também ser úteis aos defuntos[211].

---

209. TOMÁS DE AQUINO, *Commentaire sur les Sentences*, IV, d.45, q.1, a.1, sol.2; *Opera omnia*, Paris, Vivès, 1975. T. 11, p. 358.
210. *Ibid.*, IV, d.21, q.1, a.1, sol.3; *ibid.*, a.3; t. 10, pp. 587 e 590-593.
211. *Ibid.*, IV, d.45, q.2, a.1, sol.2; t. 11, p. 367.

Fim do mundo e ressurreição

A transformação e a purificação do mundo devem preceder a ressurreição. A razão já nos é conhecida pela tradição anterior: se o mundo foi criado para o homem, quando este for glorificado em seu corpo na ocasião da ressurreição, todas as coisas do mundo deverão também ser modificadas e levadas a um estado melhor. Para isso, todos os obstáculos que se opõem à glória, ou seja, a corrupção e o contágio da falta, devem ser removidos. A purificação dos elementos contrários à glória de Deus deve acontecer antes de eles serem renovados e transformados[212]. A ressurreição se impõe, segundo o Doutor Angélico, porque o homem, nesta vida, não pode alcançar a beatitude a que aspira. A beatitude da alma não é suficiente, porque ela não é, para falar propriamente, o homem, mas apenas uma parte de suas partes. É o homem em si, em sua integridade, que deve ser objeto da recompensa[213]. A causa de nossa ressurreição é a de Cristo, porque ele é, em virtude de sua natureza humana, o mediador entre Deus e os homens. Os dons divinos chegam até o homem por meio de sua humanidade. Uma vez que se começou a ressurreição em Jesus Cristo, essa sua ressurreição é causa da nossa. Cristo é, assim, enquanto Deus, a causa primeira de nossa ressurreição, mas, enquanto Deus e homem ressuscitado, é sua causa próxima[214].

A identidade do corpo ressuscitado preocupa também Tomás, bem como seus contemporâneos. Uma vez que a união da alma e do corpo não é acidental, é claro que a ressurreição pressupõe que se trate do mesmo corpo. Se assim não fosse, não poderíamos falar de ressurreição, mas de uma assunção de um novo corpo pela alma. É preciso resolver, pois, o problema da dissolução dos elementos corporais após a morte. Como se pode tratar do mesmo corpo, dada a corrupção de que ele sofre? Após a separação da forma substancial e da matéria, ou seja, após a separação da alma e do corpo na morte, ficam na matéria, inclusive na transformação por que ela passa, algumas dimensões da forma. Por isso, a matéria que existe com essas dimensões, ainda que receba outra forma, tem maior identidade com o corpo do que qualquer outra parte de outra matéria. Assim, a mesma matéria pode ser reconduzida para a reparação do corpo humano inteiro[215]. Como Boaventura, Tomás não defende a identidade material de maneira excessiva. Por outro lado, é claro que sem essa identidade não teria lugar uma verdadeira ressurreição. A vitória de Cristo sobre a morte deve incluir todos os elementos do ser humano que estão submetidos a ela. É precisamente por isso que santo Tomás defende como opinião conveniente que não haverá somente identidade material no conjunto do corpo humano, mas também em suas partes. Aquele que ressuscita é numerica-

---

212. *Ibid.*, IV, d.47, q.2, a.1, sol.1; t. 11, p. 425.
213. *Ibid.*, IV, d.43, q.1, a.1, sol.3; t. 11, p. 276.
214. *Ibid.*, IV, d.43, q.1, a.2, sol.1; t. 11, pp. 277-278.
215. *Ibid.*, IV, d.44, q.1, a.1, sol.1; t. 11, pp. 296-297.

mente igual ao que está morto. A ressurreição, ainda que dependa somente do poder divino, é necessária para que o homem chegue a seu fim último, o que a alma separada não pode conseguir. A integridade do corpo ressuscitado decorre dessas pressuposições[216]. O corpo ressuscitado dos santos será, além disso, impassível, sutil, ágil e resplandecente, ao passo que o dos condenados não gozará dessas qualidades.

O juízo universal

O juízo universal, diferentemente do juízo particular, tem um sentido para Tomás: cada qual deve receber a recompensa ou o castigo de suas obras em razão do governo de Deus sobre todo o universo e porque faz parte da comunidade humana. A pessoa não pode ser separada do conjunto da humanidade e da história. Santo Tomás sustenta a ideia de que, no momento da morte, cada qual recebe sua retribuição definitiva. Mas isso é perfeitamente compatível com o fato de que, após o juízo final, a alegria dos que se salvam será maior, não somente porque terão recuperado o corpo agora glorioso, mas também porque o número dos santos já estará completo. Coisa semelhante acontecerá com os condenados, cujos tormentos serão igualmente mais intensos a partir desse momento[217]. A dimensão social do homem tem uma repercussão salvífica; também para a escatologia a comunidade humana é importante. A união de todos em Jesus Cristo é o destino último da humanidade.

Em que consiste esse aumento de beatitude após a ressurreição? É claro, diz Tomás, que, após a ressurreição, a beatitude aumenta quanto à quantidade porque ela compreende o corpo. Mas podemos dizer também que será maior quanto à intensidade, porque a alma deseja a união com o corpo e, uma vez realizada essa união com o corpo glorioso, suas operações serão mais intensas. A alma unida ao corpo é uma imagem mais acabada de Deus[218]. Na *Suma*, ele diz que, com a reassunção do corpo, a beatitude cresce "extensivamente", mas não "intensivamente", ainda que ele afirme ao mesmo tempo que a alma, unida ao corpo, é mais perfeita em sua natureza e que, para isso, terá mais perfeitamente a beatitude[219].

A visão beatífica

Por essa razão, tem sentido tratar dos conteúdos da salvação e da condenação após a ressurreição e o juízo. Antes de mais nada, o fim do homem é a

---

216. *Ibid.*, IV, d.44, q.1, a.2; t. 11, pp. 299-307.
217. *Ibid.*, IV, d.47, q.1, a.1; t. 11, pp. 415-417.
218. *Ibid.*, IV, d.49, q.2, a.4; t.11, p. 492.
219. *STh*, Ia-IIae, q.4, a.5; Cerf, t. 2, pp. 46-47. Cf. WEBER, *op. cit.*, pp. 209s.

visão de Deus. Somente se ele a alcança é que se realiza o fim para o qual ele foi criado. A visão de Deus é a única plenitude da criatura racional. O intelecto humano é capaz dessa visão que, em compensação, ultrapassa suas próprias possibilidades naturais. O intelecto criado vê a Deus somente se a própria essência divina se converte de algum modo na forma pela qual o intelecto humano a compreende. Essa visão pela qual o intelecto humano vê a Deus por essência é a mesma pela qual Deus se vê. Em outras palavras, é o próprio Deus presente em nós que nos possibilita vê-lo. Essa visão não equivale à compreensão, em razão da imensidade de Deus[220]. As mesmas ideias se encontram na *Suma*: Deus é infinitamente cognoscível, e não podemos conhecê-lo completamente pelo intelecto criado. Os santos veem a Deus como infinito, mas isso não quer dizer que eles o conheçam infinitamente[221]. Por essa razão, todos os bem-aventurados não verão a Deus igualmente. Alguns terão maior capacidade que outros. A visão de Deus não se alcança pelas forças naturais, mas pela "luz da glória", ou seja, pela ação do próprio Deus, que por sua graça se une ao intelecto criado. Somente assim Deus pode se tornar inteligível à criatura. Para isso, quanto mais o intelecto participa dessa luz de glória, mais perfeita é sua visão de Deus. E a medida da participação na luz de glória é a caridade: "Quanto maior é a caridade, maior é o desejo, e, de certa maneira, o desejo torna o ser que deseja apto e preparado para receber o objeto desejado. Por consequência, aquele que tiver maior caridade verá a Deus mais perfeitamente e será mais feliz"[222]. A virgindade, o martírio e a pregação merecem também, segundo Tomás, uma recompensa especial no paraíso[223]. Os diferentes aspectos da vida eterna dos santos no céu foram reunidos por santo Tomás numa bela passagem:

> Na vida eterna, em primeiro lugar o homem se une a Deus. O próprio Deus é a recompensa e o fim de todos nossos labores. [...] Essa união consiste na visão perfeita, pois "agora vemos em espelho e de modo confuso; mas então será face a face" (1Cor 13,12). Ela consiste igualmente no supremo louvor [...] e também na perfeita satisfação do desejo, porque todo bem-aventurado terá mais do que ele desejaria e esperaria. A razão disso é que nesta vida nada pode satisfazer seu desejo e nenhuma coisa criada é capaz de satisfazer o desejo do homem. Somente Deus o sacia e o ultrapassa infinitamente. [...] E, como os santos na pátria possuirão perfeitamente Deus, é claro que o desejo deles será saciado e que a glória o ultrapassará. [...] Tudo o que há de deleitável é dado lá de maneira superabundante. [...] Lá se encontrará o deleite supremo e perfeito porque se trata do Soberano Bem, ou seja, de Deus. [...] Ele consiste igualmente na feliz

---

220. *Commentaire sur les Sentences*, IV, d.49, q.1 a.1, sol.3; Vivès, t. 11, pp. 462-463.
221. *STh*, Ia, q.12, a.7; Cerf, t. 1, p. 229; igualmente *Exposição sobre o Símbolo dos apóstolos, art. 12*: aqueles que fruem entrarão totalmente na alegria, mas a alegria toda não entrará naqueles que fruirão.
222. *STh*, Ia, q.12, a.6; Cerf, t. 1, p. 228.
223. *Commentaire sur les Sentences*, IV, d.49, q.5, a.3, sol.1; Vivès, t. 11, pp. 342-343.

comunhão de todos os bem-aventurados; e essa comunhão será em ampla medida deliciosa porque cada um possuirá os bens em comum com todos os bem-aventurados. Cada qual amará o outro como a si mesmo e gozará do bem do outro como do próprio. Por isso, a alegria e o regozijo de cada um crescerão na medida da alegria de todos[224].

O fogo é objeto de uma atenção especial quando se trata de tormentos do inferno, mesmo se esse termo, aplicado aos suplícios do inferno, não deva ser compreendido somente em sentido estrito, mas com referência a todo gênero de aflições. Se para os que se salvam todas as criaturas são ocasião de alegria, para os condenados, ao contrário, todas são motivo de tormento[225]. Santo Tomás exclui também que os suplícios dos condenados, homens ou demônios, possam ter um fim. Mas ele acolhe igualmente a ideia de que o suplício deles é inferior ao merecido. Assim pode dizer que de certa maneira se manifesta neles a misericórdia divina.

III. AS DECLARAÇÕES PONTIFÍCIAS E CONCILIARES DO SÉCULO XIII AO CONCÍLIO DE TRENTO

INDICAÇÕES BIBLIOGRÁFICAS: M. DYKMANS, *Les sermons de Jean XXII sur la vision béatifique*, Roma, PUG, 1973. — C. POZO, *Teología del más allá*, Madrid, La Editorial Catolica, 1980. — A. DE HALLEUX, Problèmes de méthode dans le discussions sur l'eschatologie au concile de Ferrare et de Florence, *Christian Unity. The Council of Ferrara-Florence*, 1438/1439-1989, ed. G. Alberigo, Louvain, Peters, 1991, pp. 251-299. — E. KUNZ, *Protestantische Eschatologie. Von der Reformation bis zur Aufklärung*, Freiburg-Basel-Wien, Herder, 1980. — Ph. SCHÄFER, *Eschatologie. Trient und Gegenreformation*, Freiburg-Basel-Wien, Herder, 1984.

O magistério eclesial, em suas afirmações sobre a escatologia, foi sempre mais sóbrio que os teólogos. Elas são, na maior parte das vezes, o reflexo dos principais pontos elaborados pela reflexão teológica. Vamos repassar as declarações mais importantes do período medieval. De início, em 1201, o papa Inocêncio III, falando do batismo das crianças, observa que a pena do pecado original é a carência da visão de Deus e que a do pecado atual é o tormento da geena perpétua[226]. Ele já insinua a distinção entre a pena da condenação e a do sentido que encontramos nos mestres do século XIII.

---

224. Exposição sobre o Símbolo dos apóstolos, art. 12, *Opusc. Theol.* 2, Torino, Marietti, 1954, pp. 216-117.
225. *Commentaire sur les Sentences*, IV, d.50, q.2, a.2.
226. DzS 708.

1. DE LATRÃO IV (1215) A LIÃO II (1274)

O primeiro concílio ecumênico (ou geral) a ser considerado é o 4º de Latrão, em 1215. No contexto da luta contra os albigenses e cátaros, a confissão de fé é reafirmada em termos que poderíamos classificar de tradicionais: Jesus virá no final dos tempos para julgar os vivos e os mortos e dar a cada um sua recompensa, aos réprobos e aos eleitos. "Todos ressuscitarão com o próprio corpo que têm agora, para receber, de acordo com o que eles terão merecido ao fazer o mal ou ao fazer o bem, uns o castigo sem fim com o diabo, outros, a glória eterna com Cristo."[227]

Com a carta de Inocêncio IV, de 6 de março de 1254, ao legado da Santa Sé junto aos gregos, começa uma série de documentos eclesiásticos que confrontam as posições da Igreja latina com as da Igreja grega. O tema do purgatório não é o único discutido, mas é o principal. Apoiando-se nos textos de Mt 12,32 e de 1Cor 3,12-15, já bem conhecidos, o papa assinala que algumas faltas são perdoadas no mundo futuro. Os gregos creem, com efeito, que os que morrem sem ter terminado a penitência pelos pecados ou sem pecado mortal, mesmo com faltas ordinárias ou veniais, são purificados após a morte e podem ser ajudados pelos sufrágios dos vivos. Mas eles se afastam dos latinos quando dizem "que nenhum nome certo e determinado entres seus doutores designa o lugar de tal purificação". O papa deseja, pois, que o que o Ocidente chama de "purgatório", segundo a tradição e a autoridade dos santos Padres, seja chamado, também por eles, com esse nome. Nesse "fogo transitório", os pecados leves são purificados. Quem morre em estado de pecado mortal é atormentado sem dúvida alguma pelo fogo da geena eterna. As crianças que morrem após o batismo e os adultos que morrem na caridade, os quais não têm necessidade de purificação, vão diretamente (*protinus*) para a pátria eterna[228].

No concílio de Lião II (1274), prossegue-se no esforço de união com os gregos[229]. A profissão de fé, chamada "de Miguel Paleólogo", contém numerosas afirmações escatológicas, ou, segundo o texto, sobre a "sorte dos defuntos". Ela começa também pelo purgatório: os arrependidos sinceros que morrem na caridade, sem ter satisfeito com dignos frutos de penitência suas faltas ou omissões, são purificados após a morte por "penas purgatórias". Para abrandar essas penas, são úteis os sufrágios dos vivos, o sacrifício da missa, as orações e as esmolas ou outras práticas de piedade realizadas segundo o que estabelece a Igreja[230].

Dois pontos devem ser destacados nessa declaração. O primeiro é que desaparece completamente a menção do purgatório como "lugar" e se omite a

---

227. *COD* II-1, p. 495; *DzS* 801; *FC* 30.
228. *DzS* 838-839; *FC* 957-959.
229. Sobre as circunstâncias da reunião desse concílio e as pressões ali exercidas pelos latinos sobre os gregos, bem como a respeito da origem e estatuto da profissão de fé de Miguel Paleólogo, cf. t. 1, pp. 282-285, t. 3, pp. 107-108.
230. *DzS* 856; *FC* 36.

menção do fogo. Fala-se somente das penas em termos gerais. O segundo é que são mencionados expressamente como sufrágios pelos defuntos a missa, a oração e a esmola, ou seja, as obras de piedade que Tomás de Aquino considerava particularmente apropriadas.

A sorte diferenciada dos defuntos e a recompensa definitiva por suas obras começa logo (*mox*) após a morte, tanto para os que se salvam como para os que se condenam, os que morrem em estado de pecado mortal ou apenas com o pecado original[231]. (Essa última afirmação exprime um princípio: não se pode ver a Deus se não se está livre do pecado original; não considera todos os que morreram sem batismo.)[232] O texto não insiste sobre o conteúdo da salvação. Quanto à condenação, diz que aqueles que descem para o inferno são atormentados com penas desiguais. Enfim, o concílio diz que todos os homens deverão comparecer no final dos tempos com seu corpo diante do tribunal de Cristo[233]. Distinguem-se aqui e são postas em relação a escatologia intermediária e a escatologia final. A profissão de Miguel Paleólogo foi lida diante dos Padres e constitui um documento oficial da Igreja latina, mas não do concílio propriamente dito. Somente o imperador o aprovara e não os bispos orientais. Por essa razão, ela não chegou a alcançar o efeito com que se contava.

2. A BULA *BENEDICTUS DEUS*, DE BENTO XII

A constituição *Benedictus Deus*, de Bento XII, promulgada em 29 de janeiro de 1336, reveste-se de maior interesse e importância. Para compreender o alcance dessa declaração magisterial, é necessário ter presente o que lhe deu ocasião. Depois da festa de Todos os Santos de 1331 até o mês de maio de 1334, o papa João XXII, predecessor imediato de Bento XII, pronunciou uma série de seis homilias[234], nas quais afirmou que a alma dos santos, antes da ressurreição e do juízo final, podia contemplar somente a humanidade de Cristo, mas não a essência divina, ainda que estivesse no céu. Para essas afirmações ele se escudava na autoridade de são Bernardo, que em alguns de seus textos afirmara que os santos, até o momento da ressurreição, não entram nos tabernáculos do Senhor[235]. Igualmente, segundo João XXII, os condenados não irão para o inferno até aquele momento. O papa considerava essa doutrina uma "opinião" e assim o assinala expressamente em alguns de seus sermões[236]. De qualquer modo, a expressão

---

231. *DzS* 857-858; *FC* 36.
232. Cf. t. 3, p. 140: o concílio de Trento não se porá ainda essa questão.
233. *DzS* 859; *FC* 37.
234. Cf. M. DYKMANS, *Les Sermons de Jean XXII sur la vision béatifique*.
235. Cf., p. ex., o Sermão para a festa de Todos os Santos; *PL* 185, 142, Cf. B. de Vrégille, L'attente des saints d'après saint Bernard, *NRT* 70 (1948) 225-244. Essa posição tem precedentes nos Padres.
236. Cf. M. DYKMANS, *op. cit.*, pp. 138s.

dessa opinião suscitou grande oposição. O próprio papa pediu que se estudasse a questão. Pouco antes de sua morte, ocorrida no dia 4 de dezembro de 1334, ele mudou de opinião. Preparara uma bula nesse sentido, com data de 3 de dezembro de 1334, que fez ler diante do colégio dos cardeais, mas que não teve tempo de promulgar. Seu sucessor, Bento XII, publicou-a[237]. Afirma-se nela que as almas purificadas, separada dos corpos, estão no céu, unidas a Cristo, em companhia dos anjos, e que elas veem a essência divina, face a face, claramente, na medida em que isso é compatível com o estado e a condição das almas separadas.

Foi assim que se preparou o terreno para a constituição *Benedictus Deus*. O ponto fundamental desse documento é, sem dúvida alguma, a declaração da imediação da retribuição para os bons e para os maus. Mas o texto, solene e considerado uma definição *ex cathedra*, contém outras afirmações valiosas sobre diversas questões escatológicas e em particular sobre a visão beatífica:

> Definimos que, conforme a disposição geral de Deus, a alma de todos os santos [os homens] que deixaram este mundo antes da Paixão de Nosso Senhor Jesus Cristo; as dos santos apóstolos, mártires, confessores, virgens e outros fiéis mortos após ter recebido o santo batismo de Cristo, em quem não houve nada a purificar ao morrerem, ou em quem não haverá nada a purificar se morrerem a seguir, ou ainda se houve ou se há alguma coisa a purificar, quando, após a morte deles, ela terá terminado de o fazer; igualmente, a alma das crianças regeneradas pelo mesmo batismo de Cristo ou ainda a serem batizadas, uma vez que o tiverem sido, se vierem a morrer antes de usar seu livre-arbítrio, cada alma, logo (*mox*) após a morte deles e a purificação de que falamos para aquelas que dela tiverem necessidade, antes mesmo da ressurreição em seus corpos e o Juízo geral, e isso desde a Ascensão do Senhor e Salvador Jesus Cristo ao céu, estiveram, estão e estarão no céu, no Reino dos Céus e no Paraíso celeste com Cristo, admitidas na sociedade dos anjos. Desde a Paixão e morte de nosso Senhor Jesus Cristo, elas viram e veem a essência divina com uma visão intuitiva e até face a face, sem a mediação de criatura alguma que seja objeto de visão. A divina essência se manifesta antes a elas imediatamente a descoberto, claramente exposta, e por essa visão, elas gozam dessa mesma essência.
>
> Além disso, por essa visão e esse gozo, a alma dos que já morreram é verdadeiramente bem-aventurada e possui a vida e o repouso eterno. A alma dos que morrem em seguida verá essa essência divina e dela gozará antes do Juízo geral[238].

O primeiro ponto importante diz respeito, pois, à imediação da retribuição, pelo menos após a Ascensão do Senhor. A primeira parte da constituição

---

237. Cf. *DzS* 990-991.
238. *DzS* 1000; *FC* 961-963.

refere-se aos santos; o texto falará também a seguir dos condenados. Trata-se de uma disposição divina para todos, não para alguns privilegiados, como o demonstram as exaustivas enumerações das condições possíveis dos fiéis e dos diferentes momentos da morte. Essa questão é assim resolvida tendo em vista opinião comum dos fiéis e dos teólogos do momento. Em segundo lugar, o papa define o conteúdo da beatitude eterna, a visão imediata de Deus, sem a mediação de nenhuma criatura, e a alegria que ela proporciona. Diz também que os justos estão com Cristo e os anjos, e que eles gozam de repouso eterno.

O documento continua ressaltando que terminam, com a visão e a alegria de Deus, os atos de fé e de esperança. Essa visão durará sem interrupção ou supressão até o julgamento final e pela eternidade[239]. A alma daqueles que morrem em estado de pecado mortal desce logo (*mox*) aos infernos. Todavia, no dia do juízo, todos os homens comparecerão com seus corpos diante do tribunal de Cristo, para prestar contas de seus atos pessoais[240]. A imediação da recompensa não é obstáculo para a importância do juízo final e da ressurreição; mas são os problemas da escatologia pessoal ou intermediária que estão em primeiro plano.

A satisfação a ser cumprida no purgatório pelos pecados dos que morrem em estado de graça é reafirmada por Clemente VI em sua carta de 1351, em Mekhitar, na Armênia. No purgatório, as almas são temporariamente atormentadas pelo fogo. Uma vez purificadas, antes mesmo do dia do juízo, elas chegam à beatitude eterna, que consiste em ver a Deus face a face e em amá-lo[241].

3. O CONCÍLIO DE FLORENÇA

A questão do purgatório perdeu força por ocasião da tentativa de união com os gregos no concílio de Florença. Houvera alguns mal-entendidos que faziam entender o purgatório como um inferno temporal. Nosso percurso pela história das doutrinas escatológicas nos fez ver que a teologia latina pode às vezes ter dado lugar a essa confusão. O concílio de Florença em seu decreto para os gregos, de 6 de julho de 1439, consagra um capítulo à sorte dos defuntos. Ele se inspira em fórmulas da confissão de fé de Miguel Paleólogo e da constituição *Benedictus Deus*. Em relação ao purgatório, afirma:

> Se aqueles que se arrependem de verdade morrem no amor de Deus antes de ter reparado, por frutos dignos de seu arrependimento, suas faltas cometidas por ações ou por omissão, sua alma é purificada após sua morte por penas

---

239. *DzS* 1001; *FC* 964.
240. *DzS* 1002; *FC* 965.
241. *DzS* 1066-1067; *FC* 966.

purgatórias e, para que sejam reabilitados dessas penas, são úteis a eles os sufrágios dos fiéis vivos, ou seja, oferecimento de missas, orações, esmolas e outras obras de piedade[242].

Merece atenção, a respeito do purgatório, o desaparecimento de qualquer alusão a um lugar, bem como da menção do fogo. Trata-se somente de "penas purgatórias" em geral. O termo continua sendo um adjetivo, como era em Agostinho. Retomam-se as afirmações do concílio de Lião II sobre os sufrágios e a menção especial do sacrifício da missa, da oração e da esmola. Repete-se, igualmente, a ideia da passagem imediata para o céu daqueles que morrem em estado de graça e sem necessidade de purificação. A alma deles "é logo recebida no céu e contempla (*intueri*) claramente o próprio Deus trino e uno, tal como ele é; algumas, todavia, de modo mais perfeito que outras, segundo a diversidade de seus méritos"[243]. A insistência sobre a visão direta de Deus uno e trino tal como ele é — desenvolvendo as afirmações de *Benedictus Deus* sobre a visão face a face da essência divina — foi entendida como oposta às teses de Gregório Palamás (1296-1359). De acordo com esse teólogo, a essência divina não seria diretamente visível; os anjos e os santos contemplariam a glória que vem de Deus, eterna e incriada, não a essência de Deus, mas sua manifestação e seu esplendor.

4. O CONCÍLIO DE TRENTO

A contestação do purgatório em Lutero

No contexto das controvérsias doutrinais suscitadas pela Reforma, Lutero negou antes de mais nada que a doutrina do "terceiro lugar", ou seja, a existência do purgatório, possa ser provada pelas Escrituras. Em consequência de sua doutrina sobre a justificação, que insistia mais na imputação dos méritos de Cristo que sobre a transformação interior do homem, ele negou a seguir a existência do próprio purgatório e viu nisso uma "invenção" da Igreja. Segundo seus pressupostos, a purificação após a morte tem pouco sentido[244]. De outra parte, a doutrina do purgatório encorajava a prática de indulgências e a aplicação aos defuntos de uma intercessão que não seria a de Cristo. Ora, o homem é justificado pelos méritos de Cristo, e se eles lhe são aplicados não há razão para que a salvação e a visão de Deus sejam adiadas. Por isso, algumas proposições da bula *Exsurge Domine*, de Leão X (1520), referem-se

---

242. *COD* II-1, p. 1081; *DzS* 1304; FC 967.
243. *COD* II-1, p. 1083; *DzS* 1305; FC 967.
244. Cf. C. POZO, *op. cit.*, pp. 516s. E. KUNZ, *Protestantische Eschatologie. Von der Reformation bis zur Aufklärung*, pp. 21s.

ao purgatório²⁴⁵. Elas condenam as afirmações segundo as quais o purgatório não pode ser provado pela Escritura, as almas do purgatório não estão seguras de sua salvação, no purgatório as almas pecam de modo contínuo e as almas libertadas do purgatório pelos sufrágios dos outros têm menos glória do que se elas mesmas tivessem reparado suas faltas.

A 25ª sessão do concílio de Trento (1563)

No concílio de Trento, em matéria de escatologia, o tema do purgatório é praticamente o único a aparecer. Encontram-se alusões isoladas no decreto sobre a justificação e na doutrina sobre o santo sacrifício da missa, em que se fala do sufrágio pelos defuntos²⁴⁶. Mas um breve decreto, sobretudo, é consagrado diretamente ao purgatório²⁴⁷. Retoma-se a doutrina tradicional: o purgatório existe e as almas que nele estão retidas são ajudadas pelos sufrágios dos vivos, especialmente pelo sacrifício do altar. O texto entra a seguir em prescrições de caráter mais pastoral: ordena aos bispos que se preocupem em fazer que os fiéis creiam na doutrina do purgatório e que seja ensinada e pregada por toda parte, que se excluam da pregação ao povo simples as questões difíceis e sutis, que não se difundam ideias duvidosas ou tenham laivos de erro, que se evite a curiosidade, a superstição e tudo o que possa apresentar o mau odor de interesse inconfessável, a fim de não causar escândalos aos fiéis. A doutrina tridentina caracteriza-se no conjunto por sua grande sobriedade. Não se fala do fogo, nem mesmo diretamente de penas. A representação do lugar parece, todavia, estar presente na menção das almas "retidas" no purgatório. Diferentemente dos concílios anteriores, que mencionam especialmente como sufrágio o sacrifício da missa, a oração e a esmola, Trento se contenta com uma alusão específica ao primeiro.

IV. ESCATOLOGIA NO CONCÍLIO VATICANO II

Entre o concílio de Trento e o Vaticano II, não encontramos intervenções pontifícias referentes formalmente à escatologia, exceto a condenação de certas teses de Rosmini²⁴⁸. A teologia dos tempos modernos insistiu bastante sobre a imortalidade da alma, em detrimento da perspectiva da ressurreição. De sua parte, a pastoral mantinha com a pregação das "grandes verdades" a preocupa-

---

245. *DzS* 1487-1490; *FC* 968-969/2.
246. Cf. *COD* II-2, pp. 1379 e 1387; *DzS* 1543 e 1480; *COD* II-2, pp. 1493 e 1495; *DzS* 1743 e 1753.
247. *COD* II-2, p. 1573; *DzS* 1820; *FC* 970.
248. *DzS* 3239-3240; *FC* 971-972.

ção da sanção moral. Mas a renovação bíblica e a redescoberta da teologia da história no século XX devolveram à totalidade da mensagem cristã a atenção sobre a imanência da perspectiva escatológica. Ao mesmo tempo, um renovado sentido das realidades terrestres punha a questão da retomada delas no mundo da ressurreição. Há, com efeito, uma correlação entre a afirmação segundo a qual o Reino se constrói neste mundo e em nossa história por meio da atividade livre e santificada dos homens e a que vê os valores do trabalho humano como os da caridade "eternizados" no mundo escatológico.

Observando essas mudanças de perspectiva, o último concílio quis consagrar um capítulo inteiro da *Lumen gentium* à doutrina escatológica e voltar ao assunto na constituição pastoral *Gaudium et spes*. Esses documentos contêm preciosos ensinamentos.

1. O CAPÍTULO VII DA *LUMEN GENTIUM*

Além de algumas alusões dispersas (*LG* 2, sobre a consumação da Igreja no paraíso no final dos tempos; *LG* 9, sobre a terra prometida para a qual peregrina a Igreja), a escatologia da *Lumen gentium* exprime-se no capítulo VII, intitulado "O caráter escatológico da Igreja peregrina e sua união com a Igreja celeste", em que é apresentada numa perspectiva eclesiológica. O concílio contempla o conjunto da obra salvífica de Jesus e o caminho histórico da Igreja em direção à consumação final. Nesse contexto, estuda também a sorte definitiva de cada homem. O capítulo trata, em primeiro lugar, do caráter escatológico de nossa vocação na Igreja. Ela alcançará sua plenitude no momento da restauração universal (At 3,21) "quando, com o gênero humano, o mundo inteiro, que está intimamente unido ao homem e por ele alcança seu fim, será também ele completamente restaurado em Cristo" (n. 48). Enquanto estamos ainda a caminho, a própria Igreja carrega a imagem do mundo que passa, ainda que ela ponha em destaque que em Jesus Cristo a restauração que esperamos já começou. A própria Igreja atingirá sua plenitude por ocasião da última vinda de Cristo. Nesse meio tempo, a atitude do cristão é a da vigilância, pois ele não sabe nem o dia nem a hora em que o Senhor virá. O final do n. 48 resume os conteúdos da esperança escatológica. Antes de tudo, com a morte, termina o curso *único* de nossa vida terrestre. Excluem-se, pois, a ideia da reencarnação e seja lá que outra concepção que prive nossa vida terrestre de seu caráter definitivo e escatológico. As possibilidades da salvação e da condenação se abrem diante de cada um de nós:

> É preciso, conforme a advertência do Senhor, vigiar constantemente para que, tendo terminado o único curso de nossa vida terrestre (cf. Hb 9,27), mereçamos entrar com ele para as bodas e ser contados no número dos benditos (cf. Mt

25,31-46), e não receber a ordem, como servos maus e preguiçosos (cf. Mt 25,26), de nos afastarmos para o fogo eterno (cf. Mt 25,41) [...]. Com efeito, antes de reinar com Cristo glorioso, todos estaremos a descoberto "diante do tribunal de Cristo..." (2Cor 5,10)[249].

A ressurreição final, para a vida ou para a condenação, e a parusia são também lembradas nesse contexto. O n. 49 se refere à comunhão da Igreja celeste com a Igreja peregrina:

> Portanto, até que o Senhor venha em sua majestade e com ele todos os anjos (cf. Mt 25,31) e, destruída a morte, todas as coisas lhe sejam submetidas (cf. 1Cor 15,26-27), alguns dentre seus discípulos peregrinam na terra, outros, terminada esta vida, estão em processo de purificação, enquanto outros são glorificados e contemplam *"claramente o próprio Deus trino e uno, assim como é"*[250].

A parusia do Senhor e seu domínio salvífico sobre todas as coisas é aqui o horizonte último de nossa esperança. Ao mesmo tempo, porém, ressalta-se a visão de Deus de que gozam os santos. É digno de nota que os sujeitos da visão beatífica imediata são os "discípulos" de Cristo e não somente a "alma" deles, o que determina aqui uma distância discreta em relação ao tema clássico da "imortalidade da alma". Igualmente, o ensinamento tradicional sobre o purgatório é lembrado com grande sobriedade, sem que a palavra seja pronunciada, ao se evocar o que está na origem dessa doutrina: a purificação necessária para ver a Deus. Seja lá qual for a diversidade dos estados e das situações nas quais se encontram os fiéis, a comunhão entre eles não se interrompe. Por isso, os bem-aventurados, unidos mais intimamente a Cristo, intercedem por nós diante do Senhor. Mas a Igreja peregrina está também em relação com a Igreja celeste (n. 50). Nesse contexto em que se trata da comunhão de todos os membros do corpo de Cristo, lembramos a doutrina do sufrágio pelos defuntos. Nossa união com a Igreja celeste se realiza sobretudo na liturgia[251].

O capítulo escatológico da *Lumen gentium* caracteriza-se pelo uso da linguagem bíblica; quase todo o texto está construído com citações ou alusões a passagens neotestamentárias. O quadro da doutrina sobre a Igreja em que se insere o capítulo favorece a perspectiva universal da escatologia na qual a posição central de Cristo é bastante visível. Nesse sentido, a tendência dos documentos magisteriais da Idade Média e de Trento que, em razão de circunstâncias históricas concretas, foram referidas de modo primordial às questões da escatologia individual, encontra-se sensivelmente modificada.

---

249. *LG* 48; *COD* II-2, p. 1805.
250. *LG* 49; *COD* II-2, p. 1805.
251. As principais afirmações dos nn. 48-50 são retomadas no n. 51, que enuncia diversas disposições pastorais.

2. *GAUDIUM ET SPES*

No segundo documento importante sobre nosso assunto, a constituição pastoral *Gaudium et spes*, o problema escatológico, tratado em diferentes lugares, não é objeto de um estudo sistemático. O capítulo que trata da dignidade da pessoa humana apresenta o homem como um ser único composto de um corpo e de uma alma "espiritual e imortal" (n. 14). O n. 18 trata de novo do tema em ligação com o mistério da morte: há no homem uma semente de eternidade, pois o ser humano não é redutível à simples matéria que se corrompe; uma esperança se abre aos cristãos pela ressurreição de Cristo, pois Deus "chamou e chama o homem a se unir a ele com todo seu ser na comunhão perpétua de uma vida divina incorruptível"[252]. O contexto mostra que se faz aqui alusão à ressurreição corporal. Se as duas afirmações da imortalidade da alma e da ressurreição se encontram mais justapostas que internamente vinculadas, a reflexão conciliar evolui mais no universo da segunda. O fim desse parágrafo lembra a comunhão, em Jesus Cristo, com os irmãos que já morreram.

Outras afirmações interessantes se encontram no capítulo consagrado à atividade humana no mundo. O n. 38 diz que Cristo ressuscitado, a quem foi dado todo o poder no céu e na terra, suscita nos homens o desejo do mundo futuro. Enquanto ele chama alguns a dar um testemunho mais explícito desse desejo dos bens que esperamos, chama outros para o serviço temporal dos homens, para que assim "seja preparada a matéria do Reino dos Céus".

Vimos como a ideia da transformação cósmica no final dos tempos surge em diferentes momentos da história da teologia. A *Lumen gentium* também fazia alusão a isso. Aqui, o n. 39 integra a esse tema um aspecto novo, o do valor escatológico da atividade humana no mundo:

> Ignoramos o tempo em que a terra e a humanidade chegarão à plenitude, nem sabemos como se transformará o universo. A figura deste mundo deformada pelo pecado passa certamente, mas aprendemos que Deus prepara uma nova habitação e uma nova terra em que reina a justiça [...] Então, vencida a morte, os filhos de Deus ressuscitarão em Cristo e aquilo que foi semeado na fraqueza e corrupção revestir-se-á da incorruptibilidade; permanecendo a caridade e as suas obras, todas as criaturas que Deus criou para o homem serão libertadas da escravidão da vaidade[253].

A prudência com que o concílio fala da transformação do mundo não tem nada de extraordinário. Não somente ignoramos o tempo como também o modo como se dará. Se a figura deste mundo deve certamente passar (cf. 1Cor 7,31), permanecerão a caridade e suas obras. A afirmação é geral e abstrata, por certo,

---

252. *GS* 18; *COD* II-2, p. 2187.
253. *GS* 39,1; *COD* II-2, p. 2213.

mas indica que o caráter transitório do mundo não é o único aspecto com base no qual é preciso considerar a existência terrestre. Porque no transitório nos é dado o que não passa, em nossa vida fugaz se constrói nossa morada eterna. O amor (cf. 1Cor 13,8) e suas obras jamais passam. A continuação do texto dá novo esclarecimento:

> É-nos lembrado que de nada serve ao homem ganhar o mundo inteiro, se a si mesmo vem a perder. Todavia, a expectativa de uma nova terra não se deve enfraquecer em nós, mas antes ativar a solicitude em desenvolver esta terra em que cresce o corpo da nova família humana que já consegue apresentar uma certa prefiguração do mundo futuro. Por conseguinte, embora o progresso terreno se deva cuidadosamente distinguir do crescimento do reino de Cristo, tem, todavia, grande importância para o Reino de Deus, na medida em que pode contribuir para a melhor organização da sociedade humana[254].

Quer-se evitar dois extremos: a identificação do progresso temporal com o Reino de Deus e a separação absoluta entre as duas realidades. Se o caráter transitório deste mundo impede a primeira, a consciência do que não passa estorva a segunda. Indica-se então o conteúdo do que deve permanecer:

> Com efeito, todos esses bens da dignidade humana, da comunhão fraterna e da liberdade, todos esses frutos excelentes da natureza e do nosso trabalho, depois de os termos difundido na terra, segundo o mandamento do Senhor e no Espírito do Senhor, voltaremos de novo a encontrá-los, mas purificados de toda mancha, iluminados, transfigurados, quando Cristo entregar ao Pai o Reino eterno e universal: "reino de verdade e de vida, reino de santidade e de graça, reino de justiça, de amor e de paz"[255]. Esse reino já está misteriosamente presente na terra; atingirá sua perfeição quando o Senhor vier[256].

De certo modo, o que se especifica é o sentido do amor e de suas obras quando se trata do valor perene dos bens, da dignidade humana, do amor, da liberdade, ou seja, dos frutos não só da natureza, mas também de nosso esforço, que propagamos sobre a terra segundo o mandamento do Senhor e pela ação do Espírito. Podemos então dizer que, mesmo que isso deva ser purificado e transfigurado, tudo o que nós homens fazemos, segundo Deus e o cumprimento de seu mandamento, tem valor permanente.

A chave dessa visão escatológica encontra-se no n. 45 da mesma constituição pastoral. Jesus, princípio e fim de todas as coisas, é o centro e o sentido da história humana:

---

254. *GS* 39,2; *COD* II-2, pp. 2213-2214.
255. Prefácio da Festa de Cristo Rei.
256. *GS* 39,3; *COD* II-2, p. 2215.

Com efeito, o próprio Verbo de Deus, por quem tudo foi feito, fez-se homem, para, homem perfeito, a todos salvar e tudo recapitular. O Senhor é o fim da história humana, o ponto para onde tendem as aspirações da história e da civilização, o centro do gênero humano, a alegria de todos os corações e a plenitude das suas aspirações. Foi ele que o Pai ressuscitou dos mortos, exaltou e colocou à sua direita, estabelecendo-o juiz dos vivos e dos mortos. Vivificados e reunidos no seu Espírito, caminhamos em direção à consumação da história humana, a qual corresponde plenamente ao seu desígnio de amor: *"Reunir o universo inteiro sob um só chefe, Cristo, o que está nos céus e o que está sobre a terra"* (Ef 1,10)[257].

3. DOIS DOCUMENTOS PÓS-CONCILIARES

Após o concílio Vaticano II, dois documentos voltaram a tratar das questões escatológicas. Primeiro, uma carta da Congregação para a doutrina da fé *Sobre algumas questões referentes à escatologia*[258], publicada em 1979. O documento diz querer dar resposta à perturbação que algumas controvérsias teológicas públicas tenham podido causar entre os fiéis. Por isso, propõe-se lembrar, numa série de fórmulas breves e sóbrias, o essencial da fé da Igreja sobre esse assunto, referindo-se primeiro ao Credo, sem apresentar elementos novos. O ponto de vista da ressurreição é predominante e inclui a afirmação da "subsistência após a morte de um elemento espiritual dotado de consciência e de vontade, de modo que o 'eu' humano subsista. Para designar esse elemento, a Igreja emprega a palavra 'alma'". O ponto de vista da "pessoa" vem assim dar uma dimensão mais concreta à representação da alma. O documento menciona a pena eterna do inferno. A propósito do purgatório assim se expressa: "Para os eleitos [a Igreja], acredita numa eventual purificação prévia à visão de Deus, totalmente estranha, porém, à pena dos condenados". Lembra o respeito devido às imagens bíblicas, reconhecendo que "nem as Escrituras nem a teologia nos fornecem luzes suficientes para uma representação do além". Dois pontos devem ser considerados: a "continuidade fundamental", de um lado, e a "ruptura radical", de outro, entre o presente e o futuro escatológico.

O último documento é oficial, sem ser magisterial. Trata-se de uma reflexão da Comissão teológica internacional[259]. Esse texto pretende se situar no contexto da "secularização" circundante e enfrentar formas de messianismo temporal que reintegram as afirmações escatológicas na imanência de nossa história. O vínculo entre a ressurreição de Cristo e a nossa, analisado em suas expressões bíblicas, é seu ponto de vista diretor. Sente-se o cuidado de revisar

---

257. *GS* 45,2; *COD* II-2, p. 2227.
258. CONGREGAÇÃO PARA A DOUTRINA DA FÉ, Lettre sur quelques questions concernant l'eschatologie, DC 76 (1979) 708-710.
259. COMISSÃO TEOLÓGICA INTERNACIONAL, Quelques questions actuelles concernant l'eschatologie, *DC* 90 (1993) 309-326.

"a hermenêutica teológica das afirmações escatológicas", pelo traçado de uma via entre os excessos opostos das "descrições demasiadamente físicas" e um "docetismo escatológico". Uma parte importante do documento é usada para criticar a tese teológica recente que, em nome de uma reconsideração da relação entre o tempo e a eternidade e da recusa de uma concepção "dualista" e platônica do composto humano, fala da "ressurreição na morte", ou seja, que cada falecido entra imediatamente no mundo da ressurreição plena. Os autores pretendem, ao contrário, manter uma "escatologia das almas" ou um "estágio escatológico intermediário" dos eleitos que já estão com Cristo, mas devem, ainda, esperar a ressurreição do próprio corpo. É nesse estágio que se dá a purificação da alma, bem distinta das penas do inferno, desvinculada aqui da ideia de um lugar, mas não da ideia de tempo[260]. O documento critica "enfim" as concepções recentes da reencarnação.

4. CONCLUSÃO

O dogma cristão relativo à escatologia estabelece hoje um problema particular de hermenêutica, a relação das afirmações com as representações. Tem em comum com o dogma da criação o recurso a uma linguagem de imagens, cujas representações devem ser criticadas, sem ser abandonadas, em razão do sentido a que visam. A teologia nem sempre soube guardar a discrição necessária nesse plano das representações, que às vezes se tornaram conceitos coisificados. O cuidado em apresentar um cenário perfeitamente informativo sobre o fim dos tempos pôde fazê-lo prevalecer sobre o valor que a revelação do fim assume no presente da vida cristã. As afirmações propriamente dogmáticas sempre ficaram num plano mais discreto. Por exemplo, a noção de purgatório continua distinta das representações de lugar e se livra da ideia mitológica de um "fogo": volta ao intuito primeiro, que é o da necessária purificação do homem para ver a Deus.

A questão que hoje apresenta maior dificuldade à consciência cristã é sem dúvida a do caráter eterno das penas do inferno[261]. Vimos que a Igreja se opôs à ideia de restauração (apocatástase), que poria em causa o peso da liberdade humana, capaz de se comprometer pela eternidade, dramaticamente capaz de lançar um "não" definitivo contra Deus. Sobre esse ponto, que não é possível tratar no quadro de uma história dos dogmas, podemos lembrar que a Igreja

---

260. Observemos, todavia, que muitos autores falam da ressurreição no momento da morte com nuanças que respeitam a dialética de um "entre dois" justamente entendido a respeito dos que não ressuscitam enquanto dura este mundo. A ressurreição não será completa e definitiva enquanto não for universal, no final da história. Cf. G. GRESHAKE, J. KREMER, *Ressurrectio mortuorum. Zum theologischen Verständnis der leiblichen Auferstehung*, Darmstadt, Wissenschaftliche Buchegesellschaft, 1988; M. KEHL, *Eschatologie*, Würzburg, Echter Verlag, ²1988.

261. Cf., p. ex., J. ELLUIN, *Quel enfer?*, Paris, Cerf, 1994.

jamais se pronunciou a respeito desse ou daquele homem, dizendo que efetivamente teria ido para o inferno. Os textos da Escritura a respeito do inferno têm por finalidade deixar na lembrança o risco imanente a toda existência humana. Com H. Urs von Balthasar, que assim falava um pouco antes de morrer, temos de lembrar o direito e o dever que têm todos de ter esperança[262]. O mesmo autor citava a esse propósito uma expressão bastante razoável de Kierkegaard: "Para mim, uma coisa é certa: todos os outros serão felizes, e já é o bastante — para mim somente a questão permanece aleatória"[263].

---

262. Cf. H. URS VON BALTHASAR, *Espérer pour tous*, Paris, DDB, 1987; *L'enfer. Une question*, DDB, 1988.
263. Citado em *Espérer pour tous*, p. 77.

SEGUNDA PARTE
DAS "AUTORIDADES" AO MAGISTÉRIO O CAMINHO DA ÉTICA
PH. LÉCRIVAIN

INTRODUÇÃO
Implicações de um desafio

REFERÊNCIAS BIBLIOGRÁFICAS: cf. Bibliografia geral, pp. 486-487

Tratar de doutrina moral numa *História dos dogmas* é um desafio para o autor e para seus leitores. Durante a história da Igreja, o Magistério eclesial publicou poucos documentos relativos à moral. Basta percorrer o *Enchiridion Symbolorum*[1], de Denzinger e de seus sucessores para nos darmos conta disso. Todavia, como observa L. Vereecke[2], dois períodos são mais significativos que os outros sobre nosso assunto. O primeiro corresponde à segunda metade do século XVII, quando os papas condenaram certas teses laxistas dos casuístas, de uma parte, e os princípios fundamentais da moral jansenista, de outra; o segundo situa-se nos séculos XIX e XX.

Em sua recente encíclica "sobre algumas questões fundamentais do ensinamento moral da Igreja", *O esplendor da verdade* (*Veritatis splendor*), João Paulo II chama nossa atenção sobre o período contemporâneo:

> Desde sempre, mas particularmente no decurso dos dois últimos séculos, os Soberanos Pontífices, pessoalmente ou com o Colégio episcopal, desenvolveram e propuseram um ensinamento moral sobre os múltiplos e diferentes aspectos da vida humana. Em nome de Cristo e por sua autoridade, eles exortaram, denunciaram e explicaram; fiéis à sua missão, no combate em favor do homem, confortaram, apoiaram e consolaram; com a certeza da assistência do Espírito de verdade, contribuíram para uma melhor compreensão das exigências morais no domínio da sexualidade humana, da família, da vida

---

1. Constantemente usado nesta obra sob a sigla *DzS* (ver relação de abreviaturas).
2. L. VEREECKE, Magistère et Morale selon *Veritatis Splendor, Studia Moralia*, 31 (1993) 391-401.

social, econômica e política. Na tradição da Igreja e na história da humanidade, o ensinamento deles constitui um incessante aprofundamento do conhecimento moral[3].

No final de seu texto, ao evocar suas responsabilidades pastorais e as dos bispos, o papa esclarece ainda seu pensamento, retomando os principais elementos desenvolvidos:

> A doutrina moral cristã deve ser, sobretudo hoje, um dos domínios privilegiados em nossa vigilância pastoral, no exercício de nosso *munus regale*[4]. Com efeito, é a primeira vez que o Magistério da Igreja faz uma exposição de certa amplitude sobre os elementos fundamentais dessa doutrina e apresenta as razões do discernimento pastoral que é necessário ter em situações práticas e em condições culturais complexas e às vezes críticas[5].

A encíclica pontifícia apresenta também outros pontos de vista. Assim, encontramos nela um exemplo concreto de intervenção do Magistério na teologia moral[6], uma reflexão sobre a dimensão histórica dela e uma insistência toda especial sobre o "laço intrínseco e indissolúvel" que une entre si a fé e o agir. Apresentadas essas reflexões, *Veritatis splendor*, nas especulações do Vaticano II, faz apelo a uma "atualização permanente" da teologia moral, numa compreensão cada vez mais profunda da Revelação, ou seja, de Cristo:

> Convém certamente procurar e encontrar a expressão mais apropriada das normas morais universais e permanentes, segundo os diferentes contextos culturais, mais em condições de exprimir continuamente sua atualidade histórica, de fazer compreender e de interpretar autenticamente sua verdade. Essa verdade da lei moral — como a do *depósito da fé* — desdobra-se ao longo dos séculos: as normas que a exprimem continuam válidas em sua essência, mas devem ser aclaradas e determinadas *eodem sensu eademque sententia*[7] (Vicente de Lérins), segundo as circunstâncias históricas, pelo Magistério da Igreja, cuja decisão é precedida e acompanhada pelo esforço de leitura e de expressão dado pela razão dos crentes e pela reflexão teológica[8].

---

3. JOÃO PAULO II, *Veritatis splendor*, n. 4, Paris, Cerf, 1993, pp. 7-8.
4. O papa se refere sucessivamente a três múnus do ministério, o *múnus profético* (*munus propheticum*) ou múnus da palavra, o *múnus sacerdotal* (*munus sacerdotale*) ou encargo de santificação e o *múnus régio* (*munus regale*) ou encargo de vigilância pastoral: ele inscreve sob esse terceiro título a doutrina moral cristã.
5. JOÃO PAULO II, *Veritatis splendor*, nn. 114-115; *op. cit.*, pp. 176-177.
6. No *Catecismo da Igreja Católica*, ao qual o papa se refere em sua encíclica, essa questão é tratada como: "Vida moral e Magistério da Igreja", nn. 2032-2040.
7. Ou seja, "com o mesmo sentido e segundo a mesma opinião".
8. JOÃO PAULO II, *Veritatis splendor*, n. 53; pp. 87-88.

Esclarecidos assim os papéis dos atores, temos de explicar o que pretendemos tratar nestas páginas. Nosso trabalho é o de um historiador que se interroga: o Magistério eclesial só fez reais intervenções, em matéria de teologia moral, entre os séculos XVII e XX? Pôr a questão já é respondê-la, mas toda a dificuldade se encontra na maneira de o fazer. "A principal dificuldade do estudo histórico na moral provém menos da matéria em si que do olhar com que a vemos quando a estudamos. Nossas concepções morais tornaram-se tão familiares para nós que as introduzimos, conforme a necessidade, sem nos darmos conta disso, nos textos que, todavia, não as contêm e que organizam a moral de modo diferente do que pensamos."[9] Temos, pois, de determinar desde já o lugar de nossa pesquisa e o método que temos de seguir.

1. UM LUGAR DE PESQUISA: A MORAL FUNDAMENTAL

É bastante claro que a *Veritatis splendor*, bem como o *Catecismo da Igreja católica*, ao qual o papa se refere, inscrevem-se na perspectiva dos dois concílios do Vaticano. O primeiro lembrava "a infalibilidade de que o divino Redentor quis estivesse dotada sua Igreja quando ela define a doutrina sobre a fé e os costumes"[10] e o segundo esclarecia:

> Os bispos que ensinam em comunhão com o Pontífice romano têm direito, por parte de todos, ao respeito que convém a testemunhos da verdade divina e católica; os fiéis devem se prender ao pensamento que seu bispo expressa, em nome de Cristo, em matéria de fé e de costumes, e devem dar-lhe o assentimento religioso de seu espírito. Esse assentimento religioso da vontade e da inteligência é devido, por um título singular, ao magistério autêntico do Soberano Pontífice, ainda que este não fale *ex cathedra*, o que implica o reconhecimento respeitoso de seu supremo magistério, e a adesão sincera a suas afirmações, em conformidade ao que ele manifesta de seu pensamento e de sua vontade e que podemos deduzir em particular do caráter dos documentos ou da insistência em propor certa doutrina, ou da maneira mesma de se expressar[11].

Após o último concílio, numerosos textos sobre ética foram elaborados pelos papas e dicastérios romanos, bem como pelos bispos e comissões das Conferências nacionais. Diante dessa abundância de textos, os teólogos e os comentaristas se esforçaram, de acordo com os conselhos dos próprios Padres conciliares, em distinguir as "instâncias" e as "insistências"[12] das produções

---

9. S. PINKAERS, Réflexions pour une histoire de la théologie morale, *Nova et vetera* 52 (1977) 51.
10. Constituição dogmática *Pastor aeternus*, c. 4; COD II-2, p. 1659; DzS 3074; FC 484.
11. LG n. 25.1; COD II-2, p. 1767.
12. Sabe-se que certos cardeais da Cúria pensavam que a passagem da encíclica *Casti connubii* (1931), que tratava da regulação dos nascimentos, estava revestida de tal solenidade que, por isso,

magisteriais. Igualmente, puseram em destaque diferenças importantes no tratamento dos problemas sociais e das questões sexuais. "A Igreja católica, observa J.-Y. Calvez, fala com nuanças do social e de modo bastante brusco do sexual. No primeiro caso, ela distingue no julgamento moral vários níveis, cuidando para não os confundir. A autoridade não pretende se pronunciar igualmente em todos os níveis ou com a mesma força. No domínio da moral sexual, a Igreja aparentemente não distingue os mesmos níveis e a linguagem adotada é sobretudo uma linguagem de normas, de licitude e de ilicitude."[13]

Dois textos podem ilustrar o assunto. Um, de Paulo VI, na *Octogesima adveniens* (1971):

> Diante de situações muito variadas (no mundo), é-nos difícil pronunciar uma palavra única, como a de propor uma solução que tenha valor universal. [...] Cabe às (diversas) comunidades cristãs analisar com objetividade a situação própria de seus países, aclará-la pela luz [...] do Evangelho, buscar princípios de reflexão, normas de julgamento e diretivas de ação no ensinamento social, tal como se elaborou no decurso da história. [...] Cabe a elas discernir [...] as opções e os compromissos que convém assumir[14].

O segundo texto, de estilo totalmente diferente, é extraído da instrução da Congregação para a doutrina da fé sobre *O dom da vida* (*Donum Vitae*, 1987): "A fecundação homóloga in vitro (entre esposos) não é afetada por toda a negatividade ética que se encontra na procriação extraconjugal". Trata-se de uma gradação possível? "Todavia", acrescenta-se logo, "[...] a fecundação homóloga *in vitro* é em si mesma ilícita e contrária à dignidade da procriação e da união conjugal". E o texto continua: "O ensinamento do magistério sobre o assunto não é somente a expressão de circunstâncias históricas particulares"[15]. Finalmente, nesse documento, não se observa nenhuma posição intermediária: se um meio técnico facilita "o ato natural", ele é lícito. "Quando, ao contrário, a intervenção substitui o ato conjugal, ela é moralmente ilícita".

A história esclarece, de um lado, essa diferença de tom. Com efeito, quando a teologia moral adquiriu autonomia, dois tratados seus[16] se emanciparam também: um sobre *O direito e a justiça* (*De jure et de justitia*) e outro sobre *O matrimônio* (*De matrimonio*). No século XIX, foi acrescentado ao

---

era quase infalível. Essa posição não deixou de influenciar o papa Paulo VI em sua encíclica *Humanae vitae*, DC 65 (1968) 1441-1457. Ver M. BERNOS Ph. LÉCRIVAIN, *Le fruit défendu*, pp. 266-267.

13. J.-Y. CALVEZ, Morale sociale et morale sexuelle, *Étude* 378 (1993) 641-650.
14. *DC* 68 (1971) 502-513.
15. *DC* 84 (1987) 349-361.
16. Como ainda hoje, no *Catecismo da Igreja Católica*, esses tratados eram referidos aos mandamentos de Deus e aos sacramentos correspondentes.

primeiro uma reflexão sobre a "questão social", e do segundo se tirou o tratado sobre o sexto e o nono mandamentos (*De sexto et nono*) em que se abordava a "questão sexual". Mas houve outras mudanças: a primeira "questão" foi integrada no terreno mais amplo da ética social, e seu tratamento se fez mais filosófico; a segunda foi logo tratada ao mesmo tempo que a penitência, e se aproximou das ciências humanas. Essas novas proximidades explicam a diferença das abordagens, mais aberta na primeira e mais suspeitosa na segunda. Mais ainda: a regulação dos discursos parece diferente segundo se trate da sociedade ou da sexualidade.

Nem sempre foi assim. Quando apareceram as primeiras encíclicas sociais, não pensávamos acaso que as duas "questões" deviam ser resolvidas de acordo com "as regras da moral e do senso da religião" e que deviam ser submetidas ao discernimento da Igreja, que é sua "guardiã e intérprete"? Esse fundamento clássico da intervenção da Igreja nos problemas da sociedade foi amplamente desenvolvido por Leão XIII e seus sucessores[17]. "A Igreja, instruída e dirigida por Jesus Cristo, eleva sua vista ainda mais alto, nos diz a *Rerum Novarum* (1891). Ninguém pode ter verdadeira inteligência da vida mortal, se não se eleva à consideração da outra vida que é imortal."[18] Mas, segundo Leão XIII, se o ensinamento da Igreja ultrapassa amplamente a filosofia, não a anula. Neste ponto, o papa é formal: é preciso seguir "os mandamentos de Deus e os princípios da lei natural"[19]. Cinquenta anos mais tarde, como num eco, Pio XII fala da "ordem imutável das coisas que Deus manifestou pelo direito natural e pela Revelação"[20].

Sabemos quão problemático é atualmente o recurso a textos do Magistério sobre direito natural mais ou menos associado ao apelo à revelação. Procuremos compreender o uso que dele faz, por exemplo, a *Rerum Novarum*. Fundamentada na mensagem cristã, a encíclica pretende se referir a toda a humanidade. Ora, tal pretensão pressupõe que os homens participem de uma mesma realidade que lhes permita sentir-se interessados pelo apelo do papa, ou seja, pela mensagem cristã e pelas obrigações morais que ela implica. Mas depois da encíclica *Aeterni Patris* (1879), que restaurava o tomismo e seu uso do direito natural, era muito difícil dissociar no discurso oficial da Igreja a política filosófica da filosofia política[21].

---

17. J.-Y. CALVEZ e J. PERRIN, *Église et société économique*, t. 1, pp. 47-57. Cf. também J.-M. AUBERT, *Loi de Dieu, Loi des hommes*, pp. 78-80, e Magistère et autorité en morale, *Catholicisme*, t. 9 (1982) 715-716.

18. LEÃO XIII, *Rerum novarum*, n. 18; *Le Discours social de l'Église catholique*, p. 41. Cf. Ph. LÉCRIVAIN, Relire *Rerum novarum*, *Les cahiers pour croire aujourd'hui*, 81 (1991) 26-32.

19. LEÃO XIII, *Rerum novarum*, n. 29, p. 50.

20. PIO XII, Mensagem de Pentecostes, 1941; *AAS* 33 (1941) 196.

21. E. POULAT, *L'Église, c'est un monde*, Paris, Cerf, 1986, especialmente: "L'Église romaine, le savoir et le pouvoir. Une philosophie à la mesure d'une politique", pp. 211-240. O autor retoma nesse capítulo, ampliando-as, as teses de P. THIBAULT, *Savoir et pouvoir. Philosophie thomiste et politique cléricale au XIXe siècle*, Québec, Les Presses de l'Université Laval, 1972.

Hoje, diríamos que os princípios que fundamentam o funcionamento do Magistério mantiveram-se apenas no campo da ética privada. Assim, exprimindo-a não somente em categorias abstratas da "ordem natural", mas ainda segundo uma interpretação positivista da Escritura e da doutrina da Igreja, eles a fazem parecer restrita. Certos textos contemporâneos, oficiais ou não, parecem-se estranhamente com esta declaração comum dos bispos alemães, de 1953: "Aquele que nega fundamentalmente a responsabilidade do homem e do pai como chefe da mulher e da família põe-se em oposição ao Evangelho e à doutrina da Igreja"[22]. Em ética pública, em contrapartida, outra hermenêutica se difundiu amplamente, que deve, como observava J. Ratzinger, opor-se ao domínio "desse positivismo neo-escolástico do direito natural que, de um suposto metafísico, extrai uma legislação magisterial teocrática cuja positividade só se tornou mais perigosa pela pretensão metafísica"[23]. Paulo VI, na *Octogesima adveniens*, caminha no sentido dessa oposição, o mesmo fazendo João Paulo II, na *Centesimus annus*, quando diz que a Igreja não tem "modelo a propor", mas tem obrigação de evocar como condição ética fundamental o desenvolvimento integral do homem.

Finalmente, esses dois últimos textos entendem a ética teológica como uma teoria da conduta humana da vida, em que a realidade da fé cristã é tematizada de uma maneira nova por um uso original da filosofia moral. Eles a vinculam, de uma parte, aos pontos de vista fundamentais da teologia bíblica e sistemática, da antropologia teológica de modo particular, e, de outra, aos resultados positivos que uma releitura crítica da mensagem cristã numa história moderna da liberdade fornece. Se a verdade e a exigência de uma mensagem de liberdade querem adquirir valor de maneira universal, elas devem ser introduzidas como moralmente defensáveis e humanamente cheias de sentido.

Apenas nessa relação crítica com a razão prática e com sua reflexão normativa sob forma de uma ética filosófica a teologia moral adquire sua forma constitutiva e pode explicar a exigência de verdade da mensagem de que tem responsabilidade. Dizer isso não contradiz a doutrina comum aos dois concílios do Vaticano segundo os quais a competência doutrinal específica da Igreja, no domínio da moral, refere-se à aplicação da fé à vida moral. Segundo expressão de K. Rahner, trata-se da proteção do depósito da Revelação e convém, consequentemente, distinguir nitidamente entre as proposições de fé e as proposições de normas morais. As primeiras exprimem verdades cuja evidência fica limitada à impossibilidade de uma demonstração de sua contradição, ao passo que as outras apresentam exigências objetivas que pedem uma evidência positiva. Uma discussão entre a ética teológica e os desenvolvimentos modernos da consciência moral e de sua estrutura racional deve respeitar essas diferenças.

---

22. No jornal eclesiástico de Colônia 93 (1953), p. 95, citado no *Dictionnaire de théologie*, Paris, Cerf, 1988, p. 194.

23. J. RATZINGER, ed., *Prinzipien christlicher Moral*. Citado por F. BÖCKLE, Éthique, *Dictionnaire de Théologie*, pp. 191-192.

Na lógica do que foi dito até aqui, é possível agora definir o objeto de nossa pesquisa. É claro, evidentemente, que não nos deteremos aqui nem sobre a ética social nem sobre a ética sexual. Isso suporia competência que não temos. Nosso ponto de vista será o da teologia moral fundamental. Mais precisamente, nós nos interrogaremos sobre os fundamentos filosóficos e teológicos da ética, considerados não como princípios a serem postos em prática a seguir nos diversos setores do agir humano, mas como elementos constitutivos de toda decisão humana. Em outras palavras, tentaremos desvendar a maneira com que, no decurso da história ocidental, foram pensados e regulados, no seio das doutrinas eclesiais, os fundamentos da moralidade relativamente ao aspecto das ações que ficam sob a responsabilidade do homem.

2. O MÉTODO A SEGUIR: A "DOGMATIZAÇÃO" DA MORAL

Há diversas maneiras de escrever a história[24], e em particular a história do dogma. O primeiro modo se interessa essencialmente pelos enunciados dogmáticos e indica o "caminho real" de seu desdobramento discursivo; o segundo se detém mais nos agentes e nas instituições, propondo, de alguma maneira, uma sociologia da enunciação dogmática[25]; o terceiro considera mais precisamente a interação dos enunciados e da enunciação e reflete sobre o mecanismo da elaboração dogmática[26], ou seja, sobre a "dogmatização".

O objeto de nosso estudo leva-nos a privilegiar a terceira abordagem. Todo nosso esforço será o de mostrar como, no decurso da história, deu-se um deslocamento, em se tratando de ética, na regulação das relações da filosofia e da teologia. Em outras palavras, como se chegou a dar mais importância ao Magistério hierárquico que às autoridades (*auctoritates*). A hipótese que formulamos é que se deve buscar um ponto de separação lá por volta do século XIV. E nisso acompanhamos H.-J. Sieben e seu estudo sobre os concílios da Idade Média latina. Na recensão que dele faz, P. Vallin[27] ressalta a importância dessa pesquisa em relação aos desenvolvimentos referentes à ideia de uma função eclesial de ensinamento infalível. Trata-se do papa, mas a partir de 1300, em plena polêmica antipontifical, pode-se tratar igualmente do concílio geral.

H.-J. Sieben analisa também os domínios em que atua o ensinamento autorizado, aquele que chamaremos de infalível. Em Anselmo de Havelberg († 1258),

---

24. Cf. F. JACOB, *La logique du vivant*, Paris, Gallimard, 1970. Tratando de um assunto bem diferente do nosso, o autor propõe uma interessante reflexão epistemológica. Cf. também G. CANGUILHEM, *Études d'histoire et de philosophie des sciences*, Paris, Vrin, 1968.
25. P. BOURDIEU, Genèse et structure du champ religieux, *Revue Française de Sociologie* XII (1971) 370s.
26. Th. S. KUHN, *La structure des révolutions scientifiques*, Paris, Flammarion, 1983.
27. H. J. SIEBEN, *Die Konzilsidee des lateinischen Mittelalters (847-1378)*, Paderborn, Schöningh, 1984; citado por P. Vallin, *RSR* 82 (1994) 469-470.

atesta-se a utilização da dupla agostiniana: a *fé* (*fides*) e os *ritos dos sacramentos* (*ritus sacramentorum*). Mas existe um binário análogo em que se amplia o segundo termo, não fazendo dos "sacramentos" senão um aspecto do que diz respeito ao *estatuto geral da Igreja* (*ad generalem statum Ecclesiae*). O autor nota enfim que foi por ocasião de uma discussão sobre a autoridade do concílio que se "inventou" a fórmula que passou a ter grande sucesso: *no domínio da fé e dos costumes* (*in fide et moribus*). Se o segundo elemento visa sempre à disciplina sacramental, inclui também comportamentos que podemos atribuir ao domínio da ética. Essas ampliações se encontram em Marsílio de Pádua e em Guilherme de que argumenta: "aquele que erra contra os bons costumes Ockham, pode também errar contra a fé (*errans contra bonos mores potest etiam errare contra fidem*)". Chega-se assim às conclusões de P. F. Fransen[28] sobre a história da fórmula "*Fides et mores*".

A cesura que evocamos encontra-se na história da filosofia moral. No que diz respeito ao nosso assunto, podemos nos perguntar com os "antigos" como o homem pode viver do melhor modo, tendo em vista realizar seu projeto de homem, e com os "modernos" procurar explicar e justificar o "dever" na experiência humana. Essa interrogação, com toda a certeza, é caricatural; pois, se os primeiros insistem sobre os fins últimos, não ignoram o problema do julgamento prático. Ao contrário, se os segundos insistem sobre o julgamento prático, não esquecem totalmente os fins últimos. Se em filosofia tudo está nas nuanças, o mesmo acontece na teologia. Como o filósofo, o teólogo procura fundamentar a moralidade do agir humano e responsável. A dificuldade de seu discurso é que ele o deve expressar, como dissemos, no quadro conceptual da filosofia e referi-lo ao dado revelado. A história da teologia moral pode, então, ser a das relações, pacíficas ou conflitantes, dos discursos situados da filosofia com os discursos, também conjunturais, de uma hermenêutica das Escrituras.

Mas na maneira de escrever que escolhemos, a da elaboração e da regulação da teologia moral, ou seja, de sua eventual "dogmatização", temos de estar atentos às rupturas e às continuidades, a fim de melhor perceber que a história da Igreja, e portanto a da Tradição, é feita de uma pluralidade de figuras simultâneas e sucessivas em que se opõem ou se unem sistemas de ideias e de indivíduos enraizados no espaço e no tempo. As "figuras" ou "sistemas" devem ser entendidos neles mesmos e de acordo com as dialéticas que os movem, mas também como "releituras" dos enunciados e das enunciações dos tempos precedentes. Toda figura é fruto de uma mestiçagem em que o antigo e o novo se ajustam de maneira original. A história é feita, assim, de um conjunto aberto de "começos", alguns dos quais foram restaurações, outros, refundações.

---

28. P. F. FRANSEN, A Short History of the Meaning of the Formula "*Fides et mores*", *Hermeneutics of the Councils and Other Studies*, Louvain, Peeters, 1985, pp. 287-318. Esse dossiê sugere que, se quisermos ser prudentes, sob o ponto de vista da tradição, para estender às normas morais propriamente ditas a noção do ensinamento autorizado, não podemos, todavia, rejeitar essa extensão.

Essa perspectiva deve muito às reflexões metodológicas de M. de Certeau[29] e de M. Foucault[30]. Como eles, procuraremos compreender os momentos de ruptura em que o presente, tendo de pagar seu preço, inventa o passado, mas também tornar visível o que não o é: "os mortos que fazem falar os vivos", ou as *"episteme"* (maneiras de conhecer) que organizam "as palavras e as coisas". Nossa abordagem é bastante tributária também das do jesuíta J. Mahoney[31] e do beneditino G. Lafont[32]. O primeiro nos faz descobrir os grandes momentos da elaboração e da regulação da teologia moral; o segundo nos introduz numa original *História teológica* da teologia.

Essas diversas leituras confirmam nossa intuição a respeito de uma ruptura cujos primeiros sinais estariam no século XIV. Como em filosofia moral, tem início um interesse maior pelo julgamento prático que pelo fim último; nasce a antropologia, fazendo do "sujeito" o objeto de seus estudos, ao passo que os espirituais se fazem místicos[33] para procurar a Deus não mais nos céus, mas no "mais profundo da almas". Essa época é ainda a da explosão dos saberes, da separação da exegese e da teologia, do dogma e da moral, da ascese e da mística. Não é surpreendente observar que foi no tempo que seguiu essa ruptura que se começou a falar de uma "dogmatização" da moral?

Para dar perspectiva a essa fratura, apresentaremos os dois personagens que mais marcaram a história da teologia moral ocidental: santo Agostinho e Guilherme de Ockham. Por meio da própria vida, como de seus textos, eles expressaram alguma coisa desses começos que evocamos. Vamos nos restringir a mostrar o modo como foram relidos por aqueles que, pertencendo a outras figuras da Igreja, os seguiram: os frades menores e pregadores da Idade Média, os casuístas e seus adversários nos Tempos modernos.

Agostinho podia escolher o neoplatonismo ou o estoicismo, mas seus debates com Pelágio o fazem preferir o segundo ao primeiro. Na Idade Média, os dominicanos e os franciscanos são discípulos de Agostinho, mas se opõem a propósito de Aristóteles. Os primeiros querem recorrer a ele e os segundos, dele se afastar. Guilherme de Ockham, percebendo confusamente a novidade de seu tempo, rejeita pessoalmente Agostinho e Aristóteles. Seus sucessores estiveram divididos entre o tomismo e o ockhamismo, mas o agostinismo e seus intérpretes severos não tinham desaparecido. Em cada um desses momentos, os grandes debates sobre os fundamentos da ética, sua regulação como talvez também sua

---

29. M. DE CERTEAU, *L'absent de l'histoire*, Paris, Mame, 1973; *L'écriture de l'histoire*, Paris, Gallimard, 1975.

30. M. FOUCAULT, *Les mots et les choses*, Paris, Gallimard, 1966; *L'archéologie du savoir*, Gallimard, 1969.

31. J. MAHONEY, *The Making of Moral Theology, A Study of the Roman Catholic Tradition*, Oxford, Clarendon Press, 1987. Outro estudo diz respeito também a nosso assunto, ainda que seja mais particular: *Liberté chrétienne et libre arbitre*, sob a direção de Guy Bedouelle e Olivier Fatio, *Cahiers oeucuméniques* n. 24, Fribourg, Ed. Universitaires, 1994.

32. G. LAFONT, *Histoire théologique de l'Église catholique*.

33. M. DE CERTEAU, *La faiblesse de croire*, Paris, Esprit/Seuil, 1987, pp. 35-37.

dogmatização se fazem em nome de pensadores que eram grandes e santos ao mesmo tempo: Agostinho, Tomás e Boaventura, para nomear os principais. Quando se deu a explosão dos conhecimentos e o conceito de obrigação entrou com vigor no campo da teologia moral, outra forma de regulação se estabeleceu numa Igreja em que verdade e autoridade se conjugavam mais. Ter canonizado e feito doutor Afonso de Liguori não parou o processo. Com efeito, se se coroava o santo do tempo das Luzes, o moralista e o pastor que tinha vencido o rigorismo, celebrava-se também aquele que tinha defendido a causa da infalibilidade pontifícia[34].

Cabe-nos entrar agora no entrelaçamento dessas releituras complexas e de suas regulações.

---

34. L. VEREECKE, Sens du doctorat de saint Alphonse de Liguori dans l'histoire de la théologie morale, *De Guillaume d'Ockham à saint Alphonse de Liguori*, pp. 567-594.

CAPÍTULO IX

O "caminho" e suas paisagens nos primeiros séculos da Igreja

INDICAÇÕES BIBLIOGRÁFICAS: ANTIGO TESTAMENTO: G. VON RAD, *Théologie de l'Ancien Testament*, 2 tt., Genève, Labor et Fides, 1968. — H. VAN OYEN, *Ethique de l'Ancien Testament*, Labor et Fides, 1974. — J. L'HOUR, *La Morale de l'Alliance*, Paris, Cerf, 1985. — P. BEAUCAMP, *Le récit, la lettre et le corps*, Cerf, 1982. — W. KERN e G.MUSCHALEK, La création source permanent du salut, in *Mysterium salutis. Dogmatique de l'histoire du salut*, t. 6, Cerf, 1971. — Ch. DUQUOC, Alliance et révélation, in *Initiation à la pratique de la théologie*, t. II, Cerf, 1982. — A. ABÉCASSIS, *La pensée juive*, 3 tt., Paris, Librairie Générale Fraçaise, 1987-1989. — S. PETROSINO e J. ROLLAND, *La vérité nomade. Introduction à Emmanuel Lévinas*, Paris, La Découverte, 1984.

NOVO TESTAMENTO: C. H. DODD, *Morale de l'Évangile. Les rapport entre la foi et la morale dans le christianisme primitif*, Paris, Plon, 1958. — R. SCHNACKENBURG, *Le message moral du Nouveau Testament*, Le Puy, Mappus, 1963. — C. SPICQ, *Théologie morale du Nouveau Testament*, Paris, Gabalda, 1965.— J.-F. COLLANGE, *De Jésus à Paul. L'éthique du Nouveau Testament,* Genève, Labor et Fides, 1980. — M.-L. LAMEAU, *Des Chrétiens dans le monde. Communautés pétriniennes au premier siècle*, Paris, Cerf, 1988. — P. RICOEUR, *Exégèse et herméneutique*, Paris, Seuil, 1971. — J. FUCHS, *Existe-t-il une morale chrétienne?* Paris, Desclée, 1973. — *Écriture et pratique chrétienne*, Congrès de l'Association Catholique Française pour l'Étude de la Bible, Paris, Cerf, 1978. — R. SIMON, *Fonder la morale. Dialectique de la foi et de la raison pratique*, Cerf, 1974; *Éthique de la responsabilité*, Cerf, 1993.

Desde suas origens, o cristianismo se apresentou como um caminho de salvação fundamentado no testemunho dado a Jesus de Nazaré pela comunidade apostólica que o proclamou Filho de Deus e o reconheceu como único mediador, recebendo-o na liberdade pelo dom da fé que Deus lhe concedera. Agora, aquele que se compromete no seguimento de Cristo, "o Caminho, a Verdade e a Vida", deve celebrar o culto ritual e espiritual para entrar em sua mediação; esclarecer-se depois à luz das Escrituras, cuja interpretação, sempre retomada, anuncia o que é vivido no sacramento; deixar ainda transparecer em sua vida cotidiana a caridade que marca toda sabedoria e toda ética; esperar, enfim, o retorno de Cristo e a união ao Único, o objeto último de seu desejo.

Falar do cristianismo como do *Caminho* (cf. At 9,2) é, portanto, falar do primado do testemunho e da fé, mas também do litúrgico, do prático e do místico. Memória de Jesus Cristo, conhecimento espiritual, espera apocalíptica, ética evangélica, tal é o Caminho em seu início, como em seu desenvolvimento, de tal modo que esses quatro termos definem o quadro necessário de toda palavra apoiada no testemunho apostólico.

Mas, a dizer a verdade, podemos nos perguntar por quê, e em que medida, houve nas origens uma "teologia", ou seja, uma palavra sobre o mistério de Cristo. As razões de tal discurso são as que encontramos ao longo da história da Igreja. Elas dependem do próprio caminho da comunidade que exige uma adaptação sempre renovada de seu testemunho e a necessidade, mais externa, de situar o mistério cristão com relação à tradição judia, depois à sabedoria grega e mais tarde a outros ainda.

No primeiro momento em que estamos, o método teológico é totalmente bíblico e é definido pelo princípio: "O fim da lei é Cristo, para que seja dada a justiça a todo homem que crê" (Rm 10,4), ou ainda: "É de mim que está escrito no rolo do livro" (Hb 10,7). Podemos falar de Cristo ao comentar, segundo a necessidade, as Escrituras, a fim de abrir os espíritos à compreensão delas. É o que Jesus faz em Cafarnaum (Lc 4,17), no caminho de Emaús (Lc 24,27) e também em Jerusalém: "É preciso que se cumpra tudo o que foi escrito sobre mim na Lei de Moisés, nos Profetas e nos Salmos" (Lc 24,44).

Agora, o testemunho que se dá da Palavra feita carne é multiforme: a pluralidade dos evangelhos e a variedade dos outros textos do corpo bíblico são a prova disso. Uma dinâmica de interpretação está em atividade desde as origens, mas para nós, hoje, ela toma a forma de uma relação com as Escrituras, que não temos mais de produzir como a primeira geração cristã. A esses textos temos de nos submeter, já que são eles que nos vinculam. Formam, segundo a expressão de W. Kasper, "a intransponível lei das origens da Igreja".

Seja qual for a multiplicidade eventual das leituras que podem ser feitas das Escrituras, elas têm sua consistência própria e se opõem a qualquer interpretação subjetiva e anárquica. Não poderíamos, pois, manipulá-las ao sabor de nossas fantasias, de nossas necessidades ou de nossas ideologias. Quando desejamos "atualizá-las", fazê-las palavra viva, não podemos chegar a isso senão fazendo-as falar por elas mesmas a partir de nossa situação e com base na questões que surgirem. É nesse vaivém recíproco na Igreja e sob a orientação do Espírito que Deus fala hoje.

É claro, pois, nesse horizonte de sentido, que a relação da ética — compreendida como reflexão e como prática — com a Palavra de Deus não é imediata[1]. Temos de sublinhar esse ponto em virtude da tentação que sempre renasce de tirar das Escrituras, especialmente do Decálogo, as regras de nossa conduta, como se fosse suficiente explicitar esses textos para conhecer seu conteúdo normativo, aplicável aqui e agora. Assim procedendo, não correríamos o risco de aviltar o que nos separa da Bíblia e, ao recusar sua alteridade, torná-la insignificante. Repetir não é ser fiel.

A relação do agir do cristão com a Escritura reside menos na imitação ou na simples transposição que numa espécie de passagem constante para nossa situação presente daquilo de que os discípulos foram testemunhas. Realizado na Igreja e sob a conduta do Espírito, o trabalho de reinterpretação, necessário na variedade das culturas e descontinuidades da história, contém, até na referência ao mesmo acontecimento fundador e à mesma Palavra instauradora, uma grande diversidade nas formulações de normas e acentuações axiológicas[2].

Diversidade, mas também autonomia. A responsabilidade teologal, entendida como a resposta do homem a uma Palavra criadora e a uma Palavra de Aliança que o precede, não anula sua responsabilidade ética, constitutiva de sua subjetividade. Concepção totalmente clássica e sustentada por J. Fuchs: "A moral cristã", escreve ele, "é fundamental e essencialmente humana em sua determinação categorial e em sua materialidade. É, pois, uma moral de autêntica humanidade"[3].

Compreenderemos, nessa perspectiva, que Deus não é um rival incapaz de dar lugar ao projeto criador do homem, mas que ele é o Dom que faz esse homem responsável e que o convoca, na Páscoa de seu Filho, para uma tarefa libertadora a ser sempre retomada. Encontramos a "figura" disso no Antigo Testamento.

I. A ÉTICA ENTRE A ALIANÇA E A CRIAÇÃO

Esses dois temas são de importância capital na estruturação da fé e do agir daqueles que se orgulham do Deus de Abraão, de Isaac e de Jacó, do Deus de Jesus. Neles se enraíza a ordem teologal e a ordem ética, o crer e o agir[4].

---

1. R. SIMON, *Fonder la morale*, pp. 68-85. Ver também *Écriture et pratique chrétienne*, pp. 95-113.

2. É o caso, p. ex., para as distinções confessionais (protestantismo, ortodoxia, catolicismo) em matéria de ética da sexualidade. Voltaremos ao assunto em nossa conclusão.

3. J. FUCHS, *op. cit.*, p. 88. O autor assume aqui a distinção que faz K. Rahner entre a abertura transcendental da pessoa humana sobre "o Inominável, o Inexaurível, o Indizível", que nós chamamos com o nome de Deus, e sua dimensão categorial.

4. P. RICOEUR, *op. cit.*, p. 69.

1. "FAREI DE TI UMA GRANDE NAÇÃO" (Gn 12,2)

Na eleição de Abraão e em todas as que seguiram, o que se tem em vista é a eleição futura de Israel como povo da Aliança, estando esta intimamente ligada a uma ruptura libertadora. Como Abraão deixou seu país com base numa promessa, Israel saiu do Egito para descobrir o apelo de outro lugar. No deserto, o "povo nômade" aprendeu que não era mandado para si mesmo, mas para um Outro[5]. Simbolicamente, o espaço do deserto está marcado pelo infinito, até pelo indefinido do vazio, onde Deus quer de algum modo se anunciar. É esse o sentido da entrega das tábuas da lei no Sinai (Ex 20,1-17 e Dt 5,1-21).

O Decálogo, que é "a lei central da Aliança"[6], abre-se sobre um chamado: "Eu sou o Senhor, teu Deus, que te fiz sair da terra do Egito, da casa da servidão" (Ex 20,2). E o texto continua: se foste libertado, diz Deus a Israel, vive de modo consequente. É, pois, no acontecimento de sua saída da escravidão que a ética encontra, em Israel, seu fundamento. Que o "Eu" que interpela o "tu" nos mandamentos seja Javé é primordial. O prólogo e as palavras da primeira tábua são da maior importância a esse respeito. Pelo fato de sua eleição por Deus e por sua relação com ele, é dado a "nômades" serem constituídos na particularidade de um povo historicamente distinto e na universalidade que eles herdam de um nome de que são as testemunhas responsáveis.

Essa dialética se encontra no lugar central, ocupado, no Decálogo, pelo preceito sabático. Aqui a particularidade é sublinhada pelo rito próprio do povo judeu, e a universalidade, pela obrigação dada a Israel de partilhar com o escravo e o estrangeiro o pão e o descanso[7]. Mas o preceito está relacionado seja com a saída do Egito (Dt), seja com a obra criadora de Javé (Ex). Essas duas versões, uma das quais está orientada para a liberdade em sua dimensão social, e a outra para a festa em seu aspecto cultual, são indissociáveis. A celebração da Páscoa não pode se dar sem uma ação de graças que evoque não somente o acontecimento fundador de Israel, mas também o primeiro fundamento, que é a criação. A Aliança e a criação se juntam assim no coração do Decálogo, testemunhando o caráter teologal da Lei e da ética que nela se inspira.

Após a eleição e a prescrição vem um terceiro tempo: "se escutares verdadeiramente a voz do Senhor, teu Deus, cuidando de pôr em prática todos estes mandamentos", serás abençoado, mas, em caso contrário, serás amaldiçoado (Dt 28,1.2.15). A promessa de Javé, em particular a da Terra, perde sua gratuidade, e a resposta de Israel, seu desinteresse. Entra-se no ciclo da retribuição. Todavia, o vínculo a ser estabelecido entre a promessa de Deus e a resposta do crente não é de tipo mercantil do *"do ut des"*[8], mas o da fidelidade e da confiança.

---

5. A. ABÉCASSIS, *op. cit.*, t. 1, pp. 109-110.
6. P. BEAUCHAMP, *op. cit.*, p. 191.
7. *Ibid.*, p. 192.
8. Ou seja, "Eu te dou para que tu me dês".

O dom está presente em todos os momentos da Aliança, é contemporâneo de todo o conjunto do movimento, mas não podemos assimilá-lo a algo que tornasse os homens passivos. Ao contrário, mesmo que seja Deus que tenha sempre a iniciativa, ele não pode senão ajudá-los, como dissemos, a se tornarem autônomos e responsáveis[9]. A Aliança se apresenta assim como um elemento fundador e ao mesmo tempo como uma estrutura durável da relação de Israel com o Único. Mas retornemos à dupla inclusão, lembrada a propósito do sábado, da Aliança na criação e da criação na Aliança, e consideremos como o Novo Testamento a prolonga. Naquele que é a imagem do Deus invisível, o Primogênito de toda criatura, tudo foi criado no céu e na terra; n'Ele, que é também o príncipe, o Primogênito dentre os mortos, todos os seres foram reconciliados (Cl 1,15-20). Em Cristo, pois, articulam-se a criação e a Aliança.

2. PRIMOGÊNITO DE TODA CRIATURA, PRIMOGÊNITO DENTRE OS MORTOS

Ao afirmar a primazia de Cristo na ordem da criação, Paulo diz claramente que o ato criador de Deus comporta, desde a origem, uma presença de Cristo como parte integrante da realização da criação. Nessa perspectiva teológica, retomada por Duns Scot e por muitos outros, não seria possível pensar, a título de hipótese, que o esquema da libertação do pecado original como motivo da encarnação não pode ser suficiente? A irrupção criadora das "origens" encontra-se na irrupção criadora da Páscoa. De súbito, ao criar, Deus se aliou à humanidade, em Cristo, por Cristo e para Cristo.

No gesto de Cristo, o alfa se junta ao ômega. O Pai, por sua proximidade de seu Verbo feito carne, desposa o desaparecimento do Crucificado na morte. Deus se compromete assim com as profundezas da condição humana, para dar todo seu peso a ela e revelar, "como num espelho", o esplendor encoberto do rosto que assumiu "ao nascer de uma mulher" e para reconciliar todos os seres "produzindo a paz pelo sangue de sua cruz". Nada expressa melhor esse aspecto da Revelação que as últimas palavras do Crucificado: "Pai, em tuas mãos entrego meu espírito" (Lc 23,46). No extremo limite de sua resposta ao Pai, Cristo não pode expressar senão sua total obediência.

A Paixão-Ressurreição inscreve-se assim na criação-Aliança das origens. Ela é seu cumprimento histórico, e nela recapitula todas as "Páscoas" anteriores que, na esperança escatológica, abriram para um futuro a aventura comum de Deus e dos homens. Somos aqui levados até o fundamento de uma ética que não pode ser feita senão de amor e de obediência. A lei não perde sua força naquilo que prescreve; mas ela vê desaparecer a dificuldade que a caracteriza, para dar lugar ao dinamismo do dom e da graça.

---

9. Ch. DUQUOC, *op. cit.*, pp. 59-60.

A gratuidade de que se trata aqui faz-se acompanhar da retirada de Deus, condição do envio de seu Espírito, o dom por excelência que abre o caminho da comunicação e, por isso mesmo, da responsabilidade humana. Esse dom do Espírito introduz o crente no movimento em que Deus o respeita como um parceiro autônomo, ao mesmo tempo em que o torna seguro de sua amizade. Ele o faz estar "em relação com o Pai como filho e, consequentemente, aqui e agora, poder agir de um modo filial, como o fez humanamente Jesus, que não usou de sua condição divina para escapar aos limites da condição humana"[10].

Assim, o que importa, numa perspectiva cristológica, em matéria de ética, não é em primeiro lugar o imperativo categórico, mas o dom que se faz aos homens da Palavra e do Espírito. A humildade de Deus é aqui essencial: é necessário que ele "se retire" na ordem da criação, como na da Aliança, para que o homem, seu parceiro, possa lhe responder, recebendo bem "o outro homem". As aparições de Cristo depois de sua ressurreição são, a esse respeito, reveladoras. Em Emaús, Jesus desaparece ao ser reconhecido, como para dizer a Cléofas e a seu companheiro que, agora, eles não o reencontrarão senão no "rosto" de seus irmãos. Sem deixar esse horizonte teológico, é preciso avançar pelo Novo Testamento, menos para analisar de maneira exaustiva seus dados éticos que nele nos são propostos do que para pôr em perspectiva os modos de proceder de Jesus de Nazaré e de Paulo de Tarso[11].

II. DO ANÚNCIO DO REINO AO EVANGELHO DA JUSTIÇA

Os livros sobre a ética do Novo Testamento são muitos, mas seus pontos de vista divergem profundamente. Alguns privilegiam uma abordagem crítica e histórica, apresentando uma série de estudos bastante especializados (R. Schnackenburg); outros apresentam a unidade da ética neotestamentária e adotam um plano temático (C. Spicq); outros ainda, "para escapar às armadilhas tanto da pulverização cronológica como do reducionismo temático", servem-se de uma via média: separam um tema e demarcam seu futuro histórico (C. H. Dodd). Mas permanece o embaraço, que vem do uso que faz cada um da história. Não é suficiente, com efeito, alinhar elementos esparsos; é necessário fazê-los dialogar entre si e ser sensível ao que essa confrontação faz surgir.

Para pôr em prática esse objetivo, no campo da ética neotestamentária, vamos fazer Jesus e Paulo se encontrarem. Com frequência nós os opomos, fazendo do primeiro o "profeta" de uma religião simples e ingênua e do segundo o "teólogo" de um pensamento complexo e dogmático. Segundo alguns, o apóstolo dos gentios, ao helenizar a mensagem do rabino de Nazaré, o teria "traído" e teria se tornado o verdadeiro fundador do cristianismo. Esses juízos, de pouco

---

10. Ch. DUQUOC, *op. cit.*, p. 65.
11. Nas páginas que seguem seguiremos especialmente J. -F. COLLANGE, *op. cit.*

fundamento, suscitaram renovados estudos que levam a demonstrar que o evangelho paulino concorda amplamente com a pregação do Nazareno e que suas diferenças vêm do fato de terem vivido em tempos e em lugares diversos[12].

1. CUMPRIU-SE O TEMPO E O REINADO DE DEUS APROXIMOU-SE

A ética do Mestre de Nazaré não se apresenta nem como um novo Decálogo nem como um sistema construído em torno de um tema único. Se se trata de palavras isoladas — de provérbios, de parábolas ou de controvérsias —, não se pode concluir que não há nisso senão improvisação ao sabor das circunstâncias. As intervenções de Jesus se apresentam como os elementos variados de uma "mensagem" que os engloba, os precede e os dirige: "Cumpriu-se o tempo, e o Reinado de Deus aproximou-se: convertei-vos e crede no Evangelho" (Mc 1,15). E isso dá à sua ética uma constante real, sob uma grande diversidade de motivos particulares.

Três temas — com muita frequência imbricados — voltam sob muitas formas. O primeiro se apóia na autoridade do Mestre: "Vinde em meu seguimento" (Mc 1,17); o segundo tem sua força num apelo escatológico: "Quando o Filho do Homem vier em sua glória" (Mt 25,31); o terceiro, enfim, é de ordem propriamente teológica e invoca o próprio Deus: "Bem-aventurados antes os que ouvem a palavra de Deus e a observam" (Lc 11,28). "Autonômica", escatológica e teológica, é como surgem as características essenciais da ética de Jesus. Encontram elas sua plena dimensão nas antíteses do *Sermão da Montanha* (Mt 5,21-48).

O anúncio do Reino pelo Nazareno é libertador, quebra as algemas da opressão e abre a humanidade à plena soberania de seu Deus: "Ide referir a João o que ouvis e vedes [...] a Boa Nova é anunciada aos pobres, e feliz de quem não cair por causa de mim!" (Mt 11,4ss). A ética de Jesus se explica, assim, tanto em seus atos como em suas palavras e nas exigências que elas podem anunciar; ela se afirma como "evangelho", mais do que como "lei"; não exige senão o que concede; revela a vontade de um Deus que pede o que ele cria: "Sede generosos como vosso Pai é generoso" (Lc 6,36).

Mas as "forças éticas" liberadas pelos acontecimentos históricos do Nazareno não se dissipam, elas se encarnam no cotidiano da existência. O profeta se faz substituir então por um mestre: "Rabi, quando é que chegaste aqui?" (Jo 6,25). É ele que arrasta em seu "séquito", que se cerca de discípulos e aborda com eles as questões que a lei põe: "Eu vos pergunto se é permitido no dia de sábado fazer o bem ou fazer o mal, salvar uma vida ou perdê-la" (Lc 6,9). Desde então, postos a caminho pela ação do Mestre, por ela dirigidos e

---

12. A. FRIDRICHSEN, Jesus, St. John and St. Paul, *The Root of the Wine. Essays in Biblical Theology*, Westminster, Dacre Press, 1953, pp. 37-62.

formados, os companheiros haverão de se revelar, por sua vez, homens e mulheres do Evangelho. De Jesus, passemos agora a Paulo[13].

2. "SE VIVEMOS PELO ESPÍRITO, ANDEMOS TAMBÉM SOB O IMPULSO DO ESPÍRITO" (Gl 5,25)

Segundo R. Bultmann, a ética do apóstolo é "um imperativo que se apóia num indicativo"[14]. Mas, deixemos logo bem claro, o primeiro modo não é simplesmente o resultado do segundo; eles estão totalmente integrados, de modo que a vida nova do cristão não é apenas uma possibilidade, mas antes uma realidade cuja obediência é construtiva. De fato, em Paulo de Tarso, as formas por meio das quais se exprime o indicativo da justiça de Deus são variadas e numerosas. Por isso, não é estranho constatar que, segundo o acento posto na expressão desse indicativo, tem-se uma representação correspondente do imperativo paulino.

Aqui, o imperativo será cristológico: "Alegrai-vos no Senhor o tempo todo" (Fl 4,4); "Não há mais nem judeu nem grego; já não há mais nem escravo nem homem livre, já não há o homem e a mulher, pois todos vós sois um só em Jesus Cristo" (Gl 3,28). Lá, será escatológico: "Vós mesmos o sabeis perfeitamente: o dia do Senhor vem como um ladrão, de noite" (1Ts 5,2). Enraizado assim em Cristo, voltado para a manifestação final e a renovação de todas as coisas, o cristão vive sob a influência do Espírito: "O mundo antigo passou, eis que aí está uma realidade nova" (2Cor 5,17). Em outra parte, o imperativo ressaltará ainda mais essa novidade: "Não ponhais mais os vossos membros a serviço do pecado como armas da injustiça, mas, como vivos egressos de entre os mortos, fazendo dos vossos membros armas da justiça, ponde-vos a serviço de Deus" (Rm 6,13). A vida cristã, pois, tem de estar inscrita no desdobramento da justiça de Deus.

Assim, em Paulo, o imperativo, que se desenvolve a partir do indicativo original, não se fecha em nenhum sistema. Conhecemos o combate que ele trava pelo Espírito que vivifica e contra a letra que mata (2Cor 3,6), sua luta pela liberdade que se realiza no amor dos irmãos vivido dia a dia: "Se me falta o amor, nada sou" (1Cor 13,2). Mas quando, nos textos do apóstolo, se une sob sua pena a tríade teologal, é então que se revela um grande momento ético: "Damos graças a Deus, Pai de nosso Senhor Jesus Cristo, na oração que não cessamos de lhe dirigir por vós; ouvimos falar de vossa fé em Jesus Cristo e de vosso amor por todos os santos, na esperança que vos aguarda nos céus" (Cl 1,3-5).

Tudo se passa, para Paulo, como se a ética fosse o esforço, continuamente refeito, de atualizar o acontecimento de Cristo. Desde então se põe a questão

---

13. Cf. R. SCHNACKENBURG, *Le message moral du N.T.*, pp. 237-277.
14. R. BULTMANN, Das Problem der Ethik bei Paulus, *ZNW* 23 (1924) 123-140, citado por J.-F. COLLANGE, *op. cit.*, p. 25.

das formas nas quais ela se exprime. Uma leitura atenta mostra numerosas analogias entre as exortações paulinas e a moral helenista, especialmente para as listas de vícios e de virtudes[15] e para as obrigações domésticas[16]. Depois que alguns autores sublinharam essas comparações, outros insistiram mais sobre o caráter judaico da ética paulina[17]. Em seguida, passou-se a insistir sobre a distinção, no cristianismo primitivo, entre *kerigma* e *didaké*[18]. Seja qual for o resultado desses estudos e seus interesses, podemos sustentar com J. F. Collange que as "formas literárias" da ética paulina (catálogos, normas etc.) são transformadas por outras "formas" que, essas sim, são teológicas: a autoridade do apóstolo que se deve "imitar", a comunidade que suscita o evangelho, a lei divina que chama à responsabilidade; todas se enraízam na manifestação da justiça de Deus no Espírito-Cristo[19].

No final desse rápido percurso, parece claro que as epístolas e os evangelhos fazem parte de universos sociais, culturais e linguísticos bastante diferentes. Mas essas dessemelhanças tornam mais marcantes as analogias que caracterizam as éticas de Jesus de Nazaré e de Paulo de Tarso. Um e outro privilegiam a liberdade e a atenção ao concreto, consolidando-os em suas respectivas mensagens: a aproximação do Reino e o evangelho da Justiça. Assim, a ética paulina aparece "como uma versão livre e como uma tradução fiel" da ética de Jesus: "Tradução não apenas linguística, mas ainda tradução étnica e social, quando — pelo intérprete dos helenistas [...] — a mensagem do Nazareno deixar as fronteiras da sociedade palestina"[20]. O surgimento da ética paulina não seria, pois, um fato isolado, mas inscrever-se-ia, ao contrário, num amplo movimento que, de Jerusalém e, depois, de Antioquia, tenderia a fazer da mensagem do Nazareno uma questão de todos os homens. Cabe-nos verificar isso nos séculos seguintes.

III. A ÉTICA ENTRE OS "DOGMAS DA PIEDADE E AS BOAS AÇÕES"

INDICAÇÕES BIBLIOGRÁFICAS: E. OSBORN, *La morale dans la pensée chrétienne primitive*, Paris, Beauchesne, 1984. — J. DANIÉLOU e R. DU CHARLAT, *La Catéchèse aux premiers siècles*, Paris, Fayard-Mame, 1968. — Ch. PIETRI, La

---

15. Cf. Rm 1,28-32; 1Cor 6,9-10; Gl 5,19-23; etc.
16. Cf. Tt 2,1-10; Ef 5,21-6,9; *Didaké*, 4,9-11; *Carta de Barnabé* 19,5-7; CLEMENTE, *Aos Coríntios*, 21,6-9. Ver M.-L. LAMEAU, *op. cit.*, pp. 125-205.
17. Se M. S. ENSLIN, em *The Ethics of Paul*, Westminster, Dacre Press, 1930, insiste sobre o caráter helenista da ética paulina, E. P. SANDERS, em *Paul and Palestinian Judaísm. A Comparison of Patterns of Religion*, Londres, S.C.M. Press, 1977, sublinha mais suas ideias tomadas da literatura rabínica. Retomaremos essas distinções no fim deste capítulo.
18. Em sua *Moral do Evangelho*, Dodd mostra que a *Didaké* (ética) não está desvinculada do *querigma*, que lhe imprime progressivamente uma orientação particular.
19. J.-F. COLLANGE, *op. cit.*, pp. 187s.
20. J.-F. COLLANGE, *op. cit.*, p. 32.

religion savante et la foi du peuple chrétien. Les premiers siècles de l'Église, *Les Quatre Fleuves* 11 (1980) 9-30. — J. LIEBAERT, *Les enseignements moraux des Pères apostoliques*, Gembloux, Duculot, 1969. — R. Joly, Christianisme et philosophie. Études sur Justin et les apologistes grecs du IIe siècle (Ch. 4: "À propos de la morale des apologistes"), Bruxelles, ed. De l'Université, 1973. — H.-I. MARROU, Morale et spiritualité chrétienne dans le Pédagogue de Clément d'Alexandrie, *Studia patristica* II, 64 (1957) 538-546. — O. PRUNET, *La Morale de Clément d'Alexandrie et le Nouveau Testament*, Paris, PUF, 1966. — P. CAMELOT, Clément d'Alexandrie et l'utilisation de la philosophie grecque, *RevSR* 21 (1931) 541-569. — A. PAULIN, *Saint Cyrille de Jérusalem, catéchète*, Paris, Cerf, 1959. — M. SPANNEUT, *Le Stoïcisme des Pères de l'Église. De Clément de Rome à Clément d'Alexandrie*, Paris, Seuil, 1957.

Não pretendemos fazer aqui um estudo exaustivo da ética dos Padres. Gostaríamos de recuperar as origens da Igreja em seu conjunto, do ângulo de uma sociologia das enunciações no campo da ética. Isso nos levará a recolocar os textos patrísticos em seu contexto catecumenal, depois abordá-los do ponto de vista da catequese.

1. QUANDO A IGREJA ERA CATECUMENAL

O primeiro testemunho seguro que temos de uma formação preparatória para o batismo é o de Justino, pouco depois de 150:

> Todos aqueles que se deixam convencer e creem na verdade de nossos ensinamentos e de nossa doutrina e que se esforçam por poder conformar a ela sua vida aprendem primeiro de nós a orar, a pedir a Deus, no jejum, a remissão de suas faltas anteriores, e nós nos associamos à sua oração e a seu jejum. A seguir, nós os conduzimos ao local onde se encontra a água, e, segundo o modo da regeneração com que fomos nós mesmos regenerados, eles são, por sua vez, regenerados[21].

Uns cinquenta anos mais tarde, o catecumenato se difundiu e existe de maneira regular, como o provam a *Tradição apostólica*, de Hipólito, provavelmente para Roma, as obras de Clemente e de Orígenes para Alexandria, os textos de Tertuliano e de Cipriano para Cartago, e a *Didascália* para Antioquia. Desde o fim do século III e certamente no século IV, as etapas catecumenais estão em prática[22]. Entre a etapa na qual se tomam informações (os iniciantes

---

21. JUSTINO, *Ire Apologie*, 62,2-3; Wartelle, p. 183.
22. A catequese e o catecumenato na Igreja antiga são tratados do ponto de vista de seu vínculo com o batismo no t. 3 desta obra, pp. 60-63.

ou *rudes*)²³ e aquela em que se entra na vida cristã ordinária²⁴, três momentos balizam o caminho do batismo: sua preparação remota, para os ouvintes (*audientes* ou *catechoumenoi*), sua preparação imediata²⁵, para os eleitos (*competentes* ou *photizomenoi*), e a continuidade, para os neófitos²⁶ (*recenter illuminati*).

Nessa grande estrutura, que continua em vigor no Ocidente até o século VII, propõe-se uma catequese cuja principal característica é ser uma pastoral completa: dogmática, moral e sacramental. Nos textos mais antigos (século II), a catequese dogmática muitas vezes se vê reduzida aos símbolos; em contrapartida, a catequese moral tende a ocupar todo o espaço. Desde então é um apelo ao discernimento que se dirige aos que pedem e recebem o batismo. Ao contrário, nos textos mais recentes (séculos IV-V) a catequese moral não existe mais por si mesma, mas se encontra imbricada com a catequese dogmática, de que ela se torna o prolongamento prático. Aqui, os catecúmenos e os cristãos são convidados à fidelidade nas obras. Entre esses dois momentos (século III), dá-se uma diferenciação: a "conversão" se exprime segundo traços originais em virtude de situações concretas em que ela se viu. Vamos recuperar cada um desses momentos.

2. "A FÉ E AS OBRAS" AO LONGO DOS SÉCULOS

No século II, a originalidade do cristianismo não está no conteúdo da ética, mas na maneira como é praticada. Ela tem a pessoa de Jesus Cristo como motivo e fim. É de dentro que ela se vê informada e especificada, como o demonstra a carta *A Diogneto*:

> Os cristãos não se diferenciam do resto dos homens nem por território nem por língua nem pelas vestes. [...] Vivem na carne, mas não segundo a carne. Passam sua vida na terra, mas são cidadãos do céu. Obedecem às leis estabelecidas, e sua maneira de viver os leva à perfeição, acima das leis²⁷.

---

23. AGOSTINHO, *La première catéchèse* (*De catequizandis rudibus*); ed. G. Madec, BA 11/1.
24. JOÃO CRISÓSTOMO, *Huit catéchèses baptismales*; ed. A. Wenger, SC 50, 1957; *Trois catéchèses baptismales*; eds. A. Piédagnel e L. Doutreleau, SC 366,1990.
25. CIRILO DE JERUSALÉM, *Les catéchèses baptismales et mystagogiques*; eds. J. Bouvet e A. Hamman, PF 53, 1933. *Catéchèses mystagogiques*; ed. A. Piédagnel, SC 126, 1966; TEODORO DE MOPSUÉSTIA, *Les homélies catéchetiques*, eds. R. Tonneau e J. Devresse, Cidade do Vaticano, 1949. AGOSTINHO, Sermão sobre o Símbolo aos catecúmenos. PL 40, 627-636, e Sermões aos candidatos (*competentes*), PL 38, 1058-1076.
26. A partir do século IV, o desenvolvimento da disciplina do arcano levou a reservar aos neófitos a instrução sobre o batismo, a confirmação e a eucaristia. Ver CIRILO DE JERUSALÉM, *op. cit.*, ou ainda AMBRÓSIO DE MILÃO, *Des sacrements*; *Des mystères*; *Explication du Symbole*; ed. B. Botte, SC 25 bis.
27. *À Diognète*, 5, 1-10; ed. H. I. Marou, SC 33 bis; 1965; pp. 62-65.

Nos modelos do judaísmo

A catequese moral arcaica busca seus modelos e suas categorias no judaísmo, ao passo que a influência que recebe do helenismo é bastante circunscrita[28]. Sem extrair do Novo Testamento e de Paulo em particular tudo o que seria possível, os autores se prendem a alguns esquemas fundamentais, insistindo sobre a dimensão comunitária, sobre a trilogia do jejum, da oração e da esmola, enfim e sobretudo sobre os dois caminhos: "Há dois caminhos de ensinamento e de ação: o da luz e o das trevas"[29]. Neste texto da *Carta de Barnabé*, trata-se da opção fundamental da fé, que é pouco desenvolvida. A *Didaké* é mais clara:

> Há dois caminhos, um da vida e outro da morte; mas a diferença é grande entre os dois caminhos.
> Eis, então, o caminho da vida: Amarás primeiro a Deus, que te criou; depois teu próximo como a ti mesmo; e tudo aquilo que não queres que te seja feito tampouco o farás a outro.
> Eis o ensinamento dessas palavras: Bendizei aqueles que vos amaldiçoam [...]. Amai aqueles que vos odeiam e não tereis inimigos.
> Abstém-te dos desejos carnais e corporais [...]. Não te abandones à cobiça, pois ela conduz à fornicação; evita as conversas obscenas e os olhares indiscretos, pois tudo isso gera o adultério [...]; não te entregues nem à adivinhação, pois ela conduz à idolatria, nem aos feitiços, nem à astrologia, nem às purificações, recusa ver (e entender) essas coisas, pois tudo isso gera a idolatria [...]. Ao contrário, sê agradável [...].
> Eis agora o caminho da morte. Antes de mais nada, ela é má e cheia de maldição: homicídios, adultérios, cobiças, fornicações, roubos, atos de idolatria, de magia, de bruxaria[30].

A tradição dos dois caminhos é antiga, e encontramos numerosos vestígios dela na literatura judia[31]. O Novo Testamento tampouco desconhece esse tema, que Mateus inscreve no *Sermão da Montanha* (Mt 7,13-14) para expor o comportamento prático daquele que deseja seguir a Cristo. Trata-se aí, pois, de algo muito mais que de um tratado de vícios (a morte) e de virtudes (a vida). Aliás, nesse quadro, outros desenvolvimentos confirmam o tema dos dois caminhos: sobre a caridade, sob a forma da "regra de ouro" e do duplo mandamento; sobre o Decálogo e as beatitudes; sobre as relações sociais e sobre preceitos particulares.

---

28. Fizemos alusão a isso a propósito das normas domésticas.
29. *Lettre de Barnabé*, 18; ed. P. Prigent, SC 172, 1971, pp. 194-197.
30. *La doctrine des douze apôtres* (*Didachè*), 1-5; ed. W. Rordorf e A. TUILIER, SC 248, 1978, pp. 140-170.
31. Cf. Dt 30,15-20; Jr 21,8; Jr 21,8; 1Rs 8,36; Ml 2,8; Sb 5,6-7. Mas também 1Jo 3,7-14; 2Pd 2,15-21; 2Tm 2,16-18; Ef 4-5; Rm 13,12 e 14. E ainda, no *Pasteur de Hermas*, "Preceitos" VI,1-5; ed. R. Joly, SC 53 bis, 1968, p. 171; e, em Qumran, na *Règle de la communauté* 3,13-4 e 26; ed. A. DUPONT-SOMMER, *La Bible, Écrits intertestamentaires*, Paris, La Pléiade, 1987, pp. 13-21.

A influência do helenismo

No século III, o horizonte se transforma; o cristianismo chega às classes mais altas da sociedade. De judeu-cristão, ele se torna helenista. Clemente de Alexandria ocupa aqui seu lugar. Sua finalidade é dupla: julgar os costumes à luz do Evangelho e fazer a união dele com a cultura grega. Pela primeira vez surge um cristão helenizado, na obra do Alexandrino; e é a ele que se atribui *O Pedagogo*. No primeiro livro dessa obra, Clemente situa seu propósito:

> Assim como para as doenças do corpo temos necessidade de um médico, para aqueles cuja alma está fraca é preciso um pedagogo para curar nossas paixões: iremos a seguir até o mestre, que nos guiará ao preparar nossa alma para se tornar pura, a fim de poder acolher o conhecimento, e para torná-la capaz de receber a revelação do Verbo [...]. O pedagogo que temos é o Santo de Deus, Jesus, o Verbo, que conduz a humanidade inteira: o próprio Deus, que ama os homens, é nosso pedagogo[32].

Estabelece-se, assim, um paralelo entre a educação helenista e a educação exercida pelo Verbo. Mas Clemente insiste. Essa educação se situa entre a conversão e a contemplação, e o esforço de purificação moral que ela suscita é como uma etapa obrigatória na direção do suprassumo do conhecimento. Vemos, a partir daí, a amplitude da ética proposta pelo Alexandrino, na qual se trata menos de alinhar os costumes cotidianos com as normas do Evangelho que restaurar os homens em sua semelhança com Deus:

> É conveniente dar um amor de reciprocidade àquele que, por amor, nos guia para a vida melhor; que vivamos segundo as prescrições de sua vontade; [...] é assim que cumpriremos, na semelhança com ele, as obras do pedagogo e é assim que se realizará plenamente a sentença: "segundo a imagem e a semelhança"[33].

É esse princípio que unifica e sustenta toda a moral prática desenvolvida nos livros II e III do *Pedagogo*. Clemente o resume nestas palavras: "É sempre com o pensamento de que o Senhor está presente que é preciso regular nossa conduta"[34]. Segundo H. I. Marrou, o estoicismo e o Evangelho estão, nesse tratado, totalmente imbricados, o que está bem dentro da lógica literária do Alexandrino[35]. O ideal proposto é a harmonia, o equilíbrio e a medida em todas as coisas, mas esse ideal é sempre referido a Cristo. A imitação do Senhor não é acaso o único caminho possível para restaurar a semelhança divina ofuscada

---

32. CLEMENTE DE ALEXANDRIA, *Le Pédagogue*, 1,3,3 e 1,55.1; ed. H. I. Marrou, SC 70, 1960, pp. 112-113 e pp. 210-211.
33. *Ibid.*, 1,9,1; pp. 124-125.
34. *Le Pédagogue*, 2,33,5; eds. C. Mondésert e H. I. Marrou, SC 108,1965, pp. 72-73.
35. H. I. MARROU, na introdução a SC 70, pp. 62-90.

no homem? Finalmente, a principal lição que tiramos da leitura de Clemente de Alexandria é que, em cada época, como na de Paulo, convém retomar, com os ônus necessários, o trabalho da inculturação.

A *unidade do mistério e do ensinamento moral*

Os séculos IV e V não apresentam elementos muito novos. O que é interessante neles, todavia, é que manifestam bastante explicitamente o desenvolvimento da tradição na transmissão da fé. Agora, a catequese moral não está nem isolada de suas raízes doutrinais, o que seria uma traição à prática antiga, nem totalmente absorvida pela catequese doutrinal, o que seria contrário ao modo de ser do século III. A unidade das duas dimensões, ao contrário, está fortemente estabelecida e se entende então que o ensinamento moral é estreita e profundamente conatural ao mistério da salvação de que decorre.

Cirilo de Jerusalém dá um bom exemplo dessa unidade da catequese. Para ele, tornar-se crente implica viver de acordo com a fé professada e, reciprocamente, a garantia da perseverança na fé é a fidelidade nas obras:

> O culto que prestamos a Deus reveste-se, com efeito, de dois aspectos: os dogmas da piedade e as boas ações. Os dogmas sem boas obras não são do agrado de Deus; Deus não aceita mais as obras realizadas sem os dogmas da piedade. De que serve, de fato, possuir uma respeitável ciência teológica e vergonhosamente fornicar? De que serve, em contrapartida, a honra da castidade se vem acompanhada de ímpias blasfêmias?[36]

Esse texto fala explicitamente que as obras de um cristão são a expressão de sua relação com Deus e que a única e verdadeira fonte da vida moral é o conhecimento que estimula a uma "imitação", ou melhor, a uma entrada na feição divina. Assim, segundo Cirilo, se a riqueza pertence a Deus, ela é boa, mas, por essa mesma razão, não pode ser possuída:

> Quanto a ti, toma somente o cuidado de usar bem [a riqueza] e não serás censurado por motivo do dinheiro; mas quando fazes mal uso desse bem, por não querer reprovar tua administração, ímpio que és, tu culpas o criador. Podemos até "ser justificados" pelas riquezas. "Tive fome e me deste de comer" (evidentemente de teus bens). "Estive nu e me vestiste" (evidentemente por meio de teus bens). E queres saber que as riquezas podem se tornar a porta do reino dos céus? "Vende, diz Jesus, o que possuis, dá-o aos pobres e terás um tesouro nos céus."[37]

---

36. CIRILO DE JERUSALÉM, *Les catéchèses baptismales e mystagogiques*, IV,2; PF 53, p. 64.
37. *Ibid.*, VIII,6; p. 127.

Esse ensinamento intervém na catequese sobre a onipotência de Deus. Para demonstrar que é o próprio ser de Deus e não o pecado do homem que é a norma da moral, Cirilo afirma que "nada pertence ao diabo". E faz assim que seus ouvintes se comprometam num otimismo mais teologal que a desconfiança que em seguida contaminou o comportamento dos cristãos. Ele lhes lembra também que, sendo Deus o criador do corpo tanto quanto da alma, não convém dizer "que o corpo não tem nada a ver com Deus" e menos ainda "que o corpo é causa do pecado"[38]. A catequese da Encarnação leva às mesmas conclusões: "Que se calem, pois, a todos os heréticos que condenam o corpo, ou antes Aquele que os moldou"[39]. Também aqui, é a relação com Deus que é a medida da "moralidade" dos atos; é por isso que a catequese moral está tão intimamente imbricada com a catequese doutrinal.

Do século II ao V, os cristãos tiveram de "inventar" sua ética no encontro continuamente renovado do dado da fé com a realidade concreta. É isso que recomenda Gregório de Nissa: ao mesmo tempo que se segue o ensinamento da fé, que é una, convém "recorrer, conforme os casos, a argumentos diferentes" e ajustar de diversos modos a catequese às opiniões preconcebidas do grego e do judeu, inspirando-se na "diversidade das crenças religiosas"[40].

IV. O CENÁRIO ÉTICO DOS PRIMEIROS PADRES

Para o cristianismo das origens, o desafio foi primeiro o de se situar na diferença, mas também na continuidade, em relação ao judaísmo de onde saíra; depois, e quase simultaneamente, teve de enfrentar a cultura helenista. Já observamos isso nas páginas anteriores, mas agora temos de retomar o que foi dito de modo esparso, não para fazer uma síntese definitiva, mas para preparar a leitura dos capítulos seguintes.

1. A CULTURA DO HELENISMO CIRCUNDANTE

Trata-se em primeiro lugar da cultura religiosa popular, que se preocupava com deuses e demônios, com práticas cultuais destinadas a apaziguar as divindades e a ganhar o favor delas em vista de uma satisfação imediata. Há também, numa cultura erudita, a procura de uma felicidade menos evidente e menos concreta, cujos caminhos variam. No tempo de Marco Aurélio, em meados do século II, para nos atermos à filosofia, existem quatro escolas: o platonismo, o

---

38. *Ibid.*, IV,22-23; pp. 74-75.
39. *Ibid.*, XII,26; p. 181.
40. GREGÓRIO DE NISSA, *La catéchèse de la foi* (*Grand Discours catéchétique*), Prólogo; trad. A. Maignan, *PF* 1978, p. 19.

aristotelismo, o epicurismo e o estoicismo. Porém, o que mais vulgarmente se respira reporta-se mais a um fundo comum (*koiné*) filosófico de preponderância platônica e estoica, sem dúvida bem mais estoica que platônica[41].

Procurando caracterizar a influência do estoicismo sobre os autores cristãos, P. Agaësse[42] observa que os cristãos conhecem bem o antigo estoicismo do período criador do século III a.C. Eles estudaram Zenão e Crísipo, para deles se distanciarem ou para os aceitar. São menos prudentes com o estoicismo contemporâneo — de Sêneca, de Epicteto ou de Musônio Rufo —, que é de feitio mais moral e religioso. O espírito desses estoicos impregna a cultura, e é por esse viés, mais que por uma influência direta, que os Padres os frequentam.

Antes de nos deter mais longamente sobre o que era dito então da lei natural, consideremos primeiro o vasto domínio da moral grega do ponto de vista geral. Para a maioria dos autores, viver bem depende da virtude (justiça, prudência, fortaleza e temperança), da excelência e do bom agir do homem como tal. Em outras palavras, o homem deve se pautar segundo a parte racional de sua alma e não segundo a parte irracional; deve seguir a natureza ou a ordem fundamental do mundo e tender para o fim último de todas as coisas. Além disso, como indivíduo, ele é autônomo, e somente uma vida moralmente boa pode lhe garantir essa liberdade e essa independência. As coisas exteriores não podem torná-lo bom ou mau, nem sua riqueza ou sua posição social, nem o casamento ou a vida familiar. A educação, todavia, é de grande importância.

Concentrando mais o enfoque, vê-se que a moral grega é pensada segundo dois grandes esquemas. Ela sustenta que o bem faz parte da ordem racional, que é tanto imanente como transcendente ao mundo: todo o agir humano se situa em relação à ordem que estrutura o universo moral. Mas ela pensa também que essa ordem não existe senão em vista de um fim principal ou de um bem supremo. Segundo as três principais escolas filosóficas, pode-se dizer que, para Platão, a ordem e o fim são de valor igual; para Aristóteles, o fim leva vantagem sobre a ordem; e para os estoicos a ordem leva vantagem sobre o fim. Reencontraremos essas distinções ao falar em breve de Agostinho. Mas vamos ver a maneira como os estoicos abordam a questão da lei natural[43].

Os estoicos não deram tratamento temático à lei natural: não lhe deram nem definição nem conteúdo. Mas ao porem, de um lado a identidade da natureza (*physis*) e da razão (*logos*), e de outro o caráter universal (e interior) da lei moral, por oposição à lei da Cidade, tornaram possível sua elaboração.

Seguir a natureza!... Por essa injunção os estoicos abrem o caminho para uma das mais ascéticas morais. A explicação desse paradoxo se encontra no duplo

---

41. M. SPANNEUT, *op. cit.*, sobretudo a 2ª parte consagrada ao homem e às suas atividades. Ver também *Les stoïciens*, textos traduzidos por E. BRÉHIER, La Pléiade, Paris, Gallimard, 1962, especialmente a "Introduction à l'étude du stoïcisme", pp. LVII-LXV.

42. P. AGAËSSE, sj (†), foi professor nas faculdades do Centre Sèvres (Paris). O texto que seguimos é uma anotação mimeografada de 1977: "Patristique et stoïcisme".

43. Seguimos aqui P. Agaësse.

sentido que dão à "natureza", pois é uma totalidade orgânica. Ela pode ser considerada "produto" — trata-se então do conjunto dos seres e dos acontecimentos; mas pode ser vista também como "produtora". Diz-se dela, neste caso, que ela é *Princípio*, ou *Logos*, ou ainda *Pneuma*. Mas esse Princípio continua nele mesmo, apesar de sua perfeita imanência em tudo o que produz. "Inteligência ordenadora ao mesmo tempo que energia produtora, é ao mesmo tempo Razão universal e Ser conhecedor, necessidade e liberdade, lei do mundo e providência." Nesse universo, o homem está do lado do que é produzido e do que é produtor:

> Deus nos deu o dom da faculdade de consciência. [...] Ele introduz no mundo o homem, espectador de Deus e de suas obras, não somente espectador delas, mas seu exegeta. [...] O homem começa com os animais, mas vai até o ponto em que se completa em nós a Natureza: ela tem seu termo na contemplação e na conduta conforme a natureza[44].

Vemos, a partir daí, onde se situa a lei natural, pelo menos do ponto de vista do homem: não é nem a verificação de uma natureza empírica nem um código moral ideal ou abstrato. "Está na relação entre o mundo que o homem tem sob seus olhos e o juízo que ele faz sobre ele, referindo-o à lei que o faz ser. Trata-se de agir e de querer o mundo como o *Logos* o produziu." Resulta que essa lei não é totalmente objetivável e que, embora interior a todo homem, não é claramente atingida senão pelo sábio que domina suas paixões e se assimila ao *Logos*. Essa identificação de Deus e da natureza aparece nitidamente em Epicteto, mas também, desde as origens do estoicismo, no *Hino a Zeus*:

> Ó tu, que és o mais glorioso dos imortais, que tens múltiplos nomes,
> Todo-Poderoso para sempre,
> Príncipe e mestre da natureza, que governas tudo conforme a lei,
> Eu te saúdo, pois é um direito de todos os mortais dirigir-se a ti,
> Já que nasceram de ti, aqueles que participam dessa imagem das coisas, que é o som [...] Mas tu, Zeus, de quem procedem todos os bens, deus das negras nuvens e do raio retumbante,
> Salva os homens da malfeitora ignorância,
> Dispersa-a, ó Pai, para longe de nossa alma; deixa-nos participar
> dessa sabedoria sobre a qual tu te fundamentas para governar todas as coisas com justiça,
> A fim de que, honrados por ti, possamos, de nossa parte, te honrar
> cantando continuamente tuas obras, como fica bem
> aos mortais; pois não há para os homens ou para os deuses
> mais alto privilégio que o de cantar, para sempre, a lei universal[45].

---

44. EPICTETO, *Discursos*, I,VI,19-22. *Les stoïciens*, p. 822.
45. CLEANTO, *Hino a Zeus*, pp. 7-8. Cleanto é o compatriota e o contemporâneo de Áratos, poeta que Paulo cita em seu discurso aos atenienses: "Pois nós somos de sua raça" (At 17,28).

Como acaba de ser dito, a lei natural é universal. Física e moral ao mesmo tempo, ela concede e julga toda lei positiva. O contexto histórico é aqui esclarecedor: a cidade grega dá lugar, então, ao império de Alexandre, e o homem se torna cidadão do mundo. Mas para alcançar a verdadeira universalidade não basta suprimir as fronteiras, é preciso ainda fundamentá-la na razão. Foi precisamente isso que fizeram os estoicos, não somente ao mostrar que todos os homens são iguais porque todos participam da razão, mas ainda "ao unir a raça humana e a raça divina sob uma só lei para formar a família dos seres racionais"[46]. As relações dos homens estão fundamentadas em seu parentesco com o *Logos*. Bem antes de Paulo, os estoicos pregam então que não há nem grego, nem bárbaro, nem escravo, nem homem livre, nem sábio, nem ignorante.

Nessa noção de lei natural, os Padres encontram um duplo ponto de apoio para sua moral. Contra os gnósticos, recusam a oposição de um princípio mau, produtor da natureza, e de um princípio bom, legislador da vida moral. Sustentam que Deus é criador e legislador, e que há harmonia entre a natureza e a moral. Contra os judeus, talvez, que se orgulham da lei, afirmam que toda lei promulgada, mesmo por Deus, jamais é arbitrária, mas deve encontrar seu fundamento na natureza e na razão e remete, consequentemente, a uma lei presente em todo homem. Mas entre os estoicos e os autores cristãos há uma diferença capital. Para os segundos, Deus não é nem a lei nem a natureza, mas o próprio autor da lei e da natureza.

Durante o período patrístico, o embate do cristianismo com a cultura circundante foi diferentemente vivido: houve a recusa total e ilusória, a aceitação sem nuanças, enfim o discernimento. Essa terceira atitude, sozinha, conduz a um autêntico diálogo em que cada qual pode instruir-se e construir-se. Se, com a cultura grega, a discussão durou, com o judaísmo acabou logo.

2. O JUDAÍSMO E SEUS DIVERSOS CAMINHOS

Desde antes mesmo de se ver separado do cristianismo, o judaísmo tinha numerosas expressões dentro de si mesmo e em seu encontro com as diversas culturas. Não se pode tratar do mesmo jeito o judaísmo da Palestina antes e depois da queda de Jerusalém, o do Oriente Médio, o de Antioquia, de Alexandria ou de Roma. Durante as primeiras gerações, já vimos, as posições cristãs foram, também elas, diferentes no que diz respeito à atitude diante da Lei. De outro modo, fundamentando-se nas mesmas Escrituras dos judeus e vivendo no mesmo meio helenista, os cristãos, com muita frequência, se viram bem perto deles em suas reações. Haveria, por exemplo, uma grande diferença entre o método exegético de Fílon e o deste ou daquele Padre da Igreja? Mas, antes de consi-

---

46. DÍON CRISÓSTOMO, *Discourses*, XXXVI,29, tradução inglesa de J. W. Cohoon e H. Lamar Crosby, t. 4, Cambridge, Harvard University Press, 1984, p. 68.

derar o Alexandrino, façamos algumas observações gerais que repetirão de outro modo o que já dissemos.

Segundo o judaísmo, Deus fez conhecer a Israel sua vontade e exigiu dele que praticasse a justiça, que fosse misericordioso e caminhasse humildemente por seus caminhos. Tudo se resume nestas palavras: fiz aliança convosco, vivei em coerência com ela, sede santos. Por muito tempo, na história dos hebreus, Deus agiu por intermédio de um rei marcado pela unção e encarregado de fazer a justiça, de conduzir o povo ao combate e de o convidar a celebrar o culto divino. Por analogia, Deus foi considerado seu rei por um Israel que a ele se unia segundo laços de fidelidade pessoal. Simeão, o Justo[47], resume perfeitamente esses pensamentos ao dizer que o mundo da Aliança repousa em três fundamentos: em primeiro lugar, a lei, que encarna uma exigência incondicional de fidelidade a Deus e de respeito dos homens; em seguida, o culto do tempo, que regeu toda a vida do povo judeu; os atos de bondade e de misericórdia, enfim, que fazem que um hebreu fale sempre de outro hebreu como de um irmão.

A consciência de ser o povo da Aliança se mantém em Israel no tempo do helenismo, cuja influência é contida pela revolta dos macabeus e pela afirmação de um judaísmo independente. Quando os fariseus estudam pormenorizadamente a lei para falar de todas as suas exigências, as seitas, como a de Qumran, animadas por um zelo escatológico muito forte, se preparam para o "dia do fogo", abandonando as práticas exteriores em benefício de uma vida de piedade intensa e de humildade profunda.

Mas é sem dúvida Fílon de Alexandria o melhor representante do judaísmo helenista. É um neoplatonismo eclético. Ao ideal platônico da assimilação a Deus, ele associa a doutrina bíblica do homem imagem divina; acrescenta-lhe o tema estoico do "seguimento da natureza" e identifica a lei natural com a lei mosaica; tenta, enfim, aliar a vida ativa com a vida contemplativa, não sem algumas tolerâncias em relação às paixões. Mas, para ele, a virtude suprema continua sendo a fé ou a piedade, e o ápice da vida moral, a união com Deus:

> Não tenho mais nada a dizer sobre os Terapeutas, que abraçaram a contemplação da natureza e do que ela contém, que não vivem senão para a alma, que são cidadãos do céu e do universo, verdadeiramente unidos ao Pai e Criador de todas as coisas, graças à virtude deles que lhes valeu o mais precioso dom para um homem bom: a amizade de Deus, presente melhor que toda prosperidade e que leva rapidamente ao cume da felicidade[48].

---

47. Sumo sacerdote na época de Alexandre Magno, ele é mencionado na literatura rabínica, no "capítulo dos Padres" (Pirqé Avot 1,2). Cf. *Dictionnaire Encyclopédique du judaïsme*, Paris, Cerf, 1993, pp. 117-118; *Encyclopaedia judaica*, vol. 14, Jerusalém, Keter Publishing House Ltd., 1973, pp. 1566-1567.

48. FÍLON DE ALEXANDRIA, *De la vie contemplative*, 90; eds. F. Daumas e P. Miquel, Paris, Cerf, 1963, p. 147.

Seja como for, esse pensador marca o auge da história do pensamento ocidental, pois nele se ligam a tradição judaica e a tradição grega.

Ao final deste percurso, dois temas emergem da filosofia grega: a ordem e o fim. Se o judaísmo os retoma, chamando a ordem de "justiça" e fazendo do fim um Deus pessoal, o cristianismo os transforma: o primeiro pela fé, o segundo pelo amor. Os conceitos de ordem e de fim adquirem outro alcance em razão da encarnação, da morte e da ressurreição de Jesus Cristo: a fé opera pelo amor. A primeira está na origem do ato, e o segundo é o próprio ato. Cabe-nos ver agora como Agostinho viveu essa confrontação do cristianismo com o judaísmo e o helenismo.

CAPÍTULO X
A herança de Agostinho
"O homem que formou a inteligência da Europa"[1]

INDICAÇÕES BIBLIOGRÁFICAS: J. MAUSBACH, *Die Ethik des heiligen Augustinus*, Freiburg, Herder, 1929. — J. ROHMER, *La finalité morale chez les théologiens de saint Augustin à Duns Scot*, Paris, Vrin, 1939. — H. I. MARROU, *Saint Augustin et la fin de la culture antique*, Paris, de Boccard, 1938 e 1949. — A. MANDOUZE, *Saint Augustin. L'aventure de la raison et de la grâce*, Paris, Études Augustiniennes, 1968. — J. -J. O'MEARA, Augustine and Neo-Platonism, *Recherches augustiniennes* (Suplemento da *Revue des Études Augustiniennes*) I (1958) 91-111. — G. VERBEKE, Augustin et le stoïcisme, *ibid.*, pp. 67-89. — Y. CONGAR, *L'Église de saint Augustin à l'époque moderne*, Paris, Cerf, 1970.

Com a separação do Oriente e o eclipse da cultura grega, a teologia latina, provinda de santo Agostinho, dominou a Idade Média e inspirou os Reformadores. Assim, de santo Tomás a Malebranche, de santo Tomás a Janênio, a história da teologia e da filosofia esteve ligada às riquezas do agostinismo, como se uma segunda tradição se misturasse à primeira, como se fosse dado, no limiar de uma nova idade, uma nova versão da mensagem cristã[2].

Como um eco a esse texto de J. Guitton, Y. Congar sublinha em sua história da eclesiologia[3] a importância do papel desempenhado por Agostinho no pensamento ocidental. Sua contribuição foi decisiva em quatro direções:

---

1. J. H. NEWMAN, *Apologia*, London, Fontana, 1959, p. 296: "The great luminary of the western world is, as we know, St. Augustine; he, no infallible teacher, has formed the intellect of Europe".
2. J. GUITTON, *The Modernity of St. Augustine*, London, 1959, p. 81. Citado por J. MAHONEY, *The Making of Moral Theology*, p. 68.
3. Y. CONGAR, *L'Église de saint Augustin à l'époque moderne*.

uma pessoal, de uma reflexão, ao mesmo tempo dolorosa e liberta, sobre o forte domínio do mal e sobre a gratuidade quase imprevista da salvação; outra eclesial, de uma meditação assídua dos textos da Escritura relativos à justificação, em particular a *Carta aos Romanos*; uma terceira, polêmica, da luta contra o maniqueísmo; e a quarta, política, da defesa da Igreja contra os ataques da "velha guarda idolátrica", após a tomada de Roma, em 410.

O pensamento agostiniano é de uma riqueza muito grande e temos aqui de circunscrever o ponto de vista. Se o tema do pecado e da graça leva a ressaltar a impotência do homem na questão da salvação e sua total dependência da graça de Deus, o da iluminação significa também o laço que une a inteligência Àquele que aclara. Todavia, essa relação tem algo de imediatamente positivo: valoriza a possibilidade de "ver a Deus" e, por conseguinte, ressalta os recursos de uma inteligência que procura falar de Deus e nele pensar, ficando, ao mesmo tempo, infinitamente distante de seu Objeto[4].

O otimismo intelectual e o pessimismo moral de Agostinho marcarão fortemente o pensamento teológico ocidental. Quando Agostinho se tornar uma "autoridade", será lido muitas vezes, mas de uma maneira parcial, senão facciosa, o que não será sem importância nos processos de "dogmatização".

I. OS ENTRELAÇAMENTOS DO ESTOICISMO E DO NEOPLATONISMO

Quando Agostinho refletiu sobre os fundamentos da moral, duas questões se lhe apresentaram: como determinar, de uma parte, o Soberano Bem do homem e, de outra, a moralidade de seus atos na relação deles com o Soberano Bem? Para responder a isso, ele pode recorrer à solução objetiva dos neoplatônicos, que pensam o Soberano Bem em si mesmo e estabelecem a moralidade dos atos humanos segundo o objeto deles; mas dispõe também da solução subjetiva dos estoicos, que consideram o Soberano Bem em relação às aspirações humanas e estabelecem a moralidade dos atos humanos segundo a intenção do agente deles.

As escolhas de Agostinho são de grande importância. Para determinar o Soberano Bem, ele segue o método subjetivo e escolhe reintegrar nele os dados do método objetivo, identificados com a ordem sobrenatural do conhecimento e do amor de Deus segundo a graça. Serve-se paralelamente do caminho de uma metafísica subjetivista e privilegia a intenção do sujeito para pensar a moralidade dos atos humanos. Mas, no ardor de seus combates, Agostinho é levado a matizar seu pensamento. Atribui então uma moralidade objetiva aos atos sobrenaturais, bem como aos atos intrinsecamente maus, ao mesmo tempo em que recusa concedê-la aos atos naturalmente bons.

---

4. G. LAFONT, *Histoire théologique de l'Église catholique.*

1. AS SEDUÇÕES DO ESTOICISMO

Se para Platão, o sábio é aquele que o imita, que conhece, que ama esse Deus e encontra sua felicidade em participar de sua vida, que necessidade tem de pesquisar os outros filósofos? Ninguém está mais próximo de nós que os platônicos. [*Aqui Agostinho desenvolve a física: Deus, imutável príncipe do mundo em mutação; aborda em seguida a lógica: Deus, luz da inteligência; e chega à ética: Deus, regra de vida.*]
Resta a parte moral, a Ética, como é designada em grego, que pesquisa o Soberano Bem, aquele ao qual reportamos todos os atos e que buscamos não por um outro, mas por si mesmo, aquele cuja posse põe fim a toda procura ulterior de Beatitude. É por isso que o chamamos também de fim: pois é por ele que nós queremos os demais bens; e a ele não procuramos senão por si mesmo[5].

Segundo Platão, o homem é chamado, como todo ser vivo, a realizar a perfeição de suas funções próprias e a competir na perfeição com Deus, imitando em sua própria natureza a ideia do Bem. Por essa noção de imitação, transposta da metafísica para a moral, o filósofo une a moralidade dos atos humanos ao Soberano Bem e dá assim à conduta moral um sentido objetivo. O indivíduo é chamado a realizar, na ordem humana, a perfeição da ordem universal tal qual procede da ideia do Bem.

Um cristão pode se comprometer com a direção assim esboçada. Com efeito, é possível reconhecer, na ordem moral, um caso particular da ordem revelada da glória de Deus e de determinar, na realização dessa glória, o fim último objetivo da criação do homem e do universo. Nada impede, de fato, de considerar o fim último e a ordem moral em seu fundamento primeiro e objetivo, anterior aos fins subjetivos da natureza e da ação humana, com o inconveniente de considerar esses últimos como elementos secundários. Mas o bispo de Hipona não entrou nesse caminho.

2. A IMPORTÂNCIA DE UMA CONVERSÃO

Marcado por sua experiência pessoal, ele julga que o homem não pode ser conduzido à sua felicidade senão pela posse da verdade cristã e que a ordem moral natural está totalmente subordinada ao fim último subjetivo da salvação pela graça. Agostinho, que sempre ressaltou a dependência da vida humana a respeito desse fim, acabou finalmente por rejeitar toda conduta não fundamentada na fé.

---

5. AGOSTINHO, *La Cité de Dieu*, VIII,5 e 10; *NBA* 3, trad. G. Combès e G. Madec (1993), pp. 457 e 464.

Assim como somos salvos na esperança, é na esperança que somos felizes; a felicidade é como a salvação; não a possuímos como presente, nós a esperamos para o futuro, e isso pela paciência. Estamos em meio aos males que ele nos faz suportar pacientemente até chegarmos aos bens em que haverá tudo para nos alegrar de uma maneira inefável, em que não haverá mais nada que sejamos obrigados a suportar ainda. Essa salvação que existirá no século futuro será ao mesmo tempo a Beatitude final. Porque não a veem, esses filósofos recusam-se a crer nessa Beatitude e, por conseguinte, esforçam-se aqui em se fabricar uma, absolutamente quimérica, por meio de uma virtude tanto mais mentirosa quanto mais orgulhosa[6].

O bispo de Hipona se aproxima assim daqueles que reduzem a ética unicamente à procura da soberana felicidade. Ele adotaria de boa vontade essa concepção estoica, como ele a entende, substituindo a questão grega da felicidade pela visão beatífica cristã. Por várias vezes, em seus textos, Agostinho voltou à finalidade única de que depende, a seu ver, a moralidade dos atos humanos e que deve servir de ponto de partida para sua filosofia moral.

Mas, já o dissemos, no subjetivismo que o seduz, Agostinho reintroduz alguns dados do objetivismo neoplatônico. Segundo a fé, esclarece ele, é no próprio Deus que convém procurar o Soberano Bem. Antes de ser a beatitude do homem, seu bem subjetivo, Deus é um bem infinito em si mesmo, como o lembra o primeiro mandamento do Decálogo. Pertence, pois, à vontade realizar sua retidão própria, tomando como objeto e amando por ele mesmo o bem infinito amado. Essa necessidade de se conformar às exigências da perfeição divina explica a posição central da caridade na ética agostiniana.

A caridade é, pois, a única a realizar as condições de uma bondade moral objetiva. Especificada exclusivamente pelo objeto ao qual ela se aplica, constitui o acabamento da vocação moral do homem. Pensando assim, Agostinho não pode definir o amor do homem por Deus senão como a *fruição* (*fruitio*), ou seja, como a fruição de um amor desinteressado que ama a Deus, a si mesmo e ao próximo pelo próprio Deus. É por essa indiferença, que é preferência, que a caridade se opõe à ambição, e a cidade de Deus à cidade terrestre.

> Com efeito, o homem é excelente quando, por toda sua vida, tende para a vida imutável e, de todo seu coração, a ela adere. Se ele se ama por si, não se reporta a Deus; e, voltado para si mesmo, não está voltado para o imutável. É por uma deficiência que ele folga consigo mesmo, pois é melhor quando, todo ele, adere e se prende ao bem imutável do que quando dele se separa, ainda que seja para amar a si mesmo. Se, pois, ninguém deve amar a si mesmo por si mesmo, mas

---

6. AGOSTINHO, *ibid.*, XIX,4; *BA* 37, trad. G. Combès (1960), pp. 77-79.

por aquele em quem se encontra o fim muito legítimo do amor de si, que nenhum outro homem se irrite se alguém ama também por causa de Deus[7].

Chamo de caridade o movimento da alma para fruir de Deus por causa dele mesmo, de si e do próximo por causa de Deus; e chamo de ambição o movimento da alma para fruir de si, do próximo e dos seres materiais, sem os reportar a Deus. O que a ambição, deixada livre, opera para a corrupção da alma e do corpo de qualquer um chama-se vício; o que ela opera para fazer mal ao outro se chama crime[8].

Em Agostinho, uma concepção teocêntrica do amor eleva-se, assim, sobre um fundamento eudemonista, em que a felicidade do homem se subordina às exigências primeiras da glória e da honra divinas. Esse segundo aspecto da caridade agostiniana demonstra que o cristianismo teve de dar lugar desde o início à procura de uma ordem moral específica, ou seja, de um bem e de uma finalidade consideradas em sua própria moralidade. Em outros termos, impôs-se à sua reflexão a ideia de uma obrigação que submetesse a vontade humana à perfeição postulada pelas exigências objetivas incluídas na natureza moral de seu objeto.

Depois do teólogo de Hipona, alguns pensadores determinaram as condições dessa perfeição moral à luz das exigências objetivas e intrínsecas da natureza divina. Notemos, todavia, que, se em Agostinho só a caridade tem o privilégio de uma perfeição moral objetiva, a ampliação dessa posição dominou a evolução que leva de Anselmo de Cantuária a Duns Scot. Nesse movimento do pensamento, ao qual retornaremos, a moralidade própria e específica do amor do fim último impregnou logo toda a ordem moral, fazendo nascer a consideração objetiva do bem moral e da ordem sobrenatural em que Agostinho a situara.

Mas antes de avançar nessa perspectiva, temos de examinar ainda a maneira como nosso autor reintegrou elementos objetivos em seu procedimento subjetivo, de acordo com um processo que se foi ampliando até tomar proporções consideráveis na crise pelagiana. A polêmica enrijeceu ao extremo o pensamento de Agostinho, e o filósofo da liberdade se eclipsa diante do teólogo da graça. Rompe-se um equilíbrio e se entreabre uma brecha. E logo nela se precipitam todos os autoritarismos políticos, eclesiais e mesmo dogmáticos.

---

7. AGOSTINHO, *La doctrine chrétienne*, I,22,21; *BA* 11, trad. G. Combès e J. Farges (1949), p. 205. Essas ideias são desenvolvidas também no *Sermão* 150,3, *A Cidade de Deus*, XIV,1, *Os costumes da Igreja*, I,3, e *A vida feliz*. Mas em suas *Revisões (Retratações)*, I,2,4, Agostinho pensa que nesse opúsculo ele foi muito estoico.

8. AGOSTINHO, *La doctrine chrétienne*, III,10,16; *BA* 11, p. 361. O mesmo tema é tratado em *As explicações sobre os salmos*, 55,17, *A graça de Cristo*, I,9,10, *A Trindade*, VIII,10,14 e *A Cidade de Deus*, XIV,28. Nessa última passagem, o autor mostra que as duas cidades se opõem segundo os dois amores.

II. SOB A TEORIA, UM PROCESSO

Antes de seu debate com Pelágio, que dizia que o homem se salvava por suas próprias forças, Agostinho, ao estudar a origem do mal, no tratado do *Livre-arbítrio*, admite com muita facilidade, com Plotino, que o mal físico depende da providência; pois, assim considerado, ele contribui para o bem comum e para a beleza da ordem. Mas pode-se dizer o mesmo do mal moral, do pecado, que se opõe diretamente à vontade de Deus?

Procurando compreender aquilo em que acredita, Agostinho deseja explicar pela razão a origem do pecado e seu papel na obra de Deus. A primeira questão que se põe é a da essência do pecado. Se agir mal é submeter sua vontade às paixões, ou preferir aos bens propostos pela lei eterna uma satisfação pessoal, isso não é possível senão por uma livre escolha da vontade. Ora, se Deus é a fonte de todo bem, não se pode negar à vontade, mesmo falível, uma posição de honra entre os bens. Temos, pois, de louvar a Deus por ter criado essa vontade livre, mesmo pecadora, como um elemento da ordem universal. Em rápidas pinceladas, esse ponto de vista situa-se entre a razão e a fé, entre a concepção plotiniana de uma ordem universal, em que todo mal relativo é um bem, e a concepção, desenvolvida nas obras antipelagianas, de uma ordem providencial sobrenatural, perturbada pela falta de Adão, mas restabelecida pela redenção de Jesus Cristo.

Compelido por sua metafísica subjetivista, Agostinho é levado a determinar a moralidade dos atos humanos em função do desejo do Soberano Bem, ou seja, a explicar essa moralidade segundo a intenção do agente voltado para a Beatitude. E o bispo de Hipona retoma, então, em sua reflexão, certos elementos objetivos, determinando também a moralidade dos atos pelo objeto deles. Ele não realiza, todavia, essa reintegração sem reserva. Com efeito, se admite uma moralidade objetiva para os atos moralmente maus, ele a rejeita para os atos moralmente bons.

Abaixo do Soberano Bem, as verdades morais naturais determinam os julgamentos morais, mas a importância delas depende da querela pelagiana, conforme Agostinho escreve antes ou depois.

1. DE UMA FILOSOFIA DA LIBERDADE...

No tratado *O livre-arbítrio*, Agostinho sustenta que uma justiça natural prolonga a justiça sobrenatural. Com efeito, quando diz que "querer moralmente e retamente" significa desejar o próprio Soberano Bem, distingue dois momentos: um em que a vontade se dirige para a retidão natural como para um fim moral próximo, e outro em que ela atinge o fim último e sobrenatural da Beatitude.

Podemos admitir, assim, com Agostinho, a existência de uma finalidade moral natural (a virtude) e de uma finalidade moral sobrenatural (o Soberano

Bem)⁹, e compreender por que ele considera o bem da vontade reta como o bem supremo na ordem natural, e como, segundo ele, a vontade boa, ordenada pelo amor de sua retidão própria, constitui um prazer. Se, mais tarde, em seu debate com os pelagianos, Agostinho uniu fortemente esse prazer ao amor do Soberano Bem, aqui ele sustenta que a retidão da vontade é um bem que merece ser amado por si mesmo, um bem natural que a vontade por si mesma tem o poder de dar.

> Agostinho — Tu o queres, pois, agora, penso eu: depende de nossa vontade gozarmos ou ficarmos privados de um bem tão grande e tão autêntico. Que há, com efeito, que pertença mais à vontade que a própria vontade? E todo aquele que possua uma vontade boa possui certamente um tesouro bem preferível a todos os reinos e a todos os prazeres do corpo. Ao contrário, todo aquele que não a possui está sem dúvida privado de algo que ultrapassa todos os bens que não estão baseados em nosso poder, algo que seria dado unicamente pela própria vontade. Por isso, quando esse homem se julgar muito infeliz, se perder uma reputação gloriosa, imensas riquezas, bens corporais, seja lá o que for, tu não o julgarias, antes, mais infeliz — ainda que tivesse todos esses bens em superabundância — por estar apegado ao que ele pode perder tão facilmente e que ele não pode ter segundo sua vontade, ficando privado dessa vontade incomparavelmente melhor que, para ser possuída, ela, um bem tão grande, exige apenas que seja desejada?
> Evódio — Nada mais verdadeiro. [...]
> Agostinho — Mas se, com razão, julgamos esse homem feliz, não convém, igualmente com direito, declarar infeliz aquele que possui uma vontade contrária?
> Evódio — Totalmente justo.
> Agostinho — Que motivo temos nós, então, de duvidar que, mesmo no caso de jamais termos tido antes a sabedoria, é pela vontade que levamos e merecemos uma vida louvável e feliz, é igualmente pela vontade que nossa vida é vergonhosa e miserável?¹⁰

Mas há outro ponto importante no tratado do *Livre-arbítrio*. O valor da finalidade moral natural está aí fundamentada no fato da iluminação. Se é possível, com efeito, reconhecer na vontade reta um bem que ultrapassa todos os outros, é que nós o devemos à luz da sabedoria eterna, fonte de todas as evidências morais. Bastará que Agostinho acentue essa dependência para que, sem se desdizer de modo exagerado, possa retirar toda moralidade objetiva da retidão natural e das virtudes.

---

9. Encontra-se algo análogo nas *Quatre-vingt trois questions différentes en un ouvrage unique*; BA 10.
10. AGOSTINHO, *Le libre arbitre*, I,12,25 e 28; BA 6, trad. F. J. Thonnard (1941), pp. 185-187 e 193. Nas *Revisões*, I,9,3-6, Agostinho indica as passagens desse livro que são muitas vezes citadas pelos pelagianos como próximas do pensamento deles. Ele observa então que o fim de sua obra não o obrigava a tratar da graça e de sua necessidade.

É, pois, de uma evidência perfeita: tudo o que chamamos de regras e de luzes das virtudes pertencem à sabedoria, visto que, quanto mais as aplicamos à conduta de nossa vida, mais conformamos a elas nossa vida, e mais vivemos e agimos com sabedoria. Ora, de toda ação feita com sabedoria, não temos fundamento para dizer que é estranha à sabedoria[11].

Se, em seus textos, Agostinho trata dos problemas da vontade, da liberdade e da retidão do ponto de vista de uma moral natural, naqueles que seguem e são do período antipelagiano seu único ponto de vista é o da teologia.

2. ... A UMA TEOLOGIA DA GRAÇA

Agora, a análise dos princípios que regem o agir humano é feita à luz da justiça original e da justificação. Segundo essa nova orientação, o conceito de justiça tem apenas um sentido teológico. Significa tanto a perfeição moral que o homem previamente à queda recebera das mãos de Deus quanto a perfeição que o homem caído receberá pela graça da justificação. Nos dois casos, a retidão moral aparece em estreita união com o fim sobrenatural do homem. Assim, a dependência do julgamento moral a respeito da noção de Soberano Bem torna-se cada vez mais estreita[12].

Mas Agostinho satisfaz ainda sua visão antiga? À primeira vista, isso parece possível. Em sua obra sobre *A Trindade*, ele faz uma distinção entre sabedoria moral e ciência moral ao dar aparentemente certa objetividade a essa última. Mas uma abordagem mais precisa permite ver que a ciência moral está privada de toda significação se estiver situada fora da intenção da verdadeira Beatitude. A ciência moral não pode ser, pois, senão um esboço e deve buscar na sabedoria seu pleno desenvolvimento.

Quanto mais Agostinho debate com os pelagianos, mais se afasta de suas posições filosóficas anteriores e mais se enrijece em seu ponto de vista. Se não temêssemos cair num anacronismo, diríamos tranquilamente que Agostinho está no caminho da "dogmatização". Seja como for, ele sustenta, então, que fora da ordem sobrenatural é impossível encontrar uma retidão moral, análoga à da caridade, e ressalta fortemente a dependência da virtude em relação à Beatitude. Segundo ele, a primeira só vale moralmente pela segunda; e não podemos desejá-la, com uma vontade moral, se não em razão dessa última. Em resumo, fora do fim sobrenatural não há verdadeira moral.

Mas é em sua luta com o bispo de Eclano que o bispo de Hipona leva ao extremo sua posição. Juliano não admite o que seu colega escreveu em seu tratado

---

11. *Id., Le libre arbitre*, II,10,29; BA 6, p. 329.
12. *Em La Cité de Dieu*, 8,4-12; BA 34, trad. G. Combès (1959), pp. 241-275, a perspectiva é eudemonista e se vê que é à luz do Soberano Bem que os bens secundários se classificam na ordem de sua aptidão para contribuir com nossa felicidade.

Matrimônio e *concupiscência*, no qual parece excluída a possibilidade de uma moral natural. Segundo ele, as virtudes são virtudes por seu objeto, e não pelo fim perseguido. Agostinho não pode aceitar isso e vai muito longe:

> É com acerto, pois, que aqueles que definiram a virtude disseram: a virtude é um hábito da alma conforme à condição de nossa natureza e à razão. O que disseram é verdade, mas ignoram o que é conveniente à natureza humana para a tornar totalmente livre e feliz. Porque todos os homens não teriam esse instinto natural que nos leva a querer ser imortais e felizes, se de fato não o pudéssemos ser. Mas o Soberano Bem não pode ser dado ao homem senão por Cristo, e por Cristo crucificado, que, por sua morte, venceu a morte e, por suas chagas divinas, curou todas as de nossa natureza [...]
>
> As verdadeiras virtudes, com efeito, servem a Deus nos homens, que as recebem da bondade de Deus; elas servem a Deus nos anjos, que as recebem igualmente de Deus. Assim, qualquer bem que o homem faça, se ele não o faz pelo fim que a verdadeira sabedoria quer que seja proposto, esse bem pode parecer louvável em relação ao dever exterior mas, como não é realizado por um bom fim, não é senão pecado[13].

III. QUAL É, POIS, NO HOMEM A ORDEM NATURAL?

Atingimos aqui a natureza dos seres criados que forma a base concreta de nossos julgamentos, a contrapartida necessária à intuição de verdades eternas. Tais são, por exemplo, os conhecimentos que temos da natureza da vontade, da liberdade humana, da ordem hierárquica que subordina o inferior ao superior, o corpo ao espírito. Vamos encontrar nesse andar do edifício agostiniano a objetividade que escapava ao das virtudes? Parece que se deve responder negativamente.

1. NA LUZ DA LEI ETERNA

> Quanto à lei eterna, não é nada mais que a razão divina ou a vontade de Deus que ordena seja conservada a ordem natural ou proíbe seja perturbada. Qual é, pois, no homem a ordem natural? É isso que é preciso procurar. Ora, o homem é uma alma e um corpo; o mesmo se diga do animal. Ninguém duvida que seja da ordem da natureza preferir a alma ao corpo. Quanto à alma do homem, ela é dotada de razão, faculdade que falta aos bichos. Por conseguinte, do mesmo modo como a alma, conforme a lei da natureza, é preferível ao corpo, assim a

---

13. AGOSTINHO, *Contre Julien*, IV,3,19 e 21; *Oeuvres complètes de saint Augustin*, t. 31, trad. Péronne et alii, Paris, Vivès (1873), pp. 273 e 276.

razão é preferível à própria alma, bem como às partes que os animais possuem tanto quanto nós. E na própria razão, que é, em parte, contemplativa e, em parte, ativa, está fora de dúvida que a contemplação ocupa o primeiro lugar. É por essa faculdade, com efeito, que nossa alma é imagem de Deus; é segundo ela que somos transformados pela fé em sua semelhança. Por isso, na razão, a ação deve obedecer à contemplação, quer ela comande pela fé, como acontece quando estamos afastados do Senhor, quer aja pela visão clara, o que acontecerá quando formos semelhantes a Deus, porque nós o veremos tal qual é e porque, pela graça de Deus e num corpo espiritual, seremos semelhantes aos anjos[14].

Por todo o tempo, pois, em que não está caminhando na visão, o homem age na fé. Submetido assim a Deus, refreia e reduz os prazeres mortais à "regra natural", pondo, por um amor ordenado, o que é mais elevado acima das coisas inferiores.

No entanto, "a ordem natural" não deve causar ilusão; não é senão o reflexo da lei eterna, cuja luz torna a vontade capaz de liberdade e de pecado, mas não de bem moral. Essa restrição é bastante instrutiva. Se na ordem moral natural agostiniana é suficiente a objetividade para qualificar a moralidade negativa das ações moralmente más, ela não pode constituir a moralidade positiva das ações moralmente boas. Por conseguinte, elucida-se o lugar que Agostinho dá à lei natural em sua síntese, sem contradizer sua concepção subjetiva da bondade moral dos atos. Mas, na reflexão agostiniana, é uma mesma lógica que faz que a lei natural seja mais eficaz para o mal que para o bem, e que as virtudes não sejam consideradas senão em sua relação com o Soberano Bem. Prolongando essa homologia, pode-se dizer que, para o bispo de Hipona, a lei natural encontra sua significação, para o bem como para o mal, unicamente na luz da sabedoria.

Mas sustentar que, em nosso conhecimento, a ordem natural está no contexto da lei eterna é o mesmo que dizer que ela não pode ser querida moralmente senão na intenção do Soberano Bem e que toda fraqueza da vontade deve ser considerada uma aversão a esse Bem e um abandono da luz e da sabedoria. Com efeito, ao viver, na verdadeira fé, de acordo com a caridade sobrenatural, a vontade participa da justiça querida pela lei eterna, mas se opõe a ela cada vez que se separa da ordem natural. Isso explica que, em Agostinho, o pecado seja aversão às coisas divinas e conversão às coisas transitórias. Ele não pode pensar o pecado, como o bem, senão em função de uma finalidade única e indivisível.

> Com efeito, qualquer um que descer ao fundo de sua consciência e depois de ter lido em sua alma, onde estão escritas de uma maneira mais nítida e mais transparente as leis divinas que estão profundamente gravadas na natureza, concorda que nossas duas definições da vontade e do pecado são verdadeiras[15].

---

14. *Id.*, *Contre Fauste*, XXII,27; *ibid.*, t. 26 (1870), p. 178.
15. AGOSTINHO, *Les deux âmes, contre les manichéns*, XII,16; *ibid.*, t. 25 (1870), p. 331.

Essa posição incomodou muito, a seguir, os moralistas, que consideraram uma finalidade moral secundária psicologicamente distinta da finalidade da Beatitude.

2. A CONSTRUÇÃO AGOSTINIANA

Tendo chegado ao fim desse rápido percurso, consideremos o edifício todo[16], sem omitir a significação que Agostinho dá à lei natural. Parece que a relação da graça com a natureza, como a da fé[17] com a ação, não se reduz ao esquema bipartido que encontraremos no século XIII, mas que é tripartido, oferecendo uma concepção própria da moralidade para cada uma das zonas que distingue. O limite da eficácia própria da lei natural separa a ordem natural da ordem sobrenatural. À segunda cabe todo o domínio do bem moral, à primeira só se referem como suas as ações intrinsecamente más. Mas a ordem moral sobrenatural é, por sua vez, atravessada por outra fronteira que faz distinção entre a moralidade própria do fim último sobrenatural e a moralidade própria dos fins naturais chamados à vida moral sobrenatural.

Atos de caridade:
O objeto dado na fé como Bem é desejado pelo sujeito

Ordem sobrenatural

Antes de Pelágio: *O objeto dado na fé como Bem é desejado pelo sujeito (Os atos virtuosos têm uma bondade intrínseca)*

Outros atos virtuosos

Depois de Pelágio: *O sujeito tende para seu objeto dado na fé como felicidade (Os atos virtuosos não têm senão uma bondade extrínseca)*

Ordem moral

Ordem natural

Atos intrinsecamente maus:
O objeto dado pela fé como Bem é rejeitado pelo sujeito

Assim, na unidade da ordem moral sobrenatural, um desvio faz uma separação entre o fim último que comanda o conjunto do dispositivo e os elemen-

---

16. J. ROHMER, *La finalité morale chez les théologiens de saint Augustin à Duns Scot*, pp. 1-30.
17. "By faith Augustine meant the body of doctrines, universally accepted by the Church, that is, the living concrete life of faith of the Christian communities under the guidance of their bishops, their priests and theologians and other competent persons", P. F. FRANSEN, *op. cit.*, p. 294.

tos secundários que o constituem. O fosso que vimos torna-se mais profundo entre a consideração objetiva do bem e sua assunção subjetiva, entre a moralidade objetiva da caridade e a moralidade subjetiva das virtudes. Aquém da caridade, a regra da moralidade encontra-se apenas na finalidade subjetiva da intenção que ordena o indivíduo ao Soberano Bem como à sua Beatitude.

A distinção do *uso* (*usus*) e da *fruição* (*fruitio*), destinada a uma certa celebridade, pode esclarecer a linha de demarcação estabelecida na ordem moral sobrenatural. Há, com efeito, bens destinados ao *uso* e outros à *fruição*. Ao restringir o campo da *fruição* unicamente ao Soberano Bem e ao integrar as virtudes ao estrito plano do *uso*, recusa-se com isso à ordem natural a possibilidade de constituir fins morais objetivos e condena-se toda atividade que se refira aos fins morais secundários a depender da intenção que a inspira. Essa foi a tendência de Agostinho, progressivamente levado, segundo a lógica de seu subjetivismo moral, a não mais aceitar, para os atos bons, senão uma moralidade de intenção.

A importância da questão do pecado e de seu perdão, nos primeiros séculos da Igreja, manifesta-se pela amplidão das discussões sobre os temas da justiça, da liberdade e da graça. No Oriente, o enfoque foi posto de todas as maneiras sobre a liberdade do homem, em que se via o lugar próprio da imagem de Deus, para contradizer toda concepção fatal do destino e para valorizar o papel salvador da humanidade de Cristo na questão da salvação. Paralelamente e de maneira bem prática, o movimento monástico, que desempenhou grande papel na vida concreta da Igreja, substituíra, transcendendo-o, o cuidado do domínio de si e de suas paixões, característica da procura moral da época, do epicurismo ao estoicismo. Essas diversas tendências convergiam para uma visão, biblicamente fundamentada, da colaboração entre Deus e o homem na questão da salvação. Dessa tradição moral e dogmática, foram propagadores o monge Pelágio e muitos outros após ele.

Mas, sabemos disso, não foi o caminho de que se serviu o Ocidente depois de Agostinho. Para encontrar o caminho pessoal e coletivo da justiça, insistiu-se muito particularmente sobre a confissão fiel da humildade de Jesus Cristo, que veio na carne e cuja mediação agora única permite aspirar à Cidade celeste. Colhemos aqui a espiritualidade ocidental, de algum modo na fonte, com a amorosa contemplação do Crucificado salvador, com a tendência para uma passividade no Espírito, que não é renúncia, mas transfiguração da liberdade. Há, todavia, um reverso. Ao transferir para Deus toda a iniciativa da salvação, corre-se o risco de transformar essa iniciativa em arbitrária e de provocar o desespero em vez da expectativa.

Seja como for, na teologia do Ocidente, a antropologia, da qual, como vimos, não se pode separar a ética, vem em primeiro plano, mas não sem estar misturada com a política e a eclesiologia, na medida em que, num império cristão, a autoridade do Príncipe, bem como a do Pontífice, não pode ser negligenciada nas questões da salvação (*de fide et de moribus*). Ao escolher finalmente o neoplatonismo como interlocutor privilegiado, Agostinho preparava o encontro harmonioso do "desejo do Uno, de onde tudo decorre e para onde tudo retorna", da "importância do conhecimento verdadeiro que baliza o movimento desse desejo" e da "situação da autoridade suprema que garante esse conhecimento verdadeiro e está num sentido fundamentado sobre ela"[18]. O pensamento do Pseudo-Dionísio Areopagita, que marcou tão profundamente o Ocidente, suas insistências sobre a unidade e sobre as hierarquias reforçarão ainda as tendências que acabamos de esboçar. A Igreja latina está a caminho da "dogmatização".

---

18. G. LAFONT, *Histoire théologique de l'Église catholique*, pp. 87-88.

CAPÍTULO XI

Os caminhos de uma "modernidade prematura"[1]

INDICAÇÕES BIBLIOGRÁFICAS: O. LOTTIN, *Psychologie et morale aux XIIe et XIIIe siècles*, 8 vols., Gembloux, Duculot, 1942-1960. — M.-D. CHENU, *L'éveil de la conscience dans la civilisation médiévale*, Conferências Albert-Le-Grand 1968, Paris, Vrin, 1969. — Ph. DELHAYE, *Enseignement et morale au XIIe siècle*, Paris, Cerf, 1988. — *Renaissance and Renewal in the Twelfth Century*, eds. R. L. Benson and G. Constable, University of Toronto Press, 1992. — F. BÖCKLE, *Fundamentalmoral*, München, Kösel-Verlag, 1981.

Os séculos XII e XIII são marcados por uma afluência sem precedente de textos filosóficos e teológicos de origem grega, judaica ou árabe que afetam profundamente os teólogos cristãos. Eles se veem então diante de uma tarefa tremenda: ler os gregos sem se deixar seduzir pela coerência do raciocínio deles e sem, inversamente, consentir em fáceis reações de rejeição. Podem, assim, ou entrar em contato com as soluções que os judeus e os muçulmanos forjaram para fazer se encontrarem sua fé monoteísta e a cultura grega[2], ou reler as aquisições de mesma natureza já feitas na tradição católica. Agostinho e o Pseudo-Dionísio, como dissemos, conhecem então uma renovação de atualidade.

Sem empecilhos, nesse segundo encontro, três possibilidades se delineiam, confirmando-nos em nossas hipóteses: fazer dessas *auctoritates* a norma absoluta para a aceitação ou a recusa do dado novo, conforme seja compatível ou não com o ensinamento deles; ao contrário, considerá-los como totalmente ultrapassadas e se abandonar a uma "modernidade" não verdadeiramente criticada;

---

1. G. LAFONT, *Histoire théologique de l'Église catholique*, pp. 143-212.
2. R. ARNALDEZ, *À la croisée des trois monothéismes, une communauté de pensée au Moyen Âge*, Paris, Albin Michel, 1993. Cf. também G. DAHAN, *Les Intellectuels chrétiens et les Juifs au Moyen Âge*, Paris, Cerf, 1990.

enfim, procurar os caminhos, ao mesmo tempo novos e antigos, de entendimento da fé. Em suma, quase um melênio após o concílio de Niceia, a Igreja se vê confrontada com uma cultura vinda de fora, cujos perigos e riquezas, porém, seus filósofos e seus teólogos percebem.

Essas reviravoltas no pensamento, que afetam as questões de Deus, do mundo e do homem, não ficam sem efeito sobre a ética, sua elaboração e sua regulação. *Mutatis mutandis*, encontramos na Idade Média debates que lembram muito os da crise pelagiana ou aqueles, mais próximos de nós, que opõem, em teologia moral, os defensores da autonomia aos da heteronomia[3]. Podemos representar bem os parceiros medievais conforme as reações deles diante das contribuições culturais novas. Grosso modo, dizemos que eles se dividem segundo um amplo leque que vai dos que dão o máximo espaço à revelação aos que, sem a negar, apenas a levam em consideração[4]. Encontramos assim:

1. a "recusa evangélica", comedida em Boaventura e extrema nos "espirituais";
2. a "superação mística", desenvolvida por Alberto Magno e sobretudo pelo Mestre Eckhart, no espírito do Pseudo-Dionísio;
3. a "racionalidade dinâmica englobante" com Alberto Magno de novo, que persegue aqui a linha de João Scot Eriúgena;
4. a "racionalidade moderada", que se esforça com Tomás de Aquino por pensar uma articulação com a revelação;
5. a "racionalidade autônoma", de que Sigier de Brabant é um dos representantes.

Essa enumeração deixa aflorar o conflito que existe entre elas. Mas é possível também constatar nesse conjunto algumas convergências. Nas três primeiras reações, que poderíamos qualificar de neoplatônicas, os componentes místico, político e penitente continuam, mas as aplicações e interpretações deles são transformadas pelas novas contribuições culturais. Diante dessas três correntes mais clássicas, situam-se as duas últimas, caracterizadas por uma confiança mais intrépida na autonomia da razão. Com G. Lafont, poderíamos dizer que diante de uma mentalidade de "Iluminação" começa a se manifestar a sensibilidade das "Luzes".

A hierarquia não ficou insensível a todas essas reações. Em Paris, em 1270 e 1277, o bispo Tempier, intranquilo com a escalada do neopaganismo, conde-

---

[3]. Cf. F. BÖCKLE, *Fundamentalmoral*, Esse autor, como muitos outros, toma posição pela autonomia. No artigo "La morale fondamentale", *RSR* 59 (1971) 321-334, ele examinara a questão da relação com a Escritura e a de um fundamento teonômico. Numa perspectiva oposta, que se atém a demonstrar a especificidade da moral cristã, pode-se ler H. Urs von Balthasar, Pour situer la morale chrétienne, *DC* 72 (1975) 420-426. Trata-se aí de teses apresentadas sob o patrocínio da Comissão Teológica Internacional. É uma das melhores expressões da heteronomia. A encíclica de João Paulo II, *Veritatis splendor*, depende dessa corrente. Mas entre as duas correntes há esforços de reconciliação; assim, R. TREMBLAY, Para além da moral autônoma e a ética da fé. À procura de uma *via media, Studia moralia*, XX/2 (1982) 223-237.

[4]. Tomamos de empréstimo essas categorias de G. LAFFONT, em sua *Histoire théologique de l'Église catholique*, pp. 159-160.

nou todo aristotelismo com laivos de averroísmo. Sigier de Brabant († 1281), cujo aristotelismo Boaventura († 1274) já criticara entre 1267 e 1273, deixou a Universidade em 1277. Quanto a Tomás de Aquino († 1274), que a segunda condenação do prelado queria atingir, tinha se posicionado contra Sigier de Brabant desde 1269, por ocasião de sua segunda estada em Paris. Foi reabilitado a seguir. E para ser justo, meio século mais tarde, os papas de Avinhão, João XXII em particular, condenaram a outra corrente e seus excessos. Assim aconteceu com os "espirituais", explicitamente em 1317, mas também várias outras vezes. Mestre Eckhart e Guilherme de Ockham foram intimados a se explicar com a corte pontifícia. Mas nós invadimos aqui a outra vertente de nossa exposição.

Após essa visão de perspectiva, é conveniente circunscrever mais nosso propósito. No século XII, quando, segundo a bela expressão de M. D. Chenu, desperta a "consciência", no espírito que acabamos de explicar, assume-se, diante da síntese agostiniana, uma posição diferenciada.

Abelardo, por primeiro, enunciou o princípio de que a intenção do que age é a única fonte da moralidade de seus atos. Seguindo a via do subjetivismo, ele a estendeu aos atos maus. Mas seria ir muito longe e incitar os medievais a mais dúvidas.

Para moderar esses excessos, os dominicanos e franciscanos manifestaram suas sensibilidades próprias. Os primeiros estenderam a moralidade objetiva dos atos maus aos atos bons da ordem natural, dotando o eudemonismo agostiniano de uma "vontade natural de felicidade" emprestada do aristotelismo. Os segundos procuraram também ampliar a moralidade objetiva. Eles o fizeram completando a que Agostinho reconhecia na caridade, dotando-a de uma "vontade natural de bem". Com o tempo, todavia, essa posição devia fazer brilhar o quadro aristotélico.

Especulativamente, as proposições das duas ordens mendicantes levaram a duas concepções harmoniosas da ordem moral em que as finalidades objetiva e subjetiva tiveram seu lugar. Mas, como dissemos, concedendo primazia à subjetividade, os dominicanos se fizeram estoicos, ao passo que, privilegiando a objetividade, os franciscanos foram neoplatônicos.

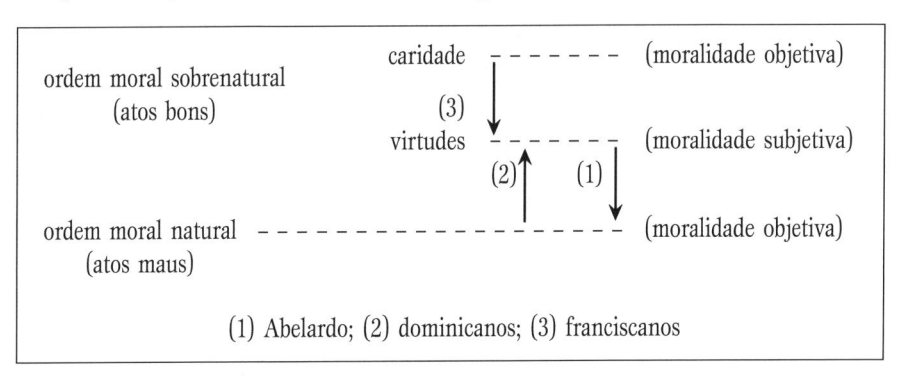

```
ordem moral sobrenatural       caridade  ------- (moralidade objetiva)
     (atos bons)                  (3) ↓
                                virtudes ------- (moralidade subjetiva)
                                  (2)↑   (1)↓
ordem moral natural      ---------------------- (moralidade objetiva)
     (atos maus)

        (1) Abelardo; (2) dominicanos; (3) franciscanos
```

Apresentaremos essas posições de duas maneiras, uma genética, que se prenderá mais ao ponto de vista da finalidade, outra sintética, que seguirá sobretudo o ponto de vista da ordem. Nosso cuidado principal será o de mostrar as relações complexas dos teólogos com as *autoridades*.

I. AS CONCEPÇÕES DA FINALIDADE, UMA LEITURA GENÉTICA

1. A CONCEPÇÃO DE ABELARDO

> **INDICAÇÕES BIBLIOGRÁFICAS:** Ph. DELHAYE, Quelques points de la morale d'Abélard, *RTAM* 47 (1980) 38-60. — E. BERTOLA, La dottrina morale di Pietro Abelardo, *RTAM* 55 (1988) 53-71. — J. JOLIVET, *Abélard, ou la philosophie dans le langage*, Paris, Seghers, 1969, pp. 86-91.
>
> Para a condenação do concílio de Sens (1140), *DzS*, pp. 235-236. — J. VERGER e J. JOLIVET. *Bernard/Abélard, ou le cloître et l'école*, Paris, Fayard-Mame, 1982.

Abelardo († 1142) quer estender a toda a moralidade dos atos o mesmo princípio subjetivo que Agostinho reservava somente à moralidade das ações virtuosas. Ele considera que o pecado não consiste no ato em si, mas na intenção que o inspira. É o consentimento do querer que faz a falta, pois implica um desprezo da vontade soberana.

> Quando dizemos: uma boa intenção, entendemos uma intenção que é por si mesma reta. Quando falamos de uma boa ação, não entendemos que essa ação possua em si algo de bom, mas queremos significar apenas que ela procede de uma boa intenção. É por isso que o mesmo homem, em momentos diferentes, pode agir do mesmo modo e sua ação merecer, todavia, por causa da diversidade de intenções, quer uma qualificação de boa, quer a qualificação de má, de modo que parece variar no que diz respeito ao bem e ao mal [...]
> Alguns pensam que se pode falar de intenção boa, ou reta, cada vez que alguém crê que age bem e que sua ação agrada a Deus; como no caso dos que perseguiam os mártires [...]. Por conseguinte, a intenção não deve ser chamada de boa porque parece tal, mas somente se é verdadeiramente tanto quanto lhe parece, ou seja, se não cometemos nenhum erro ao crer que aquilo que queremos corresponde bem à vontade divina. No caso contrário, os próprios infiéis poderiam realizar como nós boas ações, pois imaginam tanto quanto nós que suas ações os salvam, ou seja, que agradam a Deus.
> Mas talvez se perguntará se esses perseguidores dos mártires ou de Cristo pecaram ao agir do modo como acreditavam ser conforme à vontade divina, ou se, ao contrário, teriam podido, sem pecar, abster-se de cumprir o que criam ser dever deles. A resposta que se impõe é tirada da definição que mais acima demos do pecado como um desprezo de Deus, ou seja, como um consentimento no ato

que se considera proibido. Assim, eles não pecaram ao agir como agiram, pois jamais será um pecado nem a ignorância nem a ausência mesma da fé, que, só ela, pode salvar[5].

Essa doutrina pareceu aos contemporâneos, e a Bernardo († 1153) em particular, um exagerado subjetivismo. Mas essa maneira de ver é uma interpretação incompleta do pensamento de Abelardo. Ainda que não seja sempre claro sobre esse ponto, o filósofo pensa que o fim último deve aclarar a consciência. Seja como for, Abelardo conseguiu impor a ideia de uma concepção única e coerente da moralidade dos atos. Mas, na medida em que se rejeita a ideia de que a intenção do agente possa ser a única fonte da moralidade dos atos, convém procurar outra fonte dessa moralidade. Essa procura levou os dominicanos e os franciscanos a questionar o edifício agostiniano, segundo sua própria maneira.

2. A CONCEPÇÃO DOMINICANA

INDICAÇÕES BIBLIOGRÁFICAS: G. LOTTIN, *La théorie du libre arbitre depuis saint Anselme jusqu'à Thomas d'Aquin*, Bruges, Beyaert, 1929; *Le droit naturel chez saint Thomas d'Aquin et seus prédécesseurs*, 1931; Pour un commentaire historique de la morale de saint Thomas d'Aquin, *RTAM* 11 (1939) 270-285. — A. D. SERTILLANGES, *La philosophie morale de saint Thomas d'Aquin*, nova ed., Paris, Aubier, 1942; Vrai caractère de la loi chez saint Thomas d'Aquin, *RSPT* 31 (1947) 73-75. — J.-M. AUBERT, La spécificité de la morale chrétienne selon saint Thomas, *Le Supplément*, n. 92 (1970) 55-73. — D. J. BILLY, The Authorithy of Conscience in Bonaventure and Aquinas, *Studia Moralia* 31 (1993) 237-263.

Essa concepção consiste em ampliar a posição pós-pelagiana[6] com a ajuda dos dados aristotélicos. Seu objetivo é o de integrar a uma compreensão subjetiva da finalidade a teoria de uma ordem moral objetiva e, assim, propor duas fontes de moralidade: uma subjetiva, outra objetiva.

Alberto Magno († 1280) dá o primeiro passo ao acrescentar à concepção agostiniana do Soberano Bem subjetivo uma teoria natural da beatitude segun-

---

5. ABELARDO, Éthique ou Connais-toi-même, *Oeuvres choisies*, Paris, Aubier, 1945, pp. 164-166.

6. Sobre Pelágio, cf. *supra*, pp. 137-138 e 237-239. Pelágio reagia contra o relaxamento de uma vida cristã que se contentaria com a fé sem as obras. Sua doutrina não é de modo algum mística, ela é de razão e de esforço, muito romana para não dizer "estoica". Em seu livro *Gratia Christi*, Paris, Beauchesne, 1948, H. Rondet pôde dar ao capítulo sobre Pelágio e os pelagianos o subtítulo *Stoïcisme e Christianisme*. Como vimos, Agostinho opôs-se vigorosamente aos pelagianos. A querela terá eco em Provence no século seguinte. A Idade Média parece ter ignorado o detalhe desses debates, mas um Abelardo está mais próximo do humanismo pelagiano que do rigorismo agostiniano.

do o ponto de vista da metafísica de Aristóteles. Para o mestre dominicano, a primeira tarefa do moralista é explicar a moralidade concreta embutida na ação, fundamentar racionalmente o bem último do fim último do homem, bem como do bem moral próximo de seus atos, e unir este àquele. O bem particular forma com o bem total uma ordem orgânica, graças à hierarquia de valores que resulta da perfeição progressiva deles. Tendo por fundamento as exigências de uma mesma natureza, o bem particular se ordena ao bem total, como a perfeição parcial à perfeição total. É nessa ordem que se encontra o fundamento da moralidade dos atos, mas isso é apenas um primeiro esboço, pois a posição de Alberto Magno é imprecisa, até incompleta. Nele, a moralidade das virtudes conserva ainda um fundamento subjetivo e foi preciso esperar Tomás de Aquino para chegar à constituição de uma verdadeira ordem moral objetiva.

Enquanto Alberto fazia das virtudes a causa dos atos, Tomás as considera consequência deles. Essa inversão apresenta de modo totalmente diverso a questão do fundamento objetivo dos atos. Tomás leva ao extremo a analogia da ordem ontológica com a ordem moral e faz da razão universal a regra da conveniência objetiva dos atos. Basta que um ato, diz ele, esteja de acordo ou não com essa razão das coisas para estar num desenho acabado de moralidade; essa afirmação o leva a sustentar que um ato moral e um ato humano são uma mesma coisa e, portanto, que não existem atos moralmente indiferentes.

Tomás de Aquino procura dar à ação moral um fundamento metafísico. Segundo ele, a tensão sobrenatural do homem em direção a Deus fundamenta-se numa tensão natural que se pode considerar nas categorias aristotélicas e dionisianas. A ordem universal é uma ordem com uma finalidade e uma hierarquia, e a lei eterna é o corolário da ordem universal. Em sua Sabedoria, Deus deu ao mundo criado uma organização; e na razão humana, imagem da sabedoria divina, essa lei eterna se torna lei natural. Ao homem, que é livre, cabe transformar a inclinação implícita e necessária de sua vontade ao fim último numa vontade explícita e livremente ordenada.

> Entre as ações realizadas pelo homem são chamadas propriamente de "humanas" somente as que pertencem de modo particular ao homem como homem. E o homem difere das criaturas privadas de razão pelo fato de ser senhor de seus atos. De onde se segue que se devem chamar propriamente de humanas somente as ações de que o homem é senhor. Mas é por sua razão e sua vontade que o homem é o senhor de seus atos, o que faz que o livre-arbítrio seja chamado "uma faculdade da vontade e da razão". Não são, pois, propriamente humanas senão as ações que procedem de uma vontade deliberada[7].

Como é concebida pelo Doutor Angélico, a finalidade moral pede que o homem situe cada uma de suas ações, pela intenção atual ou habitual, na ordem

---

7. TOMÁS DE AQUINO, *STh*, Ia-IIae, q.1, a.1; trad. J.-L. Bruguès, Paris, Cerf, 1984, t. II, p. 16.

do fim último, que, para o cristão, é a caridade sobrenatural. No plano do fim último, a caridade se destaca, assim, na qualidade de fim moral distinto. Ainda que Tomás de Aquino não siga totalmente Agostinho e julgue que ao lado da caridade haja outros fins — ele aceita, por exemplo, que as virtudes possam ser amadas por elas mesmas —, teve dificuldade em se desembaraçar da concepção agostiniana e não separa totalmente os fins secundários do fim último, a ordem moral natural da ordem moral sobrenatural.

> Eis por que a criatura racional, podendo conquistar o bem perfeito da beatitude, tendo necessidade para isso da ajuda divina, é superior à criatura privada de razão, que não é capaz de tal bem, mas obtém um bem imperfeito somente pelas forças de sua natureza[8].

Ainda que intrinsecamente sobrenatural, a beatitude representa o verdadeiro fim do homem. Essa diferença entre o caráter sobrenatural e gratuito da beatitude e a capacidade humana faz nascer a nobreza do homem: por sua inteligência e por seu livre-arbítrio, ele é "capaz de Deus". Vale bem mais ser capaz de maior perfeição e de a receber de outro — estamos numa lógica da caridade — que alcançar efetivamente por si mesmo uma perfeição bem menor. Do ponto de vista teológico, diremos que esse fim sobrenatural é necessário ao homem; não é outra coisa que a salvação. Segundo Tomás de Aquino, o sobrenatural é necessário ao homem tal qual é, pois sem ele tudo é imperfeito.

Pode-se entender a articulação das ordens morais natural e sobrenatural, no sistema tomista, baseando-se na relação metafísica das duas finalidades. Agindo necessariamente em todos seus passos em vista de sua felicidade completa, a natureza tende implicitamente para o único fim último da visão beatífica. Ora, esse fim, em virtude da gratuidade da graça, encontra-se fora do campo dos atos naturais. A correspondência não se dá com o plano dos atos, mas com o mais implícito da inclinação indeterminada que leva a natureza humana para o desejo natural da visão de Deus sem lhe permitir querê-la por uma intenção plenamente formada.

Fundamentada na finalidade dessa inclinação natural, a articulação das duas ordens não pode verificar-se senão pela mediação da graça, que transforma o desejo natural de ver a Deus num ato de amor sobrenatural. Alguns sucessores de Tomás de Aquino insistirão mais ainda sobre a articulação das duas ordens, em benefício do sobrenatural, perdendo assim de vista o papel e o valor preparatório que a vida moral natural ordenada a seus fins morais próximos podia ter no plano providencial de Deus.

---

8. *Id.*, *STh*, Ia-IIae, q.5, a.5, ad 2; *ibid.*, p. 55. Cf., *supra*, p. 317, onde citamos uma fórmula próxima tirada da mesma resposta.

3. A CONCEPÇÃO FRANCISCANA: DA HERANÇA DE ANSELMO A BOAVENTURA E DUNS SCOT

INDICAÇÕES BIBLIOGRÁFICAS: Ph. DELHAYE, Quelques aspects de la morale de saint Anselme, *Spicilegium Beccense*, 1959, pp. 401-422. — A.-M. HAMELIN, *L'école franciscaine de ses débuts jusqu'à l'occamisme,* Louvain, Nauwelaerts, 1961. — E. GILSON, *La philosophie de saint Bonaventure,* Paris, Vrin, 1943; *Jean Duns Scot,* Vrin, 1952. — G. DE LAGARDE, *La naissance de l'esprit laïque au déclin du Moyen Âge,* t. II, *Secteur social de la scolastique,* Nauwelaerts, ²1958.

Definitivamente, a concepção tomista acrescenta à ordem sobrenatural da beatitude agostiniana o complemento de uma finalidade natural de felicidade. Mas, se a teoria aristotélica permite identificar a finalidade moral natural com a determinação que leva cada ser à perfeição de sua natureza, ela vê o bem e a finalidade de um aspecto mais metafísico que ético. De outra parte, se a doutrina tomista amplia a finalidade moral de maneira a fazê-la abraçar, com o fim subjetivo do indivíduo, o conjunto dos fins morais objetivos que se impõem à sua ação, o fato de integrar assim os fins morais objetivos à ordem moral é o mesmo que fazer da finalidade subjetiva da felicidade o princípio da finalidade objetiva do bem, ou ainda é o mesmo que subordinar esta àquela.

Se se deve reconhecer que a perspectiva dominicana, e tomista em particular, realiza plenamente o encontro dos eudemonismos agostiniano e aristotélico, deve-se acrescentar claramente que ela só retém um aspecto da visão do bispo de Hipona, deixando de lado o esboço de uma concepção objetiva da finalidade moral natural que começara a se realizar antes da crise pelagiana. Esse ensaio, retomado por Anselmo, foi legado aos frades menores. Como os pregadores tinham unido ao eudemonismo agostiniano o acréscimo de uma vontade natural de felicidade, assim os franciscanos acrescentaram à caridade agostiniana o complemento de uma vontade natural do bem moral.

Anselmo († 1109) determina o sentido do bem moral sobre o plano objetivo e desinteressado em que Agostinho, no tratado sobre *O Livre-arbítrio,* define a caridade. É com base nessa concepção objetiva da caridade que ele desenvolve a ideia de uma moralidade objetiva e a estende ao conjunto da vontade moral. A função dessa vontade moral é perseguir o bem moral por ele mesmo, por sua própria retidão. Nessa perspectiva, a liberdade ocupa um lugar central, faz parte da essência da moralidade.

> O discípulo — [...] É por isso que não se pode negar que a liberdade de escolha foi dada à natureza racional com a intenção de guardar, uma vez recebida, a retidão da vontade.
>
> O mestre — Respondeste bem às minhas questões. Mas temos ainda de considerar a razão por que a natureza racional devia guardar essa retidão; seria pela retidão em si, ou por outra coisa?

> O discípulo — Se essa liberdade não tivesse sido dada a essa natureza para que guardasse a retidão da vontade pela retidão em si mesma, nada poderia em função da justiça; pois é evidente que a justiça é a retidão da vontade guardada por si mesma. Mas acreditamos que a liberdade de escolha é ordenada à justiça. Por isso, temos de afirmar sem hesitar que a natureza racional só a recebeu para que fosse guardada a retidão de vontade pela própria retidão.
> O mestre — Uma vez, pois, que toda liberdade é poder, essa liberdade de escolha é o poder de guardar a retidão de vontade pela própria retidão[9].

Essa herança anselmiana, em que a retidão moral é solidária de uma concepção original do livre-arbítrio, é difícil de conciliar com a metafísica aristotélica da vontade. Para seguir o bispo de Cantuária, os franciscanos se separam do Filósofo. Boaventura, começando o movimento, modifica a concepção aristotélica da vontade onerando-a com as funções do livre-arbítrio. Essa integração leva a uma nova solução de continuidade entre o determinismo finalista que rege a ordem universal das causas segundas e a finalidade livre do ato voluntário.

Ao lado dos princípios que regem a ordem universal e conferem a inteligibilidade a toda ordem natural aparecem, assim, outros especificamente morais, que dão a nossos atos sua inteligibilidade propriamente moral. À luz deles, precisa-se o sentido da liberdade humana, que ultrapassa necessariamente o que ela poderia receber no quadro da finalidade determinada por Aristóteles.

> Do mesmo modo como o intelecto possui, após a criação da alma, uma luz que é para ela um foco natural de juízo (*naturale judicatorium*), dirigindo o intelecto em seus atos de conhecimento, também a capacidade afetiva (*affectus*) tem uma espécie de peso natural (*naturale quoddam pondus*) dirigindo-a em seus atos de desejo [...]; desse modo, a sindérese[10] denota somente esse peso da vontade no sentido de que ela tem por função inclinar para aquilo que é o bem em si [...].
> Consequentemente, é na consideração da retidão que se pode apreciar a regra de vida. Pois é certo que vive com retidão aquele que é guiado pelos preceitos da

---

9. ANSELMO, *La liberté du choix* (*De libertate arbitrii*) III; *L'oeuvre de saint Anselme de Cantorbéry*, eds. A. Galonnier, M. Corbin, R. de Ravinel, Paris, Cerf, 1986, t. 2, p. 219.

10. A "sindérese", em teologia moral, designa a consciência habitual, mais especialmente os primeiros princípios inatos na consciência moral. Como vemos, o sentido do termo põe o problema do último fundamento da moralidade no homem. A doutrina da sindérese é, nos escolásticos, necessariamente função da concepção que eles têm da finalidade moral, ou seja, da dotação moral que orienta a natureza humana para seu fim último. Da natureza dessa orientação depende a realidade descrita sob o vocábulo de sindérese. Tomás, esclarecendo a doutrina de Alberto Magno, atribui exclusivamente a sindérese à inteligência e a identifica ao *habitus* dos primeiros princípios morais, fundamento dos julgamentos da consciência moral. Boaventura, que segue aqui a tradição de sua ordem, afirmada já por Alexandre de Hales, distingue a sindérese da consciência, e a atribui à vontade, como vemos no texto. Ver O. LOTIN, Le concept de syndérèse aux XIIe e XIIIe siècles, *Psychologie et morale aux XIIe e XIII[le] siècles*, t. 2, Gambloux, Duculot, 1944, pp. 103-350.

lei divina, como acontece quando a vontade do homem aceita os preceitos necessários, as advertências salutares e os conselhos de perfeição, a fim de provar com isso a vontade de Deus, boa, aceitável e perfeita. E a regra de vida é, então, reta quando não se quer encontrar nela nenhuma obliquidade[11].

Não foi, todavia, logo no primeiro momento que essa nova solução de continuidade se instaurou. Se Boaventura[12] estabeleceu um limite entre a ordem natural e a ordem sobrenatural, como Tomás de Aquino, ele submete a vontade, enquanto faz parte da ordem natural, ao determinismo finalista da felicidade. O livre-arbítrio é, em princípio, distinto do desejo da felicidade, mas, segundo Boaventura, somente no plano da graça ele é realmente livre da servidão metafísica. No fundo, o que realiza Boaventura é uma síntese entre o aristotelismo e o anselmismo.

Duns Scot († 1308) situa-se na linha de Anselmo e de Boaventura, mas recusa-se a submeter o livre-arbítrio aos fins da metafísica. Ele quer uma vontade indiferente e fazer dessa indiferença o ponto de partida da finalidade moral.

O Deus da revelação, vislumbrado por Duns Scot e chave de abóbada de seu pensamento, é Caridade e fim supremo de tudo; ele cria por livre disposição de sua vontade e o faz, num sentido metafísico, por amor de si e por sua própria glória. Deus é "doação" na Trindade, em que cada Pessoa se dá à Outra, como para fora delas, *ad extra*, ele oferece à criatura Cristo, a fim de que, por ele, ela possa participar de seu Amor e de sua Beatitude.

> O gozo da beatitude é o amor-doação (*amor honesti*) e não o amor do útil ou do deleitável, que é o amor-desejo[13] [...].
> Amar a Deus com amor de caridade significa, pois, querer o objeto em si mesmo, ainda que, por impossível, isso não correspondesse ao bem daquele que ama[14] [...].
> É preciso amar ao próximo com o mesmo amor que se ama a Deus[15].

Se Deus criou criaturas livres, elas ficam numa dependência essencial a respeito dele. Criador, ele é mestre da liberdade criada sem ter necessidade de a diminuir, reduzindo-a a atos determinados. A moral de Duns Scot é o resultado do caminho que amplia progressivamente o papel da vontade, aclarando-a à luz da caridade objetiva e desinteressada. É porque a vontade encontra na caridade a perfeição de sua função moral que ela pode agir em virtude de sua própria espontaneidade.

---

11. BOAVENTURA, Comentários sobre as Sentenças, IV, d.39, a.2, q.1; trad. conforme as *Opera theologica selecta*, Firenze, 1938, pp. 944-945.
12. E. GILSON, *La philosophie de saint Bonaventure*, pp. 325-333.
13. DUNS SCOT, Obra de Oxford, I, D.1, pars 1, q.1, n. 18; trad. segundo as *Opera omnia*, Ed. Wadding, Lião, 1639.
14. *Ibid.*, III, D.27, q.1, n.2; *ibid.*
15. *Ibid.*, III, D.28, q.1, n.1; *ibid.*

Duns Scot[16], em sua teologia moral, separa a ordem da finalidade moral da ordem metafísica universal. Se subordina o fim subjetivo ao fim objetivo, faz da caridade a lei fundamental da ordem moral natural. Não admite diferença específica entre a moralidade natural e a moralidade sobrenatural; entende expressamente que não há ato sobrenatural cuja força não possa ser realizada por um ato natural. A ordem sobrenatural, segundo ele, é o coroamento da ordem natural.

Um ato é moralmente bom, mau ou indiferente. Para ser moral, deve ser livre (a autonomia da vontade) e estar de acordo com o julgamento do intelecto (a reta razão).

> Um ato [...] é naturalmente bom quando tem tudo o que lhe convém naturalmente e tudo o que concorre para seu ser natural. [...] A bondade moral não vem absolutamente da natureza do ato, mas da reta razão do agente[17]. [...]
> Consequentemente, podemos dizer que, sempre, a concordância do ato com a reta razão é a que, desde que esteja presente, torna o ato bom. Pois, dado que a todo ato diz respeito uma espécie determinada de objeto, se o ato não estiver de acordo com a reta razão do agente (ou seja, se ele não tiver a reta razão ao agir), não poderá ser bom. Em primeiro lugar, pois, a conformidade do ato com a reta razão, que comanda absolutamente todas as circunstâncias próprias desse ato, é o caráter bom do ato[18].

Mas, para ser moralmente bom, ou seja, virtuoso, um ato deve ser o objeto de uma livre escolha da vontade que persegue seu fim último. Ora, essa vontade, que é indeterminada por essência, tem necessidade de ajuda para se decidir. Um ato não será digno de Deus senão quando for aceito por Ele e divinizado pela graça.

> Deus é o fim natural do homem, mas esse fim só pode realizar-se sobrenaturalmente [...][19].
> O fato de o homem agir com mérito não pode provir somente da natureza, pois afirmar que atos puramente naturais possam merecer a beatitude sobrenatural parece ser precisamente o erro de Pelágio: o homem tem, pois, necessidade de um auxílio sobrenatural para agir de modo meritório. Esse auxílio não pode ser a fé, nem a esperança, que podem igualmente se encontrar no pecador; será, pois, a caridade, que é a graça[20] [...].

---

16. J. ROHMER, *La finalité morale*, pp. 285-294.
17. DUNS SCOT, Obra de Oxford, II, D.40, q.1, nn. 2-3.
18. *Ibid.*, I, D.17, pars I, q.2, n. 61.
19. *Id.*, Obra de Oxford, I, Pról., pars 1, q.1, n. 32; trad. Segundo as *Opera omnia*, Civitas Vaticana, 1950.
20. *Id.*, Obra de Oxford, I, D.17, pars 1, q.1-2, n. 121; trad. segundo as *Opera omnia*, ed. Wadding, Lião, 1639.

Para que um ato possa ser aceito por Deus como meritório para o Céu, é preciso um *habitus* sobrenatural pelo qual seu possuidor seja agradável a Deus e seu ato seja aceitável[21].

Na Idade Média, estamos em presença de duas concepções da vida moral cristã: cada uma delas, tanto a dominicana quanto a franciscana, é o resultado de uma teoria diferente da finalidade moral, é elaborada com base em dados agostinianos. Uma é a dos defensores da finalidade natural, a outra, de uma finalidade especificamente moral.

Depois de ter apresentado, de maneira genética, os caminhos medievais, atendo-nos ao princípio da finalidade moral, temos de os abordar sinteticamente, privilegiando o ponto de vista da ordem e da lei. Uma questão estará subjacente ao enunciado: na vida moral, quais são as partes que correspondem à lei e à liberdade? Para evitar qualquer dispersão, tomaremos a lei como discriminante e com relação a ela nos interrogaremos sobre a liberdade.

II. UMA APRESENTAÇÃO SINTÉTICA DOS SISTEMAS

No ponto de partida das construções medievais, está presente a ideia agostiniana de que a norma última da vida moral é a lei eterna. Cristianizando a concepção estoica, Agostinho define a lei eterna. Ela é, diz ele, "a razão divina", "a vontade de Deus ordenando a conservação da ordem natural", a expressão da regulação que Deus exerce sobre o mundo e que se reporta à Sabedoria (razão) e ao Poder (vontade).

Essa distinção é importante para a continuação do desenvolvimento; pois, se ninguém exclui o Poder ou a Sabedoria, os frades menores insistem mais sobre o primeiro, e os pregadores, sobre a segunda. Mas, voltemos a dizer, é uma questão de enfoque.

Demos mais um passo. Se a lei eterna pela qual Deus governa o mundo é a norma última da vida moral, ela tem uma dupla expressão: a lei da natureza (segundo a criação) e a lei da graça (segundo a redenção). Unidas em sua origem, essas duas dimensões não devem ser separadas. Toda a questão está em precisar a articulação delas: Tomás de Aquino, Boaventura e Duns Scot pensaram-na de maneira diferente.

1. A VISÃO TOMISTA

Todo o esforço de Tomás é o de dar um substrato natural à lei da graça ou, em outros termos, um fundamento metafísico à ação moral. Segundo ele, a

---

21. *Id.*, Obra de Oxford, I, D.17, pars 1, q.1-2, n. 129; *ibid.*

tensão sobrenatural do homem em direção a Deus fundamenta-se numa tensão natural análoga.
— A tensão natural do homem em direção a Deus é entendida, em Tomás, no quadro da ordem universal pensada nas categorias aristotélicas e dionisianas: a ordem universal é uma ordem finalizada e hierarquizada.
— A teoria tomista da lei se compreende nesse edifício majestoso: a lei eterna é o corolário da ordem universal. Em sua Sabedoria, Deus deu ao mundo criado uma organização. Na razão humana, imagem da razão divina, a lei eterna se torna lei natural. Cabe ao homem livre transformar essa ordem necessária em uma ordem consentida: ele se submete a ela, prolongando-a pela promulgação de leis positivas.
— As leis divinas e humanas, a lei natural e a lei da graça são todas relativas à lei eterna que, sozinha, é imutável. Os comentadores do Doutor Angélico esqueceram muitas vezes esse ponto.

2. A VISÃO DE BOAVENTURA

Segundo o cardeal franciscano, que nisso se opõe a Tomás de Aquino, o homem, na relação com Deus, não está profundamente preso ao universo, mas situado diante dele:
— Essa separação entre o homem e o universo permite a Boaventura sustentar que existe uma ordem natural, espírito das leis do universo, e uma ordem moral, que exprime as das pessoas.
— No ápice da ordem de Boaventura está a ordem divina, de que a lei eterna é a expressão. Abaixo dela, há a ordem natural e as leis universais, bem como a ordem humana e as leis morais. As leis universais são a expressão da sabedoria criadora de Deus, as leis morais são a manifestação da "reta razão" do homem. Mas, se a razão humana é autônoma, não está afastada de Deus, pois, para ser reta, ela tem de estar em concordância com a vontade divina. No final, a lei divina positiva, enunciada nas Escrituras, é a fonte de todas as leis humanas.
— O Doutor Seráfico não exaure, todavia, seu raciocínio. Ao lado de uma moral de ação, em que o papel da liberdade é atingir a vontade livre de Deus, ele admite uma moral de participação, em que a liberdade deve se submeter à sabedoria necessária de Deus.

3. A VISÃO SCOTISTA

Duns Scot opõe-se a Tomas de Aquino e a Boaventura, mas se serve de um e de outro, mais de Boaventura, todavia, que de Tomás. Segundo ele, o universo forma um todo harmonioso em que o homem ocupa seu lugar. Mas,

se ele se submete à harmonia do todo, o faz de bom grado, pois obedece a uma lei externa.
- Como Tomás, o Doutor sutil pensa que Deus governa o universo pela lei eterna. Mas, contrariamente a ele, insiste mais sobre a onipotência que sobre a sabedoria divina. A liberdade absoluta de Deus não está presa a nenhuma necessidade senão pelo princípio da não-contradição.
- Essa insistência de Duns Scot sobre a livre vontade de Deus leva-o a retomar a ideia de Boaventura, que deseja a lei moral constituída pelo conjunto dos imperativos que a razão propõe à liberdade do homem. Para Duns Scot, somente a obediência à lei determina a bondade do ato, seja essa lei humana ou divina.
- Mas o mestre franciscano, não mais que Boaventura, não leva seu raciocínio até o fim, na medida em que admite ainda um certo fundamento natural da moral.

Os três caminhos apresentados tomam forma em cerca de cinquenta anos (1270-1320), que são essencialmente de transição. Duas civilizações se enfrentam, a rural e a urbana; três realidades políticas se medem: o antigo feudalismo, o corporativismo citadino e o estatismo real. Cada um de nossos pensadores se inscreve nesse conturbado conjunto. Tomás tende para o corporativismo citadino, Boaventura está ainda próximo do feudalismo, e Duns Scotus defende a ascensão do estatismo real.

Esses horizontes políticos modelam, nos imaginários, as representações da lei e da liberdade. Esclarecem também com nova luz a maneira como os dominicanos e franciscanos atenuaram o subjetivismo de Abelardo: os primeiros, ao ampliarem a posição pós-pelagiana de Agostinho com a ajuda da metafísica aristotélica, os segundos, ao dotarem sua concepção pré-pelagiana da caridade com uma vontade natural do bem moral.

Ressaltamos até aqui a maneira como os medievais releram seu passado. Temos agora de fazer uma reviravolta e considerar o modo como eles, por sua vez, foram relidos.

Podemos resumir num quadro as apresentações genética e sintética dos caminhos medievais considerados segundo a ordem moral e sua finalidade.

| ORDEM:
Os dominicanos ampliam a visão agostiniana pós-pelagiana recorrendo a Aristóteles. A ordem moral fundamenta-se na ordem universal. | Deus
╱　　╲
Sabedoria　　Poder
╲　　╱
Lei eterna
╱　　╲
lei natural　lei da graça
│　　│
Lei humana　Lei divina
positiva　　positiva | Na vocação moral humana, a liberdade é relativa à razão e à vontade, mas sobretudo à razão. O elemento constitutivo da Beatitude é a visão. A vida moral é uma participação dessa perfeição. |

FIM:
Alberto Magno:

Como o agente pode
RACIONAL E VOLUNTARIAMENTE
tender para seu objeto, que é dado ao mesmo tempo como bem e felicidade?

Tomás de Aquino:

Como o agente pode
RACIONAL e voluntariamente
tender para seu objeto, que é dado ao mesmo tempo como bem e FELICIDADE?

FIM:
Boaventura:

Como o objeto dado na fé como BEM e felicidade pode ser
RACIONAL E VOLUNTARIAMENTE
desejado pelo agente?

Duns Scot:

Como o objeto dado na fé como BEM e felicidade pode ser
racional e VOLUNTARIAMENTE
desejado pelo agente?

| ORDEM:
Os franciscanos ampliam a visão agostiniana pré-pelagiana, afastando-se de Aristóteles. A ordem moral é distinta da ordem universal. | Deus
╱　　╲
Sabedoria　　Poder
╲　　╱
Lei eterna
╱　　╲
lei natural　lei da graça
│　　│
Lei humana　Lei divina
positiva　　positiva | Na vocação moral humana, a liberdade é relativa à razão e à vontade, mas sobretudo à vontade. O elemento constitutivo da Beatitude é o amor. A vida moral é uma ação nessa retidão. |

CAPÍTULO XII
Nos turbilhões de uma ruptura

INDICAÇÕES BIBLIOGRÁFICAS: P. VIGNAUX, Nominalisme, *DTC*, t. XI (1931) 733-784. — W. C. PLACHER, *A History of Christian Theology. An Introduction*, Filadélfia, The Westminster Press, 1983, c. 11.: "The Absolute Power of God", pp. 162-180. — S. PINCKAERS, La théologie morale au déclin du Moyen Âge: le nominalisme", *Nova et vetera* 52 (1977) 209-221. — G. DE LAGARDE, *La naissance de l'esprit laïque au déclin du Moyen Âge*, t. 4. *Guillaume d'Ockam: Défense de l'empire*, t. 5. *Guillaume d'Ockham: Critique des structures ecclésiales*, Louvain, Nauwelaerts, 1962-1963. — L. BAUDRY, *Guillaume d'Occam, sa vie, ses oeuvres, ses idées sociales et politiques*, t. 1. *L'homme et ses oeuvres*, Paris, Vrin, 1949. — R. GUELLUY, *Philosophie et théologie chez Guillaume d'Ockham*, Nauwelaerts, 1947. — J. J. RYAN, *The Nature, Structure and Function of the Church in William of Ockham*, Missoula, Scholar Press, 1979. — L. FREPPERT, *The Basis of Morality according to William Ockham*, Chicago, Franciscan Herald Press, 1988. — P. ALFÉRI, *Guillaume d'Ockham, le singulier*, Paris, Les ed. De Minuit, 1989, pp. 66-105. — C. MICHON, *Nominalisme. La théorie de la signification d'Occam*, Paris, Vrin, 1994. — H. OBERMANN, *The Harvest of Medieval Theology: Gabriel Biel and Late Medieval Nominalism*, Grand Rapids, ²1967 (especialmente o cap. 4).

Os historiadores da teologia moral opõem às vezes aos *Antigos*, Alberto Magno, Tomás de Aquino e Boaventura, os *Modernos*, Duns Scot, Guilherme de Ockham († por volta de 1349) e Gabriel Biel († 1495). Veem na nova orientação o início da dissolução da escolástica e do pensamento medieval do *fim e da ordem*, o prelúdio do humanismo e da Reforma, a preparação do racionalismo de Descartes e de Leibniz, bem como do sensacionismo francês ou inglês. Em suma, os modernos estariam na origem de todos os erros imagináveis: em teologia, o racionalismo extremo; em ontologia, o ceticismo; em filosofia da natureza, o empirismo e o atomismo mecanicista; em psicologia, o materialismo; em antropologia, o subjetivismo e o individualismo; em ética enfim, o formalismo, o voluntarismo, o positivismo moral e o semipelagianismo. Pesquisas mais apuradas levam a mais discernimento. Não se pode jogar tudo na unidade do nominalismo onerando-o negativamente.

Os *Modernos* não tiveram de início senão um método novo de ensino. No século XIV, quando criticaram o realismo dos universais, foram chamados de "terministas"; depois, quando se opuseram ao averroísmo e ao aristotelismo radical, tornaram-se "conceptualistas realistas". No século XV, foram designados como "nominalistas" pelos realistas que censuravam suas especulações em filosofia e em teologia. Mas Guilherme de Ockham recusou esse qualificativo, e seus sucessores foram chamados de "ockhamistas" ou de "gabrielistas". O nominalismo era então aceito na Universidade e, mais amplamente, na Igreja.

A posição fundamental dos *Modernos* não é uma febre exagerada de novidade nem um ceticismo com tendência a uma separação radical da filosofia e da teologia. É o desejo, num mundo em transformação, de progredir para uma compreensão nova da relação entre Deus e o homem. Procura-se, então, fazer sobressair a diferença radical entre Deus e o homem pela demonstração dos limites da razão humana e da validade dos dados revelados, que nenhum esquema pode conter.

A mudança na concepção da relação entre o ser absoluto e a ordem criada, que já acontecera no final do século XIII, leva os *Modernos* a acentuar em seus debates o princípio do *poder absoluto de Deus* (*potentia Dei absoluta*), a ideia de contingência e a crítica do esquema tradicional da ordem. Questionam, então, o próprio homem e sua capacidade de conhecer, e se perguntam, a partir da Revelação, quem é ele diante de Deus e como, *durante seu itinerário terrestre* (*in statu viatoris*), pode encontrar o caminho da salvação. Essas interrogações estão em relação imediata com princípios fundamentais, diretivos (positivos) ou corretivos (negativos): "Para Deus é possível tudo o que não contém nenhuma contradição lógica"; ou ainda: "Toda realidade diferente de Deus é contingente". Isso não deixará de ter repercussão na moral fundamental.

Mas antes de examinar mais em pormenor e por elas mesmas essas posições sustentadas pelos *Modernos* e particularmente a de Guilherme de Ockham, vamos considerá-las de modo mais geral e em suas relações com as dos *Antigos*[1], a fim de precisar bem o meio conceptual que permitiu a revolução ockhamista.

I. MODELOS DIFERENTES

A Idade Média não conhece nossa distinção entre dogma e moral. Tampouco se vale da questão do dever e de seu fundamento último em suas

---

1. L. VEREECKE, Autonomie de la conscience et autorité de la loi, *Le Supplément* 152 (1985) 15-27.

pesquisas sobre ética, mas refere a Deus todo o agir humano, aceitando que nele se passa encontrar maneiras diferentes de pensar. Se Tomás de Aquino, Duns Scot, Guilherme de Ockham e os discípulos deles não duvidam da identidade real entre a essência e os atributos divinos, são levados, pelo jogo de uma distinção formal, virtual e conceptual, a um enfoque diferente, em Deus, entre o entendimento (sabedoria) e a vontade (onipotência), bem como a concepções diversas das relações entre Deus e a criação, e, portanto, a variadas justificativas da ordem moral.

1. UM MODELO INTELECTUALISTA: TOMÁS DE AQUINO

Tomás de Aquino foi diferentemente interpretado, mas podemos admitir que sua concepção moral está teologicamente integrada e que ele entende o caminho do homem para Deus seguindo o esquema da *saída* e do *retorno* (*exitus-reditus*): o homem, criado por Deus e resgatado por Cristo, está ordenado para o Bem como objeto e como fim. Deus, o Soberano Bem, é também o fim supremo e último do homem. Na beatitude em Deus, o homem, vivendo virtuosamente, encontra sua realização. Nesse sentido, a moral de Tomás de Aquino é uma moral das virtudes. A esse esquema da *saída* e do *retorno* está ligada uma teoria da lei. Nós já a evocamos, mas é preciso retomá-la aqui de modo diferente, ou seja, fazendo aparecer os conceitos de dever e de obrigação.

O enfoque posto sobre a *Sabedoria* (*ratio*) de Deus leva Tomás de Aquino a lhe atribuir inteiramente a lei eterna, desenvolvida pelos estoicos e cristianizada por Agostinho, na qual se fundamenta a lei moral natural. A lei eterna é a lei racional divina que dirige e ordena tudo o que é criado; correlativamente, a lei moral natural, que participa da lei eterna, é a lei racional do homem criado à imagem de Deus. É com base nessa racionalidade que o homem toma parte ativa na Sabedoria divina.

O homem não é apenas capaz de conhecer a lei moral natural como lei de seu dever, mas essa mesma lei o obriga também, de uma maneira racionalmente fundamentada, a estar ativamente solícito de si e de seu próximo. A razão humana é assim a faculdade propriamente legisladora do homem, ela está na origem do dever. Nenhuma espécie de obrigação pode ser imposta ao homem que não seja ditada por sua razão; pois o dever moral fundamenta-se exclusivamente numa intuição interior e não numa ordem imposta de fora. Num vago paralelo com o conceito kantiano da razão prática, pode-se falar aqui de uma autonomia moral da razão, mas sem esquecer que em teologia o ponto de partida é a ordem da criação e que, para Tomás de Aquino, o fundamento último se entende com base na Sabedoria divina.

Segundo o doutor dominicano, o motivo das obrigações morais, prescritas pela razão, encontra-se na ordenação do homem ao Bem e em sua constituição ontológica de imagem de Deus. Por conseguinte, para o homem, a obrigação moral propriamente dita consiste em se dirigir, numa vida virtuosa, para a visão de Deus (a beatitude), pela consideração de suas tendências à conservação de si, à reprodução, à formação da comunidade e à procura da verdade. Mas, segundo Tomás de Aquino, essas tendências não têm em si mesmas nenhum caráter normativo, embora sejam o campo do estabelecimento das normas pela razão prática. Paralelamente, Tomás distingue o direito natural primário do direito natural secundário: no primeiro estão os princípios supremos da ação, no segundo, as regras de comportamento.

Essas posições são muitas vezes chamadas de "clássicas"; foram, todavia, interpretadas de modo bem diferente pela primeira e pela segunda neo-escolástica, nos séculos XVI e XIX.

2. UM MODELO VOLUNTARISTA: DUNS SCOT, OCKHAM, BIEL

Duns Scot, Guilherme de Ockham e Gabriel Biel[2] desenvolvem uma concepção moral cujos interesses são os mesmos que os de Tomás de Aquino, com uma diferença, todavia, de que já falamos, mas que é preciso retomar aqui de modo mais demorado. Nesses autores, não se dá mais a primazia ao conhecimento intelectual, mas à vontade e à liberdade.

A concepção voluntarista dos dois mestres de Oxford não é fruto de uma separação percebida entre a essência e a vontade em Deus, a qual, diferentemente de Tomás de Aquino, eles consideram idênticas, embora distintas formal e nominativamente. O voluntarismo deles tampouco se pode compreender como se a ação de Deus *ad extra* fosse arbitrária, o que significaria que a ordem natural, como a ordem moral, repousaria numa vontade puramente arbitrária. Deus ligou-se à ordem natural e moral que ele estabeleceu. Dizer, com Duns Scot e Guilherme de Ockham, que o Bem e o Mal dependem da vontade de Deus é algo que deve ser entendido de acordo com os princípios da teologia deles: a ação de Deus *ad extra* é livre, limitada apenas pelo princípio de contradição; ora, não há contradição no fato de dizer que Deus escolhe livre e eternamente a ordem do mundo, e isso não vai contra a justiça e a razão.

Mas pode-se dizer que a posição defendida por Duns Scot e Guilherme de Ockham é a do positivismo moral? Se pudessem, esses teólogos recusariam certamente essa asserção, argumentando que o Bem, segundo eles, está fundamentado em Deus e que de modo algum se deixa determinar, como em Tomás de Aquino, com base na natureza entendida como o reflexo da essência divina. A ética deles não é uma doutrina da ação que, em virtude de uma ordem ontológica, corresponderia à natureza do homem criado de acordo com

---

2. Gabriel Biel não é um espírito original. Em seu grande *Commentaire des Sentences* ele pretende somente cunhar a doutrina de Guilherme de Ockham e de seus discípulos.

uma ideia eterna, mas uma doutrina do que Deus, em sua liberdade e por sua vontade concreta, ordenou. Não se pode negar que o caráter de obrigação é fortemente ressaltado aqui.

Se não podemos pretender que em nossos mestres franciscanos haja positivismo moral, podemos pensar que a concepção deles seja uma moral do dever? A partir das premissas teológicas deles, não se interrogam sobre as leis fixadas como condições necessárias e suficientes para a salvação? Para responder, é preciso estudar as relações entre a lei moral natural e o decálogo revelado. Há princípios práticos que se conhecem por si mesmos e que Deus não pode mudar. Constituem a lei natural. Mas todos os mandamentos do Decálogo o são? Se Tomás de Aquino o admite, Duns Scot e Guilherme de Ockham o rejeitam. Para esses últimos, os mandamentos da Segunda Tábua não são de direito natural, diferentemente do dominicano, que sustenta o contrário, entendendo-os, como se disse, num sentido amplo. Segundo os franciscanos, os mandamentos são hipoteticamente necessários, como condição prescrita por Deus para a obtenção da salvação.

As duas concepções morais, apresentadas em grandes linhas, distinguem-se por seus enfoques intelectualistas ou voluntaristas, mas coincidem quanto à destinação moral da ação, pois as duas admitem que a retidão moral de um ato depende de sua conformidade com a via reta da razão. Na época das Reformas, os equilíbrios foram rompidos com base em outras premissas. A orientação intelectualista acentuou ainda seu aristotelismo, exagerando a ordem metafísica do ser e do dever; e a outra concepção chega a rejeitar a liberdade da vontade diante de Deus, ao mesmo tempo em que guarda algumas simpatias por seus conceitos voluntaristas de Deus e do homem. É nesse novo contexto que se deve reler a casuística e a neo-escolástica. Mas, antes disso, é preciso voltar ao pensamento de Guilherme de Ockham para medir toda sua importância e descobrir os fortes torvelinhos que se escondem sob aparentes continuidades.

II. A REVOLUÇÃO OCKHAMISTA: NEM ARISTÓTELES NEM AGOSTINHO

Enquanto se rasga o tecido da cristandade, Guilherme de Ockham realiza no campo da ética uma revolução que não tem nada a invejar à que realizou Copérnico na astronomia. Mais que qualquer outro, ele formula novas maneiras de pensar, que são o ponto de partida de uma evolução que só terminará três séculos mais tarde. O "Venerável Iniciador" (*Venerabilis Inceptor*)[3] não apresenta uma teologia moral completa, mas um método e sobretudo princípios.

---

3. Ao dar esse título a Ockham, no século XV, fazia-se um trocadilho com o duplo sentido da palavra *inceptor*. A palavra designava, de um lado, aquele que, na Inglaterra, acabara seus estudos de teologia, mas não era doutor, e, de outro um "mestre-escola". Dizia-se de Ockham que era *Venerabilis Inceptor Invictissimae Scholae Nominalium*.

1. A RUPTURA EM SI MESMA

Como todas as grandes sínteses teológicas, o ockhamismo busca sua fonte numa espiritualidade forte, a de Francisco de Assis. Mas no século XIV, a Ordem franciscana é dilacerada por ardentes querelas que, mais que simples disputas de monges, são a expressão de uma escolha de sociedade em busca de si mesma, anunciando com muitos indícios o mundo moderno. Guilherme de Ockham pertence à facção mais radical dos frades menores[4]. Tirando sua força da pobreza absoluta de que fizera profissão, ele se entrega totalmente à busca dos valores autênticos: a verdade, a justiça, o bem comum. Mas, sobretudo, ele é livre! E essa liberdade se torna o polo essencial de sua teologia.

> Chamo de liberdade o poder que tenho de produzir indistintamente e de maneira contingente efeitos diferentes, de tal modo que possa causar um efeito ou não o causar sem que nenhuma mudança se produza fora desse poder[5].

Como reação — dissemos — contra as teorias aristotélicas das naturezas integradas nas teologias do século XIII, o mestre de Oxford acentua, em Deus, a onipotência e a soberana liberdade. Mas a essa última corresponde, segundo ele, a liberdade do homem. É a livre determinação da vontade que torna o homem responsável e fundamenta a moralidade de seus atos. Mas essa liberdade deve obediência à vontade de Deus que se expressa na Escritura[6]: *A lei do Evangelho é uma lei de liberdade* (*Lex Evangelii, lex libertatis*) e sobretudo na razão humana. Essa razão é a voz de Deus no mais profundo do homem. Ockham esclarece que o homem deve obedecer ao que é apresentado pela razão como obrigatório, e precisamente porque é apresentado pela razão como obrigatório. Fica assim fortemente sublinhado o aspecto racional da moral ockhamista.

Do que se acaba de dizer, duas consequências importantes podem ser tiradas. Se a reta razão humana determina o valor dos atos, é possível uma moral humana fora da fé cristã. Essa posição justifica *a priori* toda colaboração com os infiéis, tanto em política como em economia, por exemplo. Além disso, se o homem é livre diante de Deus, *a fortiori* ele o é diante das autoridades humanas, políticas ou religiosas[7]. Por seu comportamento e seus textos, Ockham não parou de afirmar

---

4. L. BAUDRY, *op. cit.*, pp. 96-123.
5. GUILHERME DE OCKHAM, *Sete Quodlibet*, I, q.16; trad. segundo as *Opera theologica*, t. IX, ed. J. C. Wey, New York, Franciscan Institute Press, 1980, p. 123.
6. L. VEREECKE, Loi et Évangile selon Guillaume d'Ockham, *De Guillaume d'Ockham à saint Alphonse de Liguori*, pp. 193-203.
7. Na *Revue Historique du Droit Français et Étranger* 36 (1958) 210-259, Y. Congar, interpretando o pensamento de Guilherme de Ockham sobre o princípio: "O que diz respeito a todos deve ser tratado e aprovado por todos" (*Quod omnes tangit ab omnibus tractari e approbari debet*), mostra o desvio que provoca o individualismo. A respeito do magistério doutrinal na Igreja, o franciscano recusa, com efeito, toda intervenção da autoridade do papa ou do concílio, e deseja que nos remetamos seja à Escritura, seja à razão, seja ao testemunho da Igreja universal.

os "direitos e liberdades" (*jura et libertates*) de que deve gozar qualquer pessoa. Não estamos assim longe de uma teoria dos Direitos do Homem.

2. UMA LENTA ENTRADA NA HISTÓRIA

Tal ensinamento só podia fazer sentir seus efeitos pouco a pouco ao longo da História. Foi preciso tempo para que se apreciassem as rupturas realizadas por Guilherme de Ockham, para que se compreendesse que, ao recusar o exemplarismo agostiniano, ele condenava toda tentativa de explicação do mundo por referência a um arquétipo, e para que se descobrisse que, ao recusar a metafísica aristotélica, ele se opunha à procura de uma lógica no próprio mundo. Enfim, acabamos nos dando conta de que, segundo o *Venerabilis Inceptor*, resta apenas a realidade individual, única em sua existência singular; todo universal tendo então, para ele, apenas um valor "nominal"[8].

Para Guilherme de Ockham, a moral não pode mais ser pensada senão de uma maneira atomista, pois cada ato humano está isolado no tempo. Não há mais finalidade global nem inclinações naturais para o bem ou para a felicidade, nem *hábitos* ou virtudes. Um ato livre só pode ser a irrupção, no momento, de uma decisão sem outra causa senão o poder de autodeterminação de que goza a vontade.

> Afirmo que a vontade [...] pode não querer o fim último, seja ele apresentado em geral ou em particular. Provo isto assim. Pode-se não querer o que a inteligência pode ordenar que não se queira. É evidente. Mas a inteligência pode crer que não haja fim último nem beatitude e, por conseguinte, ordenar que não se queira o fim último ou a beatitude.
> Segundo. Qualquer um que recuse o antecedente pode não querer o consequente. Ora, qualquer um pode não querer existir; pode então não querer a beatitude que acredita ser consequente à sua existência. Digo, além disso, que, se a inteligência julga que tal coisa é o fim último, a vontade pode não querer esse fim, o que eu provo. Uma vez que o poder livre é capaz de atos contrários, pode, por essa razão, determinar-se num sentido e não importa em que outro. Ora, a vontade, como poder livre, é capaz de querer ou de não querer em relação a não importa que objeto. Se ela é capaz, pois, de querer em relação a Deus, pela mesma razão pode não querer em relação a ele[9].

Diante dessa liberdade do homem se ergue a liberdade de Deus, que domina a própria lei moral e todas as leis da criação. Guilherme de Ockham leva

---

8. R. GUELLUY, *op. cit.*, pp. 313-377.
9. GUILHERME DE OCKHAM, Questões várias sobre os livros das Sentenças, IV, q.XIV D, dictum quintum; trad. segundo a *Opera theologica*, t. VIII, eds. G. Etzkorn, F. E. Kelly, J. C. Wey, *op. cit.*, 1984, p. 432.

ao extremo essa liberdade divina. Chega a ponto de dizer que aquilo que Deus quer é necessariamente bom porque ele o quer.

> Em seguida, toda vontade pode se conformar com o preceito divino: mas Deus pode prescrever que a vontade criada o odeie; portanto, a vontade criada pode fazê-lo (e, portanto, recusar a beatitude e o fim último). Além disso, tudo o que pode ser um ato reto nesta vida pode sê-lo na pátria: ora, odiar a Deus pode ser um ato reto nesta vida, logo também sê-lo na pátria[10].

Finalmente, a relação entre as duas liberdades, a de Deus e a do homem, é pensada em termos de obrigação[11]. A vontade divina se expressa numa lei que o homem deve conhecer e aplicar.

Era necessário indicar o caminho proposto pelo nominalismo para gerar a importante crise, humana e intelectual, dos séculos XIV e XV. Situando-se no nível mais existencial, fazendo ao máximo a economia dos sistemas hierarquizados e das ordens da participação, essa opção introduz, para além de uma posição de escola, um "estilo" cuja influência se consolidará. Uma "ruptura instauradora" aconteceu na virada do século XIV. Uma mentalidade de ser e de verdade é progressivamente substituída por uma mentalidade de poder e de certeza.

É a consequência da ruptura geral da mentalidade hierarquizada sem a compensação de uma ontologia proporcional? Emancipando-se pouco a pouco de uma rede humana de tipo piramidal, o homem tende a se envolver na autonomia que ele descobriu, a reivindicar o "poder" e o "saber" que a fundamenta. Alguns, que fizeram suas essas reivindicações, foram severamente condenados em Avinhão. Consequentemente, uma certa situação ambígua se estabeleceu entre a modernidade e a autoridade; quando pressente talvez que alguma coisa está para nascer, a autoridade se pronuncia por uma eclesiologia que não pode satisfazer o que sobrevém.

É sobre o pano de fundo desse mal-entendido que se precisa compreender como uma moral da felicidade foi substituída por uma moral da obrigação, e uma moral da virtude, por uma moral do mandamento, e é assim que se precisa reler a maneira como os moralistas posteriores procuraram corrigir os exageros ockhamistas. Eles tentaram voltar às correntes que fundamentavam o agir sobre a natureza, mas mantiveram no centro de seus dispositivos o conceito de obrigação.

---

10. *Ibid.*; p. 435.
11. L. VEREECKE, L'obligation morale selon Guillaume d'Ockham, *La Vie Spirituelle.* Supplément, 45 (1968) 123-143.

CAPÍTULO XIII
Quando a Igreja se dividiu e se alienou

INDICAÇÕES BIBLIOGRÁFICAS: E. MOORE, La moral en el siglo XVI y primera midad del XVII. Ensayo de sintesis histórica y estudios de algunos autores, Granada, 1956. — J. THEINER, Die Entwicklung der Moraltheologie zur eigenständigen Disziplin, Regensburg, Pustet, 1970. — B. HÄRING, L. VEREECKE, La théologie morale de saint Thomas d'Aquin à saint Alphonse de Liguori, NRT 77 (1955) 673-692. J.-M. AUBERT, Salmanticenses, Catholicisme, t. XIII (1993) 739-743 (especialmente I/c: "L'enseignement de la dogmatique désormais séparé d'une morale réduite à la cauistique"). — L. VEREECKE, De Guillaume d'Ockham à saint Alphonse de Liguori; Conscience morale et loi humaine chez Gabriel Vasquez, Paris, Desclée, 1957; Le concile de Trente et l'enseignement de la théologie morale, Divinitas 5 (1961) 361-374. — E. JOMBART, Le volontarisme de la loi d'après Suárez, NRT 59 (1932) 34-44. — P. BROUTIN, La réforme pastorale en France au XVIIe siècle, Paris, Desclée, 1956.

Quando surgem os Tempos Modernos, a inteligência cristã manifesta uma diversidade mais explosiva que convergente. Tal conjuntura não pode senão favorecer o afastamento que se esboça, após o século XIV, entre a fé cristã e o desenvolvimento da cultura. A herança de Tomás, seja qual for o valor de seus comentaristas, é mais uma questão de escola no interior de uma universidade sufocada e em declínio que uma real inspiração para a Igreja. Poucos teólogos aparecem no tempo das reformas e das renascenças, muito menos nos séculos seguintes. Mais que pensadores, houve censores.

Logo depois do concílio de Trento, após Inácio de Loyola, Carlos Borromeu e Francisco de Sales, não terá havido, diante dos perigos protestantes, um amplo bloqueio nos campos da exegese, da liturgia e da mística, por exemplo? Nada realmente se fez, além da "explosão dos conhecimentos", para articular, com ônus, a espiritualidade, a teologia e a moral, e para começar a repensar as relações da fé com a ciência. O Índex e a Inquisição contribuíram muito para privar os cristãos de muitos instrumentos da cultura moderna.

"A essa imensa empreitada de pôr sob vigilância a inteligência cristã corresponde o que poderíamos chamar de '*o nascimento do Magistério*' (no sentido como J. Le Goff falava de '*nascimento do purgatório*' na Idade Média). Não é que o magistério não tenha existido antes, é claro, mas, de instrumento de controle que era até então, tornou-se fonte privilegiada da fé: se não se admite mais que os cristãos pensem, é preciso que a doutrina da fé seja comunicada; em nível elementar, é o *Catechismus ad parochos* enviado aos pastores por seus bispos, certo, mas não escrito por eles; em nível superior, é, mais tarde com Bento XIV, a aparição das encíclicas [...]. Poderíamos dizer que não apenas o modo de racionalidade da modernidade não foi aceito, mas que nenhum espaço livre para um exercício proporcional do *intelectus fidei* foi, em princípio, reservado senão aos responsáveis do centro romano."[1]

Quando a Igreja se fechava na reforma de suas instituições, novas questões se punham à teologia, muito especialmente à ética e à antropologia. No humanismo da Renascença, um tema ganha cada vez mais espaço, *a dignidade do homem*[2], com seu ponto central, que é a liberdade, ou, de uma maneira mais concreta, o livre-arbítrio. Mas logo brotou uma questão que diz respeito ao mais alto ponto da teologia moral: como pensar a articulação dessa liberdade do homem com a de Deus? A estrutura da moral nova nasceu, com efeito, da confrontação dessas duas liberdades.

Do lado de Deus, estabelece-se a lei moral que exprime concretamente sua vontade e recebe dele o poder de obrigar. Do lado do homem, põe-se quer a liberdade com seus atos concebidos como um resultado de decisões voluntárias independentes, quer a razão prática e a prudência, um conjunto logo chamado de "consciência", à qual se atribui a função de transmitir a ordem da lei. Foi assim que em torno da noção de obrigação se articularam os elementos constitutivos da moral fundamental: a lei, a liberdade, a consciência. Faltava apenas o pecado, mas o concílio de Trento supriu isso.

I. UM PASSADO REVISITADO E RECONSTRUÍDO

Na lógica do que se acaba de dizer, o estabelecimento da nova teologia moral fundamental fez-se em duas etapas essenciais: a renascença tomista na segunda escolástica e a criação das "Instituições morais" para os seminários recém-fundados[3].

---

1. G. LAFONT, *Histoire théologique de l'Église catholique*, pp. 273-274.
2. PICO DE LA MIRANDOLA, *De la dignité de l'homme* (*De hominis dignitate Joannis Pici Mirandulae Concordiaeque comitis oratio*), trad. P.-M. Cordier, em *Jean Pic de La Mirandole*, ou "*La plus pure figure de l'humanisme chrétien*", Paris, Nova ed. Debresse, 1956, pp. 120-187.
3. Nessa perspectiva, o decreto de 14 de julho de 1563 sobre a ereção dos seminários ocupa um lugar importante. Um dos fins principais indicados pelo cânon 18 da 23ª Sessão para a

1. A VOLTA DO TOMISMO

Nos séculos XV e XVI, o tomismo alça novamente voo na Alemanha, depois na Espanha entre os carmelitas e dominicanos. Seja como for, cabe à escola de Salamanca — onde são mestres Cano, Soto e Vitória[4], o fundador do direito internacional — a honra de ter integrado à concepção tomista certos traços do ockhamismo. Com sua formação nominalista, os salmantinos mantêm certa reserva diante da especulação gratuita, e, se adotam o tomismo em suas grandes linhas, não fazem uma profunda síntese delas. Além do mais, o dogma lhes interessa menos que a moral; é assim que, pela primeira vez, opera-se uma ruptura ente o dogma e a moral. Separada de sua fonte primeira, a moral se aproxima do direito, que conhece então um grande progresso, especialmente em matéria de justiça e de matrimônio, dois tratados que tendem a uma autonomia cada vez maior e, em contrapartida, pois, a uma vigilância mais forte por parte das instâncias magisteriais. Podemos observar também que os salmantinos, ao transferir uma parte da moral para o âmbito do dogma, abriram amplamente as possibilidades da "dogmatização" dela[5].

Seguindo a ação dos mestres de Salamanca, os moralistas jesuítas obtêm sólida reputação, com Vázquez e Suárez especialmente, cuja influência foi grande. De Hobbes a Schopenhauer, todos os moralistas não estudaram a ética lendo Suárez? Se ele se diz discípulo de Tomás de Aquino, esse autor, todavia, separou-se muito dele. Como Tomás, ele dá à moralidade um fundamento metafísico para atenuar seu arbítrio, mas, seguindo o ockhamismo, defende a tese do conhecimento do particular e não fala da finalidade senão como de uma metáfora. Enfim, ele segue uma via média: a obrigação da lei nasce da vontade divina e do condicionamento humano; a consciência é um ato, mas também um hábito do juízo prático.

---

formação teológica dos futuros padres é "a administração dos sacramentos, sobretudo o que parece oportuno para ouvir as confissões".

4. Vitória (1483-1546) foi professor em Salamanca, de 1526 a 1546, onde comentou duas vezes a IIa-IIae da *Suma* de Tomás de Aquino. Em 1932, P. de Heredia editou os *Comentarios a la Secunda Secundae de Santo Tomas*, Salamanca, mas essa edição suscitou poucas reações. Podemos encontrar uma apresentação muito rica de Vitória em R. G. Villoslada, *La Universidad de Paris durante los estudios de Francisco de Vitoria*, Roma, Analecta Gregoriana XIV, 1938. Nessa obra, podemos conhecer e compreender o espírito novo que soprava no convento de Saint-Jacques, o de P. Crockaert, por exemplo, que reclama para a IIa-IIae o primeiro posto: *"Liber nomine Secunda Secundae, at meritis facile primus"* como daqueles que reeditaram as obras de Pierre de La Palu († 1342), que tiveram uma tão grande influência sobre as *Institutiones Morales*. Cf. também M.-D. CHENU, L'humanisme et la réforme au collège Saint-Jacques à Paris, *Archives d'Histoire Dominicaine* 1 (1946) 133-147.

5. Assim, os tratados VIII a XI são consagrados ao fim último, à bem-aventurança, ao ato voluntário, à bondade e à malícia dos atos humanos. O XII é consagrado às virtudes, e o XIII, aos vícios e aos pecados; os tratados XVII a XIX, às virtudes em particular, e o XXI, aos sacramentos em geral.

2. UMA TEOLOGIA DE MANUAL

Entre os grandes comentários tomistas e as *Sumas de confessores*, que conhecem então um grande desenvolvimento[6], devem-se situar as *Instituições morais*[7], de um gênero intermediário, destinadas à formação profissional do clero. A Companhia de Jesus exerce aqui um papel considerável. Em sua *Regra fundamental dos estudos* (*Ratio studiorum*)[8], elaborada entre 1586 e 1599, prevê dois cursos para ensinar a moral: o *curso maior*, para os dados especulativos, e o *curso menor*, para os elementos práticos, que devia ser dado em dois anos. Mas esse último logo ocupou todo o espaço e constituiu sozinho toda a teologia moral.

Como exemplo, podemos tomar um dos mais célebres manuais, o de Juan Azor († 1603), redigido entre 1600 e 1602. O título já é significativo: *Instituições morais em que são tratadas todas as questões para esclarecer uma consciência reta e clara sobre os fatos*[9]. A introdução não deixa por menos. Nela, o autor anuncia uma divisão em quatro partes: os dez mandamentos, os sete sacramentos, as censuras, penas e indulgências, e os estados de vida, bem como os fins últimos. Desde então, essa apresentação da moral substituiu a organização tradicional segundo as virtudes. Tudo é visto do ângulo da obrigação[10], inclusive os sacramentos e os estados de vida. Antes de entrar nos pormenores sobre a matéria anunciada, Azor desenvolve alguns dados essenciais da moral fundamental. Diz seguir Tomás de Aquino e a I^a II^{ae} da *Suma Teológica*, mas, examinando mais de perto, percebem-se algumas omissões significativas: a beatitude, a graça e os dons do Santo Espírito. Esses tratados são seguramente especulativos, mas essa não é a única razão de ficarem perdidos. Não poderíamos encontrar outra razão no fato de que é difícil para uma teologia fundamentada na obrigação dar resposta a questões que a ultrapassam muito?

II. A EXPANSÃO DA CASUÍSTICA

INDICAÇÕES BIBLIOGRÁFICAS: Th. DEMAN, Probabilisme, *DTC*, t. XIII (1936) 417-619 (O autor está bastante documentado, mas é também bastante parcial). —

---

6. Antonin, no século XV, Cajetano, OP, e Tolet, SJ, século XVI. Cf. também P. MICHAUD-QUENTIN, *Sommes et manuels de confession au Moyen Âge*, Louvain, Analecta Medievalia Namurecensia XIII, 1962.

7. J. THEINER, *Die Entwicklung der Moraltheologie zur eigenständigen Disziplin*, Cf. também E. MOORE, SJ, *La moral en el siglo XVI y primera midad del XVII. Ensayo de sinteses histórica y estudios de algunos autores*, Granada, 1956. B. HÄRING, L. VEREECKE, La théologie morale de saint Thomas d'Aquin à saint Alphonse de Liguori.

8. Cf. *Ratio atque Institutio studiorum Societatis Jesu, Monumenta Paedagogica S.J.*, t. 5, Roma Inst. Hist. S.J., 1986, pp. 88-93.

9. J. AZOR, *Institutionum Moralium in quibus universae Quaestiones ad conscientiam recte aut prave factorum pertinentes, breviter tractantur*, Köln, 1602. Esse jesuíta é um dos redatores da *Ratio Studiorum*. O plano que ele segue é uma estrita aplicação da *Ratio*.

10. Na realidade, a estruturação dos livros de moral foi feita lentamente. Assim P. LAYMANN, sj, em sua *Theologia moralis*, 2^a ed., Monachii, N. Henricus, 1626, abandona o plano do Decálogo para voltar ao esquema das virtudes, mas suprime o tratado *Sobre o fim último do homem* e torna o *Da Consciência* o tratado inaugural.

Em outro sentido: E. DUBLANCHY, Cauistique, *DTC*, t. II (1905) 1859-1877. — J. de BLIC, Jésuite, III. La théologie morale dans la Compagnie de Jésus, *DTC*, t. VIII (1924) 1069-1092. — R. BROUILLARD, Casuistique, *Catholicisme*, t. 2 (1950) 630-637. — J. -M. AUBERT, Morale et casuistique, *RSR* 68 (1980) 167-204. — S. PINCKAERS, *Les sources de la morale chrétienne, sa méthode son contenu, son histoire*, Paris, Cerf, 1985, pp. 258-281. — E. BAUDIN, *La philosophie de Pascal*, t. 3, *Pascal et la casuistique*, Neufchâtel, Delachaux et Niestlé, 1947. — P. VALADIER, Pascal et les jésuites. Actualité d'un débat, *Actualiser la morale. Mélanges offerts à René Simon*, Cerf, 1992, pp. 333-356.

Sem o confessar realmente, quando hoje se fala de uma crise da teologia moral, trata-se da crise da casuística. É conveniente, então, nos deter aqui para ter uma ideia clara de seus elementos e dos sistemas que os encerram.

1. ELEMENTOS ESTRUTURAIS

No centro da casuística estão a lei e a liberdade. Esses dois polos estão sempre em tensão e em equilíbrio instável. Dá-se com eles o mesmo que acontece com dois proprietários: o que pertence a um é retirado do outro. Mas se a liberdade, sabemos disso, é "indiferente" e pode escolher ou recusar as prescrições da lei, nos casos duvidosos, é, todavia, proprietário quem tem a vantagem da presunção. Encontra-se nela a espontaneidade humana, ainda que esta seja contrariada pela pressão externa do outro polo. A lei domina toda a moral e determina sua divisão segundo o Decálogo; emana de uma liberdade semelhante à do homem, mas possui o poder de se impor a ele pela força da obrigação. Uma das tarefas essenciais da teologia moral será a de qualificar a autoridade que promulgue a lei e de tornar preciso o alcance desse texto. Essas concepções não podem senão levar ao juridicismo e ao dogmatismo.

Podemos dar um passo adiante e considerar a maneira como a lei e a liberdade são postas em contato por dois elementos intermediários: a consciência que dita a lei à liberdade, e os atos humanos, que procedem da liberdade, mas estão submetidos à lei. Os atos humanos, como a lei, são concebidos segundo os princípios de uma liberdade de indiferença. Cada um deles é como uma mônada, um átomo distinto, um "caso de consciência" que consideramos em sua exterioridade e mais precisamente talvez em sua materialidade. Essa concepção do ato humano obriga a teologia moral a lançar para fora de seu campo a mística e a espiritualidade, que não estão sob a força da obrigação, e a só manter como centro de interesse o pecado e a penitência.

O tratado da consciência é uma criação da casuística. Na *Medula da teologia moral*, do jesuíta Hermann Busembaum († 1668)[11], que esteve na origem da reflexão moral de Afonso de Liguori, a consciência, cujo tratado está na abertura da obra, é considerada a "norma interior" da ação. Mas esse fato não significa de

---

11. H. BUSEMBAUM, *Medulla theologiae moralis facili ac perspicua methodo resolvens casus conscientiae ex variis probatisque authoribus*, 7ª ed. milanesa, Milano, 1676.

modo algum que, durante séculos, tenha se ignorado a consciência. Já vimos, seu papel era preenchido pela razão prática fortificada pela prudência e pelo discernimento (*discreta caritas*), como também pela fé e pelo dom do conselho. Agora, na linha do agir, a consciência ocupa todo o espaço e vê sua função determinada pela estrutura da moral "nova". Todavia, ela não é mais uma virtude, como a prudência, que se forma e se aperfeiçoa pelo exercício, mas é, no sujeito, como uma faculdade intermediária entre a lei que prescreve e a liberdade que age. De certo modo, ela exerce uma função de juiz. Com efeito, se ela não pode aceitar senão a lei, ocorre-lhe, no contexto móvel dos atos humanos, interpretá-la para aplicá-la, e determinar as fronteiras entre o permitido e o proibido.

Situada assim, a consciência ocupa um lugar fundamental no universo moral. A lei não pode aplicar-se sem a consciência nem exercer sua força fora dela; igualmente, a liberdade não pode resolver suas pendências com a lei senão recorrendo a ela. Tudo, na casuística, leva à consciência e à maneira como os moralistas distinguem seus diferentes estados diante da lei e da liberdade. A consciência pode ser tomada pela certeza, pelo escrúpulo ou pela dúvida. Esse último estado, que tanto preocupou Descartes, prende igualmente a atenção dos moralistas, e é sobre a gerência dela que eles se dividem e se opõem.

2. SISTEMAS EM CONFLITO

Como esclarecer uma consciência? Convém ser tuciorista, probabiliorista, equiprobabilista, probabilista, laxista? Estamos sempre em presença de duas proposições contraditórias: ou a obrigação objetiva existe e não há liberdade de ação possível, ou a obrigação objetiva não existe e se é livre ou não para agir. Nesse último caso, o que age pode estar em dificuldade. O que é preciso para que ele possa seguir licitamente a sentença favorável à sua liberdade?

> 1. Basta que essa sentença seja pelo menos moralmente certa (tuciorismo).
> 2. Essa sentença deve ser mais provável que a oposta (probabiliorismo); mas não é necessário que seja moralmente certa (contra o tuciorismo).
> 3. Essa sentença deve pelo menos ser tão provável quanto a outra (equiprobabilismo); mas não se exige que seja mais provável que a contrária (contra o probabiliorismo).
> 4. Essa sentença deve ser solidamente provável (probabilismo); mas não se pede que seja tão provável quanto a contrária (contra o equiprobabilismo).
> 5. Basta que essa sentença seja um tanto provável (laxismo).

No século XVI, o probabilismo parece prevalecer, com o mestre dominicano de Salamanca, Bartolomeu de Medina († 1580), que escreve: "Se uma opinião é provável, é permitido segui-la, ainda que a opinião contrária seja mais provável". Em outra parte, ele esclarece que uma opinião provável é "corroborada por grandes razões e pela autoridade dos doutores", mas sobretudo "é uma opinião que podemos seguir sem medo de pecado"[12]. A característica essencial do "provável"

---

12. BARTOLOMEU DE MEDINA, *Expositio in Primam Secundae Ang. Doct. D. Thomae Aquinatis, Doctoris Angelici*, Veneza, 1590, Q. XIX, art. 6, p. 179. Cf. J. DE BLIC, B. de Medina et les origines du probabilisme, in *Eph. Theol. Lov.* 7 (1930) 46-83; 263-291.

para Medina não era resolver especulativamente o problema, do ângulo da verdade, mas assegurar a segurança da consciência do agente. Essa doutrina salmantina espalha-se rapidamente. O dominicano Bañez († 1604), confessor de Teresa de Ávila, a ensina, bem como, mais tarde, João de São Tomás († 1644).

Mas foram sobretudo os jesuítas G. Vázquez († 1604) e F. Suárez († 1617) que deram ao probabilismo sua feição definitiva. Eles participavam plenamente da espiritualidade da Companhia de Jesus, fortemente influenciada pelo humanismo, que enfatizava o esforço humano no combate espiritual. Não podiam senão suscitar as iras de um agostinismo estreito. Caiu uma tempestade quando L. de Molina publicou, em 1588, em Lisboa, sua famosa obra sobre *A concórdia do livre-arbítrio com os dons da graça divina*[13], que cristalizava as tendências da espiritualidade e da teologia jesuíticas num sistema que exaltava a parte da liberdade humana na obra da salvação.

As gerações seguintes se mostraram menos inflexíveis sobre a qualidade da probabilidade. Sánchez († 1610) confiava apenas na autoridade de um só autor "probo e sábio", e Tamburini († 1675) ia mais longe ainda ao afirmar: "Agimos sempre prudentemente quando nos apoiamos numa probabilidade interna ou externa, por mais frágil que seja, desde que não deixemos os limites da probabilidade"[14]. Essa degradação do probabilismo nesses dois jesuítas e em muitos outros provocou uma viva reação em que o jansenismo veio se inserir trazendo sua teologia e sua antropologia.

Jansênio († 1638) assumira as teses mais pessimistas do agostinismo bainista[15], limitando ao máximo a liberdade dos homens, e a doutrina do predestinacionismo absoluto, sustentando que Cristo morreu apenas por alguns. Tais posições teriam tido, sem dúvida, somente uma audiência limitada, se Arnauld († 1694), Nicole († 1695) e Pascal († 1662) não tivessem desenvolvido os aspectos morais do jansenismo. Prescindindo das nuanças próprias de cada autor, é possível apresentar em suas grandes linhas a moral jansenista. A fonte única da moral cristã é a vontade de Deus revelada, seja nas Escrituras, seja na consciência em que habita a graça. Na procura da vontade de Deus, a razão humana corrompida pelo pecado original não pode servir de guia. Quando a consciência entra em dúvida, deve tomar o partido de Deus, ou seja, da lei. Por isso, o jansenismo rejeita o probabilismo e pretende instaurar a segurança absoluta, adotando o tuciorismo.

Há de se reconhecer que o jansenismo produziu exemplos de grande rigor moral. Percebendo os riscos que podiam fazer correr as tentações legalistas que pretendiam limitar-se às exigências mínimas da lei e não considerar o agir humano senão pelo único ângulo da penitência, ele insiste sobre as fontes bíblicas e patrísticas da moral. Igualmente, se ressalta o aspecto histórico e pessoal das decisões da consciência, prefere aconselhar o afastamento do mun-

---

13. L. DE MOLINA, *De concordia liberi arbitrii cum divinae gratiae donis*, Lisboa, Ribernis, 1588.
14. M. PETROCCHI, *Il problema del lassismo nel secolo XVII*, Roma, ed. di Storia e letter., 1953, p. 23, n. 14.
15. H. DE LUBAC, *Augustinisme et théologie moderne*, Paris, Aubier, 1965.

do[16], mais que a adaptação às circunstâncias. Todavia, o impacto da moral jansenista se explica sobretudo por sua inscrição no pensamento de Agostinho e mais especialmente na corrente do agostinismo que define o homem não somente como "uma insignificância cercada por Deus, indigente de Deus, capaz de Deus e cheia de Deus, se quiser", mas também como uma criatura decaída que não pode chegar a Deus senão "no âmago de um aniquilamento que é em primeiro lugar purificação"[17]. Embora o rigorismo[18] não possa reduzir-se ao jansenismo, nada impede que o primeiro tenha contribuído muito para o segundo por sua oposição caracterizada ao laxismo, mas também ao probabilismo, "o fundamento e o á-bê-cê" de toda a moral dos jesuítas, segundo Pascal[19].

Desde 1655, a Assembleia Geral do Clero da França condenara severamente o laxismo. No ano seguinte, Alexandre VII impôs ao capítulo geral dos dominicanos que se abstivessem das "doutrinas laxistas e novas, dos paradoxos e das opiniões estranhas que se encontram nos casuístas" e que se ativessem à doutrina de Tomás de Aquino. Em 1665-1666, o mesmo papa proscrevia 45 proposições laxistas[20]. Em 1679, sob a influência da universidade de Louvain, Inocêncio XI condenava 65 outras[21]. Mas, em 1686, o mesmo Pontífice faz eleger como Prepósito Geral da Companhia de Jesus Tirso González († 1705), pedindo-lhe que promovesse em sua Ordem o probabiliorismo, de que era um ardente defensor. O Geral se esforçou em vão, pois muitos jesuítas continuaram fiéis ao probabilismo. De outra parte, os excessos da reação antilaxista levaram Alexandre VIII a condenar os fundamentos dogmáticos da moral jansenista e a afirmar que uma opinião muito provável pode servir de regra de conduta e que não é necessário ater-se em todas as circunstâncias à opinião mais segura, ou seja, a favor da lei.

Assim, as primeiras intervenções do magistério pontifício no campo da teologia moral foram para condenar o laxismo e o tuciorismo, os extremistas dos dois lados. Mas os papas não se comprometeram formalmente nos debates entre probabilistas e probabilioristas. Essa prudência não impediu, todavia, que Clemente XI e Bento XII apoiassem a *Teologia moral*, de Francisco Genet[22], que o próprio Bossuet encorajara. Essa obra foi o manual que formou Afonso de Ligório († 1687) no seminário de Nápoles e do qual se separou para seguir a *Medula da Teologia moral*, do jesuíta probabilista Busembaum. Suas *Adnotationes*[23]

---

16. M. DE CERTEAU, De Saint-Cyran au Jansénisme, *Christus* 39 (1963) 399-417.
17. P. COCHOIS, *Bérule et l'École française*, Paris, Seuil, 1963, p. 78.
18. Ph. LÉCRIVAIN, La montée du rigorisme aux XVIIe e XVIIIe siècles, *Christus* 34 (1987) 183-190. J. M. Aubert, Rigorisme, *Catholicisme*, t. XII, (1990) 1232-1240.
19. B. PASCAL, *Les provinciales*, ed. J. Steinmann, 5ª carta, Paris, A. Colin, 1962, p. 85. *Les provinciales* foram redigidas em 1656 e 1657.
20. DzS 2021-2065.
21. DzS 2101-2165.
22. F. GENET, *Theologia moralis seu resolutio casuum conscientiae juxta Sacrae Scripturae, Canonum et Sanctorum Patrum mentem*, Paris, A. Pralard, 1702. Cf. R. POLLOCK, *François Genet, The man and his methodology*, Roma, PUG, 1984.
23. AFONSO DE LIGÓRIO, *Medulla Theologiae Moralis R. P. Hermani Busembaum Societatis Jesu Theologi cum adnotationibus per Ver. P. Alphonsum de Ligorio, Rectorem majorem Congregationis SS. Salvatoris*, Nápoles, Pellechia, 1748.

são de 1748; mas, 25 anos mais tarde, ele escreveu ao P. A. Villani: "Se inseri em minha moral o texto de Busembaum, foi unicamente para adotar a ordem das matérias estabelecida pelo autor (essa ordem é excelente) e não para adotar sua doutrina"[24]. Mas 1773 era o ano da supressão da Companhia de Jesus.

3. SANTO AFONSO ENTRE RIGORISMO E LIGUORISMO

> **INDICAÇÕES BIBLIOGRÁFICAS**: *Alphonse de Liguori, pasteur et docteur*, Preâmbulo de J. Delumeau, Paris, Beauchesne, 1987. — Th. REY-MERMET, *La morale selon saint Alphonse de Liguori*, Paris, Cerf, 1987. — F. DELERUE, *Le système moral de saint Alphonse de Liguori*, Saint-Étienne, 1929. — J. GUERBER, *Le ralliement du clergé français à la morale liguorienne. L'abbé Gousset et ses prédécesseurs (1785-1832)*, Roma, PUG, 1973. — J. E. IMBERT, *La manualistica ligoriana de teología moral desde la canonización de san Alfonso hasta su proclamación como Doctor de la Iglesia (1839-1871)*, Roma, Athenaeum Rom. Sanctae Crucis, 1990.

Seja qual for a posição de Afonso de Liguori a respeito dos jesuítas, ele se ateve ao método casuístico. Se a razão guia o moralista em sua procura, ela deve também esclarecer a ação do homem.

> A regra dos atos humanos é dupla, uma é remota, outra, próxima. Remota, ou material, é a lei divina; próxima, ou formal, é a consciência. [...] A consciência se define, pois: o ditame da razão, por meio do qual julgamos se uma coisa pode ou não pode ser feita, se é lícita ou ilícita no momento, *hic et nunc*[25].

Em outra parte, o santo Doutor definiu a lei como a razão reta do agir (*recta agendorum ratio*):

> Ela só difere do preceito que se dirige a pessoas em particular pelo fato de ser imposta à comunidade. A lei se divide em eterna, natural e positiva. [...] Para que uma lei tenha força de obrigação, é preciso que seja honesta [...], justa [...], moralmente possível [...], útil [...], necessária [...], manifesta [...], promulgada. [...] Entre essas leis, algumas são preceptivas, que obrigam em consciência, de modo a tornar culpado de pecado aquele que as viola; outras, penais, que obrigam a suportar somente a pena que castiga os transgressores; outras ainda, mistas, que obrigam ao mesmo tempo quanto à culpa e quanto à pena[26].

---

24. Citado por L. VEREECKE, Saint Alphonse de Liguori dans l'histoire de la théologie morale du XVIᵉ au XVIIᵉ siècle, *in Alphonse de Liguori, pasteur et docteur*, p. 119.
25. AFONSO DE LIGÓRIO, *Theologia moralis*, Roma, L. Gaudé, 1905, Liber I "De regula actuum humanorum", Tract. I "De conscientia", c. 1, nn. 1-2, p. 3.
26. AFONSO DE LIGÓRIO, *Theologia moralis*, *ibid.*, Tract. II "De legibus", c. 1, Dub. 1-2, *passim*, pp. 71-92.

Mas a consciência humana pode se encontrar em dúvida. Na resolução desse caso, parece que Afonso de Liguori evoluiu. Todavia, em 1767, na sexta edição de sua *Teologia moral*, encontra-se uma formulação de seu sistema:

> Se a opinião em favor da lei parece certamente mais provável, somos absolutamente obrigados a segui-la e não podemos seguir a opinião oposta em favor da liberdade. [...] Se a opinião em favor da liberdade é somente provável, ou tão provável quanto a opinião em favor da lei, o simples fato de ela ser provável não autoriza a segui-la, pois, para agir licitamente, a probabilidade da honestidade de uma ação não é suficiente, é preciso uma certeza moral [...]. Se duas opiniões igualmente prováveis concorrem [...], a opinião em favor da liberdade, com base numa probabilidade igual à de que goza a opinião oposta em favor da lei, faz nascer uma dúvida sobre a existência da lei que proibira essa ação; a lei não pode então ser considerada suficientemente promulgada, ela não pode obrigar, pois uma lei incerta não pode impor uma obrigação certa[27].

Esse sistema e algumas aplicações suas nos campos da penitência e do matrimônio sobrepujaram o rigorismo[28]. Na primeira metade do século XIX, para muitos, Afonso foi considerado um emblema pastoral. Depois, quando foi beatificado (1816), canonizado (1839) e declarado doutor da Igreja (1871), esqueceu-se de que ele havia sido missionário. O reconhecimento oficial de seu pensamento lhe congelou as releituras. Considerado por muito tempo o símbolo da abertura, ele se tornou para alguns um teólogo muito severo.

Um forte debate teve início então entre os probabilistas e os equiprobabilistas a respeito de três questões: um doutor da Igreja deve ser seguido em todos os pontos? Afastar-se de Liguori é ser partidário do antiafonsinismo? Seguir o probabilismo comum e ordinário é abandonar a moral sadia e se perder no laxismo, no liberalismo e na moral independente? Essas interrogações, que são mais que simples querela de escola, manifestam bem o clima de uma época tomada pelos turbilhões do modernismo e de seu contrário.

Definitivamente, a teologia casuística, em qualquer sistema que se exprima, busca toda sua força na reflexão central sobre a obrigação e sobre sua conformidade com as ideias do tempo. Encontram-se pontos de vista análogos no pensamento ocidental moderno, entre os protestantes como entre os filósofos. Poderíamos, por exemplo, estabelecer um paralelo entre a estrutura da moral casuística e a da moral kantiana centrada no sentimento do dever e no imperativo categórico. Encontra-se nesta uma mesma supremacia da lei e da norma, da obrigação e do dever, uma mesma tensão entre a lei e a liberdade, apesar do esforço feito por Kant para pôr a lei no interior da razão prática. Entretanto, para além do parentesco das ideias, há toda a diferença do gênio.

---

27. *Ibid.*, Tract. I "De conscientia", c. 3, nn. 54-56, pp. 25-26.
28. Ph. LÉCRIVAIN, Saint Alphonse au risque du rigorisme et du liguorisme, *Alphonse de Liguori, pasteur et docteur*, pp. 231-272.

CONCLUSÃO
Da rejeição à desconfiança[1] da modernidade

INDICAÇÕES BIBLIOGRÁFICAS: J. DIEBOLT, *La théologie morale en Allemagne au temps du philosophisme et de la restauration*, 1750-1850, Strasbourg, Le Roux, 1926. — A. VERMEERSCH, Soixante ans de théologie morale, *NRT* 56 (1929) 863-884. — J. LECLERCQ, *L'enseignement de la théologie morale*, Paris, ed. du Vitrail, 1950. — G. GILLEMAN, *Le primat de la charité en théologie morale. Essai méthodologique*, Louvain, Nauwelaerts, 1952. — B. HÄRING, *La loi du Christ*, 3 vols., Paris, Desclée, ³1957. J.-G. ZIEGLER, La théologie morale, *Bilan de la théologie au XXe siècle*, Tournai-Paris, Casterman, 1970, pp. 520-568. — F. BÖCKLE, *Fundamentalmoral*, München, Kösel-Verlag, 1981. — P. VALADIER, *Catolicismo e sociedade moderna*, São Paulo, Edições Loyola, 1991. — X. THÉVENOT, *Compter sur Deus. Étude de théologie morale*, Paris, Cerf, 1992. — Comitê misto católico-protestante na França, *Choix éthiques et communion ecclésiale*, Cerf, 1992. — E. SCHILLEBEECKX, *L'histoire des hommes, récit de Dieu*, Cerf, 1992. — R. SIMON, *Ethique de la responsabilité*, Cerf, 1993.

"Ousa pensar por ti mesmo." Essa fórmula de Kant caracteriza, de maneira quase emblemática, o modo de pensar de que muitos de nós participamos. Não damos em tudo amplo espaço à liberdade? Liberdade civil, liberdade religiosa, liberdade de expressão, liberdade de comunicação? A problemática dos Direitos do Homem, assim tematizada, foi se enriquecendo no decurso do tempo com as liberdades sociais e econômicas[2]. Esse "acesso do homem à sua maioridade", para falar ainda como Kant, impõe a cada um levar a sério a realidade de sua vida e se considerar como essa origem a partir da qual a liberdade se determina e reflete. Mas, correlativamente, todo pensamento livre

---
1. G. LAFONT, *Histoire théologique de l'Église catholique*, Cerf, 1994, pp. 36-38.
2. Ph. LÉCRIVAIN, La liberté religieuse du Concile aux Lumières, *Projet* 213 (1988) 129-137.

não pode senão encontrar os outros na história, lugar de todos os enraizamentos, e pela linguagem, condição essencial de uma verdadeira comunicação.

Alguns, que veem nisso a fonte dos males da modernidade, recusam essas transformações e procuram voltar atrás, para afirmar a prioridade do conhecimento sobre a ação, da verdade sobre a liberdade, da ordem a ser respeitada sobre o mundo por fazer. A história dos dois últimos séculos é, de certa maneira, a da tentação. Muitos, durante muito tempo, preferiram, com efeito, ligar a articulação da teoria e da prática a uma ordem hierárquica e solidária, pensando que toda liberdade deve se situar numa escala ontológica cujo entendimento determina a verdade, e que cada qual não pode existir senão em ligação com a criação toda, orientada para seu fim. À prioridade da liberdade eles opuseram a da ordem, o que não se deu sem determinar a articulação da Ética e da Dogmática[3]. Essa questão, ligada à mudança de perspectiva na relação da verdade com a liberdade, não é constitutiva da modernidade?

1. AS AMBIGUIDADES DE UMA DOGMÁTICA SOBERANA

Durante os séculos XIX e XX, a Igreja católica rejeitou muitas vezes os novos modelos de pensar e de viver, sem ter jamais querido encontrá-los realmente. Essas repetidas recusas levaram-na a se voltar para um catecismo elementar de cunho negativo, em que dominava o dogma do pecado original e a angústia da salvação individual. A autoridade do sacerdote, dispensador dos sacramentos, foi tão ressaltada quanto o foi também — pela frequente proibição de até tomar conhecimento dos escritos da cultura nova — a autoridade doutrinal exclusiva do magistério. Mas este não era mais escutado por aqueles que admitiam há tempo a autoridade da razão humana. Todavia, nem todos os católicos tinham seguido sua Igreja na oposição que ela fazia à modernidade.

Assim, na Alemanha, sob a influência da *Aufklärung*[4], alguns teólogos tinham se afastado da casuística e da escolástica para apresentar a moral segundo a tríplice relação do homem com Deus, com os outros e consigo mesmo. Mas, em meados do século XIX, eles tiveram de renunciar a esse "modelo alemão" e dar passagem aos teólogos ultramontanos que caminhavam sob o estandarte de Tomás de Aquino e de Afonso de Liguori. Alguns se tornaram estritamente casuístas e, atendo-se ao método do santo redentorista, mantiveram seus grandes tratados e sua divisão da moral segundo os mandamentos. Outros, mais especulativos, fizeram preceder suas análises dos "casos de consciência" por exposições sobre os princípios inspirados em Tomás de Aquino; ao quadro

---

3. A. DELZANT, Éthique et dogmatique en théologie fondamentale, *Actualiser la morale, Mélanges offerts à René Simon*, Paris, Cerf, 1992, pp. 277-295.

4. O. WEISS, Alphonse de Ligori et la théologie allemande au XIXe siècle, *Alphonse de Liguori, pasteur e docteur*, pp. 184-229.

estreito dos mandamentos preferiram o outro, mais amplo, das virtudes. Outros, ainda, como Pruner, voltaram quase exclusivamente ao princípio extrínseco da autoridade e fizeram da moral pura ciência da lei. De qualquer modo, esses "novos" teólogos não fizeram suas críticas a respeito de seus predecessores. Assim K. Martin, em 1849:

> Nessa época, os preceitos da razão autônoma substituíram as leis eternas do Evangelho, as sentenças do pretendido bom senso suplantaram as claras definições da Igreja; em suma, a moral cristã foi privada de sua santidade e de seu mistério, de sua segurança e de sua dignidade[5].

Essas críticas, com base numa interpretação estreita de Tomás de Aquino, subordinavam a ação a um conhecimento ou, em outras palavras, a ética à dogmática. Tal atitude suscitou reações confusas nos católicos e provocou o ataque maciço dos círculos protestantes liberais contra a moral católica, estigmatizada como jesuítica. Era o período bastante duro da *Kulturkampf*, e o que escrevia o filósofo berlinense E. von Hartmann († 1906) era partilhado por muitos: "Entre nós, as contínuas reivindicações hierárquicas para a manutenção de uma moral religiosa heterônima, caracterizada pela contrição e humildade vazia do pecador, devem ter sobre o povo uma influência deprimente e desmoralizadora"[6].

Em 1894, a discussão se torna mais áspera quando é publicada a brochura do polonês de Szczecin, R. Grassmann, cujo título é por si só um programa: *Extratos da teologia moral de santo Afonso de Liguori, sancionada ex cathedra pelos papas Pio IX e Leão XIII como norma da Igreja romana. Tremendo perigo a que essa teologia expõe a moralidade dos povos*[7]. Em 1901 é lançada a 88ª edição e em 1930 atingi-se o número de 395 mil exemplares impressos. Um antigo jesuíta, o conde Paulo von Hoensbroech[8], continuou a crítica com uma violência extrema e foi preciso esperar o aparecimento de *A moral católica romana e a moral evangélica*, do especialista em sistemática, de Marburg, W. Hermann († 1922) para que, apesar da dureza dos propósitos, se pudesse refletir mais sobre as diferenças. O ponto principal dos ataques era o probabilismo. Segundo

---

5. KONRAD MARTIN († 1879), *Lehrbuch der Moral*, Mainz, 1850, p. 5. Esse bispo de Paderborn procura, como mais tarde Mausbach, captar toda a herança de Agostinho a Ligório, passando por Tomás de Aquino.

6. Citado por J. G. ZIEGLER, *op. cit.*, p. 522. Mas os críticos não eram menos severos na França sob a pena de Michelet, ou de um Paul Bert. O pastor Ch. Bois escrevia no artigo "Casuistique", na *Encyclopédie des sciences religieuses*, t. II, sob a direção de F. Lichtenberger, Paris, Sandoz, 1877, p. 683: "A casuística permite satisfazer todas as suas paixões com plena tranquilidade de consciência. Jamais se viu um instrumento parecido de ceticismo moral e de corrupção". Ver também A. BAYET, *La casuistique chrétienne contemporaine*, Paris, Alcan, 1913.

7. R. GRASSMANN, *Auszüge aus der Moraltheologie des Heiligen Dr Alphonsus de Liguori und die furchtbare Gefahr dieser Moraltheologie für die Sittlichkeit der Völker*, Szczecin, 1894.

8. Graf P. von HOENSBROECH, *Die ultramontane Moral*, Leipzig, 1902.

Hermann, a ideia de fundamentar as normas morais num mandamento de Deus e não na mais íntima lei interior equivale a um aniquilamento das concepções morais: "A vontade e a lei não estão inscritas no coração do católico. Sua consciência é o papa"[9]. Diante desses ataques, a Igreja católica empreende uma autêntica investigação da casuística. Desde 1872, o teólogo de Tübingen, F. X. Linsenmann escreve:

> Segundo a opinião que acabamos de expor aqui e que não é compartilhada hoje senão por alguns moralistas, sobretudo pelos jovens, o método casuístico constitui a razão última e a mais profunda da deficiência da teologia moral como ciência. É aí que jaz todo o mal. [...] Põe-se o centro de gravidade da moral não na consciência pessoal, mas na letra da lei e na autoridade exterior[10].

Mas, em 1901, dá-se um novo passo e exigem-se reformas e uma abertura maior à psicologia e às questões sociais. Encontram-se também certas intuições do início do século XIX em que, fora do campo ultramontano, sob a influência do romantismo e do idealismo, tinha-se procurado reconciliar o dogma e a moral para apresentar, em sistemas "organizados" tirados de uma "ideia" mestra ou de um princípio moral primeiro, a vida cristã em sua totalidade e segundo suas realizações progressivas[11]. "O método casuístico de santo Afonso, dizia-se para justificar tais esforços, era sem dúvida adaptado a seu tempo. [...] A casuística diferia do método patrístico e escolástico; do mesmo modo, um movimento que permita superar a casuística deve ser possível."[12] Mas o jesuíta P. Lehmkuhl († 1918), considerando que toda renovação seria um atentado contra o ensinamento da fé, fez-se o porta-voz da reação: "Querer realizar um progresso essencial, dizia ele, equivale a destruir a moral cristã"[13].

No entanto, buscam-se compromissos. A. Müller, teólogo de Trier, foi um dos primeiros a se empenhar nesse caminho. Numa monografia cujo título era: *A moral católica tem necessidade de ser reformada?*[14], faz recair todo seu interesse sobre o caráter teológico da moral e cita M. J. Scheeben:

> A graça não deve ser entendida e apresentada somente como um apoio da vida moral; é preciso ver nela igualmente um princípio novo e mais elevado. É assim que chegaremos a edificar uma teologia e não simplesmente uma filosofia moral.

---

9. W. HERRMANN, *Römisch-katholische und evangelische Sittlichkeit*, Marburg, 1900, p. 201.
10. F. X. LINSENMANN, Über Richtungen und Ziele der heutigen Moralwissenschaft, *Theologische Quartalschrift* 54 (1872) 523-532.
11. Sailer († 1832), Hirscher († 1865) e os membros da escola de Tübingen, Deutinger († 1864) e Linsenmann († 1898), caminham nesse sentido.
12. Citado por J. G. ZIEGLER, *op. cit.*, p. 525.
13. A. LEHMKUHL, Die katholische Moraltheologie und die Studien derselben, *Stimmen aus Maria-Laach* 61 (1901) 1-20.
14. A. MÜLLER, *Ist die Katholische Moraltheologie reformbedürftig?*, Fulda, 1902.

Poderemos então pregar uma moral dogmática, ou seja, fundamentada sobre a fé, a graça e os mistérios do cristianismo[15].

Infelizmente, esses esforços de conciliação não tiveram logo verdadeira influência tanto na Alemanha quanto fora, e os manuais por muito tempo mantiveram o tom dado, por exemplo, pelo redentorista C. Marc († 1887) na introdução de suas *Instituições morais segundo santo Afonso*: "O fim da teologia moral é o de medir e determinar todas as obrigações que o homem deve necessariamente cumprir, de indicar os limites que ele não pode transgredir, sob pena de se tornar culpado por um pecado"[16]. Mas poderiam então os teólogos se subtrair à concepção de uma Igreja autoritária[17], em que a qualidade de uma verdade é relativa ao lugar que ocupa na hierarquia aquele que a define?

2. O RETORNO À DIMENSÃO HISTÓRICA DA FÉ

O retorno se faz no duplo nível da realidade e do conhecimento do tempo: em outras palavras, redobrou-se a redescoberta do símbolo pela da história. O primeiro canteiro aberto foi o das Escrituras. A grande questão é então a de satisfazer várias historicidades: a dos caminhos humanos em que se manifestou o desígnio salvador de Deus; a da vida humana de Jesus em suas relações com Deus e com os outros; a da Igreja articulada com a história humana, distinta dela, mas não separada. Essas três tarefas dependem de uma mesma problemática, a de um conhecimento histórico articulado sobre um conhecimento litúrgico, fundamentando-se um e outro no que transcende as dimensões puramente humanas do saber e do agir.

Foram numerosos os que se comprometeram nesses novos caminhos, mas foi sem dúvida J. Mausbach que, até sua morte, em 1931, fez o possível para desbloquear a situação. Suas exposições sobre "As últimas proposições de reforma da teologia moral católica e sua crítica", que inauguravam a *Theologische Revue*[18], de Münster, são um excelente exemplo de sua estratégia conciliadora aceita pelos adversários, bem como pelos partidários da neo-escolástica. Em sua *Katholische Moral theologie*, encontram-se também algumas fórmulas muito claras:

---

15. M. J. SCHEEBEN, *Les mystères du christianisme*, Paris, DDB, 1948, p. 738. Essa obra, publicada pela primeira vez em 1865, é na realidade uma repetição de artigos publicados em 1861-1862 no *Katholik*, em que Müller os leu.

16. Cl. MARC, *Institutiones morales Alphonsianae*, t. 1, Roma, Ph. Cuggiani, 1885, p. 2.

17. Cf. *L'Ecclésilogie au XIXᵉ siècle* (Colóquio de Estrasburgo, nov. de 1959), Paris, Cerf, 1960. Em particular, Y. CONGAR, L'Ecclésiologie, de la Révolution française au concile du Vatican sous le signe de l'affirmation de l'autorité, pp. 77-114.

18. J. MAUSBACH, Die neuesten Vorschläge zur Reform der katholischen Moraltheologie und ihre Kritik, *Theologische Revue* I (1901) 41-46.

A distinção entre a teologia moral como ciência da fé e a ética como ciência racional, não depende em grande parte senão da teoria. Onde se encontra em nossa teologia moral uma justificação profunda e teológica que se apoie nas fontes da fé? [...] A diferença entre a moral revelada e a ética filosófica (no que diz respeito à moral propriamente dita) não vem tanto do fato de que aquela se defina como teologia, mas antes do fato de que ela está destinada aos teólogos[19].

Por ocasião da Segunda Guerra Mundial, a renovação se aprofunda num retorno forte às fontes bíblicas e patrísticas da fé. À eclesiologia anterior, em que tudo era pensado sob o ângulo da obrigação da lei, associa-se outra, mais "mistérica". De maneira geral, deseja-se então "fundamento sobrenatural mais profundo da vida cristã". Alguns se servem das trilhas abertas por E. Mersch[20], outros, mais engajados no movimento litúrgico que então se afirma, redescobrem os laços que unem o dogma à moral e à exegese. R. Egenter defende a ideia de uma "moral dogmática", e F. M. Braun demonstra todo o interesse de uma "moral da revelação", centrada na história da salvação e na responsabilidade do homem.

Nos anos que precedem o concílio Vaticano II, publicam-se numerosos ensaios, na Alemanha e em outras partes, que procuram, como outrora em Tübingen, unir seus discursos num todo organicamente constituído em torno de um polo principal. Alguns retomam a linha tradicional da finalidade tomista; outros, como J. Ratzinger, concentram sua procura na dimensão sacramental da vida cristã; outros ainda querem uma ideia mestra normativa. B. Häring, que recapitula com bastante talento essa última tendência, opera uma abertura decisiva com sua *Lei de Cristo*. A chave de seu sucesso pode ser lida na introdução de seu terceiro volume:

> O problema, ou, para melhor dizer, o mistério fundamental da moral cristã é o de uma perfeita interiorização da Lei no respeito do caráter essencialmente dialogal da religião. O cristão não pauta sua vida por uma série de princípios interpessoais, nem muito menos obedece a um ideal de aperfeiçoamento de si mesmo. Obedece a um Outro, sem deixar, todavia, de ser livre no agir segundo seu ardor interior, a ponto de fazer "o que quer". Como é possível isso?
> É o mistério de nossa incorporação a Cristo que resolve essa antinomia e realiza essa maravilha. Porque o cristão obedece a Cristo, "segue" a Cristo, mas não está condenado nisso a uma imitação exterior: ele vive na Igreja, "Corpo de Cristo", possui nele a vida de Cristo, o Espírito de Cristo. Por isso, pode responder docilmente a Deus, ao mesmo tempo que segue seu próprio princípio interior,

---

19. *Id.*, *Katholische Moraltheologie*, 3 vols., Münster, 1915-1918, obra inacabada, retocada por G. Ermecke, 10ª ed. 1961. Retiramos a passagem citada de J. G. ZIEGLER, *op. cit.*, p. 529.
20. E. MERSCH, *Morale et corps mystique*, Paris, DDB, 1938.

o Espírito de amor, a caridade. A moral cristã toda se apresenta então como uma moral da caridade[21].

Mas, trinta anos mais tarde, apesar de todo o interesse desses ensaios, temos de constatar que eles não atraem mais e que novos canteiros estão por se abrir. A "conversão antropocêntrica", de que falava K. Rahner, facilitou o contato necessário da teologia moral com as ciências humanas e também com outras filosofias. A abertura a esses novos horizontes torna mais difícil o recurso ao paradigma medieval da lei natural como fundamento da moralidade dos atos humanos e, após vários decênios, os moralistas preparam-se para novos diálogos. Procuram dilatar as aquisições de Aristóteles e de Kant, até se deslocar em relação a eles, para se abrir, na França por exemplo, às reflexões de um Weil, de um Ricoeur ou de um Levinas[22]. Quando este milênio chega a seu fim, não podemos deixar de ficar impressionados diante da dificuldade dos problemas que a humanidade deve enfrentar para descobrir as práticas de uma nova sociedade. Nesse longo trabalho, a reevocação dos valores do passado não é inútil. Nem que fosse somente para ajudar a sair do fascínio do modelo social contemporâneo, que julga que o futuro pertence àqueles que ignoram o passado e desprezam o presente, e para reencontrar também a fonte, ética e espiritual, de uma cultura que se desespera, e talvez morra, por não mais ter acesso a ela.

3. PERMITIR QUE A IGREJA SEJA FIEL

Como aclimatar, nas ideias e na prática, formas institucionais que correspondam ao reconhecimento da liberdade e da responsabilidade? Como fazer que a história concreta delas possa se tornar a "narrativa de Deus"? O concílio Vaticano II estabeleceu os princípios teológicos dessa revisão, mas ela ainda não desabrochou no plano dos estilos canônicos de proceder, o que poderia, a longo e médio prazo, pôr em perigo todas as experiências do período contemporâneo.

Ao longo das páginas que acabamos de ler — cujo único fim é o de ajudar a refletir sobre a elaboração da doutrina moral —, tratou-se muito do encontro da fé e da razão e se consideraram suas difíceis relações como um dos lugares privilegiados da dogmatização da ética. Mas, assim agindo, talvez tenhamos deixado muito na sombra outro aspecto de nosso assunto, sua dimensão ecumênica. Depois de vários anos, muitas etapas já foram superadas num grande interesse pela verdade:

---

21. B. HÄRING, *La loi du Christ*, t. 3, Paris, Desclée, ³1959, p. 9. Ver também no t. 1 (1957), pp. 28s: "L'idée-mère de la morale chrétienne".
22. R. SIMON, *Éthique de la responsabilité*. As duas primeiras partes dessa obra são um diálogo com P. Ricoeur e E. Lévinas, bem como com outros filósofos contemporâneos. Ver em particular pp. 79-148.

Cristãos, católicos e protestantes, estamos metidos nos mesmos problemas e nos mesmos debates morais que nossos irmãos e irmãs da humanidade. Somos confrontados pelos mesmos desafios.

Entramos no debate moral comum tendo no coração convicções fundamentadas em nossa fé. Elas nos aclaram sobre a necessidade e sobre a finalidade de nosso compromisso.

Nossa fé em Deus introduz em nossa reflexão e em nossa prática a dimensão transcendental: para nós, o ser humano não encontra seu fim em si mesmo, mas se refere a um Outro, o Deus da Aliança que o chama e diante de quem ele se sabe responsável.

O lugar de aplicação e o fim de nosso compromisso moral são o ser humano no seio do universo, entendido como criação de Deus.

Jesus Cristo, verdadeira imagem de Deus, Primogênito da criação nova que ele inaugurou, é o modelo da vocação que a nós é dirigida.

O princípio de nossa reflexão e de nossa prática moral é o amor, esse *ágape* que nos vem de Deus, ele que foi o primeiro a nos amar. O amor, como a fé e a esperança, é em nós a obra do Espírito[23].

Seria sem dúvida inconsequente pedir ao protestantismo, sob pretexto de ecumenismo, que se alinhasse com o catolicismo, e vice-versa. É importante que as Igrejas cristãs do Ocidente — para falar somente delas — reaprendam a se expressar, sem medo, sob a forma de uma pluralidade feita seguramente de convergências, mas também de divergências ainda.

Assim, se "os protestantes submetem sua interpretação dos dados naturais à liberdade das pessoas e aos direitos das consciências esclarecidas pela fé nascida da Palavra de Deus e que se exprimem nas decisões sinodais", os católicos, para esclarecer sua consciência, "recebem e aceitam as diretivas do Magistério como intérprete autorizado da Palavra revelada de Deus e da *lei natural*". Esses contrastes são profundos e não nos podem deixar indiferentes. Para tomar parte nos debates sobre o futuro do cristianismo, o protestantismo deve recusar "a tentação do retorno ao passado e de todas as formas regressivas do fundamentalismo"[24]. Mas é importante também que os católicos se interroguem sobre o modo como entendem o Magistério.

Temos evidentemente de estar atentos para não confundir o Magistério com a autoridade divina de que está revestido; temos, ao contrário, de poder reconhecer essa última e a ela nos submeter de verdade, onde ela é prescrita, ou seja, distinguindo-a do instrumento de que ela se serve[25]. Essa asserção se

---

23. COMITÊ MISTO CATÓLICO-PROTESTANTE NA FRANÇA, *op. cit.*, pp. 91-92. Essa passagem é um extrato de um texto elaborado em 1989 pelo Comitê misto sob o título "Catholiques et protestants face à la morale dans une société laïque". Encontram-se aqui certos temas de nossa releitura das Escrituras.
24. E. FUCHS, *L'éthique protestante, Histoire et enjeux*, Genève, Labor et Fides, 1990, p. 141.
25. J. MOINGT, L'Avenir du Magistère, *RSR* 71 (1983) 300.

mantém integral, ainda que se admita — e é o nosso caso — que a autoridade do Magistério esteja fundamentada nas Escrituras e na Tradição apostólica. É precisamente esse fundamento que assegura radicalmente a diferença da autoridade divina e da instituição magisterial que é seu porta-voz. O Magistério jamais deve deixar de lembrar às Igrejas e às nações que a razão última de viver e de agir se encontra de fato no Deus de Jesus Cristo. Por isso, ele deve se tornar, oportunamente ou não, um profeta que proclama a necessidade do respeito e da amizade, e que denuncia toda exploração e toda destruição do homem pelo homem. Numa palavra, deve ser para seu povo um "sentinela", um vigia (Ez 3,16). Ao exercer sua função sapiencial e profética, nas condições bem concretas que afetam a vida cotidiana, o Magistério não tem como tarefa "revelar a cada um o sentido de sua própria existência"[26]?

> Sabemos que a tentação permanente da vida moral é a de se fechar em si mesma, ou ainda, para empregar expressões de E. Levinas, a de se deixar levar pela violência das escolhas arbitrárias para evitar de se deixar inquietar pelo mistério do Outro. Ora, o Magistério representa para o povo cristão uma chance privilegiada para se deixar desacomodar pelo Outro. Com efeito, graças a seu cuidado pela Igreja universal, está em boa posição para perceber nas posturas éticas de certas culturas e de certas Igrejas ideologias construídas sobre a recusa do universal ou do Outro[27].

Mas o Magistério só pode cumprir efetivamente esse papel com a condição de continuar sendo o que é, o "representante" de Cristo, não seu "substituto". É na distância desses dois significados que se encontra a verdade: "Ele é a presença simbólica de uma Ausência mantida para sempre como insubstituível"[28]. Se quiser "servir" à verdade, não deverá apropriar-se dela.

---

26. VATICANO II, *Gaudium et spes*, n. 41. Ver também CONGREGAÇÃO PARA A DOUTRINA DA FÉ, La vocation ecclésiale du théologien, n. 16; *DC* 87 (1990) 696.
27. X. THÉVENOT, *Compter sur Dieu. Études de théologie morale*, Cerf, 1992, pp. 93-94.
28. J. MOINGT, *art. cit.*, p. 307.

TRANSIÇÃO

B. SESBOÜÉ

O que é o homem segundo a revelação bíblica e a fé cristã? Quem é ele no desígnio de Deus que o criou e salvou pela vinda de seu Filho e pelo dom de seu Espírito? Qual é sua vocação? Qual o sentido de sua existência? Qual seu destino último? A unidade deste livro consiste na resposta a essas questões.

Essa análise do mistério do homem mostrou como ele está imbuído do mistério de Deus. É isso o que queria dizer a linguagem bíblica da imagem e da semelhança, é isso o que confirmam os debates mais técnicos sobre a liberdade e a graça e sobre a vocação sobrenatural da humanidade: não há fronteira concreta entre Deus e o homem. Não há nenhum esquema de rivalidade entre um e outro. Deus, que suscita o homem, o quer livre, eminentemente livre, e o restaura em sua liberdade depois que ela se rompeu. A graça, ou seja, a benevolência ativa e eficaz de Deus a seu respeito, não destrói essa liberdade, não a suprime; suscita-a, ajuda-a, confirma-a.

O andamento da exposição respeitou um duplo movimento histórico. É, em primeiro lugar, o movimento inscrito na apresentação tradicional da história da salvação, que considera o homem segundo seus diferentes estados de homem criado, de homem pecador, de homem salvo e de homem glorificado. É, depois, o movimento da história dos dogmas, ou seja, o desenvolvimento das questões antropológicas. Era necessário conjugar história e temas da maneira mais legível. A escolha feita obrigou certamente o leitor a percorrer de novo o mesmo desenvolvimento histórico sob seus diferentes aspectos. Essa opção não só não era a única possível; deu lugar talvez a certas repetições. Teremos ficado sensíveis em particular às interferências entre o dogma do pecado original e o da graça e da justificação. Mas pareceu mais pertinente concentrar sucessivamente a atenção do leitor sobre cada um dos pontos fortes da antropologia cristã, a fim de a apresentar em toda a sua significação. De outro modo, se o dogma diz que a graça liberta as capacidades da liberdade, era preciso também interrogá-lo sobre a reflexão ética que revela os deveres dessa liberdade. A exposição subiu da crise pelagiana até as origens cristãs; e desceu, cada vez que se impunha, até nossa época, segundo a intenção já expressa. Mas é claro que seu centro de gravidade se situa entre os séculos V e XVII.

Teremos observado também que a parte das intervenções magisteriais na elaboração dos diferentes capítulos do dogma cristão é bastante variável. Há relativamente poucos documentos sobre a criação e mesmo sobre os fins últimos, que constituem afirmações fundamentais dos Símbolos de fé, ao passo que os concílios, os sínodos e os papas se voltaram incansavelmente sobre o nó górdio da relação da graça com a liberdade. As intervenções propriamente magisteriais sobre a moral são também bem tardias.

A conjuntura cultural da temática desenvolvida neste segundo tomo é evidente: por meio da reflexão cristã sobre o homem, estudado nos meandros complexos de sua subjetividade e de sua liberdade, foi todo o sentido da pessoa humana, de sua dignidade insubstituível e de seus direitos, que se elaborou no Ocidente. Podemos sem dúvida lamentar algumas sutilezas nas quais a teologia às vezes se perdeu. Podemos deplorar as influências infelizes e bem providas de certo pessimismo agostiniano. Mas a doutrina antropológica que o leitor pôde encontrar neste volume em última análise só honra o homem.

Com este segundo volume completa-se um duplo percurso na *História dos Dogmas*. É, antes de tudo, o da palavra doutrinal que interpreta a palavra da revelação. Mas o dogma cristão não é somente a ordem do discurso, pois abrange o homem todo e, portanto, também seu comportamento pessoal e social. A mensagem cristã, mensagem do Verbo encarnado, passa por palavras e por gestos. Os homens dispersos, ela os reúne numa família, ou melhor, num corpo, que é o corpo de Cristo. Exprime-se em nossa carne, "charneira da salvação", dizia Tertuliano. Dá lugar aos sacramentos; edifica uma Igreja. Esses dogmas se inscrevem amplamente numa "prática" que o terceiro tomo desta obra abordará.

BIBLIOGRAFIA

N.B. Referimos apenas as obras concernentes ao conjunto de cada parte deste volume

Primeira parte: ANTROPOLOGIA

Criação

P. BEAUCHAMP, *Création et séparation. Étude exégétique du chapitre premier de la Genèse*, Paris, DDB, 1969.
L. SCHEFFCZYK, *Création et providence*, Paris, Cerf, 1967.
J. L. RUIZ DE LA PEÑA, *Teologia da criação*, São Paulo, Edições Loyola, 1989.
P. GANNE, *La création*, Paris, Cerf, 1970.
P. GISEL, *La création. Essai sur la liberté et la nécessité, l'histoire et la loi, l'homme, le mal et Dieu*, Genève, Labor et Fides, ²1987.
E. VILANOVA, *Historia de la teología cristiana*. I. De los orígenes hasta el siglo XV, Barcelona, Herder, 1987.
O. BAYER, *Schöpfung als Anrede. Zu einer Hermeneutik der Schöpfung*, Tübingen, J. C. B. Mohr, ²1990.
A. GANOCZY, *Homme créateur — Dieu créateur*, Paris, Cerf, 1979;
____, *Théologie de la nature*, Paris, Desclée, 1988.
K. BARTH, *Dogmatique*, vol. III: La doctrine de la création, Genève, Labor et Fides, 1960.
W. KERN, La création, source permanente du salut, in *Mysterium Salutis. Dogmatique de l'histoire du salut*, vol. 6: La Trinité et la création, Paris, Cerf 1971, pp. 229-336.
J. MOLTMANN, *Dieu dans la création. Traité écologique de la création*, Paris, Cerf, 1988.

O homem e o pecado original

Histoire du christianisme des origines à nos jours. T. II: Naissance d'une chrétienté (sous la responsabilité de Ch. et L. Piétri), Paris, Desclée, 1995.
J. GROSS, *Entstehungsgeschichte des Erbsündendogmas*. I. Von der Bibel bis Augustinus, II. Im nachaugustinischen Altertum und in der Vorscholastik (5.-11. Jahrhundert), III. Im Zeitalter der Scholastik (12.-15. Jahrhundert), München/Basel, Reinhardt, 1960, 1963, 1971.

H. RONDET, *Le péché originel dans la tradition patristique et théologique*, Paris, Fayard, 1967.
A. VANNESTE, *Le dogme du péché originel*, Louvain/Paris, Nauwelaerts, 1971.
L. SCHEFFCZYK, Urstand, Fall und Erbsünde. Von der Schrift bis Augustinus, in *Handbuch der Dogmengeschichte*, 1. Teil, Fasz. 3 a, Freiburg, Herder, 1981; 2. Teil, H. KÖSTER: In der Scholastik, Fasz. 3 b, 1979; 3. Teil, H. Köster, Von der Reformation bis zur Gegenwart, Fasz. 3 c, 1982.
J. A. SAYEZ, *Antropología del hombre caído. El pecado original*, Madrid, BAC, 1991.
L. F. LADARIA, *Teología del pecado original y de la gracia*, Madrid, BAC, 1993; *Antropología teológica*, Roma, Piemme/PUG, 1995.

O homem: a graça e a justificação

H. RONDET, *Gratia Christi. Essai d'histoire du dogme et de théologie dogmatique*, Paris, Beauchesne, 1948.
Ch. BAUMGARTNER, *La grâce du Christ*, Paris, Desclée, 1963.
G. GRESHAKE, *Geschenkte Freiheit. Einführung in die Gnadenlehre*, Freiburg, Herder, 1977.
O. H. PESCH, A. PETERS, *Einführung in die Lehre von Gnade und Rechtfertigung*, Darmstadt, Wissenschaftliche Buchgesellschaft, 1981.
O. H. PESCH, *Frei sein aus Gnade. Theologische Anthropologie*, Freiburg, Herder, 1983.
G. COLZANI, *Antropologia teologica. L'uomo paradosso e mistero*, Bologna, Dehoniane, 1988.
A. TRAPÈ, S. *Agostino. Introduzione alla dottrina della grazia*, I: Natura e grazia, Roma, Città Nuova, 1986; II: Grazia e libertà, Roma, Città Nuova, 1990.
S. J. DUFFY, *The Dynamics of Grace. Perspective in Theological Anthropology* (NThS 3), Collegeville, Liturgical Press, 1993.
I. ELLACURÍA, J. SOBRINO, *Mysterium Liberationis: conceptos fundamentales de la Teología de la Liberación*, 2 vols., Madrid, Trotta, 1990.

Escatologia

H. BOURGEOIS, *L'espérance maintenant et toujours*, Paris, Desclée, 1985.
G. GRESHAKE, J. KREMER, *Ressurrectio Mortuorum. Zum theologischen Verständnis der leiblichen Auferstehung*, Darmstadt, Wissenschaftliche Buchgesellschaft, 1986.
M. KEHL, *Eschatologie*, Würzburg, Echter, ²1988.
D. HATTRUP, *Eschatologie*, Paderborn, Bonifatius, 1992.
G. GOZZELINO, *Nell'attesa della beata speranza. Saggio di escatologia cristiana*, Torino, Elle Di Ci, 1993.
H. VORGRIMLER, *Geschichte der Hölle*, München, W. Frink, 1993.

Segunda parte: ÉTICA

Textos do Magistério e comentários

Le discours social de l'Église catholique de Léon XIII à Jean Paul II, Paris, Centurion, 1985.
Catéchisme de l'Église Catholique, Paris, Mame-Plon, 1992.
JOÃO PAULO II, encyclique *Veritatis splendor (VS)*, Paris, Cerf, 1993; encyclique *Evangelium Vitae*, Paris, Cerf, 1995 (que trata de um capítulo importante de moral especial; publicada após a redação destas páginas).

J.-Y. Calvez, J. Perrin, *Église et société économique*, t. 1: L'enseignement social des papes de Léon XIII à Pie XII (1878-1958), Paris, Aubier, 1959; t. 2: L'enseignement social de Jean XXIII, Paris, Aubier, 1963.

M. Bernos, Ph. Lécrivain, *Le fruit défendu, Histoire des chrétiens et de la sexualité*, Paris, Centurion, 1985.

Reflexão teológica

G. Lafont, *Histoire théologique de l'Église catholique. Itinéraires et formes de la théologie.* Paris, Cerf, 1994.

J. Mahoney, *The Making of Moral Theology. A Study of the Roman Catholic Tradition*, Oxford, Clarendon Press, 1987.

S. Pinckaers, *Les sources de la morale chrétienne. Sa méthode, son contenu, son histoire*, Paris, Cerf, 1985; Réflexions pour une histoire de la théologie morale, *Nova et vetera* 1 (1977) 170-195.

J. Ratzinger (ed.), *Prinzipien christlicher Moral*, Einsiedeln, Johannes, 1975.

J.-M. Aubert, *Loi de Dieu, Loi des hommes*, Paris, Desclée, 1964.

BIBLIOGRAFIA BRASILEIRA

Danilo Mondoni

A carta a Diogneto, Petrópolis, Vozes, 1976.
Agostinho, *A cidade de Deus*, São Paulo, Américas, 1961; Edameris, 1964. *A cidade de Deus: contra os pagãos (livros I a X)*, Petrópolis, Vozes, ²1990. *A doutrina cristã: manual de exegese e formação cristã*, São Paulo, Paulinas, 1991. *A Trindade*, São Paulo, Paulus, 1995.
Alain Marchadour, *Morte e vida na Bíblia*, São Paulo, Paulinas, 1985.
Ambrósio de Milão, *Explicação do símbolo; Sobre os sacramentos; Sobre os mistérios; Sobre a penitência*, São Paulo, Paulus, 1996. *Os sacramentos e os mistérios*, Petrópolis, Vozes, 1972.
Andrés Tornos, *A esperança e o além na Bíblia*, Petrópolis, Vozes, 1995.
Andrés Torres Queiruga, *Creio em Deus Pai: o Deus de Jesus Cristo como afirmação plena do humano*, São Paulo, Paulinas, 1993; *O cristianismo no mundo de hoje*, São Paulo, Paulus, 1994; *Recuperar a criação: por uma religião humanizadora*, São Paulo, Paulus, 1999; *Recuperar a salvação: por uma interpretação libertadora da experiência cristã*, São Paulo, Paulus, 1999.
Antônio Moser, *O pecado: do descrédito ao aprofundamento*, Petrópolis, Vozes, 1996; *O problema demográfico e as esperanças de um mundo novo*, Petrópolis, Vozes, 1978; *O problema ecológico e suas implicações éticas*, Petrópolis, Vozes, 1983; *Teologia moral: desafios atuais*, Petrópolis, Vozes, 1991.
Basílio de Cesareia, *Homilia sobre Lucas 12; Homilias sobre a origem do homem; Tratado sobre o Espírito Santo*, São Paulo, Paulus, 1999.
Bernard Rey, *A nova criação*, São Paulo, Paulinas, 1974.
Bernardino Leers, *Jeito brasileiro e norma absoluta*, Petrópolis, Vozes, 1982; *Novos rumos da moral*, Belo Horizonte: O Lutador, 1970; *Moral cristã e autoridade do magistério eclesiástico: conflito-diálogo*, Aparecida, Santuário, 1991.
Bernhard Häring, *É tudo ou nada: mudança de rumo na teologia moral e restauração*, Aparecida, Santuário, 1995; *Livres e fieis em Cristo: teologia moral para sacerdotes e leigos*, São Paulo, Paulinas, 1984; *Minhas esperanças para a Igreja: críticas e estímulos*, Aparecida, Santuário, 1999; *Teologia moral para o terceiro milênio*, São Paulo, Paulinas, 1991.

Brian E. Daley, *Origens da escatologia cristã: a esperança da Igreja primitiva*, São Paulo, Paulus, 1994.
Carlos Mesters, *Um novo céu e uma nova terra*, Petrópolis, Vozes, 1973.
Carta de São Clemente Romano aos Coríntios: primórdios cristãos e estrutura, Petrópolis, Vozes, ³1984.
Cartas de Santo Inácio de Antioquia: comunidades eclesiais em formação, Petrópolis, Vozes, ²1978.
Catecismo da Igreja Católica, Edição típica vaticana, São Paulo, Loyola, 2000.
Cirilo De Jerusalém, *Catequeses mistagógicas*, Petrópolis, Vozes, 1977.
Cláudio Bollini, *Céu e inferno: o que significam hoje?* São Paulo, Paulinas, 1996.
Didaqué ou doutrina dos Apóstolos, Petrópolis, Vozes, ³1978.
Francesco Compagnoni, Giannino Piana, Salvatore Privitera, *Dicionário de teologia moral*, São Paulo, Paulus, 1997.
Franz Mussner, *O que Jesus ensina sobre o fim do mundo?*. São Paulo, Paulinas, 1990.
Gislain Lafont, *História teológica da Igreja Católica: itinerário e formas da teologia*, São Paulinas, 2000.
Gregório de Nazianzo, *Discursos teológicos*, Petrópolis, Vozes,1984.
Gustavo Gutiérrez, *Teologia da libertação: perspectivas*, Petrópolis, Vozes, 1976.
Hans Küng, *Projeto de ética mundial: uma moral ecumênica em vista da sobrevivência humana*. São Paulo: Paulinas, 1992.
Hans Walter Wolff, *Antropologia do Antigo Testamento*, São Paulo, Loyola, 1975.
Harvey Cox, *A cidade do homem: a secularização e a urbanização na perspectiva teológica*, Rio de Janeiro, Paz e Terra, 1968.
Henri Boulad, *Deus e o mistério do tempo*, São Paulo, Loyola, 1992.
Henri Rondet, *Fins do homem e fim do mundo: ensaio sobre o sentido e a formação da escatologia cristã*, São Paulo, Herder, 1968.
Henri-Irenée Marrou, *Teologia da história: o sentido da caminhada da humanidade através da temporalidade*, Petrópolis, Vozes, 1989.
Hubert Lepargneur, *Esperança e escatologia*, São Paulo, Paulinas, 1974; *Lugar atual da morte: antropologia, medicina e religião*, São Paulo, Paulinas, 1986.
Ireneu de Lião, *Livros I, II, III, IV, V*, São Paulo, Paulus, 1995.
J. E. Martins Terra, *Escatologia e ressurreição*, São Paulo, Loyola, 1979.
J. Harold Ellens, *Graça de Deus e saúde humana*, São Leopoldo, Sinodal, ²1986.
J. Marcos Bach, *Uma nova moral? O fim do sistema tradicional*, Petrópolis, Vozes, 1982.
Jacques Bur, *O pecado original: o que a Igreja de fato disse*, Aparecida, Santuário, 1991.
Javier Garrido, *Nem santo nem medíocre: ideal cristão e condição humana*, Petrópolis, Vozes, 1994.
Jean Marie Aubert, *E depois..., vida ou nada? Ensaio sobre o além*, São Paulo, Paulus, 1995.
Jesus político e libertação escatológica. São Paulo, Loyola, 1979.
João Batista Libanio, *Fé e política: autonomias específicas e articulações mútuas*, São Paulo, Loyola, 1985; *O problema da salvação no catolicismo do povo: perspectiva teológica*, Petrópolis, Vozes, 1977; *Pecado e opção fundamental*, Petrópolis, Vozes, ²1976; *Ser cristão em tempo de Nova Era*, São Paulo, Paulus, 1996; *Utopia e esperança cristã: a esperança não decepciona (Rm 5,5)*, São Paulo, Loyola, 1989.
Idem – Maria Clara L. Bingemer, *Escatologia cristã: o novo céu e a nova terra*, Petrópolis, Vozes, 1985.
João Paulo II, carta encíclica *Evangelium Vitae* sobre o valor e a inviolabilidade da vida humana, São Paulo, Loyola, ⁴1995; carta encíclica *Veritatis Splendor* sobre algumas questões fundamentais do ensinamento moral da Igreja, São Paulo, Loyola, ³1994.

JOHANN BAPTIST METZ, *A fé em historia e sociedade: redenção e emancipação*, São Paulo, Paulinas, 1981.
JOHANNES FEINER, MAGNUS LOEHRER (eds.), *A graça*, (Mysterium Salutis, 4/7), Petrópolis, Vozes, 1978; *A historia salvífica antes de Cristo; A criação*, (Mysterium Salutis, 2/2), Petrópolis, Vozes, 1972; *A Igreja: libertação e homem novo*, (Mysterium Salutis, 4/8), Petrópolis, Vozes, 1978; *Antropologia teológica*, (Mysterium Salutis, 2/3), Petrópolis, Vozes, 1972; *Do tempo para a eternidade. A escatologia*, (Mysterium Salutis, 5/3) Petrópolis, Vozes, 1985; *Justiça, pecado, morte e perdão*, (Mysterium Salutis, 5/2), Petrópolis, Vozes, 1984.
JOHN A. SANFORD, *Mal: o lado sombrio da realidade*, São Paulo, Paulinas, 1988.
JOSÉ ANTÔNIO TRASFERETTI, *Entre a poética e a política: teologia moral e espiritualidade*, Petrópolis, Vozes, 1998.
JOSÉ COMBLIN, *Antropologia cristã: a libertação na historia*, Petrópolis, Vozes, 1985.
JOSÉ ROQUE JUNGES, *Ecologia e criação. Resposta cristã à crise ambiental*, São Paulo, Loyola, 2001.
JOSEF FUCHS, *Existe uma moral cristã: liberdade fundamental e liberdade de escolha*, São Paulo, Paulinas, 1972.
JUAN L. RUIZ DE LA PEÑA, *Criação, graça, salvação*, São Paulo, Loyola, 1998; *Novas antropologias: um desafio à teologia*, São Paulo, Loyola, 1988; *O dom de Deus: antropologia teológica*, Petrópolis, Vozes, 1997; *Teologia da criação*, São Paulo, Loyola, 1989.
JUAN LUÍS SEGUNDO, *A concepção cristã do homem*, Petrópolis, Vozes, 1970; *Da sociedade à teologia: salvos ... de que?* São Paulo, Loyola, 1983; *Fé e ideologia. I-II*. São Paulo, Loyola, 1983; *Massas e minorias na dialética divina da libertação*, São Paulo, Loyola, 1975; *Que mundo? Que homem? Que Deus? Aproximações entre ciência, filosofia e teologia*, São Paulo, Paulinas, 1985; *Teologia aberta para o leigo adulto: evolução e culpa*, São Paulo, Loyola, 1977; *Teologia aberta para o leigo adulto: graça e condição humana*, São Paulo, Loyola, 1977; *Teologia da libertação: uma advertência à Igreja*, São Paulo, Paulinas, 1987.
JÜRGEN MOLTMANN, *Deus na criação: doutrina ecológica da criação*, Petrópolis, Vozes, 1992; *Teologia da esperança: estudos sobre os fundamentos e as consequências de uma escatologia cristã*, São Paulo, Herder, 1971.
KARL RAHNER, *A antropologia: problema teológico*, São Paulo, Herder, 1968; *A caminho do homem novo: a fé cristã e as ideologias terrenas do futuro*, Petrópolis, Vozes, 1964; *Quem é teu irmão?* São Paulo, Paulinas, 1986; *Introdução à teologia moral*, São Paulo, Loyola, 1999.
LEÃO MAGNO, *Sermões*, São Paulo, Paulinas, 1974; São Paulo, Paulus, 1996. *Sermões sobre o Natal e a Epifania*, Petrópolis, Vozes, 1974.
LEO SCHEFFCZYK, *O homem moderno e a imagem bíblica do homem*, São Paulo, Paulinas, 1976.
LEONARDO BOFF, *A graça libertadora do mundo*, Petrópolis, Vozes, 1976; *A ressurreição de Cristo: a nossa ressurreição na morte*, Petrópolis, Vozes, ^{3}1974; *O destino do homem e do mundo: ensaio sobre a vocação humana*, Petrópolis, Vozes, ^{2}1973; *Vida para além da morte. O presente: seu futuro, sua festa, sua contestação*, Petrópolis, Vozes, ^{2}1973.
LUCIANO MENDES DE ALMEIDA, *O direito de viver*, São Paulo, Paulinas, ^{2}1987.
LUÍS F. LADARIA, *Introdução à antropologia teológica*, São Paulo, Loyola, 1998.
LUIZ CARLOS SUSIN, *Assim na terra como no céu: brevilóquio sobre escatologia e criação*, Petrópolis, Vozes, 1995.

Marciano Vidal, *Ética teológica: conceitos fundamentais*, Petrópolis, Vozes, 1999; *Moral de opção fundamental e atitudes*, São Paulo, Paulus, 1999; *Novos caminhos da moral: da crise moral à moral crítica*, São Paulo: Paulinas, 1978.

Márcio Fabri dos Anjos (org.), *Teologia moral e cultura*, Aparecida, Santuário, 1992; *Temas latino-americanos de ética*, Aparecida, Santuário, 1988.

Mário de França Miranda, *A inculturação da fé*, São Paulo, Loyola, 2001; *Libertados para a práxis da justiça: a teologia da graça no atual contexto latino-americano*, São Paulo, Loyola, 1991; *Um homem perplexo: o cristão na atual sociedade*, São Paulo, Loyola, 1989.

Michael Schmaus, *A fé da Igreja: justificação do indivíduo e escatologia*, Petrópolis, Vozes, 1981; *A fé da Igreja: justificação do indivíduo e escatologia*, Petrópolis, Vozes, 1981.

Michel Gourgues, *A vida futura segundo o Novo Testamento*, São Paulo, Paulinas, 1986.

Newton Freire Maia, *Criação e evolução: Deus, o acaso e a necessidade*, Petrópolis, Vozes, 1986.

Nilo Agostini, *Ética e evangelização: a dinâmica da alteridade na recriação da moral*, Petrópolis, Vozes, 1993; *Teologia moral: o que você precisa viver e saber*, Petrópolis, Vozes, 1997.

Padres apologistas: carta a Diogneto, Aristides de Atenas, Taciano, o sírio, Atenágoras de Atenas, Teófilo de Antioquia, Hérmias, o filósofo, São Paulo, Paulus, 1995.

Padres apostólicos: Clemente Romano Inácio de Antioquia, Policarpo de Esmirna, o pastor de Hermas, Carta de Barnabé, Papias, São Paulo, Paulus, 1995.

Paul Gilbert, *Introdução à teologia medieval*, São Paulo, Loyola, 1999.

Paulo N. Thai. Hop, *Pobres e excluídos: neoliberalismo e libertação dos pobres*, Aparecida, Santuário, 1995.

Pierre Grelot, *O mundo futuro*, São Paulo, Paulinas, 1977; *Reflexões sobre o problema do pecado original*, São Paulo, Paulinas, 1969.

Renold J. Blank, *Nosso mundo tem futuro: escatologia cristã*, São Paulo, Paulinas, 1993.

Rubem Alves, *Variações sobre a vida e a morte: a teologia e sua fala*, São Paulo, Paulinas, 1982.

Sebastian Politi, *História e esperança: a escatologia cristã*, São Paulo, Paulinas, 1996.

Tomás de Aquino, *Compêndio de teologia*, Porto Alegre, EDIPUCRS, 1996; *Exposição sobre o credo*, São Paulo, Loyola, 1981; *Suma contra os gentios*, livros I e II, Porto Alegre, Escola Superior de Teologia de São Lourenço de Brindes, 1990; *Suma contra os gentios*, livros III e IV, Porto Alegre, EDIPUCRS, 1996; *Suma teológica*, 30 vols., São Paulo, Faculdade de Filosofia Sedes Sapientiae, 1944-1961; *Suma teológica*, II: a criação, o anjo, o homem, São Paulo, Loyola, 2002.

Valdir Marques, *"Eikon" em Paulo, investigação teológica e bíblica à luz da LXX*, Roma, PUG, 1985.

ÍNDICE DE AUTORES

N.B.: A lista de autores estende-se até fins do século XIX, à exceção dos papas. Somente são elencados autores do século XX quando relacionados à argumentação doutrinal. Para os demais autores, reportar-se às indicações bibliográficas.

A

A Diogneto 45, 421
Abelardo 62, 64, 79, 84, 447, 449, 453, 454, 466
Agostinho de Hipona 20-23, 28-32, 34, 54-57, 63, 67, 103-106, 113, 120, 121, 129, 133-157, 159-164, 166, 167, 170-190, 196-198, 201, 202, 204, 206-209, 211-213, 217-221, 223, 225, 227, 229, 232, 235, 239, 240, 242-272, 275-279, 282, 283, 292, 293, 297, 299, 300, 301, 303-310, 314, 315, 332-334, 353, 359, 366, 367-369, 371-374, 376, 389, 409, 410, 421, 426, 430-443, 445, 447-449, 451, 452, 456, 458, 463, 465, 476, 481
Alain de Lille 110, 119
Alberto Magno 446, 449, 450, 453, 459, 461
Alexandre de Hales 67, 188, 189, 271, 453
Alexandre VII 304, 476
Alexandre VIII 212, 218, 304, 476
Ambrosiaster 162, 175, 178, 179
Ambrósio de Milão 51, 101, 102, 149, 155, 162, 175, 178, 179, 225, 235, 242, 270, 282, 363, 421
Anselmo de Cantuária 435
Anselmo de Havelberg 407
Anselmo de Laon 109
Antonin 472
Apócrifo de João 236
Apolinário 164
Aristides de Atenas 41
Arnauld, Antônio 213, 475

Atanásio 52, 53, 57, 100, 101, 173, 238, 239
Atenágoras 41, 42, 45, 51, 96, 350, 351
Averróis 68, 128
Azor, João 472

B

Baio, Miguel 135, 197, 208, 211, 212, 259, 275, 276, 300, 301, 303-306, 309, 331-335, 337
Bañez 302, 475
Barnabé, Epístola de 38, 40, 41, 88, 89, 347, 352, 419, 422
Basílio de Cesareia 51-53, 102, 165, 178, 238
Beda Venerável 369
Bellarmino, Roberto 208, 212, 303, 306, 332, 337
Bellelli, F. 305
Bento XII 129, 386, 387, 476
Bento XIV 470
Bernardo, São 64, 376, 386, 449
Bert, Paul 481
Berti, Gian Lorenzo 305
Biel, Gabriel 276, 461, 464
Boaventura 67-69, 71, 73, 115-117, 271, 318, 377, 404, 405, 408, 434, 453, 454, 459, 472, 477-479, 482-484
Bois, Ch. 481
Bonifácio II 186, 274
Bossuet 476
Busembaum, H. 473, 476, 477

C

Cajetano, Tomás de Vio 319, 328-331, 335, 336, 342, 472
Calvino, João 253, 279, 292, 309
Cano, Melchior 471
Carlos Borromeu 195, 469
Cassiano, João 266, 267, 271
Catarina de Gênova 377
Catharin, Ambrósio 282
Celestino I 139, 183, 267, 268
Celéstio 135, 139, 140, 141, 142, 143, 146, 181, 263, 265
Cesário de Arles 185, 186, 268, 269
Charlier, João 271
Cícero 154
Cipriano de Cartago 359
Cirilo de Jerusalém 173, 236, 376, 421, 424
Cleanto 427
Clemente, Segunda carta dita de 39, 348
Clemente de Alexandria 49, 50, 96, 166, 171, 237, 314, 359, 360, 376, 423, 424
Clemente de Roma 38, 44, 51, 88, 90, 92, 236, 346
Clemente VI 388
Clemente VIII 302
Clemente XI 304, 476
Cornelis Jansen, ver Jansênio

D

Da predestinação e da graça, atribuída a Agostinho 255
Dante 67, 377
Descartes 461, 474
Deutinger 482
Didaké 40, 352, 419, 422
Dionísio, o Areopagita 59, 271
Duns Scot 73, 324-326, 336, 348, 425, 441, 447, 454, 455, 459, 464, 466, 467, 469, 470, 472-475

E

Eck, João 277
Eckhart, mestre 73-75, 446, 447
Epicteto 426, 427
Epifânio, gnóstico 237
Erasmo 205, 278
Eulógio de Cesareia 142
Evágrio Pôntico 28

F

Fausto de Riez 184, 186, 267
Ficino, Marsílio 277
Fílon de Alexandria 230, 429
Francisco de Assis 466

Francisco de Sales 469
Francisco de Toledo 337

G

Genet, Francisco 476
Gerson, Jonao Charlier 271
Gil de Roma 304
Gil de Viterbo 277
Gilberto de la Porrée 111
Grassmann, R. 481
Gregório de Nazianzo 53, 178, 182, 242
Gregório de Nissa 51, 52, 57, 102, 129, 165, 239, 363, 365, 425
Gregório de Rimini 196
Gregório Magno 369, 371
Gregório XVI 214
Gropper 280
Guilherme de Champeaux 109
Guilherme de la Mare 123
Günther, A. 79, 80

H

Häring, Bernard 469, 472, 479, 484, 485
Hartmann, Eduard von 481
Hermas 39, 47, 51, 349, 422
Hermes, G. 79, 277
Herrmann, Wilhelm 482
Hilário de Poitiers 95, 101, 105, 241, 365
Hildeberto de Lavardin 376
Hincmar de Reims 270
Hirscher 482
Hobbes 471
Hoensbroech, Paulo von 481
Hormisda 184, 185, 268
Hugo de São Vítor 62, 63, 65, 69, 111, 114, 116, 270, 271, 316, 373, 374

I

Inácio de Antioquia 38, 88, 347
Inácio de Loyola 469
Inocêncio I 142
Inocêncio III 66, 384
Inocêncio X 303
Inocêncio XI 476
Ireneu 17, 45-48, 50, 51, 91-95, 98, 99, 101, 153, 162, 166, 169, 177-180, 186, 238, 247, 249, 250, 292, 314, 352-354, 356-358, 361, 369

J

Jâmblico 235
Jansênio, Cornelius Jansen 133, 135, 191, 197, 211, 212, 213, 214, 252, 253, 259, 275, 276, 300-304, 309, 334, 335, 475

ÍNDICE DE AUTORES

Januário 31
Jerônimo 142, 178, 201, 270, 277, 278, 281, 304, 362
João Crisóstomo 96, 174, 175, 236, 239, 271, 421
João da Cruz 377
João Damasceno 239
João de Jerusalém 142
João de Rada 336
João de São Tomás 475
João Maxêncio 185
João Paulo II 18, 401, 402, 406, 446
João Scot Eriúgena 58, 60, 446
João XXII 74, 386, 447
João XXIII 216
Joaquim de Fiore 375, 376
Joviniano 140, 178, 181
Juliano de Eclano 139, 143, 146, 154, 160, 161, 175, 177, 183, 186, 196, 197, 202
Juliano de Toledo 369, 372, 374
Juliano Pomério 267
Justino 41-44, 48, 51, 88-90, 92, 168, 237, 350-352, 354, 358, 420

K

Kant 478, 479, 485
Karlstadt 278, 279

L

Laymann, P. 472
Leão IX 114
Leão X 192, 278, 389
Leão XIII 405, 481
Lehmkuhl, A. 482
Leibniz 461
Lévinas, E. 411, 485
Lichtenberger, F. 481
Liguori, Afonso de 410, 466, 469, 472, 473, 476-478, 480, 481
Linsenmann, F. X. 482
Lubac, Henri de 62, 148, 305, 306, 314-316, 319, 329, 333-342, 363, 372, 376, 475
Lutero 18, 76, 77, 135, 154, 190, 192, 196-199, 202, 219, 246, 253, 276-283, 285, 296, 299, 300, 309, 389

M

Macróbio 30
Marc, C. 483
Marcelino 142, 145
Marcelo de Ancira 364
Marius Mercator 140
Marsílio de Pádua 408
Martin, K. 18, 53, 60, 111, 187, 196, 197, 272, 276, 299, 365, 481
Martin, mestre 111

Mausbach 276, 431, 481, 483
Máximo, o Confessor 60, 239
Medina, Bartolomeu de 474, 475
Melanchton 194, 279
Melitão de Sardes 165, 167, 179
Michelet, J. 481
Molina, Luís de 301, 302, 475
Müller, A. 197, 482, 483
Musônio Rufo 426

N

Nicolau de Cusa 75, 76
Nicole 475
Noris (Enrico) 305

O

Ockham, Guilherme de 73, 74, 276, 408, 409, 447, 461, 462, 463, 464, 465, 466, 467
Odon d'Ourscamp 376
Optato de Milevo 182
Orígenes 21, 28, 47, 49-52, 54, 98-101, 165, 171-173, 175, 207, 235-238, 251, 314, 353, 359, 360-365, 370, 371, 376, 420
Orósio 142

P

Palmieri, D. 301
Pascal 213, 221, 473, 475, 476
Paulino de Milão 135, 140
Paulo V 302
Paulo VI 23, 214, 215, 216, 404, 406
Pedro Comestor 376
Pedro le Chantre 376
Pedro Lombardo 62, 64, 65, 66, 67, 112, 113, 188, 317, 373, 374, 375
Pelágio 139-146, 148, 156, 177, 179, 181, 185, 206, 212, 213, 226, 244, 246-249, 254, 259, 263, 264, 277, 285, 334, 409, 436, 441, 442, 449, 455
Perrone 287
Pico della Mirandola 277
Pierre de La Palu 471
Pighi 206, 210, 280
Pio IX 79, 214, 481
Pio V 211, 333
Pio VI 304
Pio XII 215, 405
Pio XII 214, 215, 339, 341, 405
Platão 42, 64, 70, 89, 97, 426, 433
Plotino 436
Plutarco 28
Policarpo de Esmirna 348
Pomponazzi 128
Porfírio 305
Próspero 185, 253, 254, 267, 268

Prudêncio 95
Pruner 481

Q

Quesnel 304

R

Rahner, Karl 210, 215, 222, 225, 235, 293, 311, 338, 339, 341, 342, 406, 413, 485
Ratzinger, Joseph 84, 406, 484
Ricoeur, Paul 33, 153, 163, 222, 223, 226, 411, 413, 485
Rosmini 129, 214, 390
Rufino, o Sírio 175

S

Saint-Cyran (Duvergier de Hauranne) 213, 476
Sanchez, Thomas 235
Sarpi 205
Scheeben 162, 217, 482, 483
Schopenhauer 471
Sêneca 426
Seripando 192, 200-202, 205-207, 209, 280-283, 299, 300, 304
Simão de Tournai 376
Simeão, o Justo 429
Soto, Domingos de 300, 336, 471
Staupitz 276, 277, 278, 279
Steinbach 277
Suárez 77, 78, 301, 335, 336, 469, 471, 475

T

Taciano 42, 43, 51, 90, 169, 170

Tamburini, Thomas 475
Tempier 446
Teodoro de Mopsuéstia 95, 175, 421
Teódoto 236
Teófilo de Antioquia 41, 43, 44, 90, 91, 169
Teresa de Ávila 377, 475
Tertuliano 45, 48-50, 91, 93-95, 98, 99, 175, 176, 240-242, 352, 353, 357-359, 361, 420, 490
Tomás Anglicus 327
Tomás de Aquino 18, 20, 21, 67, 69, 70, 71, 117-120, 122, 123, 189, 232, 288, 271, 304, 319, 326, 330, 379, 380, 386, 446, 447, 450, 451, 454, 456, 457, 459, 461, 463-465, 471, 472, 476, 480, 481
Tomás de Vio 328

U

Urbano VIII 302

V

Valeriano de Cimiez 267
Vázquez, Gabriel 471, 475
Vitória, Francisco de 471

W

Wimpfling, Jakob 278
Wyclif 75

Z

Zenão 426
Zózimo 136, 139, 142, 143, 146, 157, 159, 160, 206, 219, 248, 265, 266

Edições Loyola

editoração impressão acabamento
rua 1822 n° 341
04216-000 são paulo sp
T 55 11 3385 8500/8501 · 2063 4275
www.loyola.com.br